困ったときのくらしの法律知識 Q&A

改訂増補

第二東京弁護士会
五月会
くらしの法律研究会
[編著]

推薦のことば

　弁護士会は、従来から「市民にとって身近な司法」の実現、すなわち、弁護士へのアクセスの容易さ、裁判手続へのアクセスの容易さを目指し、法律扶助制度の充実、民事・行政・人事・刑事裁判手続の拡充等、司法制度改革を掲げて活動して参りました。

　東日本大震災から既に4年が経過いたしましたが、未だに東北の被災地においては、2万人以上の方々が仮設住宅等での生活を余儀なくされており、法的需要は高い状況です。また、近年の弁護士人口の増員に伴い、地方におけるいわゆる「弁護士ゼロワン地域」は解消されつつありますが、未だに弁護士は市民から遠い存在という認識が払拭されたとは言い切れません。そこで、第二東京弁護士会は、これまでに、被災地に法律相談員を派遣する、あるいは、公設事務所としてひまわり基金法律事務所を設立するなど、司法サービスが市民の皆様のもとに行きわたるよう心掛けて参りました。

　そうした状況において、この度、第二東京弁護士会の有力な会派の一つである五月会の若手会員を中心にして、「困ったときの　くらしの法律知識Q&A」の改訂版が出版されることになりました。本書は、ごく普通の市民の皆様がごく普通の生活の中において遭遇する可能性の高い法律問題を分かりやすい言葉で解説した恰好の法律ガイドブックです。法律専門家に相談すべきか否かを迷われている初期の段階にあって、本書は、必ずや皆様の問題解決の指針となるでしょう。

　特に本書は、120年ぶりに改正が予定されている民法の改正案を見据えた内容となっています。人と人を結びつける法である民法は、家族や仕事など、日常生活の見えない基礎を成しています。民法という我々の生活にとって特に重要で身近な法律の大改正に際して、皆様の生活がどのように変わっていくのかを垣間みるためにも、本書を参考にしていただければ幸いです。

　皆様が、暮らしの中で法的問題に遭遇した際、本書は、「安心のための第一歩」となるはずです。ぜひ、一家に一冊本書を備えおくことをお勧めいたします。

　平成27年11月

第二東京弁護士会　会長
日本弁護士連合会　副会長
弁護士　三宅　弘

序にかえて

　平成23年12月、第二東京弁護士会の五月会の若手弁護士が中心となり、「困ったときのくらしの法律知識Q&A」が出版されてから4年が経過した。この間、社会情勢はめまぐるしく変化し、私たちの市民生活上では、高齢化が加速するとともに、労働者のメンタルヘルス問題、ハラスメント問題など新たな社会問題が生じている。

　そこでこの度、五月会の創設50周年に合わせ、本書を改訂することとした。中心となった編集委員はもとより、若手の会員諸氏が、日々の弁護士活動の中で培った経験を踏まえ、日常生活の全般にわたって役に立つわかり易い本書の改訂版を刊行させた努力に敬意を表すると共に、出版の機会を与えてくれた清文社に対し感謝の意を表する。

　第二東京弁護士会には5000名を超える弁護士が所属する。多くの弁護士は会派に属し、五月会は約400名の会員が属する比較的大規模な伝統のある会派であり、今年創設50周年を迎えた。創設の志は中庸の精神、互助と親睦を旨としてきた。もちろん法的問題解決の専門家である弁護士としての技能の向上を図り、最新の法改正の研究や法的紛争処理の手法を学ぶと共に政策提言も活発に行い、時代と共に弁護士が市民の生活にどのように貢献できるのかを探求してきた。

　本書もこのような研鑽の成果であり、初版本同様、日常生活全般にめぐらせた法律上の問題に対して、Q&A形式でわかり易く解説を試みた次第である。特に本改訂版においては、前述のとおり、近年問題とされてきた「ハラスメント」の問題、高齢化に伴う墓地の問題、ITの発展に伴うインターネット上の問題など、最新の社会情勢に対応した「くらし」の全体をフォローした内容となっている。

　五月会の若手会員たちが執筆した本書は、2015年現在の市民の皆様の生活に最も有用な書籍になると自負している。

　未だに市民にとって弁護士は敷居の高い存在であることは否めない。しかしながら、本書を通じて、弁護士があらゆる「くらし」の場面で活動しており、法律があらゆる「くらし」のルールとなっていることを認識していただくと共に、弁護士の存在、法律の存在を身近に感じていただければ幸いである。

　本書が「法の支配」を皆様の生活の隅々に行き届かすことに貢献すべく願っている。

　平成27年11月

第二東京弁護士会　五月会　代表幹事
弁護士　犬塚　　浩
弁護士　南　　　敦
弁護士　木内　昭二

編著者一覧

五月会 くらしの法律研究会

編集委員

内藤 勇樹　弁護士	植木 琢　弁護士	宮山 春城　弁護士
石浦 洋一　弁護士	宮田 義晃　弁護士	西浦 善彦　弁護士

著者

章	タイトル	著者
序章1	法律相談にあたって	小笹 勝章　弁護士 西浦 善彦　弁護士 宮山 春城　弁護士
序章2	民法改正でくらしはどう変わる？	田中 東陽　弁護士 河部 康弘　弁護士
第1章	男女に関する法律知識	中本 有香　弁護士 齋藤 亜紗美　弁護士 玉 伊吹　弁護士 鍛治 美奈登　弁護士 大森 啓子　弁護士
第2章	親子に関する法律知識	竹内 章子　弁護士 髙杉 謙一　弁護士
第3章	高齢者・障害者に関する法律知識	奥野 大作　弁護士 厚井 久弥　弁護士
第4章	遺言・相続に関する法律知識	西浦 善彦　弁護士 田川 慎一　弁護士 河本 智子　弁護士 植木 琢　弁護士
第5章	ペットに関する法律知識	添田 庸子　弁護士
第6章	不動産・住居に関する法律知識	石浦 洋一　弁護士 堀岡 咲子　弁護士 永 滋康　弁護士
第7章	取引に関する法律知識	内藤 勇樹　弁護士 山本 雅子　弁護士 小林 正憲　弁護士・公認会計士 長谷川 卓也　弁護士 上田 望美　弁護士
第8章	インターネット・情報に関する法律知識	宮田 義晃　弁護士 宗像 洸　弁護士 竹内 彩香　弁護士
第9章	職場に関する法律知識	山越 真人　弁護士 平岡 卓朗　弁護士 小西 隆文　弁護士 長谷川 安奈　社会保険労務士 長谷川 卓也　弁護士
第10章	債務整理に関する法律知識	中村 悦朗　弁護士
第11章	事故に関する法律知識	植木 琢　弁護士 石橋 京士　弁護士 高橋 和弘　弁護士 西中山 竜太郎　弁護士
第12章	刑事事件に関する法律知識	正込 大輔　弁護士 柳井 幸　弁護士
第13章	裁判員制度に関する法律知識	中野 大仁　弁護士 柳井 幸　弁護士

改訂増補
困ったときの
くらしの法律知識
Q&A
目次

推薦のことば

序にかえて

序章 1　法律相談にあたって

(1) はじめに　*2*

(2) 民事手続と刑事手続　*2*

(3) 弁護士とは　*2*

(4) 相談するにあたって　*3*

(5) 依頼するにあたって　*3*

(6) 紛争解決機関について　*5*

(7) 公的機関による紛争解決に必要な費用　*5*

(8) 紛争の解決　*6*

序章 2　民法改正でくらしはどう変わる？

(1) 民法改正の経緯　*10*

(2) 消滅時効　*10*

(3) 法定利率　*11*

(4) 保証　*12*

(5) 定型約款　*13*

(6) 売買　*13*

(7) 賃貸借　*14*

(8) 請負　*15*

第1章 男女に関する法律知識

1 婚 約

- **Q 1-1** 婚約を破棄されたら損害賠償を請求できるか　18
- **Q 1-2** 婚約破棄と結納金・結納品・婚約指輪の返還　19

2 婚 姻

- **Q 1-3** 証人がいない婚姻届は有効か　20
- **Q 1-4** 前夫と離婚した後の再婚と出産した子の出生届　21

3 婚姻中の諸問題

- **Q 1-5** 夫婦で別の姓を名乗りたい　22
- **Q 1-6** 家に帰ってこない夫に同居を強制できるか　23
- **Q 1-7** 夫にパチンコと過度の飲酒をやめることを約束させたい　24
- **Q 1-8** 夫の不倫相手に損害賠償請求できるか　25
- **Q 1-9** 夫が無断で妻の預金を引き出し勝手に借金もしている　26
- **Q 1-10** 別居したいと思っている　27
- **Q 1-11** 夫に生活費を請求できるのか　28
- **Q 1-12** 生活費を払わない夫と離婚できるのか　29

4 内 縁

- **Q 1-13** 内縁の妻は夫の遺産を相続できるか　30
- **Q 1-14** 内縁の妻は夫名義のマンションに居住し続けられるか　31
- **Q 1-15** 内縁関係でも財産分与や慰謝料を請求できるか　32
- **Q 1-16** 内縁関係の夫に対して生活費を請求できるか　33

5 協議離婚

- **Q 1-17** 離婚するための方法・手続きは　34
- **Q 1-18** 離婚するための理由に制限はあるのか　35
- **Q 1-19** 夫の借金のためにした離婚は取り消せるか　36

6 裁判上の離婚

- **Q 1-20** 相手が離婚をかたくなに拒否している場合　37
- **Q 1-21** 浮気は離婚の原因として有効か　38
- **Q 1-22** 相手のモラルハラスメントを理由に離婚できるか　39
- **Q 1-23** 精神病になった夫と離婚できるのか　40
- **Q 1-24** 行方不明になってしまった夫との離婚　41
- **Q 1-25** 性交渉の拒否・異常は離婚原因になるのか　42
- **Q 1-26** 不倫している夫からの離婚請求は認められるか　43

7 離婚と財産分与

- **Q 1-27** 離婚における財産分与とは　44
- **Q 1-28** 不動産の分与の方法にはどのようなものがあるか　45
- **Q 1-29** 夫名義の賃貸マンションに住み続けることができるか　46
- **Q 1-30** 財産分与の対象となるものは　47
- **Q 1-31** 夫の退職金・年金を分与することはできるのか　48
- **Q 1-32** 離婚前に入れなかった生活費を請求できるか　49
- **Q 1-33** 離婚後一定の生活費を支払ってもらいたい　50

8 離婚時の慰謝料・養育費・親権

- **Q 1-34** 離婚時に慰謝料を請求できるのか　51
- **Q 1-35** 子どもの養育費について　52
- **Q 1-36** 親権をとりたい・子どもと面会したい　53
- **Q 1-37** 面会交流の支援について　54

9 DV・ストーカー

- **Q 1-38** 夫からDVを受けている　55
- **Q 1-39** DVから逃れるためには　56
- **Q 1-40** 同棲相手からDVを受けている　57
- **Q 1-41** ストーカー行為とは　58
- **Q 1-42** ストーカーから逃れるためには　59
- **Q 1-43** 付き合っていた相手から執拗に大量なメールが送られてくる　60

第2章 親子に関する法律知識

1 離婚後の親子関係

- **Q2-1** 元夫が養育費を払わない　*62*
- **Q2-2** 養育費の変更について　*63*
- **Q2-3** 子どもと面会できなくなった　*64*
- **Q2-4** 養育費を支払わない元夫に子どもを会わせたくない　*65*
- **Q2-5** 親権者の変更　*66*
- **Q2-6** 離婚した後の親権者の死亡　*67*
- **Q2-7** 元夫に連れ去られた長男を取り戻したい　*68*
- **Q2-8** 親権者の死亡後、元妻が孫を連れ去った　*69*
- **Q2-9** 子どもの引渡請求の方法と、それぞれの特徴　*70*
- **Q2-10** 引渡請求が認められたのに子どもを渡さない　*71*
- **Q2-11** 子の氏の変更　*72*

2 養子縁組

- **Q2-12** 普通養子縁組と特別養子縁組　*73*
- **Q2-13** 養子縁組を解消したい　*74*

3 非嫡出子・認知・国際戸籍

- **Q2-14** 子どもを認知してほしい　*76*
- **Q2-15** 父親が死亡した場合の認知請求　*77*
- **Q2-16** 体外受精の場合の親子関係は　*78*
- **Q2-17** 事実婚の場合の親子関係は　*79*
- **Q2-18** 異国籍の夫婦の子どもの国籍は　*80*
- **Q2-19** ハーグ条約について　*81*
- **Q2-20** 国際結婚における子の連れ去り　*82*
- **Q2-21** 不誠実な父親を扶養する義務があるか　*83*

4 子どもの不法行為

- Q 2-22 子どもが友だちにけがを負わせてしまった　84
- Q 2-23 友だちに押されて子どもがけがをしてしまった　85

5 子どもの学校生活

- Q 2-24 子どもが学校でいじめられている　86
- Q 2-25 長男が窃盗の疑いで退学させられた　87

6 児童虐待・親権濫用

- Q 2-26 児童虐待とは　88
- Q 2-27 マンションの隣室で虐待が行われている　89
- Q 2-28 児童相談所の役割は　90
- Q 2-29 親権喪失と親権停止　91
- Q 2-30 孫娘が父親から性的虐待を受けている　92

7 利益相反行為・子どもの行為能力

- Q 2-31 長男名義の土地を担保に借金したい　93
- Q 2-32 長女が親に無断でサラ金から借金をしてしまった　94

第3章 高齢者・障害者に関する法律知識

1 高齢者の法律知識

- Q 3-1 高齢や物忘れにより財産の管理が不安な場合　96
- Q 3-2 成年後見制度とは　97
- Q 3-3 法定後見制度とは　98
- Q 3-4 補助制度とは　99
- Q 3-5 法定後見制度を利用したい　100
- Q 3-6 成年後見人とはどのようなことをするのか　101
- Q 3-7 成年後見監督人とは　102
- Q 3-8 成年後見人を辞めるには　103

- Q 3-9 身内以外を後見人に指定しておきたい　*104*
- Q 3-10 成年後見制度を利用すると戸籍に記載されるのか　*105*
- Q 3-11 終末期医療をめぐる考え方　*106*
- Q 3-12 尊厳死の表明　*107*
- Q 3-13 近所で起こる高齢者への虐待を止めたい　*108*
- Q 3-14 年をとってから受け取れる年金について　*109*
- Q 3-15 定年後も働き続けるためには　*111*
- Q 3-16 高齢者に対する医療制度にはどのようなものがあるか　*112*
- Q 3-17 有料老人ホームに入居する際の注意点は　*113*
- Q 3-18 介護施設の種類と選び方は　*114*
- Q 3-19 介護保険を利用したい　*115*
- Q 3-20 在宅介護の種類とサービス内容は　*116*

2 障害者の法律知識

- Q 3-21 障害者に対する虐待の実態と対策は　*117*
- Q 3-22 障害者が職場で不当な行為を受けた　*118*
- Q 3-23 障害者が受け取る手帳・年金・手当等について　*119*
- Q 3-24 障害者が行政・民間事業者へ求められること　*120*
- Q 3-25 障害者が受けられる介護サービスとは　*121*
- Q 3-26 高齢・障害を理由とした借家契約の解除等について　*122*
- Q 3-27 知的障害の娘が施設で職員にセクハラを受けた　*123*

第4章 遺言・相続に関する法律知識

1 遺言

- Q 4-1 遺言書はどのように作成すればよいのか　*126*
- Q 4-2 認知症の母が遺言をすることはできるのか　*127*
- Q 4-3 遺言でできること、できないこと　*128*
- Q 4-4 ペットの世話を頼むことは可能か　*129*
- Q 4-5 荷物の整理をしていたら遺言書が出てきた　*130*
- Q 4-6 遺言の執行とは　*131*

- **Q 4-7** 遺言の撤回・変更はどのように行うのか　*132*

2　相　続

- **Q 4-8** 遺言がない相続手続の流れ　*133*
- **Q 4-9** 誰が相続人となるのか、どのような割合で相続するのか　*134*
- **Q 4-10** 相続人を調べる方法　*135*
- **Q 4-11** 相続人が誰もいない　*136*
- **Q 4-12** 内縁の妻は夫の遺産を相続することができるのか　*137*
- **Q 4-13** 遺産がどこにあるかわからない　*138*
- **Q 4-14** 遺産に含まれる財産と含まれない財産　*139*
- **Q 4-15** 相続放棄と限定承認　*140*
- **Q 4-16** 長男には相続させたくない　*141*
- **Q 4-17** 生前贈与をしたうえで法定の相続分も渡したい　*142*
- **Q 4-18** 自営業者の跡継ぎに対する相続上の取扱いは　*143*
- **Q 4-19** 看病を行ってきた相続人の寄与分は　*144*
- **Q 4-20** 相続と税金　*145*

3　遺産分割・遺産管理

- **Q 4-21** 遺産分割協議　*146*
- **Q 4-22** 相続財産の価値の決め方　*147*
- **Q 4-23** 連絡が取れない相続人がいる場合の遺産分割　*148*
- **Q 4-24** 遺産分割協議書の作成方法は　*149*
- **Q 4-25** 遺産分割協議が成立した後、遺言書が見つかった　*151*
- **Q 4-26** 遺産を分割する前の財産の管理方法は　*152*
- **Q 4-27** 遺産を分割する前のアパート等の管理方法は　*153*
- **Q 4-28** 相続財産を無断使用、無断売却された場合の対処は　*154*
- **Q 4-29** 遺産分割協議がなかなか整わない　*155*

4　遺留分

- **Q 4-30** 遺留分とは　*156*
- **Q 4-31** 遺留分すらもらえなかった場合　*157*

5 葬儀・墓地

- **Q 4-32** お葬式の費用は誰が負担するのか *158*
- **Q 4-33** お墓の承継者は誰になるのか *159*
- **Q 4-34** お墓の承継者がいない（無縁墓地の取扱い） *160*
- **Q 4-35** お墓がなくなってしまった（墓地の改葬） *161*
- **Q 4-36** 指定石材店について *162*
- **Q 4-37** 他界した家族が飼っていたペットを埋葬したい *163*

第5章 ペットに関する法律知識

1 ペットの入手トラブル

- **Q 5-1** 拾ってきた動物をペットとして飼ってよいのか *166*
- **Q 5-2** ペットを購入する際のトラブル *167*
- **Q 5-3** ペットの贈与・転売について *168*
- **Q 5-4** いなくなったペットが他人の家で飼われていた *169*

2 ペットの近隣トラブル

- **Q 5-5** 隣人が野良猫に餌付けしている *170*
- **Q 5-6** ペットによる器物破損・騒音のトラブル *171*
- **Q 5-7** 管理規約の変更によりペットの飼育が禁止に *172*
- **Q 5-8** ペットを預けたら死んでしまった *173*

3 ペットの医療トラブル

- **Q 5-9** 簡単だと言われた避妊手術後にペットが急死してしまった *174*
- **Q 5-10** 隣家のペットが虐待されている *175*

4 動物愛護

- **Q 5-11** ペットの健康を守るためにできること *176*
- **Q 5-12** ペットに自分の財産を残したい *177*

第6章 不動産・住居に関する法律知識

1 相隣（そうりん）トラブル

- Q 6-1 境界とは何か *180*
- Q 6-2 隣家の塀が境界を越えている *181*
- Q 6-3 境界ぎりぎりの建物建築 *182*
- Q 6-4 隣地使用請求権 *183*
- Q 6-5 隣家のピアノや布団をたたく音がうるさい *184*
- Q 6-6 近所の飲食店からの悪臭に困っている *185*
- Q 6-7 近隣の建設工事の振動・騒音がひどい *186*
- Q 6-8 近隣の土地を通行してよいか *187*
- Q 6-9 通行していた土地の所有者が変わった *188*
- Q 6-10 車が通るための通行権 *189*

2 欠陥住宅・建築請負

- Q 6-11 完成したマイホームに不具合が見つかった *190*
- Q 6-12 新築3年後に雨漏りが見つかった *191*
- Q 6-13 契約内容の違反は瑕疵にあたるか *193*
- Q 6-14 損害賠償と未払請負代金の相殺 *194*
- Q 6-15 建物の欠陥について損害賠償を請求したい *195*
- Q 6-16 設計者に対する責任追及 *196*
- Q 6-17 改築工事によってけがを負ってしまった *197*
- Q 6-18 家族全員がシックハウス症候群になってしまった *198*
- Q 6-19 リフォーム後に壁にひび割れが発生した *199*
- Q 6-20 住宅品質確保促進法、住宅瑕疵担保履行法とは *201*
- Q 6-21 住宅性能評価書、住宅紛争審査会とは *202*
- Q 6-22 建築工事紛争審査会、裁判外紛争解決手続（ADR）機関とは *203*

3 マンション

- Q 6-23 マンション管理費の滞納 *204*

- Q 6-24 迷惑住民のマンションからの追い出し　205
- Q 6-25 規約が変更され店舗営業ができなくなった　206
- Q 6-26 マンションの建替え　207
- Q 6-27 マンション上階からの水漏れ　208

4 不動産売買

- Q 6-28 不動産を購入するときの注意事項　209
- Q 6-29 不動産の二重譲渡について　210
- Q 6-30 購入した土地の面積が不足していた　211
- Q 6-31 不動産の瑕疵担保責任について　213
- Q 6-32 手付金支払後の解約は可能か　215
- Q 6-33 マンション購入後に眺望が変わってしまった　216
- Q 6-34 仲介業者への報酬　217

5 借 地

- Q 6-35 借地を明け渡すよう求められてしまった　218
- Q 6-36 死亡した借地人の未払賃料の請求先は　219
- Q 6-37 抵当権が設定されている土地の賃貸借　220
- Q 6-38 自分の土地を駐車場や資材置き場として貸したい　221
- Q 6-39 造作買取請求権とは　222
- Q 6-40 借地条件を変更したい　223

6 借 家

- Q 6-41 マンションの部屋を3年間だけ貸したい　224
- Q 6-42 建替えのため賃借人に立ち退いてもらいたい　225
- Q 6-43 テナントに立退料を請求されてしまった　226
- Q 6-44 賃借人が破産してしまった　227
- Q 6-45 賃貸人が破産してしまった　228
- Q 6-46 賃料の支払いを忘れてしまった　229
- Q 6-47 借家の天井が雨漏りしている　230
- Q 6-48 退去時の原状回復義務の範囲は　231
- Q 6-49 賃貸借契約を結ぶときの注意点は　232
- Q 6-50 敷金・礼金・権利金とは　233

- Q 6-51 敷引き特約とは　*234*
- Q 6-52 借家の瑕疵担保責任とは　*235*
- Q 6-53 使用貸借契約とは　*236*
- Q 6-54 家主が変わることになった　*237*
- Q 6-55 賃借人同士のトラブル　*238*
- Q 6-56 賃借人が行方不明になってしまった　*239*
- Q 6-57 賃借人から賃料の減額を要求された　*240*
- Q 6-58 借家の又貸し　*241*

第7章 取引に関する法律知識

1 訪問販売等

- Q 7-1 訪問販売の法的規制　*244*
- Q 7-2 キャッチセールスにつかまってしまった　*245*
- Q 7-3 抽選に当たったと連絡がきた　*246*
- Q 7-4 通信販売で購入したものを返品したい　*247*
- Q 7-5 電話勧誘販売は解約できるか　*248*
- Q 7-6 エステや外国語学校の途中解約・返金　*249*
- Q 7-7 内職・モニター商法とは　*250*
- Q 7-8 押しつけ販売（ネガティブオプション）とは　*251*
- Q 7-9 クレジット契約の解除　*252*
- Q 7-10 クーリングオフできる取引　*253*
- Q 7-11 クーリングオフの方法や効果　*254*
- Q 7-12 消費者団体訴訟とは　*255*

2 株・金融商品・先物取引・インサイダー取引

- Q 7-13 勧誘されている投資商品に問題はないか　*256*
- Q 7-14 未公開会社の株式・社債への投資の問題　*257*
- Q 7-15 老後の資金を投資商品で貯めるよう勧誘された　*258*
- Q 7-16 投資商品で勧誘された内容と違うことが起きて損をした　*259*
- Q 7-17 粉飾決算で会社が倒産し株式が無価値になった　*260*

- Q 7-18 商品先物取引、FX の仕組みについて　*261*
- Q 7-19 先物取引業者のいいなりに取引していたら損をした　*262*
- Q 7-20 投資による損害についての救済方法　*263*
- Q 7-21 インサイダー取引とは　*264*

3 マルチ商法・ネズミ講

- Q 7-22 マルチ商法の仕組み　*265*
- Q 7-23 マルチ商法の被害に遭ってしまった　*266*
- Q 7-24 ネズミ講の仕組み　*267*
- Q 7-25 ネズミ講の被害に遭ってしまった　*268*
- Q 7-26 マルチ商法とネズミ講の違いは　*269*

4 フランチャイズ契約

- Q 7-27 フランチャイズ契約とは　*270*
- Q 7-28 フランチャイズ契約を結ぶときに注意すべきこと　*271*

5 振り込め詐欺・架空請求被害

- Q 7-29 振り込め詐欺に引っかかってしまった　*272*
- Q 7-30 心当たりがない有料サイトの利用料を請求された　*273*
- Q 7-31 裁判所を装った不当請求　*274*

6 民事介入暴力

- Q 7-32 暴力団等と関係を持たない組織づくり　*275*
- Q 7-33 暴力団から不当な要求を受けている　*276*
- Q 7-34 取引先が暴力団と関係があるか調べたい　*277*
- Q 7-35 暴力団であることを理由に契約の解除はできるか　*278*
- Q 7-36 みかじめ料を拒否したら暴力をふるわれた　*279*
- Q 7-37 貸ビルの一室が暴力団の事務所になっていた　*280*
- Q 7-38 マンションの一室が暴力団の事務所になっていた　*281*
- Q 7-39 商店街近くのビル全体が暴力団の事務所になっていた　*282*
- Q 7-40 暴力団事務所使用差止請求制度とは　*283*

第8章 インターネット・情報に関する法律知識

1 インターネット上の取引トラブル

- Q 8-1 スマートフォンやアプリを利用するときの注意点 *286*
- Q 8-2 ネットショッピングの商品のトラブル *287*
- Q 8-3 ワンクリック詐欺とは *288*
- Q 8-4 ID・パスワードを不正使用されてしまった *289*
- Q 8-5 大量の迷惑メールが届く *290*
- Q 8-6 ネットショッピング出店の際の注意点 *291*

2 インターネット上の著作権トラブル

- Q 8-7 SNSやブログを始めるときに注意すべきこと *292*
- Q 8-8 知人が購入したソフトウェアの使い回し *293*
- Q 8-9 動画サイトからのダウンロード *294*

3 インターネット上の権利侵害

- Q 8-10 SNSにおける誹謗中傷 *295*
- Q 8-11 インターネットと肖像権・プライバシー権 *296*
- Q 8-12 過去の不祥事とネット検索 *297*

第9章 職場に関する法律知識

1 労働・雇用

- Q 9-1 労働条件を確認したい *300*
- Q 9-2 内定を取り消されてしまった *302*
- Q 9-3 会社に損害を与えたことによる給料からの天引き *303*
- Q 9-4 極めて不規則な労働時間 *305*
- Q 9-5 業績悪化を理由に残業代が支払われない *306*

- Q 9-6 固定残業代制度を理由に残業代が支払われない 307
- Q 9-7 休日出勤が多く有給休暇も取れない 308
- Q 9-8 結婚・出産後も仕事を続けていきたい 310
- Q 9-9 職場でセクハラの被害に遭った 312
- Q 9-10 職場でパワハラの被害に遭った 314
- Q 9-11 突然、遠方への転勤を命じられた 316
- Q 9-12 突然、降格させられてしまった 318
- Q 9-13 休職後、復職を認めてもらえない 319
- Q 9-14 定年延長や再雇用について 320
- Q 9-15 突然、職場を解雇されてしまった（普通解雇） 322
- Q 9-16 突然、職場を解雇されてしまった（整理解雇） 324
- Q 9-17 突然、職場を解雇されてしまった（懲戒解雇） 326
- Q 9-18 管理職になったら残業代は出ないのか 328
- Q 9-19 派遣先での仕事が説明と違っていた 330
- Q 9-20 契約社員の契約更新について（雇止め） 331
- Q 9-21 無期労働契約への転換 332
- Q 9-22 パートタイム労働者の保護 334

2 保険・年金

- Q 9-23 出張先のホテルで骨折した場合、労災になるのか 337
- Q 9-24 帰宅途中の寄り道は通勤災害にならないのか 338
- Q 9-25 過労死を防止するためには 340
- Q 9-26 ストレスチェック制度について 342
- Q 9-27 失業保険はどのようなときに受給できるのか 344
- Q 9-28 再雇用時の雇用保険からの給付 346
- Q 9-29 専門的な教育訓練を受ける際に受けられる給付 347
- Q 9-30 出産・育児による休業中に行政から受けられる援助 349
- Q 9-31 共働き夫婦の健康保険について 351

第10章 債務整理に関する法律知識

1 借金のトラブル

- Q 10-1　貸金業者からの借金を検討している（貸金業法の改正）　354
- Q 10-2　ヤミ金等にひっかかってしまったら　355
- Q 10-3　借金と親族の責任　356
- Q 10-4　だまされて連帯保証人になっても返済義務はあるのか　357
- Q 10-5　裁判所から支払督促の通知が来たら　358

2 債務整理の方法

- Q 10-6　債務整理の方法にはどのようなものがあるか　359
- Q 10-7　任意整理のメリット・デメリット　361
- Q 10-8　自己破産のメリット・デメリット　362
- Q 10-9　免責が得られない債権（非免責債権）　363
- Q 10-10　免責許可が得られない場合（免責不許可事由）　364
- Q 10-11　再度の自己破産は可能なのか　365
- Q 10-12　自己破産するとすべての財産が処分されるのか　366
- Q 10-13　個人再生のメリット・デメリット　367

3 過払金

- Q 10-14　過払金とは　368

第11章 事故に関する法律知識

1 交通事故

- Q 11-1　自動車保険の仕組み　370
- Q 11-2　交通事故の被害者になったら　371
- Q 11-3　交通事故の加害者になったら　372

- Q 11-4 傷害事故に遭った場合の損害賠償　373
- Q 11-5 保険会社から治療費の支払いを打ち切ると言われたら　374
- Q 11-6 休業損害の請求　375
- Q 11-7 交通事故に遭い、顔に傷跡が残ってしまった場合　376
- Q 11-8 交通事故に遭い、いわゆる植物状態になってしまった場合　377
- Q 11-9 家族が交通事故で死亡したときの損害賠償　378
- Q 11-10 適正な死亡慰謝料とは　379
- Q 11-11 既往の疾患がある場合やストレスによる疾患が生じた場合　380
- Q 11-12 物損事故に遭った場合、どのような請求ができるか　381
- Q 11-13 事故状況に争いがある場合　382
- Q 11-14 歩行者と自転車の衝突事故に遭った場合　383
- Q 11-15 交通事故の加害者が保険に入っていなかった場合　384
- Q 11-16 交通事故による損害賠償請求権の時効　385

2 欠陥商品の事故

- Q 11-17 携帯電話の発熱事故　386
- Q 11-18 輸入品に欠陥があり、製造物責任を追及したい　387
- Q 11-19 プライベートブランド（PB）に欠陥があり、製造物責任を追及したい　388
- Q 11-20 製造業者等に請求できる損害賠償の範囲　389
- Q 11-21 取扱方法を誤ってけがを負ってしまった　391

3 医療事故

- Q 11-22 医療過誤事件の特徴　392
- Q 11-23 医療事故において取りうる手段　394
- Q 11-24 医療過誤訴訟を起こしたい　395
- Q 11-25 医師に責任があるかどうか調べたい　396
- Q 11-26 医療過誤裁判における鑑定とは　398
- Q 11-27 看護や介護を十分に受けられていない　399
- Q 11-28 手術承諾書にサインしたが、手術の結果に納得がいかない　400
- Q 11-29 医師から末期がんの告知を受けなかった　401
- Q 11-30 執刀ミスで大きな傷跡が残ってしまった　402
- Q 11-31 地域の個人医院において、患者に適切な治療ができなかった　403
- Q 11-32 処方された薬によって副作用が出た　404

4 学校事故

- **Q 11-33** 学校の授業中に事故が起きた　*405*
- **Q 11-34** 学校の施設の瑕疵により子どもがけがをした　*406*
- **Q 11-35** 学校で子どもが起こした事故における親の責任　*407*

第12章 刑事事件に関する法律知識

1 刑事手続の概略

- **Q 12-1** 刑事事件・刑事手続とは　*410*

2 刑事手続の各段階でのアドバイス

- **Q 12-2** 逮捕から起訴・不起訴処分までの流れ　*411*
- **Q 12-3** 警察署や拘置所での面会　*412*
- **Q 12-4** 起訴から判決までの流れ　*413*

3 刑事手続における弁護士の役割

- **Q 12-5** 弁護人の職務とは　*415*
- **Q 12-6** 弁護人を選任するには　*416*

4 いろいろな犯罪の問題

- **Q 12-7** 少年事件　*417*
- **Q 12-8** 万引き　*419*
- **Q 12-9** 薬物犯罪　*420*

5 刑事手続の周辺の問題

- **Q 12-10** 犯罪に巻き込まれたら　*421*

第13章 裁判員制度に関する法律知識

1 裁判員に選ばれるにあたって

- **Q 13-1** 裁判員に選ばれるまで　*424*
- **Q 13-2** 裁判員を辞退したい場合　*426*
- **Q 13-3** 裁判員に選ばれた場合の社会生活上の問題点　*427*

2 裁判員裁判に臨むにあたって

- **Q 13-4** 裁判員の役割とは　*428*
- **Q 13-5** 裁判員裁判は普通の刑事裁判とどう違うのか　*429*
- **Q 13-6** 裁判員の個人情報の保護と守秘義務　*430*
- **Q 13-7** 裁判員の心理的負担と心のケア　*431*

資料1 相談窓口一覧　*433*

資料2 全国弁護士連合会・弁護士会一覧　*436*

凡　例

- 金商法……金融商品取引法
- 区分所有法……建物の区分所有等に関する法律
- 刑訴法……刑事訴訟法
- 景表法……不当景品類及び不当表示防止法
- 高年齢者雇用安定法……高年齢者等の雇用の安定等に関する法律
- 高齢者虐待防止法……高齢者虐待の防止、高齢者の養護者に対する支援等に関する法律
- 自賠法……自動車損害賠償保障法
- 出資法……出資の受入れ、預り金及び金利等の取締りに関する法律
- 障害者虐待防止法……障害者虐待の防止、障害者の養護者に対する支援等に関する法律
- 職員給与法……一般職の職員の給与に関する法律
- 人訴法……人事訴訟法
- ストーカー規制法……ストーカー行為等の規制等に関する法律
- 道交法……道路交通法
- 特商法……特定商取引に関する法律
- 特定電子メール法……特定電子メールの送信の適正化等に関する法律
- 鳥獣保護法……鳥獣の保護及び狩猟の適正化に関する法律
- 動物愛護管理法……動物の愛護及び管理に関する法律
- 品確法……住宅の品質確保の促進等に関する法律
- ペットフード安全法……愛がん動物用飼料の安全性の確保に関する法律
- 暴力団対策法……暴力団員による不当な行為の防止等に関する法律
- 墓埋法……墓地、埋葬等に関する法律
- 民訴費……民事訴訟費用等に関する法律
- 民訴法……民事訴訟法
- 労災法……労働者災害補償保険法
- DV防止法……配偶者からの暴力の防止及び被害者の保護に関する法律
- PL法……製造物責任法

【法令等の表記例】
民法770①Ⅰ……民法第770条第1項第1号

【裁判例等の表記例】
最判平8.3.26……最高裁判所平成8年3月26日判決
大阪高判昭53.10.5……大阪高等裁判所昭和53年10月5日判決
浦和地判平7.6.30……浦和地方裁判所平成7年6月30日判決

※本書の相談内容は、一般的な事例として表現していますので、個別の事例にはあてはまらない場合があることをご了承ください。
※本書の内容は、平成27年10月現在の法令等によっています。

序章 1

法律相談
にあたって

(1) はじめに

　普段の生活の中で、「法律」というものを意識したことがあるでしょうか。

　実は、私たちの行動の多くが、「法律」に基づく行為なのです。

　例えば、コンビニでお金を払ってジュースを買います。このとき、コンビニの運営会社との間に売買契約が成立しています。

　また、電車に乗るときは切符を買ってから乗りますが、このときにも鉄道会社との間で旅客運送契約が成立しています。

　契約というのは、私たちが自由な社会経済活動をする際に交わす合意のことです。

　このように、日常的に法律に基づく行為を行っていますが、そのことを特に意識していないのは、トラブルが起きないからです。

　しかし、電車がかなり遅れたり、途中で止まったりした場合、鉄道会社に切符代を返せと言いたくなりませんか。オレンジだと思って買ったジュースが、マンゴーであったら、交換してくれと言いたくなりませんか。

　このようなことが言えるかどうかを考えるにあたっても、「法律」でどのように決まっているかがポイントになります。

　そもそも日本は、法治国家であり、法律によって規律されていますので、法律を無視して生活することはできないのです。

　そこで本書では、皆さんの生活の場面で生じるかもしれないトラブルを、法律の観点からできるだけ簡単に説明したいと思います。

　ただし、基本的なことや共通することをそれぞれに書くわけにはいきませんので、まず序章では、基本的な内容について触れておきたいと思います。

(2) 民事手続と刑事手続

　民事手続と刑事手続という言葉を耳にしたことがあると思います。似ている言葉ですが、まったく別の手続きであることをご存知でしょうか。

　仮に交通事故を起こしたとしましょう。

　被害者の方の治療費や、破損した自動車の修理費等の賠償金を支払わなければなりません。これが民事責任であり、この責任の内容を定める手続きが「民事手続」ということになります。すなわち、私人と私人との関係を定めるための手続きです。

　被害者の方が重傷であった場合、警察から取り調べを受け、過失運転致傷罪に問われるかもしれません。これが刑事責任であり、懲役などの刑事罰を定める手続きが「刑事手続」ということになります。

　では、事故を起こしたことにより、免許停止の処分を受けました。これは行政責任であり、免許停止処分ということを定める手続きは、「行政手続」と呼ばれます。

　このように、一つの行為ではあっても、それぞれ異なった問題であることに注意してください。警察に被害届を出しても、賠償金が決まるわけでもありませんし、賠償金を支払っても免許停止処分が取り消されることもありません。

　したがって、何が問題となっているのかをしっかり確認してから相談することが必要となります。

(3) 弁護士とは

　思いもよらないトラブルに見舞われたとき、「弁護士に相談したい…」と思うこともあるでしょう。

　ここで、弁護士について、少し説明します。

　弁護士は、司法試験に合格し、司法研修所で研修して卒業試験に合格することが必要な国家資格で、そして、弁護士としての仕事をするためには、日本弁護士連合会および各都道府県の弁護士会に所属しなければならないことになっています。したがって、すべての弁護士は、日本弁護士連合会のホームページに氏名等が記載されていますので、これを調べれば、ある人が弁護士であるか否かただちにわかります。

　ただ、どの弁護士に相談しようかと具体的に考

え始めると、これが結構難しいのです。

「法律」と一言で言っても、約2,000もあります。また、政令（内閣が定めた、法律運用のための決まり）、条例（地方公共団体ごとに定められた決まり）等も含めると、その数はさらに数倍になります。これらをすべて網羅しているという人は、おそらくいないと思われます。

自分が相談しようとしている問題の分野について詳しい弁護士に相談したいと思うのが通常だと思いますが、誰が何に詳しいかはどのようにして調べたらよいのでしょうか。

一番よい方法は、自分が信頼している知人に紹介してもらうことだと思います。

このような知人がいない場合には、弁護士会や法テラス（独立行政法人日本支法支援センター）が運営している法律相談に行ってみるのもよいかもしれません。弁護士会によっては、ある程度特殊な事件について、分野ごとに専門の窓口を設けているので、その分野の相談をしたい人にとっては有用ではないかと思います。

また、弁護士会のホームページには、得意分野を記載している弁護士もあり、ある程度検索も可能です。これを利用してみるのもよいでしょう。

（4）相談するにあたって

相談する場合に気になるのが、費用のことだと思います。

弁護士会が運営している法律相談で相談する場合、おおむね費用は公表されており、30分5,000円とされているのが一般的です（平成27年10月現在）。

直接、法律事務所に赴いて相談する場合には、その法律事務所で費用は決めているので、相談に行く場合は事前に費用を聞いておいたほうがよいと思います。弁護士会の法律相談と同様に30分5,000円程度が最も多いと思いますが、無料のところから、時間単位ではなく「1件○○円」という定め方をしているところもあります。

さて、実際に相談するにあたってのポイントは、話す内容をメモにしておくこと、聞く内容をメモしておくこと、そして関係すると思われる資料を一切合財持って行くことです。

なぜかと言うと、既述のとおり、時間で金額が決まっている場合が多いので、説明に手間取っていると、「質問に入るまでに1時間1万円がかかった…」等ということが起きてしまいます。事前にまとめておいたメモを見てもらったり、必要な資料を見てもらったりしたほうが、口で説明するよりも短時間で弁護士に問題を伝えることができることが多いのです。また、弁護士にとっても客観的な資料を見たほうが事案を正確に理解できますし、正確な判断が下しやすくなります。

また、相談者も多少の勉強をしてから相談に行くとよいと思います。

自分で勉強することで相談すべき内容が自分なりに整理されるので、質問が的確になりますし、弁護士の説明も理解できることが増えると思います。そして、その結果、相談時間も短縮化でき、費用も節約できるのです。

（5）依頼するにあたって

相談した弁護士の説明に納得し、この弁護士にトラブルを解決してほしいと思った場合には、依頼をすることになります。この場合、相談の場合と同様に費用がかかりますが、事件によっては大きな金額になることもありますので、ここで説明しておきます。弁護士の費用の決め方として、基本的には二つの方法があります。

一つは、「着手金・報酬金方式」です。これは、依頼をするときに着手金を支払い、事件の処理が終わったときに、その成功の度合いに応じて報酬金を支払うというものです。

もう一つは、「時間給（タイムチャージ）方式」です。その名のとおり、依頼された事件にかかった時間を計算して、支払う金額を算出するものです。

いずれの決め方も、金額は個々の弁護士と協議をして決めることになります。かつては、報酬基準というものが定められていましたが、自由競争を阻害する等の理由で公正取引員会から是正を求

められて撤廃されたために、規定は存在していません。

そのため、依頼をしようとしている弁護士が提案した金額は妥当なのか、高いのか、安いのか、判断に困ることも多いのではないかと思います。そこで日本弁護士連合会では、一つの目安として、全国の弁護士に費用についてアンケートをした結果を公表しています（http://www.nichibenren.or.jp/library/ja/attorneys_fee/data/guide.pdf）。

いくつかの事案をその事案のおよその費用について最も割合の多かった金額を以下に挙げるので、参考にしてください。

---

① 離婚
【事案】夫の暴力が原因で離婚したい。3歳の子は自分が引き取りたい。慰謝料200万円要求。
【結果】離婚成立。子の親権、慰謝料満額、養育費月額3万円受け取れることになった。
《離婚調停》
　着手金…20万円　報酬金…30万円
《調停不調で訴訟》
　着手金…10万円　報酬金…30万円
《訴訟から受任》
　着手金…30万円　報酬金…30万円

② 債務整理・倒産
【事案】消費者金融から400万円借りたが返済できず債務整理を依頼。
【結果1】200万円過払いがあり、裁判で全額回収。
　着手金…20万円　報酬金…40万円
【結果2】負債が300万円残ることになり、個人再生手続で3年間で100万円支払うとの再生計画案が認可された。
　着手金…30万円　報酬金0万円
【結果3】弁済不能のため、自己破産を申し立て、破産手続が開始し、免責許可決定が出た。
　着手金…30万円　報酬金…0万円

③ 遺言書作成、遺言執行
【事案】定型的な公正証書遺言作成。資産は、不動産・預金および株券。評価額総額が5,000万円。
　作成手数料…10万円　執行手数料…40万円

④ 遺産分割請求
【事案】夫死亡。遺産は自宅・山林・株券・預金総額1億円。遺言書なし。妻と子2人遺産の範囲には争いないが、遺産割合に争いあり。
【結果】妻の依頼で調停申立。5,000万円の相続分確保。
　着手金…50万円　報酬金…100万円

⑤ 建物明渡
【事案】AはBに1戸建建物（時価1,000万円）を賃貸していたところ、賃料不払で立退請求。
【結果】Aの依頼で全面勝訴。Bは判決後立退。
　着手金…30万円　報酬金…60万円

（出所）　日弁連「市民のための弁護士報酬ガイド」

いずれにしても、金額が決まったら契約書をしっかりと交わすように求めましょう。最後に報酬でもめるということは避けたいところです。

さて、弁護士の費用を確認してみたところ、とても支払いができないということもあるでしょう。弁護士によっては、分割払いや減額に応じてくれますが、それでも支払いができないという場合もあると思います。

その場合には、次の制度があります。

まず、刑事事件に関しては、国選弁護人制度と当番弁護士制度があります。国選弁護人制度というのは、起訴されて裁判を受けることになる被告人と、逮捕勾留されている被疑者に、国が弁護士を弁護人として選任するという制度です。費用は、とりあえず国が支払いますが、国が被告人や被疑者に請求するかどうかは、裁判手続の中で決めます。

これに対し、当番弁護士制度というのは、各地域にある弁護士会が、1回だけですが無料で弁護士を被疑者または被告人の元に派遣してくれる制度で、法律相談センター（資料1参照）に電話して、当番弁護士を依頼することができます。逮捕されると、検察官や裁判官からこの制度のことは告知されるので、逮捕された人が直接依頼をする場合が多いのですが、家族等が依頼しても当番弁護士は出動してくれます。国選弁護人が選任されるまでの間に弁護士に相談したいことがある場合等には有用です。なお、「当番弁護士に依頼をしたいが、財産や収入がなくて弁護士費用が支払え

ない」というような場合には、法テラスの被疑者弁護援助を受けることができる場合があります。

次に、民事事件に関しては、法テラスの民事法律扶助制度があります。これは、法テラスが弁護士費用をいったん立て替えて支払い、依頼者は月々支払える金額（1万円とされる場合が多い）を法テラスに支払うというものです。この制度を利用するためには、下表の収入要件と資産要件があり、端的に言えば、財産のない人、収入の乏しい人であることが必要となります。この制度は「立替え」であるので、返済が必要ですが、事案によっては返済を免除する場合もありますので、利用する際には説明をよく聞き、確認しましょう。

民事法律扶助　収入要件（平成27年10月現在）

世帯	手取月収額の基準[※1]	家賃または住宅ローン負担者加算[※2]
1名	18万2,000円以下	4万1,000円以下
2名	25万1,000円以下	5万3,000円以下
3名	27万2,000円以下	6万6,000円以下
4名	29万9,000円以下	7万1,000円以下

※1　東京、大阪など生活保護一級地の場合は基準が緩和されます。
※2　家賃や住宅ローン負担者には基準額に下記限度額の範囲内でその金額が加算されます。

民事法律扶助　資産要件

世帯	現金・預貯金合計額の基準
1名	180万円以下
2名	250万円以下
3名	270万円以下
4名以上	300万円以下

(6) 紛争解決機関について

トラブルが解決せず、当事者間で解決しないこともあるでしょう。このような「紛争」を解決するために、①訴訟、②調停、③仲裁を利用することが考えられます。

これらは似ているところもありますが、それぞれにメリットとデメリットがあります。

「訴訟」は、裁判所で行いますが、当事者は無断で出頭しないと、いわゆる欠席裁判と言われる状態になり、欠席のまま判断が下されます。また、話合いの場がもたれることもありますが、決裂した場合には裁判所が判決という判断を下します。

これに対して「調停」は、裁判所で行いますが、専ら話合いの場であり、当事者が出頭しない場合には進行できず、最終的には不調といって、何らの解決策も見出せないまま終わります。また、判決ではないため判決という手段を持たないので、裁判所が当事者を説得することが難しい場合も生じます。

「仲裁」は、仲裁法という法律に従って行われます。当事者間で仲裁合意がなされている場合に仲裁を行うことができるのですが、多くの場合には仲裁合意をしないまま申し立てますので、（和解の）あっせんという手続きになっています。仲裁合意がなされるということは、第三者である仲裁人の判断に従うという合意をすることなので、前述の訴訟における判決と同様に考えることができます。仲裁合意をしていない場合には、仲裁人候補者という人が双方の話を聞きながら話をまとめるので調停と同様に考えることができます。仲裁のよいところは、裁判所の手続きではないため、比較的対応が柔軟な点です。必要に応じて手続きを事件の現場で行ったり、夜に行ったりすることもできますし、事件の分野を特定していることもあるので、その分野の専門家が仲裁人（または候補者）として対応してくれるところもメリットとして挙げられます。ただし、裁判所の手続きではない分、費用が多少高目ですので、利用する場合には確認をしたほうがよいでしょう。

(7) 公的機関による紛争解決に必要な費用

既述のとおり、訴訟（ここでは民事訴訟）や調停による解決を図る場合、裁判所での手続きとなります。その際の、裁判所に支払う費用について、以下に説明します。

◎民事訴訟の費用

裁判所に訴えを提起する場合、訴額および訴えの内容に応じ、一定額の印紙を訴状（訴える内容等を記した文書）に添付する必要があります。印紙代は、全国どこの裁判所も一律の金額となっています。さらに、裁判の相手方へ書類を郵送するための郵便代（「郵券」という）をあらかじめ裁判所に切手で納める必要があります。

また、訴訟を弁護士に依頼した場合、これらの裁判費用とは別に、弁護士に支払う報酬がかかります。

裁判所に支払う費用は、裁判に勝った場合には原則として、相手方の負担とすることができます。

一方、弁護士に支払う報酬は、通常相手方の負担とすることはできません。

◎訴額とは

では、訴訟費用のうち印紙代の算定の根拠となる訴額とは何でしょうか。

訴額とは、訴訟で請求する権利を金額に換算した額のことを言います。例えば、現金1,000万円の支払請求訴訟の場合、訴額は1,000万円となります。また、建物の所有権確認訴訟の場合、建物の直近の固定資産税評価額の額が、訴額になります。

ただ、訴えの中には、離婚訴訟のような非財産権上の請求や、財産権上の請求であっても算定が極めて困難なものもあり、このような場合、訴額は一律で160万円とみなされます。

また、複数の請求を同一訴訟で行う場合、訴額が最も高い請求を基準として訴訟費用を算定します。例えば、離婚訴訟において、離婚請求の他、慰謝料1,000万円の支払請求をあわせて訴えた場合、訴額は1,000万円となります。

◎印紙代の算定

このようにして、訴額が算定されると、これをもとに印紙代が算定されます。

印紙代計算式は、大変複雑な計算方法が法令で定められていますが、具体的な目安は下記のとおりです。

① 訴額10万円………印紙代1,000円
② 訴額100万円……印紙代1万円
③ 訴額1,000万円……印紙代5万円

例えば、離婚事件で、離婚請求のみを行う場合、訴額は160万円なので印紙代は1万3,000円となり、慰謝料1,000万円の請求もあわせて行う場合は、訴額は1,000万円になるので印紙代は5万円になります。

◎民事訴訟以外の裁判手続の費用（平成27年10月現在）

① 調停申立費用

例に挙げた離婚の申立ては、夫婦間の紛争という特殊性に鑑み、訴訟提起より前に調停申立が必要です（詳細は第1章、Q1-20）。この調停申立費用は、先の民事訴訟とは別途に費用がかかります。調停申立費用は、訴訟費用に比べ低額に設定されています。例えば、離婚請求のみであれば、印紙代として1万3,000円を裁判所に納めることになります。

② 破産申立（詳細は第10章）

破産を申し立てる場合、個人の破産では印紙代が1,000円かかります。この他に、郵券と予納金が必要になります。

③ 刑事訴訟

刑事訴訟費用とは主に国選弁護人費用と証人旅費日当を指します。被告人に訴訟費用を負担させるときには、判決主文でその言渡しをすることになっています。

④ ADR

第二東京弁護士会の和解あっせん手続（ADR）においては、申立費用として申立人負担額1万円（少額の場合は3,000円）、期日手数料として当事者負担額各5,000円、成立手数料として紛争解決時の解決額の一定の割合の金額を負担することになります。

(8) 紛争の解決

紛争の解決機関においては、それぞれの主張を書面で提出することが多くなりますが、それにも増して必要なことは、その主張を証明する証拠を提出することです。

そこで、証拠としてよく利用されるものとして、

いくつかご紹介します。

◎ 印鑑登録証明書

印鑑登録とは、成人が住民票のある市区町村に印影を登録することで、この印影を持つ印章を一般には「実印」と言います。

裁判においては、書面を証拠として提出した際、その書面が偽造されたものではないかが問題となりますが、作成者の署名や押印があると、真正に（偽りなく）成立したものとされます。すなわち、偽造という証明がない限り、正しいものと扱うということです。このように、日本においては印鑑が大変重要な役割を果たします。

印鑑登録証明書は、その印影が誰の印鑑であるのかを証明するものなので、実印を押印している書面は、三文判による押印よりも、真正に成立したと考えられるのです。

なお、印鑑登録は、被成年後見人になると自動的に抹消されます。

◎ 公正証書

公正証書とは、公正役場で公証人が作成してくれる書面です。

公証人は、そのほとんどが元裁判官や元検察官ですので、法律の専門家です。そのため、公正証書は、通常の契約書等の書類よりも、真正に成立したと認められやすいと言えます。

公正証書遺言のように通常の遺言と区別されたり、任意後見人契約のように公正証書によることが必須であったりします。

なお、公正証書において、執行認諾文言というものをつけると、判決と同じように強制執行をすることも認められており、証拠として用いる場合、より強力なものとなります。

◎ 登記簿謄本（登記事項全部証明書）

不動産がどちらに属するのかや、建物賃貸借契約といった不動産関連の訴訟の場合、不動産登記簿の内容を裁判所に明らかにする必要があります。また、会社を訴えたり、会社として訴えたりする場合、当該会社が実在する会社であることを明確にすべく、商業登記簿の内容を裁判所に明らかにする必要があります。

このような場合、登記簿の謄本を法務局から発行してもらうことになります。現在、多くの登記情報が、データとして法務局に保存されており、このデータ情報の内容は、登記事項全部証明書という書面に記載され登記簿謄本に代わり、交付を受けることになります。

◎ その他の私的文書（契約書、合意書、誓約書）

また、これは一概には論じることができませんが、民事事件の場合、紛争当事者間で過去に交わされた争点に関連した契約書や合意書が存在する場合には、証拠として大きな意味を持つことが比較的多いです。特に、その文書に紛争当事者両名の署名押印が存在する場合は、その文書は原則としてお互いの合意のもとで作成されたものであると判断され、重要な意味を持ちます。

また、両名の署名押印がなくとも、一方が他方に対して、何らかの約束をした誓約書等が存在する場合も、裁判に影響を与える証拠になるケースがあります。

ただし、これらのどの文書が裁判において、どのような意味をもってくるかは、極めて難しい判断が要求されますので、弁護士の意見を踏まえた利用が望ましいと言えます。

序章2

民法改正
でくらしは
どう変わる？

(1) 民法改正の経緯

　私たち市民の暮らしの最も基本的なルールを定めているのが、「民法」という法律です。現在使われている民法は、明治29（1896）年に制定されたもので、その後今日までほとんど改正がなされてきませんでした。その民法が約120年ぶりに改正されようとしています。

　民法が制定されてから今日までの間、テレビ、ファクシミリ、パソコン等の様々な電子機器や、インターネットの普及をはじめとした社会経済の大きな変化がありました。それにあわせて、社会経済活動を規律するルールを現代化する必要が出てきました。また、私たちの暮らしは、民法の条文に書かれていない、法律の専門家だけが知っているような原則や基本的な概念の定義、また、たくさんの裁判を通じて裁判所が示した先例（判例）等という見えないルールによって規律されてきました。そのルールを条文に明記し、私たち市民にもわかるように見えるルールにすることが求められてきました。

　そのような理由から、平成27（2015）年3月31日、民法の一部を改正する法律案等が通常国会に提出されました。新しい民法は、公布の日から3年以内に施行するとされていますので、成立の動向に注意が必要です。

　今回改正される予定なのは、民法の中でも、売買や賃貸借に代表される契約に関するルールを定めた部分です。私たちは日々多くの契約を結んで日常生活を送っているので、契約に関するルールが今回改正されることは、「民法の大改正」と言うことができますし、それによって私たちの暮らしはさまざまな影響を受けることが予想されます。

　それでは、民法改正によって私たちの暮らしはどのように変わるのでしょうか。

　以下では、影響があると予想される主な点について触れておきたいと思います。

(2) 消滅時効

　例えば、AさんがBさんに対して50万円のお金を貸したとします。そうすると、AさんはBさんに対して貸付金50万円の返還を求める権利（債権）を持つことになります。しかし、Aさんがその権利を長い間行使せずにいると、権利行使が認められなくなってしまいます。このように、一定の期間の経過によって権利の行使ができなくなる制度のことを「消滅時効」と言います。

① 職業別の短期消滅時効の廃止

　これまでの民法には、さまざまな職業ごとに異なる短期の消滅時効が置かれていました。例えば、飲食店のツケは1年、小売商の商品の売掛金や学習塾の授業料、弁護士報酬は2年、工事請負代金や医師等の診療報酬は3年等の時効期間が定められていました。しかし、職業等によって時効期間が異なる合理的な理由はありません。

　そこで、今回の改正によって、短期の消滅時効制度は廃止され、次の②で述べるとおり、時効期間が単純化、統一化される見込みです。これにより、これまで短期間で時効にかかっていた飲食代等の返済義務の期間が延びることになります。そのため、前述の職業では、帳票類の保管期間を延長する等の対応が必要になってくるでしょう。

② 時効期間の統一化

　これまでの民法では、一般的な債権の消滅時効期間は、「権利を行使することができる時から10年間」と決められていました。前述の例では、50万円の借入金の返済期限が定められていた場合には、その返済期限から10年間貸主が借主に権利行使せずにいると、権利行使ができなくなります。また、貸主が貸金業者の場合には、商法によって返済期限から5年の商事時効によって消滅していました。

　今回の民法改正によって、債権の種類にかかわらず、債権の消滅時効期間は、これまでの「権利を行使することができる時から10年間」、または、現実に権利行使が可能となったときである「権利を行使することができることを知った時から5年

間」のいずれか早いとき、となる予定です。それに伴い、商事債権の時効期間を5年とする商法の規定も削除されます。

　このように、時効期間が単純化、統一化され、わかりやすくなります。これにより、契約に基づく債権等の取引上の債権の場合、原則的な時効期間は債務の履行期から5年となります。そのため、商人ではない信用金庫や信用組合の債権等の消滅時効期間は10年から5年に短縮されることになります。前述の例では、貸主が貸金業者であるか個人であるかにかかわらず、返済期限から5年間貸主が借主に権利行使せずにいると、権利行使ができなくなります。今後は、債権の時効期間の管理に気をつける必要が出てきます。

③　人身損害の特則

　これまでの民法では、交通事故や医療過誤等の不法行為によって生命または身体を侵害された被害者は、その損害賠償を請求する権利を、その「損害及び加害者を知った時から3年間」または「不法行為の時から20年間」以内に行使することが必要でした。一方、医療過誤や労働契約による安全配慮義務違反によって生命または身体を損害された被害者は、その損害賠償を請求する権利を義務違反のときから10年間以内に行使すれば足りました。このように、どのような法的根拠で請求するかによって時効期間に違いがありました。

　しかし、生命や身体を侵害された者がその損害の賠償を受ける権利は、他の権利に比べ、その権利行使の機会を確保する必要性が高いと言えます。そこで、今回の民法改正によって、人の生命または身体の侵害による損害賠償請求権の消滅時効期間は、現実に権利行使が可能となった時（損害及び加害者を知った時）から「5年間」、または、権利行使が法律上可能になった時点（不法行為の時）から「20年間」以内に行使すれば足り、消滅時効期間が長期化される予定です。それとともに、法的根拠の違いによる時効期間の差もなくなります。

　したがって、交通事故の被害者の権利行使期間は3年から5年に延びた反面、医療過誤等の契約上の責任も追及できる場面では、その権利行使期間は10年から5年に短縮されることになり、注意が必要と思われます。

(3) 法定利率

① 法定利率

　例えば、お金を貸し借りした際に返済期を過ぎたときには遅延利息を支払う約束をしたが、その利率をあらかじめ合意しなかった場合や、交通事故等の不法行為の被害者が加害者に損害賠償を請求する場合の遅延損害金等の利率は法律が定める利率（法定利率）によって計算されます。

　これまでの民法では、年5％の固定金利でした。また、商行為によって生じた債務の商事法定利率は商法により年6％の固定金利と定められていました。しかし、低金利が続く今日の市場実態とかけ離れていることは明らかです。

　そこで、今回の民法改正によって、改正時の法定利率は年3％に引き下げられ、その後3年ごとに1％刻みで短期貸付の平均利率の過去5年平均に連動して見直すという変動金利制が導入されます。それに伴い、商事法定利率の商法の規定も削除されます。

② 中間利息控除

　交通事故等の不法行為等によって仕事ができなくなり収入が減った等、将来において取得すべき利益（逸失利益）や負担すべき費用についての損害賠償の額を定める場合に、その逸失利益や将来の出費を現在価値に換算するために利息相当額（中間利息）が控除されます。

　これまでは、判例によって、その中間利息の割合は民事法定利率によるとされてきました。

　今回の民法改正によって、その中間利息控除は損害賠償の請求権が生じた時点における①で述べた変動制の法定利率が適用されることになります。これにより、改正時の法定利率は年3％に引き下げられるため、法定利率が年5％より引き上げられない限り、中間利息控除額が減少し、その結果、損害賠償額が増加し、加害者の負担が増加

することになります。さらに、そうなれば、保険会社の支払う保険金額も増加し、損害保険の保険料が引き上げられる可能性があります。

(4) 保証

これまで、個人が、親族や知人に頼まれて断り切れずに保証人になったため予想外の多額の負債を負わされ、生活が破たんするような事例が後を絶ちませんでした。そのため、金融庁の銀行等向けの監督指針において、経営者以外の第三者による個人保証を原則として禁止するとされてきました。

今回の民法改正では、さらに保証人を保護する方策として、①個人保証の制限と、②保証人に対する情報提供義務、③個人根保証ルールの適用拡大を定めています。

① 個人保証の制限

事業のために負担する借入を対象として、個人である第三者が保証人となる場合には、保証契約を締結する前1か月以内に公証役場に行き、公証人の前で保証人となる意思を明らかにして公正証書を作成する手続きが求められることなり、その手続きを踏んでいない場合には、保証契約は原則として無効とされることになります。

ただし、これには経営者保証の例外があります。主たる債務者（借主）と一定の関係にある者、例えば取締役や執行役等の役員、オーナー、共同事業者、従業員として籍を置く配偶者等は、例外として、前述の手続きを踏まず保証人になることができます。

② 保証人に対する情報提供義務

これまで保証人に対する情報提供に関するルールは定められていませんでした。

今回の民法改正によって、（ⅰ）主たる債務者（借主）は、事業のために負担する借入の保証を個人に依頼する場合には、保証契約締結の時点で、保証人になろうとする者に対して、保証契約のリスクについて判断するのに必要な情報（主たる債務者の財産・収入、負債の状況などの情報）を提供することを義務づけ、それに違反した一定の場合には、保証契約を取り消すことが認められます。（ⅱ）債権者（貸主）は、主たる債務者（借主）から依頼を受けて保証人となった者から請求を受けたときは、遅滞なく主債務者（借主）の履行状況（不履行の有無・残額、期限到来の有無）に関する情報を提供することを義務づけられます。（ⅲ）債権者（貸主）は、主たる債務者（借主）が期限の利益を失ったときは、そのことを知ったときから2か月以内に、個人の保証人に対し、その旨を通知することを義務づけられました。この通知をしなかった場合には、債権者（貸主）はその通知までの遅延損害金を請求できないとされます。

③ 個人根保証ルールの適用拡大

これまでの民法では、主たる債務に貸金等債務を含む将来負担する不特定の債務を個人が保証する根保証契約に限って、保証する最大限の金額（極度額）を定めることを求め、包括根保証を禁止し、一定の元本が確定する事由、根保証の存続期間である元本確定期日を最大5年と定めてきました。

今回の民法改正によって、そのルールの適用対象が、主たる債務の内容にかかわらず、個人根保証一般に拡大され、極度額を定めない根保証契約は無効となる等とされました。これにより、不動産賃貸借等に際して、貸主が借主の債務を保証する個人根保証を求める場合には、極度額を定めなければ根保証契約は無効となってしまいます。そのため、貸主は、賃料の何か月分を極度額とするか等、極度額を定める対応が必要となります。

④ 連帯保証人について生じた事由の効力

これまでの民法では、債権者が連帯保証人に対して保証債務の履行を請求した場合には、主たる債務に対しても効力が及び、主たる債務の時効が中断するとされてきました。

しかし、今回の民法改正によって、債権者が連帯保証人に対して履行を請求しても、原則として主たる債務に対して効力は及ばないと変更され、主たる債務の時効を中断させることができなくなってしまう予定です。そのため、債権者は時効による債権管理の必要が生じます。

ただし、履行を請求することによる時効中断の効力は、当事者が合意することにより変更することができます。そのため、債権者は連帯保証人に対して履行を請求した場合には、主たる債務に対しても効力が及ぶことを主たる債務者と合意しておけば、これまでと同様の取り扱いをすることができます。

(5) 定型約款

私たちは、日々の暮らしの中で、鉄道、バス、航空機等の運送、電気・ガス・水道、携帯電話、保険、宅急便、インターネット通販等、事業者があらかじめ定めている契約条件（約款）に同意して契約をしています。これまで民法では約款に関する定めはなく、約款をめぐるルールは明確ではありませんでした。

民法改正によって、約款に関するルールが新たに設けられ、明確化されます。今回のルールの適用対象は、定型取引（①「ある特定の者が不特定多数の者を相手方として行う取引であって」、②「その内容の全部又は一部が画一的であることがその双方にとって合理的な」取引）と、定型約款（③「定型取引において、契約の内容とすることを目的としてその特定の者により準備された条項の総体」）の定義による三つの要件によって整理されています。

定型約款の例としては、預金規定や、一般に普及しているパソコンのソフトウエアの利用規約等が挙げられます。他方で、労働契約の契約書ひな型、製品の原材料の供給契約等の事業者間取引で用いられる約款や契約書のひな型等は定型約款にはあたらないと考えられます。約款という表題や文言が使われているからといって、前述の定型約款に当たることには必ずしもならないことに注意が必要です。

① 定型約款についてのみなし合意

定型約款が契約として効力を持つための要件として、「定型取引を行うことの合意をした者」が、(ⅰ)「定型約款を契約の内容とする」ことを「合意」した場合、または、(ⅱ)「定型約款を準備した者があらかじめその定型約款を契約の内容とする旨を相手方に表示していた」場合には、定型約款の個別の条項について知らなくても「合意をしたもの」とみなされます。

ただし、鉄道・バス等による旅客運送取引、高速道路等の通行取引、電気通信事業関係の取引等では、定型約款を契約の内容とする旨の「公表」で足りるとする特例法が設けられる予定です。

② 不当条項規制

①でみなし合意が成立する場合でも個々の条項の中に、相手方の利益を一方的に害するものが不意打ち的に紛れ込んでいる場合については、「その条項に関しては合意をしなかったもの」とみなされることになり、消費者の保護が図られます。

③ 定型約款の内容の表示義務

定型約款は、定型取引合意の前又は定型取引合意の後相当の期間内に相手方から請求があった場合」、「遅滞なく、相当な方法でその内容が」示されなければなりません。その義務に反し、定型約款を準備した者が定型取引合意の前に正当な理由なく表示を拒んだ場合には、定型約款は契約内容とならなくなります。

もっとも、すでに相手方に対して定型約款が書面や電磁的方法によって提供されていた場合には、表示義務を負いません。

④ 定型約款の変更

定型約款は相手方の一般の利益に適合する場合等には、個別に相手方と合意をすることなく一方的に内容を変更することが認められることになります。もっとも、変更にあたっては定型約款の準備者が、その効力発生時期を定め、かつ、定型約款を変更する旨及び変更後の定型約款の内容並びにその効力発生時期をインターネットの利用その他の適切な方法により周知しなければなりません。

(6) 売買

これまで、売買契約において、売主が売買の目的物が特定された欠陥（瑕疵）品を売った場合等

では、買主は、その欠陥を落ち度なく知らない場合に限って、売主に落ち度がなかったとしても、損害賠償の請求と契約の解除ができるにすぎませんでした。また、数量不足・物の一部滅失の場合などに限って代金減額を請求することができました。そして、それらの権利の行使期間も事実を知ったときから1年間という短期間に制限されていました。

他方、売主が売買の目的物が車や電化製品等の別の同種類のものがある物（種類物という）の欠陥品を売った場合には、買主は、損害賠償の請求と契約の解除に加えて、修理や代替物との取り換え等の完全な物の履行を求めることができ、その権利行使期間も10年という長期間とされてきました。

しかし、売買の目的物が特定物（不動産等、代替のきかない物）か種類物かによって法律的な扱いが異なることには合理的な理由はありません。

そこで、今回の民法改正によって、売買の目的物が特定物か種類物かを問わず、売主は、契約に基づき契約の内容に適合する物を引き渡す義務を負うことになります。目的物が契約の内容に適合しない場合には、買主は、その不適合を知らないことについて落ち度があっても、また、売主に落ち度がなかったとしても、①完全な履行になるように履行を補うこと（追完。具体的には、欠陥を修補すること、代替物の引渡し、分量に不足がある場合は不足分の引渡し）を求めることと、②代金減額を求めることができるようになり、買主に多様な救済手段が認められます。ただし、「売主は、買主に不相当な負担を課すものでないときは、買主が請求した方法と異なる方法により履行の追完をすることができる」とされ、売主に追完方法の選択が認められています。

それに加え、これまで認められてきた③契約の解除は、今回の改正によって相手方の不履行についての落ち度がなくても行えるようになります。また、④損害賠償の請求は、売主に落ち度がある場合に限り行うことができるようになります。その損害の範囲も、これまでの契約が有効であると信頼したことによる利益の賠償から、契約が履行された場合に得られたであろう利益の賠償まで拡大されることになります。

そして、目的物の買主がこれらの権利を行使するためには、目的物の種類及び品質に関する不適合の場合のみ、目的物の契約不適合を知ったときから1年以内に権利行使まで行う必要はなく、契約不適合の事実を通知するのみで足りるとされ、それ以外の場合は前述（2）②で挙げた一般の消滅時効の定めによることとなります。

(7) 賃貸借

① 賃貸借の存続期間

これまでの民法では、賃貸借の存続期間の上限は20年とされていました。しかし、例えば太陽光発電パネルの設置のために敷地についてより長期間の賃貸借を認める等社会的ニーズがありました。今回の民法改正は、そのニーズにこたえ賃貸借の存続期間の上限を50年に延長する予定です。

② 不動産の賃貸人たる地位の移転

今回の民法改正により、賃貸不動産が譲渡された場合でも、譲渡人と譲受人との間で、「賃貸人たる地位を譲渡人に留保する旨及びその不動産を譲受人が譲渡人に賃貸する旨の合意をしたときは、賃貸人たる地位は、譲受人に移転しない」とされます。

③ 敷金に関するルールの新設

敷金に関しては、これまでの民法には規定がなく、原状回復義務の範囲については、国土交通省が制定した「原状回復をめぐるトラブルとガイドライン」があるものの、遵守しなくとも罰則が課せられるわけではありませんでした。

民法改正によって、判例を明文化したものではありますが、敷金は「いかなる名目によるかを問わず、賃料債務その他の賃貸借に基づいて生ずる賃借人の賃貸人に対する金銭の給付を目的とする債務を担保する目的で、賃借人が賃貸人に交付する金銭」と明確に定義されます。このため、保証金等も、敷金として扱われることになります。そ

して、「賃貸人は」、「賃貸借が終了し、かつ、賃貸物の返還を受けたとき」等は、「賃借人に対し、その受け取った敷金の額から賃貸借に基づいて生じた賃借人の賃貸人に対する金銭の給付を目的とする債務の額を控除した残額を返還しなければならない」として、敷金の返還義務の発生要件や発生範囲、充当関係に関するルールが明確に定められます。

④　原状回復義務に関するルールの明確化

マンション等を賃借する場合、家賃の1～3か月分程度の敷金を差し入れる必要があることが多く、退去時に敷金がまったく返ってこなかったり、ハウスクリーニング、クロス張り替え、畳表替え等の原状回復費用として敷金以上の金額を請求されたりするトラブルが多く発生していました。

民法改正によって、この賃貸借終了時における賃借人の原状回復義務の範囲について、通常損耗（「通常の使用及び収益によって生じた賃借物の損耗並びに賃借物の経年変化」）は含まれず、それ以外の損傷を原状に回復する義務を負うことが明記されます。これにより、借主は日常生活でできた畳のすれや日焼け程度なら、貸主から畳の張り替え代を請求されても断りやすくなります。また、裁判にまで発展していた敷金返還に関するトラブルも減っていくことが期待されています。

もっとも、これまでと同様、賃貸人と賃借人との間で原状回復義務の範囲や内容について別に合意することはできますので、大きな変化は生じないと思われます。

⑤　賃借人の修繕権

賃借人は、「賃借物の修繕が必要である場合に」、（ⅰ）「賃借人が賃貸人に修繕が必要である旨を通知し、又は賃貸人がその旨を知ったにもかかわらず、賃貸人が相当の期間内に必要な修繕をしないとき」または（ⅱ）「急迫の事情があるとき」は、その修繕をすることができることになります。

(8) 請負

これまで、①請負契約において、仕事の目的物に瑕疵がある場合、注文者には、瑕疵の修補請求、損害賠償請求、契約の解除が認められました。もっとも、②瑕疵修補請求については、瑕疵が重要でなく、かつ、修補に過分の費用を要するときには請求できないとされてきました。また、③建物等の土地工作物について瑕疵がある場合には、契約の解除ができませんでしたが、請負人の担保責任の存続期間は特別により長期と定められていました。④請負人の担保責任の存続期間については、仕事の目的物を引き渡したときから1年以内の権利行使が必要であること、特約によりその存続期間を延長することができると規定されていました。

しかし、民法改正によって、請負契約においても、売買契約と同様、①「瑕疵」概念はなくなり、契約不適合を前提とした契約責任に整理され、売買契約と同様の取扱いがなされることになります。これにより、仕事の目的物が「種類又は品質に関して契約の内容に適合しない」場合、注文者には、履行の追完請求（修補請求等）、報酬の減額請求、債務不履行に基づく損害賠償請求、契約の解除が認められることになります。特に、報酬の減額請求については、仕事の目的物の契約内容不適合に関して請負人に落ち度がなくても行使することができるようになります。

また、②修補請求の可否は、履行不能かどうかで判断され、瑕疵が重要であるか否かは関係がなくなります。なお、請負人は注文者に不相当な負担を課すものでないときは、注文者が請求した方法と異なる方法により履行の追完をすることができるとされ、請負人に追完方法の選択が認められます。

③建物等の土地工作物について契約不適合がある場合には、契約解除ができるようになりますが、長期の存続期間の特則はなくなります。

④請負人の担保責任の期間制限について、建物等の土地工作物についても、注文者が契約内容不適合を知ったときから1年以内に権利行使まで行う必要はなく、通知すれば足りることになります。また、特約による存続期間の延長は認められなく

なります。

　これにより、注文者は多様な救済手段で柔軟な解決を図ることができるようになります。また、国土交通省は民法改正を踏まえ、平成27（2015）年度から建築工事標準請負契約約款を見直す検討を始め、今後改正されることが予想されます。

第 1 章

男女
に関する法律知識

1 婚約

Q 1-1
婚約を破棄されたら損害賠償を請求できるか

私には3年間付き合っている男性がいたのですが、1年前に結婚を申し込まれたため、私は正社員として勤めていた会社を辞めました。しかし半年前に、彼から急に「やっぱり結婚できない」と言われ、婚約を破棄されました。彼に対し、会社を辞めたことによる損害賠償を請求することはできますか。

◎婚約破棄者に対する損害賠償請求

婚約は契約ですから、婚約した当事者は、誠実に交際し、後に婚姻を成立させるよう努める義務を負います（大阪高判昭53.10.5）。

正当な理由なくこの義務を履行しない婚約の相手に対しては、債務不履行または不法行為を根拠として損害賠償を請求できます。

あなたの場合、彼から急に「やっぱり結婚できない」と言われた背景は明らかではありませんが、正当な理由がない婚約破棄であれば、彼に対して損害賠償を請求することができます。

なお、仮に婚約が成立していなかった場合でも、不当に交際が解消された場合には、その態様によっては不法行為に該当し、損害賠償を請求できる場合があります。

◎婚約破棄の正当事由

婚約破棄について正当な理由があるか否かは、将来において夫婦共同生活の円満な遂行が可能であるか否かで判断されます。

具体的に何が正当な理由であるかは、個別具体的事情に照らして判断する他ありません。

正当な理由が肯定されうる具体例としては、①相手方が第三者と情交関係を結んだ場合、②相手方からの暴行行為や侮辱行為がある場合、③男性の側に女性と正常な性交をすることができない肉体的欠陥がある場合等が挙げられます。

正当な理由が否定されうる具体例としては、①他に好きな異性ができたことを理由とする場合、②相手方との相性の不一致があることを理由とする場合、③自己の親の反対があることを理由とする場合、④家柄の違いを理由とする場合等が挙げられます。

◎損害賠償額の範囲

正当な理由がなく婚約を破棄された人は、婚約破棄をした相手に対し、損害賠償を請求することができます。

賠償すべき損害の範囲は、婚約不履行に起因するあらゆる損害ではなく、婚約不履行との間に相当因果関係のある財産的損害と精神的損害（慰謝料）に限られます。

具体的には、新居用の家具購入費用、結婚式場のキャンセル料等の財産的損害、および婚約破棄に伴う精神的損害に対する慰謝料です。

これに対し、慶賀の意を示すための純然たる贈与である茶菓子代や不相当に高価なウェディングドレス代金等は、相当因果関係を逸脱するものとして、そのまま損害としては認められません。

◎会社を辞めたことによる損害

では、正当な理由なく婚約を破棄された場合、あなたは、彼に対して婚約を理由として会社を辞めたことによる損害賠償を請求できるでしょうか。

損害賠償請求するためには、婚約と退職したことが相当因果関係にあることが要求されます。現在は女性が婚約すれば会社を辞めることが通常であるという時代ではありませんから、男性から仕事をやめてほしい旨の申入れがあった等、婚約したことによって仕事を継続できなくなった事情がないと損害賠償請求は難しい面があります。

なお、こうした場合の、損害賠償額は、退職していなければ得られたであろう利益に相当する金額となり、再就職した場合には、退職してから再就職するまでの期間を基礎に損害額が算定される傾向にあります。

Q 1-2
婚約破棄と結納金・結納品・婚約指輪の返還

私には、3年間付き合っている男性がいたのですが、1年前に結婚を申し込まれたため、結納金100万円、衣装箪笥、着物等の結納品、婚約指輪を受領しました。しかし、半年前に、彼から急に「やっぱり結婚できない」と言われ、婚約を破棄されました。彼は私に対し、結納金、結納品及び婚約指輪の返還を求めてきましたが、私は彼の返還請求に応じなければならないのでしょうか。

◎結納

結納とは、結婚のための儀式です。法的には、婚約の成立を確証し、あわせて、婚姻が成立した場合に当事者ないし当事者両家間の情誼を厚くする目的で授受される一種の贈与とされています（最判昭39.9.4）。

結納は婚姻の成立を最終目的としているものですから、婚約が解消され婚姻の成立に至らなかった場合には、結納を受領した者はこれを相手方に返還すべき義務を負うのが原則です。

これに対し、婚約後に婚姻が成立し婚約の目的が達成された場合には、仮にその後離婚に至ったとしても受贈者は結納を返還する義務はありません。

前述の最高裁判例も、挙式後8か月程度夫婦生活を続け、その間に婚姻届を提出し法律上の婚姻が成立していた事案において、すでに結納授受の目的が達成している以上、結納を返還すべき義務はないと判断しています。

◎結納金および結納品の返還の要否

お尋ねの場合、婚姻の成立に至っていませんので、彼からの結納金および結納品の返還請求に応じなければならないのが原則です。

しかし、婚約解消についての責任が当事者の一方のみにある場合には、その有責者は結納の返還を請求すべきではないと解されています（東京高判昭57.4.27）。

また、婚約解消についての両者の責任を比較し、一方当事者の責任が他方当事者の責任を上回る場合には、その一方当事者は結納金の返還を請求できないとした裁判例（福岡地裁小倉支判昭48.2.26）もあります。

したがって、この場合、彼からの婚約破棄が彼の一方的責任に基づく場合には、彼からの結納金100万円、衣装箪笥および着物等の結納品の返還請求に応じる必要はありません。

また、婚約破棄についてあなたにも責任がある場合であっても、彼の責任があなたの責任を上回るのであれば、彼からの結納金および結納品の返還請求に応じなくてよい場合があります。

◎婚約指輪の取扱い

婚約指輪の性質も、結納と同様、婚約の成立を確証するために贈与されるものであり、婚姻の成立を最終目的とするものです。したがって婚約が解消された場合には、結納と同様の解釈によって判断されることになります。

2 婚姻

Q 1-3

証人がいない婚姻届は有効か

私と彼は婚約しており、今度、婚姻届を提出する予定ですが、証人となってくれる人の心当たりがありません。そのため、証人の欄は空欄のまま提出しようと思っています。証人を欠いた婚姻届も有効ですか。

◎婚姻届

婚姻は、戸籍法の定めるところにより届け出ることによって、その効力を生ずると定められており（民法739①）、市町村役場に提出された婚姻届が審査・受理されて初めて婚姻は有効に成立します。

婚姻の届出は、当事者双方および成年の証人2人以上が署名した書面または口頭でしなければなりません（民法739②）。ただし、実際には届出は書面で行われています。

届出の場所は、婚姻前のいずれかの当事者の本籍地またはいずれかの当事者の所在地です（戸籍法25①）。婚姻後の新本籍地で届出することもできます。

婚姻の成立日は、届出のあったときであり、結婚式や披露宴を行った日ではありません。

なお、婚姻の成否は、相続等さまざまな法律関係に影響を与えますので、市町村役場では婚姻届は24時間受領する取扱いとなっており、休日や夜間であっても届け出ることができます。

◎婚姻届の記載事項

婚姻届には、当事者双方の氏名、出生年月日、住所および戸籍、届出年月日、夫婦が称する氏、その他法務省令で定める事項を記載します。

また、民法は、婚姻当事者の2人が婚姻する意思を持っていることについて第三者の証明を必要とする証人制度を採用しています。したがって、2人以上の証人に、生年月日、住所および本籍を記載して署名・押印してもらう必要があります（戸籍法33）。

◎証人を欠いた婚姻届

婚姻の届出は、法令の規定に違反しないことを認めた後でなければ受理することができないとされています（民法740）。

したがって、証人を欠いた婚姻届は仮に市町村役場に提出したとしても、受理されず、婚姻は成立しません（民法742）。

また、証人は2人以上必要ですから、仮に証人が1人しかいない場合にも受理されません。

お尋ねの場合は、婚姻届に証人の署名・押印がないとのことですから、婚姻届は受理されません。

しかし、もしも証人を欠く婚姻届が誤って受理されてしまった場合には、婚姻は有効に成立します（民法742Ⅱ）。

これは、当事者間に婚姻意思がある以上、手続的な違反を根拠として婚姻を無効とすることは妥当ではないと考えられているからです。

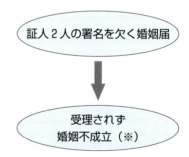

※ただし、誤って受理された場合、婚姻は有効に成立

Q 1-4
前夫と離婚した後の再婚と出産した子の出生届

前の夫と別れてすでに4か月経過していますが、現在お付き合いしている彼と結婚できますか。また、その彼との間に授かった子を現在妊娠しており、5か月後に出産予定なのですが、その子を彼の子として出生届を提出できますか。

◎ 再婚禁止期間

民法は「女は、前婚の解消又は取消しの日から6箇月を経過した後でなければ、再婚をすることができない」（民法733①）と定め、女性に再婚禁止期間を設けています。

この立法趣旨は、父性の推定の重複を回避し、父子関係をめぐる紛争の発生を未然に防ぐことにあると解されています（最判平7.12.5）。

この再婚禁止期間の規定に関しては、廃止論が有力に主張されています。廃止論は、婚姻の解消時から300日以内に生まれた子を前夫の子と推定する旨を定めた民法772条2項を改正すれば、父性の推定の重複を回避できる以上、再婚禁止期間を定める合理性はないと主張しています。

また、憲法が両性に婚姻の自由（憲法24①）を保障している以上、女性にのみ再婚禁止期間を設けることは性別による差別を禁止した憲法14条1項に反するとも主張しています。

廃止論の主張は傾聴に値しますが、現行法上、再婚禁止期間の規定が存在していますので、再婚禁止期間を無視することはできません。

お尋ねの場合は、前の夫と離婚してからまだ4か月しか経過していませんので、再婚することはできません。仮に現在お付き合いしている彼との婚姻届を役所に提出したとしても、前述の再婚禁止期間を定めた民法の規定（民法733①）に違反していますので、それが受理されることはありません。

◎ 離婚後300日以内に生まれた子の出生届

民法上、婚姻の解消または取消しの日から300日以内に生まれた子は婚姻中に懐胎したものと推定され（民法772②）、婚姻中に懐胎した子は夫の子と推定されます（民法772①）。そのため、現在の戸籍実務上、離婚から300日に生まれた子は、離婚した前の夫を父とする嫡出子（法律上婚姻関係がある男女の間に生まれた子）として出生届をしなければ受理されないのが原則です。

お尋ねの場合、出産日が予定どおりだとすると、離婚から9か月後の出産となり、離婚から300日以内に生まれた子となりますので、離婚した前夫の子と推定されます。

したがって、仮に離婚から6か月経過後に現在お付き合いしている彼と結婚し、出産する時点ではその彼と婚姻関係にあったとしても、その彼を父とする嫡出子出生届をすることはできず、前の夫を父とする嫡出子出生届をしなければ受理されません。

なお、離婚した前の夫との父子関係を否定するには、その離婚した前の夫から裁判（嫡出否認の訴え）を提起してもらう必要があります。または、出生届未了のまま、相談者が子の法定代理人として、親子関係不存在確認調停（または訴訟）を提起する方法が考えられます。

◎ 懐胎時期に関する証明がある場合

婚姻の解消または取消しの日から300日以内に生まれた子であっても、出生届に医師が作成した「懐胎時期に関する証明書」が添付され、婚姻の解消または取消しの後に懐胎したと認められる場合には、例外的に離婚した前の夫を父としない出生届が可能です。

お尋ねの場合、「懐胎時期に関する証明書」により、推定される懐胎時期の最も早い日が離婚した日よりも後の日であることが明らかとなれば、離婚した前の夫を父としない出生届が可能です。具体的には、あなたの非嫡出子（法律上婚姻関係にない男女の間に生まれた子）として、または出産時にお付き合いしている彼と結婚している場合にはその彼を父とする嫡出子として、それぞれ出生届が可能です。

婚姻中の諸問題

Q 1-5
夫婦で別の姓を名乗りたい

私の名字は「山田」ですが、「川本」という名字の男性と結婚する予定です。「山田」として仕事をしてきたのですが、これからは「川本」を名乗らなければいけないのでしょうか。夫婦別姓は許されますか。

◎夫婦同氏の原則

民法上、「夫婦は、婚姻の際に定めるところに従い、夫または妻の氏を称する」（民法750）とされています。

このように、夫婦が同じ氏を名乗ることを夫婦同氏の原則と言いますが、これは明治時代からの慣行です。夫婦同氏となることによって、対外的に夫婦であることが明確になり社会生活上便利であること、夫婦・家族に一体感が生まれること等が夫婦同氏制度を採用している理由とされています。

◎選択的夫婦別氏制度について

現在の夫婦同氏制度のもとでは、夫婦の一方は結婚の際に必ず氏を変えなければならないことになります。

しかし、社会の移り変わりとともに、氏の変更を伴う結婚に抵抗感を持つ人が増えてきており、また、氏の変更によって職業生活上不利益を被ることも生じています。

そこで、夫婦の双方が氏を変えることなく結婚することを認める選択的夫婦別氏制度の導入が検討されています。

選択的夫婦別氏制度は、これまでと同様に、夫婦が夫または妻の氏を称することを認めつつ、夫婦が望む場合には、結婚後も夫婦がそれぞれ結婚前の氏を称することを認める制度です。選択的夫婦別氏制度が導入された場合、同氏夫婦と別氏夫婦が存在することになりますが、夫婦が同じ氏を名乗っているか、別々の氏を名乗っているかという点が異なるだけで、法律上の夫婦である点に相違はありません。

選択的夫婦別氏制度は、若い世代には比較的理解があるようですが、国民全体の理解が得られるまでには至っておらず、現時点においては導入されていません。

◎通称の使用

現在の夫婦同氏制度のもとでは、夫婦は必ず同じ氏を名乗らなければなりませんが、氏を変更することによって職業生活上不利益が生ずる場合があります。

そこで、婚姻届を提出し、法律上は夫婦の一方が他方の氏に変えたうえで、通称として旧姓を使い続けるという方法があります。結婚後も仕事を続ける方は、通称を使用する方が少なくなく、また、通称の使用は社会的にも認知されてきています。

もっとも、公的な書面では通称が使えない等通称使用の範囲が限られていますので、使い分けの負担があることは否定できません。

なお、婚姻の際に夫婦のどちらの氏に変えてもよいのですが、多くの夫婦は夫の氏を選択していますので、実際に通称を使用するのは妻が圧倒的多数です。

◎内縁（事実婚）を選択する

婚姻届を提出せずに、男女双方が氏を変えないまま、実質的に夫婦生活をする内縁（事実婚）という方法によっても氏の変更の回避は可能です。

しかし、当該男女は法律上の夫婦ではなく、相互に相続権が発生しない等法律婚と比較すると不利益があります。

結婚前の氏を称する方法

① 法律上婚姻し、自己の氏を選択する
② 法律上婚姻し、相手方の氏を選択したうえで、自己の氏を通称として使用する
③ 法律上婚姻せず、内縁（事実婚）を選択する

Q 1-6
家に帰ってこない夫に同居を強制できるか

夫はいつも愛人宅に入り浸っています。できれば離婚はしたくないので、夫を連れ戻したいのですが、夫に私との同居を強制することはできますか。

◎ 同居義務

同居義務（民法752）は、婚姻の本質的義務であり、夫婦共同生活を円満に維持するためには欠くことができないものです。

同居義務は、単に同じ家に住むということだけでは足りず夫婦としての同居が要求されます。

したがって、家庭内別居の状態にある場合は同居義務を履行しているとは言えないと解されています。逆に、夫婦が同じ家に住んでいない場合であっても、単身赴任や入院等の正当な理由がある場合には、同居義務の不履行とはなりません。

◎ 同居を求める調停や審判

正当な理由なく同居がなされていない場合には、夫婦の一方は、家庭裁判所に対して同居を求める調停を申し立てることができます。

もっとも、調停は話合いの場ですので、夫婦間で同居の合意ができるとは限りません。

そのような場合には、審判手続に移行します（家事事件手続法272④）。

同居審判においては、婚姻の破綻状況、離婚意思の有無・程度、別居に関する有責性の有無等共同生活に関する一切の事情を考慮し、同居を命じるべきか否かが決定されます。

◎ 審判の効果

同居を命じる審判がなされ、その審判内容にしたがい別居中の配偶者が戻ってきた場合には問題ありません。

では、同居を命じる審判がなされたにもかかわらず、別居中の配偶者が戻ってこない場合にはどうしたらよいのでしょうか。

金銭の支払い等を命ずる審判の場合には、任意の支払いが得られないときは、国家権力により強制執行をすることができます。

しかし、同居は、夫婦が自由な意思で実現すべき義務であると考えられていますので、同居を命ずる審判がなされたとしても、直接強制（強制的に同居させること）ができません。また、例えば「平成28年3月末日までに同居生活を開始しない場合には、1日あたり1万円を支払え」といった間接強制をすることもできません。

したがって、お尋ねの場合も、夫に同居を強制することはできません。

◎ 離婚原因

夫婦が正当な理由なく同居義務（民法752）を履行しない場合には、「配偶者から悪意で遺棄されたとき」（民法770①）、または「その他婚姻を継続し難い重大な事由があるとき」（民法770⑤）にあたり離婚原因となります。

そこで、同居を命じる審判がなされたにもかかわらず、同居が実現されない場合には、離婚という選択肢もあります。

Q 1-7
夫にパチンコと過度の飲酒をやめることを約束させたい

夫が、パチンコに熱中し、また過度の飲酒により深夜に帰宅することが続き、離婚を考えました。しかし、まだ子どもが幼いことから、夫婦で話し合って、夫がパチンコや飲酒を控え、それを条件に結婚生活を続けることを約束しました。私としては、夫婦間の話合いだけでは不安が残るので、何かきちんとした形で夫に約束をさせることはできるでしょうか。

◎なしうる裁判上の手続き

お尋ねでは、きちんとしたかたちで約束をさせたいということですので、裁判上の手続として、夫婦関係調整調停手続を利用することが考えられます。

この手続きは、離婚やそれに伴う財産分与等の手続きにも利用されますが、本件のように円満な夫婦関係を回復するために話し合う手続きとしても利用することができ、後者の調停手続については、一般的に「円満調停」と呼ばれます。

この調停手続においては、今回のように夫婦関係を継続するにあたって夫婦間で約束した事項を、裁判所の関与のもと、調停調書という裁判上の書類に調停条項として記載することができます。

◎調停手続によることのメリット

調停手続では、裁判所から選任された調停委員が当事者双方から事情を聞き、夫婦関係改善のための解決案の提示および助言を行います。

これにより、夫婦間だけで話し合う場合と異なり、第三者による客観的な意見を取り入れたうえで、問題解決を図ることができます。

また、調停手続は通常の裁判手続とは異なり、当事者それぞれの自由意思が尊重され、調停委員がそのサポートを行うという形式がとられており、当事者の合意のもとで調停成立（手続終了）となります。

なお、調停成立となった場合には、合意のもとに決められた約束事を調停条項とします。

本件の場合では「パチンコや飲酒を控えること」等を、調停条項として定めることができます。

◎約束を強制することの可否（調停条項の効力）

もっとも、これらの「パチンコや飲酒を控えること」を調停条項として定められたとしても、この条項は、当事者が任意に実行することが前提とされているものであり、強制力を持ちません。

したがって、調停手続を利用したからと言って、夫に対する約束を法的に強制させることはできず、約束を破った場合においても、何らかの罰等を与えることはできません。

しかし、裁判上の手続きにより、他者も介在したうえで調停調書に約束事が記載されることで、約束に対し、ある程度事実上の強制力を働かせることができると言えます。

Q 1-8
夫の不倫相手に損害賠償請求できるか

私は、夫と10年前に結婚し、現在も同居しています。夫は週に2度は外泊し、帰ってきません。探偵会社に浮気調査を依頼したところ、勤め先の従業員と不倫しているようです。不倫相手の女性に対し、損害賠償を請求することはできますか。また、それが可能だとして慰謝料の金額はどのくらいになるのでしょうか。

◎貞操義務

配偶者のある者が自由な意思に基づいて配偶者以外の異性と性的関係を持つことを「不貞行為」と言い、これは離婚の原因として定められています（民法770①Ⅰ）。このことの裏返しとして、夫婦には不貞行為を行わない義務すなわち「貞操義務」が、法律上の義務としてあると解されています。

したがって、夫婦の一方が貞操義務に違反し不貞行為を行った場合には、他方の配偶者は、その不貞行為をした配偶者に対して、不法行為に基づく損害賠償（慰謝料）を請求することができます。

◎不倫相手に対する損害賠償請求

不貞行為の相手方に故意または過失がある限り、その者に対しても損害賠償請求することが可能です。「故意または過失がある」とは、相手に配偶者がいると知っていること、または注意すれば知ることができたことを言います。

しかし、夫婦の婚姻関係がすでに破綻していた場合には、特段の事情のない限り、損害賠償請求はできません（最判平8．3．26）。

夫婦が破綻状態にある場合には、法的保護に値する権利・利益の侵害はないと考えられるからです。

お尋ねの場合、夫が不倫を始めた時期にすでに夫婦の婚姻関係が破綻していたという事情がないのであれば、不倫相手である夫の勤め先の従業員に故意または過失がある限り、損害賠償請求をすることが可能です。

なお、損害賠償請求をするにあたっては、裁判手続を利用する必要はありませんが、当事者間で話合いができる状況ではない場合には、調停を申し立てたり、訴えを提起したりせざるをえません。

◎慰謝料算定の要素

慰謝料の算定にあたっては、さまざまな要素が考慮されます。

具体的には、①婚姻生活の状況、②婚姻期間、③子の有無・数、④不倫の動機、⑤不貞行為をしていない配偶者の落ち度の有無、⑥不貞の態様、⑦不貞の相手方の不貞の認識・意図、⑧不貞期間、⑨不貞の具体的内容・頻度、⑩不貞の相手方の妊娠出産の有無、⑪不貞が婚姻関係に及ぼした影響、⑫不貞が子へ及ぼした影響、⑬反省・謝罪等の有無等多岐に渡ります。

◎慰謝料金額について

慰謝料の金額は、前述の慰謝料算定の要素を考慮して決められます。一般的には、有責性の程度、婚姻期間の長短、相手方の資力が慰謝料金額に影響します。

不貞行為を根拠に慰謝料請求がなされる場合の請求額は、300万円や500万円という額が多くみられますが、認められる額は具体的な事情により50万円程度のこともあれば100万円を超えることもあり一概には言えません。

なお、あなたは、探偵会社に夫の浮気調査を依頼していますので、その調査に要した金額も併せて損害として請求したいところかと思います。

しかし、不法行為責任は、すべての損害の賠償を認める制度ではなく、不法行為と相当因果関係にある損害の賠償を認める制度です。また、探偵会社の調査費用は必ずしも支出せざるをえなかった費用とは言えない面があります。

したがって、具体的事案にもよりますが、実際に探偵会社に支払った調査費用がそのまま損害額として認められることは少ないと考えられます。

Q 1-9
夫が無断で妻の預金を引き出し勝手に借金もしている

夫は、私が結婚前から貯めていた私名義の預金を無断で引き出し、また、私には内緒で消費者金融から数百万円の借金をしている様子で、それらのお金はギャンブル等に浪費してしまったようです。夫婦関係にあっても、私は夫に対して、夫が引き出した預金の返還を請求できますか。また、私は、消費者金融に対して、夫の借金を返済しなければならないのでしょうか。

A

◎夫婦別産制

民法は「夫婦の一方が婚姻前から有する財産及び婚姻中自己の名で得た財産は、その特有財産（夫婦の一方が単独で有する財産をいう。）とする」（民法762①）と定めています。これは、夫婦は結婚していても個人として尊重される（憲法13）以上、夫のものは夫のもの、妻のものは妻のものという夫婦別産制の原則を採用していると一般に理解されています。

あなたが結婚前から貯めていた預金は、あなた個人が単独で所有する特有財産ですから、お尋ねの場合、あなたは、夫に対して、引き出した預金の返還を請求できます。

◎日常家事債務に関する代理権

また、民法761条は「夫婦の一方が日常の家事に関して第三者と法律行為をしたときは、他の一方は、これによって生じた債務について、連帯してその責任を負う」と規定し、日常の家事に関する債務については、夫婦の一方がした取引であっても他方が責任を負わなければならないとしています。

これは、夫婦は相互に日常の家事に関する法律行為につき他方を代理する権限を有するからであると解されています（最判昭44.12.18）。

どのような取引が日常家事債務にあたるか否かは、当該夫婦の生活状況にもよりますので一概には言えません。一般的には、①家庭用の食料品や衣類品の購入、②相当な価格の家電・家具の購入、③居住家屋の家賃・光熱費の支払等が日常家事債務にあたります。

これに対し、夫婦の一方が所有する不動産の譲渡行為やあなたの場合のような数百万円という過大な借金等は日常家事債務の範囲には入りません。

◎日常家事債務の範囲外の行為

日常家事債務の範囲外の行為については連帯責任が生じません。

しかし、日常家事債務の範囲内の行為か否かは第三者から見て必ずしも明らかではありませんので、日常家事の範囲内の行為であると信頼して取引した第三者を保護する必要があります。

そこで、最高裁は「当該越権行為の相手方である第三者においてその行為が当該夫婦の日常の家事に関する法律行為の範囲内に属すると信ずるにつき正当の理由のあるときにかぎり、民法110条の趣旨を類推適用して、その第三者の保護をはかれば足りるものと解するのが相当である」と判示しています（最判昭44.12.18）。

お尋ねの場合、夫の借金の目的がギャンブル等の浪費目的であることや借入金額が数百万円と高額であることを考慮すると、消費者金融業者が夫の借入れを日常家事の範囲内に属すると過失なく信じたとは考えにくいので、原則どおり、あなたは夫の借金を返済する必要はありません。

日常家事債務

- 家庭用の食料品や衣類品の購入
- 相当な価格の家電・家具の購入
- 居住家屋の家賃・光熱費の支払い

これらに該当する → 夫婦の連帯責任となる

これらに該当しない → 夫婦の連帯責任とならない

Q 1-10

別居したいと思っている

夫婦関係がうまくいっていないので、家を出て別居することを考えているのですが、別居するにあたり問題となる主な点を教えてください。

◎同居義務の問題

夫婦には、夫婦共同生活を円満に維持するという見地から、同居義務（民法752）があります。

したがって、単身赴任や入院等の正当な理由なく別居をする場合には、この同居義務の不履行ということになります。

なお、同居義務は、単に同じ家に住むということだけでは足りず夫婦として同居することが要求されますので、家庭内別居の状態にある場合は同居義務の不履行にあたると解されています。

◎婚姻費用の問題

夫婦は、その資産、収入その他一切の事情を考慮して、婚姻から生ずる費用を分担する義務を負います（民法760）。

この婚姻費用とは、夫婦が通常の社会生活をするために必要な一切の費用です。具体的には、衣食住の費用、医療費、交際費、子どもの養育費等が婚姻費用にあたります。

たとえ夫婦が別居していても、婚姻費用を分担する義務を免れるわけではありませんので、夫婦は互いに婚姻費用を分担する必要があります。

したがって、あなたと相手方の収入を比較し、あなたの収入のほうが少ない場合には、相手方に対して相手方が負担すべき婚姻費用を請求できます。

これに対し、あなたの収入のほうが多い場合には、相手方に対してあなたが負担すべき婚姻費用を支払う必要があります。

なお、別居に至った原因が主としてあなたにある場合には、子どもの養育費は別として、あなた自身に関する婚姻費用の分担請求が認められない可能性があります。

◎離婚の問題

別居した場合、相手方から家庭裁判所に対して同居を求める審判が申し立てられ、正当な理由のない別居の場合には同居を命ずる審判がなされる可能性があります。

また、正当な理由のない別居は、同居義務の不履行ですから、「配偶者から悪意で遺棄されたとき」（民法770①Ⅱ）、または「その他婚姻を継続し難い重大な事由があるとき」（民法770①Ⅴ）にあたるとして相手から離婚が請求される可能性があります。

◎別居中の子どもの問題

子どもがいる夫婦が別居する場合には、子どもの面倒をどちらがみるのかが問題となります。

子どもにとってどちらがよいのかということが最も重要ですが、離婚後にあなたが子どもの親権者になりたいのであれば、子ども本人の意向を踏まえたうえで子どもを連れて別居するほうがよいと言えます。

ただし、夫婦は別居中でも、子どもと同居していない親が子どもに会う権利（面会交流権）が認められています。

したがって、あなたが相手方と子どもとが面会することを拒否すると、家庭裁判所に調停または審判が申し立てられる可能性があります。

Q 1-11
夫に生活費を請求できるのか

私は夫と結婚して25年目ですが、半年前から夫が生活費を一銭も入れてくれず、生活に困っています。夫は会社員で年収900万円です。私は専業主婦なので、収入がありません。私と夫の間には、19歳の長男（大学生）と、16歳の長女（高校生）がいます。夫に対し、生活費の請求をしたいのですが、可能ですか。また、可能な場合、どのくらいの額を請求することができますか。

◎婚姻費用とは

夫婦は、その資産、収入その他一切の事情を考慮して、婚姻から生ずる費用を分担する義務を負います（民法760）。この婚姻費用とは、夫婦と未成熟子を中心とする婚姻家族が、その財産、収入、社会的地位に応じて通常の生活を保持するために必要な費用のことを言います。ここで、未成熟子とは、未成年か否かではなく、社会的に独立人として期待されていない子女（経済的に自立できていない子）を言います。

なお、夫婦は、互いに協力し扶助しなければなりませんので（民法752）、たとえ夫婦が別居していたとしても、婚姻費用を分担する義務を免れるわけではありません。また、婚姻が破綻していても現実に婚姻解消に至るまでは同様に婚姻費用を分担する義務を免れないとされています。

◎婚姻費用分担の対象

婚姻費用には、衣食住の費用、養育費、医療費、交際費等が含まれます。婚姻費用に含まれる養育費とは、未成熟子が社会人として独立し自活ができるまでに必要とされる費用を言います。

したがって、子に大学教育を受けさせることがこの家族の生活水準から当然であると言える場合には、子が大学を卒業するまでは社会的に独立していない未成熟子とされ、大学生の子が20歳をこえた場合の生活費や学費も婚姻費用分担の対象とすることは合意により可能です。

◎婚姻費用の請求

婚姻費用は夫婦が互いに分担するものですが、具体的にどのように分担するかについては、夫婦で協議して決められます。実際の分担は、夫婦がお互いの収入の有無・金額を考慮し、分担することが通常です。

夫婦間で協議ができなかったり整わなかったりしたときは、家庭裁判所に婚姻費用分担の調停や審判を申し立てます。また、現に生活費に困窮しており、家庭裁判所の調停や審判を待っていられない状況等の場合には、生活費の仮払い等を求める措置を家庭裁判所に求めることができます。

◎婚姻費用分担額の算定

婚姻費用分担の算定方法は、近時は東京・大阪養育費等研究会が発表した「簡易迅速な養育費の算定をめざして―養育費・婚姻費用の算定方式及び算定表の提案」（「判例タイムズ」1111号、285頁）が実務上定着したことにより、簡易・迅速な算定が可能となっています。

もっとも、自営業者の収入や、当事者が就労可能であるにもかかわらず無職である場合の収入等の算定の問題があり、婚姻費用の分担額を算定するにあたっては個別具体的な検討を要する場合も少なくありません。

お尋ねの場合、個別具体的な事情は必ずしも明らかではありませんが、夫の年収900万円、あなたの年収はゼロ、子が2人（16歳、19歳）ということですが、現在あなたが働いていなくとも、潜在的稼働能力ありとされ、あなたの収入は100万～120万として算定されるのが通例です。これをもとに、実務上定着している前述の算定表によれば、18～20万円の幅の範囲内の婚姻費用を夫に対して請求することが可能です。

Q 1-12
生活費を払わない夫と離婚できるのか

私は夫と結婚して25年目ですが、半年前から夫が生活費を一銭も入れてくれず、生活に困っています。夫は年収900万円で、私は専業主婦なので、収入がありません。私と夫の間には、19歳の長男（大学生）と、16歳の長女（高校生）がいます。夫に対し、離婚を請求することはできますか。

A

◎夫婦の義務

夫婦は同居し、互いに協力し扶助しなければなりません（民法752）。また、夫婦は、その資産、収入その他一切の事情を考慮して、婚姻から生ずる費用を分担する義務を負います（民法760）。夫婦の協力義務、扶助義務および婚姻費用分担義務は、たとえ夫婦が別居中で婚姻が破綻状態にあったとしても、婚姻が継続している限り免れない義務であると考えられています。

あなたの場合、専業主婦で子どもが2名いるにもかかわらず、年収900万円の夫から生活費を一銭ももらっていないということですから、あなたの夫には協力義務、扶助義務および婚姻費用分担義務の違反があると言えます。

◎悪意の遺棄

民法は、「配偶者から悪意で遺棄されたとき」（民法770①Ⅱ）を離婚原因の一つと定めています。遺棄とは、正当な理由がなく、夫婦の同居義務、協力義務、扶助義務（民法752）、または婚姻費用分担義務（民法760）に違反することを意味します。これらの義務のうち一つでも違反があれば遺棄にあたりますが、実際は夫が妻と別居し、家事の協力もしなければ、婚姻費用も分担しないというように義務違反が複合することが少なくありません。

「悪意」とは、単に遺棄の事実ないし結果の発生を認識しているというよりも一段と強い意味を持ち、社会的倫理的非難に値する要素を含むものであって、具体的に婚姻共同生活を廃絶するという遺棄の結果たる害悪の発生を企図し、もしくはこれを認容する意思（その意思は必ずしも明示的であることを要せず、当該配偶者の態度、例えば正当理由なき同居の拒絶、長年にわたる音信不通などの事情から、明らかにその意思ありと推認されるなど黙示であっても差し支えない。）を言います（新潟地判昭36.4.24）。

あなたの夫は、年収900万円の収入を得ながら半年にわたり婚姻費用をまったく支払わないということですから、特段の事情がない限り、夫の協力義務、扶助義務および婚姻費用分担義務の違反は悪意の遺棄にあたると考えられます。

したがって、夫が仮に協議離婚に応じてくれない場合でも、悪意の遺棄、及び婚姻を継続し難い重大な理由（民法770①Ⅴ）があるとして家庭裁判所に裁判上の離婚を請求することができます。

◎離婚の請求の棄却について

ただし、離婚原因である悪意の遺棄がある場合であっても、裁判所は、一切の事情を考慮し婚姻の継続を相当と認めるときは、離婚の請求を棄却することができます（民法770②）。

したがって、あなたの夫が反省して、現在ではきちんと生活費を支払っているといった事情がある場合には、離婚の請求が認められない可能性があります。

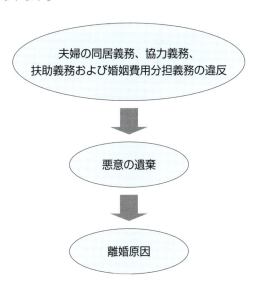

4 内縁

Q 1-13
内縁の妻は夫の遺産を相続できるか

夫とは20年以上、夫婦のように共同生活を営んできましたが、私たちは婚姻届を提出していない事実上の夫婦でした。先日、夫が死んでしまい、相続問題が生じました。夫には、すでに父母や兄弟姉妹がいないうえ、前妻との間にも子どもはいません。私は、妻として、夫の財産を相続することはできますか。

◎内縁関係の位置付け

婚姻の社会的実体はあるものの、婚姻届を提出していない男女関係を、内縁関係と言います。

お尋ねの場合、夫との婚姻届を提出していないものの、20年以上夫婦関係に類する共同生活を送っていたので、夫と内縁関係にあると言えます。

内縁関係は、法律上の婚姻成立要件である届出をしていないので（民法739）、法律上の婚姻関係とは認められません。したがって、法律上、妻に認められている権利（相続権、婚姻費用分担請求権、財産分与請求権等）は、内縁の妻には認められないのが原則です。

しかし、内縁関係も事実上は法律上の夫婦関係と差異がないことから、裁判所は、内縁関係を婚姻に準ずる関係であると認め（最判昭33.4.11）、さまざまなケースで、内縁の妻に、法律上の妻に準じた請求を認めてきました。

ポイントは、内縁の妻には原則として妻としての権利が認められないが、判例で特別に認められた権利については、法律上の妻と同様に、権利行使することができるということです。

◎相続権の有無

夫が死亡した場合、法律上の「配偶者（妻）」と「子」が相続人となります（民法887①、890）。詳しくは相続の章（第4章）で説明します。

では、内縁の妻にも法律上の「配偶者」と同じ相続権が認められるのでしょうか。

この点について、内縁の妻の相続権を明確に認めた判例は存在しません。家庭裁判所の審判例においても、「内縁の妻は配偶者でないから」という理由だけで、内縁の妻の相続権を否定されています（東京家審昭34.9.14等）。

したがって、お尋ねの場合は、あなたに夫の財産の相続権は認められず、前妻の子もいないので、夫の相続人はいないということになります。

◎財産分与として金銭を請求することも不可能か

夫婦が婚姻中に協力して取得した財産を、離婚する場合に分ける財産分与（民法768）という制度があります。しかし、最高裁判例は、「一方の死別により内縁関係が解消した場合に、民法768条の規定を類推適用することはできない」と判断し、内縁の妻が、財産分与として、夫の財産に関して権利を主張する道も否定しました（最判平12.3.10）。

◎遺族年金や健康保険の取扱い

しかしながら、社会保障の面では、現実の共同生活の実態に即した取扱を認めるべく、法律上、内縁の妻を「事実上婚姻関係と同様の事情にあたる者」を含むと規定する等、内縁の妻に法律上の配偶者と同様の権利を認める法律が登場しています。

例えば、遺族年金（厚生年金保険法3②、59①、国民年金法37の2①、49）、扶養手当（職員給与法11）、健康保険（健康保険法3⑦Ⅰ）、労災の遺族補償年金（労災16の2）等においては、内縁の妻にも、法律上の配偶者と同様の権利が認められています。

◎相続人不存在の場合の制度（特別縁故者）

また、民法では、相続人が存在しない場合に、家庭裁判所が、被相続人と特別の縁故があった者に相続財産の一部または全部を分与することを認めています（民法958の3）。

お尋ねのケースでも、他に相続人がいない場合は、あなたが特別縁故者として、家庭裁判所に対し、夫の財産の分与請求をする方法が考えられます。

Q 1-14
内縁の妻は夫名義のマンションに居住し続けられるか

夫とは20年以上の内縁関係でしたが、先日、夫が死んでしまいました。夫には、前妻との間に子どもが1人いるようです。私は無職で財産もないので、夫のマンションしか住む場所がありません。私は夫の死亡後も、夫のマンションに住み続けることはできますか。夫のマンションが夫の単独所有であった場合はどうですか。

A

◎マンション賃借権・所有権を相続できるか

お尋ねのマンションが借家の場合には亡夫は、マンションの所有者に対する賃借権を有していました。他方、持ち家の場合には、亡夫は、マンションの所有権を有していました。

したがって、あなたが亡夫のマンション賃借権や所有権を相続することができれば、賃借人または所有者として、マンションに住み続けることができることになります。

しかし、内縁の妻には、夫の相続権が認められておらず（Q1-13参照）、マンションの賃借権や所有権を取得することができません。

そうすると、あなたは無権限でマンションを占有していることになり、マンションの所有者から、立退請求されるおそれがあることになります。

◎判例による救済（賃借権の場合）

このような事態は内縁の妻に酷なので、最高裁は、「内縁の妻Yは、亡夫Bの相続人ではないから（Bの賃借権を相続することはできないが）、Bの死亡後はその相続人であるY2（Bと前妻との子）らの賃借権を援用して、所有者に対し、本件家屋に居住する権利を主張することができると解すべきである」と判断しました（最判昭42.2.21）。

つまり、内縁の妻は亡夫の相続人ではないのでマンション賃借権の取得は認められませんが、内縁の妻も法律上の妻に準じた存在であるため、相続人が相続した賃借権の援用を認めたのです。

援用とは、権利の利益を受ける旨の意思表示を言います。相続人の賃借権の援用が認められたということは、所有者に対し、相続人が相続した賃借権の利益を、自分が享受する旨の意思表示をすることが認められたということです。

お尋ねの場合は、相続人である前妻の子がマンション賃借権を相続するので、あなたは、前妻の子の賃借権を援用することにより、マンション所有者に対して、マンション賃借権を主張することができるわけです。

◎法律による救済（相続人不存在の賃借権の場合）

内縁の妻の居住権を保護するため、平成4年8月1日より、特別な法律が施行されました。

借地借家法36条は、「居住の用に供する建物の賃借人が相続人なしに死亡した場合において、その当時婚姻の届出をしていないが、建物の賃借人と事実上夫婦と同様の関係にあった同居者があるときは、その同居者は、賃借人の権利義務を承継する」と規定し、内縁の妻が、亡夫の賃借権を承継することを特別に認めています。

ただし、この法律が適用されるのは、相続人がいない場合に限られます。したがって、お尋ねの場合は、亡夫に相続人（前妻の子）がいるのでこの法律は適用されません。

◎判例による救済（所有権の場合）

亡夫がマンションを単独所有していた場合、夫の死亡により、前妻の子がマンションの所有権を取得します。子があなたに対し、マンションから立ち退くよう請求した場合、原則を貫けば、あなたは出て行かざるをえないことになってしまいます。

そこで、最高裁判例は、内縁の妻に独立して生計を営む力がなく、相続人（子）にはマンション使用の特別な理由がないような事例で、相続人から内縁の妻に対する明渡請求は権利濫用にあたり許されないと判示しました（最判昭39.10.13）。また、亡夫から内縁の妻に対し、無償で使用収益させる旨の合意（使用貸借契約）があったと認定した判例もある等、判例においては、内縁の妻の居住権を保護するための工夫がなされています。

Q 1-15
内縁関係でも財産分与や慰謝料を請求できるか

夫とは20年以上内縁関係でしたが、夫が他の女性との結婚を望むので、夫と話合いのうえで、内縁関係を解消しました。この場合、通常の離婚の場合と同じように、夫に対し、財産分与や慰謝料を請求することはできますか。

◎財産分与請求について

結論として、内縁関係の解消の場合にも、通常の離婚の場合と同様に、財産分与を請求することができます。

その理由は、内縁関係も、婚姻届を提出していない点を除き、実質は法律上の婚姻関係と異ならないため、財産分与の本質が妥当するからです。

財産分与の本質について、最高裁判例は、①夫婦共同生活中の財産関係の清算、②離婚後の扶養、③有責配偶者からの損害賠償の三つの要素があるとしています（最判昭58.12.19）。

さらに、裁判所は「内縁に関しては、夫婦協力義務や財産制等につき婚姻法規を類推適用すべきであるが、同時に、共同生活体の解消に関して、財産分与の実際上の必要が存在することは婚姻の場合と同じであるから、財産分与の規定を類推適用すべきである」と判断しています（広島高決昭38．6．19、広島高松江支決昭40.11.15、最判平12．3．10等）。

したがって、内縁の妻も、通常の離婚の場合と同様に、財産分与を請求することができます。

◎慰謝料請求について

内縁解消の原因が専ら夫にある場合には、内縁の妻は、通常の離婚の場合と同様に、夫に対し、慰謝料を請求することができます。

慰謝料請求とは、不法行為により精神的苦痛を受けた場合に、精神的苦痛に見合う金銭を損害賠償として請求することです。

したがって、慰謝料請求が認められるためには、夫に不法行為が成立する必要があります。

具体的には、夫の不倫、合理的な理由なく夫が生活費を払ってくれない、突然家から追い出された、暴力をふるわれた等の事情がある場合には、夫に不法行為が成立し、内縁の妻の慰謝料請求が認められる可能性が高いでしょう。

他方、内縁解消について、夫にも正当な理由が認められる場合には、内縁の妻の慰謝料請求は認められません。

◎夫の死亡による内縁解消の場合

お尋ねのケースと異なり、話合いではなく、夫の死亡により内縁を解消せざるをえなかった場合も、財産分与を請求することはできるでしょうか。

この点について、最高裁は、「双方の合意による内縁解消の場合に財産分与の規定を類推適用することは承認しうるとしても、民法は、離婚による婚姻解消と死亡による婚姻解消を区別しており、一方の死亡の際に財産分与の法理による遺産清算の道を開くことは、相続による財産承継の構造の中に異質の契機を持ち込むもので、法の予定しないところである」と述べ、結論として、「死別により内縁関係が解消した場合に、民法768条の（財産分与）規定を類推適用することはできない」と判断しました（最判平12．3．10）。

つまり、死亡による内縁解消の場合は、もっぱら、相続の問題として処理されるわけです。

なお、内縁の妻には相続権が認められません（Q1-13参照）。前述の判例により、死亡による内縁解消の場合に財産分与の規定を類推適用することはできないと判断されたため、内縁の妻は、財産分与請求としても、亡夫の財産について権利を主張することが許されなくなりました。

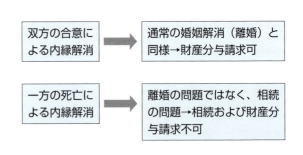

Q 1-16
内縁関係の夫に対して生活費を請求できるか

夫とは10年以上内縁関係で、子どもはいません。夫は会社員で年収は800万円、私は専業主婦で収入がありません。夫と共に暮らし始めてから、夫は月に20万円の生活費を入れてくれていましたが、1年ほど前から入れてくれなくなりました。私の貯金でやりくりしていましたが、もう預金残高がなく、このままでは生活していけません。私は内縁関係の夫に対し、生活費の請求をすることはできますか。

◎生活費を請求する根拠

夫婦相互は、互いに同居し、相手方を扶助する義務を負います（民法752）。この扶助義務から派生する義務として、夫婦は、相互にその資産、収入その他一切の事情を考慮して、婚姻から生じる費用を分担する義務を負います（民法760）。

この「婚姻から生じる費用」のことを、「婚姻費用」と呼びます。夫婦が共同生活をしていくための生活費のことです。

妻が専業主婦等で収入がないケースでは、収入がある夫が収入のない妻に対し扶養義務を負うため、夫は妻に対して婚姻費用分担義務を負うことになります。

したがって、仮に夫が生活費を一切支払ってくれない場合には、収入がない妻や夫よりも収入が少ない妻は、夫に対し婚姻費用分担請求として、生活費の請求をすることができます。

もっとも、調停や審判等の公的手続を使って婚姻費用の請求をする場合には、婚姻費用の金額は、東京・大阪養育費等研究会が発表した「簡易迅速な養育費等の算定をめざして―養育費・婚姻費用の算定方式と算定表の提案」（以下「算定表」）に基づき、夫と妻の年収により機械的に算出されるのが通常です。

◎内縁の妻にも婚姻費用分担請求権はあるか

問題は、法律上の妻に認められている婚姻費用分担請求権が、内縁の妻にも認められるかということです。

この点について、最高裁判例は「内縁は、婚姻の届出を欠くがゆえに、法律上の婚姻ということはできないが、男女が相協力して夫婦としての生活を営む結合であるという点においては、婚姻関係と異なるものではなく、これを婚姻に準ずる関係というを妨げない。内縁が法律上の婚姻に準ずる関係である以上、民法760条の規定（婚姻費用分担義務）は、内縁に準用されるものと解すべきである」と判断しました（最判昭33.4.11）。

このように、判例理論により、内縁の妻にも、婚姻費用分担請求権が認められます。

◎婚姻費用分担請求の額

お尋ねの場合では、内縁の妻は、夫に対し、婚姻費用分担請求として、毎月の生活費の支払いを求めることができます。

夫が任意に支払わず、公的手続を利用する場合には、原則として、算定表の夫の年収が給与で800万円、妻の年収が0円（ただし、潜在的稼働能力ありとして100万円程度の年収とされることが多い）であり、子どもがいない場合に準じて、月額10〜12万円の範囲で請求が認められることになります。

権利・義務	婚姻	内縁
同居・扶助義務（民法752）	○	○
貞操義務	○	○
婚姻費用分担義務（民法760）	○	○
日常家事債務の連帯責任（民法761）	○	○
夫婦別産制（民法762）	○	○
財産分与請求権（民法768）	○	○
不貞行為の場合等の慰謝料請求	○	○
夫婦同姓義務（民法750）	○	×
成年擬制（婚姻により成年扱い）	○	×
子どもの扱い	嫡出子	非嫡出子
子どもの親権	共同	妻（原則）
相続権（民法890）	○	×

5 協議離婚

Q 1-17
離婚するための方法・手続きは

　子どもの教育方針について夫とけんかが絶えず、最近では、家庭内で会話することもなくなってしまいました。夫も私も、これ以上夫婦関係を続けていくことは難しいと考えていますが、離婚について2人で話し合うことができません。離婚するための方法を教えてください。

A

◎協議離婚

　離婚するには、大きく分けて、①協議離婚と、裁判上の離婚の二つがあります。

　また、裁判上の離婚の中に、②調停離婚、③審判離婚、④裁判離婚、⑤和解離婚、⑥認諾離婚の五つがあります。これらの離婚原因は、離婚が成立した際、戸籍に記載されることになります。

　①の「協議離婚」とは、夫婦で話し合って、お互いに離婚の意思が合致した場合に、離婚届を提出することにより成立する離婚です（民法763）。

　他方、夫婦で話し合っても、一方が離婚を望み、一方が離婚を拒んでいるような場合、あるいは離婚に付随して問題になる子どもの親権の帰属や財産分与等について合意できず、離婚届への署名押印が得られない場合には、離婚届を提出することができません。夫婦間で協議離婚が成立しない場合には、裁判所の手続きを利用することになります。このように、裁判所の手続きを利用して離婚する方法を、「裁判上の離婚」と呼びます。

◎協議離婚について

　協議離婚は、夫婦それぞれが離婚届に署名押印し、市役所等の戸籍課に離婚届を提出することにより成立します（民法763、764、739）。

　注意すべきは、離婚意思は、離婚届作成時だけでなく、離婚届提出時にも必要だということです。したがって、離婚届作成後、提出前に、翻意して離婚を望まなくなった場合には、たとえ離婚届が提出されたとしても、離婚は無効になります。

　ただし、実際の裁判では、離婚届を作成している以上、離婚届提出前に翻意したことを立証することは大変困難です。そこで、離婚届が提出される前に、離婚届の受理を拒否するよう届け出る「協議離婚届出不受理制度」と呼ばれる制度があります。市区町村の役場に、申出書式があります。

◎裁判上の離婚について

　夫婦間で離婚について話合いがまとまらない場合には、裁判所を利用する他ありません。

　離婚調停は、裁判所で話合いを行うことにより円満な離婚を目指す手続きです。調停で離婚の合意ができた場合が②の「調停離婚」となります。調停が不成立となった場合は、訴訟離婚を提起することになり、夫または妻が普通裁判籍を有する地を管轄する裁判所（人事訴訟法4①）に対し、訴状を提出することになります。

　判決で離婚となった場合が④の「裁判離婚」です。しかし、調停の結果離婚を成立させたほうがよいことが明らかであるにもかかわらず、わずかな条件が合意できないために離婚が成立しないときは、調停に代わる審判（家事事件手続法284）の手続きがとられる場合もあります。「調停に代わる審判」とは、調停が成立しない場合に家庭裁判所が、相当と認めるときに、当事者双方の衡平、提出された書面、聴取した事情、調査の結果等の一切を考慮し、調停委員の意見を聴いたうえで、職権で事件の解決のために必要な審判をする制度です。これによる離婚が③の「審判離婚」です。

　裁判手続では、当事者に争いがある部分について、裁判所が証拠に照らして事実認定を行い、法定離婚原因が認められれば離婚請求認容の判決が、法定離婚原因が認定されなければ請求棄却の判決が出ることになります。

　裁判手続の中で和解により離婚する場合が⑤の「和解離婚」、離婚請求を受けた当事者が離婚請求自体を認める場合が⑥の「認諾離婚」です。

Q 1-18
離婚するための理由に制限はあるのか

子どもの教育方針について夫とけんかが絶えず、最近では、家庭内で会話することもなくなってしまいました。夫も私も、これ以上夫婦関係を続けていくことは難しいと考えています。しかし、裁判等で事を大袈裟にしたくありません。この場合、私は夫と離婚することはできますか。また、離婚理由に制限はあるのですか。

◎協議離婚では、離婚原因に制限がないこと

協議離婚（Q1-17参照）では、離婚の理由に制限はありません。協議離婚成立の要件は、次の二つです。
① 離婚届を提出すること
② 離婚届提出時に、夫婦間に離婚意思（離婚届を提出する意思で足りる。最判昭38.11.28）の合致があること

◎子どもがいる場合の注意点

民法は、「父母が協議上の離婚をするときは、その協議で、その一方を親権者と定めなければならない」と定め（民法819①）、離婚の届出は、民法819条1項の規定に違反しないこと（親権者の定めがあること）を認めた後でなければ、受理することができないと定めています（民法765①）。そのため、離婚届には、未成年の子の親権者の定めを記載する欄があり、ここに親権者を記載する必要があります。また、市役所、区役所あるいは町村役場では未成年の子の存在は戸籍上わかるので、この親権者の欄に記載がないと、離婚届自体が受理されません。したがって、お尋ねの場合のように、夫婦間に子どもが存在するケースでは、離婚届提出前に、子の親権者を夫と妻のいずれにするかを決めておく必要があります。

また平成23年に改正され、平成24年4月1日から施行されている民法766条1項では協議離婚の際に面会交流と養育費の分担について協議で定めることが明記されたことから、これらの事項について協議により定める必要があります。

◎離婚届の作成・提出について

① 記載方法および提出方法

離婚届の署名は、夫婦それぞれが自署する必要があります。印鑑は認印で足り、印鑑証明書の添付も必要ありません。証人は、2人以上の成年であれば足り、夫婦との関係は問いません。

② 提出先

夫婦の本籍地または住民票所在地の市役所、区役所または町村役場です。

③ 離婚届の書式

届け出ようとする市役所、区役所または町村役場で入手することができます。

④ 添付書類等

本人確認のために運転免許証やパスポート等の本人確認書類を求める自治体が多いので、これらを持参するようにしましょう。届出先に本籍がない場合は、夫婦の戸籍謄本の提出が必要です。

◎協議離婚による権利関係の変動

協議上の離婚は、役所が離婚届を受理することにより成立し、離婚成立日（離婚届受理日）付けで婚姻関係が終了します（民法728①）。

離婚が成立すると、婚姻により氏（名字）を改めた夫または妻は、旧姓に戻ります（民法767①）。旧姓に戻った離婚当事者が、離婚後も婚姻中の氏の継続を望む場合は、離婚の日から3か月以内に市役所等へ届け出ることによって、婚姻中の氏を継続することができます。離婚の成立により、夫または妻は、相手方に対して、財産分与の請求が可能となり（民法768①）、年金の分割請求が可能となる等の効果が生じます。しかし、離婚届の提出だけで離婚が成立した場合には、財産分与について何ら取決めがありません。よって、財産分与の金額や方法をめぐって協議や調停、場合によっては裁判を行う必要があります。このような事態を避けるために、離婚届提出前に、慰謝料、養育費、監護者、面会交流権等についても協議し、合意した内容について、離婚協議書を作成しておくべきです。

Q 1-19 夫の借金のためにした離婚は取り消せるか

夫が事業で失敗し、金融業者に対し1,000万円の借金を負いました。自宅の名義は夫名義になっていることから、財産の差押えを回避するために、離婚に伴い財産分与を行い、自宅の名義を私名義にすることを考えました。私も夫も離婚したい気持ちはありませんでしたが、離婚届を提出し、財産分与として、自宅の名義を夫から私に変更しました。それから5年が経った現在、夫が借金を返済したので、離婚自体を取り消したいと思っています。私は、離婚の無効や取消しを主張できますか。

◎離婚意思の内容

協議離婚は、離婚届を提出することにより成立します。離婚届提出時に必要な離婚意思の内容をめぐり、法的には二つの考え方が対立してきました。
① 形式的意思説（最判昭38.11.28）
　離婚届を提出する意思とする説
② 実質的意思説
　社会通念上の離婚自体をする意思とする説

裁判所は、形式的意思説に添う立場を取り、夫婦が離婚自体を望んでいなくても、離婚届を提出する意思があり、離婚届が受理された場合、離婚は有効に成立すると判断しています。お尋ねの件のように離婚自体を望んでいなかったケースでも、夫婦双方に離婚届を提出する意思があり、離婚届が受理されている以上、離婚は有効に成立しています。

したがって、お尋ねの場合のように過去に離婚意思がなかったことを理由として、離婚の無効や取消しを主張することはできません。

◎離婚の無効・取消しを主張できる場合
① 離婚届提出時に離婚意思を欠く場合→無効
　例えば、夫婦の一方が他方に無断で離婚届を提出してしまったり、離婚届を作成した後に翻意したにもかかわらず離婚届が提出されたりした場合等、離婚届提出時に形式的な離婚意思を欠く場合は離婚無効となります（大判昭16.11.29）。

離婚の無効を主張する当事者は、家庭裁判所に対し、離婚無効訴訟を提起することができます。
② 詐欺または強迫による離婚の場合→取消し

詐欺または強迫により離婚した当事者は、家庭裁判所に対し、離婚の取消請求をすることができます（民法764、747）。家庭裁判所が離婚の取消しを認めた場合、離婚の意思表示は離婚届提出時に遡って取り消されるため、婚姻関係が継続していることになります。

ちなみに、お尋ねのようなケースで「実際は、夫が離婚するために1,000万円の借金をしたと嘘をつき、あなたが錯誤により離婚届を提出した」という場合には、詐欺による離婚取消しを主張できる可能性があります。もっとも、詐欺や脅迫により離婚意思を形成したことを客観的に証明することは容易でないため、難しい訴訟になるケースが多いです。

◎離婚に伴う財産分与の効果

離婚が有効であっても、夫が唯一の財産である自宅を妻に贈与する等、財産分与の価格が「不相当に過大で、財産分与に仮託してされた財産処分である」と認められる場合には、財産分与自体が取り消されるおそれがあります（最判昭58.12.19）。これは、債務者が財産分与名目で不当に財産隠しをすることを防止するための制度で、債権者取消権（民法424）と呼ばれています。

したがって、お尋ねのケースでも、離婚に伴い自宅の所有者を夫から妻名義に変えても、金融業者が債権者取消権を行使し、不相当に過大な部分の価格賠償等が命ぜられる場合があります。

6 裁判上の離婚

Q 1-20
相手が離婚をかたくなに拒否している場合

夫とは、10年以上婚姻関係を継続してきました。しかし、数年前から夫が暴力をふるうようになり、顔を合わせるのもつらいため、夫と離婚したいと思っています。しかし、夫は離婚することをかたくなに拒否しており、話合いで離婚することは難しそうです。一刻も早く離婚したいので、離婚するための方法を教えてください。

◎調停前置主義

夫婦間で協議が整わない場合には、裁判所の手続きを利用する他ありません。

裁判上の離婚には、大まかに分けると、①調停離婚（話合いによる解決）、②審判（話合いを主眼としつつ、最終的には審判官の判断に委ねる）、③裁判離婚（離婚の可否や財産分与額について、裁判官の判断に委ねる）があります（詳細についてはQ1-17参照）。

一刻も早い離婚を望むあなたとしては、すぐに③離婚訴訟を提起することを望むかもしれません。

しかし、法律上、③離婚裁判を提起する前に、①離婚調停の手続きで話合いを行うことが義務づけられています（家事事件手続法257①）。したがって、まず、相手方（この場合、夫）の住所地を管轄する家庭裁判所に対し、離婚調停を申し立てる必要があります。

◎調停手続

離婚調停の申立てをすると、裁判所から、相手方に対し呼出状が送られます。調停期日は、申立書提出日から1～2か月後に設定されます。

調停期日では、調停委員2名（裁判官以外の教養人）と家事審判官または調停官（裁判官）に対し、言い分を話すことにより進行します。

調停は本人から話を聞くことを主眼とするため、代理人をつけても、原則として本人が出頭するように求められます。

調停委員が言い分を聞く際は、妻と夫別々に言い分を聞く場合が多いのですが、調停開始時の手続説明や成立時等は同席となる場面もあります。もっとも、DVのケース等では、あらかじめ申し出ておけば、相手方と顔を合わせることがないよう、柔軟に配慮してもらうことができます。調停が成立すると、調停成立時に離婚が成立することになります。

◎審判手続、訴訟手続

調停で話合いがまとまらない場合は、調停終了後、離婚訴訟を提起することが通常です。

離婚訴訟では、裁判官が当事者の言い分を聞き、客観的な証拠に照らして、どちらの言い分が認められるのか判断します。

そして、法定離婚原因（法律上決められている離婚原因）があると認めれば、離婚判決を出します。離婚判決が出れば、たとえ被告（夫）が離婚を拒んでいても、あなたは夫と離婚することができます。

離婚判決が出て、被告（夫）が判決受領後2週間以内に控訴しなければ、離婚判決が確定します。

◎調停、審判、判決後の手続き

調停の成立、審判の確定、離婚判決の確定により、離婚は成立します。ただし、戸籍への記載は自動的には行われず、裁判が確定した日から10日以内に、当事者が届出人の本籍地または所在地の市役所、区役所または町村役場に離婚届を提出する必要があります（民法764、739、戸籍法76、77、63）。その際に必要な添付書類は、次のとおりです。

裁判上の離婚手続	必要な添付書類
調停離婚	戸籍謄本（本籍地でない場合）、調停調書の謄本　1通
審判離婚	戸籍謄本（本籍地でない場合）、審判書の謄本と確定証明書　各1通
判決離婚	戸籍謄本（本籍地でない場合）、判決の謄本と確定証明書　各1通

Q 1-21
浮気は離婚の原因として有効か

夫とは10年以上前に結婚しましたが、数年前から夫が勤務先の女性と交際しているようで、平日はまったく家に帰ってきません。同僚仲間によれば、夫はその女性と半同棲しているようです。夫に浮気をやめるよう頼んでみたところ、夫の態度はよくなるどころか、週末も家に帰ってこなくなってしまいました。夫との離婚を考えていますが、夫は、世間体なのか、かたくなに離婚を拒んでいます。夫と離婚することができますか。

◎法定離婚原因

夫婦の一方が離婚を拒否している場合には、裁判所が法定離婚原因（民法770）を認定しない限り、離婚は認められません。

法定離婚原因は、次の五つです（民法770①）。
① 配偶者に不貞な行為があったとき
② 配偶者から悪意で遺棄されたとき
③ 配偶者の生死が３年以上明らかでないとき
④ 配偶者が強度の精神病にかかり、回復の見込みがないとき
⑤ 婚姻を継続し難い重大な事由があるとき

お尋ねのケースでは、裁判所が①「配偶者（夫）に不貞な行為があったとき」（民法770①Ⅰ）と認定すれば離婚原因があるということになり、あなたは夫と離婚することができます。

◎「配偶者に不貞な行為があったとき」とは

では、「配偶者に不貞な行為があったとき」とは、どのような場合をいうのでしょうか。

判例は、不貞行為とは、相手方の意思が自由であると否とを問わず、配偶者のある者が自由な意思に基づいて配偶者以外の異性と性的関係を結ぶことと判示しており（最判昭48.11.15）貞操義務違反行為を指すと判断しています。具体的には、配偶者が他の人と同棲したり、長期間にわたって交際していたりすることが挙げられます。

ちなみに、お尋ねのケースとは異なりますが、偶発的な１度の性的関係でも離婚原因になりうるかどうかは微妙な問題です。実際には、離婚を認容している裁判例のほとんどが「継続的な」関係がある事例です。そのため、夫の１度の不貞行為を理由として離婚を請求する場合には、「不貞な行為」とあわせて「婚姻を継続し難い重大な事由」（民法770①Ⅴ）があると主張し、離婚原因を二つ挙げて離婚請求するのが賢明だと言えるでしょう。

◎相手方が不貞行為を否定している場合

相手方（お尋ねの場合は、夫）が不貞行為を否定している場合は、離婚を望む当事者（あなた）が、夫の不貞行為を立証しなければなりません。

しかし、この証明は決して容易ではありません。夫が他の女性とラブホテルに入っている写真（継続的なもの）や、裸同士で撮影した写真等の客観的証拠があれば、不貞行為を推認してもらえる可能性は高まります。しかし、十分な証拠がなく、夫が不貞行為をしたことを証明できない場合には、「配偶者に不貞な行為があった」として離婚することはできません。

もっとも、夫が不貞行為をしたことを証明できない場合でも、夫の浮気により夫婦間の「婚姻を継続し難い重大な事由」があると認定されれば、夫と離婚することができます。具体的には、愛人の存在が発覚したことにより夫婦仲が悪化し長期間別居している場合や、夫が愛人にお金を注ぎ込み生活費を減らした場合等が挙げられます。

◎不貞行為の相手方に対する金銭請求の可否

あなたは、不貞行為をした夫に対して、貞操義務違反を理由として、不法行為に基づく損害賠償請求をすることができます。また、不貞行為の相手方（夫の浮気相手）に故意過失がある場合には、その人に対しても、平穏な夫婦生活を侵害されたことを理由として、不法行為に基づく損害賠償請求をすることができます。ただし、不貞行為時に夫婦関係がすでに破綻していたと認定される場合には、特段の事情のない限り、損害賠償請求はできません（最判平８.３.26）。

Q 1-22
相手のモラルハラスメントを理由に離婚できるか

夫とは結婚して10年目になりますが、5年前に2人目の子どもが生まれた頃から、子どもがいないときに「俺がいなければどうせお前は何もできない」「役立たず」等と毎日のように罵られ、また実家や友人達との交流を細かくチェックされたり制限されたりするようになりました。精神的にもう耐えられない状態ですし、モラルハラスメントにあたるのではと考えています。これを理由として、離婚を請求することはできるのでしょうか。

A

◎モラルハラスメントは離婚原因となるか

双方が合意のもとでなされる協議離婚の場合には、離婚原因（離婚の理由）に制限はありませんが、夫婦の一方が離婚を拒否している場合には、裁判所が法定離婚原因（民法770）を認定しない限り、離婚は認められないことは、Q1-17、1-20で述べたとおりです。

本件は妻が夫からモラルハラスメントにあたる精神的虐待を受けている状態と言えますが、これが、「婚姻を継続し難い重大な事由があるとき」（民法770①Ⅴ）にあたるか否かが問題となります。

「婚姻を継続し難い重大な事由があるとき」とは、「夫婦が婚姻の目的である共同生活を達成しえなくなり、その回復の見込みがなくなった場合」を言います（最判昭62.9.2）。

◎精神的虐待を理由に離婚が認められた事例

まず、夫の妻に対する長年にわたる暴言や気に入らないことがあると執拗に責め続けるといった言動、深夜の炊事要求等の多数の精神的虐待にあたる事実を認定したうえで、夫婦関係がもはや修復の見込みがないとして、妻からの離婚請求を認容している事案があります（東京地判平17.3.15）。

また、夫が飲酒時に妻やその家族について大声で罵倒する等したために、妻が精神的、肉体的に疲れ果てて別居した事案で、妻が穏和でおとなしく、面と向かって反論できない性格であることを考慮したうえで、婚姻生活は継続できないとして、妻からの離婚請求を認容している事案があります（東京地判平16.11.2）。

◎精神的虐待を理由に離婚が認められなかった事例

一方で、夫が妻を対等なパートナーとして扱うことなく、家事と育児を妻任せにし、精神状態の悪い娘に対する暴言があった事案において、妻がこれらの行為についてしかたない等と感じ、離婚に至るほどの心理的ダメージを受けていなかったとして、妻からの離婚請求を認めなかった事案があります（東京地判平17.3.14）。

◎主張にあたっての留意点

これまでの裁判例を考慮すると、客観的事実や程度のわかりやすい肉体的な虐待の場合と異なり、精神的虐待が「婚姻を継続し難い重大な事由があるとき」と判断されるためには、モラルハラスメント等の精神的虐待にあたる多数の事実関係を主張する必要があると言えます。

また、精神的虐待の事実のみならず、かかる事実により被虐待者がどのようなダメージを受けたのか、虐待行為と離婚請求とのつながりを主張していかなければならないと言えます。

なお、その主張にあたっては、前述のとおり、暴力の場合と異なり、客観的事実が見えにくいため、精神科等での受診記録（診断書等）、暴言等の録音テープ、日記等の客観的資料を一つ一つ収集していくことが必要となります。

Q 1-23
精神病になった夫と離婚できるのか

私は30年前に夫と結婚しました。しかし最近、夫がアルツハイマー病に罹患し、継続的な介護が必要になりました。私は以前、夫との離婚を考えたことがあり、また今後、無期限で夫の介護をする自信がないことから、夫と離婚することを考えています。私は、夫と離婚することはできますか。

◎精神病に関する法定離婚原因

お尋ねのケースでは、法定離婚原因のうち、「配偶者が強度の精神病にかかり、回復の見込みがないとき」（民法770①Ⅳ）に該当するかどうかが問題となります。

ここで、「強度の精神病」とは、「婚姻の本質ともいうべき夫婦の相互協力義務ことに他方配偶者の精神的生活に対する協力義務を十分に果たし得ない程度」の精神障害とされています（金沢地判昭36.5.10）。また、「回復の見込みがないとき」とは、精神科医の鑑定を前提として、継続的治療の結果回復の見込みがないと言えることが必要だとされています。

実際上は、統合失調症等の高度精神病やアルツハイマーの事例が多く、ノイローゼや神経衰弱等は該当しません。

判例は、「配偶者が強度の精神病にかかり、回復の見込みがないとき」という要件を厳格に捉えています。例えば、Xが、脊髄小脳変性症（平衡感覚異常、歩行障害、言語障害がある）の配偶者Yに対して、離婚請求した事例において、「Yは周囲の者の理解ある援助がなければ日常生活にさえ支障をきたす状態にあるが、一方、知能障害は認められないから、夫婦間の精神的交流は可能であり」、「民法770条1項4号に定める強度の精神病にも比肩しうる程度の疾患であるということもできない」と判示し、離婚請求を棄却しました（名古屋高裁平3.5.30）。

◎離婚することはできないのか

それでは、夫が精神病に罹患し、夫婦間の精神的、経済的な協力体制が崩壊し、婚姻関係が破綻したと言えるような場合であっても、「配偶者が強度の精神病にかかり、回復の見込みがないとき」と認定されない限り、一切離婚することはできないのでしょうか。

例えば、Xが、アルツハイマー病のY（通常の会話ができず、トイレに行くこともできないため、XがYのおむつの取替や入浴等の介護を続けていた）に対して離婚請求した事例において、「民法770条1項4号による離婚請求は認容し難い」としつつ、「XYの婚姻関係は、Yがアルツハイマー病に（又は同時にパーキンソン病にも）罹患し、長期間に亘り夫婦間の協力義務を全く果たせないでいることによって破綻していることが明らかであり」、「民法770条1項5号に基づく離婚請求はこれを認容するのが相当である」と判示し、「婚姻を継続し難い重大な事由がある」ことを理由として、離婚請求を認容しました（長野地判平2.9.17）。

◎離婚請求の手続き

なお、夫が精神病である場合は、協議離婚をすることができません。夫の精神病が重度であり、夫に意思能力さえない場合には、夫を相手として調停や訴訟を提起することもできません。では、どのような手続きをすれば、離婚を請求することができるのでしょうか。

この場合は、夫に成年後見人をつけてもらうべく、裁判所に対して成年後見人選任の申立てを行い、その成年後見人を相手に、離婚訴訟を提起することになります（人事訴訟法14①）。

Q 1-24
行方不明になってしまった夫との離婚

私は夫と30年前に結婚し、以後ずっと同居してきました。夫は国際ジャーナリストなのですが、3年ほど前からまったく連絡が取れなくなり、行方がわからなくなってしまいました。私はいつ帰るともわからない夫を待ち続けることに疲れてしまい、夫と離婚することを考えています。早く夫と離婚し新たな人生を模索したいのですが、私は夫と離婚することはできますか。

◎ 法定離婚原因

お尋ねのケースでは、法定離婚原因のうち「配偶者の生死が3年以上明らかでないとき」（民法770①Ⅲ）に該当するかどうかが問題となります。

「生死が3年以上明らかでないとき」とは、夫との最後の音信のときから客観的に3年以上の間、生死不明であることが必要です。

夫が死亡したことが判明していれば、死亡により婚姻関係は終了しているので、離婚の問題になりません。また、夫が生きていることが判明していれば、夫に対して正式に離婚訴訟を提起し、他の離婚原因があると認定されない以上、離婚することはできません。

◎ 失踪宣告制度による死亡推定

なお、民法770条1項3号に基づく離婚が認められない場合であっても、夫の生死が不明な場合には、失踪宣告（民法30①②）という制度を用いることが考えられます。

失踪宣告には、次の二つの場合があります。
① 不在者の生死が7年以上不明の場合
② 戦地に臨んだ者、沈没した船舶に乗っていた者その他死亡の原因となるべき危難に遭難した者の生死が、危難が去った後1年間不明な場合

これらの場合には、利害関係人（この場合、妻）が裁判所に請求することにより、裁判所から失踪宣告がなされれば、その人は死亡したものとみなされます（民法31）。そのため、婚姻関係は夫の死亡により解消されることになるため、離婚の問題にはなりません。

失踪宣告により、夫が死亡したとみなされる時期は、行方不明になってから7年が経過したとき、または、危難に遭遇した後1年経過後です。

◎ 行方不明者に対する離婚請求の手続き

「配偶者の生死が3年以上明らかでないとき」を理由として離婚を請求する場合には、相手方の夫がいないのですから、調停手続を申し立てても意味がありません。

そのため、相手方が行方不明である場合には、調停前置主義（Q1-20参照）の例外として、離婚訴訟を提起することができます。

具体的には、夫の最後の住所地を管轄する家庭裁判所に対し、「配偶者の生死が3年以上明らかでないとき」を理由として離婚を求める訴状を提出することになります。

しかし、離婚訴訟も訴訟である以上、訴状が被告に送達されない限り審理を開始することができません。

では、行方不明者に対して訴状を送達するには、どのようにすればよいのでしょうか。

行方不明者に対する訴訟提起を可能にするための制度として、「公示送達」があります。

「公示送達」とは、裁判所に提出した訴状を、裁判所の掲示場に掲示してもらい、2週間を経過した時点で（送達すべき場所が海外の場合には6週間）、被告に送達したとみなす制度です（民事訴訟法112）。この制度を使えば、夫が行方不明であっても、訴状が裁判所に掲示されてから2週間経過すれば送達されたことになり、審理を開始してもらうことができます。

したがって、あなたとしては、夫の最後の住所地を管轄する家庭裁判所に対し、離婚を求める訴状とともに、公示送達の申立てを行い、裁判所に離婚判決を求めることで、離婚の手続きを進められることになります。

Q 1-25
性交渉の拒否・異常は離婚原因になるのか

　私は5年前に夫と結婚し、同居を開始しました。同居して初めて、夫が、女性にハイヒールを履かせた状態で性交することに異常に興奮する性格であることを知りました。夫は、性交の際に、必ずハイヒールを履くよう要求し、私が拒否しても、無理矢理履かせました。私は夫と肉体関係を持つことが嫌になり、夫との性生活に苦痛を感じていました。夫も私の態度を見て冷めたようで、夫とは2年以上、性交渉がありません。このような状態であることを理由として、私は夫と離婚することはできますか。

A

◎性生活の異常は離婚原因になるか
　性交の拒否や異常な性交態様を原因とする離婚が認められるためには、相手の態度が「婚姻を継続し難い重大な事由」（民法770①Ⅴ）に該当する必要があります。
　この「婚姻を継続し難い重大な事由」とは、「夫婦が婚姻の目的である共同生活を達成しえなくなり、その回復の見込みがなくなった場合」を言います（最判昭62.9.2）。
　最高裁判例は「夫婦の性生活が婚姻の基本となるべき重要事項」であることを理由に、夫の性生活の異常が「婚姻を継続し難い重大な事由」に該当しうることを認めています（最判昭37.2.6）。

◎夫の性癖異常を理由とした離婚が認められるか
　夫の性癖異常が問題となったお尋ねのようなケースで、判例では以下のように妻からの離婚請求を認めました（大阪地判昭35.6.23）。

【判決】
　性交の度に靴を履かせる行為は、一般に行われる性的技巧等とは異なり、相当異様な性交方法であって、正常な性行為の範囲に属さない。異常な性交方法であっても、相手方が了解して行われる場合は別として、相手方がかかる性交方法を極度に忌避嫌悪しているにもかかわらず、専ら自らの欲望満足のためにその行為を反復強行する行為には、帰責性が認められる。このような状況では、夫婦間に性的和合を期待することは不可能であるから、婚姻を継続し難い重大な事由があるものと認め、妻からの離婚請求を認容すべきである。

◎性交拒否を理由とした離婚は認められるか
　夫が妻との性交渉を拒否している場合にも、妻は夫と離婚することはできるのでしょうか。
　夫の性交拒否が問題となった次のようなケースで、裁判所は妻からの離婚請求を認めました（福岡高判平5.3.18。似た内容のものとして、浦和地判昭60.9.10）。

【事案】
　夫婦間の性交渉は、入籍後5か月間に2～3回程度で、入籍後約1年半経過後は、夫婦間にはまったく性的関係がない。夫はポルノビデオを見て自慰行為をし、原告との性交渉を拒否する態度をとった。

【判決】
　妻と夫の性交渉は、入籍後5か月内に2～3回と極端に少なく、入籍後約1年半経過後はまったく性交渉がない状態であるのに、反面、夫はポルノビデオを見て自慰行為をしているのであって、性生活に関する夫の態度は、正常な夫婦の性生活からすると異常というほかなく、夫婦間の婚姻生活はすでに破綻し、婚姻を継続し難い重大な事由がある。したがって、妻からの離婚請求は認められる。

◎性生活の異常に基づく離婚を認めなかった事例
　一方で、夫からの離婚請求を棄却した判例もあります。妻が新婚早々膣炎になり、夫との性交渉がスムーズにできなかったため、夫が離婚を請求したという事案です。裁判所は、夫としては妻の立場に同情し、愛情と理解をもって妻の病気が回復するよう協力すべきであると判示し、離婚を認めませんでした（広島地判昭43.11.27）。
　このように、離婚が認められるかどうかは、夫婦間の事情を総合考慮し、夫婦間に「婚姻を継続し難い重大な事由」があると言えるかどうかにより判断されます。

Q 1-26
不倫している夫からの離婚請求は認められるか

私は夫と結婚して20年ですが、10年ほど前から夫がほとんど家に帰ってきていません。どうやら夫は勤務先の女性と交際しており、すでに同棲しているようです。そしてついに、夫は私に対し、離婚してほしいと言ってきました。夫が離婚の裁判を提起した場合、その離婚請求は認められてしまうのでしょうか。

◎離婚原因

夫婦の一方が離婚を拒否している場合には、法定離婚原因（民法770）がない限り、離婚は認められません。では、逆に、法定離婚原因があれば、必ず離婚は認められるのでしょうか。

お尋ねのケースでは、あなたが不倫をしているわけではないので、夫は、「配偶者に不貞な行為があったとき」（民法770①Ⅰ）に該当することを理由に離婚を請求することはできません。

そこで、夫としては、10年もの長期間にわたり別居していることを理由として、「婚姻を継続し難い重大な事由があるとき」（民法770①Ⅴ）として、離婚を請求してくると考えられます。

一般論としては、10年間別居をしている場合には、「婚姻を継続し難い重大な事由があるとき」に該当すると判断されるケースが多いのですが、これでは不貞行為をした当事者（以下「有責配偶者」という）の離婚請求が許されることになり、正義に反するのではないかと問題になりました。

◎最高裁の立場

最高裁判所は、「離婚請求が正義・公平の観念、社会倫理規範に反するものであってはならない」として、有責配偶者からの離婚請求の可否は、
① 有責配偶者の責任態様
② 相手方配偶者の婚姻継続意思
③ 相手方配偶者の精神的、社会的、経済的状況
④ 未成熟子の監護状況
⑤ 別居後に形成された内縁関係等の有無（内縁関係にも一定の保護が与えられるべきなので、離婚請求を認める方向に働く）等
の総合考慮により判断すると判示しました。そのうえで、別居期間が36年、未成熟子がいないケースで、次の三つの枠組みにより判断し、有責配偶者からの離婚請求を認めました（最判昭62.9.2）。
① 夫婦の別居が当事者の年齢および同居期間と対比して相当の長期間に及んでいること
② 夫婦間に未成熟子がいないこと
③ 相手方配偶者が、精神的、社会的、経済的に極めて苛酷な状態に置かれる等、離婚請求を認容することが著しく社会正義に反すると言えるような特段の事情のないこと

◎具体的な判断基準（その後の判例等）

この最高裁の判例後も、前述の三つの条件に照らして、別居期間が約10年3か月のケース（最判昭63.12.8）、約8年のケース（最判平2.11.8）、約6年のケース（最判平14.11.14）等で、有責配偶者からの離婚請求が認められています。もっとも、別居期間が約8年のケースで、有責配偶者からの離婚請求を認めなかった判例も存在します（最判平元.3.28）。これらは、いずれも未成熟子が存在しないケースです。

他方で、未成熟子が存在するケースにおいて、有責配偶者からの離婚請求を肯定した判例も存在します（最判平6.2.8）。

このように、有責配偶者からの離婚請求が許されるかどうかは、正義、公平、社会倫理規範に照らし、総合考慮により、判断されます。

◎お尋ねの場合・その他

お尋ねの場合は、別居期間が10年なので、夫婦間に子どもいない場合には、夫からの離婚が認められる可能性が高いと言えるでしょう。

他方で、未成熟子がいる場合や、子どもの監護状況によって離婚を認めることが相当ではないと判断される場合、あなたが難病で離婚により生活していくことが不可能な場合等には、夫からの離婚請求が認められない可能性があるでしょう。

7 離婚と財産分与

Q 1-27

離婚における財産分与とは

夫と離婚の話合いをしています。夫は会社員で私は専業主婦、中学生の息子が1人います。財産としては、夫名義と私名義の預貯金、夫名義の車があります。離婚した場合、私は財産を分けてもらえるのですか。分けてもらえる場合、その割合はどのくらいですか。また、実際にはどのように財産を分けるのですか。

A

◎財産分与の意義

配偶者の一方は他方に対して、離婚の際に、財産の分与を請求することができます（民法768①）。財産分与には、①夫婦が共同生活中に形成した財産の清算（清算的要素）、②離婚後の生活についての扶養（扶養的要素）、③離婚についての慰謝料（慰謝料的要素）の三つの要素があると考えられていますが、このうち、清算的要素が財産分与の中心的な要素となっています。

財産分与の対象となるのは、夫婦が婚姻期間中に協力して得た財産で、名義等は問いません。

◎清算的財産分与の清算基準

夫婦が話合いで清算の基準についても合意した場合にはその基準に従うことになりますが、話合いができない、または話合いがつかない場合には、家庭裁判所に調停や審判の申立てをして決めることになります。

実務では、共働きであるか、一方が専業主婦であるかを問わず、夫婦が互いに協力しあって夫婦財産を形成していったとして、清算基準を原則として2分の1と考えることが多いようです。

ただし、例えば夫が医者、弁護士、芸能人、芸術家である等、特殊な才能や専門性によって多額の財産が形成されているような場合には、財産形成に対する夫の寄与が大きいとして、清算基準が夫に多く傾くこともあります。

なお、分与する財産をいつの時点の財産と考えるべきかについて、裁判例は、夫婦が別居している場合には、別居した時点を一応の基準とするべきであると判断しています（横浜地判平9.1.22）。

◎財産分与の方法

夫婦の話合いで財産分与の方法について合意した場合にはその方法に従うことになります。一方、家庭裁判所の調停や審判で財産分与をする場合には、夫婦が婚姻期間中に協力して得た全財産を金銭的に評価し、その合計金額を分与割合で乗じて、夫婦それぞれが財産分与として取得する金額を出します。そのうえで、実際の財産分与では、自分名義となっている財産の金額が財産分与として取得する金額より少ない場合、その差額を相手から払ってもらう方法をとるケースが多いと言えます。

例えば、別居時点の夫名義の預貯金が800万円、妻名義の預貯金が300万円、夫名義の車の価格が100万円かつ、婚姻時の夫名義の預金が200万円、婚姻時の妻名義の預金が100万円であったとします。

まず、婚姻前の預金額は特有財産として除かれるので財産分与の対象となる財産の合計額は900万円となります。仮に、2分の1の基準で分与する場合、各人が財産分与として取得するのは450万円となります。妻が保有する夫婦共有の財産は預貯金の200万円で財産分与として取得する金額より少ないので、差額である250万円を夫から支払ってもらうことによって財産分与することになります。

逆に夫の立場からみると、夫が保有する共有財産（計700万円）が財産分与として取得する金額（450万円）より多いので、その差額250万円を妻に支払わなければならないことになるのです。

なお、離婚のときから2年を経過すると、家庭裁判所へ財産分与の調停や審判の申立てをすることができなくなってしまいますので、注意してください。

Q 1-28
不動産の分与の方法にはどのようなものがあるか

私は夫と娘2人の4人で夫名義のマンションに住んでいます。このたび夫と離婚し、娘2人の親権は私が持つことになりました。私は、娘たちと引き続きマンションに住み続けたいのですが、どのようにすればよいですか。また、夫名義の住宅ローンが残っている場合はどうなりますか。

A

◎不動産の分与の方法

子どもの養育環境や通学等の配慮から、離婚後も子どもと共に居住していた不動産に引き続いて住みたいというケースは少なくありません。

この場合、夫からその不動産を財産分与として譲り受けるという方法があります。この場合、夫には譲渡所得税、妻には不動産取得税がかかることがあります。ただし、その不動産の価値が財産分与の清算基準（Q1-27参照）による金額よりも大きい場合、その差額を支払う必要が出てきます。また、仮に差額を支払わないという夫婦の合意ができたとしても、その差額については贈与税が発生することがあります。

◎賃借権の設定

差額を支払うことや差額を支払わないという合意をすることが困難で、財産分与として不動産を取得できない場合でも、賃借権を設定することによって引き続いての居住を実現することができます。

賃借権は、夫婦の協議や調停での合意の他、審判や裁判によっても設定することができます。この財産分与として設定される賃借権は、妻子の居住権を保障する特別の賃借権で、借地借家法の適用を受けないと考えられています（二宮周平・榊原富士子『離婚判例ガイド』有斐閣、平成6年、103頁）。

これまでの裁判例では、賃料月額4万6,148円、賃貸期間を長女の高校卒業までとする賃借権を認めた事例（名古屋高判平21.5.28）があります。また、妻の今後の生活のためには当分の間建物の利用が不可欠であるとして、賃料月額6万円、賃貸期間を子が成人するまでとする賃借権を認めた例（浦和地判昭59.11.27）等があります。

なお、財産分与として賃借権を設定したときは、例えば、将来夫が勝手にマンションを売却してしまった場合等、第三者にも対抗できるように賃借権の登記を忘れないようにしておきましょう。

◎住宅ローンがある場合

不動産に住宅ローンが残っている場合、不動産を売却して残りのローンを返済し、残った額を分与する方法もありますが、引き続き居住したい場合は、この方法はとれません。離婚後も居住したい場合は、離婚時の不動産の価格からローン残額を引いた額について、分与割合を乗じてそれぞれの取得額を明らかにしたうえで、

① 夫が妻に分与額を支払って不動産の所有権を取得し、妻には賃借権を設定する
② 妻が夫に分与額を支払って不動産の所有権を取得する

という方法があります。

①の場合は、夫が引き続き住宅ローンを支払っていくことになりますが、②の場合は、妻が住宅ローンを支払うことになります。そのため、②の方法をとる場合には、金融機関に債務者を妻へ変更してもらう必要がありますが、債務者の変更に応じてもらうのは難しいのが実情です。

そこで、住宅ローンの債務者は夫名義のままにし、その返済額を妻から夫へ渡す、あるいは事実上妻が返済をするといった方法をとられることが多いようです。しかしながら、不動産の所有者はあくまで夫のままですので、夫が住宅ローンを払わなくなれば金融機関に抵当権を実行されるリスクは残りますので、慎重な判断が必要です。

Q 1-29
夫名義の賃貸マンションに住み続けることができるか

夫と私は結婚して5年になり、4歳の子どもと3人で賃貸マンションに暮らしています。このたび夫と離婚することにしました。私は子どもと引き続きマンションに住みたいのですが、賃貸借契約の名義は夫となっています。この場合、どうしたらよいのでしょうか。また、賃料は夫が支払ってくれることになっていますが、支払いを確実にしてもらうためにはどうしたらよいですか。

A

◎配偶者名義の賃貸マンションの居住

離婚後も配偶者（この場合、夫）名義の賃貸マンションに住み続けたい場合、賃貸借契約はそのままにして、引き続き相手に賃料を支払ってもらうという方法があります。離婚後も協力しあえる関係にある場合や、次の住まいが見つかるまで等、住み続けるのが比較的短期間である場合は、このような方法をとることも可能でしょう。

しかし、なかなか相手の協力が得られにくい状況にある場合や、長期間にわたって居住するつもりである等の場合、賃借人を自分の名義にするのが無難と言えます。

賃貸借契約を自分の名義に承継する場合は、賃貸人（大家）と協議して同意を得て、新たな賃貸借契約を締結するか、配偶者の賃貸借契約の地位を承継しておけば、問題はありません。

では、例えば賃貸人の同意を取らずに、夫と妻の間の約定（財産分与）だけで夫から妻に賃借権を譲渡した場合はどうなるでしょうか。通常、賃貸人に無断で賃借権を譲渡した場合は、賃貸人は賃貸借契約を解除することができます。しかし、最高裁は、家族の住居として夫が借りている場合には、妻への賃借権の譲渡があっても賃貸人に対する背信的行為と認めるに足りない特段の事情があるとして、賃貸人の解除権は発生しないと判断しました（最判昭44.4.24）。

◎支払いの確保

財産分与は、当事者の協議で決めることができますが、例えば、夫が協議で決めた内容どおり支払ってくれないとしても、妻はただちに夫の財産を差し押さえたりすることはできません。

夫の財産を差し押さえたりするためには、まず訴訟を起こして裁判所に夫の支払義務を認めてもらう必要がありますが、裁判手続には費用も時間も労力もかかることを覚悟しなくてはなりません。

裁判手続をすることなく差押え等の強制力を実現できるものとして、強制執行認諾文言付公正証書があります。強制執行認諾文言付公正証書とは、公証人が作成した公正証書のうちで、当事者が約束した内容を証明するだけでなく、夫がその内容どおり支払わない場合、ただちに夫の財産に対する強制執行の手続きをすることを認めたことが明記されている公正証書です。

公正証書を作成する場合、当事者は公証役場に出向いて、公証人の面前で財産分与に関する権利義務の内容を陳述します。公証人は、当事者の陳述を聞いて、財産分与の内容や、その内容を義務者（前述の例では、夫）が果たさない場合は訴訟等の手続きを経なくとも強制執行に服する等といった内容を記載した公正証書を作成します。

公正証書は公証人が当事者に内容を確認して作成しますので、原則として当事者が出向くことが必要ですが、必要書類がそろっていれば代理人による陳述でも可能です。

Q 1-30
財産分与の対象となるものは

　私と夫は結婚して5年になり、3歳の娘がいますが、離婚することになりました。私たちは共働きで、財産としては、家族3人それぞれの名義の預貯金と、夫が契約している生命保険があります。私名義の預貯金には、2年前に私の父が亡くなったときに相続した500万円が含まれています。娘名義の預貯金や私が相続したお金も財産分与することになるのですか。また、生命保険についての財産分与はどうすればよいのでしょうか。

◎財産分与の対象

　財産分与として清算の対象となるのは、夫婦が婚姻期間中に協力して得た財産で、その名義は問いません。

　したがって、預貯金についても、それが夫名義であっても妻名義であっても、いずれも財産分与の対象となります。

　また、お子さん名義の預貯金については、お子さん自身がアルバイト等で貯めたものであれば財産分与の対象にはなりませんが、夫婦がお子さんのための貯蓄として貯めていたような場合には財産分与の対象となります。

　さらに、預貯金以外でも、タンス預金、へそくり等も財産分与の対象となります。

　なお、離婚する前にすでに別居していたような場合は、別居によって夫婦の協力関係は終了していたとして、別居時の残高で財産分与を算定するのが通常です。

◎財産分与の対象外となる財産（特有財産）

　ただし、夫婦の名義になっていたとしても、それが夫婦の協力とは無関係に取得した財産については、夫婦の一方の特有財産として、財産分与の対象から外れます。

　特有財産の典型的な例は、婚姻前から有していた財産、親族等から贈与を受けた財産、相続財産等です。相続財産等の特有財産が預貯金に含まれているような場合は、預貯金額から特有財産の金額を差し引いた額を財産分与の対象とします。

◎生命保険

　ひと口に「生命保険」と言っても、掛け捨ての医療保険から貯蓄性の高い終身保険までその内容はさまざまであり、その内容により財産分与の方針は変わってきます。

　まず、一般論として、生命保険の保険金については、将来受給できるかどうかについて不確定要素が大きいため、保険金を財産分与の対象とすることはできません（東京高判昭61.1.29）。

　ですから、まずは、その生命保険を継続するべきなのかどうかを考えましょう。継続する必要がなければ解約して、解約返戻金があれば財産分与の対象財産に加えればよいだけです。

　生命保険を夫婦のどちらかが継続したくて、解約返戻金がない場合は、継続したい夫婦のどちらかが保険契約を承継すればよいことになります。

　また、生命保険を夫婦のどちらかが継続したくて、かつ、解約返戻金がある場合は、継続したい夫婦のどちらかが保険契約を承継したうえで、保険会社に照会して離婚時の解約返戻金を明らかにします。そして、その金額を財産分与の対象財産の金額に加えるというやり方があります。財産分与における多くのケースで、この方法が取り入れられています。

Q 1-31
夫の退職金・年金を分与することはできるのか

私と夫は結婚して30年になりますが、離婚することになりました。会社員の夫はあと２年で定年を迎えます。私は結婚して以来ずっと専業主婦です。私は、夫の退職金や年金を財産分与でもらうことはできますか。

◎退職金

退職金は、退職して初めて受け取ることができるものですし、懲戒解雇のとき等は支払われない等、不確定な要素も持っています。

しかし、退職金は、一般的に雇用期間中の労働に対する賃金を後払いするものと考えられることから、退職金のうち婚姻期間に相当する部分については、配偶者による貢献が反映されているとみて財産分与の対象とするのが妥当だと言えます。

そのため、裁判例では、将来支給を受ける退職金であっても、その支給を受ける高度の蓋然性が認められるときは、将来の受給額のうち婚姻期間に対応する部分について財産分与の対象とすることを認めています（東京高判平10.3.13等）。

問題は、どのような事情があれば「支給を受ける高度の蓋然性がある」と言えるかですが、これは職業や勤務年数、勤務態度等を総合的に考慮して個々の事例に即して判断されることになります。前述の裁判例では、会社員で勤務年数が約22年、定年まで約６年のケースで蓋然性があると認めています。

他にも、勤務年数が約23年で定年まで約13年あるケースについても、地方公務員で倒産等により退職金が受給できない可能性は皆無であるとして蓋然性を認めたものがあります（東京地判平13.4.10）。

◎年金分割

年金については、平成19年４月１日以降に離婚した場合、年金分割制度を利用することができます。分割の対象となるのは、厚生年金・共済年金の婚姻期間中の保険料納付記録（標準報酬）であり、その効果として、厚生年金（代行部分を含む）と共済年金（職域部分を含む）の受給が、分割された割合でなされることになります。基礎年金や企業年金等の自主年金は対象外です。

年金分割には、平成19年４月１日以降に離婚した場合に利用できる「合意分割」制度と、平成20年４月１日以降に離婚した場合に利用できる「３号分割」制度があります。

「合意分割」は、離婚する当事者が年金を分割することとその割合を合意して、日本年金機構に分割を請求する制度です。合意ができない場合は調停や裁判で割合を定めることができます。なお、離婚後２年を経過すると請求することができなくなります。

「３号分割」は、婚姻期間のうち平成20年４月１日以降の期間に被扶養配偶者として国民年金の第３号被保険者であった期間がある場合の年金について、当事者の合意や裁判なしに、平成20年４月１日以降の期間に限り、その２分の１を分割することができる制度です。

平成20年４月１日以降に離婚した場合で、被扶養配偶者として国民年金の第３号被保険者であった場合は、①平成20年４月１日以降の期間に限って３号分割制度に基づいて年金分割を行うこともできますし、②前述①の期間を含む婚姻期間全体について合意分割制度による年金分割を行うこともできます。

年金分割制度の内容や手続き等については、日本年金機構のホームページ等にも載っていますので参考にしてみてください。

Q 1-32
離婚前に入れなかった生活費を請求できるか

私と夫は離婚の話合いを始めて3年になりますが、その間、夫は私が何度請求しても生活費をまったく入れてくれませんでした。財産分与でこの未払いの生活費も請求することはできますか。

◎ 婚姻費用の請求

離婚協議等で夫婦の関係が険悪になっていくと、夫が生活費を任意に支払ってくれなくなるというケースも少なくありません。

当事者間で婚姻費用（Q 1-11、12参照）の話合いができない、または話合いがまとまらないような場合、家庭裁判所に婚姻費用の支払いを求める調停や審判を申し立てることができます。

この場合、婚姻費用に関してのみ調停や審判を申し立てることもできますし、離婚調停と共に申し立てることもできます。

後者の場合、先に婚姻費用についての調停または審判を出して生活費を確保したうえで、離婚に関する手続きを進行させる場合も少なくありません。

また、婚姻費用の支払いを求める申立てがあった場合、家庭裁判所の審判では、申立てがあった時点からの婚姻費用の支払いを認めることが通常です。したがって、申立時以前の婚姻費用も請求する場合には、相手が申立以前から支払いを約束していた等といった事情を主張する必要があります。

◎ 財産分与の調停・審判

このように、婚姻費用の調停・審判を申し立てて支払いを求める方法もありますが、離婚に関する手続きの中で、未払いの婚姻費用を考慮して財産分与の金額を定めることで実質的な回収を試みる方法も可能です。

最高裁判例も、婚姻継続中の過去の婚姻費用の分担の態様も財産分与の額および方法を定めるについて考慮すべき事情になると判断しています（最判昭53.11.14）。

なお、財産分与の請求は離婚と同時でなくとも、離婚成立から2年以内であれば裁判所に申し立てることが可能です。

したがって、離婚の調停・裁判手続と同時に、財産分与として請求することもできますし、離婚成立後に財産分与についてだけの調停・審判を裁判所に申立てをすることもできます。

Q 1-33
離婚後一定の生活費を支払ってもらいたい

夫と離婚することになりましたが、私の年齢は68歳で、仕事もなく、収入はわずかな年金のみです。他方、夫は年金の他にも給与収入がありますし、預貯金や株等の資産もあります。離婚後も毎月一定額の生活費を支払ってもらうことはできないのでしょうか。

A

◎扶養的財産分与と補充性、要件

財産分与には、清算的要素や慰謝料的要素の他、離婚後の生活の扶養という扶養的要素もあります。夫婦財産の清算や慰謝料だけでは、離婚後の生活保障として十分ではない場合は、扶養的財産分与を認めて経済的安定を図ることが求められると言えます。

このように、扶養的財産分与は、清算的財産分与や慰謝料的財産分与では十分でない場合に認められる補充的なものであると言われています。

そして、扶養的財産分与が認められるためには、財産分与をする義務者（この場合、夫）に扶養能力があること、財産分与を受ける側（この場合、妻）に扶養を受ける必要があることが要件となります。

前者については、義務者の収入や特有財産を含めた資産状況、稼働能力等が検討されます。また、後者については、高齢である場合、病気や子の監護等の事情で就労が困難である場合、就労するのに職業訓練や一定の準備期間が必要となる場合等収入を得るのが困難な事情と共に、稼働能力や特有財産を含めた資産状況、公的扶助、他の親族からの扶養等が考慮されます。

これらの事情を総合的に考慮して、扶養的財産分与を認めるか否か、また認める場合の金額や支払方法、期間等が決まることになります。

また、扶養的財産分与の内容としては、金銭を支払うだけでなく、義務者名義の不動産に賃借権を設定して居住させる等といったものもあります（名古屋高判平21.5.28等）。

◎裁判例

高齢者の離婚で扶養的財産分与を認めた裁判例としては、夫86歳、妻75歳で、夫は給与や年金の収入、株やその売却益等の財産がある一方で、妻は月3万4,000円の年金収入しかないというものがあります。判決では、離婚後は婚姻費用を受け取ることもなくなり、相続権も失うこと等を考慮して、1,200万円の財産分与の支払いを命じました（東京高判昭63.6.7）。

また、子どもの監護や就労への準備等を考慮して扶養的財産分与を認めた裁判例としては、離婚の時点では子の監護養育をしながら十分な生活費を得るだけの就業をすることは困難であるとして、就業条件の向上が見込まれるまでの5年間、1か月3万円の扶養的財産分与を支払うべきであると判断したものがあります（東京地平17.2.22）。

さらに、健康状態に配慮した裁判例として、妻がパート勤務しているものの健康面の不安があり安定収入を得るまでに相当の期間があること、夫が開業医で相当の収入があること等を考慮して、5年間、月15万円の扶養的財産分与を認めたものがあります（東京地判平16.11.24）。

お尋ねの場合、夫には収入や資産がある反面、妻が68歳と高齢で、仕事がなく収入もわずかであることからすると、清算的財産分与や慰謝料的財産分与として受け取ることになった金額では離婚後の生活保障として十分でない場合は、一定の扶養的財産分与が認められる可能性があると考えられます。

8 離婚時の慰謝料・養育費・親権

Q 1-34
離婚時に慰謝料を請求できるのか

私と夫は結婚して20年になりますが、これまでずっと夫から暴力や暴言を受け続けてきました。もうこれ以上耐えられないので離婚して、慰謝料を請求したいのですが、認められるでしょうか。また、私は専業主婦で夫名義の財産ばかりなので、財産分与もきちんとしたいと考えていますが、財産分与と別に慰謝料を求めることはできますか。

◎ 慰謝料

離婚に関する慰謝料は、厳密にみると、離婚そのものによる慰謝料（離婚慰謝料）と離婚原因となった暴力や不貞行為等の個々の有責行為に対する慰謝料（離婚原因慰謝料）に分けることができます。

裁判例では、夫の暴力による入通院慰謝料、後遺障害慰謝料といった離婚原因慰謝料と区別して、離婚慰謝料を認めたものがあります（大阪高判平12.3.8）。ただし、実際には、「有責行為によって離婚をやむなくされ精神的苦痛を被ったことについての慰謝料」等とし、離婚慰謝料と離婚原因慰謝料を特に区別せず判断する場合が多いようです。

慰謝料の原因となる有責行為としては、不貞行為、暴力の他、性交渉拒否、性的不能を隠して婚姻したこと、生活費を一切渡さないこと、姑による嫁いじめに対処しないこと等の例があります。

◎ 慰謝料と財産分与の関係

財産分与には、①夫婦財産の清算、②離婚後の扶養、③慰謝料の三つの要素があると理解されています。それでは、財産分与がなされた後に慰謝料の請求をすることはできないのでしょうか。

この点について、最高裁判例は、有責行為による被った精神的損害の賠償を含めて財産分与の額および方法を定めることができるが、すでに財産分与がなされた場合であっても、それが慰謝料の要素を含めた趣旨とは解されないか、または額や方法において、精神的苦痛を慰謝するのに足りないと認められる場合には、別途離婚による慰謝料を請求することを妨げられないとしています（最判昭46.7.23）。

◎ 慰謝料の金額を決める際の要素

裁判所では、慰謝料の金額を決めるに際して、①有責性、②婚姻期間、③相手方の資力を主な要因として考慮しているようです。

最近の裁判例としては、夫の暴力による離婚について、入通院慰謝料と別に300万円の慰謝料を認めたもの（東京地判平18.11.29）、夫にたび重なる借金や不貞行為、妻に対し物を投げる等の暴力があったとして、150万円の慰謝料を認めたもの（東京地判平18.3.14）があります。また、夫の暴力や女性関係を理由として350万円の慰謝料を認めたもの（東京地判平17.12.20）、夫の暴力や不貞行為を理由として1,000万円の慰謝料を認めたもの（東京地判平17.5.30）等があります。

お尋ねの場合、夫に暴力等に対する慰謝料を請求することはできます。その金額は、20年という婚姻期間の他、暴力の程度や回数・頻度・期間、夫の資力によることになります。

また、この慰謝料は、財産分与の金額を決める際の考慮要素に組み入れることもできますし、財産分与は清算的・扶養的要素だけ考慮して財産分与とは別に請求することもできます。

Q 1-35
子どもの養育費について

会社員の夫と離婚を考えています。夫の年収は700万円で私は専業主婦です。私たちには17歳の娘がおり、大学進学を希望しています。離婚した場合、養育費はどのくらいの額をいつまで支払ってもらえるのでしょうか。また、夫が養育費を支払ってくれない場合はどのような手段がありますか。

◎養育費の算定基準

親は、未成熟の子に対して扶養する義務を負っています。養育費は、この扶養義務に基づいて親が負担するものです。

養育費の具体的な算出方法については、標準生計費方式、生活保護基準方式、労研方式等の方法がありますが、現在は、家庭裁判所が平成15年に発表した養育費の算定表が多くの実務の参考となっています。この算定表は、「自分の生活を保持するのと同程度の生活を被扶養者（子）にも保持させる義務」いわゆる生活保持義務として適性妥当な金額を求めることを目的とするものです。

算定表では、父母双方の実際の収入金額を基礎として、子が高収入であるほうの親（養育費支払義務者）と同居していると仮定した場合、子のために費消されていたはずの生活費がいくらであるかを計算し、これを父母の収入の割合で按分して、養育費支払義務者が支払うべき養育費の額を定めることとしています。

お尋ねの場合、会社員の夫の収入が年700万円、妻の収入が0円、子の年齢が17歳とのことですが、妻は現在無職であっても特段の事情がない限り潜在的稼働能力ありとして100万円程度の年収をベースに考えこの算定表に従うと、養育費の額は月8〜10万円ということになります。

この算定表は、家庭裁判所のホームページ等で確認することができます。

◎養育費の終期

養育費の対象となる子は、「未成熟子」とされていますが、その年齢ははっきり法律で規定されていません。一般的には、成年までとするケースが多いのですが、それ以降も支払いを求めるとなると、それが認められるかどうかは個々のケースによることになります。

最近は、4年制大学や短期大学、専門学校等に進学することを希望する子が大半になりつつある中、これらの学校卒業時まで養育費の支払いを求めるケースも増えています。その請求が認められるかについては、親の資力、学歴、職業、社会的地位等の家庭環境等を考慮して判断されることになります。裁判例でも、親が医師・薬剤師の場合に大学卒業までの養育費支払義務を認めたものがあります（大阪高判平2.8.7）。

◎養育費の支払確保

判決や調停、公正証書で養育費の判断や取決めができている場合、強制執行の手続きに基づいて、不動産や預貯金、給料等を差し押えることができます。通常の強制執行は、すでに期限が到来している債権についてしか差押えができず、将来分については強制執行することができません。しかし、養育費については、不払いがあれば将来分についても差押えすることができます。なお、給料等を差押えする場合、通常の金銭債権の強制執行では、給料等の4分の1に相当する部分までしか差押えが認められていませんが、養育費であれば2分の1に相当する部分まで差押えが認められます。

また、養育費が調停や審判、判決といった家庭裁判所の手続きによって決まった場合、家庭裁判所に申出をすることによって、相手方に履行の勧告をしてもらうことができます。履行勧告を受けた家庭裁判所は、義務の履行状況を調査したうえで、支払義務者に自発的な支払いを促します。強制執行は費用も手間もかかりますので、まずは履行勧告をして自発的な支払いを試みるとよいでしょう。

Q 1-36
親権をとりたい・子どもと面会したい

妻が離婚したいと言って3歳の長男を連れて実家に帰り、離婚調停を申し立ててきました。離婚に際し、妻は親権がほしいと言っているのですが、父親である私が親権を取得するのは難しいでしょうか。また、別居してから子どもと会っていません。会いたいのですが、どうすればよいですか。

A

◎親権者の指定

婚姻中は、父母が共同して子どもの親権を有していますが、離婚すると、父母どちらか一方だけが親権者となります。そのため、離婚する際は、どちらが子どもの親権者となるのかを定めなければなりません（民法819①②）。

父母双方が、離婚には合意しているものの、親権者となることについて譲らず紛争になっているケースは少なくありません。親権についての紛争が激化する背景には、少子化、離婚についての感情的対立の反映、離婚条件の駆け引き、親権を失うことに対する喪失感等があります。しかし、離婚によって夫婦関係が終了したとしても、親子という関係は変わりません。離婚は子どもに精神的負担を強いることになりますが、両親が親権について熾烈な紛争を長期にわたって繰り広げることは子どもにさらに大きなストレスを課すことに他なりません。

父母が互いに親と子の関係を尊重し、親権の有無にかかわらず子どもの利益の観点に立った配慮をしていくことが重要です。

◎親権者指定の考慮事情・基準

親権者を指定するにあたっては、親と子の次のような事情について考慮して総合的に判断されます。

① 親の事情

年齢・性格・健康状態等の監護能力、資産・収入・職業・生活態度等の家庭環境、居住環境、教育環境、子に対する愛情、実家や親族等による援助体制等

② 子の事情

年齢、性別、心身の発育状況、意思、交友関係、学校関係、環境の変化への適応性、父母・親族との情緒的結びつき等

家庭裁判所では、これらの事情をもとに、①乳幼児における母性の優先、②継続性の原則、③子の意思、④養育環境の比較、⑤兄妹不分離、⑥面接交渉の許容性等の複数の基準に関して、子の年齢や状況に応じて優劣を検討したうえで比較衡量するとされています。

あくまで一般的な傾向としてですが、家庭裁判所における親権者の指定は、ただ父と母について前述の事情を天秤にのせて判断するというよりは、まず子どもが父または母のいずれかのもとにいるという現実の状況を前提とします。そして、前述のような事情からみてその現実の状況を変更する必要性があるか、という視点で判断される傾向があります。

したがって、お尋ねの場合のように、事実上妻が子どもを実家に連れ帰ってしまっている状況下で、親権を取得するためには、妻が連れて出た事情や連れ帰ってからの期間にもよりますが、相当の努力を要すると言えます。

◎離婚協議中の面会交流

離婚後の面会交流については、子の監護に関する処分（民法766）として調停・審判を申し立てることができます（詳細は Q 2-3 参照）。

他方、離婚前の子の監護についての規定はありません。しかし、婚姻関係が破綻して父母が別居している場合であっても、子と同居していない親が子と面会交流することは、子の監護の一つと言えます。

したがって、離婚前の場合についても、民法766条を類推適用し、子の監護に関する処分として、家庭裁判所に対して面会交流を求める調停・審判を申し立てることができます（最決平12.5.1）。

Q 1-37
面会交流の支援について

離婚にあたり、面会交流についても定めたいのですが、夫の暴力や暴言があり、子どもと2人にするのは心配です。また、連れ去りの不安もあります。面会交流は子どもの権利であることは理解していますが、この不安を解消しなければ、面会交流の実施はできません。面会交流を支援する団体があると聞いたのですが、具体的にはどんな支援があるのでしょうか。

◎面会交流を支援する団体

現在、面会交流を支援する団体としては、面会交流支援を手がける公益社団法人や各自治体のひとり親家庭支援センター、民間のNPO法人等があります。

◎面会交流支援の具体的内容

面会交流支援を受ける場合には、父母と支援団体との三者間で契約を取り交わします。

面会交流支援の具体的な方法としては、以下のものが挙げられます。

① 付添い型援助

別居している親と子との面会交流の場に援助者が付き添い、子どもの情操保護等に配慮する援助方法です。

同居している親が別居している親に子どもを会わせることに強い不安を抱いている場合に用いられる方法です。

② 受渡し型援助

別居している親と子との面会交流の際、援助者が子どもの受渡しを行う援助方法です。

援助者が面会交流の場そのものに関与しない点が、①と異なります。別居している親に子どもを託すことは可能であるものの、父母が顔を合わせることが難しい場合に用いられる方法です。

③ 連絡調整型援助

父母が連絡を取り合うことが困難な場合、かわりに双方に連絡を取り、日時、場所等の調整をする援助方法です。

お尋ねの場合には、①の方法によることが望ましいと考えられます。

もっとも、各団体や援助内容ごとに、援助費用等も異なります。自治体によっては、条件によって一定期間支援費用がかからないところもありますので、色々な団体の情報について収集し、条件等を比較検討して、あなたとお子さんにとって、負担の少ない方法を選択してください。

◎面会交流支援を利用する場合の留意点

面会交流支援を利用する場合には、離婚調停等で合意事項を定める前に、支援団体との事前相談が必要となります。

また、支援を利用する旨の条項を調停条項等の合意文書に明記する必要があります。

なお、面会交流支援の対象となる子どもが小学生以下の場合に限る団体等も存在しますので、まずは、各団体の相談窓口に相談をしてみてください。

9 DV・ストーカー

Q 1-38

夫からDVを受けている

私は内縁の夫と約30年間連れ添っていますが、夫は毎日のように「誰に食わせてもらっていると思っているんだ」「女のくせに黙っていろ」等と言い、私が何を言っても、「口ごたえするな」「俺に逆らうと追い出すぞ」等と怒鳴ります。殴る蹴る等の暴力を受けたことはありませんが、このような内縁の夫の言動もDVにあたるのでしょうか。

A

◎ DV（ドメスティックバイオレンス）防止法

配偶者からの暴力、いわゆるDV（ドメスティックバイオレンス）に対しては、配偶者からの暴力の防止及び被害者の保護等に関する法律（以下「DV防止法」という）によって、通報や相談、保護、自立支援等の制度が整備されています。

国際的には1980年代に女性等が受けている配偶者間の暴力の問題が注目されるようになり、1993年に暴力撤廃宣言が国連総会で採択されました。その後も、1995年の第4回世界女性会議で女性に対する暴力の廃止と根絶は国の責務であるとする行動綱領が採択される等、配偶者間の暴力の根絶に向けた動きが活発になされてきています。

国際的な動きを受けて、日本政府もこのような暴力の根絶に向けた対策に動き出し、2001年にDV防止法が成立しました。

DV防止法は、前文で配偶者からの暴力が犯罪となる行為も含む重大な人権侵害であること、配偶者からの暴力の被害者の多くが経済的自立の困難な女性であること、そのため人権の擁護と男女平等の実現を図るべく、配偶者からの暴力を防止し、被害者を保護するための施策を講じるものとしてDV防止法を制定したことが述べられています。

◎ DVの形態等

DVの形態としては、①身体的暴力（殴る、蹴る、髪を引っ張る、物を投げつける等）、②精神的暴力（大声で怒鳴る、暴言を吐く、無視する、生活費を渡さない、脅す等）、③性的暴力（性行為を強要する、ポルノを無理やり見せる、避妊に協力しない等）といったものがあります。

このうち、DV防止法の適用がある「配偶者からの暴力」とは、配偶者からの身体に対する暴力、身体に対する暴力に準じる心身に有害な影響を及ぼす言動を指します。つまり、大声で威嚇する、人格を否定するような暴言を吐く、性行為を強要する等といった行為については、それが身体に対する暴力に準じる程度のものと認められれば、DV防止法の「配偶者からの暴力」にあたることになります。

◎ DV防止法の対象

DV防止法の「配偶者」には、法律上の配偶者だけでなく、事実上婚姻関係と同様の事情にある場合を含みます。したがって、内縁や事実婚の場合であってもDV防止法による保護を受けることができます。

また、離婚した場合は配偶者ではなくなりますが、暴力を受けた後に離婚した人で、元配偶者から引き続いて暴力を受けている場合はDV防止法による保護を受けることができます。

なお、DV防止法は、配偶者からの暴力を対象としていて、夫から妻へのDVだけを対象としているわけではありません。したがって、妻から暴力等を受けた夫についてもDV防止法による制度を利用することができます。

Q 1-39
DVから逃れるためには

夫から毎日のように殴る蹴る等の暴力を受けています。何とか夫の暴力から逃れたいのですが、どうしたらよいでしょうか。また、仮に自宅から出ていくとしても、私は専業主婦で自立できるだけの経済力がありませんし、夫が怒鳴りこんでくる可能性があるので実家にも帰れません。このような場合、どうしたらよいでしょうか。

◎DVの相談

DV防止法では、配偶者（この場合は、夫）から暴力を受けた人の相談に応じたり、一時保護や自立に向けた援助をしたりするための「配偶者暴力相談支援センター」（以下「支援センター」という）を各都道府県に設置することを規定しています。支援センターはDVに対処するための基幹的な役割を担う施設で、電話相談や面接相談を実施していますので、まず地元の支援センターを確認して相談してみるとよいでしょう。

また、支援センター以外でも、各自治体の福祉事務所や警察署の生活安全課、弁護士会でも相談に対応してもらえます。

◎DVからの避難

夫のDVから避難するための制度としては、一時保護施設（シェルター）での保護があります。

一時保護施設には、婦人相談所等の公的な施設と、民間団体が運営する民間シェルターがあります。これらのシェルターに入るためには、支援センターもしくは各自治体の福祉事務所等に相談してください。

なお、公的な施設では生活に必要な物は支給されますが、民間シェルターでは利用料が必要となる場合がほとんどです。いずれを選択するにしても、お尋ねの場合は、生活費や利用料のことを考えると、生活保護の申請を検討したほうがよいでしょう。

◎裁判所による保護命令

夫からのさらなる暴力によってその生命や身体に重大な危害を受けるおそれが大きいときは、裁判所に申立てをして、その被害を防止するための保護命令を得ることができます。保護命令には、接近禁止命令と退去命令があります。

接近禁止命令は、被害者の住居（同居している住居は除かれます）や勤務先等の場所において、被害者につきまとい、場所を徘徊することを6か月間禁止する命令です。

退去命令は、被害者と共に生活していた住居から2週間退去することを命じるものです。この命令は、実際には、加害者が退去している2週間の間に避難するための準備をするという意味合いを持つことが多いでしょう。

保護命令に違反した場合は、1年以下の懲役または100万円以下の罰金に処せられることになります。

保護命令の申立ては、配偶者からの暴力を受けた状況等の他、支援センターや警察に相談した事実（相談等をしていない場合は公証人役場で認証を受けた書類を添付）を記載した申立書を作成し、配偶者の住所地か被害者の住所・居所、または暴力が行われた地にある地方裁判所へ提出して行います。裁判所では、申立てに対して迅速に審理・裁判することになっています。

◎刑事告訴

夫婦間であっても傷害罪は成立します。したがって、夫の暴力によって傷害を負った場合、警察に被害届を出したり告訴したりすることも可能です。

この場合、傷害の事実を明らかにするために、すぐに診察を受けて診断書をもらっておくことや、損害の程度がわかる写真等を残しておくことが重要です。

Q 1-40
同棲相手から DV を受けている

同棲している男性が毎晩のように酒を飲み、私に暴力を振るいます。彼の暴力から逃れたいのですが、同棲を開始する際に以前の住居は明け渡しており、親にも迷惑はかけられません。何か方法はないでしょうか。

A

◎DV 防止法の改正について

これまで DV 防止法は、配偶者からの暴力を対象として、被害者に対する支援や重大な危害を生じさせるおそれがある場合における保護命令等の制度を定めており、加害者が配偶者（事実上婚姻関係のある内縁や事実婚の場合も含む）に限定されていました。

しかし、生活の本拠を共にする交際相手の場合にも、配偶者からの暴力の場合と同様に共同生活を営むことでの閉鎖性があること、外部からの発見・介入が困難であることに鑑み、平成25年の改正により、DV 防止法では、「生活の本拠を共にする交際相手」からの暴力も保護の対象とされました。

◎生活の本拠を共にする交際相手とは

「生活の本拠を共にする」とは、被害者と加害者が生活のよりどころとしている主たる住居を共にする場合を意味すると考えられています。そして、その所在は、住民票上の住所によって形式的・画一的に定まるものではなく、実質的に生活をしている場所を指し、共同生活の実態により外形的・客観的に判断されるべきものと考えられています。

この「生活の本拠を共にする」かどうかの判断にあたっては、居住期間の長短や生計の同一性のみを要素とすることはないとされています。

また、「交際相手」とは、同棲等の「婚姻関係における共同生活に類する共同生活を営んで」いる者に限定され、もっぱら交友関係に基づくルームシェア等の共同生活や学生寮等の教育上ないし就業上の理由による共同生活を営んでいる場合は含まれないこととなっています。

お尋ねの場合には、同棲されている交際相手からの暴力とのことですので、DV 防止法の適用対象となると言えます。

なお、現在は生活の本拠を共にする関係を解消していても、引き続き暴力を受けた場合には保護の対象となるとされています。

◎DV 防止法が適用された場合の措置

DV 防止法が適用される場合、基本的に配偶者の場合の規定を準用することとなっています。

したがって、従前配偶者からの暴力があった場合に規定されていたのと同様に、支援センター等への相談、一時保護施設への保護、裁判所による保護命令等によって、保護を受けることができます（詳細は Q 1-39参照）。

Q 1-41
ストーカー行為とは

私が仕事から帰宅するとき、ある男がいつも最寄駅で私を待ち伏せして、自宅までの道のりをついてきます。私は約2年前にその男から金を借りていてまだ返済できていないため、男は私につきまとって返済するようしつこく言ってくるのです。毎日家までついてくる執拗さや返済を迫る言葉に身の危険も感じるので、そのような行動をやめさせたいのですが、何か方法はありますか。

A

◎ストーカー規制法

ストーカー行為に関しては、ストーカー行為等の規制等に関する法律（以下「ストーカー規制法」という）という法律があります。

このストーカー規制法は、ストーカーやつきまといに遭っている人の身体等に危害が生じる事態となることを防ぎ、生活の安全と平穏を守るための法律で、警察による警告や公安委員会による禁止命令、刑事罰等の規制・罰則が定められています（詳しい内容についてはQ 1-42参照）。

◎「つきまとい等」「ストーカー行為」とは

お尋ねの場合における男性の行為がストーカー規制法の対象となるためには、男性の行為が同法の「つきまとい等」または「ストーカー行為」に該当することが必要です。

「つきまとい等」とは、恋愛感情等の好意の感情、またはそれが満たされなかったことに対する怨み等の感情を充足する目的で、次の行為を行うことを言います。

① つきまとい、待ち伏せし、進路に立ちふさがり、住居、勤務先、学校その他被害者が通常所在する場所（以下「住居等」という）の付近において見張りをし、または住居等に押しかけること
② 被害者の行動を監視していると思わせるような事項を告げ、またはその知り得る状態に置くこと
③ 面会、交際その他の義務のない行為を行うことを要求すること
④ 著しく粗野または乱暴な言動をすること
⑤ 電話をかけて何も告げず、または拒まれたにもかかわらず、連続して電話をかけたり、ファクシミリ装置を用いて送信したり、もしくはメールを送信すること
⑥ 汚物、動物の死体その他の著しく不快または嫌悪の情を催させるような物を送付し、またはその知り得る状態に置くこと
⑦ 被害者の名誉を害する事項を告げ、またはその知りうる状態に置くこと
⑧ 被害者の性的羞恥心を害する事項を告げもしくはその知りうる状態に置き、または性的羞恥心を害する文書、図画その他の物を送付しもしくはその知りうる状態に置くこと

他方、「ストーカー行為」とは、①〜⑧の行為を繰り返し行うことを言います（ただし、①〜④の行為については、身体の安全、住居等の平穏もしくは名誉が害され、または行動の自由が著しく害されることになるかもしれないという不安を覚えさせるような方法により行われる場合に限られる）。

◎ストーカー規制法以外の手段

このように、ストーカー規制法による対処を可能とするためには、①〜⑧の行為が恋愛感情等の目的で行われている必要があります。したがって、お尋ねの場合のように、あくまで貸金の返済を目的としている限りは、ストーカー規制法の適用がされないことになります。

しかし、ストーカー規制法の対象にならないからといって、何の手段もないわけではありません。

男性の行為や言動によっては、刑法の恐喝罪や脅迫罪、名誉棄損罪、軽犯罪法等に該当する場合があります。また、ストーカー規制法の対象とならない行為であっても、各自治体が条例等で規制・罰則を設けている場合もあります。

これらの刑法や軽犯罪法、条例等による場合、被害届や告訴が必要となる場合もあります。いずれにしても、最寄の警察等に相談してみるとよいでしょう。

Q 1-42
ストーカーから逃れるためには

勤務先の上司から、勤務時間を問わず毎日のようにメールや電話がきます。その内容は「付き合ってほしい」等の仕事に関係のないことばかりで、私の自宅や習い事、休日の行動等プライベートに関することを、まるで見ているかのように言ってくることもあります。私はいつも上司に見張られているようで不安です。このような言動をやめてもらいたいのですが、怖くて直接言うこともできません。どうしたらよいですか。

A

◎「つきまとい等」に対する措置

お尋ねの場合、上司の行動がストーカー規制法の「つきまとい等」に該当すれば（Q1-41参照）、警察に対して「警告の申出」をすることによって、警察からそのような行為をしてはならないという警告をしてもらえることになります（警察本部長等による警告）。この警告は、自発的な中止を求めるものです。

そして、警告をしたにもかかわらず行為をした場合、さらにその行為を繰り返すおそれがあると認められれば、都道府県の公安委員会が警告を受けた者に聴聞の機会を与えたうえで、禁止命令を出すことになります（公安委員会による禁止命令）。

また、緊急な事態になっている場合には、警告・聴聞の手続きをすることなく警察による仮の命令を出すことができます（警察本部長による仮の命令）。仮の命令の有効期間は15日間で、その間に公安委員会による意見聴取が行われ、仮の命令が不当でないと認められれば改めて公安委員会による禁止命令が出ることになります。

公安委員会による禁止命令に違反してつきまとい等を行った場合、1年以下の懲役または100万円以下の罰金に処せられます。

また、禁止命令に違反したもののつきまとい等にはならない場合は、50万円以下の罰金に処せられることになります。

◎「ストーカー行為」に対する措置

つきまとい等がさらにエスカレートして「ストーカー行為」（Q1-41）にあたる場合、処罰を求める「告訴」をすることができます。この場合、6か月以下の懲役または50万円以下の罰金に処せられることになります。

◎援助の申出

なお、自分でストーカー行為をやめさせたり防止したりしたい場合は、警察にその援助の申出をすることができます。

援助の申出をした場合、警察は自衛措置の教示、安全対策機器の貸出し、対応策のアドバイス等必要な援助をすることになっています。

Q 1-43
付き合っていた相手から執拗に大量なメールが送られてくる

　以前お付き合いしていた男性から大量のメールが送られてきて困っています。その男性とは、2か月前まで交際していたのですが、2週間ほど前に復縁を迫られ、お断りして以降、「愛してる」「なぜ会ってくれないんだ」「返信しろ」等のメールが毎日50通近く送られてきて、こちらから「やめて」と伝えても続いている状況です。どうすればやめさせることができるのでしょうか。

A

◎ストーカー規制法の改正について

　これまでストーカー規制法では、規制対象となる「つきまとい等」の一つとして、「電話をかけて何も告げず、又は拒まれたにもかかわらず、連続して、電話をかけもしくはファクシミリ送信をすること」を挙げていましたが、平成25年の改正により、「拒まれたにもかかわらず、連続して電子メールを送信する」行為も規制対象に追加されました。

　これは、電話やファクシミリに限らず、メールによっても、これらの行為によって被害に遭っている人の身体に危害が生じるおそれがあり、その方の生活の安全と平穏を守る必要性があるからとされています。

◎ストーカー規制法に基づく具体的措置の内容

　ストーカー規制法に基づく具体的な措置としては、従前の「つきまとい等」と同様に、警察本部長等による警告、公安委員会による禁止命令や警察本部長による仮命令の他、禁止命令に反した場合には懲役刑等が課せられる場合もあります。

　また、行為がエスカレートして「ストーカー行為」と判断された場合には、告訴により逮捕等がなされることもあります（Q1-42参照）。

◎ストーカー規制法が実際に適用された事例

　実際の例としては、1日に20通ほど「メールを返せ」等と記載して交際を迫る文面のメールを送っていた男性がストーカー規制法違反容疑で逮捕されたことがあります。

　お尋ねの場合には、あなたが拒んでいるにもかかわらず、執拗に大量のメールが送られている状況にあり、先に挙げたストーカー規制法の対象行為となります。

　したがって、警察に相談して、行為を止めるように警告してもらう等の措置をとってもらうとよいでしょう。

第2章

親子
に関する法律知識

1 離婚後の親子関係

Q 2-1

元夫が養育費を払わない

　私は2年前に夫と調停離婚しました。調停調書には、長女（5歳）の養育費として、夫が毎月末日までに3万円を支払う旨の記載があります。ところが、夫は先月末から養育費を支払いません。夫は、私が支払ってほしいと要求しても、「もう養育費を支払いたくない」と言うばかりです。どうしたらよいのでしょうか。複数の方法がある場合、各方法の長所・短所も教えてください。

A

◎家庭裁判所に履行勧告の申出をする

　お尋ねの場合、まず、調停を行った家庭裁判所に対し、履行勧告の申出をする方法があります（家事事件手続法289）。申出を受けた家庭裁判所は、調査のうえ、父親に対し、養育費を支払うよう勧告します。

　履行勧告の申出には費用がかかりません。また、申出は電話でも可能ですし、申出に必要な書類等も定められていないため、利用しやすいという長所があります。

　ただし、父親が家庭裁判所の勧告に応じない場合には、父親に養育費の支払いを強制することができないという欠点があります。

◎家庭裁判所に履行命令の申立てをする

　次に、調停を行った家庭裁判所に対し、履行命令の申立てをする方法があります（家事事件手続法290）。申立てを受けた家庭裁判所は、父親に対し、相当の期限を定めて養育費を支払うよう命令を出します。

　履行命令は、父親が命令に従わない場合、10万円以下の過料が課される可能性がある（家事事件手続法290⑤）点で履行勧告よりも強力です。

　しかし、父親が決定に従わなければ、養育費を確保することができないという欠点があります。また、申立てには申立書と500円の手数料が必要です。さらに、父親の状況（例えば資力がない等）によっては、決定が下されないこともあります。

◎強制執行の手続きをとる

　さらに、離婚時の調停調書により、強制執行の手続きをとることができます。強制執行には、間接強制と直接強制があります。

① 間接強制

　間接強制とは、調停を行った家庭裁判所に対し申立てをすると、家庭裁判所が父親に対し、一定の期間内に養育費を支払わなければ、養育費を支払う義務とは別に、間接強制金を課すことを警告した決定を行い、これによって父親に心理的圧迫を加え、自発的な支払いを促すという手段です（民事執行法167の15）。履行命令における過料とは異なり、間接強制金についても申立人が取得できるという特徴があります。

　もっとも、履行命令と同様に父親が決定に従わない場合には、養育費を確保することはできませんし、父親の状況によっては決定が下されないこともあります。

② 直接強制

　父親に財産（給与や不動産）がある場合には、これを差し押さえて、その財産の中から養育費を得ることができます。例えば、父親が給与所得者である場合には、父親の住所地を管轄する地方裁判所に給与の差押えの申立てをすれば、差押命令により、父親の給与から直接養育費を確保することが可能になるという点で、最も強力かつ効果的な手段です（民事執行法143以下）。

　加えて、養育費については、未払い分に限らず、まだ支払日が来ていない将来の分についても差押えをすることができます。ただし、将来の分について差し押さえることができる財産は、給料等継続的に支払われる金銭で、その支払時期が養育費の支払日よりも後に来るものに限られます（民事執行法151の2②）。給料の差押えの場合、原則として、給料の2分の1に相当する部分まで差し押えることができます。

　短所としては、養育費不払いの事実が父親の職場に知られてしまうため、父親が退職してしまい、父親の支払能力がさらに低下してしまう等のおそれがあると考えられます。

Q 2-2
養育費の変更について

　私たち夫婦は4年前に協議離婚しました。離婚に際して公正証書を作成し、その中に長男（7歳）の親権者を妻とし、夫が毎月末日までに5万円を支払う旨の記載があります。夫が会社の業績悪化を理由に給与を減額され、5万円の養育費を支払うことが難しい場合、どうしたらよいですか。また、夫が他社に引き抜かれ、高額の給与をもらっているという情報を得た場合はどうしたらよいですか。さらに、私が再婚し、長男が新しい夫と養子縁組をした場合、元夫から引き続き長男の養育費を受け取ることはできるのでしょうか。

◎養育費の減額について

　離婚時に定めた養育費は、離婚時の父親の経済的状況をもとに定められたものですので、その後に父親の経済的状況が悪化し、離婚時に定められた養育費の支払いが困難になることもめずらしくありません。

　このような場合に、父親と母親との間の協議による合意が難しければ、父親は、母親の住所地を管轄する家庭裁判所または父母が合意で定める家庭裁判所に対し、養育費の減額の調停を申し立てることができます。

　調停では、実際にかかっている養育費の金額や内訳、父親および母親の現在の収入等について、2名の調停委員が事情を聞いたり、資料の提出を求めたりしながら、円満解決に至るよう助言や提案をします。その結果、父母の間で合意ができれば、新しい養育費の金額が記載された調停調書が作成されます。

　これに対し、父母の間で合意できなかった場合には調停は不成立となり、自動的に審判手続に移ります。この場合、担当の裁判官（家事審判官）が、父親と母親の一切の事情を考慮して、相当な養育費の金額について審判を下します。

　調停調書も審判書もいずれも強制執行をするのに必要な債務名義となりますので、父親の支払いが滞った場合には、強制執行等の手続きをとることができます（Q2-1参照）。

◎養育費の増額について

　前述とは逆に、養育費の支払義務者である夫の経済的状況が離婚時よりも好転した場合、母親は、養育費の増額の調停を申し立てることができます。

　調停の手続きおよび内容は、養育費の減額の場合とまったく同じです。また、調停が不成立になった場合に自動的に審判手続に移ること、調停や審判で決まった養育費を支払わない場合には、強制執行等の手続きをとれることも、養育費の減額の場合と同じです（Q2-1参照）。

◎再婚した場合

　母親が再婚しても、父親の養育費の支払義務が当然のように免除されるわけではありません。

　しかし、長男が新しい夫と養子縁組をした場合には、養父が長男に対する扶養義務を負うことになります（民法877①）。養育費の支払義務者である父親（元夫）が養育費の減額の調停を申し立てれば、減額される一事情として考慮される可能性は十分にあります。

◎養育費の定めがない場合

　ちなみに、協議離婚の公正証書において、養育費の定めがない場合でも、養育費がもらえなくなるわけではありません。

　この場合、母親は、父親の住所地を管轄する家庭裁判所または父母が合意で定める家庭裁判所に対し、養育費の請求の調停を申し立てることができます。

　調停の内容および審判への移行、強制執行手続等については、いずれも養育費の減額の場合と同じです（Q2-1参照）。

　なお、養育費の目安については、Q1-35を参照してください。

Q 2-3
子どもと面会できなくなった

私は1年前に妻と協議離婚しました。その後、長女（8歳）と不定期に面接してきましたが、2か月前に突然妻が「もう子どもを会わせたくない」と言って、長女に会わせてくれなくなりました。どうしたらよいのでしょうか。

A

◎面会交流の法的性質・根拠

親と子が面会し、またはそれ以外の方法により交流を持つことを、「面会交流」と言います。

面会交流の法的性質については、親の権利とする考え方や、子の権利とする考え等さまざまな考え方がありますが、いずれにせよ、子の福祉が最重要の利益として考えられています。

そして、面会交流については従前は明文の根拠規定はありませんでしたが、平成23年の民法改正により、明文化されました（民法766）。

◎家庭裁判所に申立てを

相手（この場合、母親）との協議が難しい場合には、相手の住所地を管轄する家庭裁判所または父母が合意で定める家庭裁判所に対し、子の監護に関する処分（面会交流）の調停を申し立てることができます。

調停では、子の年齢や性別、性格、就学の有無、生活のリズム、生活環境、子の意思、父母の事情等をもとに、子の福祉（子の健全な成長）に配慮しつつ、面会交流が実現できるよう話合いが行われます。父母の間で合意ができれば、面会交流の内容について記載された調停調書が作成されます。

これに対し、父母の間で合意できなかった場合には、調停は不成立となり、自動的に審判手続に移ります。この場合、担当の裁判官（家事審判官）が、父親と母親の一切の事情を考慮し、子の福祉の観点から審判を下します。

◎面会交流の内容の変更は可能か

離婚時に面会交流について定めていたものの、より頻繁に面会したいと希望した場合はどうしたらよいでしょうか。

この場合も、父母の協議により面会交流の内容を変更することは可能です。協議による合意が難しい場合には、面会交流の定めがない場合と同様に、相手の住所地を管轄する家庭裁判所または父母が合意で定める家庭裁判所に対し、調停を申し立てることができます。

調停では、面会交流の定めがない場合に考慮する事項に加え、離婚時以降の面会交流の経過や面会交流の内容の変更を希望する理由等も加えて、話合いが行われます。

話合いがまとまらなかった場合に審判に移行すること等については、面会交流の定めがない場合と同じです。

◎調停等により定められた面会交流が行われない場合

では、調停または審判により定められた面会交流の約束が守られない場合はどうすればよいでしょうか。

まず、家庭裁判所へ履行勧告の申立てをすることが考えられます（家事事件手続法289）。履行勧告は、家庭裁判所から相手方に対し調停等で定められた義務の履行の勧告をしてもらう制度です。履行勧告の申立ては電話等ですることができ、手数料もかからず利用しやすい制度ですが、相手方に対する強制力はありません。

強制力を持つ権利の実現方法としては、強制執行があります。

面会交流につき、強制執行による強制的な実現が許されるかについては、子の福祉の観点等からかつて議論がありました。この点につき、最高裁は、間接強制による強制執行（一定の期間内に義務を履行しなければ、間接強制金の支払義務を課すこととし、心理的圧迫により履行を促す方法（民事執行法167の15））は認められるとの判断をしました（最決平25.3.28）。

もっとも、いかなる内容の面会交流も間接強制が認められるわけではなく、調停調書（または審判書）により、面会交流の日時または頻度、各回の面会交流時間の長さ、子の引渡し方法等の具体的な条件が定められている必要があります。

Q 2-4
養育費を支払わない元夫に子どもを会わせたくない

私は3年前に夫と調停離婚しました。調停調書には、長男（12歳）の養育費の取り決めの他に、夫が毎月1回長男と面会できる旨の記載があります。しかし離婚後、夫から長男に会いたいという連絡がなかったので、実際には夫と長男の面会はありませんでした。ところが最近、夫が「子どもに会わせてほしい」と連絡してくるようになりました。私としては、夫が調停調書に決められた養育費をずっと支払わなかったので、長男を夫に会わせたくありません。夫の請求を拒めるでしょうか。また、夫が婚姻中に長男に対し日常的に身体的暴行を加えていたため、長男が夫とは会いたくないとかたくなに拒否している場合は拒めるでしょうか。

◎面会交流と養育費の支払いの関係

面会交流権の法的性質については、見解の対立がありますが（Q2-3参照）、いずれの見解をとっても、民法877条1項（扶養義務）に基づく養育費請求権と法的な関連性はありません。

したがって、お尋ねの場合のように、父親が養育費を支払わないという一事をもって面会交流を拒むことはできません。母親は、父親が養育費を支払わない場合には、面会交流とは別に、強制執行等の手続きにより養育費を確保することになります（Q2-1参照）。

もっとも、後述のとおり面会交流は子どもの福祉の観点が重要視されますので、父親が養育費を支払わないことが、子どもの健全な成長を脅かすほどの経済的困窮を招く場合等は、子どもの福祉に反する事情の一つとして考慮される可能性もあります。

また、実際の統計データでは、定期的な面会交流が実現していれば養育費を支払う率も上がるという相関関係が認められているようです。

なお、父親と子どもの面会交流が子どもの福祉に反しないにもかかわらず、母親が面会交流を拒絶したとして、母親の不法行為責任を認め、父親の慰謝料請求を認めた裁判例があります（静岡地裁浜松支判平11.12.21）。

◎子どもに対して虐待を加えていた場合

面会交流においては、子どもの福祉の観点が重要であることは言うまでもありません。そのため、子どもの福祉にとって支障があると判断された場合には、親であっても面会交流を認めないこともできるとされています（最決昭59.7.6）。

したがって、婚姻中の親子関係、子どもと親の状況や子どもの意思、面会交流が子どもに及ぼす影響、面会によって子どもを奪われる具体的危険性の有無、面会を求める理由および面会を拒絶する理由等を総合考慮することによって、面会交流が子どもの福祉に反する場合には、面会交流を制限することも許されます。

婚姻中に子どもに激しい虐待を加えていた親との面会交流は、子どもの福祉に反する可能性が高く、このような場合には、面会交流を拒絶することも許される場合が多いでしょう。

Q 2-5
親権者の変更

私は1年前に夫と調停離婚しましたが、当時海外勤務だったため、長女（9歳）の親権者を夫とし、国内にいる夫に長女の養育を任せました。ところが、その後、夫が長女の面倒をみていないという噂を聞きました。私は最近帰国したので、長女を引き取り育てたいと考えています。どうしたらよいでしょうか。また、離婚時に、夫を親権者、私を監護権者と定め、その後私が子どもを養育していた場合にも、親権者を私に変更することは認められるでしょうか。

A

◎家庭裁判所に対する親権者変更の申立て

子の利益のため必要がある場合には、家庭裁判所が子の親族の請求によって親権者を変更することができます（民法819⑥）。離婚をする際とは異なり、父母の協議のみによって親権者を変更することはできず、必ず家庭裁判所の審判（家事事件手続法別表2⑧）または調停（家事事件手続法244）による必要があります。

審判は、子どもの住所地を管轄する家庭裁判所へ申し立てます（家事事件手続法167）。調停は、相手方の住所地を管轄する家庭裁判所か当事者が合意で定める家庭裁判所へ申し立てます（家事事件手続法245①）。

◎変更の可否の判断

前述のように、親権者の変更は子の利益のため必要がある場合に認められます。そして、どのような場合に「子の利益のため必要がある」と言えるかは、一義的に定められているわけではなく、父母と子を取り巻くさまざまな事情を総合考慮して判断されます。

判断要素の具体例としては、親の監護態勢・監護意思、子どもの意思・年齢・心身の状況・置かれている環境の継続性等が挙げられます（冨永忠祐編『子の監護をめぐる法律実務〔改訂版〕』新日本法規、平成26年、100～101頁）。

それらの中でも、子どもの意思については、家庭裁判所は審判または調停の際に、子の意思を把握するように努め、考慮しなければならないとされていますし（家事事件手続法65、258①）、とりわけ、子どもが15歳以上である審判の場合にあたっては、必ず子どもの陳述を聴かなければならないとされているため（家事事件手続法169②）、重要な要素となります。

◎親権者と監護者が別々となっている場合

離婚時に、親権者を父母の一方とし、監護者を他方と定めた場合でも、前述の親権者変更の手続きにより、親権者を監護者である父または母に変更することができます。

この点、親権者と監護者を別々と定めること自体は、法律が許容していることですが、特段の事情のない限りは、監護をすることができる者に親権も行使させるのが、子の利益に最も適っていると言えます。実際のところは、特段の事情がないにもかかわらず、父母の離婚協議における親権争いの妥協的解決策として、親権者と監護者を分けるという措置がとられていることも多いのではないかと考えられます。

そして、そのような場合には、早晩、親権と監護権を一本化することが望ましく、親権と監護権の分属による現実的な弊害が存在している場合にはなおのことであるとして、監護者へ親権者も変更することを認めた事例もあります（大阪家審昭50.1.16）。

したがって、ご質問のような場合で、親権者と監護者を離婚時に分けたことに特段の事情はないのであれば、他の事例に比べて、親権者の変更は認められやすいと考えられます。

Q 2-6

離婚した後の親権者の死亡

私は5年前に夫と協議離婚し、長女（10歳）の親権者となりました。ところが、私は病気のため、近いうちに入院して手術を受けることになりました。現在のところ命に別状はないのですが、将来私が死亡した場合、長女の養育はどうなるのか心配です。離婚後は私の実母（63歳）と同居して、長女の育児を手伝ってもらっており、私が死亡した場合には、母に長女を養育してほしいと強く希望しています。夫とは離婚後は没交渉になっているのですが、このような場合でも、私の死亡後は夫が当然に親権者となり、私の実母が長女を養育することはできないのでしょうか。

◎未成年後見

離婚して単独親権者となった親が死亡した場合には、他方の親の親権が当然復活するわけではなく、後見が開始するとされています（民法838①）。

この場合、親権を持つ親が遺言により未成年後見人を指定することができますので（民法839①）、本問では、母親が祖母を未成年後見人に指定する旨の遺言を作成することが最も確実です。

なお、遺言の形式は問われませんが、後日の紛争を避ける観点からすれば、公正証書遺言がよいでしょう（Q 4-1参照）。

仮に遺言がない場合には、子どもの住所地を管轄する家庭裁判所が子どもまたはその親族その他の利害関係人の請求により未成年後見人を選任します（民法840）。

なお、平成23年の民法改正により、これまで単独かつ自然人しか認められていなかった未成年後見人について、複数の未成年後見人や法人の未成年後見人が認められることになりました。

◎親権者変更

実務上は、他方の親が生存している場合には、その者は、家庭裁判所に対し親権者変更の申立てをすることが認められています。

そして、親権者変更の申立てと未成年後見人の選任の申立てが競合した場合、後見人を選任するのか、それとも生存している親に親権者に指定するのかは、家庭裁判所の裁量によるとされています（福島家審平 2.1.25）。

この場合、他方の親、未成年後見人候補者および子どもの状況、これまでの子どもの監護養育の実績や子どもの意思等を総合考慮して、子どもの福祉の観点から、家庭裁判所が判断することになります。ただし、子どもが15歳以上の場合は、家庭裁判所は子どもの陳述を聞かなければならないとされていますので（家事事件手続法152②）、特に子どもの意思が尊重されると言えます。

本問の場合、母親が死亡したとしても、父親と子どもが没交渉であり祖母が母親の生前から育児を手伝っている等の事情がありますので、父親が親権者とされるのではなく、祖母が未成年後見人に選任される可能性も十分に考えられます。

Q 2-7
元夫に連れ去られた長男を取り戻したい

私は3年前に夫と調停離婚し、長男（3歳）の親権者となりました。ところが先日、夫が突然保育園にやってきて、預けている長男を強引に連れ去ってしまいました。長男を取り戻したいのですが、どうしたらよいのでしょうか。また、離婚前の別居状態の場合で同じことが起きたとしたらどうなるでしょうか。

A

◎家事事件手続法に基づく子どもの引渡請求

子の監護に関する処分（民法766、家事事件手続法別表2③）として、元夫の住所地または元夫と合意した管轄の家庭裁判所に対し、子どもの引渡しを求める調停の申立てを行うことができます。調停を申し立てずに、いきなり子どもの住所地を管轄する家庭裁判所に審判の申立てを行うこともできますが、この場合でも、裁判所の判断によって、調停に付されることがあります。

また、子どもの引渡しを求める調停または審判による解決を待っていては緊急の事態に対処できない場合は、仮の措置として、子どもの引渡しを求める仮処分を申し立てることができます。この場合は、審判または調停の申立てをしているか、審判または調停の申立てとあわせて行うことが必要です（家事事件手続法105、157①Ⅲ）。

◎人身保護法に基づく請求

また、子どもが不当に拘束されているとして、子ども、拘束者、請求者の所在のいずれかを管轄する地方裁判所または高等裁判所に対し、人身保護請求の申立てを行うことができます（人身保護法2、4）。

この場合、「請求者による監護が親権等に基づくものとして特段の事情のない限り適法であるのに対して、拘束者による監護は権限なしになされているものであるから、被拘束者を監護権者である請求者の監護の下に置くことが拘束者の監護の下に置くことに比べて子の幸福の観点から著しく不当なものでない限り、被監護権者による拘束は権限なしにされていることが顕著である場合（人身保護規則4）に該当し、監護権者の請求を認容すべきものとするのが相当である」とされています（最判平6.11.8）。

◎両親がともに親権者である場合

両親がまだ婚姻関係にあり、別居状態にある場合に、一方の親が他方の親のもとにいる子どもを連れ去った場合はどうでしょうか。

この場合、とりうる法的手段としては親権者が非親権者に対する請求と同じと解されています。ただし、両親は共同親権者ですので（民法818③）、請求が認められる要件が厳しくなるという違いがあります。

例えば、人身保護請求においては、「拘束者による幼児に対する監護・拘束が権限なしになされていることが顕著である（人身保護規則4）ということができるためには、右幼児が拘束者の監護の下に置かれるよりも、請求者の監護の下に置かれることが子の幸福に適することが明白であること、言いかえれば、拘束者が幼児を監護することが、請求者による監護に比して子の幸福に反することが明白であることを要する」と解されています。そして、この要件を満たす場合として、「拘束者に対し、家事審判規則52条の2又は53条（注：現在の家事事件手続法157①Ⅲ）に基づく幼児引渡しを命ずる仮処分又は審判が出され、その親権行使が実質上制限されているのに拘束者が右仮処分等に従わない場合」や「幼児にとって、請求者の監護の下では安定した生活を送ることができるのに、拘束者の監護の下では著しくその健康が損なわれたり、満足な義務教育を受けることができないなど、拘束者の幼児に対する処遇が親権行使という観点からみてもこれを容認することができないような例外的な場合」がこれにあたるとされています（最判平6.4.26）。

Q 2-8
親権者の死亡後、元妻が孫を連れ去った

私たち夫婦は、2年前に協議離婚した息子が孫（6歳）の親権者になったものの、息子が死亡したため、息子にかわって孫を養育していました。ところが先日、息子の元妻が自宅にやってきて、孫を強引に連れ去ってしまいました。私たちは孫を取り戻したいのですが、どうしたらよいのでしょうか。

◎未成年後見人選任の申立て

父親の遺言がない以上（民法839①）、祖父または祖母が当然に未成年後見人となるわけではなく、法律上、祖父母が子どもの監護権を有しているわけではありません。

したがって、祖父母は、子どもの住所地を管轄する家庭裁判所に対し未成年後見人選任の申立てを行うことになります（民法840）。そして、申立ての際に、未成年後見人の候補者として、祖父または祖母を挙げると、家庭裁判所は、祖父または祖母が未成年後見人としてふさわしいか、これまでの監護養育の実績、子どもの意思等について調査し、問題がないようであれば、祖父または祖母が後見人として選任されます。

なお、平成23年の民法改正により、複数の未成年後見人が認められることになったため、祖父母をともに未成年後見人候補者とし、祖父母が共に未成年後見人となることも考えられます（Q2-6参照）。

未成年後見人は、未成年被後見人にかわって親権を行うとされていますので（民法867）、未成年後見人に選任された祖父または祖母は、家事事件手続法に基づく子の監護に関する処分（民法766、家事事件手続法別表2③）として、子どもの住所地を管轄する家庭裁判所に対し、子どもの引渡しを求める調停または審判の申立てを行うことができます（Q2-7参照）。この調停または審判の申立ては、未成年後見人選任の申立てとあわせて行うこともできますし、さらに仮の措置として、子どもの引渡しを求める仮処分の申立ても行えば、より迅速に手続きを進めることができます。

また、人身保護法に基づく子どもの引渡請求も可能です（Q2-7参照）。

なお、生存している他方の親（お尋ねの場合では、元妻）は、親権者変更の申立てを行うことが可能です。未成年後見人選任の申立てと親権者変更の申立てが競合した場合については、Q2-6を参照してください。

◎相手が生存親ではない場合

例えば、両親が共に死亡しており、元夫の両親が孫を養育しているところに、元妻の両親が孫を連れ去った場合はどうでしょうか。

この場合も、父方祖母または祖父を未成年後見人の候補者として、未成年後見人選任の申立てを行うことになります。

また、母方祖母または祖父も、自身を未成年後見人の候補者として、未成年後見人選任の申立てを行うことができます。

そして、両者が競合した場合は、これを併合し、裁判所は、これまでの監護養育の実績、子どもの意思、未成年後見人の候補者の状況等を調査し、誰を未成年後見人とするのがふさわしいか判断することになります。

Q 2-9
子どもの引渡請求の方法と、それぞれの特徴

連れ去られた子どもの引渡請求の方法として、①家事事件手続法に基づく請求、②人身保護法に基づく請求、③民事訴訟法に基づく請求の三つがあると聞きました。それぞれの方法について、どのような違いがあるのでしょうか。

A

◎ 家事事件手続法に基づく請求

父親、母親、その他の子どもを監護する者や子どもの親族は、子どもの住所地を管轄する家庭裁判所に対し、子の監護に関する処分（民法766、家事事件手続法別表2③）として、子どもの引渡しを求める調停または審判の申立てを行うことができます。調停を申し立てずに、いきなり審判の申立てをすることも可能です。

調停や審判では、家庭裁判所調査官が事実関係を調査することがあります。子どもの福祉の観点からの専門職による精緻な調査が期待できるという点で、家庭裁判所における手続きならではの長所と言えます。さらに、子どもが15歳以上である場合には、子どもの陳述の聴取がされます（家事事件手続法152②）。また、一般的に民事訴訟手続よりも迅速であるとされています。

なお、調停または審判による解決を待っていては緊急の事態に対処できない場合は、仮の措置として、子どもの引渡しを求める仮処分を申し立てることができます。この場合は、調停または審判の申立てをしているか、それらの申立てとあわせて行うことが必要です（家事事件手続法105①）。

◎ 人身保護法に基づく請求

子どもが不当に拘束されているとして、子ども、拘束者、請求者の所在のいずれかを管轄する地方裁判所または高等裁判所に対し、人身保護請求の申立てを行うことができます（人身保護法4）。

請求者の資格は問いませんが、原則として弁護士を代理人として行わなければなりません（人身保護法3）。

裁判所は、子どもの国選代理人（弁護士）を選任し、この国選代理人が子どもの利益を確保する立場から活動をします（人身保護法14②）。

また、裁判所は、拘束者に対して子どもを指定の日時・場所に出頭させること等を命じ、拘束者がこれに従わない場合には、拘束者を拘引・勾留したり、過料の制裁を課したりすることもできます（人身保護法12②③）。

さらに、裁判所は、必要であれば決定で子どもの仮釈放、その他適当な処分をすることができるとされています（人身保護法10）。

このように、人身保護請求は、もともと不当に奪われている人身の自由を司法裁判により迅速かつ容易に回復させる目的で設けられた方法であるため、非常に強力かつ迅速な法的手段です。しかし、他方で、家庭の事件を専門的に扱う家庭裁判所と比較すると、子どもの福祉を念頭に置いた調査等は期待できないという限界があります。

そのため、家事事件手続法に基づく子どもの引渡請求ができる場合には、まずそれを考えるべきです。法律上も、人身保護請求は、他の適当な方法によっては相当期間内に救済目的が達せられないことが明白であるときに限り認められるとされています（人身保護規則4）。

なお、人身保護請求の裁判において、話合いが進み、和解が成立する場合もあります。

◎ 民事訴訟法に基づく請求

子どもに対する親権または監護権を有する者は、親権または監護権の行使の妨害を排除を求める訴えとして、通常の民事訴訟手続において、子どもの引渡請求を行うことができます。また、これを前提に、仮の措置として民事保全手続をとることも可能であるとされています。

しかし、一般に民事訴訟手続は時間がかかります。また、地方裁判所で審理され、人身保護請求のような子どもの代理人もつきません。そのため、子どもの利益を確保するのが困難と言え、子どもの引渡請求を実現する法的手段としては、ふさわしくないと考えられます。

Q 2-10
引渡請求が認められたのに子どもを渡さない

子どもの引渡請求が認められたにもかかわらず、相手がそれに従わず子どもを渡さない場合、引き渡してもらう方法はありますか。また、選択した引渡請求の方法によって、引渡方法も違いますか。

A

◎家事事件手続法に基づく引渡請求

① 家庭裁判所による履行勧告

まず、調停・審判を行った家庭裁判所に対し、履行勧告の申出をするという手段があります（家事手続法289①）。申出を受けた家庭裁判所は、調査をし、子どもを引き渡すよう説得や勧告をします。

履行勧告の申出には費用がかからず、申出は電話でも可能です。また、申出に必要な書類等も定められていないため、利用しやすいと言えます。

もっとも、相手が家庭裁判所の説得や勧告に応じないこともあるでしょう。その場合には、子どもの引渡しを強制することはできません。

② 強制執行

相手が子どもを引き渡さない場合には、間接強制ができます。間接強制とは、調停・執行を行った家庭裁判所に対し申立てをすると、家庭裁判所が、相手に対し、一定の期間内に子どもを引き渡さなければ、間接強制金を課すことを警告した決定を相手に行い、これによって、相手に心理的圧迫を加え、自発的に子どもを引き渡すことを促すという手段です（民事執行法172①）。

しかし、間接強制金を課しても、相手が子どもを現実に引き渡さなければ無意味です。

そこで、実務では、執行官が子どもの居場所に行き、相手に履行の勧告を行います。それでも相手が任意に子どもを引き渡さなければ、執行官が子どもの引渡しを直接実現させる直接強制が認められつつあります。

もっとも、実際には、執行の対象が子どもであることから、子どもの福祉に配慮した方法で行われなければなりません。そのため、例えばある程度大きくなった子どもが自発的に引渡しを拒絶した場合や、相手が幼い子どもをどうしても手放さない場合には、執行官が無理に引渡しを実現することは、子どもの福祉に反する結果となるため、執行不能となる場合があります。

◎人身保護法に基づく引渡請求

人身保護命令書が拘束者に送達されると、子どもは、人身保護命令を発した裁判所によって監護されると規定されています（人身保護規則25①）。

そして、裁判所が子ども、請求者および拘束者等に対する審問の結果、請求の理由がないと判断するときには請求を棄却し、子どもを拘束者に引き渡すとされています（人身保護法16①）。反対に、請求の理由があると判断するときには請求を認容し、子どもをただちに釈放するとされています（人身保護法16③）。

しかし、裁判所が現実に子どもを預かり、監護するわけではありません。

そのため、実際に子どもを引き渡す方法として、法律上、裁判所は審問の日時を指定したうえ、拘束者に対し、子どもを審問を行う日時・場所に出頭させることを命ずるとされていることから（人身保護法12②）、審問の際に、裁判所の職員が出頭した子どもを預かり、審問後に言い渡される判決の結果に従い、請求者または拘束者に子どもを引き渡すという方法がとられることもあるようです。

なお、人身保護請求の場合は、民事執行法に基づく強制執行は認められないと一般に解されています。

Q 2-11
子の氏の変更

私は、半年前に夫と協議離婚し、婚姻前の旧姓に戻しましたが、長女（12歳）は小学校に通っている間は名字を変えたくないと言ったので、婚姻中の姓のままにしました。しかし、最近、中学校入学を機に、名字を私と同じにしたいと言い始めたので、私と同じ氏に変更したいと思います。どのようにしたらよいでしょうか。また、離婚時に、私と長女を私の旧姓にした場合、その手続きは同じでしょうか。

◎届出による子の氏の変更

子の氏と母（または父）との氏が異なるときは、家庭裁判所の許可を受けて、戸籍法上の届出をすることより、子の氏を母（または父）と同一の氏へと変更することができます（民法791①）。

家庭裁判所の許可が必要とされているのは、子の氏の恣意的な変更を防止したり、父母や関係者の利害対立を家庭裁判所が調整したりするためであるとされています。

◎手続き・要件等

子の氏の変更を許可する審判の申立ては、子の住所地を管轄する家庭裁判所へ申し立てます（家事事件手続法160①）。

審判の申立人は、子自身となりますが、子が15歳未満であれば、子の親権者や後見人等の法定代理人が子に代わって申立てを行うことができます（民法791③）。

申立てにあたっては、裁判所に対し手数料として収入印紙800円分（民訴費3①、別表1⑮）および各裁判所所定の金額分の郵便切手が必要となります。

申立てが適法になされると、家庭裁判所は子の福祉の観点から、子の氏の変更を許可するかどうかを判断します。

子の氏の変更を許可する審判に対しては不服申立ての手続きはありません。

子の氏の変更の効果を生じさせるには、許可の審判を受けるだけでなく、子の本籍地または届出人（子が15歳未満であれば子の法定代理人、15歳以上であれば、子本人（戸籍法98①、民法791③））の住所地等の所在地の市区町村役場（戸籍法25①）に対し、戸籍謄本および子の氏の変更を許可する審判書の謄本を添付して（戸籍法38②）、入籍の届出をする必要があります。

◎離婚時に復氏した母（または父）と子の氏を同一の氏とする手続き

子の氏を母（または父）の旧姓と同じ姓とする手続きについて離婚と同時に行う場合も、前述と同様の手続きになります。

2 養子縁組

Q 2-12

普通養子縁組と特別養子縁組

私たち夫婦は、養育している子ども（2歳）と養子縁組したいと考えています。養子縁組の方法には、普通養子縁組と特別養子縁組の二つがあると聞きました。それぞれについて教えてください。

◎普通養子縁組と特別養子縁組の違い

普通養子縁組も特別養子縁組も、縁組により養子と養親との間に法律上の親子関係が発生します。もっとも、普通養子縁組の場合、実親との親子関係はそのまま存続し、協議離縁もできるのに対し、特別養子縁組の場合には、実親との親子関係は終了し、普通養子縁組のように協議離縁をすることはできません（Q2-13参照）。このような違いがあるのは、特別養子縁組が恵まれない年少の児童を対象として、子の福祉のために養親との間に安定した親子関係を形成することを目的としているからです。

◎普通養子縁組をする方法

① 養子養親間の合意

普通養子縁組は、養子となる子と養親となろうとする者が合意することによって成立します。もっとも、養子となる子が15歳未満の場合、その法定代理人（通常は実父母）が、子に代わって承諾することができます（代諾、民法797①）。

また、ご質問の場合のように、配偶者のある者と未成年者が養子縁組をする場合には、夫婦ともに縁組をするのでなければならないとされています（民法795）。

② 家庭裁判所の許可

さらに、養子となる子が未成年者の場合には、原則として養子縁組について家庭裁判所の許可が必要となります（民法798）。このような許可の申立ての際には、養親となる者の戸籍謄本と養子となる者の戸籍謄本および住民票が必要となります。また、養子となる者の法定代理人が代諾した場合には、代諾者の戸籍謄本も必要となります。

養親となる者からの申立てを受けた家庭裁判所では、縁組が子の福祉に資するのか否かを審査し、縁組が子の福祉にかなうものと判断した場合には許可の審判を行います。

もっとも、家庭裁判所において許可の審判がなされたとしても、それだけで養子縁組の効力は発生しません。養子縁組は養親となる夫婦が、（代諾の場合には代諾者と共に）養子縁組届をすることによって効力を生じます。

なお、自己または配偶者の直系卑属（例えば子や孫）を養子とする場合は、家庭裁判所の許可は不用です（民法798但書）。

◎特別養子縁組をする方法

特別養子縁組は、家庭裁判所の審判によって成立します。したがって、まずは夫婦で家庭裁判所に対し特別養子縁組の審判の申立てをする必要があります。この際、養親、養子、養子の実父母の各戸籍謄本および住民票や実父母の同意があるときは同意書が必要となります。

申立てを受けた家庭裁判所は、特別養子縁組成立の要件がそろっているのか否かを審理します。

審判で特別養子縁組が認められるための要件は、①養親は配偶者のある者で夫婦が共に養親となること、②養親の一方が25歳以上で他方は20歳以上であること、③養子の年齢が原則として6歳未満であること、④原則として実父母の同意があること、⑤父母による養子となる子の監護が著しく困難または不適当であることその他特別な事情がある場合において子の利益のために特に必要があると認められること、の五つです（民法817の3～817の7）。家庭裁判所が、養親となる夫婦や養子となる子の実父母の意見を聞いてこれらの要件があると認めたときは、特別養子縁組を成立させる審判がされます。

審判が確定すれば養子縁組の届出をしなくても効力は生じますが、審判が確定した日から10日以内に届出をしなければならないとされています（戸籍法68の2、63①）。

Q 2-13

養子縁組を解消したい

4年前から普通養子縁組している養子（18歳）の家庭内暴力があり、半年前にはついに家を出てしまったので、私たち夫婦としては、養子縁組を解消したいと考えています。どのような手続きが必要ですか。また、もしこの養子縁組が特別養子縁組であった場合、手続きに違いはありますか。なお、離縁の際に、財産分与や慰謝料は生じるのでしょうか。

A

◎普通養子縁組の離縁の方法

離縁の方法としては、①当事者の合意と届出によって成立する協議離縁（民法811①）と、②法律で定められた離縁原因が存在する場合に裁判所で行う裁判上の離縁があります（民法814①）。裁判上の離縁については後述のように、調停離縁、審判離縁、裁判離縁という方法があります。

◎協議離縁の方法

まず、養子が15歳未満の場合には、養子に代わって、離縁後に養子の法定代理人になるべき者が養親と話合いをすることによって離縁をします（民法811②）。お尋ねのように、養子がすでに18歳になっている場合には、養子自身と養父母との間の話合いで離縁することができます。ただし、養子が18歳と未成年で、かつご夫婦で養子縁組をされているということですので、原則としてご夫婦が共に離縁するのでなければ離縁することはできません（民法811の2）。

話合いをもって離縁をする場合には、裁判離縁のように離縁原因が存在することを必要としません。話合いで離縁の合意に至れば足ります。

そして、話合いで離縁の合意に至った場合には、市区町村長に協議離縁の届出をします。これにより、離縁の効果が発生します（民法812、739）。

離縁の届出は、当事者双方および証人2人で、口頭または書面でします。書面でする場合には、当事者双方の署名押印と証人2人の署名押印が必要となります。

◎裁判離縁の方法

お尋ねの場合のように養子が出て行ってしまっているのであれば、話合いでの離縁は難しいかもしれません。この場合には、裁判所に離縁の申立てをすることなります。

① 調停の申立て

離縁を裁判所に申し立てる場合、いきなり訴訟を提起するのではなく、まずは調停という、調停員が双方の歩み寄りにより合意を図る手続きで解決を図らなければならないとされています（調停前置主義、家事事件手続法257）。

そこで、離縁を望む当事者は、家庭裁判所に離縁の調停を申し立てます（夫婦で養子縁組している場合には夫婦共にしなければならないのは協議離縁と同じ）。申立てをする当事者は、申立ての趣旨と実情を記載した申立書を作成し、相手方の住所地または当事者が合意で定める管轄の家庭裁判所に提出します。申立費用として、収入印紙1,200円と郵便切手が必要となります。また、申立書には、養親および養子の戸籍謄本を添付します。

申立後に開かれる調停期日において調停委員の関与の下、離縁の合意をすることができた場合には調停が成立し、その調停の成立により離縁も成立します（調停離縁）。この場合、調停の申立人は調停成立の日から10日以内に市区町村長に離縁の届出をしましょう。届出をしなくても離縁は成立していますが、戸籍実務のために届出をしなければならないとされています。

② 審判離縁（調停に代わる審判）

家事調停での離縁の合意の見込みがない場合、家庭裁判所は、職権で事件解決のために離縁の審判を行うことができます（家事事件手続法284①）。離縁の審判に不服のある当事者は、審判の告知を受けた日から2週間以内に、異議を申し立てることができます。2週間いずれの当事者からも異議の申立てがなされなかった場合には、審判は確定し、原則としてこれを覆すことはできなくなります（家事事件手続法287）。これに対し、異議の申

立てがなされた場合には、その申立てにより審判は効力を失います（家事事件手続法286⑤）。

このように、家庭裁判所の審判は、異議の申立てにより即時に効力を失うため、あまり利用されていません。

③　裁判離縁――離縁の訴え

調停または審判で離縁が成立せず、裁判による離縁を望む場合には、調停を不成立として終了させ、離縁の訴えを提起することになります。

お尋ねの場合、養子は18歳と未成年ですが、訴訟の当事者となることができます。ただし、裁判長が未成年者で訴訟を単独で遂行することができないと判断した場合、裁判長は、弁護士を訴訟代理人に選任します（人事訴訟法13②）。

裁判で離縁が認められるためには、①他の一方から悪意で遺棄されたこと、②他の一方の生死が３年以上明らかでないこと、③その他縁組を継続し難い重大な事由があることのいずれかが存在することが必要です（民法814①）。

お尋ねの場合のように、養子による家庭内暴力や家出という事由がある場合には、③の「縁組を継続し難い重大な事由」が存在することを主張していくことになります。

この「縁組を継続し難い重大な事由」とは、一般的には養親子としての共同生活が、これを維持することは困難であるといえる程度に破綻した事情のことを意味します。そして、裁判において「縁組を継続し難い重大な事由」として認められた例としては、侮辱や虐待、養子または養親の夫婦関係の破綻、家業の承継を怠ったり養親の財産を減少させる行為があった場合等があります。

お尋ねの場合には、養子による家庭内暴力があるということですので、その暴力が養親に対する虐待と認定された場合には「縁組を継続し難い重大な事由」があるとして離縁が認められると考えられます（最判昭60.12.20）。

判決によって離縁が認められた場合にも、調停の場合と同じように判決確定の日から10日以内に市区町村長に届出をしましょう。

◎特別養子縁組の場合

特別養子の場合には、原則として離縁は認められていません。協議離縁はもちろん裁判所での離縁もできません。

例外的に、養親による虐待、悪意の遺棄その他養子の利益を著しく害する事由があること、および実父母が相当の監護をすることができることの二つの要件がいずれも満たされ、かつ養子の利益のために特に必要があると認められる場合に限って、家庭裁判所の審判によって離縁することができます（民法817の10）。

◎特別養子縁組の離縁の方法

養子、実父母または検察官が養親の住所地を管轄する家庭裁判所に対し、特別養子縁組の離縁の申立書を提出して審判の申立てをします（養親からの申立ては不可）。申立費用として、養子１人につき800円（収入印紙）と郵便切手が必要となります。また、申立てをする際には養親、養子および養子の実父母の戸籍謄本が必要となります。

離縁の審判の申立てをすると審判の期日が指定されます。家庭裁判所は、離縁の審判をするには養親、15歳以上の養子、実父母らの陳述を聞かなければならないとされています（家事事件手続法165③）。家庭裁判所はこれらの者の陳述を聞いたうえで、離縁の審判の要件が備わっているかどうかを判断することになります。

家庭裁判所が離縁させる審判をし、これが確定した場合、離縁の審判を申し立てた者は、離縁の審判確定の日から10日以内に特別養子離縁届を提出します。届出書には審判書謄本と審判確定証明書を添付しなければならないので、申立てをしたら、この交付を受けましょう。

◎財産分与・慰謝料請求の可否

離縁においては、離婚における財産分与のような制度は存在しません。したがって、財産の帰属について争う場合には、所有権確認訴訟や共有持分確認訴訟等を行うことになります。

一方、慰謝料については、縁組関係破綻の原因が相手方にある場合は、これを請求することができます。

3 非嫡出子・認知・国際戸籍

Q 2-14
子どもを認知してほしい

私は10年間同棲していた男性との間に子ども（4歳）がいますが、1年前にこの男性と別れました。同棲中からずっと子どもを認知してほしいと要求してきましたが、「自分の子どもかどうかわからないのに認知するのは嫌だ」と言って認知しようとしません。どうしたらよいでしょうか。

A

◎認知の方法

認知とは、非嫡出子（Q 2-17参照）と父（認知者）との間に法律的な親子関係を成立させる法律行為です。お尋ねの場合、お子さんは婚姻関係のない男女の間に生まれた子であるので非嫡出子となります。非嫡出子と父との間の法律上の親子関係は、「認知」によって初めて発生します。このことから、非嫡出子は「認知」によらないでは親子関係の存在を発生させることも確定することもできないとされています（最判平2.7.19）。

したがって、子の父が、任意に認知をしない場合には、子、その直系卑属またはそれらの法定代理人が、父に対し、認知の裁判（調停・訴訟）を提起する必要があります（民法787）。

子に意思能力が認められる場合、子は単独で訴えを提起または調停を申立てすることができますが（人事訴訟法13①、家事事件手続法252①Ⅴ）、ご質問の場合のように、子が4歳と幼く、自分の意思を適切に表示できる能力があるとは言えない場合には、法定代理人である母親が訴えを提起し、または調停を申し立てることになるでしょう。

◎調停・審判による認知

認知の訴えを提起する前にその前提として家庭裁判所での調停を申し立てる必要があるとされています（家事事件手続法257①）。

そして、調停において当事者間に事実についての争いがなく、審判を受ける合意が成立した場合には、家庭裁判所は事実を調査したうえで、合意に相当する審判をします（家事事件手続法277①）。裁判所は、当事者の申立てがあれば、事実の調査の一環として鑑定も行います。

このような事実の調査に基づいて家庭裁判所の審判が告知され、これが確定したときに、認知の効力が発生します。

◎裁判による認知

お尋ねの場合のように、男性が認知を拒否している場合には調停・審判による解決は難しいかもしれません。

認知の調停において当事者間で合意できない場合や、家庭裁判所の審判に対して相手方が異議を申し立てた場合には、訴訟によって認知を求めるしかありません（民法787、人事訴訟法42①）。この認知の訴えは、被告となる父が生存中の間はいつでも提起することができ、認知請求権は時効によって消滅しません。

認知の訴えで原告が主張し、証明しなければならない事実は、父と子の間に血縁上の親子関係が存在することです。最高裁は、父子の親子関係が存在するか否かについて、①子の母が懐胎可能期間中に被告と情交関係をもったこと、②前述①の期間中に他の男性と情交関係があったと認められないこと、③子と被告との間で血液型上の背馳（矛盾）がないこと、④被告が父であることを認めるような言動をとっていたこと等の間接事実を総合的に考慮して判断しています。

もっとも、お尋ねの場合のように、10年間内縁関係にあり、その間に子が出生した場合には、事実上内縁関係にあった男性の子と推定されます（最判昭29.1.21）。したがって、この場合には父親であるとされる男性が、父親でないことを立証していかなければならないのです（反証）。

現在では、法医学の進展にともない親子鑑別によって親子関係があることの高度の蓋然性が推定されるようになってきました。

そこで、男性が父親であることを争ったような場合には鑑定を申し立てることも有効な手段の一つと言えます。そして、認知の裁判がなされ、これが確定すると認知の効力が発生します。

Q 2-15
父親が死亡した場合の認知請求

子どもの父親である婚姻関係にない男性が子どもを認知しないまま死亡してしまった場合、子どもは永遠に認知してもらえないのでしょうか。

◎認知請求訴訟の提起

父親が死亡してしまった場合であっても、認知請求訴訟を提起することができます。ただし、父の死後、長期にわたって身分関係が不安定になることを避けるため、訴えることのできる期間（出訴期間）は「父の死亡の日」から3年間に限られています（民法787但書）。

法律上の親子関係は、認知により初めて創設されると解されています。したがって、この3年という出訴期間を過ぎてしまった場合に、認知の訴えができないので「親子関係の存在確認の訴え」を提起したとしても法律上の父子関係を確定することはできないとされています（最判平2.7.19）。

したがって、認知を望むにもかかわらず、父が死亡してしまった場合には、できる限り早く認知の訴えを提起しましょう。

父の死後認知請求をする場合には、検察官を被告とすることになります（人事訴訟法42①）。

◎「父の死亡の日」とは

もっとも、父の死亡を誰も知らず、客観的にも知り得ないような場合にまで認知の訴えをすることができなくなるとするのでは、子の認知請求権が著しく侵害され妥当ではありません。

そこで、判例は「父の死亡の日」とは、「父の死亡が客観的に明らかになった日」のことをいう（最判昭57.3.19）と解釈して、出訴期間を実質的に繰り下げることができる場合があるとしています。

しかし、これは「父の死亡の日」を単に「父の死亡を知った日」まで繰り下げる趣旨ではありません（最判昭57.11.16）。

◎繰下げを認めなかった事案

例えば、子は父の死亡を父の死亡から約4年後に知ったものの、父の死亡は死亡当時戸籍上客観的に明らかであったという事案では、父の死亡の日から3年を経過した後の不適法な訴えであるとして訴えは却下されました（大阪地岸和田支判昭59.2.14）。

◎繰下げを認めた事案

これに対し、父の死亡の日から3年以上たった後に提起された認知の訴えについて適法と判断した事例もあります。日本人の父が、中国人の母との内縁関係中に出生した子を中国に残したまま帰国してその後死亡し、子はその死亡を知ったものの内外の事情により認知を求めることができなかった後、日中の国交が正常化し子が来日を果たしたときに認知の訴えを提起したというものです（福岡高判昭60.7.2）。

この事案では、出訴期間内に訴えを提起することが社会情勢等の客観的事情により絶対に不可能であり、出訴期間を守ることができなかったことが真にやむをえないと判断されたため、3年経過後の訴えを適法と判断したものと考えられます。

以上のように「父の死亡の日」から3年以内に出訴されたと言えるか否かは、形式的に決することができず、個別の事案において身分関係の法的安定と非嫡出子の認知請求権の利益考慮を具体的に行って判断するしかないものと考えられます。

◎出訴期間3年目の末日が土日（休日）である場合

出訴期間の3年目が暦の上で土曜日や日曜日等の休日であった場合には、民事訴訟法95条3項が適用あるいは準用され、翌日もしくは翌々日の月曜日が出訴期間の末日になるとされています（大阪高判平12.2.4）。

Q 2-16
体外受精の場合の親子関係は

私たち夫婦は、現在不妊治療を受けており、医師から私の卵子と夫の精子による体外受精をすすめられています。体外受精が成功した場合、生まれてくる子どもは通常の妊娠・出産と同様に、当然に私たちの嫡出子となるのでしょうか。また、夫の精子と第三者の卵子の体外受精の場合はどうなるのでしょうか。

◎体外受精とは

お尋ねの場合、生まれてくる子は、通常の妊娠・出産の場合と同様に当然にご夫婦の嫡出子となります。

体外受精とは、一般的には卵子を体外に取り出して受精させ、できた胚を培養した後に子宮に移植する技術のことを言います。

体外受精の技術が発展したことにより、卵巣を摘出した女性が他の女性から卵子の提供を受けて出産する方法（提供卵子体外受精）、他人の夫婦の受精卵の提供を受けて出産する方法（提供胚体外受精）、自己の卵子と夫の卵子を受精させてできた胚を別の女性に移植して出産してもらう方法（いわゆる代理出産）等が可能となりました。

現行民法は、このような技術が発達する前に作られた法律で、遺伝的な母と分娩の母が異なるという事態を想定していませんでした。

この結果、体外受精等の方法により生まれた子の親は誰なのかという問題が生じるようになってしまったのです。

◎母子関係

最高裁判例によれば、母は原則として認知を待たず、分娩の事実によって当然に確定するとされています（最判昭37.4.27）。この判例によれば、分娩をした女性が法律上母と扱われます。

したがって、夫婦の受精卵を妻の体内に戻して分娩する場合には、妻が生まれてきた子の法律上の母となります。妻の卵子を用いた場合のみならず、第三者提供の卵子を用いたことにより遺伝上の母が第三者となる場合でも、これは変わりません。

これに対し、夫婦の受精卵を他の女性に移植し、その女性が分娩した場合には、判例に従えば分娩をしたその女性が法律上の母となってしまい、その後子どもを育てる遺伝的な母は法律上の母になれないこととなってしまいます。これは問題があるのではないかと、議論が生じています（最判平19.3.23）。

もっとも、いわゆる代理出産による方法については、現在、日本産科婦人科学会の会告により国内では実施しないこととされています。

よって、お尋ねの場合、受精卵をご自身の体内に戻すものと考えられますので、生まれてきた子は、法律上もご自身の子となります。

◎父子関係

婚姻関係にある間に妻が懐胎した場合、生まれてきた子は、法律上夫の子と推定されます（民法772）。

お尋ねの場合のように、受精卵を妻の体内に戻して妻が懐胎し分娩する場合には、その夫が法律上の父と推定されます。

したがって、生まれてきた子はご夫婦の嫡出子ということになります。そして、通常の妊娠・出産による嫡出子と異なる取扱いを受けることはありません。

Q 2-17
事実婚の場合の親子関係は

私たちは夫婦別姓を希望しているので、事実婚を選択しています。私は現在妊娠6か月なのですが、生まれてくる子どもは法律上どのように扱われるのでしょうか。また、夫が子どもを認知し、その後に私たちが入籍した場合はどうなりますか。

◎事実婚の場合

まず母子の親子関係については、判例上、分娩の事実をもって当然に発生するとされています（最判昭37.4.27）。したがって、事実婚の場合であっても法律上の親子関係は当然に発生します。これに対し父子関係については、婚姻中に妻が懐胎した子のみ、法律上、親子関係の存在が推定されます。したがって、事実婚の場合には法律上の父子関係が当然に発生することはありません。

そして、このように法律上の婚姻関係にない男女の間に生まれた子を「非嫡出子」と言います。

① 嫡出子と非嫡出子

非嫡出子とは、法律上の婚姻関係にない男女から生まれた子を言います。これに対し、嫡出子とは、法律上の婚姻関係にある男女から生まれた子を言います。

従前は、嫡出子と非嫡出子では民法上相続に関し異なる取扱いがなされており、非嫡出子の相続分は嫡出子の相続分の2分の1とされていました。しかし、この取扱いにつき、最高裁が違憲判決を下したことにより（最判平25.9.4）、平成25年12月に民法が改正され、嫡出子と非嫡出子の相続分は平等となりました（民法900④）。なお、改正後の民法が適用されるのは、平成25年9月5日以降に開始した相続についてですが、平成13年7月1日から平成25年9月4日までに開始した相続についても、遺産分割が未了の場合については、嫡出子と非嫡出子の相続分は同等と扱われます。

② 非嫡出子の氏と戸籍

非嫡出子は、出生のときの母の氏を称します（民法790②）。これは、胎児のときに認知され（民法783①）、出生のときにすでに法律上の父がある場合であっても異なりません。

また、出生後に認知を受けた場合でも当然に父の氏を称することになるのではなく、子の氏の変更手続（民法791、Q2-11参照）を経ることにより父の氏となります。

また、母の氏を称する非嫡出子は、母の戸籍に入ります（戸籍法18②）。

◎認知と入籍の関係

子の父母が出産後に入籍しても、それをもってただちに父と子の間に法律上の親子関係は発生せず、相続関係も生じません。親子関係を発生させるには、別途認知が必要となります。

なお、入籍および認知の双方がされると、子は以下のとおり準正により嫡出子となります。

① 準正

子の実父母の入籍前または入籍後に父が認知をした場合には、子は父母の婚姻のときから嫡出子となります（これを「準正」という。民法789①②）。父母が婚姻した後、母が死亡し、その後父によって認知された子も、父母の婚姻のときから嫡出子として扱われます。

② 準正子の氏と戸籍

準正によって嫡出子の身分を取得した子の氏は、当然には変更されません。

したがって、母の氏を称していた非嫡出子が準正により嫡出子となり父母の氏を称し、父母の戸籍への入籍を希望する場合には、氏を変更し父母の戸籍へ入籍する旨の届出をする必要があります（民法791②、戸籍法98①）。

③ 出生届に基づく認知準正

出産後、出生届提出前に婚姻届を提出し、その後父母が嫡出子出生届を提出した場合や、婚姻届と同時に父母が嫡出子出生届を提出した場合、嫡出子出生届は認知の効力を有するものとされています（戸籍法62）。

したがって、この場合にも準正がなされた場合と同様に扱われることとなります。

Q 2-18

異国籍の夫婦の子どもの国籍は

私は日本人、夫はアメリカ人ですが、私たちの間に生まれた子どもの国籍はどうなりますか。また、私たちが事実婚の場合は、どうなりますか。

A

◎国籍の考え方

子の国籍は、両親の本国の国籍法によって決まりますが、国籍取得の考え方は、大きく二つに分けることができます。

まず一つ目が「血統主義」です。血統主義とは、親子関係を基準とします。したがって、子がどの国のどの地で生まれようと、親の一方が有する国籍を取得するという考え方で、日本の国籍法がこれにあたります。

これに対し、出生地との関係を基準とする考え方を「出生地主義」と言います。

◎日本の国籍法による国籍の取得について

お尋ねの場合、母親は日本人ということですので、子には日本の国籍法が適用されます。

日本の国籍法では、子が日本国籍を取得するのは子の「出生の時に父又は母が日本国民であるとき」と定められています（国籍法2①、血統主義）。母親は分娩という事実によって当然に親子関係が発生します。したがって、母親が日本人であれば、父と母が法律上の婚姻関係にあるかないかにかかわらず、すべての子は出生のときから日本国籍を取得することになります。

◎アメリカの国籍法による国籍の取得について

さらに、父がアメリカ人ということですので、アメリカの国籍法も適用されます。

アメリカでは、出生地主義がとられています。

したがって、父と母の婚姻関係の有無にかかわらず、子がアメリカで出生した場合には、アメリカ国籍を取得することになります。

では、アメリカ人の子が海外で出生した場合、いかなる場合であってもアメリカ国籍の取得を認められていないのでしょうか。

日本人の母とアメリカ人の父が法律上の婚姻関係にある場合には、アメリカ人の父が子の出生前にアメリカに合計5年以上（5年間のうち2年間は14歳以降）居住したことがあれば、アメリカ国籍を取得することができます。

これに対し、両親が事実婚の場合には、アメリカ国籍を取得するための要件は少し変わります。

父がアメリカ人で、母が日本人等の場合は、①アメリカ人の父が子の出生前にアメリカに合計5年以上（5年間のうち2年間は14歳以降）居住していたことに加えて、②父子間の血縁関係が明確な証明力のある証拠により確定され、③父が、子が18歳に達するまで金銭的な援助を行うことにつき書面により合意し、④子が18歳に達するまでに、子の住所地等の法律により子が嫡出子の身分を取得するか、父が宣誓供述書により子を認知するか、または父子関係が裁判により確定した場合に、子はアメリカ国籍の取得が認められると、法律上定められています。なお、設例とは異なりますが、母がアメリカ人で父が日本人等である場合に、非嫡出子がアメリカ国外で生まれたときは、母が子の出生前に継続して1年以上アメリカに居住したことがあれば、子はアメリカ国籍を取得できます。

◎二重国籍

両親それぞれの本国法に従うと、二重国籍になる場合について日本の国籍法は「出生により外国の国籍を取得した日本国民で」「国外で生まれたものは」「日本の国籍を留保する意思を表示しなければ、その出生の時にさかのぼって日本国籍を失う」と定めています（国籍法12）。そして、この「日本の国籍を留保する意思を表示」するためには、出生の日から3か月以内に国籍の留保の届出をする必要があります（戸籍法104①）。

したがって、この届出をしなかった場合には、初めから日本国籍を取得していなかったこととなり、二重国籍の問題は生じません。

これに対し、二重国籍となった場合、本人が22歳になるまでに、一つの国籍を選択しなければならないとされています（国籍法14）。

Q 2-19
ハーグ条約について

私は国際結婚をし、子どもがいます。最近、日本がハーグ条約に加盟したというニュースを耳にしたのですが、ハーグ条約とはどのような内容でしょうか。また、子どもの引渡しを拒める場合はありますか。

◎ハーグ条約とは

ハーグ条約とは、正式には「国際的な子の奪取の民事上の側面に関する条約」と言います。日本では平成25年5月に国会で承認され、また、ハーグ条約の実施に必要な国内手続等を定める「国際的な子の奪取の民事上の側面に関する条約の実施に関する法律（ハーグ条約実施法）」が、平成26年4月1日から施行されています。

国際結婚が増加した今日、それに伴って国際離婚も増加し、一方の親が他方の親の同意を得ることなく、子を母国に連れ帰るといった子の連れ去りが問題視されるようになりました。

そのような連れ去りが行われると、子の生活基盤は激変することになり、子の福祉にとって重大な影響があります。また、取り残されたほうの親としても、問題を解決するためには、文化も法律も異なる外国の地において子を探したり、その地の裁判所に訴えなければならないといった、大変な障害を乗り越えなければならないことになります。

そこで、ハーグ条約では、子が元々いた居住国（常居所地国）へ迅速に返還するための手続きや、条約締約国の中央当局に援助を求めることができること等が定められています。

◎中央当局による援助

子が条約締約国から他の条約締約国へ連れ去られ、または留置（子が常居所地国から他国へ出国した後に、他国から常居所地国へ戻ることを妨げられている状態）されたときは、監護権を侵害された親は、条約締約国の中央当局に対し、子の返還援助または面会交流に関する援助の申請をすることができます。子が連れ去られた先の国の中央当局だけでなく、自国の中央当局にも申請をすることができる点で、申請をする親の負担が軽減されます。

申請を受けた国の中央当局は、子の所在国の中央当局に対し、申請書を転達します。

子の所在国の中央当局は、子の所在を特定し、返還または面会交流の機会を確保するための協議・あっせん等の友好的解決に向けた支援を行います。任意にそれらが実現されない場合には、子の返還を求める親は、次に説明する司法による子の返還手続を行う必要がありますが、中央当局はその援助も行います。

なお、日本における中央当局は、外務省です。

◎子の返還手続

子が任意に返還されない場合には、返還を求める親は、子の所在国の司法機関に対して、子の返還を求める裁判を申し立てることになります。

原則として返還命令がされますが、①連れ去りから1年以上経過した後に返還手続の申立てがされ、かつ子が新たな環境に順応している場合や、②申請者が連れ去り時に現実に監護権を行使していなかった場合、③申請者が子の連れ去りもしくは留置に事前に同意し、または事後に黙認を与えていた場合、④返還により子が心身に害悪を受け、または他の耐え難い状態に置かれることとなる重大な危険がある場合、⑤子が返還を拒み、かつ当該子がその意見を考慮するに足る十分な年齢・成熟度に達している場合、⑥返還の要請を受けた国における人権または基本的自由の保護に関する基本原則により返還が認められない場合には、子の返還を拒否できます。

◎注意点

ハーグ条約が適用されるのは、子が16歳未満である場合のみです。また、ハーグ条約は、子を迅速に常居所地国へ返還することを目的としているのであって、子の返還が認められても、親権や監護権の帰属について決定がされたことにはなりません。それらについては、子が常居所地国へ返還された後に、別途決定される必要があります。

Q 2-20

国際結婚における子の連れ去り

私は、イギリス人の夫と結婚し、夫および長女（3歳）と一緒に日本に住んでいましたが、先日、夫が私に無断で長女と一緒にイギリスの実家に帰ってしまい、そのまま離婚したいと言ってきました。長女と日本で暮らすためには、どうしたらよいでしょうか。

A

◎ハーグ条約の利用

日本もイギリスもハーグ条約（Q2-19参照）締約国であることから、本件ではハーグ条約を利用して、子を常居所地国である日本へ返還することを求めることができます。

利用できる手続きとして、中央当局による返還援助と、裁判所による返還手続があります。

◎日本国返還援助

日本国以外の条約締約国への連れ去りをされ、または日本国以外の条約締約国において留置をされている子であって、その常居所地国が日本国であるものについて、日本国の法令に基づき監護の権利を有する者は、当該連れ去り又は留置によって当該監護の権利が侵害されていると思料する場合には、日本国への子の返還を実現するための援助（「日本国返還援助」という）を日本の中央当局である外務省に申請することができます（ハーグ条約実施法11①）。したがって、本件では外務省に申請書を提出して、日本国返還援助決定を求めることができます。なお、申請書には日本語または英語を用いることができますが、申請書は最終的には子の所在国の中央当局へ送付されるので、子の所在国の中央当局が申請書の内容を理解できるようにするために翻訳が必要になります。そのため、本件では可能であるならば初めから英語で申請書を作成したほうが、迅速に手続きが進みます。

また、申請にあたっては、次の却下事由（ハーグ条約実施法13①、附則2）に該当していないことに注意する必要があります。

① 子が16歳に達していること
② 子が所在している国または地域が明らかでないこと
③ 子が日本国または条約締約国以外の国または地域に所在していることが明らかであること
④ 子の所在地及び申請者の住所または居所が同一の条約締約国内にあることが明らかであること
⑤ 子の常居所地国が日本国でないことが明らかであること
⑥ 子の連れ去りまたは留置の開始のときに、子が所在していると思料される国または地域が条約締約国でなかったこと
⑦ 日本国の法令に基づき、申請者が子の監護権を有していないことが明らかであり、または連れ去りまたは留置により申請者の監護権が侵害されていないことが明らかであること
⑧ 平成26年4月1日より前に連れ去りまたは留置が発生していること

日本から申請書の送付を受けた子の所在国の中央当局は、申請書を審査した後、子の所在の特定作業を行い、子の任意返還のための合意形成に向けた支援を行います。なお、このように日本の中央当局を経由することをせずに、直接子の所在国の中央当局に対して返還援助の申請をすることもできます（日本語での申請は不可）。

◎任意に返還されない場合

任意に子が返還されない場合は、子の所在国(本件ではイギリス)の裁判所に対して、子の返還を命ずるよう申し立てる必要があります。子の所在国における返還手続の制度は、各国ごとに異なりますので、専門家に相談をしたほうがよいでしょう。

◎返還された後

返還手続によって子が返還されても、あなたが親権や監護権を取得すると決定されたわけではありません。子の返還は、子が慣れ親しんだ環境を回復すると共に、その地で子の福祉を考慮してさまざまな事情を考慮して子の監護について決定するためのものだからです。したがって、子の親権や監護権に関する協議や裁判を行う必要があります。

Q 2-21
不誠実な父親を扶養する義務があるか

私の父は、20年前に私と私の母を残して家出し、他の女性と同棲しました。その後、私の母は父と離婚し私を育てましたが、5年前に病死しました。私は父母が別居して以降、父と会ったことも話したこともありません。しかし最近、生活保護のケースワーカーを名乗る人から連絡があり、私が父の面倒を見るべきだと言われたのですが、私は、私と母を見捨てた父の面倒を見なければならないのでしょうか。

◎扶養義務者の範囲

まず、①夫婦は相互に扶養義務を負います（民法752、760）。また、②親は未成熟の子に対し、扶養義務を負います（民法877①、766）。

そして、③直系血族（例えば、親と子・孫の関係）及び兄弟姉妹は相互に扶養義務を負い（民法877①）、④特別の事情がある場合には、直系血族及び兄弟姉妹間にとどまらない、三親等内の親族間でも、扶養義務が発生することがあります（民法877②）。

お尋ねの場合、あなたのお父様とお母様は離婚しているとのことですが、それでもあなたはそのお父様の直系血族であることには変わりありませんので、質問者は前述③により、そのお父様に対する民法上の扶養義務者に該当します。これについては、お父様があなたとお母様を見捨てたり、20年以上音信不通であったりしても変わりません（大阪高決昭46.12.23）。

◎扶養義務の程度

前述の範囲の者の間に、扶養義務があるといっても、その扶養義務の程度は一様ではありません。

すなわち、①②の者の扶養義務は、いわゆる「生活保持義務」であり、③④の者の扶養義務は「生活扶助義務」であると言われています。

生活保持義務とは、一体的な生活共同体として自己と同程度の生活を保障する義務であり、例えるなら、「一杯の米を分け合う義務である」等と説明されます。

それに対して、生活扶助義務とは、自己の地位相応な生活を犠牲にすることなく、分け与えられる最低生活費を支払えば足りる義務であって、例えるなら「米に余裕があれば分け与えなければならない」という義務です。

本件では、子から親に対する扶養義務、すなわち直系血族として負う扶養義務ですので、負担する義務の程度としては生活扶助義務ということになります。したがって、質問者が生活力に余力がない場合には、無理をしてまで扶養しなければならないわけではないということになります。

◎生活扶助義務の算定基準

生活扶助義務により支出すべき扶養料は、扶養権利者の生活保護基準による最低生活費を、扶養義務者の余力の範囲で支出できる金額がベースとなります。それに扶養権利者の過失、扶養義務者の相続権、当事者の社会的地位、親族関係の親疎、過去の共同生活の有無及び扶養義務者に対する扶養権利者の従前の振舞等の一切の事情が考慮されて、具体的な金額が算定されることとなります。

この点につき、老父母からの子らに対する扶養料の請求につき、親子の不和を形成したことの原因が相当程度父にあると認定して、扶養料の制限をした事例（秋田家審昭63.1.12）や、父から子らに対する扶養料請求につき、父は労働能力があるにもかかわらず労働意欲がないために生活費に不足をきたしていることや、父と母の離婚後はまったく没交渉であったこと、子らが未成熟の間に父は養育の責任を果たさなかったこと等を指摘し、父の請求は信義則に反するとして申立てを却下した事例（新潟家審昭47.5.4）等があります。

本件では、あなたのお父様が家出をし、他所で女性と同棲したこと、それ以来20年以上没交渉であったことを踏まえると、お父様に民法上扶養義務を負うとしても、その支払うべき扶養料は一定程度減額されるか、場合によってはゼロとなる可能性もあるでしょう。

4 子どもの不法行為

Q 2-22
子どもが友だちにけがを負わせてしまった

長男（7歳）が、友だち（7歳）と自宅内で遊んでいたので、2人に留守番を頼み、近所に買い物に行ったところ、その間に、長男が誤ってパチンコ玉を友だちに向けて飛ばしてしまい、友だちの目にけがをさせてしまいました。この場合、誰が誰に対して、どのような責任を負いますか。

お尋ねの場合には、ご夫婦がけがをしたお友だちに対して損害賠償責任を負うことになります（民法709、714①）。損害賠償の内容としては、けがの治療費、慰謝料等が主なものです。

◎不法行為責任とは

息子さんがお友だちにけがをさせてしまった行為は、他人に損害を与えた行為です。したがって、わざとではなかったとしても、原則として民法上の「不法行為」となります（民法709）。

そして、不法行為を行った者は、相手方に発生した損害を賠償する責任を負います。すなわち、けがをさせてしまったことに対する慰謝料や、けがをしたことによって発生した治療費を支払わなければならないのです。

◎子の責任

民法上、このような不法行為の責任を負うのは「責任能力」のある者に限られています（民法712）。「責任能力」とは、自己の行為によって発生する結果の善悪を判断することのできる能力のことを言います。裁判では、個人差や行為の程度にもよりますが、12歳程度から「責任能力」があると判断されているようです。また、幼い子が、民法上の「不法行為」責任を一生負って生きていかなければならないということは妥当でないとも考えられています。

お尋ねの場合、息子さんは7歳とまだ幼く、「責任能力」はないと判断されるものと考えられます。

したがって、息子さん自身は民事上の責任を負いません。

もっとも、誰も責任を負わないということとなれば、被害者の救済に欠けます。そこで、不法行為を行った本人である子が責任を負わない場合には、その両親（監督義務者）が損害賠償責任を負うこととされています（民法714①）。

◎親の責任

お尋ねの場合のように、パチンコ玉といった他人の身体に損害を与える危険性を有する遊技を子がする場合、両親には、そのような遊技を禁じるかもしくは他の子にけがをさせないようにする監督義務が生じます。両親は、この監督義務違反があったとして損害賠償債務を負うことになるのです。そして、この責任は、両親が外出中の事故であったからといってただちに免れることができるものではありません。

◎親の責任が免責される場合

ただし、どのような場合にも常に両親が責任を負わなければならないわけではありません。両親が、両親として適切かつ十分に子の監督をしていたと認められる場合には、両親も責任を負わないことになります（民法714①但書）。ただし、子の行為により子の友だちがけがをしてしまった以上、適切かつ十分に子の監督をしていたことを証明することは一般的にとても難しく、多くの場合、両親の監督義務違反が認められています（仙台高判昭39．2．24等）。

しかし近時、最高裁は親権者の直接の監視下にない子の行動につき、その行動が通常は人身に危険が及ぶものとは認められない行動である場合には、その行動からたまたま第三者の人身に損害を発生させたとしても、親が当該行為について具体的に予見可能であった等の特別の事情がない限り、親は通常のしつけをしていたのなら監督者としての責任を負わないと判断しました（最判平27．4．9）。したがって、通常であれば生じないような異常な事態については、具体的事情によっては、親は責任を負わなくてよい場合があります。個別具体的ケースにより異なるので、日頃から十分な注意をしておく必要があるでしょう。

Q 2-23
友だちに押されて子どもがけがをしてしまった

長女（5歳）が、幼稚園の保育時間中に、友だちから押されて園庭のジャングルジムから落ちてしまい、けがをしました。この場合、誰が誰に対して、責任を追及できるのでしょうか。また、この友だちの親の対応が悪いので裁判で謝罪を求めたいのですが、可能でしょうか。

A

お尋ねの場合、あなたの娘さん（実際には法定代理人であるご両親）は、娘さんのことを押してしまったお友だちの両親と幼稚園に対して、損害賠償責任を追及できます。また、場合によってはご両親自身が、ご両親に生じた損害の賠償を求めることもできます。

◎子の友だちの両親に対する請求

ジャングルジムの上にいる子を押す行為は、極めて危険性の高い行為で、それ自体違法な行為と言えます。もっとも、5歳の子はまだ自己の行為の結果に基づく責任を十分に認識しうる能力を有していない（責任無能力者）と考えられています。したがって、お友だち本人は、ジャングルジムの上で人を押すという違法な行為から生じる結果について責任を負いません。

そしてこの場合には、原則として子の法定代理人である両親が責任を負うことになります。つまり、お友だちの両親に対し、民法714条1項に基づく損害賠償責任を追及できます（Q2-22参照）。

◎子の幼稚園に対する請求権（私立の場合）

幼稚園が私立の場合、幼稚園（正確には幼稚園を運営している法人を指すが、以下、単に「幼稚園」とする）に対し、債務不履行または不法行為（民法715①）に基づく損害賠償を請求することができる場合があります。

① 安全配慮義務違反（債務不履行）

幼稚園には、保育時間中に自己が管理する幼稚園内において、幼稚園児の生命、健康に危害が生じないように物的人的環境を配備し、幼稚園児の生命、健康を保護すべき契約上の安全配慮義務を負います。そして、幼稚園児がジャングルジムで遊んでいるときに他の園児をわざとか否かを問わず押してしまうことは十分に予見できることと考えられます。したがって、幼稚園はこういったことの起こらないようあらかじめ口頭で注意する義務や、幼稚園児がジャングルジムで遊んでいる間、適切に監督する義務があると考えられます。

幼稚園がこういった注意義務や監督義務を怠ったと認められるような場合には、幼稚園に対して、損害賠償責任を追求できます（民法415）。

② 不法行為責任（民法715）

また、幼稚園は、幼稚園の教諭の監督に過失があった場合には、幼稚園の教諭の使用者としても責任を負います。

◎子の幼稚園に対する請求権（公立の場合）

幼稚園が市立、県立等の公立の場合、国家賠償法により県や市に対して損害賠償を請求できる場合があります。国家賠償法1条1項は、公務員が不法行為責任を負う場合には国または地方公共団体が個人に代わって責任を負うものと規定しています。したがって、幼稚園の教諭に園児を適切に監督していなかった等の過失が認められる場合には、幼稚園を設置している国または地方公共団体に対し、損害賠償責任を追及できます。

◎両親固有の請求権

娘さんのけががひどく、娘さんが亡くなったとした場合に比肩するような精神的苦痛をご夫婦が受けたときには、娘さんの請求権とは別にご質問者であるご両親の精神的損害に対する慰謝料として、ご両親自身がお友だちの両親、幼稚園や国または地方公共団体に対して、損害賠償責任を追及することもできます（最判昭33.8.5）。

◎謝罪請求の可否

民法は名誉毀損の場合には例外的に謝罪請求を認めますが（民法723）、それ以外の場合には、請求できるのは金銭賠償に限られます（民法722①、417）。相手の対応が悪いだけでは名誉毀損にはならず、謝罪を裁判で求めることはできないでしょう。

5 子どもの学校生活

Q 2-24
子どもが学校でいじめられている

長女は現在、公立中学校の1年生ですが、先日長女の友だちから、長女がクラスでいじめられていると聞きました。早速、担任教師に相談しましたが、「私のクラスではいじめられている生徒はいません」と言って、聞く耳を持ちません。学校に適切に対応してもらうためには、どうしたらよいのでしょうか。

A

◎学校との話合い

最初に子ども本人から状況を聞いて確認したら、子どもの意思を尊重しつつ、学校と話し合うことになります。

相談相手としては、第一に担任教師でしょうが、担任教師に相談しても聞く耳をまったく持たない場合や子どもの置かれた状況にまったく理解がない場合には、子どもと関わる立場で、かつ理解のある学校内の人（例えば学年主任、スクールカウンセラー、教頭、校長等）に相談し、学校側の適切な対応を求めることも考えられます。

◎弁護士への相談

わが子がいじめられたことを知って、冷静に対処できる親は少ないでしょう。

親が子どもの意思や子どもの置かれた状況を十分に確認せずに先走り、学校側に対し激しい非難を浴びせる等、感情的な言動に走ってしまうと、実際に通学する子どもが登校しにくくなったり、かえっていじめが助長されたりすることにもなりかねません。

このような場合には、弁護士に相談して、学校側との話合いを弁護士に委任することも考えられます。子どもの問題を専門に扱う相談窓口を持っている弁護士会もありますので、学校問題に詳しい弁護士を知らない場合には、このような窓口に相談するとよいでしょう。

◎第三者機関への相談

① 教育委員会に救済を申し立てる

学校側にいじめに対する理解がなく、適切に対応しない場合には、その学校を管轄とする教育委員会に救済を申し立てるという方法があります。

教育委員会は、公立学校の人事権を持つため、公立学校に対する直接的指導を期待できる場合があります。反対に、このような権限を持たない私立学校に対しては、相対的に強い指導を期待するのは難しいということになります。

なお、教育委員会は、いじめ等、他の児童に傷害、心身の苦痛または財産上の損失を与える行為を繰り返し行う等性行不良であって、他の児童の教育に妨げがあると認める児童があるときは、その保護者に対して、児童の出席停止を命ずることができるとされており（学校教育法35①、49）、この点でも強力な権限を持っていると言えます。

また、各教育委員会は、適応指導教室を設置しています。これは、いじめ等が原因で子どもが不登校になった場合に、学校の代わりに適応指導教室に通えば、指導要録上、出席扱いとされる制度です。子どもの不登校が長引き、出席日数が不足する可能性がある場合には、検討されるとよいでしょう。

② 子どもの人権専門委員に相談する

子どもの人権専門委員とは、法務大臣から委嘱された各市町村の人権擁護委員の中から選任され、子どもの人権侵害事件の相談を受けて、適切な調査処理をすること等を職務とする人たちです。

各法務局に設置された子どもの問題に関する電話相談窓口に相談すると、子どもの人権専門委員が助言したり、場合によっては学校等に対する調査を行ったり等、適切な処置を講じます。

このような窓口に相談して、学校側に適切な対応を働きかけてもらうのも一案です。

Q 2-25
長男が窃盗の疑いで退学させられた

長男は現在、私立中学校の3年生ですが、先日クラスの友だちのお金を盗んだとして、退学処分になりました。長男は一貫して「お金は盗んでいない」と主張していますが、学校は長男の言い分を信用せず、退学処分にしてしまいました。長男は学校に戻りたい気持ちが強いのですが、どうしたらよいのでしょうか。また、学校から自主退学を強くすすめられている段階ではどうでしょうか。

◎とりうる法的手段

退学処分は、懲戒処分の一つであり（学校教育法11）、性行不良で改善の見込がないと認められる者等に対して校長が行うものです（学校教育法施行規則26②③）。ただし、公立小中学校の生徒に対する退学処分は許されません（学校教育法施行規則26④）。

退学処分を争う法的手段は、仮の措置と本案訴訟とに分かれ、それぞれ公立学校か私立学校かによってさらに違いがあります。仮の措置は、本案訴訟による解決を待っていたのでは救済が間に合わない場合に、迅速に子どもの利益を図るためにとる手段です。

なお、一般的に、公立学校よりも私立学校のほうが学校側の裁量が広く認められ、また、高校よりも小中学校のほうが厳格な規準で判断される傾向にあります。

① 公立学校について

公立学校における退学処分については、行政庁の処分にあたると考えられるので、お尋ねの場合の訴訟としては、退学処分取消訴訟（行政事件訴訟法8以下）を提起することになります。

また、仮の措置としては、退学処分の執行停止の申立て（行政事件訴訟法25②）を行うことになります。退学処分による重大な損害を避けるため緊急の必要があると裁判所が認めた場合、執行停止の決定が下されます。

② 私立学校について

私立学校における退学処分については、退学処分の無効を理由とする当該学校の生徒としての地位の確認を求める訴訟（および当該学校に対する損害賠償請求訴訟）が考えられます。

そして、仮の措置としては、当該学校の生徒としての地位の保全を求める仮処分の申立てを行うことになります。本案訴訟の根拠となる法的権利（被保全権利）があり、保全の必要性がある（例えば、退学処分によって子どもが教育を受ける機会を失うことや、学業に重大な支障をきたすおそれが高いこと等）と裁判所が認めた場合、当該学校の生徒としての地位があることを仮に定める旨の決定が下されます。

なお、仮処分の手続きにおいて、裁判所が間に入り、学校側と和解することもあります。この場合は訴訟を提起することなく、迅速な解決が図られることになります。

◎自主退学の場合

では、自主退学の場合には、争う余地が一切ないのでしょうか。

自主退学と言っても、実際には、学校側が退学処分は不可避であると説明して、自主退学を勧める場合があります。このような場合でも、自主退学勧告についての学校側の判断が社会通念上不合理であり、裁量権の範囲を超えていると認められる場合には、その勧告は違法となり、その勧告に従った生徒の自主退学の意思表示も無効となるとされています（東京高判平4.10.30）。なお、公立小中学校の場合には法律上就学義務が定められていますので（教育基本法5）、自主退学であっても退学は一切認められません。

◎退学勧告への対応

まずは、退学勧告に応じることがないように気をつけてください。

それでも執拗になされる退学勧告は違法ですから、弁護士による学校との交渉や内容証明郵便の送付、裁判所への申立て等を検討すべきでしょう。

児童虐待・親権濫用

Q 2-26

児童虐待とは

最近、児童虐待のニュースをよく耳にするようになりましたが、そもそも「虐待」とは、どのような行為を言うのでしょうか。

◎法律における児童虐待の定義

児童虐待とは、保護者（親権者、未成年後見人その他の者で、児童を現に監護するもの）がその監護する児童（18歳未満の者）について、次に掲げる行為をいうと規定されています（児童虐待の防止に関する法律2各号）。

① 児童の身体に外傷が生じ、または生じるおそれのある暴行を加えること

これは、いわゆる身体的虐待であり、例えば子どもを殴ったり、蹴ったりする行為等が該当します。

② 児童にわいせつな行為をすること、または児童をしてわいせつな行為をさせること

これは、いわゆる性的虐待であり、例えば性行為の強要や、保護者の性行為の場面を見せること等が該当します。

③ 児童の心身の正常な発達を妨げるような著しい減食または長時間の放置、保護者以外の同居人による①②④の行為と同様の行為の放置、その他保護者としての監護を著しく怠ること

これはいわゆるネグレクトであり、例えば食事を与えなかったり、著しく不衛生な環境に子どもを置いたりする行為等が該当します。

④ 児童に対する著しい暴言または著しく拒絶的な対応、児童が同居する家庭における配偶者に対する暴力（配偶者（婚姻の届出をしていないが、事実上婚姻関係と同様の事情にある者を含む）の身体に対する不法な攻撃であって、生命または身体に危害を及ぼすもの、およびこれに準ずる心身に有害な影響を及ぼす言動をいう）その他児童に著しい心理的外傷を与える言動を行うこと

これはいわゆる心理的虐待であり、例えば子どもの心を傷つける言動や無視、保護者のDVを見せる行為等が該当します。

なお、保護者に限らず、何人も、児童に対して、虐待をしてはならないとされています（児童虐待の防止に関する法律3）。

◎その他の虐待の形態

児童虐待の防止に関する法律2条で規定されているのは典型的な行為であり、その他にも、例えば揺さぶられっ子症候群（おおむね生後6か月以内の新生児または乳児の身体を過度に揺することにより、頭蓋内出血等を生じさせるものであり、運動機能障害、発達障害、死亡等の重篤な結果を招く危険性がある）や、代理ミュンヒハウゼン症候群（母親が子どもを傷つけ、けがや病気を捏造する行為で、子どもに対する健気な育児を他人に見せることによって、自分に周囲の関心を引き寄せるために行うとされている）等も児童虐待の一形態として知られています。

◎児童虐待の原因

児童虐待の原因は一因ではありませんが、例えば保護者側の要因としては、貧困や自身も被虐待経験を有していること、夫婦関係の破綻、社会的な孤立、精神疾患を有していること、保護者の精神的未成熟のためさまざまなストレスに耐えられないこと等が指摘されています。

子ども側の原因としては、いわゆる育てにくい子どもであったり、障害や慢性疾患を抱えている子どもであったりすること等が指摘されています。

◎虐待を疑った場合

児童虐待を疑った場合等には「189」（児童相談所全国共通ダイヤル）に電話してください。最寄りの管轄の児童相談所につながります。

なお、通告・相談に関する内容や通告・相談者の氏名の秘密は守られますし、匿名での通告・相談も可能です。

Q 2-27
マンションの隣室で虐待が行われている

マンションの隣室から、母親の怒鳴り声と子ども（4歳）の泣き声が毎日のように続くので、母親が子どもを虐待しているのではないかと思うのですが、どうしたらよいのでしょうか。隣室の私が通報者だと知られたくないのですが、大丈夫でしょうか。

A

◎児童相談所等に通告

要保護児童を発見した者は、これを市町村、都道府県の設置する福祉事務所もしくは児童相談所または児童委員を介して市町村、都道府県の設置する福祉事務所もしくは児童相談所に通告しなければならないとされています（児童福祉法25）。

また、お尋ねの場合のように虐待を受けている確証はなく、推測に過ぎない場合でも、児童虐待を受けたと思われる児童を発見した者は、速やかに、これを市町村や都道府県の設置する福祉事務所もしくは児童相談所または児童委員を介して市町村、都道府県の設置する福祉事務所もしくは児童相談所に通告しなければならないとされています（児童虐待の防止等に関する法律6①）。

「189」（児童相談所全国共通ダイヤル）に電話してください。

◎通告に関する諸問題

通告を受けた福祉事務所または児童相談所における所長、所員その他の職員または通告を仲介した児童委員は、その職務上知りえた事項であって、当該通告をした者を特定させるものを漏らしてはならないとされています（児童虐待の防止等に関する法律7）。したがって、通告者は、自分が通告者であると知られることなく、通報することができます。

また、通告の方法等について法律上の規定はないので、通告者が匿名で通告することも認められます。ただし、匿名で通告した場合は情報が少なく、通告を受けた児童相談所等が虐待を受けている子どもを特定することが難しいことも少なくありません。また、電話でなく、メール等による通告の場合も、情報が一方的で事実関係を確認することが難しいことがあります。

児童虐待を防止し、子どもを保護するためには、早期発見が何よりも重要であり、児童虐待の疑いを持ったら、確証がなくてもただちに児童相談所等へ通告すべきです。

仮に、児童相談所による調査の結果、虐待の事実がないことがわかっても、虐待の事実がないことを知って通告したような場合を除き、通告者が制裁を受けたり、責任を追及されたりすることはないと解されています。

なお、虐待の早期発見については、特に学校、児童福祉施設、病院その他児童の福祉に業務上関係のある団体および学校の教職員、児童福祉施設の職員、医師、保健師、弁護士その他児童の福祉に職務上関係のある者は、児童虐待を発見しやすい立場にあることを自覚し、児童虐待の早期発見に努めなければならないとされています（児童虐待の防止等に関する法律5①）。

通告を受けた場合の措置について、市町村や福祉事務所長または児童相談所長は、必要に応じ近隣住民、学校の教職員、児童福祉施設の職員その他の者の協力を得つつ、速やかに当該児童との面会その他当該児童の安全の確認を行うための措置を講ずるとともに、市町村および福祉事務所長は児童相談所に児童を送致すること、児童相談所長は、必要に応じ速やかに一時保護を行うこととされています（児童虐待の防止等に関する法律8）。児童相談所における通告以降の流れについては、Q2-28を参照してください。

Q 2-28
児童相談所の役割は

児童相談所に虐待の通報があった後は、子どもはどのように保護されるのでしょうか。

◎児童相談所による受理および調査

児童福祉法25条または児童虐待の防止等に関する法律6条1項により通告を受け、または通告を受けた福祉事務所から送致を受けた児童相談所は、緊急受理会議を開き、情報を整理して何をすべきか方針を立てます。

また、児童相談所は速やかに児童の安全の確認を行うための措置を講ずるとされ（児童虐待の防止等に関する法律8②③）、実務上は、通告を受けてから48時間以内に直接目視による安全確認を行うことが求められています。

その後、児童相談所は児童福祉司が中心となって、通告者や当該児童、当該児童の保護者等から事情聴取したり、当該児童や保護者の住居を訪問して内部の様子を確認したり、関係機関に対する照会（例えば、当該児童の所属する学校や保育園から様子を聞いたり、戸籍謄本や住民票を取り寄せたりすること）を行う等して、虐待の有無や当該児童が置かれている状況等を調査します。保護者が調査に非協力的な場合等には、当該児童の住所等に立ち入り、必要な調査または質問をすることもできます（児童福祉法29、児童虐待の防止等に関する法律9）。

◎一時保護

このような調査の結果、現在の状態では虐待により当該児童の心身の安全が脅かされる危険がある場合等、児童相談所長が必要があると認める場合には、当該児童に一時保護を加え（一時保護所と呼ばれる施設に入所させる）、または適当な者に委託して（例えば、里親や児童養護施設等）一時保護を加えさせることができます（児童福祉法33①）。

一時保護は、開始した日から2か月を超えてはならないのが原則であり（児童福祉法33③）、その間に調査を進めて、どのような措置をとるのかを決めることになっています。

◎児童福祉法27条の措置

児童相談所による調査により明らかになった事実等をもとに検討を重ねたうえ、児童相談所は以下の措置をとります（児童福祉法27①各号）。

① 児童またはその保護者に訓戒を加え、または誓約書を提出させること
② 児童またはその保護者を児童福祉司や児童家庭支援センターの職員に指導させ、または当該都道府県以外の者の設置する児童家庭支援センター等に指導を委託すること
③ 児童を里親に委託し、または乳児院、児童養護施設、児童自立支援施設等に入所させること
なお、この場合には親権者または未成年後見人の意に反して入所させることはできません（児童福祉法27④）。

なお、検討の結果によっては、虐待にはあたらないことが明らかになったり、児童家庭支援センター等に当該児童の見守りを委託したりすることもあります。

◎児童福祉法28条の措置

保護者が、その児童を虐待し、著しくその監護を怠り、その他保護者に監護させることが著しく当該児童の福祉を害しており、かつ施設入所について親権者等が反対している場合には、児童相談所長は子どもの住所地を管轄する家庭裁判所の承認を得て、当該児童を児童養護施設等に入所させることができます（児童福祉法28①）。

この措置は、措置開始日から2年を超えてはならないとされていますので、その後も継続しなければ保護者がその児童を虐待し、著しくその監護を怠り、その他著しく児童の福祉を害するおそれがある場合には、その児童が18歳に達するまで、2年ごとに、家庭裁判所から、措置の更新の承認を得る必要があります（児童福祉法28②）。

Q 2-29
親権喪失と親権停止

孫（14歳）に進行がんが発見されたにもかかわらず、息子夫婦が自然療法にこだわり、医師の言うことを聞かず手術を拒んでいる場合、どうしたらよいのでしょうか。医師の意見では、今すぐに手術を受ければ助かる可能性が高いが、このまま数か月放置すれば確実に死んでしまうということです。また、親権者が親権を適切に行使しない場合に、親権喪失と親権停止という制度があると聞いたのですが、両者の内容と相違点を教えてください。

A

◎親権喪失の制度

親権喪失の制度とは、「父又は母による虐待又は悪意の遺棄があるときその他父又は母による親権の行使が著しく困難又は不適当であることにより子の利益を著しく害するとき」に家庭裁判所の審判により、その父または母の親権を喪失させることができる制度です（民法834）。なお、平成23年の民法改正前は、「父又は母が、親権を濫用し、又は著しく不行跡であるとき」に親権喪失の審判ができるとされていました。改正後は、例えば親権者に精神上の障害があるために親権の行使が著しく困難である場合のように、親権の濫用または著しい不行跡とは言えないような状況についても、親権喪失の審判が可能になりました。

ただし、そのような子の利益を著しく害する原因が、2年以内に消滅する見込があるときには、親権喪失の審判はすることができないとされています（民法834但書）。このような場合には、後述する親権停止の制度の適用対象となるからです。

◎親権停止の制度

親権停止の制度とは、「父又は母による親権が困難又は不適当であることにより子の利益を害する」ときに、家庭裁判所の審判により、最大2年間、その父または母の親権を停止することができるとする制度で、平成23年の民法改正により創設されました（民法834の2）。親権を残すか、すべて奪うかという「オール・オア・ナシング」の親権喪失の制度のみでは、柔軟な対応ができない事例があると指摘されていたため、柔軟な対応ができるようにと設けられたのが、親権停止の制度です。

◎親権喪失・親権停止の申立ての手続き・効果

子、その親族、未成年後見人、未成年後見監督人若しくは検察官（民法834、834の2①）または児童相談所長（児童福祉法33の7）が、子の住所地を管轄する家庭裁判所（家事事件手続法167）に対し、申立てをすることができます。審判にあたっては、申立人を除く15歳以上の子及び親権者の陳述の聴取がされます（家事事件手続法169①ⅠⅡ）。

親権喪失または停止の審判によって、その確定の日から親権は将来にむかって喪失ないし停止されます。しかし、親権に含まれない父母としての権利義務（未成年の子の婚姻についての同意権、民法737①。特別養子縁組についての同意権、民法817の6。相続権、民法887・889①等）には、影響がありません。

◎いわゆる医療ネグレクトの場合

親権者等がその監護する子どもについて必要な医療を与えず、または必要な医療への同意を拒否するいわゆる医療ネグレクトについても、親権喪失・停止の制度を利用することが考えられます。また、治療を拒んでいる父母の親権が喪失または停止されれば、新たに選任された未成年後見人または児童相談所長等が、治療に同意することができます。

なお、親権停止の制度が創設されたことに伴い、お尋ねの事例のように、治療を受けさせさえすれば、父母による親権の行使が子の利益を害することがなくなるような場合には、原則として親権停止の制度の利用を選択すべきこととなります。

また、親権停止の審判を待っている暇がないような切迫した状況では、親権停止の審判の申立てと共に、親権者の職務の執行を停止し、または職務代行者を選任する保全処分の申立てをすることもできます（家事事件手続法174）。この保全処分により、選任された職務代行者または児童相談所長等が、治療に同意することができます。

Q 2-30
孫娘が父親から性的虐待を受けている

　私たちは亡くなった娘にかわり、孫娘（6歳）を養育してきました。孫娘の親権者である父親は、仕事が多忙で養育できないとのことだったので、不定期に私たちが孫娘を連れ帰り、何日間か一緒に過ごすということを繰り返してきました。ところが先日、父親のもとから帰宅した孫娘が、性的虐待を受けたことを告白しました。私たちはこのような父親が今後孫娘に会うことも、孫娘の親権者であることにも耐えられません。どうしたらよいのでしょうか。

◎親権喪失の申立て

　ご質問のような性的虐待が事実であるとすれば、それは「父又は母による虐待又は悪意の遺棄があるときその他父又は母による親権の行使が著しく困難又は不適当であることにより子の利益を著しく害するとき」に該当しますので、親権喪失の申立て（Q-2-29参照）をすることにより、父親の親権をすぐに喪失させるべきでしょう（民法834）。

　この点、仮に子の利益を著しく害する状況が2年以内に止むと認められる場合には、家庭裁判所は、親権喪失の審判をすることはできません（民法834但書）。このような場合は、親権停止（民法834の2）を申し立てることになりますが（ただし、親権喪失の審判の申立てに対し家庭裁判所が親権停止の審判をすることは可能）、いわゆる医療ネグレクトの場合等と異なり（Q-2-29参照）、子への性的虐待が2年以内に止むと認められるべき事情はありませんから、親権喪失の審判は認められるでしょう。

◎保全処分の検討

　親権喪失の審判は重大な効果を伴うため、慎重な調査が求められ、申立てから親権喪失の審判まで、ある程度の時間がかかることとなります。

　そこで、子どもの利益を確保するため、仮の措置として、親権喪失の申立てを受けた家庭裁判所は、当該申立てを行った者の申立てにより、親権喪失の審判の効力が生じるまでの間、当該親権者の職務の執行を停止し、職務代行者を選任できることとされています（家事事件手続法174①）。

　したがって、急を要する事態には、この保全処分を利用することも検討すべきです。

　お尋ねの場合では、父親の職務執行停止と、孫を養育してきた祖父または祖母を職務代行者の候補者として、職務代行者選任の申立てを行うこととなります。

◎未成年者後見人選任の申立て

　単独親権者が親権喪失の審判を受けた場合、未成年後見が開始しますが（民法838①）、今まで養育をしてきた者が当然に未成年後見人となり、親権者となるわけではないため、子どもの住所地を管轄する家庭裁判所に対して、未成年後見人選任申立てをする必要があります（家事事件手続法176）。

　申立てに際しては、孫を養育してきた祖父または祖母を未成年後見人の候補者として挙げるとよいでしょう。

7 利益相反行為・子どもの行為能力

Q 2-31
長男名義の土地を担保に借金したい

私は自営業者ですが、経営が苦しいので、長男（16歳）名義の土地を担保に、1,000万円の借金をしたいと考えています。このようなことは可能なのでしょうか。

A

◎利益相反行為とは

お尋ねの場合、あなたが長男名義の土地を担保にする行為が、利益相反行為となるのではないかという問題があります。

親権者には、子どもの財産を管理する権限や、子の財産について子に代わって法律行為（契約等）をする権限が認められています。しかし、例外的に、親権者（多くの場合は父母）にとって利益となるが、親権に服する者（20歳未満の子）にとって不利益となる行為（利益相反行為）を行う場合には、子の利益を保護するため、こういった権限が制限されます（民法826）。

そして、このような制限に反してなされた行為は、子に対する関係で効力を生じないものとされています。

◎利益相反行為か否かの判断基準

では、どのような場合に利益相反行為となるのでしょうか。

裁判例は、行為の外形のみから判断し、その行為に至った動機等は考慮していません。もっとも、このような裁判例の判断基準を貫くと、不都合なことも出てきます。

例えば、親が自己の遊興費にあてる目的で、子の名義で借金をし、かつ子の土地を担保にした場合です。この場合の親の行為は、目的を考慮しないで検討すると、親の利益となる行為はなされていませんから、利益相反行為とは言えません。しかし、このような結論は、子の利益を図り、親権者の権限を制限した民法の趣旨を没却することとなり妥当な結論とは言えません。

そこで、外形的には利益相反とは言えなくとも、実質的には親の利益のためになされた行為については、相手方が親の真意を知っている場合または真意を知りうる場合に限り親権者による代理権の濫用として、その行為の効果は子に及ばないものとされるのです。

◎代理権の濫用

あなたが、ご自身の名義で借金をし、長男名義の土地を担保とする場合には、あなた自身は借金により利益を得、長男は担保という負担のみを負うことになるので利益相反行為となります（最判昭52.3.31）。

したがって、長男名義の土地を担保とする行為の効果は長男に帰属せず、有効に担保権を設定することはできません。

また、あなたが長男にかわって長男名義で借金をし、かつ長男名義の土地を担保にする場合にも、その目的がご自身の事業のためにある以上、貸主があなたの目的を知っている場合またはその目的を知りえたような場合には、代理権の濫用となります。

したがって、貸主があなたの目的を知っていたか、または知りえた場合には、長男の土地を担保とする行為の効果は、長男に帰属せず、有効に担保権を設定することはできないことになるでしょう。

これに対し、貸主があなたの目的を知らず、かつ知らなかったことに過失がない場合には、貸主と長男との金銭消費貸借契約自体は有効に成立します。ただし、長男からあなたが金銭を借りる行為は、利益相反行為となります。

◎利益相反行為に対する家庭裁判所の関与

未成年者との利益相反行為を有効に行うには、子の住所地を管轄する家庭裁判所に対し、特別代理人選任の申立てをし、審判により選任された当該特別代理人に子を代理してもらう必要があります（民法826①）。

Q 2-32 長女が親に無断でサラ金から借金をしてしまった

長女（18歳）が私たち親に無断で、サラ金から500万円のお金を借りていることがわかりましたが、どうしたらよいのでしょうか。また、もしもこの状態で、長女が祖父母から同額の贈与を受ける場合には、何か問題があるでしょうか。

◎未成年者の法律行為

未成年者は、成長過程にあり保護の必要性が高いと考えられていることから、法定代理人（一般には両親）の同意を得なければ契約等の法律行為をすることができないとされています（民法5①）。

そして、同意を得ずになされた行為は、本人のみならず法定代理人である両親も取り消すことができます（民法5②、120①）。

もっとも、未成年者に何らの不利益も発生させない法律行為については、未成年者保護を考える必要性がありません。

したがって、未成年者は、未成年者に何らの不利益も発生させない契約等であれば単独で行うことができます（民法5①但書）。

◎未成年者の借金

お尋ねの場合のように、未成年者である娘さんがお金を借りることは、民法上、金銭消費貸借契約を締結するという法律行為です。この法律行為によって、娘さん本人は、利息を支払い、借りた金銭を返還するという義務を負うことになります。したがって、未成年者に不利益を発生させない法律行為とは言えません。

よって、本人もしくは両親は、娘さんのした金銭消費貸借契約を取り消すことができます。これにより、娘さん本人は、借りたお金がまだ残っていたり、借りたお金を生活費に使ったりという場合には、その分についてのみ返還義務を負います（民法121、703）。

しかし、遊びのためだったとしても、すでに使ってしまったお金について返す必要はありません。

この場合のサラ金業者への取消しの意思表示は、念のため内容証明郵便で行いましょう。

以上のように、未成年者が無断で借金をしたような場合には原則としてその契約を取り消すことができます。

しかし、例外的に娘さん自身が、成年であるかのように装ってサラ金業者を「だました」と認められるような場合には、両親およびご本人のいずれも、金銭消費貸借契約を取り消すことはできません（民法21）。

なお、「だました」とされるのは、娘さん本人がサラ金業者を欺くために積極的に行動したという場合であって、ただ単に未成年者であることを黙っていたというだけでは「だました」とは言えないと考えられています（大阪高判昭42．2．17、最判昭44．2．13）。

◎祖父母からの贈与について

一方、娘さんの祖父母から500万円を受け取る行為は、民法上、贈与契約という法律行為です。これは、娘さん本人にとって何も不利益となりません。

したがって、祖父母から贈与を受ける行為については、単独で有効にすることができます。両親の同意も不要です。

第3章

高齢者・障害者
に関する法律知識

1 高齢者の法律知識

Q 3-1
高齢や物忘れにより財産の管理が不安な場合

私は自分ではいろいろな判断ができると思っているのですが、最近少し物忘れが出てきたところに骨折してしまい、満足に1人で歩くことができなくなってしまいました。銀行に行くのも大変で、財産の管理に不安があるのですが、どうすればよいでしょうか。

A

◎財産管理契約

財産の管理は大切なことですので、信頼のおける人に任せたいものです。

自分でできないならば、まずは自分の家族に頼んで行いたいと思う人が多いでしょう。

しかし、独り暮らしの高齢者であったり、子どもが遠方に住んでいたりしては、なかなか頼むこともできません。

このような場合、まずは弁護士に財産の管理をお願いする方法が考えられます。

具体的には、弁護士と財産管理の委任契約を結びます。

弁護士にさまざまな財産の管理をしてもらうには、それぞれの財産について弁護士に代理する権限を与える必要があります。

それによって、銀行での手続きをしてもらう、年金や税金の手続きをしてもらう、医療費や家賃等の支払手続をしてもらう、通帳を預かってもらう等のことが、弁護士に頼めることになります。

最も頻度が高いであろう銀行での手続きは、弁護士に委任状を渡し、銀行で提示してもらうことが必要です。また、銀行が本人の意思確認を求めてくる場合もありえます。いったん銀行でその弁護士の代理権が確認されれば、あとはスムーズです。

このように弁護士に財産を管理してもらう契約をすると、どのくらいの費用がかかるかが問題ですが、一般的にはまず契約締結に先立ち、財産状況の調査をする必要があります。これにかかる費用は、5～20万円程度です。

次に、毎月弁護士が管理していくに際してかかる費用は、月額2～5万円程度です。

以上のような契約は、弁護士と個別に結ぶこともできますが、なかなかそのような弁護士が見つからない場合は、各都道府県の弁護士会がこのような財産管理契約を行う弁護士を探してくれることもあります。各都道府県の弁護士会にお問い合わせください。

◎日常生活自立支援事業

もう一つ、財産の管理をお願いする方法としては、居住地域の社会福祉協議会の運営する日常生活自立支援事業（旧地域福祉権利擁護事業）のサービスを受けることが考えられます。

この日常生活自立支援事業というサービスは、具体的には以下のことをしてくれます。

① 福祉サービスを利用する際の手続き、およびサービス利用料の支払手続
② 年金等の受領に必要な手続き、医療費や家賃の支払手続
③ 日常生活に必要な預貯金の払戻し、預入れ、解約手続
④ 年金証書、預貯金の通帳、権利証、実印等の預かり

手続きとしては、お住まいの地域の社会福祉協議会に連絡すると、専門の相談員が連絡・相談のうえ、支援計画を立て、契約をした後に支援を開始することになります。

詳しくは、お住まいの地域の社会福祉協議会へお問い合わせください。

Q 3-2

成年後見制度とは

私には頼りになる身内もいないので、将来自分の判断能力が低下したときには成年後見制度を利用したいと思っていますが、どのような制度なのでしょうか。

A

◎ 成年後見制度の意義

本来、自分の財産をどのように使うか、何をいくらで買うかといったさまざまな契約の締結は個人の自由です。

しかし、認知症等によって判断能力が低下した高齢者や、高齢者でなくても知的障害者や精神障害者等の判断能力が不十分な成年の方々が悪質な業者にだまされ契約を締結してしまうことによる消費者被害が起きています。

このように、判断能力が不十分な成年の方々を保護して財産管理と身上監護を行うために、法律では成年後見制度が用意されています。

◎ 従来の制度の問題点

現在の成年後見制度が施行される以前は、判断能力が不十分な成年の方々のために「禁治産」と「準禁治産」という制度がありました。

しかし、従来の禁治産と準禁治産の制度は、①禁治産宣告や準禁治産宣告を受けたことが戸籍に記載されたり「禁治産」等の用語自体が差別的であったりしたこと、②利用可能な制度が禁治産と準禁治産の二つしかなく、後見人・保佐人は１人と定められ、また、夫婦の一方が宣告を受けると必ず他方配偶者が後見人・保佐人にならなければならなかったりして使い勝手が悪かったこと、③本人に判断能力がなくなった時点で事後的に後見人・保佐人が選任されるので、判断能力があるうちに事前に本人が後見人・保佐人を選ぶことができないこと等、本人の意思を尊重する観点からの制度設計が不十分であったこと等から、ほとんど利用されませんでした。

◎ 新しい成年後見制度の概要

従来の禁治産・準禁治産の制度にはこのような問題点がありましたので、本格的な高齢社会の到来を前に「本人の自己決定（自律）の尊重と本人の保護の調和」を理念として、現在の新しい成年後見制度が平成12年４月１日から施行されています。

そして、現在の新しい成年後見制度では、①「任意後見契約に関する法律」によって、本人に判断能力がある時点で本人が任意後見契約を締結しておくことで本人が事前に後見人を選んでおくことができる任意後見制度が創設され、②従来の禁治産と準禁治産の制度は廃止されて、本人の判断能力が不十分になってしまったときに配偶者や親族等の請求によって、本人の判断能力の程度に合わせて財産管理と身上監護を行うために補助人・保佐人・成年後見人を家庭裁判所が選任する法定後見制度に全面的に改正されました。

このように、現在の成年後見制度には大きく分けて、本人の判断能力があるうちに事前に後見人を選んでおける「任意後見制度」と、本人の判断能力が不十分になってから事後的措置として家庭裁判所が後見人等を選任する「法定後見制度」の二つがあります。

これからの日本は本格的な超高齢社会に突入します。そのような中で、高齢者の財産管理や身上監護をめぐる問題はますます増加していくでしょう。

自分自身と家族の幸せのために上手に成年後見制度を利用して、本人の意思を尊重しながら適切に財産管理と身上監護を行うことが求められます。

なお、新しい成年後見制度の詳しい内容や利用方法については、Q 3-3 を参照してください。

Q 3-3
法定後見制度とは

高齢の母が重度の認知症になってしまって、もう息子である私が誰かもわかりません。母の財産としては父の遺産で現在賃貸しているマンション1室と預金が少々ありますが、どうやって管理すればよいでしょうか。

本来、所有する財産をどのように利用または処分するかは所有者の自由です。お尋ねの賃貸マンションを例にすると、マンションを誰に貸すか、それとも誰かに売ってしまうかといった財産の処分はお母様が自由に決めるべきことです。

しかし、昨今、加齢や認知症等によって判断能力が低下してしまって、悪徳商法等の消費者被害に遭ってしまうケースが増えてきているようです。

そこで、「本人の自己決定（自律）の尊重と本人の保護の調和」を理念として、判断能力が不十分になってしまった成年の方のために財産管理を行う制度として法定後見制度があります。

判断能力がなくなってしまったお母様にかわって賃貸マンションの賃貸借契約を締結したり、銀行の預金をおろしたり、入院したときに診療契約を締結したりするためには、家庭裁判所に成年後見人等を選任してもらう必要があります。

◎法定後見制度の内容

現在の法定後見制度には、判断能力の低下の程度にあわせて、補助、保佐、後見の3種類があります。

「補助」とは、「精神上の障害により事理を弁識する能力が不十分である」場合に家庭裁判所が「補助人」を選任するものです（民法15①、16）。家庭裁判所の審判により被補助人の同意を必要とすることになった特定の行為（不動産の売買等）を、被補助人が同意を得ないで行った場合には、あとで取り消すことができます。

「保佐」とは、「精神上の障害により事理を弁識する能力が著しく不十分である」場合に家庭裁判所が「保佐人」を選任するものです（民法11、12）。被保佐人が不動産の売買や相続放棄等民法13条1項各号に定められている事項をするためには、保佐人の同意が必要となり、保佐人の同意がない場合にはあとで取り消すことができます。

「後見」とは、「精神上の障害により事理を弁識する能力を欠く常況にある」場合に、家庭裁判所が「成年後見人」を選任するものです（民法7、8）。成年被後見人の日常生活に関すること以外の法律行為は取り消すことができます。また、成年後見人は、成年被後見人の財産管理のために契約を締結する等の法律行為を代理することができます。

◎成年後見制度利用の流れ

お尋ねの場合、お母様は判断能力がほとんどなくなってしまっていますので、「精神上の障害により事理を弁識する能力を欠く常況にある」場合と言え、成年後見制度を利用して成年後見人を家庭裁判所に選任してもらって財産を管理してもらうことになるでしょう。成年後見人を選任してもらうためには、家庭裁判所に後見開始の審判の申立てをすることが必要です（補助人や保佐人を選任してもらう場合も同様）。

後見開始の審判は、配偶者や四親等内の親族等、法律が定めた人が申し立てることができます。子どもは一親等ですので、ご自身で家庭裁判所にお母様の後見開始の審判を申し立てることができます。

家庭裁判所は、成年被後見人の心身の状態ならびに生活・財産の状況、成年後見人となる者の職業・経歴ならびに成年被後見人との利害関係の有無、成年被後見人の意見その他一切の事情を考慮して成年後見人を選任しますので、申立人が必ず成年後見人に選任されるとは限りません。

後見開始の審判がなされて後見人が職務を開始すると、財産（この場合は賃貸マンションと預金の管理）は成年後見人が行うことになります。

Q 3-4
補助制度とは

私は最近認知症の症状が表れはじめ、物忘れがひどくなってきてしまいました。自分ではまだ大丈夫と思っていますが、最近は悪質訪問販売等もあるので不安です。幸い息子がしっかりしているので、金銭面で大事なことは息子に手伝ってもらいたいのですが、どういった方法があるのでしょうか。

◎現在の法定後見制度の概要

従来の禁治産や準禁治産の制度（Q3-2参照）では、ご本人の判断能力がかなり低下していないと制度を利用できませんでした。

それに対して、現在の法定後見制度では、判断能力の低下の程度にあわせて、「補助」、「保佐」、「後見」の3種類があります。

新たに創設された補助制度は、従来の制度では利用できなかった、判断能力低下の程度が少ない人でも利用できるように作られた制度です。

お尋ねの場合のような認知症の症状が表れ始めて物事の認識能力が低下しつつある状態は、補助制度を利用できる「精神上の障害により事理を弁識する能力が不十分である」場合と考えられます。

◎補助開始の審判の申立て

補助制度を利用するためには、家庭裁判所に補助開始の審判の申立てが必要です。

本人、配偶者、子ども等四親等内の親族等法律で定められている範囲の人が申立てをすることができます。そして、本人以外の者が補助開始の審判の申立てをするときには本人の同意が必要となります。この点は、保佐開始の審判の申立てと後見開始の審判の申立てには本人の同意が不要とされているのと異なります。本人の同意が必要なのは、補助制度を利用する本人には不十分とはいえ判断能力が備わっているとされるからです。

◎補助人のできること

家庭裁判所によって補助開始の審判がなされると、補助人が選任されます。家庭裁判所が補助人に付与する権限の範囲としては、

① 不動産の処分や借財または保証をすること等、法律が定める特定の法律行為について補助人に同意権を付与する
② 不動産の処分等、特定の法律行為について補助人に代理権を付与する
③ 以上の①と②の双方を認める（①と②の範囲が同一である必要はない）

という三つのケースがあります。この補助人の権限については、家庭裁判所が審判で定めます。①～③のいずれのケースを審判で決定する場合でも、本人以外の申立てによって審判をなすには本人の同意が必要となります。

◎被補助人のできること

補助人が選任された場合の本人のことを「被補助人」と呼びます。

まず、被補助人は、審判で補助人に同意権が付与された事項は単独ではできません。補助人の同意なしに行われた場合には、その法律行為を取り消すことができます。被補助人自身がその法律行為をした場合でも、原則として、被補助人は自らがしたその法律行為を取り消すことができます。これは、判断能力が不十分な被補助人をできるだけ法的に保護しようという趣旨です。補助人にも取消権があります。

補助人は、家庭裁判所が審判で代理することを認めた特定の事項については被補助人を代理することができます。

◎認知症が進行した場合

認知症の症状が進んで被補助人の判断能力がさらに低下した場合には、判断能力の低下の程度に応じて、保佐開始の審判または後見開始の審判の申立てが可能です。

Q 3-5

法定後見制度を利用したい

法定後見制度を利用したいと思いますが、何をどうすればよいのかわかりません。どのように手続きしたらよいのでしょうか。

◎申立権者

法定後見制度（後見、保佐、補助）は、法律で定める申立権者からの申立てを受けた家庭裁判所が後見・保佐・補助開始の審判をすることによって開始されます。

民法上の申立権者は、本人（判断能力が回復していることが必要）、配偶者、四親等内の親族、未成年後見人、未成年後見監督人、保佐人、保佐監督人、補助人、補助監督人、検察官となっています（民法7）。検察官も公益の代表者として申立権者となっていますが、申立てをすることはほとんどありません。

それ以外にも、市町村長（特別区の区長も含む、老人福祉法32）、任意後見受任者・任意後見人・任意後見監督人（任意後見に関する法律10②）も申立権者となっています。市町村長が申立権者となっているのは、親族のいない独居の高齢者が成年後見制度の利用を受けられずに放置されることを防ぐためです。

◎申立手続

後見・保佐・補助開始の審判の申立ては、本人の住所地を管轄する家庭裁判所に申立人が申立書を提出して行います。

申立書は管轄の家庭裁判所で入手することができます。多くの家庭裁判所が、ホームページから申立書をダウンロードでき、東京家庭裁判所の申立書は東京家庭裁判所のサイトからダウンロードできます（http://www.courts.go.jp/tokyo-f/saiban//koken/index.html）。

申立てをするときには、申立書の他に、本人の戸籍謄本や医師の診断書等の必要書類も提出することが求められます。

また、申立てをするためには申立書等の必要書類の他に収入印紙、郵便切手も必要となります。本人の判断能力について医師の鑑定が必要となる場合には、鑑定費用が別にかかります。現在、東京家庭裁判所に申立てをする場合では、鑑定を行うケースで申立費用は約11万円と言われています。

◎審判手続

家庭裁判所の審判では、申立人や後見人等候補者から詳しく事情を聞きます。本人の意思を尊重するため、申立ての内容について本人の陳述を聴取することもあります。補助開始の審判や保佐開始の審判で保佐人に代理権を付与する場合には本人の同意が必要なので、家庭裁判所が本人の同意を確認します。

また、必要に応じて親族の意向を照会したり、本人の判断能力について医師の鑑定を行ったりします。

家庭裁判所が後見・保佐・補助開始の審判をしたら、審判書が申立人と成年後見人・保佐人・補助人に選任される者に郵便で届けられます。

東京家庭裁判所では、審判が出るまでの期間は特に問題がなければ標準的なケースで申立てから1～2か月です。

家庭裁判所は、成年被後見人の心身の状態ならびに生活および財産の状況、成年後見人となるべき者の職業および経歴ならびに成年被後見人との利害関係の有無、成年被後見人の意見その他一切の事情を考慮して成年後見人を選任します。申立書に記載した後見人等候補者が必ず後見人等に選任されるわけではありません。

なお、誰を後見人にするかの裁判所の判断について、不服申立をすることはできません。

そして、成年後見人等に審判書が届いた日から2週間以内に不服申立がなければ審判が確定して、法定後見がスタートします。

Q 3-6
成年後見人とはどのようなことをするのか

同居している母が認知症になってしまいました。知合いの弁護士に相談したところ、成年後見制度というものを教えてもらい、私が成年後見人になれる可能性もあると言われました。成年後見人というのは、どのようなことをするのでしょうか。

◎**財産管理**

成年後見人は、認知症や精神障害等によって判断能力を欠く常況にある人を保護するために、本人（成年被後見人）に代理して原則としてすべての財産管理（民法859①）や身上監護（民法858）を行います。

成年後見人は、本人（成年被後見人）のすべての財産について包括的な財産管理権を有し、かつ、その財産に関する契約等の法律行為を代理する権限を有します。

例えば、預金の解約や払戻し、不動産の売買や賃貸借または賃貸借の解除（ただし、本人の居住用不動産の売却、賃貸、賃貸借の解除には家庭裁判所の許可が必要。民法859の3）、株式等有価証券の売却や投資信託の解約といったことができます。

また、成年後見人は、成年被後見人の日用品の購入その他、日常生活に関する行為以外について、取り消すことができます（民法9）。

成年後見人は本人のために財産を管理するものですから、他人の財産であるという意識をしっかりと持って財産管理を行うことが求められます。

成年後見人の報酬は家庭裁判所の審判で決めることになりますので、成年後見人が勝手に報酬を得ることはできません。

◎**身上監護**

また、成年後見人は、本人（成年被後見人）の生活と療養看護に関する事務を行うことができます。例えば、成年被後見人の生活に必要な物品の購入、介護契約、施設入所契約、入院契約等生活に必要なあらゆる契約をすることができます。

もっとも、あくまでも成年後見人に求められるのは、介護・看護・医療の手配や見守りのための契約であり、現実に実際の介護をすることまで求められるものではありません。

なお、婚姻、離婚、養子縁組、離縁、遺言、認知といったその人だけができる身分上の行為（一身専属的な身分行為）については、本人の意思を尊重しなければならないので、成年後見人が本人を代理することはできません。

◎**医療行為の同意権**

最近の医療技術の進歩と高齢化社会の進展によって、成年被後見人の方に対して手術や侵襲性の高い治療（身体を傷つける可能性のある手術や検査）をすることを検討する必要が生じる場面が増えてきました。手術や検査をする場合に、医療機関から後見人に医療行為に対する同意を求められることがあると言われていますが、あくまでも後見人の権限は契約等の法律行為に限られますので、医療行為についての同意権はないと考えられています。

また、最近は、終末期医療の場面で人工呼吸器を装着するかどうか、胃瘻を造設するかどうかといった判断を求められることがあります。しかし、前述のとおり、成年後見人にはこれらの終末期医療に関する同意権や代理権はありません。

◎**保佐人の権限**

成年後見人と似た役割を持つ、保佐人というものもあります。

保佐人の権限としては、不動産その他の重要な財産の得喪等民法13条所定の重要な財産行為についての同意権があります。また、保佐人が特定の法律行為について代理するためには、本人の同意を得て家庭裁判所に代理権付与の審判をしてもらうことが必要となります。なお、補助人の権限については、Q 3-4をご参照ください。

Q 3-7

成年後見監督人とは

後見人を監督する後見監督人というものがあると聞いたのですが、どのような場合に選任されて、何をするのでしょうか。

A

◎成年後見監督人の職務

判断能力が低下した方を保護するために、成年後見人が包括的な財産管理権と身上監護権を有する成年後見制度が定められています。

そして、法律は包括的な財産管理権や身上監護権を有する成年後見人の権限濫用を防いで成年後見人を監督する機関として、成年後見監督人の制度を定めています。

成年後見監督人の職務としては、民法851条において、①後見人の事務を監督すること、②後見人が欠けた場合に、遅滞なくその選任を家庭裁判所に請求すること、③急迫の事情がある場合に、必要な処分をすること、④後見人またはその代表する者と被後見人との利益が相反する行為(利益相反行為)について被後見人を代表することが定められています。

また、民法852条において、⑤善管注意義務、⑥後見監督終了後の応急処分、⑦後見監督終了の対抗要件としての通知義務、⑧居住用不動産の売却等について家庭裁判所の許可を得る義務が定められています。

④の利益相反行為とは、例えば成年被後見人の子どもが後見人に選任されている場合に、成年被後見人の配偶者が死亡して成年被後見人と後見人が相続人となる場合の遺産分割協議が挙げられます。このような場合に、後見監督人が手続き等を行います。

そして、後見監督人が後見監督の事務を行うために必要な費用と後見監督人の報酬は、被後見人の財産から支弁することになります(民法852、861②、862)。後見監督人の報酬額は、家庭裁判所の審判で決定されます。

◎後見監督人の選任

法定後見制度を利用する場合、家庭裁判所は必要があると認めるときは、成年被後見人、その親族もしくは成年後見人の請求によりまたは職権で成年後見監督人を選任することができます(民法849の2)。

家庭裁判所は、成年被後見人の心身の状態ならびに生活および財産の状況、後見監督人となる者の職業および経歴ならびに成年被後見人との利害関係の有無、成年被後見人の意見その他一切の事情を考慮して、後見監督人を選任します(民法852、843④)。

このように、法定後見制度を利用する場合には、後見監督人は必要に応じて選任されることになります。また、後見監督人を複数選任することもでき、法人を後見監督人に選任することもできます。

成年後見監督人は、後見人の職務を監督するという職務の性質上、弁護士等の専門家が選任されるケースが多いと言えます。

なお、任意後見契約に基づいて任意後見人が選任される場合には、家庭裁判所は任意後見人を監督するための任意後見監督人を必ず選任しなければなりません。

◎保佐監督人と補助監督人

また、後見監督人と同じように、家庭裁判所は、必要に応じて、保佐人と補助人についても、保佐監督人や補助監督人を選任することができます(民法876の3、876の8)。

Q 3-8
成年後見人を辞めるには

私は、高齢で認知症の兄の成年後見人をしていますが、私自身も高齢となり、昨年がんの手術を受けました。今では満足に1人で外出することもできなくなり、兄の預貯金や不動産の管理が難しくなってきました。後見人を辞任することはできるのでしょうか。

◎後見人辞任のための手続き

成年後見人は、本人（成年被後見人）の保護のために、家庭裁判所によって、本人の財産管理と身上監護の事務のために選任された者ですので、勝手に辞任することはできません。

後見人が辞任するための手続きは法律で定められています。

民法844条は、「後見人は、正当な事由があるときは、家庭裁判所の許可を得て、その任務を辞することができる」と規定しています。

また、任意後見監督人が選任されて任意後見契約がスタートしたあとは、任意後見人は正当な事由がある場合に限って家庭裁判所の許可を得て任意後見契約を解除して任意後見人を辞任することができます（任意後見契約に関する法律9②）。

このように、後見人を辞任するためには、①正当な事由があること、②家庭裁判所の許可を得ることが必要となります。

◎正当な事由

このように、法律では、具体的にどのような事情があれば後見人を辞任できるか明確に規定をしていません。辞任したい理由が「正当な事由」と言えるかは、家庭裁判所が判断します。

例えば、成年後見人が老齢・疾病等により後見人の職務の遂行に支障が生じた場合、成年後見人が転勤等の仕事の必要で遠隔地に転居して後見の職務の遂行に支障が生じた場合、成年後見人と本人またはその親族との間に不和が生じて後見人の職務の遂行に支障が生じた場合等には「正当な事由」にあたると考えられています。

お尋ねの場合のように、後見人が高齢となり、がんの手術を受けて満足に1人で外出することもできなくなっている状態は、後見人を辞任する「正当な事由」に該当するでしょう。

◎家庭裁判所の許可

ただし、「正当な事由」があっても、家庭裁判所の許可を受けずに勝手に後見人を辞任することはできません。後見人を辞任したいときは、家庭裁判所の後見人辞任の許可の審判を得なければなりません（民法844）。

◎新たな後見人の選任の請求

そして、後見人がその任務を辞したことによって新たに後見人を選任する必要が生じたときは、辞任した後見人は、遅滞なく新たな後見人の選任を家庭裁判所に請求しなければなりません（民法845）。実務上は通常、辞任の申立てと同時に選任の申立てをすることによって、裁判所が申立てを受けつけています。

◎保佐人と補助人の辞任

なお、成年後見人と同じように、保佐人と補助人も、「正当な事由」があるときには、家庭裁判所の許可を得て辞任することができます（民法876の2②、876の7②、844）。

◎成年後見人等の解任

また、成年後見人・保佐人・補助人（あわせて「成年後見人等」という）の辞任とは別に、成年後見人等に不正な行為や著しい不行跡その他後見の任務に適しない事由がある場合、家庭裁判所は後見監督人、本人、本人の親族等の請求または職権により成年後見人等を解任することができます（民法846、876の2②、876の7②）。

なお、任意後見人に不正な行為や著しい不行跡その他後見の任務に適しない事由がある場合も家庭裁判所は、任意後見監督人、本人、本人の親族等の請求により任意後見人を解任することができます（任意後見契約に関する法律8）。

Q 3-9
身内以外を後見人に指定しておきたい

私には信頼できる身内はいません。将来、私の判断能力がなくなったときには、一番親しい友人である弁護士に財産管理等をしてもらいたいと思っています。本人が後見人をあらかじめ指定しておくことはできますか。

A

法定後見制度（後見、保佐、補助の制度）では、成年後見人等は家庭裁判所が選任することになります。したがって、本人が信頼する人が成年後見人等に選任されるとは限りません。

このため、本人に判断能力が十分にあるうちに、将来本人の判断能力が不十分となったときのために本人が最も信頼する人とあらかじめ任意後見契約を締結して後見人を依頼することができる任意後見制度があります。

法定後見制度は本人の判断能力が不十分になったあとに事後的に本人を保護するためのものであるのに対し、任意後見制度は本人の判断能力が十分なうちに事前に本人の自己決定で後見人を委託しておくものです。

◎任意後見契約

任意後見契約とは、委任者（本人）が受任者（任意後見人）に対し、精神上の障害により事理を弁識する能力が不十分な状況における自己の生活、療養看護および財産の管理に関する事務の全部または一部を委託し、委託に係る事務について代理権を付与する委任契約であり、家庭裁判所が任意後見監督人を選任したときから契約の効力が生ずる旨の特約を付したものです（任意後見法2Ⅰ）。そして任意後見契約は、公正証書によって締結しなければなりません。

これは、任意後見契約の適法性と有効性を担保して、将来の紛争を防止するためです。任意後見契約が締結されると、公証人の嘱託により任意後見契約の登記がなされます。

なお、当然、任意後見契約を締結する時点では、本人に判断能力が必要です。また、任意後見人には、法人を選任することもできますし、複数の任意後見人を選任することもできます。任意後見人の報酬は、任意後見契約で定めます。

◎任意後見の開始

任意後見は、家庭裁判所によって任意後見監督人が選任されたときから開始されます。

家庭裁判所に任意後見監督人を選任してもらうためには、任意後見契約が締結されたあと、本人の判断能力が不十分となったときに、一定の申立権者（本人、配偶者、四親等内の親族、任意後見受任者）が家庭裁判所に任意後見監督人の選任の申立てをしなければなりません。

◎任意後見人の監督

任意後見人は、本人の意思を尊重し、その心身の状態および生活の状況に配慮しながら、事務を処理します（任意後見法6）。

任意後見人の監督は、家庭裁判所が任意後見監督人を通じて行います。任意後見監督人は、いつでも、任意後見人に事務の報告を求めたり、本人の財産状況を調査したりすることができます（任意後見法7②）。任意後見監督人は、任意後見人の事務について家庭裁判所に定期的に報告します。家庭裁判所も、任意後見監督人に対して、任意後見人の事務の報告を求めたり、任意後見人の事務や本人の財産の調査を命じたりすることができます。任意後見人に不正行為があったり著しい不行跡があったりしたときは、任意後見監督人等の請求により、家庭裁判所は任意後見人を解任することができます（任意後見法8）。

◎任意後見と法定後見の関係

本人の自己決定を尊重する趣旨から、任意後見契約が締結されているときは、本人の親族等から法定後見の申立てがなされても、原則として、任意後見契約が優先されます。

例外的に、家庭裁判所が本人の利益のために特に必要があると認めたときに限って、任意後見よりも法定後見が優先されます。

Q 3-10
成年後見制度を利用すると戸籍に記載されるのか

高齢の母が認知症になってしまったので、成年後見制度を利用したいと考えていますが、娘には結婚を考えている人がいます。成年後見制度を利用すると母の戸籍に認知症により成年被後見人になっていることが載るのでしょうか。

従来の禁治産・準禁治産の制度（Q3-2参照）では、禁治産・準禁治産の宣告を受けるとその事実が本人の戸籍に記載されてしまいました。そして、戸籍に記載されることが制度の利用を妨げているとの批判がありました。

そこで、現在の新しい成年後見制度では、戸籍の記載は廃止され、新しく成年後見登記制度が創設されました。

◎ 成年後見登記制度

成年後見登記制度では、法定後見（後見・保佐・補助）の種別、審判の確定の年月日、本人の氏名や住所、後見人等の氏名や住所、同意権の範囲、代理権の範囲、任意後見契約の有無とその内容等、後見についての情報が登記されます。

もっとも、本人のプライバシー保護の観点から、登記された事項の閲覧の制度はなく、登記された事項の証明書を請求できるのは、本人、成年後見人、成年後見監督人等一定の者に限定されています（後見登記等に関する法律10）。

たとえ本人にお金を貸す、本人の不動産を売買する等の取引の相手方であっても、登記所の登記官に本人に関する登記の内容の閲覧を請求することも登記事項証明書を請求することもできません。

取引の相手方が本人の判断能力に疑問を感じたときは、本人や家族等に対して、本人が成年被後見人等または任意後見契約の本人として登記されていないことの証明書の提出を求めることで有効に取引することができるか知ることができるようになっています。

このように、現在の成年後見登記制度では、制度の利用者のプライバシーを保護するために、取引の相手方であっても、本人が成年後見制度を利用しているかなどの後見登記の情報を直接確認することはできない仕組みとなっています。

お尋ねの場合も、成年後見制度を利用しても、高齢のお母様が成年被後見人となっていることは戸籍には記載されません。

◎ その他の影響

また、成年被後見人はさまざまな法律で制限が設けられています。以下に代表的な規定を挙げておきます。

① 株式会社の役員の制限

成年被後見人と被保佐人は、株式会社の取締役・監査役・執行役の欠格事由に該当します（会社法331①Ⅱ、335①、402④）。

② 公務員の制限

成年被後見人と被保佐人は欠格事由に該当するため、原則として、公務員になることはできません（国家公務員法38、地方公務員法16）。

③ 専門的資格の制限

弁護士（弁護士法7）、司法書士（司法書士法5）、行政書士（行政書士法2の2）、公認会計士（公認会計士法4）、医師（医師法3）、歯科医師（歯科医師法3）、薬剤師（薬剤師法4）等一定の専門的資格の場合、成年被後見人と被保佐人は欠格事由とされています。

Q 3-11
終末期医療をめぐる考え方

私の父はアルツハイマー病の末期で、いわゆる寝たきりの状態で入院中で、病院から胃瘻を考えてほしいと言われました。父は生前から「できるだけチューブを体に取りつけるような延命治療はしないでほしい」と言っていたのですが、母は「できるだけのことはしてあげたい」と言っています。終末期医療については、法律上どのように考えられているのでしょうか。

A

◎患者の自己決定権

現在の医療技術では、患者さんが自らの意思を表示することができない状態になっても患者さんの延命を図れるようになっています。そして、家族が病気で意思を表明できなくなってしまったときにどのように対処すればよいのかという悩みを抱える人が増えています。

まず、原則として患者には自己決定権があるので、医療者は患者の同意（インフォームドコンセント）がなければ医療行為を行うことはできません。したがって、どのような医療行為を受けるのか、または受けないのかは、患者本人が医療者から十分な説明を受けたうえで決定すべき事柄です。もっとも、病状が末期になると患者が意思を表明できないことも少なくありません。このような状況を受け、厚生労働省にて「人生の最終段階における医療の決定プロセスに関するガイドライン」（以下「ガイドライン」という）が策定されています。

◎ガイドラインについて

ガイドラインでは、人生の最終段階における医療およびケアのあり方として、①患者本人による決定を基本として人生の最終段階における医療を進めることが最も重要であること、②人生の最終段階における医療は医師だけではなく多職種の医療従事者から構成されるチームで慎重に判断すべきであること、③十分な緩和ケアが行われることを挙げています。このように、どのような医療を受けるのかは、患者が自ら決定すべき問題ですので、どのように人生の最終段階における医療を進めていくか方針を決定するときには、その時点での患者の意思（患者が意思を表明できないときは患者の推定意思）が最も大切です。

そして、ガイドラインでは医療行為を行う時点で患者の意思が確認できない場合の人生の最終段階における医療の方針の決定について、①家族が患者の意思を推定できる場合にはその推定意思を尊重し、患者にとって最善の治療方針をとることを基本とすること、②家族が患者の意思を推定できない場合には患者にとって何が最善であるかについて家族と十分に話し合い、患者にとっての最善の治療方針をとることを基本とすること、③家族がいない場合および家族が判断を医療・ケアチームに委ねる場合には患者にとっての最善の治療方針をとることを基本とするとされています。

また、ガイドラインでは、お尋ねの場合のように家族の中で意見がまとまらない等の場合には、「複数の専門家からなる委員会を別途設置し、治療方針等についての検討及び助言を行うことが必要である」とされています。

◎終末期医療についての合意形成

まず、終末期医療の方針を決定するときに求められる患者の意思は、終末期医療を実施する時点での患者の意思となります。したがって、以前患者が延命治療はしないでほしいと言っていたとしても、それはガイドラインの「患者の意思を確認できる場合」には該当しませんが、終末期医療を行う場面では、患者の事前の発言は「患者の意思を推定する」有力な根拠になると考えられます。

終末期医療の場面では、家族はそれぞれいろいろなことを考えますが、最も大切なことは、医療を受ける患者さんがどのような医療を望むのだろうかという点です。家族の中で意見がまとまらないときには、患者がそのときに意思を表明できたとしたらどのような意思を表明するだろうかと考えて家族の中で合意形成に向けた努力をすることこそが最も大切だと言えます。

Q 3-12
尊厳死の表明

私は自然なかたちで死を迎えたいと思っています。不治の病の末期になったときに、人工呼吸器を装着したり胃瘻をしたりするような延命治療をしてほしいとは思いません。自分が意思を表明できなくなったときのために、あらかじめ延命治療をしないでほしいことを表明しておきたいと考えているのですが、法律上どの程度有効なのでしょうか。

◎尊厳死とリビング・ウイル

現在、高齢社会を迎えて終末期医療の内容を自分であらかじめ決めておきたいと考える人が増えています。そして、お尋ねのように、延命治療をしないで自然なかたちで死を迎えたいという、いわゆる尊厳死を望む人も増えているようです。

一般に、患者には自己決定権がありますので、ある治療を受けるか受けないか、今受けている治療を中止するか等について、患者は自分の意思で決めることができます。

そして、終末期に延命治療を開始しないことや延命治療を中止するためには、原則としてその時点で延命治療をしないことや延命治療を中止することの患者の明確な意思が必要となります。

したがって、不治の病気が進行して終末期となったときに自分の意思を表明できるような状態であれば、どのような治療を受けるか（受けないか）を自分で決定することができます。

もっとも、病気が進行したときには自分の意思を表明することができない状態となっていることも少なくありません。

そこで、自分が将来医学的に終末期と判断されたときにどのような治療を受けたいのか事前に決めておきたいとのニーズがあります。そして、患者が将来不治の病の終末期と判断されたときにどのような治療を受けたいのか事前に表明した意思を「リビング・ウイル」と言います。

意思を明確に表明するためにリビング・ウイルは文書で作成されます。最近では、意思をより明確に表明するために、リビング・ウイルを公正証書で作成する人もいるようです。

◎リビング・ウイルの効果

リビング・ウイルは、将来どのような終末期医療を受けたいのかを事前に表明しておくものですので、実際に終末期の治療を開始するときよりも前に作成されるものです。したがって、リビング・ウイルを作成した後に意思が変化したり、リビング・ウイルで想定した状況と実際に起こった状況が異なったりすることがありますので、事前に作成されたリビング・ウイルをただちに治療の時点での患者の意思と考えることはできません。

もっとも、終末期の治療を開始する時点で患者が意思を表明できない場合には患者の推定的意思を尊重して患者にとって最善の治療方針を採るべきと考えられていますので（Q 3-11参照）、リビング・ウイルは患者の推定的意思を判断するための有力な証拠となります。

現在、日本では患者の作成したリビング・ウイルに法的な効果は認められているわけではありません。医師がリビング・ウイルに従う法的な義務は認められていませんし、逆にリビング・ウイルに従った医療者や家族を完全に法的に免責する効果も認められてはいません。

このように、リビング・ウイルの法的効果は不明確というのが日本の現状です。

今後、医療技術の進歩と高齢化の進行によって終末期医療をどのように実施していくのか社会的に大きな問題となってくるでしょう。終末期医療についての考え方は宗教や価値観によって大きく異なりますので、一律にこれが正しいやり方と決めることはできません。患者の自己決定を尊重しながら医療従事者と家族が一緒になって患者本人にとって最善の治療とはどのような治療か真剣に考えて合意を形成するプロセスこそが重要と言えます。

Q 3-13
近所で起こる高齢者への虐待を止めたい

近所で息子による高齢の母親に対する虐待が起こりました。このような高齢者の虐待に対しては、どのような手段や対策があるのでしょうか。

A

◎高齢者虐待防止法の成立

高齢者に対する虐待を防止するために、平成18年4月1日に「高齢者虐待の防止、高齢者の養護者に対する支援等に関する法律」（高齢者虐待防止法）が施行されました。

この法律が目的としているのは、高齢者虐待の防止であることは言うまでもありませんが、それに加えて、この法律の正式名称からもわかるように、「養護者」つまり、高齢者を養護している親族等に対する支援も目的に掲げています。高齢者を虐待する原因が、高齢者を養護している親族等の精神的、経済的負担からくるストレスであることが少なくないからです。

◎高齢者虐待の内容

高齢者虐待防止法が規定する虐待は、①身体的虐待、②放任、③心理的虐待、④性的虐待、⑤経済的虐待、の五つです。

また、高齢者虐待とは、前述の「養護者」と施設サービスの従事者や、訪問介護等のサービスの従事者による虐待が規定されています。

◎高齢者虐待の通報

高齢者への虐待は、家庭や施設という閉鎖的な場所で行われることが多いので、問題が明らかになりにくいです。

したがって、高齢者への虐待を見つけた人が、容易に通報できるようにしておくことが必要になります。

そこで、高齢者虐待防止法は虐待を受けたと思われる高齢者を発見した人に、市町村への通報義務、通報努力義務を課しています。

また、医師等の守秘義務がある人でも、容易に通報ができるように高齢者虐待に関する通報については、守秘義務を免除されます。

さらに、通報をした人が特定されると通報した人が不利益を被る可能性もあるので、市町村等は通報者を特定させるものを漏らしてはならないこととしています。

このように、通報が積極的にできる仕組みになっています。

◎通報を受けた市町村の責務

このような通報を受けた場合、市町村は高齢者の安全確認と事実確認をしなければなりません。

また、生命身体に重大な危険があるときは、老人短期入所施設に入所させたり、成年後見等の申立てによる審判の請求をしたり、高齢者の住所、居所に立ち入って調査や質問ができます。

◎養護者への支援

お尋ねの件のような、息子等の養護者が親等の高齢者を虐待する原因は、介護の負担に耐えかねて行った場合や、1人で介護するストレス等から行っている場合があります。

その場合は、まずその原因を取り除くべく、養護者の負担を軽くすることが虐待防止につながります。

具体的には、親に要介護認定を受けさせ、施設への入所や、訪問介護等のサービスを受けさせることです。

また、養護者が借金等経済的に困窮しているなら、弁護士に相談して債務の整理を行うことが有用になります。

◎相談窓口

全国のそれぞれの弁護士会には、高齢者や障害者の権利を守るための機関が設置されています。

弁護士会の窓口に相談してみることも、おすすめします。

Q 3-14
年をとってから受け取れる年金について

私はもうすぐ60歳になろうとしていますが、どのような年金が受け取れるのかわかっておらず、不安です。年をとってから受け取れる年金について教えてください。

◎年金の制度

年をとってからも、安心して生活できるためには、年金の制度を知っておかなければなりません。

現在の年金の制度は、2階建てになっています。

まず、1階部分は「国民年金（基礎年金）」、2階部分は、会社員の場合は「厚生年金」、公務員の場合は「共済年金」です。

◎国民年金について

1階部分の国民年金は、20歳以上、60歳未満のすべての国民が強制的に加入しなければならないものです。

この国民年金には、①65歳になったときの「老齢基礎年金」、②障害を持ったときの「障害基礎年金」、③加入者が亡くなったときにその遺族が支給を受ける「遺族基礎年金」の3種類があります。

①老齢基礎年金の支給額は、満額で年額78万0,100円です（平成27年度分）。この額は公的年金制度に40年加入した場合の額であり、保険料を滞納したり、免除されたりした場合は、年金額が減額されます。

この老齢基礎年金は、65歳から亡くなるまでの間支給されますが、20歳から60歳までの間に、保険料を納めた期間と保険料の免除を受けた期間が合わせて25年以上あることが必要です。

次に②障害基礎年金についてですが、障害の原因となった病気やけがの初診日に被保険者であること、保険料を納めた期間と保険料を免除された期間の合計が全期間の3分の2以上あること等の所定の保険料納付要件を充足していること、障害認定日に1級または2級の障害の状態にあることの三つが受給の要件となります。平成27年度の年金額は、1級では78万0,100円×1.25、2級では78万0,100円＋子の加算となります。

また、③遺族基礎年金についてですが、国民年金に加入中の方が亡くなったとき、その方によって生計を維持されていた18歳到達年度の末日までにある子（障害者は20歳未満）のいる配偶者または子に遺族基礎年金が支給されます。亡くなった日のある月の前々月までの公的年金の加入期間の3分の2以上の期間について、保険料が納付または免除されていること、または亡くなった日のある月の前々月までの1年間に保険料の未納がないことが必要です。平成27年度年の金額は、101万4,600円（子が1人の配偶者の場合）です。

◎厚生年金について

厚生年金が適用されている事業所に勤めるサラリーマン等は、国民年金と厚生年金の二つの年金制度に加入することになります。

厚生年金から支給される年金は、加入期間とその間の収入の平均に応じて計算される報酬比例の年金となっていて、国民年金に上乗せするかたちで支給されます。

すなわち、老齢基礎年金には老齢厚生年金が、障害基礎年金には障害厚生年金が、遺族基礎年金には、遺族厚生年金が上乗せされるのです。

老齢厚生年金には、64歳まで支給される「特別支給の老齢厚生年金」と、65歳以降支給される「本来支給の老齢厚生年金」があります。

保険料は、事業主と加入者が半分ずつ負担することになっています。事業主は毎月の給料または賞与から保険料を差し引いて翌月の末日までに納めることになっています。

受給が間近な方は、年金事務所で年金見込み額の情報を提供していますので、確認したい場合はお問い合わせください。

第3章 高齢者・障害者に関する法律知識

【年金制度の仕組み】

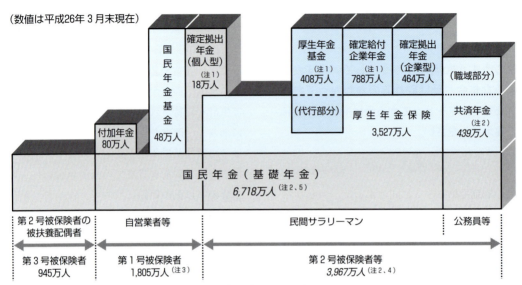

(注1) 厚生労働省『社会保障審議会企業年金部会　第8回』による。
(注2) 共済年金の数値が速報値であるため、共済年金を含む数値はすべて速報値として斜字体で表記している。
(注3) 第1号被保険者には任意加入被保険者を含む。
(注4) 第2号被保険者等は、第2号被保険者のほか、65歳以上で老齢または退職を支給事由とする年金給付の受給権を有する者を含む。
(注5) 国民年金（基礎年金）の被保険者数は第1号被保険者、第2号被保険者等、第3号被保険者の単純合計である。

（出所）企業年金連合会ホームページより

Q 3-15
定年後も働き続けるためには

　私の勤務している会社では定年が60歳と定められていて、私もまもなく定年を迎えます。まだまだ体力には自信がありますし、何より、年金の受給開始年齢は65歳だと聞きましたので、定年後の生活が不安です。60歳を定年とする会社の規定は無効となるのですか。また、新しく定年後の再雇用の制度ができたと聞きましたが、私が希望すれば65歳まで働き続けることができるのでしょうか。

◎定年と年金の受給開始年齢

　多くの会社には、就業規則上に定年の定めがあり、法律では、定年の年齢は60歳を下回ることができないと規定されています。

　一方で、定年後の収入として年金があります。年金には、国民全員が強制加入となっている国民年金と、サラリーマンが加入する厚生年金、さらには、公務員が加入する共済年金があります（Q3-14参照）。

　年をとってから受け取ることができる国民年金は老齢基礎年金ですが、現在、原則として老齢基礎年金の受給開始年齢は65歳です。

　また、厚生年金や共済年金の場合、現在は65歳に達する前に受給することができる制度がありますが、今後、受給開始年齢の引上げが予定されており、いずれはすべての年金の受給開始年齢が65歳に引き上げられることが予定されています。

　なお、繰上げ請求によって60歳から年金の支給を受けられる制度がありますが、この場合支給額が減額されます。このように、定年になって収入が途絶えたからといって、必ずしもただちに年金を受給できるわけではありません。したがって、定年後も収入を得るための雇用の確保が重要となっています。

◎高年齢者雇用安定法

　このような背景を受けて、平成25年4月1日に「高年齢者等の雇用の安定等に関する法律」（高年齢者雇用安定法）が改正施行されました。

　この法律では、高年齢者雇用確保措置として、定年として65歳未満の定年を定めている事業主に対し、65歳までの安定した雇用を確保するため、①当該定年の引上げ、②継続雇用制度の導入、③当該定年の定めの廃止のいずれかを講じなければならないと規定しています。

◎継続雇用制度とは

　継続雇用制度とは、現在雇用している高年齢者が希望するときは、当該高年齢者をその定年後も引き続いて雇用する制度で、具体的には、定年を過ぎて雇用を延長する方法や、定年後再雇用する方法等が考えられます。もっとも、必ずしも定年前の雇用形態がそのまま維持されるわけではありません。それまでの労働条件を変更し、嘱託やパートとして雇用する場合でも、労働者が希望すれば雇用が継続される制度であれば継続雇用制度とされます。

　雇用を延長する場合、継続雇用制度の対象となる者を限定することはできませんから、例えば就業規則上に継続雇用をしない事由を定めることはできません。

　再雇用する場合、嘱託やパートとして労働条件を変更し、1年ごとの契約とすることも可能ですが、当該労働者が65歳に達するまで年齢を理由に契約更新をしないことは認められません。

　それでは、継続雇用制度を導入していない会社であって定年を60歳と定めている場合、当該定年の定めは無効かというと、そうとは言えません。この法律は、事業主に継続雇用制度の導入を義務づけているのであって、個々の労働者を65歳まで雇用する義務を課しているわけではありません。

　継続雇用制度の導入は、企業規模の大小、また高年齢の労働者の在籍の有無にかかわらず導入しなければなりません。

　また、制度を導入していない場合は勧告や企業名の公表の対象となることがあります。

Q 3-16
高齢者に対する医療制度にはどのようなものがあるか

高齢になってくると、病気も多くなってきて、医療費に対する不安も大きくなってきます。75歳以上を対象とする後期高齢者医療制度とは、どのような制度なのか教えてください。また、「前期」高齢者、「後期高齢者」とは、どのような意味ですか。

◎後期高齢者医療制度の概略

75歳以上の方を対象とする医療制度として、後期高齢者医療制度があります。これは平成20年4月から始まった比較的新しい医療保険制度です。

この場合の「後期高齢者」とは、75歳以上の方を指し、65歳から75歳未満の方は「前期高齢者」とされています。ただし、前期高齢者でも、いわゆる寝たきり等の一定の障害がある方も、この後期高齢者医療制度の被保険者となります。

この制度の発足で、後期高齢者はこれまでのシステムから脱退して、新たに後期高齢者医療制度に入ることになりました。

また、この制度では、後期高齢者1人1人が被保険者であり、市町村から支給される自分自身の被保険者証を1枚持つことになります。

◎後期高齢者医療制度の背景

後期高齢者医療制度が発足した背景には、増大する高齢者の医療費の問題がありました。

制度が発足する前の平成19年度の国民医療費は約34兆円で、このうち65歳以上の高齢者の医療費が17兆円あまりと全体の半分以上を占めていました。中でも、75歳以上の方の医療費は、現役世代の約5倍かかっていました。

それにもかかわらず、サラリーマンの健康保険や国民健康保険の制度の中に75歳以上の方が含まれていたので、現役世代と後期高齢者の負担関係がわかりにくく、医療費の抑制も行いにくい状況がありました。

そこで、後期高齢者だけ独立させ、医療給付を集中的に管理していくことにしたのです。

◎保険料・医療費の負担

後期高齢者医療制度の制度の導入によって、後期高齢者が自分で保険料を負担することになりました。

この保険料は、原則として介護保険と同様に年金から天引きされる場合と納付書により納付する場合とがあります。

具体的には、後期高齢者医療制度の保険料は各都道府県に一つずつ設けられた後期高齢者医療広域連合という組織によって、都道府県単位で決定されています。したがって、保険料は住んでいる都道府県ごとに異なってきます。ちなみに、平成26・27年度の被保険者1人あたりの保険料負担額の全国平均は、年額6万8,014円です。

また、75歳以上の方は、病院にかかったときの費用の1割を窓口で支払うことになります（ただし、収入が現役並み等一定以上の方は3割支払）。

そして、70歳未満の方は3割の窓口負担、70歳以上75歳未満の方は平成26年以降段階的に2割の窓口負担となります。

◎後期高齢者医療制度のゆくえ

平成27年版高齢社会白書によれば、平成26年の日本の高齢化率（総人口に占める65歳以上人口の割合）は26.0％に達し、うち後期高齢者は、1,592万人、総人口の12.5％を占めるに至っています。平成27年時点で30歳の人が後期高齢者となる平成72年には、高齢化率は39.9％まで上昇し、国民の4人に1人が後期高齢者、現役世代（15～64歳）1.3人で1人の高齢者を支える社会がくると予想されています。

このような超高齢社会の到来を踏まえ、社会保障制度をどのように維持していくかについては、日々議論されており、平成27年5月には、持続可能な医療保険制度を構築するためとして、国民健康保険法が一部改正されました。今後の議論についても注目されるところです。

Q 3-17
有料老人ホームに入居する際の注意点は

私は配偶者を亡くして、子どももいませんので、いずれは有料老人ホームに入居しようと思っています。どのような点に注意が必要でしょうか。

◎介護サービスの有無

有料老人ホームには、介護付きかどうかや、利用料の支払方法、入居時の要件等の点で施設ごとに違いがあります。入居に際してはどのような施設か、自分のニーズと施設の提供するサービスが合致しているかどうか個別に確認する必要があります。

まず、介護付きかどうかという観点から考えてみましょう。有料老人ホームと呼ばれる施設には、介護付有料老人ホーム（①一般型特定施設入居者生活介護、②外部サービス利用型特定施設入居者生活介護）、③住宅型有料老人ホーム、④健康型有料老人ホームがあります。

①と②は、介護等のサービスがついた有料老人ホームです。①と②の有料老人ホームの違いは、①は介護サービスを有料老人ホームの職員が提供しますが、②は有料老人ホームの職員が安否確認や計画作成等を実施し、介護サービスは委託先の介護サービス事業所が提供します。

これに対し、③の住宅型有料老人ホームは、生活支援等のサービスがついた高齢者向けの居住施設で、介護が必要となった場合、入居者自身の選択により、地域の訪問介護等の介護サービスを利用しながら当該有料老人ホームの居室での生活を継続することになります。したがって、入居しても介護が必要となった場合には地域の訪問介護等のサービスを別途受ける必要があります。

また、④の健康型有料老人ホームは、食事等のサービスがついた高齢者向けの居住施設です。介護が必要となった場合には、契約を解除し退去しなければなりません。

このように、有料老人ホームには、介護付きの施設と介護付きではない施設がありますので、介護が必要となった場合にどのようなサービスを受けることができるのか確認しておく必要があります。

法律でも、有料老人ホームの設置者は、ホームにおいて提供する介護等の内容に関する情報を開示する義務が定められています（老人福祉法29⑤）。

◎利用料の負担方法

利用料の負担方法としては、入居するときに家賃やサービスの対価等の全部または一部を一時金として一定の金額を支払う方式もあれば、一時金を支払わずに家賃相当額等を毎月支払う方式もあります。多額の一時金を支払ったにもかかわらず有料老人ホームの事業主が倒産した場合には困ったことになります。平成18年4月1日以降に設置された施設には一時金の保全措置をとることが義務づけられましたので、まずは一時金方式の施設に入所する場合には保全措置がとられているか確認しておくのがよいでしょう。

また、入居直後にホームを退去したり死亡したりした場合の一時金の返還について問題が生じるケースが増加していますので、入居前によく確認しておくことが大切です。

さらに、介護保険を利用した場合の自己負担分等は別に費用がかかることが多いので注意が必要です。

◎その他の注意点

これらの点の他にも、医療機関とどのように連携しているか、職員の配置（夜間や休日にどの程度対応してくれるか）、施設の設備、火災等緊急時に対応するマニュアルを整備して訓練を実施しているか、施設長・職員および入居者代表により組織する運営懇談会が設置されているか、事業主の経営状態や収支計画等にも注意が必要です。

また、現在、老人福祉法に基づいて公益社団法人全国有料老人ホーム協会が設立されており、入居に関する相談をすることができます（電話番号：03-3548-1077（入居相談））。

Q 3-18
介護施設の種類と選び方

83歳になる母がいますが、在宅での介護はなかなか大変になってきました。そこで、介護の施設があればお願いしたいと考えていますが、どのような施設があるのでしょうか。「老健」とか「特養」といった言葉もよく聞きますが、これらには違いがあるのでしょうか。

A

◎介護施設の種類

まず、介護施設の中には、大きく分けて、介護保険で被保険者に対してサービスを提供できる施設と、できない施設に分けられます。

介護保険が使える施設は、特別養護老人ホーム（特養）、介護老人保健施設（老健）、介護療養型医療施設等があります。また、平成20年5月に介護療養型老人保健施設（新型老健）が新制度としてスタートしました。他方、介護保険が使えない施設としては、養護老人ホーム、軽費老人ホーム（A型・B型・C型）、健康型有料老人ホーム、住宅型有料老人ホーム等があります。

ここでは、介護保険が使える施設を中心に説明していきます。

◎特別養護老人ホーム（特養）

特養は、要介護者（要介護度1～5）で在宅介護が困難であり、65歳以上の方が利用できる施設です。特養では、入浴や食事、排泄や日常生活のお世話を行ったり、健康管理、機能訓練、療養上のお世話等を行ったりします。

施設サービス費は介護保険が適用され自己負担は1割です。特養は他の介護保険施設に比べて低額です。介護保険の給付の対象にならないのは居住費、食費、日常生活費です。また、個室利用費も自己負担になります。ただし、入居希望者がとても多いため、数年待ちということも少なくありません。

入所にあたっては、現在は申込順ではなく介護の優先度順となっています。要介護度、介護者の状況、その他緊急性の判断等により判断されます。

なお、サービスの内容は、施設によって差があります。そこで、ショートステイ等を利用して、実際に施設を体験して検討されるとよいでしょう。

◎介護老人保健施設（老健）

次に、老健は病状が比較的安定している方にリハビリや看護、介護、限定的な医療を提供する入所施設です。要介護度1～5の認定を受けた65歳以上の高齢者で、病状がほぼ安定し、入院治療の必要はないものの、リハビリテーションを必要とする人が入所できます。

病院と生活の場の中間の施設であり、高齢者の自立支援と家庭への復帰を支援する施設です。

前述した特養が生活の場であり、終の棲家といった性質があるため入所期間に制限がないのに対し、老健は帰宅を目標にしているので、原則として3か月程度が入所期間とされています。

老健では、リハビリを中心とする医療ケアと、介護を主なサービスとしています。費用に関しては、特養とほぼ同じです。

◎介護療養型医療施設

介護と医療の両方を必要とする高齢者が長期療養のために入所する、介護保険が適用される施設です。病状が安定期にあり、医学的管理のもとで、長期間にわたる療養や介護が必要な要介護度1以上の人が入所できます。

◎施設の選び方

このようにいくつかの種類がありますが、実際に施設を選ぶ際のチェックポイントを挙げておきます。

- 職員の表情は明るいか
- 利用者への言葉遣いは丁寧か
- ベッドや車椅子にしばりつける等の行為はないか
- 金銭管理の記録や明細はきちんとしているか
- 館内が清潔に保たれているか
- 食事は食べやすくおいしいものが出されているか
- コールボタンにすぐ反応があるか

こうした点に気をつけ、適切な施設を選びましょう。

Q 3-19

介護保険を利用したい

介護保険を利用したいのですが、どのような場合に利用する資格があるのでしょうか。また、要介護になると思っていたのですが、要支援に認定されてしまいました。どうすればよいのでしょうか。

◎介護保険制度とは

介護保険制度とは、介護保険料を支払って、介護が必要な人に介護サービスを提供する制度のことです。

介護保険制度のサービスを利用することができるのは、
① 65歳以上（第1号被保険者）の人で、どのような理由であれ介護・支援が必要な人
② 40～64歳（第2号被保険者）の人で、特定の疾病により介護が必要な人
です。

受けられるサービスの内容は、その人の介護の必要性（要介護度）のレベルによって、異なります。

介護保険の財源は、半分は利用者からの介護保険料で、残りの半分は公費（税金）です。

介護保険には必ず加入しなければなりません。40歳以上になると介護保険に加入して、保険料を支払っていかなければなりません。

◎介護保険料

介護保険料の支払い方法は、年齢や勤務形態によって異なります。

まず、65歳以上の方（第1号被保険者）は、原則として年金から天引きされます。

65歳以上の場合は、専業主婦であっても、介護保険料を支払わなければなりません。

次に、40～64歳までの方（第2号被保険者）は、自営業者と、会社員・公務員の場合で保険料の支払い方法が異なります。

まず、会社員・公務員の方は、介護保険料は給料から天引きされます。そして、事業主が保険料の半分を負担することになっています。

一方、自営業者の方の場合は国民健康保険料に上乗せして一括して支払います。

さらに、40～64歳までの方で、専業主婦の方は、まず夫が会社員や公務員である場合は、本人が保険料を直接支払う必要はありません。夫が自営業者である場合は、妻も国民健康保険料に上乗せして、保険料を支払います。

◎申請と認定

介護保険のサービスを受けるには、要介護の認定を受けることが必要です。認定された要介護度に基づいて介護サービスを受けることになります。手続きとしては、次のとおりです。

① 市町村か居宅介護支援事業者の窓口へ申請書類を提出します。
② この申請を受けて、市町村職員や介護支援専門員が訪問し、聞き取り調査をします。
③ この調査結果と主治医による意見書によりコンピュータが一次判定をします。
④ 次に、コンピュータでは処理できない部分を、介護認定審査会が再検討し、最終的な介護判定が行われます。ここで要介護度が決定します。
⑤ 申請から30日以内に、本人に要介護度について通知されます。
⑥ 決定された要介護度に基づいて、介護支援専門員がサービスの計画を作ります。

なお、お尋ねのように、要介護度が低く認定され、思ったようなサービスが受けられないことがあります。

このような場合は、まず、市町村の担当窓口に相談しましょう。それでも納得がいかない場合は、都道府県ごとに設置されている介護保険審査会へ、認定の結果を受け取ってから60日以内に不服申立てをすることができます。

Q 3-20
在宅介護の種類とサービス内容は

80歳になる同居している母親が、脳梗塞で倒れ、麻痺が残りました。母は自宅で今までどおり暮らしたいと言っていますが、娘の私1人では介護しきれません。どのような介護サービスがあるのでしょうか。

A

◎在宅介護の種類

在宅介護は大きく分けると、
① 家庭を訪問するサービス
② 日帰りで通うサービス（デイサービス）
③ 施設への短期入所サービス（ショートステイ）
の3種類があります。

以下、それぞれについて詳しく説明していきます。

◎家庭を訪問するサービス

① 訪問介護（ホームヘルプ）

これは、ホームヘルパーが日常生活に支障のある方の自宅を訪問して、身の回りの世話等を行うサービスです。

この訪問介護には、まず生活介護があります。これは、洗濯、掃除、料理、生活必需品の買い物、薬の受取り等の日常生活の援助を行うものです。

訪問介護のもう一つの種類としては、身体介護があります。これは、入浴介助、食事の介助、衣服の着脱、排泄の介助、移動の介助、体を拭くこと等の身体的な援助を行うものです。

② 訪問看護

これは、訪問看護ステーション等から派遣される看護師がお年寄りの自宅を訪問し、療養の指導や、健康のチェックを行うサービスです。

この訪問看護は、本人の病状が安定していて、医師が必要と認めた場合に行われます。

訪問看護は、看護師が主治医とのパイプ役をし、通院しなくても主治医との連絡が取れるので、お年寄りには頼もしいサービスです。

③ 訪問リハビリテーション

これは、理学療法士や作業療法士がお年寄りの家庭を訪問し、リハビリを行うサービスです。

このリハビリでは、関節の可動域の改善や、歩行訓練、日常生活に必要な活動の訓練等を行います。

④ 訪問入浴介護

これは、簡易浴槽をお年寄りの自宅に運び込み、入浴サービスを行うものです。自宅の浴室では入浴が難しい方が利用できます。

◎日帰りで通うサービス（デイサービス）

これは、お年寄りがデイサービスセンターや特別養護老人ホーム等の福祉施設に通い、食事、入浴、健康チェック、レクリエーション、日常動作訓練等を受けるサービスです。

外出して多くの人に会って会話をすることによって、いわゆる寝たきりや認知症の予防になる効果があります。

また、家族にとっても介護の負担から解放されるので、有意義なサービスと言えます。

これと似たものとして、デイケアというものがあります。これは、リハビリを中心に行うサービスです。

◎施設への短期入所サービス（ショートステイ）

これは、お年寄が期間限定で施設に短期入所して、日常生活のお世話や機能訓練等を受けるサービスです。入所する施設の種類によって、2種類に分けられます。

まず一つ目は、「短期入所生活介護」で、特別養護老人ホーム等の福祉施設に短期入所するサービスです。日常生活の介護を中心に機能訓練等を受けます。

もう一つは、「短期入所療養介護」で、介護老人保険施設（老健）や介護療養型医療施設等の施設に短期入所するサービスです。医療的な観点も踏まえて治療や看護、介護を受けます。

2 障害者の法律知識

Q 3-21
障害者に対する虐待の実態と対策は

最近、障害者に対する虐待と思われる事件に関するニュースをよく聞きます。障害者に対する虐待の実態はどのようなものでしょうか。また、国は何か対策を施しているのでしょうか。

◎**障害者虐待防止法の成立**

障害者虐待の防止、養護者（障害者を現に養護する者であって障害者福祉施設従事者等及び使用者以外のもの）に対する支援等を図る法律として、平成24年10月1日「障害者虐待の防止、障害者の養護者に対する支援等に関する法律」（障害者虐待防止法）が施行されました。

この法律では、障害者虐待の防止はもちろんのこと、障害者虐待の背景に、養護者の知識不足や過度な負担があると考えられることから、養護者に対する支援についても規定されています。

◎**障害者虐待の実体**

障害者虐待防止法では、障害者虐待を養護者による障害者虐待、障害者福祉施設従事者等による障害者虐待及び使用者による障害者虐待と定義しています。

虐待の態様にはさまざまなケースがありますが、大きく分類すると、①身体的虐待、②性的虐待、③心理的虐待、④ネグレクト（放任）、⑤経済的虐待等があります。

①身体的虐待とは、典型的には暴力ですが、薬を過剰に投与すること等も含まれます。②性的虐待には、わいせつな言葉をあびせるというケースもあります。③心理的虐待とは、暴言を浴びせる場合もあれば、ことさらに無視をする場合もこれに含まれます。④ネグレクト（放任）には、必要な治療や福祉サービスを受けさせない場合があります。⑤経済的虐待とは、障害者の財産を不当に処分したり、金銭を使用することを不合理に制限したりする他、正当な賃金を支払わず不当に財産上の利益を得る場合もあります。

障害者虐待防止法の成立を受けて平成25年度に行われた調査結果は次のとおりです。件数は、いずれも平成25年4月1日から平成26年3月31日までの1年間の統計です。

養護者による障害者虐待の相談・通報が全国で4,635件、事実確認の結果、虐待を受けたまたは受けたと思われたと判断した事例は1,764件でした。虐待の種類としては、身体的虐待が63.3％、心理的虐待が31.6％、経済的虐待が25.5％、ネグレクト（放任）が18.9％、性的虐待が5.6％でした。被虐待者と虐待者との関係では、79.8％が同居していました。養護者による虐待では、4人の死亡例があります。

障害者福祉施設従事者等による障害者虐待の相談・通報が全国で1,860件、そのうち市区町村や都道府県の事実確認の結果、263件の虐待の事実が確認されています。虐待の種類としては、身体的虐待が56.3％、心理的虐待が45.6％、性的虐待が11.4％、経済的虐待が6.8％、ネグレクト（放任）が4.6％でした。

使用者による障害者虐待については、253事業所で393人の障害者に対する虐待が認められ、うち80.0％が経済的虐待でした。事業所の規模としては、5人〜29人の事業所が51.0％を占め、30〜99人が19.0％、5人未満が17.8％で中小規模の事業所において虐待が多くを占めました。

いずれのケースにおいても、虐待を受けた人の障害の種別としては、知的障害の人が最も多いという結果でした。

◎**障害者虐待防止に向けた国の施策**

障害者に対する虐待を発見した場合は、市町村または都道府県に通報することとされています。各市町村は、この通報を受ける機関として市町村障害者虐待防止センターを設置し、また都道府県においては、都道府県障害者権利擁護センターを設置することとされています。

通報を受けた市町村では、事実確認や一時的な保護をすることがあり、保護のために必要な居室を確保する措置をとること等も定められています。

Q 3-22
障害者が職場で不当な行為を受けた

障害者の雇用環境は大変厳しいのが現実です。障害者の雇用について、法律等で保護されないのでしょうか。また、障害者が職場で不当な行為を受けた場合、どうすればよいのでしょうか。

◎障害者の雇用に対する法制度

障害者の雇用環境は、企業等の理解が十分でない等の理由で、厳しいのが現実です。

障害者雇用に関する法制度としては、昭和35年に制定された障害者雇用促進法がありますが、制定当初はその対象が身体障害者に限られていました。

その後、昭和62年には知的障害者が加えられ、平成19年には精神障害者も加えられました。

障害者にも勤労意欲はあり、障害者が仕事を通じて、誇りを持って自立した生活が送れるようになることが望まれます。

そこで、障害者の雇用を保護する以下のような制度が作られています。

◎事業者に対する制度

事業者に対する対策として、まず一定の規模以上の企業に対して、原則として雇用する労働者の2.0％に相当する障害者を雇用するように義務づけています。

この雇用の義務を守らせるために、2.0％の率を満たさない企業には、原則として1人につき月額5万円（一部、4万円）の納付金を徴収しています。

そして、これを原資として、雇用義務数より多く障害者を採用している企業に対して調整金や助成金として支払っています。

また、この2.0％という率が義務づけられる企業の規模は、かつては301人以上を雇用する事業主のみでしたが、平成22年7月からは201人以上となり、平成27年4月からは101人以上の規模の企業にまで拡大されています。さらに、平成28年4月からは障害者に対する差別の禁止、合理的配慮の提供等を定めた改正障害者雇用促進法が施行されます。

◎障害者本人に対する制度

次に、障害者本人に対する対策ですが、まず、全国400か所以上のハローワークでは障害の態様に応じた職業紹介や職業指導、求人開拓を行っています。

また、全国50か所以上の地域障害者職業センターでは職業リハビリテーションを行い、職業訓練を行っています。

さらに、全国300か所以上の障害者就業・生活支援センターでは就業、生活の両面からの相談や支援を行っています。

◎障害者が不当な処分を受けた場合

障害者が職場でその障害ゆえにできないような仕事をやらせて、それができないということで懲戒解雇されたような場合、どのようにすればよいかという問題があります。

障害者雇用促進法5条によれば、事業主は当該労働者の「能力を正当に評価し、適当な雇用の場を与えるとともに適正な雇用管理を行うことにより雇用の安定を図るよう努めなければならない」と規定しています。

したがって、事業主は障害者に対し、本人の能力に合った仕事を与えなければならないし、訓練により障害を補充する責務もあると言えます。

そして、障害のない人と同じように仕事ができないことを理由にする懲戒解雇は無効です。

このような場合、弁護士を代理人として雇用主と示談交渉をしたり、自治体に設置されている労政事務所に相談し、労働委員会によるあっせんを利用したりすることが考えられます。

これでも解決しないときは、弁護士に依頼して、労働審判や訴訟を起こしていけば、労働者としての地位の復活や、賃金の支払いを求めることができるでしょう。

Q 3-23
障害者が受け取る手帳・年金・手当等について

息子が事故に遭い、障害が残ってしまいました。経済的にも苦しいのですが、障害者の手帳や、年金、受けられる手当について教えてください。

◎ 障害者手帳

障害者の方は障害のない人に比べて、社会生活を送るうえで不便なことが多くあります。よって、国や地方自治体が支援していくさまざまな制度があります。

障害者手帳はこのような国や地方自治体の支援・サービスを受けるために障害があることを証明するものです。

この障害者手帳には、以下の3種類があります。

① 身体障害者手帳

身体障害のある方の手帳です。障害の程度により、1級から6級に分かれています。

② 療育手帳

知的障害のある方の手帳です。障害の程度により、4段階に分かれています。

③ 精神障害者保健福祉手帳

精神疾患（統合失調症、躁うつ病等）を有している方の手帳です。障害の程度により、1級から3級に分かれています。

これらの手帳を取得するためには、お住まいの市町村の受付窓口に申請をすることが必要です。

いずれの手帳とも、重い等級ほど手厚い援助を受けられることになります。

受けられる援助の内容は、電車・バス・飛行機等の運賃の免除や割引、税金の優遇、医療費や住宅サービス等の助成があります。

◎ 障害者の年金

障害者の年金には、以下の3種類があります。

① 障害基礎年金

国民年金に加入している期間中等に障害を負った方に支給される年金です。初診日（病気やけがで診察を初めて受けた日）に国民年金の被保険者であること、初診日の前々月までの被保険者期間のうち3分の2以上の期間保険料を支払ったこと（免除を含む）、一定の障害があることが必要です。受給額は、平成27年度で1級が78万0,100円×1.25＋子の加算、2級が78万0,100円＋子の加算になります。

② 障害厚生年金

厚生年金保険の被保険者が疾病や負傷より一定の障害の状態になったときに支給される年金です。初診日（病気やけがで診察を初めて受けた日）に厚生年金の被保険者であること、保険料納付の要件（障害基礎年金と同じ）、一定の障害があることが必要です。受給額は報酬に比例して計算されます。

③ 障害共済年金

公務員の方に支給される年金です。

これらの年金について、具体的には管轄の年金事務所等にお問い合わせください。

◎ 障害者の手当

障害者の手当には、以下のようなものがあります。

① 特別障害者手当

20歳以上の日常生活で常時特別の介護を必要とする特別障害者に支給される手当です。

② 障害児福祉手当

在宅の20歳未満の日常生活で常時介護を必要とする重度障害児に支給される手当です。

③ 特別児童扶養手当

20歳未満の障害児を監護する父母等に支給される手当です。

これらの申請等は、お住まいの市町村の担当課にお問い合わせください。

Q 3-24
障害者が行政・民間事業者へ求められること

私の父が最近手術を受けたところ、手術はうまくいったのですが、障害者手帳を受け取ることになりました。法律では、どのような場合に「障害がある」とされるのでしょうか。また、法律では民間事業者も「社会的障壁の除去の実施について必要かつ合理的な配慮」をするように努めなければならないと聞きました。父は視力が落ちて不自由になっているのですが、会社は何か配慮してくれるのでしょうか。また行政機関はどうでしょうか。目が不自由ということで差別を受けることがないか心配です。

◎障害者の法律上の定義

障害者施策の基本を定めた法律として障害者基本法があります。この法律は、昭和45年に制定された法律ですが、近時（平成23年8月）改正されました。改正点の一つとして、「障害者」の法律上の定義が変更されました。新法では、身体障害、知的障害、精神障害（発達障害を含む）その他の心身の機能の障害がある者であって、障害及び社会的障壁により継続的に日常生活又は社会生活に相当な制限を受ける状態にある者をいうとされました。

また、かつては障害者という言葉を本人の障害にのみ着目して定義していましたが、今日では社会的障壁にも着目して社会との関係において定義しています。

社会的障壁とは、障害がある者にとって日常生活又は社会生活を営むうえで障壁となるような社会における事物、制度、慣行、観念その他一切のものを言います。

障害者基本法では、障害を理由とする障害者に対する差別を禁止すると共に、社会的障壁の除去について必要かつ合理的な配慮がされなければならないとしています。

◎障害者に対する差別の禁止

また、障害者基本法を受けて、平成25年6月「障害を理由とする差別の解消の推進に関する法律」（障害者差別解消法）が成立しました。施行は、平成28年4月1日とされています。

障害者差別解消法では、障害者から現に社会的障壁の除去を必要としている旨の意思の表明があった場合において、その実施に伴う負担が過重でないときは、障害者の権利利益を侵害することとならないよう、当該障害者の性別、年齢及び障害の状態に応じて、社会的障壁の除去の実施について必要かつ合理的な配慮をするよう求めています。

合理的配慮としては、車いす利用者のためのスロープの設置といった物理的配慮や、筆談等の意思疎通の配慮等が想定されています。

なお、合理的配慮については行政機関は法的義務、事業者は努力義務となっています。

◎事業主が講ずべき措置

また、平成28年4月1日には改正障害者雇用促進法が施行されます。改正法では、雇用の分野における障害を理由とする差別的取扱いを禁止すると共に、事業主に障害者が職場で働くにあたっての支障を改善するための措置を講ずることを義務づけています。

もっとも、当該措置は事業主に対して過重な負担を強いるものではありません。これまでに示されている指針では、合理的配慮の事例が紹介されています。

具体的には、例えば視覚障害者の場合は募集及び採用時には募集内容について音声等で提供すること、採用後には業務指導や相談に関し担当者を定めること、拡大文字や音声ソフト等の活用により業務が遂行できるようにすること、移動の支障となる物を通路に置かない、机の配置や打合せ場所を工夫する等により職場内での移動の負担を軽減すること等が挙げられています。

Q 3-25
障害者が受けられる介護サービスとは

私には障害のある息子がおり、この息子に介護サービス等を受けさせたいと思っています。どのようなサービスが、どのような手続きで受けられるのでしょうか。

◎サービスの内容

障害者自立支援法が平成18年4月から施行されました。

この法律に基づくサービスは、「自立支援給付」と、「地域生活支援事業」とに分かれています。

「自立支援給付」には、介護給付、訓練等給付、自立支援医療、補装具等の費用の給付があります。「地域生活支援事業」とは、障害者の移動手段の整備等、地域の特性等に応じて実施される事業です。

この中で特に利用する機会が多いサービスは、介護給付と訓練等給付であると言えます。

◎介護給付

介護給付の中には、例えば次のようなサービスがあります。

① ホームヘルプ

自宅で食事、入浴、排泄等の介助を行うサービスです。

② 行動援護

知的障害や精神障害で行動が困難な方に、行動するときの危険を回避する援助や外出時の移動の補助をするサービスです。

③ 短期入所(ショートステイ)

短期間施設に入所して介護を受けることができるサービスです。

④ 療養介護

医療を必要とする障害者で常に介護の必要な場合、昼間に病院や施設で機能訓練、療養上の管理看護、介護等を行うサービスです。

⑤ 生活介護

常に介護が必要な障害者に、昼間に障害者支援施設で入浴・排泄・食事等の介護を提供します。また、創作活動や生産活動の機会も提供するサービスです。

⑥ 共同生活介護(ケアホーム)

障害者が共同生活している住居において、主に夜間の入浴・排泄・食事の介護を行うサービスです。

◎訓練等給付

訓練等給付の中には、例えば次のようなサービスがあります。

① 自立訓練

自立した日常生活や社会生活ができるように、一定期間において身体機能や生活能力を向上させるための訓練を行います。

② 就労移行支援

就労を希望する障害者に、一定期間における生産活動やその他の活動の機会を提供したり、就労に必要な知識や能力の向上を目指した訓練を行ったりします。

③ 就労継続支援

通常の事業所で働くことが困難な障害者に、就労の機会や生産活動の機会を提供します。

◎サービス利用の手続き

まず、サービス利用を希望する場合、市町村または相談支援事業者に相談します。

次に、相談を終えてサービス利用を希望することが決まったら、お住まいの市町村にサービス利用の申請をします。

そして、申請を行うと市町村から現在の生活や障害に関して調査を受けます。

この調査結果をもとに市町村は審査・判定を行い、どのくらいのサービスが必要かという障害程度区分を決定します。

支給決定が決まると相談支援事業者のサポートを受けて、サービス利用計画書を作成します。計画が決定したらサービス提供事業者との契約を行います。

そして、契約が完了した段階でサービス利用が始まります。

Q 3-26
高齢・障害を理由とした借家契約の解除等について

私はマンションのオーナーなのですが、高齢者であることや障害があることを理由として、賃貸マンションの契約を解除したり、更新を拒絶したりすることはできるのでしょうか。

A

◎契約の解除

まず、大家さん（賃貸人）が建物賃貸借契約を解除するには、賃借人の側に債務不履行（賃料不払、無断増改築、無断転貸等）があることが必要です。

高齢者であること自体や障害があること自体は、建物賃貸借契約の債務不履行にはなりませんので、高齢者や障害者であること自体を理由とした建物賃貸借契約の解除はできないと考えられます。

もっとも、高齢により認知能力が低下して賃料の支払いが何度も遅れたり、居室内を不衛生な状態にして近隣から苦情が寄せられたりするとそれを理由として債務不履行解除を主張する場合があります。

◎更新拒絶

お尋ねのようなマンションの一室を賃貸借する契約は、借地借家法で定める建物賃貸借契約となり、民法と共に借地借家法も適用されます。

建物賃貸借契約の更新拒絶については、借地借家法28条において、建物賃貸借契約の更新の拒絶は、建物の賃貸人及び賃借人（転借人を含む）が建物の使用を必要とする事情の他、建物の賃貸借に関する従前の経過、建物の利用状況及び建物の現況並びに建物の賃貸人が建物の明渡しの条件としてまたは建物の明渡しと引換えに建物の賃借人に対して財産上の給付をする旨の申出をした場合におけるその申出を考慮して、正当の事由があると認められる場合にでなければ、することはできないと定められています。

このように、正当事由があるかどうかは、主たる考慮要素として、賃貸人と賃借人それぞれの建物の使用を必要とする事情で判断されます。それ以外に従たる考慮要素としては、①建物賃貸借に関する従前の経過、②建物の利用状況と現況、③立退料も含めて判断されることになります。

そして、賃借人が高齢者や障害者であること自体では、更新を拒絶する正当事由にはあたらないと考えられますので、それだけでは更新の拒絶はできないでしょう。

もっとも、大家さん（賃貸人）自身が建物を使用する必要性が高い場合（例えば大家さん自身が建物に住む必要がある場合）には、事情によっては更新拒絶に正当事由があると判断される可能性もあります。

◎定期建物賃貸借

なお、最近では、契約期間が満了しても契約の更新がないことを定める定期建物賃貸借契約（借地借家法38）を締結する場合があります。

定期建物賃貸借契約の場合には、契約の更新自体がありません。したがって、契約で定められた期間が満了すれば、正当事由の有無にかかわらず契約期間満了の時点で建物賃貸借契約が終了することになります。

Q 3-27
知的障害の娘が施設で職員にセクハラを受けた

私には、知的障害のある娘がいて、娘は施設で暮らしています。その娘が施設の職員からわいせつな行為を受けたらしいのです。どうしたらよいでしょうか。また、娘が職場で働いた際に、上司からセクハラを受けた場合はどうでしょうか。

◎問題点

お尋ねのように、知的障害があるためにセクハラや、わいせつ行為等の被害を特に受けるケースは少なくないと言われています。

しかし、そのような行為が行われても、知的障害があるために、その本人から聞き出すことが難しく、わいせつ行為を行った加害者・場所・時間等を特定するのが困難となることも珍しくなく、泣き寝入りになってしまうこともあります。

◎聞き取りのポイント

まず、本人と抽象的な話をすることは困難ですから、具体的な事実だけを確認してください。

確認の際には、質問者の暗示や誘導に乗ってしまいやすい傾向にありますので、その本人のことをよくわかっている方が聞き出すことが必要です。

また、質問者によって答えが変わる等、つじつまが合わないところに関しては注意してください。

特に捜査機関に聞き取りをされる場合は、捜査機関に前述のような知的障害のある人との会話における注意点を伝えて、理解してもらったうえで、聞き取りをしてもらうことが重要です。

そして、質問の場所や時間を配慮したり、身近な人の同席を認めたりする等の対策を提案すべきでしょう。

その際、録音等をしておくと、聞き取りの様子がわかり、誤った事実確認を防ぐことができます。

◎加害者への対応と市区町村または警察への通報

加害者の行為は、民事的には不法行為として損害賠償の対象となる場合があり、また、刑事的には強制わいせつ罪や強姦罪等の犯罪に該当する場合もありますから、弁護士に相談する等して、損害賠償請求や刑事告訴等の対応をすることが考えられます。

また、障害者虐待防止法によれば、障害者福祉施設等の業務に従事する者による虐待を受けたと思われる障害者を発見した者は、速やかにこれを市町村に通報しなければならないと規定されています。なお、この法律では、通報をしたことを理由として、解雇その他不利益な取扱いを受けないとされ、通報者の保護が図られています。さらに、虐待の事実を警察に通報した場合、障害者虐待が行われた可能性があると判断できる事案であれば、警察を通じて市区町村に通報することとされています。

◎セクハラに対する対応

職場におけるセクハラに対しては、加害者が認識を誤り、障害者が嫌だと感じていないと思っている場合もあります。したがって、セクハラの被害を受けて嫌だと感じた場合には、加害者に対しはっきりと嫌だと言っていく必要があります。

上司で言いにくい場合は、信頼できる他の上司や同僚に伝えたり、社内の相談窓口に相談したりすることも検討します。

また、手紙やメールの保存や電話の会話の録音等、後日証拠となりそうなものはきちんと保管しておきます。さらに、日記やメモとして毎日記録しておくことも大切です。

こうしたものがセクハラに対する一般的な対処として挙げられますが、知的障害を持っている場合はこれらの作業を家族が協力して行うこと等が必要になるでしょう。

セクハラでも、強制わいせつ罪になることもありますし、損害賠償の対象になる場合もあります。

したがって、対処が困難なときは弁護士等に相談してください。

第4章

遺言・相続
に関する法律知識

1 遺言

Q 4-1
遺言書はどのように作成すればよいのか

そろそろ遺言を書こうと思っています。遺言書はどのように作成すればよいのでしょうか。

A

◎普通方式と特別方式

遺言には、大きく分けて、普通方式の遺言と特別方式の遺言があります。

「特別方式の遺言」とは、船舶で遭難した場合や、病気等の理由で死が迫っていて普通方式の遺言を作成できない状況でも遺言を作成できるように特別に認められた方式です。

お尋ねの場合のように、そろそろ遺言を書くことにしたという一般的なケースの場合は、以下の「普通方式の遺言書」を作成することとなります。

◎普通方式の遺言の種類

普通方式の遺言には、①自筆証書遺言（民法968）、②公正証書遺言（民法969）、③秘密証書遺言（民法970）の三つがあります。

◎自筆証書遺言

遺言者が、遺言の内容を書面にし、日付の記入、署名、押印して作成したものを言います。これらのすべてを自筆で記載する必要があります。いつでも、思い立ったときに、紙とペンと印鑑があれば作成できるので、費用をかけたくない場合や、すぐに遺言書を作成したい場合に簡便な方法です。また、自分1人で作成できるので、誰にも遺言の内容を知られることはありません。

ただし、記載内容の不備や、内容が不明確とされて遺言の効力が認められなかったり、紛失・改変の危険があったりしますので、自筆証書遺言の作成・保管には十分な注意が必要です。

◎公正証書遺言

遺言者が、公証人に遺言の内容を伝えて作成する遺言です。公証人に支払う作成手数料と、2人以上の証人が必要になります。

手間と費用はかかりますが、専門家である公証人が作成するので遺言が無効とされることはあまりなく、作成された遺言書は公証役場で保管されるので、紛失や改変の危険もありません。

◎秘密証書遺言

遺言者が、遺言書を作成して署名・押印し（署名は自署が必要ですが、遺言書の記載自体は自筆でなくワープロ等でも可）、それを封筒に入れ、遺言書に押印したものと同じ印鑑で封印し、これを公証人と2人以上の証人の前に提出して作成する方式です。

公正証書遺言と同様、手数料が必要になります。遺言内容は本人以外知りえないため（公証人も証人も同様）、遺言内容の秘密は保たれます。しかし、公証人が遺言の内容を確認することができないため、要件不備で遺言の効力が認められなかったり、作成された遺言書は本人が保管するので、紛失の危険があったりすることは、自筆証書遺言と同様です。

費用や手間が公正証書遺言と同じくらいかかるので、実際にはあまり利用されていません。

◎検認手続

なお、公正証書遺言以外の遺言は、相続が開始した後、家庭裁判所で検認手続を行う必要があります（Q 4-5参照）。

Q 4-2
認知症の母が遺言をすることはできるのか

母は認知症ですが、遺言をすることはできますか。

A

◎遺言能力

遺言は、満15歳以上であれば誰でもすることができますが（民法961）、遺言をするときにおいて、遺言能力がなければなりません（民法963）。

「遺言能力」とは、遺言書に記載した内容と、そのような遺言をするとどのような法律効果が生じるのかを理解できる能力です。

◎遺言者が認知症の場合

お尋ねのケースは遺言をする方が認知症とのことですが、ひと口に認知症と言っても、軽度の方から重度の方まで症状はさまざまです。

遺言者に遺言能力があるかどうかは、遺言をしたときの本人の状態によって、個別に判断されます。

したがって、認知症の方であるから遺言をすることができないというわけではありません。

物忘れがあったり、日常生活に不便が生じるような状況であったりしたとしても、自分で遺言の内容と、その結果生じる法律上の効果を理解できる状態でしたら、遺言をすることは可能です。

ただし、成年被後見人（成年後見制度についてはＱ3-2およびＱ3-3参照）の方が有効に遺言をするためには、医師2人以上の立会いが必要であり、遺言に立ち会った医師が、遺言者が遺言をするときにおいて精神上の障害により事理を弁識する能力を欠く状態になかった旨を遺言書に付記して、これに署名し、印を押さなければなりません。秘密証書遺言（Ｑ4-1）の場合には、封紙にその旨の記載をし、署名し、印を押さなければならないとされています（民法973）。

◎高齢者の遺言で気をつけること

認知症でなくとも、高齢者の場合は遺言能力が争われることが少なくありません。

後々、遺言の効力が争われた場合には、最終的に遺言能力の有無を判断するのは裁判所になります。

高齢者の方の場合は、後の争いを少しでも回避するために、公正証書により遺言を作成したり、遺言書作成時点において、遺言者に遺言能力がある旨の医師の診断書をとっておいたりするのがよいでしょう。

また、近年は、遺言を作成するときの様子をビデオ等で撮影することも行われているようです。

ただし、公証人が、遺言者に遺言能力があると思って公正証書遺言を作成しても、その効力が否定された裁判例もありますので（東京高判平12．3．16）、公正証書遺言にしておけば必ず効力が認められるというわけではありません。

◎成年後見が開始されている場合

お尋ねの場合に、お母様に成年後見が開始されている場合には、医師2人以上の立会いが必要であり、前述の方式で遺言書を作成する必要があります。

成年後見が開始されていない場合、遺言ができる精神状態であれば、単独で遺言をすることは可能ですが、遺言能力に関する後々の争いを避けるために、公正証書遺言を作成したり、医師の診断書を取り付けておいたり等の対応が必要になるでしょう。

Q 4-3

遺言でできること、できないこと

私には内縁の妻との間にできた子どもがいます。認知はまだしていません。遺言で認知ができると聞きましたが、可能でしょうか。また、養子縁組をすることも可能でしょうか。

A

◎遺言でできること

遺言書に記載した事項で、法律的な効果を生じるものは、大きく分けると、①相続に関する事項、②財産の処分に関する事項、③身分に関する事項、④遺言の執行に関する事項、⑤その他（祭祀承継等）、の五つになります。

これらの他に、法律的な効力はありませんが、兄弟仲よくといった家訓や、家族への感謝の言葉を遺言書に記載することもできます。

◎相続に関する事項

① 法定相続分と異なる相続分の指定

例えば、妻と子ども2人が相続人の場合に、本来の法定相続分は、妻が2分の1、子どもがそれぞれ4分の1ですが、遺言書で相続分をすべて3分の1にすることもできます。

② 遺産分割方法の指定および遺産分割の禁止

妻には不動産を、子どもには預貯金および現金を相続させるというように、各相続人が取得する遺産を具体的に指定することができます。また、相続開始のときから5年以内の期間を定めて、遺産分割を禁止することもできます。

③ 推定相続人の廃除

遺留分（Q 4-30）を有する推定相続人が、生前、被相続人に対し虐待や重大な侮辱を加えたり、または推定相続人に著しい非行があったりしたときは、被相続人は、その者を相続人から廃除することを家庭裁判所へ請求することができます。この相続人の排除を、遺言で行うこともできます。

④ 特別受益の持戻しの免除

遺言で特別受益の持戻しの免除の意思表示ができます（Q 4-17参照）。

⑤ その他

その他、相続人間の担保責任を定めたり、遺留分減殺請求がなされた場合における、遺贈の減殺の割合を指定したりすることもできます（遺留分減殺請求については Q 4-31参照）。

◎財産の処分に関する事項

① 遺贈

遺贈とは、相続人以外の第三者（例えば内縁の妻）へ財産を与えることです。遺言によって、相続人以外の者へ財産を与えることも可能です。

② 寄付

遺言により、慈善団体へ財産を寄付したり、財団法人設立のための寄付行為を行ったりすることができます。

◎身分に関する事項

① 認知

認知は、遺言によってもすることができます。ただし、成年に達している子を認知するにはその子の承諾が、胎児を認知するには母親の承諾が必要となります。

② 未成年の子の後見人・後見監督人の指定

◎遺言の執行に関する事項

① 遺言執行者の指定、指定の委託

② 遺言執行者の報酬等

◎その他

① 祭祀承継者の指定

祭祀すなわち、先祖を祭るために用いられるお墓やお仏壇等の祭祀財産については、遺産分割の対象にはならずに、祭祀承継者が受け継ぐものとされています。この祭祀承継者を誰にするのか、遺言で指定することができます。

なお、指定がない場合は、慣例に従って決定され、祭祀承継者について争いがある場合には、家庭裁判所が指定します。

② 生命保険金受取人の指定および変更

お尋ねの場合、遺言によって認知をすることはできますが、養子縁組のように、双方の合意が必要な行為を行うことはできません。

Q 4-4
ペットの世話を頼むことは可能か

私には子どもも妻もいません。父母も他界しており、ペットの猫だけが家族です。私が死んだ後、知人に私の預金を遺贈して、ペットの世話を頼みたいのですが、そのような遺言は可能でしょうか。

A

◎ペットへの遺贈

ペットを遺して先に自分が死んでしまった場合のことを考えて、ペットに財産を残してあげたいと考える人もいるでしょう。

しかしながら、ペットは法律上、物として扱われ、権利義務の主体にはなりえませんので、ペット自体に遺産を取得させることはできません。

このような場合に利用されるのが、負担付遺贈です。

◎負担付遺贈

負担付遺贈とは、ある人に対して、財産を遺贈するかわりに、一定の義務を負担させることです。例えば、内縁の妻に不動産および預貯金を取得させるかわりに、自分の母親の世話をしてもらう義務を負担させること等があります。

お尋ねの場合にも、負担付遺贈により、信頼のおける知人・友人等に自分の財産を遺贈して、ペットの世話をしてもらうことが可能となります。

ただし、負担付遺贈では、受遺者(遺贈を受ける者)は、遺贈を受けるかどうかを自由に判断でき、遺贈を放棄することも可能ですので、受遺者が受けとる財産に比べて、負担が過大である場合は、遺贈を放棄されてしまうこともあります。

また、受遺者は遺贈された財産の価額の範囲でのみ、負担した義務を履行するものとされます。

例えば、10万円を遺贈するかわりに、ペットへ餌をあげてほしいと遺言した場合は、受遺者は、餌代が10万円を超えた場合、それ以上の餌代を負担しなくてもよいことになります。

したがって、負担付遺贈をする場合には、事前によく遺贈を受ける予定の相手方と話をして、その承諾をとっておき、さらに、負担を履行するのに十分な財産を遺贈するよう配慮する必要があります。

◎受遺者が義務を履行しない場合

受遺者が義務を履行しない場合、相続人は受遺者に対して相当の期間を定めて義務の履行を催告し、それでも履行されないときには家庭裁判所へ遺贈の取消しを請求できます。

お尋ねのケースの場合、相続人がいないとのことですので、義務の履行がなされなかった場合に備え、遺言執行者を定めておいたほうがよいでしょう。

お尋ねの場合の遺言書の文例は、以下のとおりです。

遺 言 書

遺言者甲山一郎は、次のとおり遺言する。

1　遺言者は、乙野花子(○○県○○市○○町○丁目○番○号在住、昭和○年○月○日生まれ)に対し、遺言者の飼い猫タマ(アメリカンショートヘア、雌5才)と、××銀行××支店の普通預金から金○○○万円を、下記の負担付で遺贈する。

記

受遺者乙野花子は、遺言者の飼い猫タマを、愛情をもって飼育し世話をすること。

2　遺言執行者として、弁護士丙田太郎(○○県○○市○○町○丁目○番○号在住、昭和○年○月○日生まれ)を指定する。

平成○年○月○日
　○○県○○市○○町○丁目○番○号
　　　　　　　　　遺言者　甲山一郎　印

Q 4-5
荷物の整理をしていたら遺言書が出てきた

父が亡くなり、父の持ち物の整理をしていたところ、父の筆跡で、遺言書と書かれた封の閉じてある小さな封筒を見つけました。どう対応すればよいのでしょうか。

◎検認手続

遺言者の死亡後、公正証書遺言以外の遺言書を発見した相続人は、家庭裁判所に遺言書を提出し、「検認」の手続きをしなければなりません（民法1004①）。

検認とは、相続人に対し遺言の存在とその内容を知らせ、遺言書の形状や状態、日付、署名押印などの遺言書の内容を明確にして、遺言書の偽造・変造を防止するための手続きです。

つまり、このような遺言書があるということを、家庭裁判所に証明してもらうためのものです。

このように、検認は、遺言書の状況を検証する手続きですから、偽造や変造のおそれのない公正証書遺言は検認手続が不要とされています。

また、封印のされている遺言書は、家庭裁判所において相続人またはその代理人の立会いがなければ開封することができないとされています（民法1004③）。

したがって、発見した遺言書が封印されていた場合、封を開けずに家庭裁判所へ提出する必要があります。

◎検認の効力

検認は、遺言書の状況を検証するための手続きであり、遺言の有効・無効を判断する手続きではありません。

したがって、検認された遺言が形式の不備や遺言能力を欠く等の理由により無効と思われる場合、遺言の効力を民事裁判で争うことができます。なお、検認を経ていない遺言も遺言の要件を満たしていれば有効ですが、後記のとおりの罰則があることと、検認のない遺言書では不動産の相続登記ができないことに注意が必要です。

◎罰則

検認が必要な遺言書について、検認手続を経ないで遺言を執行したり、封印されている遺言書を家庭裁判所以外で勝手に開けたりした場合、5万円以下の過料に処するとされています（民法1005条）。

◎お尋ねの場合

お尋ねの場合には、あなたが発見した遺言書は自筆証書遺言と思われますので、遺言書の封を開けずに、そのまま家庭裁判所へ提出して、遺言書の検認を請求する必要があります。

なお、検認を請求する家庭裁判所は、遺言者の最後の住所地を管轄する家庭裁判所です。

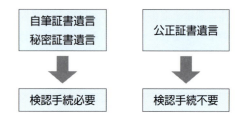

Q 4-6
遺言の執行とは

父が亡くなり、家庭裁判所で遺言書の検認をしたところ、父の内縁の妻に父所有の土地建物を遺贈し、私に預貯金を相続させ、兄は相続人から廃除する旨記載がありました。遺言執行者の指定はありませんでした。どうすればよいのでしょうか。

◎遺言の執行

遺言書に書かれた内容を実現させる手続きのことを、「遺言の執行」と言います。

遺言書に書かれた内容には、遺言者の死亡と同時にその内容が実現されて執行行為を必要としないものと、その内容を実現させるためには執行行為が必要なものとがあります。

そして、執行行為が必要なものの中には、遺言執行者だけが執行できるものと、遺言執行者以外でも執行できるものがあります。

◎執行行為が不要なもの

執行行為が不要なものとしては、主に以下のものが挙げられます。
- 相続分の指定、指定の取消し
- 特別受益の持戻しの免除
- 遺産分割方法の指定、遺産分割の禁止
- 相続人の担保責任の指定
- 遺留分減殺方法の指定
- 未成年者の後見人・後見監督人の指定
- 遺言執行者の指定

◎執行行為が必要なもの

執行行為が必要なものとしては、主に以下のものが挙げられます。
① 遺言執行者だけが執行できるもの
  - 推定相続人の廃除、廃除の取消し
  - 認知
② 遺言執行者でなくとも執行できるもの
  - 遺贈
  - 財団法人設立のための寄付行為
  - 祭祀承継者の指定
  - 信託の設定
  - 生命保険金受取人の指定、変更

◎遺言執行者の選任

遺言の内容に遺言執行者だけが執行できる事項が含まれている場合は、遺言執行者が必要となります。

また、遺言執行者以外による執行が可能な事項であっても、他の相続人の協力が得られないような場合は、遺言執行者がいるほうが望ましいと言えます。

遺言執行者は、遺言で指定された者、または第三者に遺言執行者指定の委託があった場合にはその第三者が指定した者が、遺言執行者への就任を承諾することによって遺言執行者となります（民法1006、1007）。

なお、遺言に遺言執行者の指定や指定の委託がないとき、または遺言執行者が亡くなったとき、あるいは、遺言執行者が就任を承諾しなかったときは、家庭裁判所に遺言執行者の選任を申し立てます（民法1010）。

お尋ねの場合、相続人の廃除は遺言執行者だけが執行できる事項ですので、まず、遺言の検認をした家庭裁判所へ遺言執行者選任の申立てをします。

そして、家庭裁判所で選任された遺言執行者に、兄を相続人から廃除する手続きをとってもらい、土地建物については内縁の妻への引渡しや登記移転の手続きをしてもらうことになります。

Q 4-7
遺言の撤回・変更はどのように行うのか

先日、自筆証書遺言を作成しました。しかし、お恥ずかしい話ですが、どこにしまったか失念してしまいました。遺言の内容を変更したいのですが、どうしたらよいのでしょうか。

A

◎遺言の撤回・変更は自由

遺言は、いつでも自由に撤回したり、変更したりすることができます。

たとえ「絶対に取り消しません」とか「変更しません」等と遺言書に書いていたとしても、その記載に効力はありません。

遺言を撤回・変更する方法は、大きく分けると、①遺言書を破棄する、②新しい遺言書を作成する、③遺言書を訂正する、という方法があります。

◎遺言書の破棄

自筆証書遺言および秘密証書遺言の場合は、手元にある遺言書を破棄すれば、遺言を撤回したことになります（民法1024）。

したがって、単に遺言をなかったことにしたいときには、遺言書を破棄すれば足ります。

ただし、公正証書遺言については、遺言書の原本は公証役場に保管されているので、手元の遺言書を破棄しただけでは撤回したことになりません。

したがって、公正証書遺言を撤回するには、この方法はとれないことに注意してください。

◎新しい遺言の作成

遺言者は、新しい遺言書を作成することにより、前の遺言を撤回・変更することができます。

その方法としては、①前の遺言を撤回する旨の遺言書を作成する（民法1022）、②前の遺言を撤回して新しい遺言書を作成する（民法1022）、③前の遺言を撤回せずに前の遺言内容と抵触する新しい遺言書を作成する（民法1023①）、の三つがあります。

③の場合は、前の遺言は後の遺言と抵触しない部分は効力を持つことになります。内容が不明確であったりすると、どの部分が矛盾しているのか、混乱が生じる可能性があるので、できれば前の遺言は取り消して、新しく遺言書を作成するほうがよいでしょう。

なお、遺言の撤回・変更は、前の遺言書の方式にとらわれず、自由にできます。

例えば、公正証書遺言を、自筆証書遺言によって撤回したり変更したりすることは可能です。

◎遺言書の訂正

また、自筆証書遺言と秘密証書遺言については、遺言書を訂正するという方法で、撤回・変更することも考えられます。

ただし、遺言書の訂正方法は法律で厳格に定められており、法律で定められた訂正方法に従っていない場合、訂正は無効とされ、訂正前の遺言が効力を持つことになります（民法968②、970②）。これでは訂正した意味がありません。

したがって、訂正部分が多い場合などは、遺言書の訂正という方法はとらずに、新しい遺言書を作成したほうがよいでしょう。

◎遺言の内容と抵触する行為

なお、この他、遺言の対象とした財産につき、遺言内容と抵触する行為をした場合も、抵触する部分について撤回したものとみなされます（民法1023②）。

お尋ねの場合には、遺言書をどこにしまったか失念したということですから、遺言書の破棄や、遺言書の訂正という方法はとれません。

新しく遺言書を作成して、遺言の内容を変更することになります。

なお、前の遺言書が見つかった場合は、混乱を避けるため、前の遺言書を破棄したほうがよいでしょう。

2 相続

Q 4-8

遺言がない相続手続の流れ

父が亡くなりました。父には妻である母、長男、次男（私）の他に愛人（内縁の妻）がおり、その間に子どもがいます。突然亡くなったため、遺言はなく、私も母もどうしたらよいか見当がつきません。母は愛人のことを憎んでおり、話合いがうまく進むようにも思えません。これから父の相続の話はどのように進んでいくのでしょうか、大まかなイメージを持ちたいのですが。

ここでは、遺言がない場合の相続手続の概要についてご説明します。遺言がある場合の手続きは、Q4-5（遺言の検認）、Q4-6（遺言の執行）を参照してください。

◎ 相続人の確定

まず、亡くなられた方（被相続人）の出生から死亡までのすべての戸籍を取り寄せ、結婚歴や子どもの有無・人数等を確定していくことになります。Q4-10（相続人の調査）を参照してください。お尋ねのケースで誰が法定相続人となるかは、Q4-9を参照してください。

◎ 遺産分割協議

相続人が複数いる場合、誰がどのように相続財産を取得するかについて、相続人全員で話し合い、全員の合意に基づいて相続財産を分割することになります。以下、その手順についてご説明します。詳しくはQ4-21（遺産分割協議）を参照してください。

◎ 相続財産の範囲の確定

相続財産は、不動産（土地、建物）、預金、証券、保険、自動車、その他の動産、現金、債務等、さまざまなかたちをとっています。そのような相続財産のそれぞれについて、所在、種類、数量等を特定する必要があります。不動産は登記、預金は通帳等の書類をそろえていくことになります。

相続財産の範囲については、生前贈与（特別受益）が争点になることがあります。詳しくはQ4-17（特別受益）を参照してください。

◎ 相続財産の分割の割合・分割の方法、各相続人が取得する財産の内容の確定

相続財産のそれぞれについて、どのように分割を行い、相続人の誰が何を取得するのかを決めていくことが必要です。

ここでは寄与分が争点になることがあります。詳しくはQ4-18、Q4-19を参照してください。

◎ 遺産分割協議書

遺産分割協議がまとまった場合、その内容を遺産分割協議書に記載します。詳しくはQ4-24（遺産分割協議書）を参照してください。

◎ 遺産分割調停

相続人同士の協議では遺産分割について話がまとまらない場合、家庭裁判所に遺産分割調停を申し立てることができます。調停でまとまらない場合には当事者の申立てにより手続きは審判に移行します。詳しくはQ4-29（遺産分割調停、審判）を参照してください。

なお、問題によっては、訴訟によって解決すべきものもあります。

◎ 成立した遺産分割協議の内容を実現する手続き

遺産分割協議が成立すると、各相続人は、その協議の内容にしたがって相続財産を取得しますが、そのために改めて手続きが必要になるものがあります。

例えば、不動産（土地・建物）を取得する場合には登記の手続きが必要になりますし、預金を取得する場合には金融機関ごとに手続きを行う必要があります。

◎ 相続と税金等

相続税は、これまでは相続財産が控除の範囲内である場合が多かったのですが、平成27年1月1日、控除の範囲を縮小する税法の改正が成立しましたので、注意が必要です。

Q 4-9
誰が相続人となるのか、どのような割合で相続するのか

Q4−8の家族関係で、誰がどのように遺産を分けることになるのでしょうか。

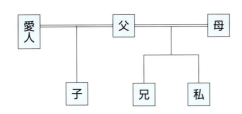

◎**相続人**

相続人の範囲については、民法887〜890条において、次のとおり定められています（法律で定められた相続人なので、「法定相続人」という）。

① 被相続人の子
② （子がいない場合）直系尊属（親等）
③ （子、直系尊属がいない場合）兄弟姉妹
④ 配偶者

お尋ねの場合には、相続人は、お母様（配偶者）、お兄様、あなた、愛人のお子さんになります。

ここで配偶者に該当するためには、法律上の結婚をしていることが必要ですので、愛人は配偶者には該当せず、相続人にはなりません。

◎**法定相続分**

相続人が複数いる場合の相続の割合を法定相続分といいます。法定相続分は、民法900条において、次のとおり定められています。

① 子と配偶者が相続人であるときの相続分（民法900Ⅰ）
 ・子……2分の1
 ・配偶者……2分の1
② 配偶者と直系尊属が相続人であるときの相続分（民法900Ⅱ）
 ・配偶者……3分の2
 ・直系尊属……3分の1
③ 配偶者と兄弟姉妹が相続人であるときの相続分（民法900Ⅲ）
 ・配偶者……4分の3
 ・兄弟姉妹……4分の1

◎**非嫡出子・半血兄弟姉妹の相続分**

子、直系尊属または兄弟姉妹が数人あるときは、各相続人の相続分は同じです。

この点、従来までは嫡出でない子（法律上の婚姻していない男女間に生まれた子）の相続分は、嫡出である子の相続分の2分の1とされていました。嫡出とは、婚姻関係にある男女から生まれたことを言います。

しかし、非嫡出子（嫡出でない子）の相続分が嫡出子よりも少ないことは、憲法14条1項の平等原則違反であると平成26年に最高裁が判断し、法改正の結果嫡出子も非嫡出子も相続分は平等とされました。

一方で、父母の一方のみを同じくする兄弟姉妹の相続分は、父母の双方を同じくする兄弟姉妹の相続分の2分の1となります（以上、民法900Ⅳ）。

◎**お尋ねの件での相続分**

お尋ねの件での各相続人の相続分は、以下のようになります。

[計算の方法]
・配偶者と子の相続分は各2分の1
・子の相続分（2分の1）を兄、私、愛人の子の3人で分配する。兄と私は嫡出子、愛人の子は非嫡出子であるが、3名は平等に6分の1ずつ相続する。

[計算の結果]
母……2分の1
兄……6分の1
私……6分の1
愛人の子……6分の1

Q 4-10

相続人を調べる方法

相続人に誰がいるのかわかりません。どのように調査し、確定するのですか。また、相続人の1人が外国籍の場合はどうすればよいですか。

A

◎相続人の調査、確定方法

相続人となりうる者は、配偶者の他、子、直系尊属、兄弟姉妹、および、その代襲者（相続人である子が先に死亡している場合の孫、および相続人である兄弟姉妹が先に死亡している場合のおい・めい）または再代襲者（相続人である子と代襲者である孫が先に死亡している場合のひ孫）まで広がる可能性があります。

そこで、相続が発生した場合には、まず、故人の本籍地がどこにあるのかを調査しましょう。そのためには、故人の最後の死亡時の市町村窓口にて、故人の除住民票を取得しましょう。除住民票には、本籍地の記載がありますので、そこで、本籍地を確定します。

本籍地がわかれば、故人の死亡時の除籍謄本を取得し、そこから出生時までの改製原戸籍を遡って取得します。これらを見て、故人の配偶者、子、両親、兄妹等の有無の情報を確認します。

そして次に、相続人の存命の状況を確認するため、相続人となり得る者の現在の戸籍謄本を取得していきます。配偶者は存命していれば必ず相続人になりますが、これはほとんどの場合は個人の除籍謄本に載っています。

それ以外の相続人として、まずは子の戸籍謄本を取得し、子が亡くなって代襲相続が発生している可能性がある場合は孫の戸籍謄本も確認します。子や孫がいない場合は両親、さらに両親がいない場合は兄弟姉妹（および代襲相続しているその子）と、順に現在の戸籍を取得して、存命の相続人を確定していきます。

◎外国人の相続調査

では、日本に在住する外国人の方が亡くなった場合はどうでしょう。例えば、日本に住むアメリカ国籍の父親がなくなり、日本に住むアメリカ国籍の妻と子1人が相続する場合を検討してみましょう。

まず、そもそもアメリカ国籍の方の場合、日本法が適用になるか問題となりますが、アメリカの多くの州法では、遺産のうち不動産について、その不動産が所在する地の法律が、不動産以外の遺産については、亡くなった方の最後の住所地の法律が適用になるとされています。

そのため、日本に在住し、日本に不動産を持ち亡くなられた方は、前述の日本の民法の規定により相続が行われます。この例では、妻と子が相続することになります。

ただし、アメリカ国籍の方には、戸籍がありません。そのため、この妻と子が本当に亡くなった男性の妻と子なのかの証明のために戸籍謄本を用いることができず、不動産や銀行口座の名義変更が大変困難になります。

このような場合、アメリカ国籍の方の場合ですと、出生証明書が公的機関から発行されおり、この中に、生まれた子とその両親の関係が明記されています。

また、日本に在住する外国人の方は、住民票に代わるものとして、外国人登録原票記載事項証明書の写しを市町村区役所で発行してもらうことが可能です。この証明書には、配偶者と子を付記できますので、あらかじめ付記されていれば親子夫婦関係の証明になります。

このように、戸籍謄本に代わる証明が必要になりますが、相続人が外国人の場合、かなり複雑な手続きを要するため、残される人のためにも遺言書作成をおすすめします。

Q 4-11

相続人が誰もいない

私が個人的に100万円貸していたAさんが先日死亡したと聞きました。Aさんには、誰も相続人がいないとのことです。Aさんの財産は、誰が管理し、最終的に誰のものになるのですか。

A

◎相続人の存在が明らかでない場合の財産の帰属

故人の相続人となる者がいるかが明らかでない場合、民法上、相続財産は、法人とする（既存のどこかの法人のものになるのではなくて、相続財産自体が一種の財団法人となる）とされ、相続財産管理人が当該相続財産を管理することになります（民法951以下）。

◎相続財産管理人の選任およびその業務

この相続財産管理人は、故人の債権者等の利害関係人や検察官の請求により、家庭裁判所が選任するものとされています。相続財産管理人は、相続財産に関する権利義務関係を的確に処理していくことが求められていますので、弁護士、司法書士等の専門職が選ばれることもあります。

お尋ねの事例では、Aさんに100万円を貸していたあなた（債権者）は、Aさんの相続財産について、このまま放置しておくと散逸してしまい、債権回収が困難になるおそれがあるため、相続財産管理人の選任の請求を家庭裁判所に行うことができます。

相続財産管理人は、就任後、まず故人の相続財産について、相続財産管理人が選任されたことを官報に公告します。この公告後、2か月以内に相続人が現れれば、通常の相続手続に移行します。

一方、2か月以内に相続人が現れなければ、相続財産管理人は、相続財産の清算手続を開始し、2か月以内に債権者や受遺者から請求を申し出るよう公告します。

お尋ねの件の場合、あなたはこの機会に、100万円の債権につき、請求の申出を行う必要があり、申出を経て100万円の債権の弁済を受けることになります。

その後、相続財産管理人は、再度相続人捜索の公告を行い、6か月以内に相続人から申出がない場合、相続人の不存在が確定します。

その後、3か月以内の特別縁故者の申出を待ち、特別縁故者への財産分与を経た後、残余財産は国庫に帰属します（Q4-12参照）。

相続財産管理人選任請求（請求者：利害関係人ら）
↓
家庭裁判所が相続財産管理人選任（弁護士ら就任）
↓
選任を官報に公告（2か月）
↓　　　　　　　↓
相続人　　　　相続人
申出なし　　　申出あり
　　　　　　　↓
　　　　　　通常の相続手続
↓
債権者および受遺者への請求の申出公告（2か月）
　　　　　　　↓
　　　　　　申出ある場合は支払い
↓
相続人捜索を公告（6か月）
↓　　　　　　　↓
相続人　　　　相続人
申出なし　　　申出あり
　　　　　　　↓
　　　　　　通常の相続手続
↓
相続人不存在確定
↓（3か月）
特別縁故者申出、分与
↓
残余部分につき国庫に帰属

Q 4-12
内縁の妻は夫の遺産を相続することができるのか

私は、ある男性と籍は入れないものの事実上の夫婦として、40年間同居生活を送ってきました。今般、その男性が亡くなりました。男性には身内は誰もいません。私はこの男性の財産を相続できるのでしょうか。

◎特別縁故者

相続人が誰もいない場合に、相続人ではないものの、内縁の妻のように、故人と深い社会的関係にあった者に対し、特別に相続財産を分与する制度を、「特別縁故者への財産分与」と言います。

お尋ねの場合、亡くなった男性とあなたは、入籍することなく事実上の夫婦だったので、あなたは相続人ではありません。

しかし、男性には身内が誰もいなかったのですから、相続人がいない場合に該当し、あなたは特別縁故者として財産を取得できる可能性があります（民法958の3）。

◎被相続人との関係

しかし、特別縁故者と言えるためには、故人と深い社会的関係が必要です。この点、民法では、「被相続人と生計を同じくしていた者」「被相続人の療養看護に努めた者」を例示として挙げています。

お尋ねの件の場合、亡くなった男性とあなたは、40年間同居生活を続けていたので、「被相続人と生計を同じくしていた者」に該当する可能性があります。

「被相続人と生計を同じくしていた者」とは、故人とともに夫婦同然の生活を営んでいた内縁の妻であるとか、事実上の婿養子といった場合に該当しますが、生計を同じくしていたことを証明することは、故人が亡くなった後にあっては、それほど容易ではありません。

例えば、住民票の住所地が故人と同一であること、仮に、住民票の住所地が何らかの合理的な理由によって、故人と別であった場合であっても、特別縁故者名義の公共料金等の請求書等が故人の家に届いていたといった証明が必要であると考えます。

また、「被相続人の療養看護に努めた者」については、寄与分（Q 4-19参照）においても同様の言い回しがありました。

寄与分と特別縁故者への財産分与との違いは、寄与分が、相続人が療養看護に努めた者である場合に適用されるのに対し、特別縁故者は、相続人でない者（お尋ねの場合、あなた）に財産分与権を認めた点にあります。

◎裁判手続と実務の運用

自らが特別縁故者であると主張する者は、自ら家庭裁判所に対して、特別縁故者財産分与の申立てを行う必要があります。

申立期間は相続権主張催告期間の満了後3か月以内とされており、申立ての際には、先に示したとおり、自らが特別縁故者であることを証明する必要があります。

実務上は、特別縁故者の財産分与においても、寄与分の場合と類似の運用がなされており、故人の財産の維持増加に金銭的寄与をしていたかどうかといった点が重視されることになります。

そのため、特別縁故者の財産分与の場合も、単なる療養看護では、ほとんど財産分与を得ることはできないでしょう。

寄与分と同様に、療養等に献身的に関与してくれている者に対して、遺産を残したい場合は、生前に遺言書を作成して、その者への遺贈の意思を明確にしておくほうがよいでしょう。

Q 4-13
遺産がどこにあるかわからない

この度、父が亡くなりました。しかし、父にどんな遺産があるのか全くわかりません。どのように調査すればよいのでしょうか。

◎遺産の調査の必要性

相続の話合いをするに際しては、まずどんな遺産があるのかを明確にする必要があります。

①土地建物等の不動産、②預貯金、③生命保険、④その他の財産等、遺産には種類に応じて調査方法が異なります。

◎公正証書遺言の確認

まず、遺産の調査のために最も有効な手段は、公正証書遺言の有無を調査することです。

亡くなった方が生前において、公証役場で遺言を作成していた場合、全国どこの公証役場に問い合わせても、公正証書遺言の有無の調査ができます。

公正証書遺言には、「だれに遺産を分けるか」だけではなく、「遺産目録」が添付されており、どんな遺産があるのかがわかる仕組みになっています。公証役場には、相続人であることを示す資料（戸籍謄本等）を持参して相談してください。

◎不動産の調査

亡くなった方が、どんな土地建物を所有しているのかを調査するためには、不動産登記の全部事項証明書を取得する必要があります。

まず、亡くなった方が住んでいた自宅または第三者に貸していた不動産がある場合には、全部事項証明書を取得して、亡くなった方の所有物であるのかを確認できます。全部事項証明書は法務局で取得できます。

また、亡くなった方が、他に不動産を持っていた可能性がある場合、相続人の方は亡くなった方の「名寄帳（なよせちょう）」を取得することで調査ができます。心当たりのある市町村に問合せをして名寄帳を取得してください。亡くなった方の名義の不動産が一覧表になって示されています。

◎預貯金の調査

預貯金の調査は、亡くなった方が利用していた金融機関の窓口にいき、相続届を提出することから始まります。窓口では、死亡時点の残高証明書と取引履歴を取得することができます。窓口において必要となる資料は金融機関によりさまざまですが、相続人の1人であれば、死亡時の残高証明書と取引履歴は取得できます。ただし、これに加え、その預金を自らの銀行口座に移すといった手続は、相続人全員の同意が必要となります。

また、そもそも、どの金融機関に預貯金があるのかわからない場合には、弁護士による弁護士会照会制度を利用して探すこととなります。ただし、弁護士会照会制度を利用しても判明しないケースがありますので、どこの金融機関を利用しているかについては、生前のうちからご本人に確認しておくのが最善です。

◎生命保険の調査

亡くなった方が生命保険契約をしていた会社名がわかる場合、相続人の1人からその会社に対して契約内容の確認をすることができます。また、契約していた会社がわからない場合、弁護士による弁護士法23条の2所定の照会手続により、一般社団法人生命保険協会に対して照会をすることで、同協会登録の42社（かんぽ生命を含む）に対し一括で契約の有無と契約内容の確認をすることができます。

◎その他財産

その他、相続人は株式がある場合には、株式の内容、株式数を会社に問い合わせることが可能となっています。

また、ゴルフ会員権や着物、貴金属等の動産類については、亡くなられた方のご自宅だけではなく、貸金庫に残されていることがあります。なお、貸金庫の開扉作業は、すべての相続人立会いのもとで行うべきです。

Q 4-14
遺産に含まれる財産と含まれない財産

父が亡くなりました。父の有していた財産は、自宅建物（ローンの残りあり、土地は借地）および預貯金です。父には死亡退職金が支給された他、生命保険の死亡保険金が支払われました。これらはすべて父の遺産となるのでしょうか。

相続財産の範囲については、民法896条が、一般的な規定をしていますが、それぞれの財産や権利の性質から、個別に検討する必要があります。

◎不動産・動産・現金

不動産（土地、建物）、動産（貴金属、車、美術品等）、現金の所有権は相続財産となります。

◎金銭債権・有価証券

金銭債権（預貯金、貸付金）、有価証券（株式、国債、社債、手形）も相続財産となります。

金銭債権は可分債権なので、法律上は相続開始とともに各相続人に権利が継承されます。もっとも、預貯金や有価証券の処理を行う場合、金融機関や証券会社は、相続人全員の同意書面がなければ処理に応じないことが一般的です。

◎生命保険金等

契約内容によって結論が異なります。
① 保険契約者（保険料を負担していた人）と被保険者（保険の対象となる人）が被相続人で、受取人が相続人であった場合には、支払われる保険金を受け取る権利は、当初から受取人固有の権利になるので、相続財産には含まれません。
② 受取人が被相続人自身とする契約である場合には、支払われる保険金を受け取る権利は被相続人の財産ですから、相続財産に含まれます。

もっとも、①の場合でも、保険金の額、この額の遺産の総額に対する比率等の諸般の事情を考慮して、保険金を特別受益（Q 4-17）とするか否かを判断している判例もあります。

◎死亡退職金等

死亡退職金の受給権は、受給権者の固有の権利として、原則として相続財産に含まれません。遺族年金も同様に相続財産に含まれません。

◎社員権（株主権）

株式会社の株主たる地位、有限会社の社員たる地位等も相続の対象になります。

◎賃貸借権

被相続人が住居や土地を賃借していた場合、賃借人の地位は原則として相続されます。貸主の契約上の地位も相続されます。賃料の支払いがない貸借（使用貸借）関係は借主の死亡によって終了し（民法599）相続されません。

◎損害賠償請求権

例えば、交通事故で被相続人が死亡した場合、病院の費用、死亡による逸失利益、慰謝料等の損害賠償請求権も相続の対象になります。

◎祭祀財産

墓地、墓石、仏壇等の祭具や遺骨は相続財産とは区別されます（Q 4-3）。

◎負債（マイナスの財産）

住宅ローン等の債務も原則的に相続されます。ただし、金銭債務のような可分債務は遺産分割の対象とはならず、各相続人の相続分に従って継承されます。

身元保証債務（雇用契約の際の保証人等）や信用保証債務（根保証等）は人的信頼関係に基づいていることから原則として相続されません。

◎相続の効力が及ばないもの

被相続人の一身に専属したものは相続されません（民法896但書）。具体例を以下に挙げます。
① 扶養請求権、生活保護受給権、恩給請求権等
② 使用借権、身元保証債務
③ 委任契約、雇用契約の契約上の地位

◎お尋ねの件について

① 原則的に相続財産となるもの……自宅建物、住宅ローン、借地権（地代が支払われていた場合）、預貯金、死亡保険金（父に支給された場合）
② 原則的に相続財産とはならないもの……死亡退職金

Q 4-15

相続放棄と限定承認

先日、父が亡くなりました。生前の父の経済状態は私たち家族にはわからないところもあり、私たちの知らないところで借金をしているようにも思えます。このような心配がある場合、相続人である私たちは、どのようなことができるのでしょうか。

◎相続放棄とは

相続財産に債務等が多いことが明らかな場合は、法定相続人が相続を望まない場合が多いようです。相続を望まない法定相続人は、相続放棄の手続きをすることができます。相続の放棄をした者は、その相続に関しては、初めから相続人とならなかったものとみなされます（民法939）。

◎相続放棄の手続き（申述）

相続放棄をするためには、その相続人は、家庭裁判所にその旨を申述しなければなりません（民法938）。

◎相続放棄をすべき期間とその伸長

相続人は、自己のために相続の開始があったことを知ったとき（通常は被相続人が死亡したとき）から3か月以内に相続放棄の申述をしなければなりません（民法915①）。

この3か月の期間内に手続きができないときには、その理由を家庭裁判所に申し立てて、期間の伸長をしてもらうことができます。

◎限定承認とは

相続財産に、プラスの財産（資産）とマイナスの財産（債務）とがどのくらい含まれているかわからない場合、相続人は、プラスの財産とマイナスの財産の額が判明した時点で、プラスの財産の限度でのみ債務を弁済する、という手続きを選択することもできます。この手続きを、限定承認と言います（民法922）。

例えば、相続財産のうち、プラスの財産（不動産や預貯金等）の価額の合計が1,000万円、債務の合計額が1,200万円だった場合、相続人は、債権者に対し、1,000万円のみ弁済すれば、残り200万円については弁済する必要がなくなります。

◎限定承認の手続き（申述）

家庭裁判所に、相続財産の目録を作成して限定承認をする旨を申述することが必要です（民法924）。相続人が数人あるときは、限定承認は、共同相続人の全員が共同してのみ行うことができます（民法923）。

3か月の期間制限があることやその期間を伸長できることは相続放棄と同様です（民法915①）。

◎限定承認申述後の手続き

この手続きは、会社の清算手続や破産手続とよく似た、厳密な財産管理手続になります。具体的には、限定承認の申述がなされたことは、官報に掲載され、被相続人について限定承認の手続きが開始されたことと相続債権者（被相続人に対する債権者）は一定期間（通常2か月）内に請求の申出をしなければならないことが公告されます（民法927①）。

この期間が満了した後に、限定承認者は、相続財産をもって、期間内に請求の申出をした相続債権者や存在を知っている相続債権者に、それぞれその債権額の割合に応じて弁済をすることになります（民法929）。

◎相続放棄・限定承認の注意点（法定承認）

相続人が単純承認をすると、無限に被相続人の権利義務を承継し、相続放棄・限定承認ができなくなります。

以下のことを行うと、単純承認をしたものとみなされ、相続放棄・限定承認ができなくなるので注意が必要です（民法921）。

① 相続財産の全部または一部の処分
② 相続人が法定の期間内に限定承認または相続放棄をしなかったとき
③ 相続人が相続財産の全部または一部を隠匿し、ひそかにこれを消費し、または悪意でこれを相続財産の目録に記載しなかったとき

Q 4-16
長男には相続させたくない

私には子どもが2人（長男と長女）いますが、長男は私に対してしばしば暴力をふるい、暴言を吐くこともありました。私は自分の財産は妻と長女にのみ相続させ、長男には相続させたくないと考えています。そのようなことはできるのでしょうか。

A

お尋ねの場合、仮に、長男には相続させず、妻と娘が相続するような遺言書を作成したとしても、長男には遺留分があるので、長男が法定の期間内に遺留分減殺請求権を行使すれば、法定相続分の2分の1の権利が長男に認められてしまいます。

他方、長男に相続人の欠格事由が認められる場合、または相続人の廃除をすることができる場合には、相続させないようにできます。

◎欠格となる場合

相続人の欠格とは、法定相続人の中で相続による利益を与えるのが正義に反する者から、法律上当然に、相続人としての資格を剥奪する制度です。相続人の欠格事由は、民法891条に規定されています。

① 故意に「被相続人又は相続について先順位若しくは同順位にある者」を死亡するに至らせ、または至らせようとしたために、刑に処せられた者
② 被相続人の殺害されたことを知って、これを告発せず、または告訴しなかった者（ただし、その者に是非の弁別がないとき、または殺害者が自己の配偶者もしくは直系血族であったときは、この限りでない）
③ 詐欺または強迫によって、被相続人が相続に関する遺言をし、撤回し、取り消し、または変更することを妨げた者
④ 詐欺または強迫によって、被相続人に相続に関する遺言をさせ、撤回させ、取り消させ、または変更させた者
⑤ 相続に関する被相続人の遺言書を偽造し、変造し、破棄し、または隠匿した者

この遺言書の破棄または隠匿は、相続に関して不当な利益を目的とするものに限定して相続欠格者とするのが判例です（最判平9.1.28）。

◎欠格事由に該当する者の地位

欠格事由に該当する者の相続権は、法律上当然に失われるので、手続き等は特に必要ありません。ただし、欠格事由に該当するかどうかで、当該相続人との間で争いが生じる可能性はあります。

欠格事由に該当する者に子がいる場合、子が欠格事由該当者を代襲して相続人となります（民法887②）。

◎廃除となる場合・廃除の手続き

一方、相続人の廃除とは、一定の事由が存在する法定相続人から、被相続人の意思に基づいて、相続人としての資格を剥奪する制度です。民法892条に規定されています。

遺留分を有する推定相続人（相続が開始した場合に相続人となるべき者をいう）が、被相続人に対して虐待をし、もしくはこれに重大な侮辱を加えたとき、または推定相続人にその他の著しい非行があったときは、被相続人は、その推定相続人の廃除を家庭裁判所に請求することができます。

裁判例では、この虐待または重大な侮辱は、被相続人に対し精神的苦痛を与え、またはその名誉を毀損する行為であって、それにより被相続人と当該相続人との家族的協同生活関係が破壊され、その修復を著しく困難にするものを含む、としています（東京高決平4.12.11）。

廃除の意思表示は遺言によって行うこともできます。この場合は、遺言執行者が家庭裁判所に廃除の請求を行います（民法893）。

Q 4-17 生前贈与をしたうえで法定の相続分も渡したい

私は、弟に1,200万円を生前贈与したうえで、さらに、法定の相続分も相続させたいのですが、よい方法はありませんか。

A

◎特別受益の持戻し免除の意思表示とは

法定相続分より多額の財産を生前贈与されたものは、原則として、相続時には遺産相続を受けることができません。

しかし、例外的に「特別受益の持戻しの免除」の意思表示があれば、生前贈与を受けたうえで、さらに本来の相続分も受領できるのです。

「特別受益の持戻しの免除」の意思表示とは、生前贈与を行う際、贈与する人がもらう人に対して、「この生前贈与は相続とは関係なく贈与するものであり、相続分の前渡しではない。自分が亡くなった場合は、生前贈与分を考えることなく、残った財産のみを相続人間で分けよ」といった意思表示をすることであり、これにより、生前贈与分は遺産相続の際、一切考慮されなくなります(民法903③)。

お尋ねの件では、あなたが、弟さんに生前贈与する時点で、「この弟にあげる生前贈与分は、相続分の前渡しではないですよ」と意思表示した場合、あなたの意思を尊重し、「生前贈与と相続をまったく切り離して考えましょう」とするシステムです。

すなわち、1,200万円を相続財産に入れず、さらに、弟さんの相続分からも差し引かなくてよいことになります。

4,800万円 × 1/6 = 800万円
↑   弟の相続割合
死亡時にあなたの手元にある財産＝相続財産

この場合、弟さんは、生前贈与で1,200万円受領しつつ、あなたの手元にある残余財産4,800万円につき、法定相続分として6分の1の800万円分を相続でき、合計として2,000万円受領することができます。

このように「特別受益の持戻しの免除」の意思表示により、生前に自分の意思で財産を配分することが可能になります。ただし、相続は紛争がつきものですので、紛争予防の観点から、「特別受益の持戻しの免除」条項を入れた生前贈与契約書を作成しておくことをおすすめします。

◎生命保険金受取請求権について

なお、あなたが、弟さんを受取人とする1,200万円の生命保険に加入した場合、あなたの死亡により、弟さんは1,200万円の生命保険金を受領できることになります。この生命保険金受取請求権は、弟さん固有の財産であり、あなたの相続財産には含まれません。

しかし、最高裁判所は、「保険金受取人である相続人とその他の共同相続人との間に生ずる不公平が到底是認することができないほどに著しい(中略)場合」、「死亡保険金請求権は特別受益に準じて持戻しの対象となる」と判断しました（最判平16.10.29）。

すなわち、弟さんの生命保険金受領金額が過大すぎて、他の相続人の相続分が少なくなるような場合、その生命保険金1,200万円を弟さんの相続分とみなし、弟さんは、この他に、あなたの遺産から相続を受けることができなくなります。

生命保険金額が相続財産の50％程度に達しているような場合に、前述最高裁判例がいう「不公平が到底是認することができないほどに著しい」場合にあたるとの判断がなされた裁判例もあります。

このように、将来の相続に備えて生命保険契約を締結する場合には、生命保険金の金額が過大ではないかどうかに注意を払う必要があります。

Q 4-18
自営業者の跡継ぎに対する相続上の取扱いは

私は農家の跡継ぎとして、父とともに20年間農業を営んできましたが、この度父が亡くなりました。私の母はすでに死亡しており、相続人は、私の他、18歳の頃から東京で銀行員をしている兄がいます。田畑を含めた父の財産は、兄と私の2人で半分ずつ相続することになるのでしょうか。

A

◎寄与分

お尋ねの件のような場合、兄弟の法定相続分はそれぞれ2分の1ずつです。しかし農家の跡継ぎとして、お父様と共に20年間農業を営んできたあなたと、東京に出て銀行員をしているお兄様とが、同じだけの相続をすることが本当に公平でしょうか。

仮に、相続財産がすべて農地だった場合、あなたは、今までの半分の農地で農業する権利しかなくなってしまいます。

そこで、このような場合、あなたが、お父様の遺産の維持や形成に特別の寄与をした場合、その寄与の割合に応じて、あなたを優遇しようという制度があります。

このような、相続人の中に、被相続人の財産の維持または形成に特別の寄与・貢献をした者がいる場合に、その寄与に相当する額を加えた財産をその者に相続させる制度を、「寄与分」と言います（民法904の2）。

◎寄与分が存在する場合の計算方法

では、寄与分が存在する場合の相続分は具体的にどのように計算するのでしょうか。

例えば、お尋ねの場合お父様の遺産が、5,000万円だった場合で、あなたが、お父様と共に農業をしていた際、新たな農地の購入に際して、お父様に1,000万円無償提供していた場合を考えてみます。

この場合、まず、お父様の遺産のうち、あなたが無償提供した1,000万円分を寄与分として、お父様の遺産5,000万円から控除し、4,000万円が相続対象の財産となります。

5,000万円　－　1,000万円　＝　4,000万円
お父様の遺産　　あなたの寄与分　　相続対象財産

そして、その4,000万円をお兄様とあなたで法定相続分で按分します。すなわち、お母様はすでに亡くなっており、子は、お兄様とあなたの2人だけですので、それぞれ2分の1ずつ、すなわち、2,000万円ずつ相続します。

そして、あなたの相続分については、先ほど控除した1,000万円を最後に加え、合計3,000万円が相続分となります。

兄　$4,000万円 \times \frac{1}{2} = 2,000万円$

弟　$4,000万円 \times \frac{1}{2} + 1,000万円 = 3,000万円$
（あなた）

このようにして、被相続人の財産の維持または形成に特別の寄与・貢献をした相続人には、それ以外の相続人より、多くの財産を相続させることで相続人間の公平を図っているのです。

Q 4-19
看病を行ってきた相続人の寄与分は

私の父は、認知症にかかったのち、亡くなりました。私の妻は、生前、父の看病に全力を注いできました。妻の看病は、相続割合の算定において評価されないのですか。また、私自身がした看病についてはどうですか。

◎寄与分権者

寄与分とは、あくまで「相続人の中に」、特別の寄与・貢献をした者がいる場合に、相当の財産を与え、「相続人間の」公平を保つ制度であり、寄与分を主張できるのは法定相続人に限定されています。

すなわち、お尋ねの場合には、あなたのお父様の看病に全力を注いだ女性は、あなたの奥様であり、あなた自身ではないため、法定相続人が特別の寄与をした場合ということはできません。

そのため、あなたの奥様は、いくらあなたのお父様の看病により特別の寄与・貢献をしたとしても、寄与分を主張することはできないのです。

◎財産の維持または増加についての特別の寄与

お尋ねの件で、あなたが直接あなたのお父様の看病を続けていたような場合であっても、民法上、寄与分を主張する要件として、「財産の維持又は増加について特別の寄与」をしたことが必要です。

では、この「財産の維持又は増加について特別の寄与」とは具体的にいかなる場合を指すのでしょうか。

この点、民法では、例示として、被相続人の事業に関する労務の提供、財産上の給付、被相続人の療養看護といった具体例が挙げられています。

そのため、お尋ねの場合、仮にあなたがあなたのお父様の看病をきちんとしていたとすれば、前述の療養看護に該当し、当然に寄与分を主張できるとも思えます。しかし、実際には、あなたは寄与分を主張することはできません。

なぜなら、あなたはあなたのお父様の子ですから、当然に、あなたのお父様を扶養する義務があります（民法877）。そのため、通常の看護はそもそも子としての扶養義務として当然行うことが求められていますので、「特別の」寄与とは言えないのです。

また、あくまでも「被相続人の財産の維持又は増加について」特別の寄与をしたことが求められます。すなわち、単に時々、あなたのお父様の家に見舞いに行ったり、時々看病したりしただけでは足りず、看病があなたのお父様の財産の維持または増加に寄与したことが必要なのです。

具体的には、本来老人ホームのような施設に入居する必要があり、そのためのお金を支出する必要があったにもかかわらず、毎日、つきっきりで看病していたため、そのような施設への入居の必要がなく、また、ヘルパーさんを呼ぶことも不要だったため、その分のお金を支払わずに済んだといった特別の事情を証明できてはじめて、寄与分が認められるのです。

◎裁判手続と実務の運用

自らが寄与分権者であると考える者は、家庭裁判所における遺産分割調停等の手続きの中で、寄与分の主張をすることになります。

民法上、寄与分の認定は、寄与の時期、方法および程度、相続財産の額その他一切の事情を考慮して定めるものとされていますが、実務上、看病等による貢献を理由とした寄与分の認定は、極めて厳しい判断が下される傾向にあります。裁判所としては、金額が明確な出資的な貢献に対しては寄与分を比較的認定しやすいのですが、看病等の場合は具体的な金銭に換算できない場合が多いことがその理由です。

このような実務の運用を踏まえますと、療養等に献身的に関与してくれている者に対して、遺産を残したい場合は、生前に遺言書を作成して、その者への遺贈の意思を明確にしておくほうがよいでしょう。

Q 4-20

相続と税金

この度、夫が亡くなりました。相続人は、私と2人の子どものみです。

夫は、不動産や預貯金等、それなりに資産を有していたのですが、相続には相続税がかかると聞いており、支払えるか心配です。

◎相続税とは

相続税とは、亡くなった方から取得した財産に課される税金です。相続税の申告は、死亡の日の翌日から10か月以内に被相続人の住所地を管轄する税務署に申告書を提出する方法で行います。

もっとも、相続税が課される財産の価額や相続債務の額によっては、相続税の申告が不要な場合もあります。ここでは、相続税の申告が必要か否かの判断の過程を説明します。

◎課税対象財産

原則としては、亡くなった方が死亡時に所有していた財産が、相続税の課税対象となります。不動産（土地、建物）、有価証券（株式、社債等）、預貯金、現金、動産類等、金銭的に評価が可能なものは、全て含まれます。家族の名義の財産や日本国外の財産であっても、それが亡くなった方の所有していた財産であれば、相続税が課されることとなります。

この他、亡くなった方が死亡時に所有していない財産であっても、亡くなった方の死亡を契機に支払いがなされる生命保険金や死亡退職金（「みなし相続財産」）や亡くなった方から生前に贈与を受けた際に相続時精算課税を適用した財産、相続開始前3年以内に被相続人から贈与を受けた財産などが相続税の課税対象となります。

◎相続財産の評価

課税対象財産のうち、預貯金や現金は死亡時の額面で評価されます。宅地については路線価方式または倍率方式に基づき、建物については固定資産税評価額に基づき、それぞれ評価されるのが原則です。上場株式については、相続開始日の終値・相続開始月の終値月平均・相続開始月の前月の終値月平均・相続開始月の前々月の終値月平均のうち最も低い価額により評価されます。

◎課税価格の算定

評価された相続財産の額がそのまま課税価格となるものもありますが（預貯金・現金等）、財産の種類によっては課税価格の減額が認められる制度もあります。例えば、亡くなった方又は亡くなった方と生計を一にしていた親族の居住用宅地については、330平方メートル分を限度に80％課税価格を減額できる場合があり（「小規模宅地の特例」）、また、みなし相続財産については、「500万円×法定相続人の数」だけ非課税となります。

さらに、亡くなった方の債務や、相続人が負担した被相続人の葬儀費用の額は、課税価格の合計額から控除することができます。

このように算定された課税価格の合計額が、遺産に係る基礎控除額（3000万円＋（600万円×法定相続人の数））を上回る場合に、その差額を課税遺産総額として、相続税の申告をする必要が生じることとなります。

◎法改正への対応・税理士への相談

相続税に関する法改正は頻繁に行われており、前述の小規模宅地の特例や基礎控除額の数字は、平成27年1月1日以降の相続や遺贈に適用される数字です（小規模宅地の特例の適用は受け易くなりましたが、基礎控除額は大幅に減額されている）。また、課税遺産総額を基準とする各相続人の負担すべき税額の算定方法・税率・控除額や、税額負担がなくとも相続税の申告が必要な場合（配偶者の税額軽減措置の適用を受ける場合等）の定め等、常に最新の法令に従って、申告が必要か否かの判断や、申告する場合の税額計算を行う必要があります。

課税価格の合計が基礎控除額を超えないことが意見して明らかな場合はともかく、お尋ねのように、亡くなった方がそれなりの資産を有していた場合は、一度は専門家である税理士に相談したうえで、対応を検討することをおすすめします。

3 遺産分割・遺産管理

Q 4-21

遺産分割協議

資産家の父が死亡し、調査の結果、母（父の妻）と子3人が法定相続人であることがわかりました。どのような方法で、遺産を分け合えばよいのでしょうか。

◎ 遺産分割とは

遺産分割とは、被相続人の死亡と同時に共同相続人の共有となった相続財産につき、相続人各人に分割配分することを言い、死亡と同時に、暫定的に不安定な共有状態となっている財産権利関係を明確にするために行う相続人間の合意を言います。

◎ 遺産分割協議の方法

遺産分割は、相続を受ける者全員の合意である以上、まずは、相続を受ける者全員の協議によって行われることを予定しており、全員の合意に基づけば、遺産をどのように分けるかは自由に決定できます。仮に、遺言があるときであっても全員の合意があれば、これと反する遺産分割が可能です。

しかし、共同相続人間に、相続分の割合に不満があるとか、具体的にどの財産を取得するかといった点で食い違いが生じ、協議がまとまらない場合、各相続人は、家庭裁判所に遺産分割調停の申立て、または遺産分割の審判を求めることができます（民法907②）。

◎ 具体的な分割の方法

遺産が可分な金銭債権のみであるような場合は、それぞれ遺産する割合により単純に分けることで分割が実現します。しかし、遺産が土地や建物のみである場合は、下記の分割方法を取り入れる必要があります。

① 現物分割

現物をそのまま分割する方法（土地を半分にして、2名でそれぞれ単独所有とするといった方法）

② 換価分割

遺産を売却して得た代金たる金員を分割する方法（例えばすでに誰も住む予定のない土地や建物を分割する場合）

③ 代償分割

相続人のうち1人が遺産たる財物を単独所有とし、他の者には、その対価として、相当額の金員が支払われる方法

③は、お尋ねの件で言えば、母が父と長年一緒に暮らしていたことに鑑み、母が遺産の土地と建物を取得し、母はその対価として、子3人に対して相応の金員を支払うという方法です。

◎ 遺産分割協議の時期

以上のとおり、遺産分割の方法が合意に達したら、遺産分割協議書（Q 4-24参照）を作成し、協議を成立させることになります。

被相続人が死亡し、相続が開始した後であれば、この協議の成立の時期に制限はありません。

しかしながら、遺産分割前の暫定的な財産関係は、不安定な共有状態であると共に、遺産分割協議を行う前に、相続人の1人がさらに死亡してしまった場合、権利関係が複雑になるおそれもあります。また、相続税の納付は、各相続人が遺産分割により取得した財産の割合に応じて納付するところ、この納付期限は、被相続人の死亡から10か月以内と定められています（遺産分割が確定しないときは、確定後に修正申告をする旨を税務署に明らかにして、暫定的な申告・納付をしておく）。

これらの事情を考慮すれば、相続人間で不安定な財産状態にある方は、なるべく早期に遺産分割を行うほうがよいでしょう。

Q 4-22

相続財産の価値の決め方

父が亡くなりました。父の遺産は、自宅の土地建物、銀行預金の他に、株式があります。相続人は私と兄の2人だけです。兄から、自宅の土地建物は兄、株式は私、預貯金は兄と私で半分ずつ相続するという、遺産分割の提案を受けました。兄弟間で不公平がないのなら、兄の提案に応じても構わないと考えていますが、土地建物や株式の価値は、どのように算定すればよいでしょうか。

◎遺産評価の必要性

お尋ねの事例において、自宅の土地建物は兄弟各2分の1の割合で共有し、株式は売却して代金を兄弟各2分の1の割合で分配すれば、土地建物や株式の価値を算定することなく、公平に遺産を分割することができます。

もっとも、このような分割方法はあまり一般的ではありません。通常は、「遺産AはXさん、遺産BはYさんが相続する」、といった具合に、特定の遺産を特定の相続人が単独で取得する方法で分割することが多いでしょう。その場合、各相続人間の公平を図るためには、個々の遺産の価値が適切に評価されなければなりません。

裁判所が審判によって遺産分割方法を決定する場合には、必ず遺産の客観的価値を認定する必要があります（裁判例）。また、協議や調停において、当事者間の合意により遺産を分割する場合でも、分割方法を決める前提として遺産の価値を明らかにしておく必要があります。

◎遺産評価の基準時

相続開始時から遺産分割時までに相当の期間が経過しており、その間に遺産の価値が大きく変動している場合も少なくありません。このような場合に、いつの時点を基準として遺産を評価すべきかについては、「相続開始時＝被相続人の死亡時」とするか、「遺産分割時＝分割協議成立時・調停成立時・審判時」とするか、考え方が分かれています。現在の実務的には、価値の変動による相続人間の不公平を生じさせないように、ほとんどの場合、遺産分割時を基準とする運用がなされています。

このように、遺産の客観的価値は、「遺産分割時の実際の取引価額＝時価」として評価されることが一般的です。

◎遺産の評価方法

① 不動産

不動産の評価は同種の不動産が市場において取引されている価格との比較で価格を算定する「比較法」、当該不動産を利用することにより得られるであろう収益を期待利回りで除して資本還元することにより価格を算定する「収益法」、土地の不動産の再調達原価について減価修正して価格を算定する「原価法」の3種類があります。これらを併用して総合的に判断することで、適正な価格が評価されると考えられています。

② 株式

上場株式の場合は、取引相場が明らかですので、分割時に最も近接した時点での取引価格や、近接する一定期間の平均額によって評価されます。

非上場株式の場合は、会社法上の株式買取請求における価格の算定方法や、相続税算出のための税務署の算定方法を参考にして評価されることになります。

◎専門家による鑑定の活用

遺産分割協議や調停において、各相続人間で、遺産の時価について争いがない場合もあります。例えば、不動産については、各相続人がそれぞれ別の不動産を取得する場合に、全て相続税評価額や固定資産評価額で算定することに合意する場合もなくはありません。しかし、各相続人間で争いがあるときや、公平性に疑問があるときに、いくら当事者間で協議を重ねても、お互い納得のゆく結論に至ることは難しい場合が多いです。

そこで、このような場合には、不動産については不動産鑑定士、株式については公認会計士等の、専門家による鑑定を実施することで、当事者間の公平を図ることをおすすめします。

Q 4-23
連絡が取れない相続人がいる場合の遺産分割

私は夫と2人で住んでいましたが、この度夫が亡くなりました。相続人は、妻である私、長男、次男の3人ですが、長男は10年前から音信不通で行方がわかりません。老後を考えて、自宅を次男に取得させて、次男夫婦との二世帯住宅に建て替えたいと考えているのですが、どうしたらよいのでしょうか。

A

◎不在者財産管理人の選任

遺産分割協議（Q 4-21参照）は、相続する者全員によって行われ、相続人の中に行方のわからない者がいる場合、遺産分割協議を行うことができず、残された共同相続人は、長期にわたり不安定な権利関係のもとに置かれることになります。

このような不合理な状況を解消すべく、行方不明者に代わり財産を管理する不在者財産管理人を裁判所が選任し、その不在者財産管理人が他の相続人との間で遺産分割協議を行い、遺産の帰属を明確にする方法があります。

残された相続人が不在者財産管理人を選任するためには、家庭裁判所に対して、
① 不在者財産管理人選任申立書
② 行方不明の者が、従来の住所または居所を去り、容易に戻る見込みのない者であることを証明する資料
③ 申立人および行方不明者の戸籍謄本
④ 財産管理人候補者の戸籍謄本および住民票
⑤ 申立人が行方不明者の財産の管理に利害関係を有することを証する資料
⑥ 財産目録（不動産が存在する場合は、登記事項証明書も）
⑦ 収入印紙800円および郵便切手
を提出する必要があります。

◎不在者財産管理人の職務

家庭裁判所は、申立てに適法な理由があると認めた場合、原則として申立人の推薦する財産管理人候補者を不在者財産管理人として選任します。

不在者財産管理人は、選任されると、まず、管理対象とされる財産の目録を作成し、その後、不在者の財産を管理、保存します。

また、家庭裁判所は不在者に代わって、遺産分割を行うことを特別に許可することができます。

このような段階を経て、残された相続人は、不在者財産管理人を交えて遺産分割協議を交わすことができるのです。

◎失踪宣告

また、不在者の生死が7年間明らかでない場合、または、震災等、死亡の原因となるべき危難に遭遇し、震災の状態が終息した後1年間、生死が不明であったという事態に至った場合、利害関係人の申立てにより、行方不明者の失踪宣告を請求できます。

お尋ねの件のような場合、夫の相続人は、妻、長男、次男の3人であるところ、このうち、長男が10年以上行方不明であるとして、「不在者の生死が7年間明らかでない場合」に該当します。したがって、長男の失踪宣告の申立てをすることができます。

Q 4-24

遺産分割協議書の作成方法は

相続人間で、遺産の分割方法について合意ができました。遺産分割協議書には、何を記載すればよいのでしょうか。

A

◎遺産分割協議書の記載事項

遺産分割協議書の記載事項は、以下のとおりです。

① 被相続人および相続を受ける者の特定

当該遺産分割協議書が誰の相続に際して、誰が相続人として遺産分割に参加するのかといった事件、当事者の特定を行います。

遺産分割協議書は不動産の相続登記の際に写しを法務局に提出することから、当事者欄の住所は住民票記載のとおりの住所を記載する必要があります。

② 相続を受ける者すべての署名押印（実印）および印鑑登録証明書の添付

処分証書たる本件書面は、当事者間に意思の合致があったことが、この署名押印で明らかになります。

③ 相続を受ける者のうち、誰がどの遺産を取得するのかという分与方法の明示

遺産分割の最も核心部分であり、紛争予防の見地から、必ず、誰が見ても、文章の意味が明らかである条項を設ける必要があります。

④ 協議書調印日時

遺産分割協議書の調印をもって、相続を受ける者の権利関係に多大な変化をもたらします。そのため、日付は明確に記載しておきましょう。

⑤ 「相続人全員が、遺産分割協議が成立したことを証するために、それぞれ署名、押印し、各1通を所有する」との文言

相続人全員が同一内容の遺産分割協議書を保管、保有することで、正確性を担保します。

◎遺産分割協議書書式

遺産分割協議書の記載例は、以下のとおりです。

遺産分割協議書

○○○○（本籍：東京都○○区○○町○番地）が、平成○年○月○日死亡したことに伴う相続につき、共同相続人である、○○○子、○○一郎、○○次郎は、次の通り遺産分割協議をした。

1．相続人○○一郎は、次の遺産を相続する。
(1) 土地（※1）
　所　在　東京都○○区○○町○番地
　地　番　○番地
　地　目　宅地
　地　積　○○○m²
(2) 建物（※1）
　所　在　東京都○○区○○町○番地
　家屋番号　○番地
　種　類　居宅
　構　造　木造銅板葺2階建
　床面積　1階　○○m²
　　　　　2階　○○m²

2．相続人○○一郎は、第1項記載の遺産を取得した代償として、相続人○○次郎に対し、○○,○○○,○○○円を支払う。

3．相続人○○○子は、次の遺産を相続する。
(1) 預貯金（※2）
　○○銀行○○支店　普通預金
　口座番号○○○○○○
(2) 株式
　○○○○株式会社　普通株式　○○○株

上記のとおり相続人全員による遺産分割協議が成立したので、これを証するため、各相続人署名押印の上、本書を作成する。（※3）

　　平成○年○月○日

　　東京都○○区○○町○番地
　　　○　○　○　子　　印（※3）

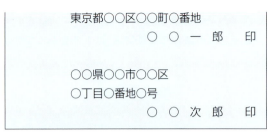

（※１）　土地と建物の表示は、将来の紛争予防のために、正確に記載する必要がありますので、法務局にて、登記情報の全部事項証明書を取得し、同証明書の記載とおりの記載をすべきです。なお、登記上の所在地は普段使用する住所地と異なる場合がありますので注意が必要です。

（※２）　遺産分割協議書においては、預貯金残高までの記載は不要です。ただし、相続税の申告に際して、被相続人死亡時の残高証明が必要になりますので、事前に取得することをおすすめします。

（※３）　署名は、ご自身で記載してください。また、印は、印鑑登録した実印を使用し、印鑑登録証明書を添付することになります。

Q 4-25
遺産分割協議が成立した後、遺言書が見つかった

父の遺産につき遺産分割協議成立後、家を整理していたら、父の遺言書を発見しました。すでに成立した遺産分割協議において長女の私と妹がちょうど同じ面積の土地を相続することになっていましたが、見つかった遺言書の中で父は、土地についてすべて私が相続する旨記載していました。遺産分割協議を破棄し、協議をやり直すことができますか。

◎遺産分割協議の効力

まず、相続を受ける者の間で、遺産分割協議が成立した場合、遺産分割の効力として、分割によって各人に分割された各権利は、被相続人の死亡時にさかのぼって相続のときからそれぞれの相続人に帰属していたものとみなされます（民法909）。

すなわち、お尋ねの件の場合、遺産分割協議成立により、お父様の遺産である土地は、父の死亡の瞬間にさかのぼり、その時点からお姉様と妹さんがそれぞれ分割を受けた土地を所有していたことになります。

◎遺産分割協議の無効

では、このような強い効力を持つ遺産分割協議が無効になる場合とはいかなる場合でしょう。

まず、遺産分割は相続人全員の合意によって行われるものですから、仮に、戸籍謄本に掲載されている相続人が何らかの手違いで一切遺産分割協議に参加しなかった場合、裁判例上、この遺産分割協議は合意の前提を欠くとして無効と判断しました。

一方で、遺産分割後に相続人であると認知された者との関係では、少なくとも遺産分割締結時点でその者は認知されていなかったのであるから、瑕疵の程度は著しいものではなく、認知された者は、無効を主張できず、価額による支払請求ができるにすぎません。

また、お尋ねの件のように、遺産分割協議成立後、被相続人の遺言書が見つかり、その中で特定の財産について遺贈がなされていた場合も同様です。

お父様が死亡し遺言の効力が発生したと同時にあなたがその財産のうち遺言どおり土地のすべてを取得することになります。

そのため、この土地は遺産分割の対象ではなかったことになり、その土地に関する限り分割協議は無効になります。

◎再度の遺産分割協議

遺産分割協議は、全員の合意があれば、再度行うことも認められています。

お尋ねの件のように、あなたのやり直しの提案に対し、妹さんや他の相続人が皆同意した場合、再度の遺産分割協議を行い、遺産を分けることになります。

Q 4-26
遺産を分割する前の財産の管理方法は

父の遺産は、自宅の土地建物の他、現金600万円、銀行からの借入れ500万円、父の友人へ貸し付けている債権1,000万円があります。相続人は、自宅に住む母（父の妻）、長男の私、次男の3人です。遺産分割前において、これらの財産はどのように管理すればよいのでしょうか。

◎遺産分割前の所有関係

民法898条は、「相続人が数人あるときは、相続財産は、その共有に属する」と定めています。

遺産分割前の相続財産の権利関係は、あくまで、のちに正式に権利者が決まるまでの暫定的な状態である部分が多いため、分割が形式的にできない財産については、まずは、相続人全員による共有として管理保全に当たらせることとしたのです（Q4-21参照）。

そこで、まずは、各財産の遺産分割前の権利の帰属について把握します。

◎不動産の帰属

お父様の遺産としての自宅土地建物について、遺産分割前においては、相続人間の共有となるところ、家に住み続けている相続人の1人であるお母様はどのように自宅を管理すべきでしょうか。

まず、各相続人は、相続財産全部について使用収益する権利がありますので、従来から自宅に住み続けている相続人の1人であるお母様もそのまま居住し続けることができます。

お母様が自宅に住み続けているため、他の相続人の使用が妨げられていますが、お父様の生前に、許諾を受けて自宅に住んでいたのであれば、死亡後も、遺産分割協議終了までは、自宅の使用権が認められ、例えば、他の相続人がこの間使用できなかったことについて、金銭賠償をする必要はありません。

◎現金の帰属

現金は、可分なものであり、あたかも当然に法定相続分の割合で分割されそうですが、判例上、当然には分割されないとされています。

そのため、お父様の遺産としての現金600万円について、例えば、お母様がこれを保管していた場合、息子たちは、遺産分割協議前に法定相続分だけ支払うよう求めることはできません。あくまでも遺産分割が成立するまではすべての金額について共有状態にあるのです。

◎債権の帰属

一方で、可分な債権については、相続開始により、法律上当然に分割され、各相続人が法定相続分の割合に応じて権利を承継するとされています。

よって、お父様が友人に貸し付けていた1,000万円の金銭債権については、お母様が500万円、あなたと弟さんがそれぞれ250万円ずつ当然に承継し、各自、遺産分割協議を経ることなく債権回収をすることができます。

◎債務の帰属

また、可分な債務についても、可分債権と同様、相続開始により法律上当然に分割され、各相続人が法定相続分の割合に応じて義務を承継することになります。

お父様の銀行への債務が可分なものである場合、お母様は250万円、あなたと弟さんは、それぞれ、125万円ずつ債務を承継し、各人が当該金額を支払えば、支払者は500万円全額支払うことなく債務を消滅させることができます。

Q 4-27
遺産を分割する前のアパート等の管理方法は

父が死亡し、母は3年前に亡くなっているため、賃貸アパート1棟を、私たち子ら3人が相続することになりました。いまだ相続人間で遺産分割協議は整っていませんが、アパート賃料を長期間滞納している入居者に対して、何らかの請求はできないのでしょうか。

A

◎遺産たる不動産を目的とする賃貸借契約に基づく賃料請求

遺産分割前の相続財産たる賃貸アパートについては、相続人である子らの共有に属することになります。

共有物の使用収益方法については、

① 共有物の現状を維持する保存行為であれば単独で行うことができる
② 共有物を利用または改良に資するような管理行為であれば、相続分の過半数の同意が必要
③ 共有物を処分する行為であれば、全員の同意が必要

とされています。

お尋ねの事例で、例えば、相続開始後、新しい人を部屋に住まわせることは、共有物を利用する行為であり、財産の管理行為として過半数の同意が要求されていると考えます。

一方、お尋ねの場合のように、すでに入居している人に対して、滞納賃料の支払請求をすることは、現状を維持する保存行為と見ることができます。

とすれば、相続人は単独で入居者に滞納賃料の支払いを請求することができそうです。

ただし、お父様の死亡時すでに発生している賃料債権については、相続割合で当然に分割されています（Q 4 -26参照）。

したがって、お尋ねの件の場合、相続人の1人として賃料請求をすることができるものの、請求金額は、3人の相続人の中での相続割合である3分の1にとどまると言えます。

◎遺産たる不動産を目的とする賃貸借契約の解除

では、滞納者に対して、賃貸借契約を解除して、アパートを明渡すよう請求することはできないのでしょうか。

この滞納者を追い出す行為は、共有物の現状を維持する保存行為を超えて、共有物を利用しまたは改良に資するような管理行為に該当すると考えられるところ、3人の相続人のうち、単独では明け渡し請求は困難であり、3人中2人の連名ではじめて、契約を解除し、立退きを求めることができると考えます。

以上のとおり、共有状態にあっては、単独で行いうる行為、過半数で行える行為、さらには、全員一致で行える行為があります。

自分の行動がどの程度の行為なのかを慎重に判断し、行動しましょう。

Q 4-28 相続財産を無断使用、無断売却された場合の対処は

3人の相続人の間で遺産分割協議が整わないうちに、遺産の一つである一戸建て住宅に、相続人の1人である兄が勝手に住み始めました。このような場合、兄に対して住宅から立ち退くよう請求できますか。また兄は、遺産の一つであるマンションの部屋を第三者に勝手に売却し、所有権移転登記をしてしまいました。このような場合、他の相続人はどのような請求ができますか。

◎共同相続した不動産の使用権限

遺産分割前の不動産の管理は、相続人間での共有とされており、各相続人は、相続財産全部について使用収益する権利があります（Q 4-26参照）。

したがって、お兄様も相続人の1人として、遺産の一つである一戸建て住宅に住み、使用収益する権利があるのです。そのため、他の相続人は、お兄様に対して、この住宅から立退くよう求めることはできないのです。

◎共同相続人対する請求の可否

このように考えると、お尋ねの場合お兄様だけが得をして、他の相続人が損をしているように感じられます。

しかしながら、この結論は、遺産分割前の財産関係を共有であると規定した民法上やむをえないものなのです。

なお、お尋ねの場合、お兄様は、相続開始後になって住み始めたものであり、被相続人から事前に許諾をうけて居住していたといった事情がありません。したがって、他の相続人は、お兄様に対して、自分たちの使用収益権を害されたとして、不当利得返還請求をすることができると考えられます。

◎共同相続した不動産の売却権限

次に、相続人の1人であるお兄様は、共同相続したマンションの部屋を単独で売却することができるでしょうか。

共有物を処分する行為であれば、全員の同意が必要とされています（Q 4-27参照）。

それなのに、お兄様は、他の相続人の同意を得ることなく一方的に、マンションの部屋を売却し、移転登記を経てしまいました。

このようなお兄様の売却行為は処分行為として効力を有しません。

しかしながら、お兄様にも、3人の相続人の1人として、マンションの部屋にも3分の1の持分を有しています。そして、この持分は、自らの権利ですので、先のマンションの部屋全体の処分行為とは異なり、単独で第三者へ譲渡が可能なのです。

◎買主に対する請求の可否

しかしながら、お兄様が処分できるのは、自らの持分割合3分の1に過ぎません。

そこで、お兄様からマンションの部屋全部を譲り受けた第三者は、お兄様の持分である3分の1を除く3分の2の持分について、無権利者であるのですから、他の2人の相続人で、その第三者に対して、3分の2の持分について、所有権移転登記一部抹消（更正）登記請求をすることができるのです。

この結果、マンションの部屋は、お兄様をのぞいた相続人2人と、当該持分3分の1を購入した第三者の、3人の共有という権利関係になります。

Q 4-29 遺産分割協議がなかなか整わない

今まで疎遠だった兄夫婦が、父の死亡後、突然帰省し、実家の土地建物を売却することで換金し分け前をほしいと主張してきました。実家を残したい私（弟）や母との間で、どうしても遺産分割協議が整いません。このような場合、どのような手続きをとることができますか。

◎遺産分割調停の申立て

遺産分割協議は、あくまでも相続人間で、お互い話合いによる分割が可能な場合の手法です。しかし、お尋ねの件のように、相続人間で話合いによる解決ができない場合は、家庭裁判所に対して、遺産分割調停の申立てをすることができます。

遺産分割調停には、相続人全員が関与することが必要とされていますので、お尋ねの場合あなたがお兄様に対して調停を申し立てた場合には、お母様も連名で申立人として調停に参加することになります。

なお、調停に参加できるのは原則として相続人に限定されますので、例えば、今までお兄様の妻が、協議の際主導的に関わっていたとしても、お兄様の妻は相続人ではありませんので調停には当事者として関与できません。また、申立ては、相手方の住所地を管轄する家庭裁判所に対し行うことになります。お尋ねの件の場合、お兄様の住所地を管轄する家庭裁判所になります。家庭裁判所に申立てを行うと、期日の指定がされ、双方が家庭裁判所に出頭することになります。

◎遺産分割調停の審理

家庭裁判所での調停は、おもに家事調停委員2名が各相続人から話を聞くことになります。調停委員は裁判所から任命された民間人ですが、弁護士や不動産鑑定士等専門的な知識、経験を持った50代以上の方が就任する傾向にあります。

あなたとお母様が調停を申し立てたとすると、第1回の調停では、まずあなたとお母様が、調停委員2名から、調停室にて事情を聞かれます。その際には、相続対象の遺産としてどんなものがあるのかという点と、その遺産の分割をめぐるどんな争いがあるのかといった点を中心に聞かれます。

その事情聴取が終わると、あなたとお母様は調停室から出て申立人待合室で待機し、その間、お兄様が調停委員から事情を聞かれます。どんな要望があるのか、なぜ実家の土地建物を売却することで換金したいのかの動機といったものも聞かれます。

その後、このような交互の事情聴取があり、また調停委員から説得等があり、双方納得した場合には、その日のうちに調停成立となり、裁判所から調停調書の配布を受けます。この調停調書は裁判の判決と同じ効果を有するため、あとになって調停条項に反する主張は原則認められません。

ただ、実際には、1回で調停成立するケースは稀であり、平均として、3～5回は調停期日を重ねることになります。第1回で調停が成立しなかった場合、第2回期日の指定がありますが、東京の運用では、おおよそ1か月に1回のペースで期日が指定されます。

◎遺産分割審判への移行

このようにして、数回の調停期日を経たにもかかわらず、調停が整わない場合には、調停を不成立とし、自動的に遺産分割審判に移行します。

この審判では、家事審判官が、相続人や遺産の内容等総合的に考慮して、最終的な審判を行います。例えば、お尋ねの件の場合、実家が処分されるとお母様が住むところがなくなってしまうという事情があれば、実家は売却せず、お母様とあなたに相続させ、お兄様には、お父様の遺産の銀行預金の中から相応の金銭を相続させるという審判をするといったものです。この審判に不服がある場合には、審判の告知を受けた日の翌日から数えて2週間以内に、高等裁判所に即時抗告して、再度高等裁判所の判断を仰ぐことができます。

ただし、2週間以内に即時抗告しなかった場合、審判は確定し、判決と同じ効力を持つことになり、最終的な結論が出ることになります。

4 遺留分

Q 4-30

遺留分とは

父が亡くなり、兄に父の財産すべてを相続させると記載された遺言書が見つかりました。父の相続人は、母、兄、姉、私です。父の財産は、土地建物（評価額1億円）、預貯金3,000万円です。また、父には負債が1,000万円あります。遺留分を主張したいのですが、誰がどのくらい主張できるのでしょうか。

◎遺留分とは

「遺留分」とは、一定の相続人に対し、被相続人の財産の一定割合をその相続人が取得できるものとして保障するものです。

被相続人は、自らの有する財産を、遺言や贈与によって自由に処分できますが、一定の相続人には遺留分が認められており、遺留分を侵害する遺贈等がなされた場合には、自らの遺留分を主張することができます。

◎遺留分権利者

遺留分を有する者は、兄弟姉妹以外の相続人です。すなわち、配偶者、子、直系尊属です。子がすでに死亡していたような場合には、その代襲相続人も遺留分を有します。相続欠格者や相続人から廃除された者には遺留分はありませんが、その者に代襲相続人がいれば、代襲相続人が遺留分を有します。

したがって、お尋ねの場合は、あなた、お母様、お姉様共に、お兄様に対して遺留分を主張することができます。

◎遺留分の割合

遺留分の割合は、次のとおりです。
① 直系尊属（親等）のみが相続人である場合
　相続財産の3分の1
② ①以外の場合
　相続財産の2分の1
この①②の割合に、各相続人の法定相続分をかけた割合が、各相続人の具体的な遺留分となります。

お尋ねの場合は、②のケースですから、全相続人の遺留分は相続財産の2分の1となります。

これに各相続人の法定相続分（配偶者は2分の1、子どもは3人いるのでそれぞれ6分の1）をかけると、遺留分はそれぞれ以下のとおりとなります。

- 相談者 $\cdots \dfrac{1}{2} \times \dfrac{1}{6} = \dfrac{1}{12}$
- 母 $\cdots\cdots \dfrac{1}{2} \times \dfrac{1}{2} = \dfrac{1}{4}$
- 姉 $\cdots\cdots \dfrac{1}{2} \times \dfrac{1}{6} = \dfrac{1}{12}$

◎遺留分の算定

遺留分を算定する基礎となる財産は、被相続人が死亡したときに有していた財産に、死亡から1年前までに贈与した財産を加え（ただし、贈与の当事者双方が遺留分権利者に損害を与えることを知っていた場合や、相続人への生前贈与が特別受益に該当する場合は、贈与の時期に関係なく遺留分の算定に含まれる）、被相続人の負債を控除したものです。

お尋ねの場合、生前贈与がないものとしますと、遺留分の算定の基礎となる財産は、土地建物の評価額1億円と預貯金3,000万円の合計から、負債の1,000万円を控除した1億2,000万円ということになります。

あなたおよびお姉様の遺留分は、基礎となる財産の12分の1ですから、それぞれ「1億2,000万円×$\dfrac{1}{12}$＝1,000万円」となります。

あなたのお母様の遺留分は、基礎となる財産の4分の1ですので、「1億2,000万円×$\dfrac{1}{4}$＝3,000万円」となります。

Q 4-31

遺留分すらもらえなかった場合

父が死亡して半年経った後、父の自筆証書遺言が見つかり、裁判所で検認をしたところ、内縁の妻に父の所有する土地建物を遺贈するとの内容でした。また、父が死亡する半年前に、妹（次女）に対して2,000万円の預金を贈与していたことがわかりました。父には他に財産はなく、私（長女）は何ももらっていません。遺留分減殺請求を行いたいのですが、いつまでに、どのような方法で行えばよいのでしょうか。なお、父の相続人は私と妹の2人です。

◎遺留分減殺請求

遺留分を侵害する遺贈や贈与がなされた場合、遺留分権利者は、遺留分を侵害している者に対して、遺留分減殺請求をすることができます。

お尋ねの場合、相談者の有する遺留分は相続財産の4分の1です（遺留分の割合については Q 4-30参照）。

あなたのお父様がなした、内縁の妻への土地建物の遺贈と、妹さんへの2,000万円の預金の贈与は、あなたの遺留分を侵害していますので、あなたは、遺留分を侵害している内縁の妻や妹さんに対して、次に記載する順序に従って、遺留分減殺請求をすることが可能です。

◎遺留分減殺請求の順序

お尋ねの場合のように、遺留分減殺請求の対象となる遺贈と贈与が存在する場合、まずは遺贈を減殺し、それでも足りない場合に、順次、後にされた贈与から減殺をしていくことになります（民法1033、1035）。

したがって、あなたの遺留分（4分の1）が、内縁の妻に遺贈された土地建物で足りる場合は、妹さんへの減殺請求はその必要がないため、減殺請求をすることができません。

◎遺留分減殺請求の方法

遺留分減殺請求権を行使するには、必ずしも訴訟を提起する必要はありません。相手方に対し、遺留分減殺請求の意思を表示すれば足ります。

この意思表示は口頭でもよいのですが、確実に遺留分減殺請求をしたことを証明するために、遺留分減殺請求を作成し、配達証明付の内容証明郵便によって行うのが一般的です。

遺留分減殺請求をしたにもかかわらず、相手方がこれに応じないときは、調停を申し立てたり、訴訟を提起したりすることになります。

◎遺留分減殺請求権の消滅

遺留分減殺請求権は、遺留分権利者が、相続の開始および減殺すべき贈与または遺贈があったことを知ったときから1年経つと、時効により消滅します。相続開始から10年が経過した場合も、遺留分減殺請求権は消滅します（民法1042）。

したがって、お尋ねの場合は、遺言の内容を知ったときから1年以内に遺留分減殺請求権を行使しなければなりません。

遺留分減殺請求書

私は、亡〇〇の相続人であり、遺留分権利者ですが、亡〇〇が貴殿に対し後記物件目録記載の土地を遺贈する旨の遺言をしていたことを、平成〇年〇月〇日に知りました。

上記の遺贈は私の遺留分を侵害していますから、本書をもって、貴殿に対し、遺留分減殺を請求いたします。

平成〇年〇月〇日
　　〇〇県〇〇市〇〇町〇丁目〇番〇号
　　　　通知人　〇〇　〇〇　〇印
〇〇県〇〇市〇〇町〇丁目〇番〇号
　〇〇　〇〇　殿
物件目録
　所在
　地番
　地目
　地積

5 葬儀・墓地

Q 4-32
お葬式の費用は誰が負担するのか

先日、父が亡くなりました（母はすでに亡くなっています）。私には兄がいるのですが、遠方に住んでいるため、私が父の身の回りの世話をしていました。その関係で、葬儀の手配はすべて私が行いましたが、私は妹なので、長男である兄を喪主として、葬儀をとり行いました。なお、兄も葬儀には間に合って、喪主として挨拶等を行いました。後日、私のところに葬儀社から葬式費用の請求が来たので、全額立て替えて支払いましたが、この場合、立て替えた葬式費用分を兄に支払ってもらうことはできるのでしょうか。

◎葬式費用の負担者についての考え方

葬式費用の負担者については、民法には規定がありません。

学説の中には、①葬式を主宰した者が負担するとする説（通常は、喪主）、②相続人が負担するとする説、③相続財産をもって負担するとする説、④条理・慣習によるとする説等があります。

◎裁判例

葬式費用の負担者について示した判例として有名な判決があります（東京地判昭61.1.28。以下、「昭和61年判決」という）。

昭和61年判決の事案の概要は、「故人の実家家族と相続人が対立して、その実家の家族が、相続人の一人（故人の実子）を形式的に喪主として葬式を執り行ったが、その実子は22歳で社会経験も乏しかったため、故人の父母・実兄ら親族の意向を受けて、実際には、故人の実兄が、葬式の段取り、準備、火葬場の手配、飲食の準備及び香典返し、お礼等を行った」というもので、故人の実兄（原告）が、相続人（被告ら）に対して、自分が立替払いした葬式費用の支払いを求めたという内容です。

この判決は、葬式費用は誰が負担するのかという問題について、「葬式費用は、特段の事情がない限り、葬式を実施した者が負担するのが相当であるというべきである。そして、葬式を実施した者とは、葬式を主宰した者、すなわち、一般的には喪主を指すというべきであるが、単に、遺族等の意向を受けて、喪主の席に座っただけの形式的なそれではなく、自己の責任と計算において、葬式を準備し、手配等して挙行した実質的な葬式主宰者を指すというのが自然であり、一般の社会通念にも合致するというべきである」と述べたうえで、被告ら相続人は「葬式を主宰したということは到底できないから、右葬式に要した費用は、被告らが負担すべきものであるということはできない」と認定して、原告である故人の実兄の請求を棄却しました。

◎葬式主催者とは

お尋ねの件について、昭和61年判決によれば、あなたが「実質的な葬式主宰者」にあたるのであれば、あなたが葬式費用を負担するということになります。

しかし、葬式は相続人がとり行うこともあれば、相続人以外の近親者で行ったり、また社葬のように大規模で行うこともあり、その実施の方法や動機も多種多様で、葬式費用の負担の問題を一義的な基準で決めることは困難です。ちなみに、この問題について、「一般的に確立された社会通念や法的見解は未だないようである」と述べた判決もあります（東京地平6.1.17）。

特に、お尋ねの件のように、共同相続人（この場合、あなたとお兄様）のうちの1人が葬式主宰者となった場合には、葬式費用が相当と認められる範囲にあれば、特段の事情のない限り、「共同相続人間で費用を負担する」との明示または黙示の合意があるとも言えるでしょう。

そのような合意が認められるのであれば、あなたがお兄様に応分の負担を求めることは可能です。なお、負担割合は、法定相続分を基準とすることが、相続人各人の納得を得られやすい基準のように思われます。

Q 4-33

お墓の承継者は誰になるのか

私には、内縁の夫がいます。夫には、40年以上前に別れた元妻との間に子どもがいるのですが、元妻や子どもとの連絡は何十年もなく、全くの音信不通です。

私も夫も高齢になったので、夫が、民間の霊園でお墓を買いました。仮に、先に夫が亡くなってお墓に入った場合、内縁の妻である私がそのお墓を継ぐことはできるのでしょうか。

A

◎民法の規定

お墓は、法律的には「墳墓」と言います。この「墳墓」の承継について、民法は、どのように規定しているのでしょうか。

まず、民法896条は、「相続人は、相続開始の時から、被相続人の財産に属した一切の権利義務を承継する。ただし、被相続人の一身に専属したものは、この限りでない」と規定し、相続による権利義務承継の一般原則について規定しています。

続いて、民法897条1項で、「系譜、祭具及び墳墓の所有権は、前条の規定にかかわらず、慣習に従って祖先の祭祀を主宰すべき者がこれを承継する。ただし、被相続人の指定に従って祖先の祭祀を主宰すべき者があるときは、その者が承継する」と規定し、2項で、「前項本文の場合において慣習が明らかでないときは、同項の権利を承継すべき者は、家庭裁判所が定める」と規定しています。

これらの規定の意味するところは、「墳墓」は、民法896条で定める相続の一般原則に従って承継されるものではなく、①被相続人が祭祀主宰者を指定したときは、その指定を受けた者が、②その指定のないときは、慣習によって祭祀主宰者を決める、③祭祀主宰者の指定がなく、かつ、慣習によっても祭祀主宰者が決まらない場合には、家庭裁判所が定める（まず、利害関係人が調停を申し立て、調停が成立しない場合には、家庭裁判所の審判によって祭祀主宰者を決めることになる（家事事件手続法257①、244、別表第二の11、190））というものです。

◎裁判例

家庭裁判所の審判で「祖先の祭祀を主宰すべき者」を定める場合、裁判所は、どのような基準で判断するのでしょうか。

この点につき、判例は、「承継候補者と被相続人との間の身分関係や事実上の生活関係、承継候補者と祭具等の経緯、承継候補者の祭祀主宰の意思や能力、その他一切の事情（例えば利害関係人全員の生活状況及び意見等）を総合して判断すべきであるが、祖先の祭祀は今日もはや義務ではなく、死者に対する慕情、愛情、感謝の気持ちといった心情により行われるものであるから、被相続人と緊密な生活関係・親和関係にあって、被相続人に対し上記のような心情を最も強く持ち、他方、被相続人から見れば、同人が生存していたのであれば、おそらく指定したであろう者をその承継者と定めるのが相当である」と述べています（東京高決平18.4.19）。

◎お墓の承継手続

お墓の承継者、すなわち祭祀の承継者は、被相続人（本件の場合は、あなたの内縁の夫）の指定で決めることができますので、あなたがお墓を承継することは可能です。「祭祀の承継者をあなたにする」という内容の文言を入れた遺言を夫に書いてもらうと安心でしょう。

なお、ご質問のお墓は、民間の霊園墓地のお墓ということですので、霊園の墓地使用管理規則等をよくお読みになってください。

霊園墓地の中には、管理規則等で、承継者の資格や、承継の手続きについて定めているところもあります。霊園のお墓の承継制度を確認して、遺言等の作成の他、霊園に対しても適切な手続きを行っておくとよいでしょう。

Q 4-34
お墓の承継者がいない（無縁墓地の取扱い）

先日、私の父が亡くなり、檀那寺（菩提寺）にある先祖代々のお墓を承継しました。しかし、私には高齢の母以外に身寄りはなく、このままでは、母と私がお墓に入った後、お墓を守ってくれる人がいません。私の死後、お墓はどうなってしまうのでしょうか。

◎無縁墓の増加

近年、寺院墓地の無縁墓が増加して問題となっています。お墓を継ぐ縁者がいなかったり、特に地方のお寺では、檀家が都市部へ移転して檀家離れが進む等して、無縁墓が増えているのです。

昭和22年改正前の旧民法では、家督制度がとられており、家の財産は家督（家長）がすべて相続し、家業や祭祀も家督が承継することになっていました。この家督相続が、家と寺を結びつけ、お寺の檀家制度を支えていました。

しかし、戦後の新憲法のもと、相続人が平等に財産を相続し、祭祀も、誰が承継してもよいことになりました。家と寺との結びつきが弱まって、それが檀家離れの遠因になっていると言えます。

墓を継ぐ縁者がいなくなったお墓はどうなるのか、また、そのような場合に、お寺はどう対応すべきなのでしょうか。

◎無縁改葬とは

埋葬者の縁故者がいなくなった無縁墓を整理するためには、まず、お墓に納骨されている遺骨を取り出して、他のお墓に移す必要があります。

これを、一般に「無縁改葬」と言い、墓埋法施行規則に、必要な手続が書かれています。

この無縁改葬の手続きは、以前は、「墓地使用者および死亡者の縁故者の申出を催告する旨を、2種以上の日刊新聞に、3回以上公告し、その最終の公告の日から、2月以内にその申出がなかったこと」が必要とされる等、厳格な手続きが定められ、高額な費用もかかりました。そのため、無縁改葬の実施が非常に困難であったので、平成11年の墓埋法施行規則の改正で、その手続きが簡略化されたのです（簡略化された現在の手続きについては、Q4-35参照）。

石塔や墓碑等の撤去方法については、考えが分かれていますが（Q4-35参照）、最終的には可能と思われます。

したがって、お墓を継ぐ縁者がいなければ、いずれ、お墓は撤去されてしまう可能性があります。

◎永代供養とは

「永代供養墓」や「永代使用墓」という言葉を耳にしたことがあるのではないでしょうか。

「永代」という言葉を聞くと、お寺や霊園が永遠にそのお墓を維持・管理して、供養してくれるように感じます。しかし、そのお墓を維持するためには、一般に、お寺の墓地であれば、壇信徒契約（檀家となる契約）を前提として、法要の他、さまざまな行事の際の寄付をする必要があるでしょう。霊園墓地であれば、管理料等契約で定められた費用の支払いが前提となります。お墓を継ぐ縁者がいなくなるということは、そのような寄付や支払いがなくなるということですから、「永代」の墓地であっても、やはり、無縁改葬の問題が生じます。そもそも、合葬墓を永代供養墓と呼ぶ霊園もあるので、よくお墓の内容をご確認ください。

◎ご質問に対する回答

お墓の承継者が見つからない人のために、霊園墓地では、「納骨後、○○年は霊園でお墓を管理・供養するが、それ以降は、慰霊堂などで合葬して供養する」といった制度を用意している霊園もあります。寺院墓地でも、無縁化したお墓については、合祀墓に合祀したうえで供養を続けることになります。

あなたの場合も、お墓を継ぐ縁者が見つからないのであれば、ご住職とよく相談し、例えば13回忌が済んだら合祀する、33回忌が済んだら合祀する等、事前に納得のいく供養の方法をご検討してみてはいかがでしょうか。

Q 4-35
お墓がなくなってしまった（墓地の改葬）

私は、20年ぶりに田舎に帰って、両親の墓参りに行ったのですが、宗教法人が経営する霊園内の両親のお墓は撤去されていて、すでに更地になっていました。私はどうすればよいのでしょうか。

◎墓地使用権の承継者

お尋ねでは、あなたが知らないうちにお墓が撤去されていたということですが、このお墓の使用権を承継したのは誰かを確認しましょう。あなたのご兄弟や、別の誰かがご両親の祭祀を承継し、お墓の使用権を承継しているという可能性があります。

あなた以外の人がお墓を承継している場合、その承継者の意思で、お墓が改葬されたのかもしれません（お墓の承継については Q 4-33参照）。

「改葬」とは、「埋葬した死体を他の墳墓に移し、又は埋蔵し、若しくは収蔵した焼骨を、他の墳墓又は納骨堂に移すこと」を言います（墓埋法2③）。改葬の手続きは、墓埋法5条、墓埋法施行規則2条に定められています。

あなた以外に墓地使用権の承継者がいる場合、この改葬手続をとって、お墓を別の場所に移した可能性があります。

◎お墓の無縁改葬について

寺院墓地では、絶家や檀家離れ等により、また、霊園墓地でも、お墓の承継者が不明になる等して、お墓が無縁化する事案が見られます。

無縁墓の増加により、墓地が荒廃する等して墓地の尊厳が損なわれるおそれがあります。特に霊園墓地では、墓地の管理料は墓地管理者による墓地の適切かつ永続的な管理運営のために重要な財源となるものですから、管理料の未払いにつながる墓地の無縁化を回避するための措置をとることは、墓地管理者にとって、やむをえない場合もあります。その方法の一つとして、無縁改葬の手続きをとって、無縁墓を慰霊塔等に合葬することがあります。

無縁改葬の手続きは、平成11年の墓埋法施行規則の改正で、その手続きが簡略化されました。

具体的な手続きとしては、まず、改葬の許可を受けようとする者は、改葬許可申請書を市町村長に提出しなければなりません。この申請書には、墓地の管理者の作成した埋葬等の事実を証明する書面を添付しなければなりません（墓埋法施行規則2②）。

◎墓石等の撤去について

お墓に設置された石塔、墓碑等については、墓地使用管理規則等の定めに従って、撤去されることになります。では、墓地使用管理規則等に規定がない場合には、石塔、墓碑等の所有権は誰が取得することになるのでしょうか。

この点については、承継者のいない祭祀財産は一般相続財産として扱い、最終的には国庫に帰属することになるとする説、家庭裁判所に墓地管理者を祭祀の承継者に指定してもらい、墓地管理者が祭祀の承継者として所有権を取得することになるとする説、端的に墓石等を無主物として扱い、民法239条1項により墓地管理者がその所有権を取得するという説等がありますが、確立された法的見解はないようです。

まず、霊園に、墓地使用権の承継者とされた人物は誰か、また、改葬の経緯等について、事実関係を確認してみてください。

仮に、無縁墓として改葬されていた場合には、墓地使用権の設定契約書や墓地使用管理規則等を確認してください。その他、墓地使用者の親族調査の有無、納骨されていた遺骨の所在、管理料の支払い状況、無縁改葬の手続きの有無等の事実関係について確認をしてみてください。

事実関係の確認ができたら、今後について、霊園とよく話し合ってみてはいかがでしょうか。

Q 4-36
指定石材店について

私は、自分が気に入ったお墓に入りたいと思い、近くの民間霊園でお墓を購入しました。

いざお墓を立てようと思ったら、霊園の指定する石材店でしかお墓を作れないと言われ、困っています。この場合、霊園の言うとおりにしなければならないのでしょうか。

A

◎指定石材店制度

霊園墓地では、お墓の申込要領や墓地の使用管理規則等に、墓石の購入や建墓工事を霊園の指定する石材店で行わなければならないとしているところもあります。これを一般に「指定石材店制度」と言いますが、このような制度はなぜ設けられているのでしょうか。

墓地は、容易に他に移動できないという固定性と、お墓が先祖代々受け継がれるものであるという永久性という特質を持っています。また、墓地の管理は、「国民の宗教的感情に適合し、且つ公衆衛生その他公共の福祉の見地から、支障なく行われること」が必要です（墓地法1）。

墓地がその尊厳を維持しながら、永続的に管理されるためには、墓石や工事について十分な知識や経験を持ち、また、安定した経営を行っている石材店による販売や管理が必要となります。そこで、霊園の中には、墓石の購入や建墓工事について、霊園が認めた石材店による販売、工事に限るとするところがあるのです。

また、墓地を作るためには墓地用地の取得、造成工事、付帯設備の建築等が必要となりますが、その費用を石材業者が負担していることもあり、そのため、石材店が墓地の販売から建墓工事、その後のメンテナンスまで一括して行っていることがあります。

このように、墓地のもつ固定性、永続性、公共性という特殊な性格からみて、指定石材店の制度は、かならずしも不当な制度というわけではなく、そこには合理的な理由があるのです。

◎指定石材店以外を用いる場合

お尋ねの事案の具体的な事実関係にもよりますが、お墓の申込要領や墓地の使用管理規則等に指定石材店を使用するよう書かれているのであれば、原則として、あなたが指定石材店以外の石材店に依頼して、お墓を建てることはできないことになります。

ただし、指定石材店の制度を採用している場合でも複数の石材店が指定されていることが多く、その中から、墓地購入者の好みや予算にあった石材店を選ぶことができますので、いくつかの石材店を回って説明を聞き、見積もりをもらうのがよいでしょう。

なお、指定石材店での墓石の購入や建墓工事にかかる費用が、相場に比べて著しく高額である等、利用者にとって極めて不利益な契約内容になっているような特殊な事案では、独占禁止法19条や消費者契約法10条に違反することになる場合も考えられます。その場合は弁護士等に相談するのも一案です。

あなたがどうしてもご自分の希望する石材店でお墓を作ってもらいたいのであれば、墓地使用契約を解除して、石材店を自由に選べる他の霊園に移ることも考えられます。

ただし、その場合は納付済みの使用料や管理料は、原則として返還されません。例えば、東京都霊園条例15条は、「既納の使用料および管理料は、還付しない。ただし、知事は、相当の理由があると認めるときは、その全部又は一部を還付することができる」と規定しています。

最近は、民間の霊園でも、墓石等の設置を行っておらず、かつ、納骨前の未使用の場合等には、契約解除にあたって、使用料の一部を返還する制度をとっているところもあります。お墓の申込要領や墓地の使用管理規則等を、もう一度確認してみてください。

Q 4-37
他界した家族が飼っていたペットを埋葬したい

私の姉が亡くなり、先日、ようやく納骨を済ませました。

姉は犬を1匹飼っており、わが子のように大切に育て、可愛がっていました。その犬は、今は私が引き取って、姉のかわりに飼っていますが、もし犬の寿命がきたら、姉の眠るお墓に一緒に埋葬してあげたいと思っています。このようなことは可能なのでしょうか。

A

◎墓地との契約の確認

あなたのお姉様が埋葬されている墓地について、墓地使用契約書や墓地使用管理規約等で、故人とペットを一緒に埋葬することが認められている場合には、犬の死後、お姉様の眠るお墓に一緒に埋葬してあげることは可能です。しかし、そうでない場合には、同じお墓に埋葬することは困難です。まずはこの点を確認しましょう。

◎ペットの亡骸の法律上の取扱い

人を埋葬する場合には、墓埋法の適用を受けます。墓埋法13条は、「墓地、納骨堂又は火葬場の管理者は、埋葬、埋蔵、収蔵又は火葬の求めを受けたときは、正当な理由がなければこれを拒んではならない」と規定していますので、法律上、墓地の管理者は、「正当な理由」がなければ、死体の埋葬を拒むことができません。

これに対し、ペットは法律上は「物」であり、墓埋法の規定が適用されません。そのため、墓地の管理者が、正当な理由なくペットの亡骸の埋葬を拒んでも、墓埋法に違反することにはなりません。

◎ペットの亡骸を飼い主のお墓に入れる場合の問題点

墓埋法1条によれば、埋葬は、国民の「宗教的感情に適合」するように行わなければなりません。

飼い主から見れば、ペットは自分の家族同然の存在であり、自分のお墓に一緒に埋葬してほしいと強く希望するのも無理はありません。しかし、人と動物を同じお墓に埋葬するということが、現在の国民感情に照らして「国民の宗教的感情に適合」するとまでは言えません。

墓地管理者の宗派やまわりのお墓の使用権者の考え方、価値観等に配慮する必要があります。

少なくとも、墓地管理者の同意がなければ、人と動物を一緒のお墓に埋葬するよう求めることはできないと考えられます。

◎ペット霊園について

近年、ペット霊園というものが増えてきました。

墓埋法は、「墓地、納骨堂又は火葬場の経営」について、都道府県知事等の許可を要するものとしています。また、墓地の永続性及び非営利性確保の観点から、墓地等の経営は市町村等の地方公共団体が行うことを原則とし、これにより難しい事情のある場合にあっても、墓地の経営主体は公益法人、宗教法人等に限られるとされています(平成12年12月6日生衛発第1764号厚生省生活衛生局長通知「墓地経営・管理の指針等について」参照)。この他にも、公衆衛生の確保、墓地の安定的な経営・管理等の観点から、さまざまな手続き、要件が定められています。

これに対し、前述のとおり、ペットの埋葬に墓埋法は適用されません。ペット霊園というのは、通常の墓地とは異なり必ずしも安定した経営・管理の基盤が確保されているとは言えませんので、埋葬施設、管理の方法、料金等のサービス全般について十分確認のうえ、信頼できると判断した業者を選びましょう。

お尋ねの場合のように、ペットを飼い主と同じお墓に埋葬することは簡単なことではありません。

もし、ペットをご自分のお墓に埋葬したい場合は、墓地を買う際の契約書や墓地使用管理規則等に、家族とペットを一緒に埋葬できると明記されている霊園を探して契約するのが確実です。

第5章

ペット
に関する法律知識

1 ペットの入手トラブル

Q 5-1
拾ってきた動物をペットとして飼ってよいのか

子どもが公園の木の下に落ちていたスズメの雛を拾って帰り、「ペットとして飼いたい」と言い出しました。飼うことに問題はないのでしょうか。

A

最近は、ユニークな動物がテレビを通じて紹介されることが多くなり、それをペットとして飼いたいと思う人が増えました。しかし、動物には、種の保存の観点、公衆衛生の観点等から、ペットとして飼うことが禁止されている場合があります。これらは、複数の法律・条例・条約等にわたり規定されています。

◎動物の飼育規制

以下は、飼育の禁止、飼育の条件等が定められた国内法令・条例・条約の一覧です。

【国内の法律】
① 絶滅のおそれのある野生動物の種の保存に関する法律（種の保存法）
② 鳥獣の保護及び管理並びに狩猟の適正化に関する法律
③ 特定外来生物による生態系等に係る被害の防止に関する法律（外来生物法）
④ 化製場等に関する法律
⑤ 文化財保護法

【条約】
⑥ 絶滅のおそれのある野生動植物の種の国際取引に関する条約（ワシントン条約）
⑦ 渡り鳥等保護条約（2国間条約）

【条例】
⑧ 各地方自治体で規定されている条例（東京都動物の愛護及び管理に関する条例等）

お尋ねの場合のスズメは、どの法律で規制されているのかというと、前述②の「鳥獣の保護及び管理並びに狩猟の適正化に関する法律」（以下「鳥獣保護法」という）で規定されています。この法律は、「鳥獣の保護及び狩猟の適正化を図り、もって生物の多様性の確保、生活環境の保全及び農林水産業の健全な発展に寄与することを通じて、自然環境の恵沢を享受できる国民生活の確保及び地域社会の健全な発展に資すること」を目的としています。

スズメは、この法律の中の「鳥獣（鳥類及びほ乳類に属する野生動物）」に該当します（鳥獣保護法2①）。そのため、「鳥獣の捕獲等の規制」、「鳥獣等の使用・販売等の規制」、「生息環境の保護・整備」、「狩猟制度の運用」、「その他の必要な雑則・罰則の規制」を受けることになります。

したがって、捕獲には正当な理由を付して、環境大臣または都道府県知事（市町村長も含む）に対する捕獲許可申請が必要となり、その飼育についても許可が必要となります。

◎飼育できるかの確認方法

お尋ねの場合のように、スズメだけでなく、いわゆる一般的なペット（犬や猫）以外のものを飼育したいと思ったときは、前述の法律・法令・条約に規定されていないかを自分で調査するか、各地方自治体の鳥獣保護担当課（自然保護課、野生動物課等の環境課）や「動物愛護相談センター」等に問合せをして、規制の有無や内容を確認するのがよいでしょう。

お尋ねの場合は、スズメの雛が木の下に落ちていたということですが、そのまま拾ってきてご自宅で飼育することは鳥獣保護法に違反することになります。都道府県によっては、事前に問合せをして動物園で対応してくれるところもあるので、各地方自治体の担当課に連絡をしてみましょう。しかし、連絡をする前に、一度じっくり考えることも必要かもしれません。命を大切にすることはとても重要ですが、なぜ雛は木の下に落ちていたのでしょう。親鳥があえて見放したのか、飛ぶ練習中なのか、寿命なのか…。また、スズメは自然界の一部でありそれを食料として生きていく定めの他の動物のこと、野鳥が持つ病原体があること、人間と野鳥との距離の置き方はどうあるべきなのか等、ぜひお子さんとお話してみてください。

Q 5-2
ペットを購入する際のトラブル

ペットショップでミニチュアダックスフントを見て気に入り、購入手続きをしました。しかし、実際に届いた犬は、対面で確認した犬と柄が少し異なっていました。交換を要求できますか。

また、ペットショップで生後2か月のトイプードルを購入しました。購入5日後に、健康診断のため動物病院に連れていったところ、心臓に先天性の欠陥があり、余命1年と言われました。このような場合、交換できるのでしょうか。または損害賠償を請求できるのでしょうか。

◎適法なペットの販売業者か

ペットを業として販売する者は、動物の愛護及び管理に関する法律（以下「動物愛護管理法」という）上の「第一種動物取扱業」（業種：販売）に該当し、都道府県知事または政令市の長の登録を受けることが必要となります（動物愛護管理法10）。登録されている業者の店舗内やホームページ上には「第一種動物取扱業者標識」（登録証）の掲載があるはずです。もし登録証の掲載がないときは、違法業者の可能性がありますので購入は控えてください。

◎ペットの売買

動物愛護法は、平成24年に改正され、第一種動物取扱業者に対し、現物確認・対面説明を義務化しました。そこで、インターネット上のみでの動物の売買については禁止されることになりました（広告等のためにインターネットを活用すること、あらかじめ、現物確認・対面説明を済ませた後、インターネット上で売買契約を行うことは可能※）。

ペットの売買は、動物取扱業者とあなたとの間の売買契約となります（民法555）。そして、この売買契約は売買の対象となる物（ペット）の個性に着目しているか否かで、「特定物売買」と「不特定物売買」に区別されます。今回あなたは対面にて、「この犬」がほしいということを指定して売買契約を締結していますので、犬の個性に着目した「特定物売買」と言えます。あなたは売主に対して、対面で特定した犬を届けるよう求めることが可能です。

◎病気のペットを購入した場合

お尋ねのケースは、売買契約の目的物に隠れた瑕疵（通常有すべき性質を欠くこと）があった場合に該当します（民法570）。この場合、あなたは動物取扱業者に対し、瑕疵担保責任の追及として損害賠償を請求することや、購入した犬の心臓欠陥により売買の目的を達成できないとして契約を解除して売買代金を取り戻すことも可能です（民法570、566）。また、取引の内容によっては、通常要求される性質である健康な犬を引き渡すという義務を履行していないとして、ペットショップに対し売買契約の債務不履行責任を追及して、損害賠償の請求（民法415、416）や契約の解除（民法541）等ができる場合もあります。

ペットショップによっては、売買契約書に「ペットの返品・交換等には一切応じません」等と瑕疵担保責任を負わない旨の規定がみられますがこれは消費者に一方的不利益を与えるもので、消費者契約法8条1項5号により無効となります。また、「この犬は健康です」と説明を受けた場合には、消費者契約法4条1項の「不実告知」に該当しますので、売買契約を取り消すことも可能です。

◎動物取扱業者の義務

動物取扱業者には、①販売しようとする動物の病歴や当該動物の親および同腹子に係る遺伝子疾患等に関する文書の交付、②売買契約にあたり飼育・保管している間の疾病治療に関し獣医師が発行する疾病等の治療等に係る証明書の交付が義務づけられています（動物愛護管理法施行規則8）。今回のようなトラブルを防止するためにも、ペットの状態・飼育方法等の説明をよく受けましょう（動物愛護管理法22）。

※環境省「動物の愛護及び管理に関する法律が改正されました（動物取扱業者編）」より

Q 5-3
ペットの贈与・転売について

先日、里親募集を見た人が私の家の子犬を引き取っていきました。しかし後日、その人が子犬に餌をやらず、虐待していることが判明しました。子犬を返してもらうことはできますか。また、ペット業者に転売していた場合はどうでしょうか。

◎里親詐欺

近年、ペットの「里親詐欺」が問題となっています。里親詐欺とは、虐待目的でペットを譲り受ける、動物の実験業者や販売業者等への転売目的でペットを譲り受ける、ペットを譲り受けた後に病気が判明した等といって高額な治療代や慰謝料を請求するという、家族の一員として飼育する意思がないのに里親と称してペットに関する権利を主張する行為を言います。

◎ペットの贈与（里親制度）

里親制度とは、ペットを飼うことを希望する者にペットを譲るという制度です。里親制度は民法上「贈与契約」となります（民法549）。贈与契約とは、無償で自己の財産（今回はペット）を与える契約です。この贈与契約は、契約書のような書面でなくても、口頭で締結することが可能です。

◎贈与契約の撤回は可能なのか

贈与契約は、対価が無償のため、売買契約等の金銭の授受等を伴う場合と比較して、契約の拘束力が弱いと考えられています。また、口頭で気軽に贈与する可能性があるので、一定の条件のもとで撤回（ある行為を将来に向かって無効とする）が可能となります。民法550条では、「書面によらない贈与は、各当事者が撤回することができる」とされています。しかし、それには制限があり、民法550条但書により「履行の終わった部分については、この限りではない」とされ、この場合、ペットを引き渡してしまったら撤回はできません。

◎虐待されたことを理由に返還請求できるのか

ペットの虐待は、その内容により懲役または罰金の対象となりますが（動物の愛護及び管理に関する法律44）、虐待を理由にペットを返してもらえるでしょうか。贈与契約には単純な贈与契約の他に、負担付贈与契約（民法553）といって、自己の財産も提供するが負担もついている贈与契約の類型があります。この負担の内容として、贈与契約の締結時に、責任をもって飼育することや飼育方法を指定する（餌やりや散歩の内容）負担付贈与契約とすれば、虐待の事実が発覚した際、負担付贈与契約の債務不履行として契約を解除することが可能となります（民法541）。そうなれば、原状回復の一貫としてペットの返還請求をすることが可能となります。そして里親への贈与の場合、このような「負担」について明確に取り決めていなくても、暗黙の合意が成立していると言えるでしょう（黙示の合意）。また、要件は厳しくなりますが、詐欺による贈与の意思表示の取消し（初めから贈与契約はなかったことにする）を主張できる可能性もあります（民法96）。

◎転売されていた場合は返還請求できるのか

贈与したペットが里親からペット業者に譲渡され、所有権が移転している場合には、事態は複雑になります。通常は、転売されたペット業者は、里親から事情を知らされずに譲り受けた場合が大半ですので、ペット業者に対して解除や詐欺の主張をすることは難しいのです。しかし、前述のように、詐欺による贈与の意思表示の取消しが認められ、かつペット業者が里親と頻繁に取引を行い、この里親が里親制度を利用して、当初から転売目的であり贈与者に嘘をついていることを知っていた場合には、返還できる可能性があります。民法では、詐欺による意思表示の取消しは、事情を知っている（悪意）の第三者（ペット業者）に主張（対抗）することが可能です（民法96）。

◎贈与者勝訴の事例

里親詐欺については裁判例が増えており、平成16年の事件は最高裁まで争われ、贈与者の勝訴（猫の返還請求、慰謝料請求）が確定しています（最判平20.2.22、大阪高判平19.9.5）。

Q 5-4
いなくなったペットが他人の家で飼われていた

先日、飼っていた猫が開いていた窓から逃げ出しました。ずっと捜していましたが、ある日、近所の家で飼われているのを見つけました。「私の猫だから返してください」とお願いしても、「私が拾ったのだ」と言って返してくれません。私の要求は受け入れられないのでしょうか。

A

◎迷っているペットを見つけたら

動物、特に猫は、1日に数回、自分の縄張りを確認するために外を出歩くことがあります。まず、迷っている動物を見つけたら、この動物は果たして迷っているのか、それとも家に帰る途中なのかをじっくり確認しましょう。迷っていると判断したら、以下の方法で対応することをおすすめします。

① その動物を保護しましょう。今いるところから離れると、動物はどんどん遠くに行ってしまい、交通事故に遭う可能性もあります。
② 動物の体に飼主の情報（例えば鑑札、首輪、注射表等等）がないか確認しましょう。
③ ②で飼主の情報が得られ、飼主の自宅がわかる場合は、自宅まで届けてあげましょう。
④ ②で飼主の情報が得られた場合で、飼主の住所等がわからない場合は、市役所（鑑札表や注射表で飼主がわかる）、警察署・交番等に連れて行き、飼主のところに送り届けてもらいましょう。
⑤ ②で飼主の情報が得られない場合には、地方自治体の「動物愛護センター」または「保健所」に連絡しましょう。ただしこの場合、マイクロチップ等での照合の結果、飼主が見つからない場合は、数日後に殺処分される可能性がありますので（自治体によって殺処分を行わないところもある）、もしあなたに飼育の意思があり、かつ飼育環境が整っている場合には、あらかじめ「飼主が見つからない場合は里親になる意思がある」旨をお伝えください。

◎遺失物法の改正

遺失物は警察で一元管理されていると思われる方がいるかもしれませんが、平成19年12月10日施行の遺失物法の改正で、犬と猫については動物愛護管理法の管轄に移り（動物愛護管理法35）、各地方自治体が対応することになりました。

◎迷い動物を勝手に飼ってはいけないのか

お尋ねの場合、拾った人が、迷い動物を勝手に自宅に持ち帰り（一時保管は別）、新たな飼主となることは違法となる可能性があります。迷い猫とは異なり、明らかな捨て猫とわかる場合、例えば紙袋に入れられ口が閉められてゴミ箱に捨てられていたような場合には、無主物として飼うことができます（民法239）。しかし、迷い猫の場合、飼主はまだ所有権を放棄しているわけではないので、勝手に自分のペットとして飼育を開始すると、遺失物等横領罪（刑法254）または窃盗罪（刑法235）となる可能性もあるので注意が必要です。

◎飼主は返還を主張できるか

あなたの猫のように、すぐ近所で飼われていることが判明すればまだよいですが、それ以外の場合には、警察、保健所、動物愛護センターへ至急問合せをしてください。そして、各地方自治体や環境省の「収容動物データ検索サイト」等で所在を確認してください（http://jawn.env.go.jp/）。

あなたの迷い猫については、いくら勝手に逃げてしまったとはいえ、あなたは所有権を放棄したわけではないので返還請求をすることが可能です。仮に、拾った人が捨て猫だと思っていても、飼主は遺失時から2年間返還の請求が可能です（民法193）。

ペットの近隣トラブル

Q 5-5
隣人が野良猫に餌付けしている

私の家の隣人が、野良猫に餌をあげています。注意してもやめません。やがて多数の猫が集まるようになり、悪臭を発し、ハエ等が飛ぶようになりました。さらに、その野良猫が子どもを産み、数が増えています。隣人にこの行為をやめさせることはできないのでしょうか。

A

◎野良猫への餌付け

野良猫に餌付けをする理由は、「猫が死んでしまいそうで可哀想でいたたまれない」、「猫が大好きだけど家では飼えない」等さまざまです。しかし、野良猫に餌付けすることによって、糞尿が散在し公衆衛生の問題が発生するという人間への影響もありますし、その猫が餌を食べるために道路を渡って交通事故に遭う、他の猫と接触することで病気に感染する、繁殖しやすくなって子どもが増える、餌を与えられることに慣れて猫が狩りをしなくなるなど、猫へのデメリットがあることも認識しなければなりません。

◎野良猫への餌やりが違法となる場合がある

野良猫への餌やりを条例等をもって規制する動きは、各地方公共団体で始まっており、餌付け行為自体が、以下のような違法行為に該当する可能性があります。

① 地方自治体の条例等（迷惑防止条例、野良猫餌やり罰金付き条例等）に該当し、処罰の対象となる
② 共同住宅の管理規約の動物飼育禁止条項および迷惑行為禁止条項違反（共同住宅の場合）や、区分所有法違反として退去事由や差止事由に該当する
③ 不法行為に該当し、差止請求や慰謝料請求の対象となる

◎餌付けを差し止めることができる場合

野良猫への餌付け行為が違法となり、差し止めることができるのは、餌付け行為等が侵害行為に該当し、かつ「侵害行為の程度が一般人の社会性生活上の受忍すべき程度を超える」（受忍限度）場合です。この場合には、差止請求と同時に慰謝料請求が認められる場合があります。

最近争われた裁判例（東京地立川支判平22.5.13）では、まさに共同住宅における野良猫に対する餌やり行為の差止めおよび居住者への慰謝料請求が問題となりました。この裁判では、①被告の猫に対する餌やり行為が、マンション規約である動物飼育禁止条項または迷惑行為禁止条項に違反するか、②被告の猫に対する餌やり行為が、区分所有者の共同の利益に反する行為（区分所有法6①）にあたるか、③被告の猫に対する餌付け行為が受忍限度を超え、個人原告らの人格権を侵害するか、また、原告らに対する不法行為を構成するかが争われました。

判決では、野良猫の餌付け行為の事実について詳細に事実認定を行い、餌付け行為につきトイレの配慮が十分でなく、糞のパトロールの回数も不十分であり、餌が風で飛んでしまう可能性のある新聞紙等を使用する方法や、餌やり終了後の始末が遅い点でさらに改善を要する点がある等、猫への餌やりが受忍限度を超えると認定されています。

◎野良猫保護の新しい動き（地域猫の活動）

野良猫をそのまま放置するのではなく、地域猫（地域の理解と協力を得て、地域住民の認知と合意が得られている、特定の飼主のいない猫）として地域全体で保護および管理をして行こうとする動きが出てきています。

これは、環境省が積極的に活動を促進しているもので、地域のボランティアの世話人、ボランティア団体、行政が協力して、地域住民と飼主のいない猫との共生をめざし、餌やりやトイレなどを特定の場所で管理するとともに、不妊去勢手術の実施、新たな飼主探し等を行い、将来的に飼主のいない猫をなくしていくことを目的とします。

Q 5-6
ペットによる器物破損・騒音のトラブル

隣の家で飼っている猫が、私の車の上で寝るようになり、新車のボンネットに傷をつけてしまいました。隣人を責任追及できますか。

また、上の階の住人が犬を飼っていますが、その足音と鳴き声がうるさくて耐えられません。上の階の住人に、犬を飼うことを差し止めたり、慰謝料を請求したりすることはできますか。

◎ペットの飼主の責任

飼っているペットが第三者を傷つけたり、その財産を壊したりすることがあります。その場合、飼主は第三者に生じた損害を賠償しなければなりません。この責任は、民法によって「動物の占有者などの責任」として規定されています。

民法718条1項では、「動物の占有者は、その動物が他人に加えた損害を賠償する責任を負う」とされています。「動物の占有者」とは、飼主や飼主からペットを預かって保管している人等を意味します。したがって、お尋ねの件では、猫の飼主はあなたの車の修理代金を支払う必要があります。

この民法718条1項では、さらに「ただし、動物の種類及び性質に従い相当の注意をもってその管理をしたときは、この限りでない」として、飼主が相当の注意をもって管理していた場合には、賠償の責任を負わないとしています。しかし、お尋ねの件では、飼主は猫を外で放し飼いにしており、頻繁にあなたの敷地内に行くようになっていたのですから、相当な注意をしていたと認められる可能性は低いでしょう。

◎飼主の義務

ペットの飼育方法・義務について、何か規定はあるのでしょうか。

① 動物の愛護及び管理に関する法律（以下「動物愛護管理法」という）

この法律の7条および37条では、動物の所有者および占有者の努力規定（法的義務ではない）として、適正飼育および保管、人の生命・身体への侵害および人への迷惑防止、感染症についての知識保有および予防注意、所有者の明示、繁殖制限等が規定されています。

② 家庭動物等の飼育及び保管に関する基準（環境省告示37号）

これは、動物愛護管理法の規定をより詳細化したものです。ご相談に関連するものとしては、「第4 犬の飼養及び保管に関する基準」にて、「犬の所有者等は、頻繁な鳴き声等の騒音又は糞尿の放置等により周辺地域の住民の日常生活に著しい支障を及ぼすことのないように努めること」とされています。これ以外にも、各地方自治体の条例にも規定があります。

◎ペットが発する騒音の差止め

ペットの足音や鳴き声が違法となるか否かは、その侵害行為（足音や鳴き声）の程度が、被害者において「一般人の社会生活上の受忍すべき程度を超えると評価できるか」（受忍限度）で判断します。具体的には、①侵害行為の性質・程度、②被害の内容・程度（身体への影響が出ているか）、③加害者側の被害回復努力の内容・程度、④加害者（飼主）の害意その他の具体的事情、などを検討することになります。受忍限度を超えると認定された場合には、騒音を発する行為の差止めや慰謝料が認められる場合があります。

◎ペットを飼育することを差し止められるか

前述の基準に従い受忍限度を超えると認定されても、足音や鳴き声については、床のマットを騒音防止のものに変える、窓ガラスを遮断機能のあるものに取り替える、飼育している部屋を移すなどの措置により回避することが可能であるため、騒音を理由として飼育自体の禁止まで認められる可能性は低いでしょう。同じ問題が争われた裁判（大阪高裁平12.6.30）でも、飼育自体の差止めは認められませんでした。

Q 5-7 管理規約の変更によりペットの飼育が禁止に

住んでいるマンションの管理規約が変更され、今後ペットの飼育が禁止されました。従わないといけないのでしょうか。

A

◎ マンションの管理組合および管理規約とは

マンション等の集合住宅は、1棟の建物に構造上区分された数個の部分で独立して住居が設定されているため、その管理ルールを設定する必要があります。そこで、建物の区分所有等に関する法律(以下「区分所有法」という)において、「区分所有者は、全員で、建物並びにその敷地及び附属施設の管理を行うための団体を構成し、この法律の定めるところにより、集会を開き、規約を定め、及び管理者を置くことができる」(区分所有法3)と規定し、管理組合や規約の設定を許容しています。そして、管理規約は厳格な決議要件を経て設定されますので、区分所有者(住民)は、管理規約に従うべき義務を負います。

◎ 管理規約の変更には従わないといけないのか

管理規約の変更手続は、区分所有法31条以下で定められています。その手続きが適正に行われていれば、今回問題となっている管理規約(および細則)は有効となります。まずは、以下の手続きが適正に行われたか否かを確認しましょう。

① 集会の招集手続(区分所有法34)
② 招集通知手続(区分所有法35)
③ 議事手続(区分所有法39)
④ 決議要件(特別決議)(区分所有法31)

◎ 管理規約と使用細則で異なるのか

なお、標準的なマンション管理規約に基づいて設定される「使用細則」において、ペットの飼育禁止の規約が新設されている場合もあります。この「使用細則」は、決議要件が過半数に抑えられているので、管理規約よりも緩和されています。国土交通省の平成16年改正後「マンション標準管理規約」では、犬猫のペット飼育に関しては、それを認める、認めない等の規程は規約で定めるべき事項であるとしています。よって、ペット飼育禁止規定を設定する場合には、名称が使用細則となっていても、決議要件としては区分所有法31条1項のとおり区分所有者および議決権の各4分の3以上の多数と解釈してよいでしょう。

◎ 管理規約の変更が争われた事例

管理規約が途中で変更され、ペット飼育禁止が定められたが、その管理規約変更の有効性が争われた有名な裁判があります(横浜地平3.12.12、東京高平6.8.4)。この裁判では、①動物の飼育を一律禁止する管理規約規定の効力の有無、②動物の飼育禁止規定の設定が「一部の区分所有者の権利に特別に影響を及ぼす」と言えるかが、主に争われました。

②の意味は、区分所有法31条1項により、従前よりペットを飼育している飼主は、ペット飼育禁止規定が設定されることにより、特別の影響があるから、飼主から個別の承諾を受けなければならないのかが問題となったということです。

この一連の裁判では、①について「マンション内における動物の飼育は、一般に他の区分所有者に有形無形の影響を及ぼすおそれのある行為」と認定して、管理規約の変更は有効であるとしています。また、②については「ペット等の動物の飼育は、飼主の生活を豊かにする意味はあるとしても、飼主の生活・生存に不可欠のものというわけではない」として認めない判断をしたので、管理規約の変更に飼主の承諾は不要であるとされました。ただし、この判決では、②で飼主の承諾が必要となる場合として、自閉症の家族の治療上必要であるとか、犬が家族の生活にとって客観的に必要不可欠の存在である等の特段の事情が積極的に主張されれば、との一文があります。従前からのペットの飼主は、この点を強く主張していく必要があると言えます。

Q 5-8 ペットを預けたら死んでしまった

海外旅行に出るので、近所の知人に犬を預けたところ、旅行中に死んでしまいました。これまで特に大きな病気もなく、健康だったのに、納得できません。その知人に責任をとってもらうことはできますか。また、ペットホテルに預けて同じことが起きた場合はどうでしょうか。

A

◎ペットの預け先

長期の旅行等では、①ペットを近所の知人や友人などの一般人に無償で預ける場合と、②ペットホテルなどへ有償で預ける場合の二つのパターンが多いでしょう。パターンにより、預かった側の責任の内容が異なります。

①②とも、原則として、民法上「寄託契約」（民法657）という類型の契約となります。これは「当事者の一方が相手方のために保管することを約してある物を受け取ることによって、その効力を生じる」ものであり、簡単に言えば、他人の物（ペット）を保管する内容の契約です。

◎保管する人に発生する注意義務の内容

①の場合は、無償で保管してもらうので、保管する人は、「自己の財産（ペット）に対するのと同一の注意義務」を果たせば足ります（民法659）。この「自己の財産（ペット）に対するのと同一の注意義務」とは、一般人の注意力を標準として、その人が日常において自分の物を管理するに際して用いているのと同程度の注意を指します。つまり、自分が飼っているペットを保管するのと同程度の注意ということです。

他方、②の場合は、飼主は、保管する人に対して、保管料・ホテル代等のお金を支払い、有償で保管を依頼するので、保管する人は、「善良なる管理者の注意」を持ってペットを保管しなければなりません（民法659、400）。さらに、ペットホテル業としてペットを保管する場合には、業として保管を行うので、報酬を問わず「善良なる管理者の注意」が必要であるとされています（商法593）。これは、保管する人の職業・地位において一般に要求される程度の注意を意味します。つまり、ペットホテルを営む者として通常要求される程度の注意となります。

この、「通常要求される程度の注意」の具体的解釈のヒントになるのが、動物の愛護及び管理に関する法律（以下「動物愛護管理法」という）および同規則、動物取扱業者が遵守すべき動物の管理の方法等の細目（平成18年1月20日環境省告示20号）です。ペットホテル業者は、動物愛護管理法10条の「動物取扱業」（業種：保管）に該当し、都道府県知事または政令市の長の登録を受けることが必要とされ、動物の管理の方法や飼養施設の規模や構造等につき、細かい基準を満たさなければなりません。この基準の中には、施設管理（衛生管理・逃走防止等）、設備構造および管理（ケージの広さ・給餌や給水のための器具・排泄物の管理等）、動物の管理（幼齢への配慮・感染防止等）が挙げられます。

◎預託中のペットが死亡したら

預託中のペットが死亡したら、かかりつけの動物病院等信頼できる機関に死亡診断書を作成してもらい、死因の解明をしましょう。死因の解明は、保管者に対する責任追及ができるかどうかにも関わる重要な問題です。

◎責任追及は可能か

お尋ねの場合について、ペットの死因がわかった場合でも、①のケースのように、無償で預けていた場合には、その保管した人が自己の飼っているペットと同様の注意を払っていたのであれば、損害賠償の請求（ペットの市場の価値相当額や慰謝料など）は難しいことになります。

②のケースでは、前述のとおりかなり保管基準が明確化されているので、これに違反してその結果としてペットが死亡した場合には、損害賠償を請求することが可能でしょう（東京地判平25.8.21）。

ペットの医療トラブル

Q 5-9
簡単だと言われた避妊手術後にペットが急死してしまった

先日、飼い犬の避妊手術をしました。かかりつけの獣医師からは、簡単な手術と言われて安心していたところ、手術の2日後に急死してしまいました。手術前、特に病気等はありませんでした。獣医師は、なぜ飼い犬が急死したのか、きちんと答えてくれません。私は真実を知りたいし、責任をとってもらいたいと思っています。どのような方法がありますか。

◎獣医師に診察してもらう行為

獣医師に診察してもらう行為は、法律的にはどのように評価されるのでしょうか。これは、飼主が獣医師に対してペットの医療行為を委任し、獣医師がこれを承諾することによって成立する「診療契約」になります（準委任契約、民法656、643）。

◎獣医師が診療契約によって負う義務とは

獣医師は、この診療契約により、善良な管理者の注意をもって、委任事務を処理する義務を負います（民法656、644）。「善良な管理者の義務」とは、獣医師の職業・地位において一般的な獣医師に要求される程度の注意を意味します。

少し難しいのですが、人間の医療現場で必要とされる注意義務と併行して考えることができます。人間の医療現場の場合には、「危険防止のための実験上必要とされる最善の注意義務を要求される。その、注意義務の基準となるべきものは、診療当時のいわゆる臨床医学の実践における医療水準である」が原則であるとされています（最判昭57.3.30）。

◎獣医師が義務に違反しているかを調査する方法

ペットは言葉を話せませんので、自分の症状や痛みを訴えることができず、人間よりも真実がわかりにくいと言えます。特に、今回のように獣医師がきちんと死因について話してくれない場合、飼主は、真実を知るために、以下のような方法によって調査することが可能です。

① 遺体を引き取り他の獣医師に検査（解剖等）を依頼する
② 担当の獣医師にカルテ、各種検査の写真、報告書（レントゲン等）を開示してもらい謄写する
③ 担当獣医師がカルテを開示しない場合には、改ざんの可能性もあるので、弁護士に依頼して証拠保全（民事訴訟法234）の申立てを行う

特に、カルテは、手術前の検査項目、手術当日の処置の内容、どのような投薬が行われたのか等の具体的な情報源となりますので、重要なものと言えます。なお、獣医師は、診療した場合に診療に関する事項を診療簿に遅滞なく記載しなければならず、その診療簿も最低3年間は保管しなければならないとされています（獣医師法21）。

◎獣医師の責任を追及する方法

獣医師の責任を追及する方法としては、以下が考えられます。

① 診療契約に基づく善良なる管理者の注意義務や説明義務を果たさなかったとして債務不履行責任（損害賠償請求）を追及（民法415、416）する。
② 不法行為に基づく損害賠償請求（民法709、711）をする。

裁判では、飼主側は、①②の両方を請求することが多いようです。①②とでは請求することができる期間が異なります。具体的には、①は10年、②は損害および加害者を知ったときから3年・不法行為のときから10年です。

もっとも、①でも②でも、獣医師が有すべき注意義務の内容（ひいては過失の内容）、死亡との因果関係および損害内容など共通する点が多くあります。飼主が請求する損害内容としては、飼い犬の時価相当額（交換価値）、慰謝料、手術および手術後の治療費、解剖費用、葬儀費用、弁護士費用等があります（東京地判平19.9.26他）。

Q 5-10
隣家のペットが虐待されている

隣家ではゴールデンレトリバーを飼っているのですが、餌をあげておらず、小屋の掃除もしないのでハエがたかっています。散歩にも行かず、時々棒で叩いているようです。これは虐待でしょうか。助けてあげることはできませんか。

◎動物の虐待とは

動物を保護する法律の中心となるのが、動物の愛護及び管理に関する法律（以下「動物愛護管理法」という）です。動物愛護管理法は、1条に「動物の虐待防止」等を目的とすることが定められていますが、実は「動物の虐待」とは何かを示す明確な定義規定自体はありません。具体的には、動物愛護管理法44条や環境省のホームページ等で具体的な虐待類型が示されています。

第1に、動物愛護管理法44条では、懲役・罰金などの対象となる愛護動物に対する虐待行為として、①みだりに殺すこと、②傷つけること、③みだりに、給餌もしくは給水をやめること、④酷使すること、⑤その健康及び安全を保持することが困難な場所に拘束することにより衰弱させること、⑥自己が飼育または保管する動物について疾病にかかり、または負傷したものの適切な保護を行わないこと、⑦自己が管理する排せつ物の堆積した施設または他の愛護動物の死体が放置された施設で動物を飼養し、または保管すること、⑧遺棄すること、が挙げられています。これらの行為が愛護動物への典型的な虐待類型であると考えてよいでしょう。

なお、ここでいう「愛護動物」とは、法律上、牛、馬、豚、めん羊、やぎ、犬、ねこ、いえうさぎ、鶏、いえばと、あひる、その他人が飼っている哺乳類、鳥類、爬虫類を指します。

第2に、環境省のホームページでは、「動物虐待とは、動物を不必要に苦しめる行為のことをいい、正当な理由なく動物を殺したり傷つけたりする積極的な行為だけでなく、必要な世話を怠ったりけがや病気の治療をせずに放置したり、充分な餌や水を与えないなど、いわゆるネグレクトと呼ばれる行為も含まれます」としています。

動物への虐待を、「積極的行為」（殴る、蹴る、熱湯をかける、動物を闘わせる等、身体に外傷が生じるまたは生じるおそれのある行為、暴力を加える、心理的抑圧・恐怖を与える、酷使等）と、「ネグレクト」（健康管理をしないで放置、病気を放置、世話をしないで放置等）の二つに分けています。

お尋ねの隣の家のゴールデンレトリバーについては、餌をあげていない（前述③）、棒で叩かれている（前述②）の二つの行為は、懲役・罰金の対象となりうる虐待行為に該当する可能性が高いと言えます。

また、小屋を掃除していないこと、散歩に行かないことは、ネグレクト（飼育放棄）と言えます。動物の飼主には、適正飼養・保管の責務があることから、前記⑤と解釈して虐待であると言えるでしょう。

◎虐待されている動物を見つけたら

虐待されている動物を見つけても、直接注意するのは勇気がいることです。そこで今回の虐待への対応としては、動物愛護管理法違反の犯罪行為として、警察に通報しましょう。警察へ通報する場合には、①近くの交番や警察署へ行く、②110番通報する、③警視庁の情報提供サイトに投稿する、等があります。その他に、財団法人動物愛護協会等、動物保護団体等へ電話相談をする方法もあります。

◎緊急保護は可能か

虐待されているペットを緊急保護として連れ出すことは、お気持ちはわかりますが、飼主の同意がない以上、窃盗罪（刑法235）および住居侵入罪（刑法130）に該当してしまいます。飼主と話し合い、所有権を放棄してもらう方向で説得することが重要です。

4 動物愛護

Q 5-11
ペットの健康を守るためにできること

ペットに市販の餌を食べさせたところ、泡を吹いて死んでしまいました。餌を製造する業者に責任をとってもらうことはできますか。

また、ペット保険に加入した2年後に死んでしまいましたが、保険の契約期間の終了時期と同じだったため、終了したと思いそのままにしていたら、保険が自動更新されて、保険料が引き落とされました。そのような説明を受けた記憶はないのですが、保険料を取り戻すことは可能でしょうか。

◎ペットフードの安全を管理する法律

平成19年にアメリカで発生した、有害物質メラミンが混入したペットフードの問題は、日本におけるペットフードの安全性を検討する契機となりました。日本では、平成21年6月1日に「愛がん動物用飼料の安全性の確保に関する法律」(以下「ペットフード安全法」という)が施行されました。これはペットフードの製造等に関する規制を行うことにより、愛がん動物飼料の安全性の確保を図り、もってペットの健康を保護し、動物の愛護に寄与することを目的としています。

この法律によって、製造方法の基準や成分の規格を設定し、有害な物質を含むペット飼料の製造の禁止や廃棄を行うことができます。また、ペット飼料の輸入・製造業者を届出制にすることで、把握および管理を行い、場合によっては立入検査なども実施できるようになりました。

◎ペットフードが原因で死亡した場合

ペットフードが原因で死亡した場合には、ペットという財産に被害が生じたので、ペットフードの製造業者に対して製造物責任法(PL法)に基づき損害賠償を請求することが可能です。この場合、①相手方が製造業者であること、②製造物に欠陥があったこと、③製造物の欠陥により財産(ペット)が侵害されたこと、④損害の発生および額、⑤前述③と④の因果関係、の要件を満たす必要があります。

製造物責任法以外には、不法行為(民法709)に基づく損害賠償請求も可能ですが、製造物責任法では、不法行為責任とは異なり、飼主側に製造業者の「過失」を立証する必要がないので、その点が利点と言えます。

◎ペット保険とは

ペット保険とは、人間に国民健康保険や民間の保険があるのと同様に、ペットを対象とする、動物病院での治療・入院費等の「割引」や、死亡保険金・一時給付金等の「給付」を内容とする保険を意味します。ペット保険については、平成18年4月に施行された改正保険業法により、大きな変化を遂げました。従前は「ペット保険」と「ペット共済」の二つのタイプがあったものの、これらを監督する官庁や法律がなかったのですが、この改正により、「ペット保険」は許認可が伴う保険会社で、「ペット共済」は新たに設けられた「少額短期保険業」として登録が必要となり、監督官庁は金融庁(少額短期保険業は窓口が財務局)となり、保険業法の適用を受けることになりました。

◎ペット保険に関するトラブル

お尋ねの場合、まずはペット保険を締結した際に、どのような説明を受けたのか、交付された説明書や約款等に何と書いてあるかをもう一度確認してください。ペット保険は保険業法の適用を受ける商品ですので、説明責任(保険会社は契約の重要事項について保険契約者に説明しなければならない)がより強く求められることになります。

ペット保険は、人間の保険と異なり、まだ内容の標準化および浸透が行われていない分野であるとも言え、かつ自動更新については契約の重要な内容であることに鑑みて、保険員から説明を受けていない、また自動更新のお知らせすら来なかったというような場合には、説明義務違反等を追及して保険料の返還が認められる可能性もあるでしょう。

Q 5-12
ペットに自分の財産を残したい

先に夫が亡くなり、子どももいないので、犬を飼い始めました。ところが先日、私に癌が見つかり、この先どのくらい生きられるかわかりません。この犬に、私の財産を残すことはできますか。

◎ペットは相続の主体となれるのか

ペットには命があり、感情もありますが、財産法（民法）上は種類を問わず「物（有体物）」として扱われています（民法85）。民法上「物」として扱われるということは、ペットは財産上の権利を享受する主体（権利義務の主体）になれないことを意味します。したがって、あなたはペットに対して直接財産を贈与したり、遺贈したりすることはできません。

◎ペットに財産を残す方法

直接ペットに対して財産を譲渡することはできませんが、ペットがあなたの財産を「間接的に」享受できる方法はあります。その方法とは、①負担付遺贈、②負担付死因贈与、③目的信託です。

◎負担付遺贈について

遺贈とは、遺贈者（遺言者のことを意味する）が「遺言によって」行う財産の譲与を意味します。遺贈には、何らの負担なく無償で財産をもらう「単純遺贈」と、負担もセットとする「負担付遺贈」の2種類があります。

そして、お尋ねの場合には、後者の「負担付遺贈」を利用して、信用できる人に、自分が飼っているペットのお世話・飼育等を行うことを条件（負担）に、財産を提供することが可能です。この負担付遺贈を行いたい場合には、きちんと遺言書でその旨を記載する必要があります。ただし、注意しなければならないのは、負担付遺贈というのは、遺贈者が一方的に財産的利益と負担の提供を表明する「単独行為」であるので、財産をもらう人はいつでも遺贈の放棄をすることができるのです（民法986）。したがって、あらかじめペットを大切に飼ってくれるか等の意思確認をしておくのがよいでしょう。なお、ペットの世話を確実に行ってもらえるように、遺言は「公正証書」で作成し、遺言執行者をつけておくことをおすすめします。

◎負担付死因贈与について

贈与とは、無償で自己の財産を与える契約であり（民法549）、死因贈与とは、その贈与契約が、贈与者の死亡によって効力が生じるものです（民法554）。これは、贈与者が生前に贈与契約を締結しておく必要があります。そして、負担付死因贈与とは、自己の財産も提供するが負担もついている贈与契約で、贈与者が死亡することにより効力を生ずるということになります。この契約形態を利用して、生前より、ペットの世話・飼育をしてくれる人との間で、「飼主が死亡したあとにペットの世話をすることを条件に財産を贈与します」という贈与契約を締結することになります。なお、贈与契約は口頭でも成立しますが、書面（契約書）があることで撤回のリスクを回避することができます（民法550）。

◎目的信託について

信託とは、一定の目的のため、自己の財産の管理および処分を第三者に依頼し、その利益を別の人に享受させる制度です。自己の財産を持っている人を委託者、その財産を管理および処分する人を受託者、その利益を享受する人を受益者と言います。この制度を利用して、ペットのために財産を管理および処分することが可能となります。平成18年の信託法改正により、受益者が存在しない「目的信託」の制度が許容されました（信託法258以下）。これにより、「自分のペットの飼育」を目的とした信託設定することが可能となりました。

具体的には、飼主（委託者）が自分のペットの飼育を目的とする信託を行い、受託者（飼主の財産を管理および処分する人）は、目的に合うように資産を運用して、ペットに利益を享受させることができるようになりました。

第6章

不動産・住居
に関する法律知識

1 相隣トラブル

Q 6-1
境界とは何か

新しく土地を購入しようと思っていますが、よく隣家との境界のことでトラブルになると聞いています。「境界」とは何なのか、基本的なことを教えてください。

A

◎筆界と境界の意味

一般的に言われている「境界」には、「公法上の境界＝筆界」と「私法上の境界＝境界」があります。

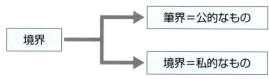

かつて明治維新政府は、各土地の正確な面積や地目を管理するために土地区画整理事業の一環として、土地の範囲を区画しました。そして、政府は土地と土地とを区画する線を「筆界」として登録することにしたのです。このようにすることで、政府は税金を取りやすくなりました。

「筆界（公法上の境界）」とは、ある土地が登記されたときにその土地の範囲を区画するものとして定められた線であり、不動産登記法で定義されています。この筆界は、国が定めるものですので、土地の所有者同士の合意等によっても変更することはできません（最判昭31.12.28）。筆界で囲まれた区画を「一筆地」と言います。

一方、「境界（私法上の境界）」とは、土地の所有権の範囲を画する線（所有権界）を意味します。その画された範囲の中では、所有者は自由に土地を管理および処分することができます。私法上の境界ですので、筆界とは異なり自由に設定できるのが原則です。例えば、境界（所有権界）の考え方では、一筆地の一部を駐車場として貸したり等自由に設定できるのです。

通常は、「筆界」と「境界（所有権界）」は一致しますが、一致しないときもあります。例えば、土地の時効取得により、土地の所有権の帰属が変わる場合、「筆界」と「境界（所有権界）」の不一致という状態が発生します。

◎筆界（公法上の境界）の調べ方

筆界は、実際に土地に線が引いてあるわけではないので、目には見えません。調べる方法としては次のものがあります。

① 公図…法務局で取り寄せることができる土地台帳の附属地図のことで、これを見ることで、だいたいの方位、地形、隣地との相隣関係がわかります。ただし、正確性を欠くといわれているのでこれだけでは不十分です。

② 境界標…一筆地の境の屈曲点に設置された標識で確認します。筆界の特定の地点に石材等を埋め込む方法によって視覚的に確認することも可能なものです。

③ 地積測量図…筆界の位置関係を明確にするために土地家屋調査士が作成するものです。

④ 登記簿謄本…面積はどれくらいなのか等を知ることができます。

◎筆界を定める制度

筆界について、わからなかったり争いがあったりするような場合には、以下の二つの制度を利用することができます。

① 境界確定訴訟…相隣接する土地の境界線について争いのある場合に、訴訟手続によりこれを創設的に確定する訴訟です（境界を画する有形物を「界標」という。民法224）。

② 筆界特定制度…平成17年4月6日、不動産登記法が一部改正され創設された制度であり、筆界に争いのある当事者の申立てにより、筆界特定登記官が筆界調査委員の調査を経て筆界を特定します。

この二つの制度は、どちらを選択しても構いません。①の訴訟に時間がかかることから、②の制度が創設されました。ただし、②の制度は訴訟手続である①とは異なり、新たな筆界の形成・確定までの効力はないので、①より拘束力という点では劣後します。

Q 6-2
隣家の塀が境界を越えている

先日、隣家が塀を補修するということで調査したところ、隣家の塀が境界線を越えて10センチほど私の家側に入り込んでいることがわかりました。隣の家からは「取得時効が成立したから私のものだ」と言われましたが、従わざるをえないのでしょうか。また、隣家の柿の木が私の家の庭にまでかかり、柿の実が落ちてきます。私は、勝手に飛び出している枝を切ってよいでしょうか。また、私の庭に落ちてきた柿を食べてもよいのでしょうか。

◎取得時効とは

取得時効とは、一定の事実状態が一定期間継続する場合に、それが真実の権利関係と一致するか否かを問わず、現実の事実状態を権利関係として認めてしまう制度で、真実の権利者からの権利に基づく主張を認めない制度です（民法162）。民法の所定の要件を満たすと、隣人はあなたの所有地に入りこんで使用している部分の土地の所有権を主張できることになります。

◎取得時効の成立要件とは

民法162条によれば、取得時効には二つのタイプがあります。
① 長期取得時効（民法162①）
所有の意思をもって、平穏かつ公然と、20年間他人のものを占有
② 短期取得時効（民法162②）
所有の意思をもって、平穏かつ公然と、10年間他人のものを占有し、占有の初めにおいて善意・無過失

「所有の意思をもって」とは、境界を誤認して他人の土地を占有していたように、所有者と同じような支配を行う意思です。したがって、土地を借りているとの認識はこれにあたりません。

「平穏かつ公然と」とは、占有（使用）を始めるときに、暴行脅迫等の暴行行為を用いていないこと、特に隠さずおおっぴらにしていることを意味します。

「20年間／10年間他人のものを占有」とは、占有（使用）の期間（10年か20年か）を意味します。

②の「占有の初めにおいて善意・無過失」とは、自分が所有者であると信じることであり、通常占有していれば「平穏かつ公然と」と「占有の初めにおいて善意・無過失」は推定されるとされています。

これらの要件を満たしており、隣人が取得時効の主張（「援用」という。民法145）をした場合には、取得時効が成立します。

◎時効取得と筆界

取得時効が成立しても、筆界は何も影響を受けません。筆界は国が定めるもので、私人が任意に動かせないからです（Q6-1参照）。

なお、隣人は、取得時効主張後、取得時効した部分について確認書の作成や分筆（一筆地を分けること）の請求、所有権確認の訴えおよび所有権移転登記請求の訴えを起こす可能性があります。

◎境界線を越えている枝の切断

隣地の木の枝や根が境界線を越えているときの対処方法については、民法233条に規定されており、柿の木の所有者（隣人）に対して「枝を切るように」と請求することができます（隣地の所有者がその柿の木の所有者であることが前提）。つまり、あなたは勝手に枝を切ることはできず、隣人に請求することができるのみです。

◎柿の実の取得

柿の木に実っている「柿」そのものは、法律上は「天然果実」（民法88①）といわれ、その所有権は、木から分離するときにこれを取得する権利がある者に帰属します（民法89①）。あなたは、隣人に枝を切ることを請求することができるだけですので、たとえ越境している枝に実っていた柿だとしても、勝手に食べることはできません。

Q 6-3

境界ぎりぎりの建物建築

隣に新しく家が建つことになり、現在建築中です。ところが工事の状況をみていると、私の家との境界線ぎりぎりのところまで建物が建つ予定のようです。少し離してもらうことはできますか。

また、隣の家の2階の窓から私の家のリビングが丸見えになる場合、目隠し等、何か請求できるのでしょうか。

A

◎境界付近の建物に関する規定

境界付近の建物に関するトラブルを防止するため、民法はいくつかの規定をおいています。

① 境界付近の建築の制限（民法234）
② 境界付近の建物のプライバシー保護（民法235）

通常、自分の土地に自分の家を建てるのだから、自由にしてもよいではないかと思うかもしれません。しかし、例えば、建物が境界に隣接して建てられると空気の滞留や日照悪化等の問題や、家屋の築造・修繕する場合に余裕がなくなる等の問題が発生します。また、建物が密接していると、他人に眺められているような気持ちになり、平穏に過ごせない等の問題も発生します。

◎建築に関する距離の保持

原則として、建物を建てる場合には、隣地との境界線から建物の外壁、仮に出窓がある場合にはその最も境界に近い部分から50センチ以上の距離を保たなければなりません（民法234①）。もし、この規定に違反して隣人が建築しようとしている場合には、あなたはその建築を中止あるいは変更させることができます。

これには例外がいくつかあるので、注意が必要です。まずは問題となっている土地の「用途地域」（都市計画法に基づく地域の区分け）が何であるかによって、民法よりも厳格な規制（第1種低層住居専用地域等）に服する場合があります。また、

問題となる地域が、防火地域・準防火地域の場合には、建物の外壁が耐火構造であれば、境界線に接して建築することも可能です。

まずは、工事現場に表示してある「建築確認の情報・建設業者の情報」を調査し、①問題となる土地の用途の種別、②建築確認の内容（地方自治体の係に聞いてみる）を確認してみましょう。その後、隣人および業者に問合わせ等をしてみて、それでも解決しなければ弁護士等に依頼してみましょう。

◎目隠しの要求

民法では、境界線から1メートル未満の距離において他人の宅地を見通すことのできる窓または縁側（ベランダを含む）を設ける者は、目隠しをつけなければならないと定めています（民法235①）。

窓、縁側およびベランダという、構造上その建物の居住者がその場所にとどまって、隣の建物の中を見ることができるような場所を設ける場合には、隣の家の平穏な生活を守るために、その場所の最も隣地から近い点から垂直線によって境界線に至るまで（民法235②）の距離が1メートル未満の場合には、その場所を設置する側が目隠しを設置しなければなりません。ただし、隣地の対象は、「宅地」となっているので、工場、倉庫、事務所に使用されている建物の敷地は含まれません（東京高判平5.5.31）。

ところで、お尋ねとは逆に、隣人からみてあなたの家の窓から隣人の建物内が見える可能性もあります。この場合は、建物が建築された先後ではなく、民法235条1項の要件を満たす場合には、あなたの家が目隠しを設けなければなりません。

これらの目隠し義務は、相手方が設置しない場合には、相手方に対して設置の請求を交渉していくことになりますが、相手方が応じない場合には弁護士会のあっせんや仲裁手続、裁判所の調停・訴訟を利用することになるでしょう。

Q 6-4

隣地使用請求権

この度、自己所有地上の建物が老朽化したため、これを取り壊し、建物を新築することを考えています。ところが、解体工事の足場を組むために、どうしても隣地との境界を超えて隣地に足場を設置し、その他工事のために隣地の通行等をする必要があります。しかし、隣地の所有者は、足場の設置に応諾していただけません。このような場合、工事を実現する手段はないのでしょうか。

◎隣地使用に関する規定

隣地使用に関しては、民法209条に規定されています。

これによれば、境界近くの塀や建物を新築または修繕するために「必要な範囲内」で隣地の使用を請求することができるとされています。

所有権（民法206条）は法令の制限内において自由に使用・収益・処分する権利とされますが、この「法令」による制限を定めています。

したがって、相手方が応諾してくれない場合であっても「必要な範囲内」で隣地を使用し、足場を設置することが権利として認められています。

もっとも、隣地上の住家への立入りまでは承諾がない限りは認められません。

◎必要な範囲内とは

「必要な範囲内」について、条文上は明らかではないので、当事者双方の諸般の事情を考慮して判断されることになります。

隣地使用を求める側としては、工事の必要性や客観的に相当な工事かどうかといった事情と相手方が受ける損害の程度等の、被る不利益を比較衡量して「必要な範囲内」かどうかを判断することになります。

その際、「必要な範囲」については、どの範囲にどれくらいの高さの足場を組むかといった空間的範囲に加えて、例えば夕方の5時以降の作業を禁止する等というような時間的な範囲も決定されることになります。

◎法的手続

隣地使用請求に関する紛争については、法的手続に至る前に話合いの場がもたれていることも多く、その延長線上の話合いの手続きとして調停手続によることが考えられます。

もっとも、調停でも折り合いがつかなかった場合には、最終的には裁判手続によらざるを得ません。

具体的には、裁判所に訴求して承諾に代わる判決（民法414②但書）を求めることになります。

もっともこれらの手続きは通常数か月、長い場合には1年以上かかることもありますので、壁が崩壊して修復不可能となる等緊急性が高い場合には仮処分の手続き等の手段を講じる必要があります。

これらの手続きを利用して前述の「必要な範囲内」について、図面、工事施工業者の説明書等の資料を用いて立証をすることになります。

◎損害を与えた場合

相手方が立入りによって損害を受けたときは、請求者が償金を支払う必要があります（民法209②）。

償金には、隣地使用するうえで避けられない樹木の損傷のような被害の補償や、隣地使用者が隣地を使用することによる使用料相当額の利得（民法703）の利得償還等も含まれます。

このように、隣地所有者等に対して隣地使用を是認させることと、それに伴う損害等を償金請求させることによって両者のバランスが図られています。

Q 6-5
隣家のピアノや布団をたたく音がうるさい

隣家の騒音に悩まされています。早朝からピアノの音が聞こえてきますし、ベランダで布団をたたくとき、必要以上に大きな音を発し、時には窓を開けて大音量でラジオをかけたりしています。私はノイローゼになりそうです。どうすればよいのでしょうか。

A

◎騒音の被害

誰もが平穏な日常生活を送りたいと願っていますが、日々の生活では近隣の騒音・悪臭等「生活公害」と呼ばれる問題が頻繁に発生します。

騒音に関し公的機関に対する苦情が多いのは、①建設現場の騒音、②工場や事業場の騒音、③店舗等の騒音、④交通機関の騒音等です。しかし、例えばエアコンの音、風呂や給排水音、洗濯機の音、ピアノの音、ドアの開け閉め、布団をたたく音等のいわゆる「生活騒音」も苦情全体の1割を超え、問題となっています。

音の大きさはデシベル（dB）をいう単位で示されますが、お尋ねのピアノの音は平均80～90dB、布団をたたく音は60～70dBと、かなり高い値と言われています。

◎騒音によって侵害される権利とは

法的にみた場合、このような生活騒音により「生活利益」が侵害されていると考えられています。しかし、私たちが社会生活をするうえで、程度の差こそあれ、音を発することは不可避であり、それゆえに、私たちは被害者と同時に加害者となる可能性もあるのです。では、どの程度を超えたら、相手方に対する迷惑行為として違法となるのでしょうか。

この問題については、過去さまざまな事件によって裁判所の考え方が定まっています。特に近隣間の騒音問題というのは、感覚的な面もあるので、裁判所はより客観的に違法性を図るため、「侵害の程度が一般人の社会性生活上の受忍すべき程度を超えるものか」（受忍限度）という基準で判断します。

具体的には、①被害の態様と被害の程度、②被侵害利益の性質と内容、③被害の開始とその後の継続の経過および状況、④被害防止策の措置、内容および効果、⑤加害者の害意等という各要素が、考慮すべき範囲や、その重みの置き方も含めて事件ごとに具体的に判断されます。

◎生活騒音を規制する法律

騒音に関する法律は実はたくさんありますが、そのほとんどが建設工事や工場、深夜営業の店等いわゆる事業者を対象としており、お尋ねのような生活騒音を規制する法律はありません。ただし、各地方自治体では「条例」によって生活騒音の指針値を規定したり、ルールづくりをしたりするケースが増えていますので、お住まいの地方自治体の条例をホームページ等で確認してください。

◎騒音を止める方法

解決の方法としては、いくつかあります。
① 近隣同士ということで、隣人に騒音を配慮してもらうよう、お願いをしてみる
② 地域の自治会等による生活騒音に関するルールづくりを紹介し、町内会・自治会で問題提起をしてみる
③ 地方自治体の住民の生活安全を管理する部署に相談してみる
④ 弁護士等に依頼して「騒音行為をやめることを内容とする通知文」を出してみる
⑤ 弁護士等に依頼して第三者機関の力を借りる（調停または訴訟を利用して、騒音行為の差止めの要求、あるいは精神的苦痛に対する慰謝料の請求を行うことができる。緊急性が高い場合には、差止めの仮処分という方法もある）

近隣間の騒音問題は、人間関係もからんで非常に複雑な問題ですので慎重に検討しましょう。

Q 6-6
近所の飲食店からの悪臭に困っている

最近、家の向かいに焼鳥店が開業しました。年中無休で営業しており、毎日のように焼鳥を焼く臭いと、生肉を処理しているのか肉が腐ったような悪臭がして耐えられません。この焼鳥店に対して何か要求はできませんか。

A

◎悪臭を規制する法律

悪臭問題は、お尋ねの場合のような飲食店の他、食品加工工場、化学物質等を扱う工場等の近くに住む住民にとっては、起こる可能性が高い問題と言えます。これらの事業場や工場等から発生する悪臭を規制する法令としては、「悪臭防止法」や地方自治体の「公害防止条例」等があります。

◎悪臭防止法とは

悪臭防止法は「この法律は、工場その他の事業場における事業活動に伴って発生する悪臭について必要な規制を行い、その他悪臭防止対策を推進することにより、生活環境を保全し、国民の健康の保護に資することを目的とする」(悪臭防止法1)としています。主に、事業活動に伴い発生する悪臭について、①規制の対象とする地域を決め（規制地域の指定）、②指定する悪臭物質（特定悪臭物質）または臭気指数が、③規制基準を越えた場合の国・地方公共団体の対応（立入検査、改善勧告、改善命令）を規定しています。このように、悪臭防止法では、悪臭に対する国・地方公共団体の対応を規定していますが、住民は自ら事業場や工場に対して請求することはできないのでしょうか。

◎住民の被害への対応

住民とすれば、悪臭行為に対し、①営業を差し止めてほしい、②防止措置をとってほしい、③精神的苦痛に対する損害（慰謝料）を支払ってほしい、といった要望があるでしょう。では、悪臭行為（侵害行為）がどの程度を超えたら、住民との関係で違法となり、住民の要求が認められるのでしょうか。

悪臭の問題は、「受忍限度」（Q6-5参照）と同様の考え方をとります。工場の裁判例（徳島地判平7.10.31）では、「一般に工場の操業に伴い悪臭が発生し、これが工場外の他人の利益を侵害する場合でも、一定限度以上の悪臭であるとの一事をもって直ちに違法なものとするべきではなく、社会通念に照らし、一般人において社会生活を営む上で受忍するのが相当であると認められる限度を超える場合に初めて違法となる」と判断されています。

◎悪臭の受忍限度の判断

受忍限度を超えているかは、①被害の態様と被害の程度、②被侵害利益の性質と内容、③被害の開始とその後の継続の経過および状況、④被害防止策の措置、内容および効果、⑤加害者の害意を具体的に検討していくことになります。

ただし、焼鳥店のような事業者に対する判断については、裁判上、悪臭防止法の規定が判断に影響を与える傾向にあります。つまり、前述の各判断要素に加えて、①焼鳥店が悪臭防止法の規制対象地域に指定されているか、②悪臭の物質が悪臭防止法で規定されている特定悪臭物質に該当するか、③悪臭の濃度・臭気が悪臭防止法の規制基準を超えているか、という判断です。これら悪臭防止法の規定に違反している場合には、受忍限度を超えるとの判断がされる可能性が高いと言えます。

◎悪臭の測定

悪臭の測定は、大きく「濃度分析」と「臭気分析」に分かれます、濃度分析には専用の分析機が必要となり、臭気分析には「臭気測定士」と呼ばれる専門家の分析が必要となります。個人で依頼することも可能ですが、地方自治体によっては、相談を受けて分析をしたり、機械を貸し出したりするところもあります。

Q 6-7
近隣の建設工事の振動・騒音がひどい

隣に新しく家が建つことになりました。工事が始まってみると振動や騒音がひどく、テレビの音も聞こえません。さらに最近、私の家の外壁にひびが入っているのを確認しました。どのように解決すればよいでしょうか。

A

◎建設工事に伴う公害

建設工事の際には、基礎工事における杭打ち、重機を使用した作業、トラック等による資材の搬入等を伴うため、騒音・振動等いろいろなトラブルが発生することが多くあります。

建設工事については、複雑な公害問題がからむため、さまざまな法規制（法律や地方自治の条例）が存在していますが、法規制が適用されるかどうかは、建設工事が行われている地域の属性が基準となってきます。また、これらの法規制が適用されない場合には、建築差止めの仮処分や調停・訴訟などを検討するケースも多く見られます。

◎建設工事に伴う騒音や振動を規制する法律

建設工事による騒音については「騒音規制法」で、建設工事による振動については「振動規制法」で規制されています。この二つの法律では、規制されている地域（指定市域）において行う建設作業のうち、杭打ち機、びょう打機、削岩機等、著しく騒音・振動を発生する作業（特定建設作業）を行う場合、作業開始の7日前までに市町村に騒音防止措置について届け出る必要があります。さらに、環境大臣が定めている騒音・振動基準に適合しない場合には、工事業者に対し市町村長が改善勧告を実施することになっています。

騒音規制法・振動規制法の措置が実施されるのは、問題となっている地域が法律で指定された地域であることが必要となります。まずは、問題となっている建設工事現場が、法律の対象地域に入っているかを確認した後、地方自治体の生活環境課等の騒音・振動問題を扱う部署に相談してみるとよいでしょう。自治体では、必要に応じて計測等を行い、事実関係を確認することになります。

◎建設工事による騒音・振動が違法となる場合

建設工事は、現代においては回避することができません。騒音・振動を発するからといって違法になるわけではありません。建設工事による騒音・振動等「侵害の程度が一般人の社会性生活上の受忍すべき程度を超え」た場合に、初めて違法との判断となります（受忍限度。Q6-5、Q6-6参照）。

この受忍限度を超えるかどうかの具体的判断については、各判断要素を検討していくことになりますが（Q6-5、Q6-6参照）、やはり公的な規制である「騒音規制法」「振動規制法」に違反しているかどうかが、その判断に影響を与えることになります。

◎振動・騒音問題の解決方法

問題の解決方法としては、以下のとおりいくつかあります。

① 自治体の生活環境課などへの相談
② 建設業者との交渉および建築協定の締結
 - 工事の実施時間の設定
 - 騒音・振動を発する機械の利用時間の制限
 - 低振動・低騒音の建設機械の利用
 - 騒音・振動を発する機械の同時利用禁止
 - 防音シートの利用
 - トラックの配車計画の実施
 - 騒音・振動のモニタリングの実施
③ 第三者機関（仲裁機関）での紛争解決
④ 工事禁止の仮処分
⑤ 調停・訴訟（工事差止め・慰謝料請求）

最も有効なのは、②の建設工事の着手段階での話合い・建築協定の締結と言えるでしょう。

なお、建設工事によって外壁にひびが入った場合には、外壁のひびと建設工事の振動等に因果関係があれば、損害賠償を請求することが可能です。

Q 6-8

近隣の土地を通行してよいか

近隣の他人の土地を通行してもよい場合があると聞きましたが、それはどのような場合なのでしょうか。

A

◎隣地通行権とは

例えば、通勤や通学時等に、他人の土地を通行する場合があります。「この道を使うと駅に近い」、「この道を通らないと公道に出られない」等、利用の理由はさまざまですが、他人の土地を利用するのですから、他人の好意の上に成り立っているのが前提でしょう。ひとたび隣人関係が悪くなると、問題が表面化します。

隣近の所有者の土地を通行に利用する権利一般を「隣地通行権」と言います。この隣地通行権には、法律の要件を満たす場合に当然認められる「法定通行権」と、契約で自由に定められる「約定通行権」があります。そして法定通行権の代表的なものに「囲繞地通行権」が、約定通行権の代表的なものに「通行地役権」や通行のための賃貸借契約や使用貸借契約があります（その他の通行権はQ 6-10参照）。

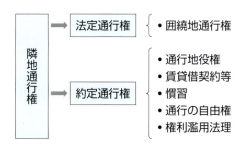

◎囲繞地通行権とは

囲繞地通行権とは「他人の土地に囲まれて公道に通じない土地の所有者は、公道に至るため、その土地を囲んでいる他の土地を通行することができる」権利を言います（民法210①）。この民法の規定により、以下の要件を満たすと、法律上囲繞地通行権が認められることになります。

① 他の土地によって囲まれていること（袋地）
② 他の土地を通行しないと公道に通じないこと

◎袋地であること

前述①の他の土地に囲まれた土地を「袋地」と言います。ただし、周囲の土地の名義が自分の妻であるというような場合には、実質的に判断され、袋地として認められないケースもあります。なお、他の土地と池沼、河川、水路、海等によって囲まれた土地を「準袋地」と言い、袋地と同じ扱いとなります（民法210②）。

◎「公道に通じている」の判断

公道に通じさえすれば、どんなに悪条件の道でも「公道に通じている」と判断されてしまうわけではありません。前述②の解釈については、個別のケースでよく争われるところです。裁判例等をみると、袋地の形状、地理的状況、従前からの通行経緯等の実態を踏まえ、合理的な利用が達成できるかで判断されます。

なお、囲繞地通行権は他人の土地を利用するものですので、通行の場所および方法は、必要な範囲で他の土地にとって損害が最も少ないものを選ばなければなりません（民法210①）。

◎通行地役権とは

地役権とは、自分の土地の便益（利用）のために他人の土地を利用する権利です（民法280）。この場合、利用価値が高まる自分の土地のことを「要役地」、利用される他人の土地のことを「承役地」と言います。なお、地役権の中でも、要役地の所有者が承役地を通行する目的で設定する地役権を「通行地役権」と言います。

通行地役権とは、原則として要役地の所有者と承役地の所有者との間で地役権設定契約を締結して初めて設定されるので、その点で通行を目的とする賃貸借契約や使用貸借契約と同じですが、相違点もあります。①通行地役権は物権なので、登記すれば第三者にも主張することが可能であり、債権として賃貸人のみに対して主張できる賃借権等よりも権利として強いこと、②通行権は賃借権のように独占的に承役地を利用できるものではなく、承役地の所有者も利用できることです。

Q 6-9
通行していた土地の所有者が変わった

通学や通勤のときに駅に出るのに便利なので、幼い頃からAさんの土地を当然のように通行していました。ところが先日、Aさんの息子さんから「父は使用を認めていたかもしれないが、先日父が亡くなり、土地は私が相続したので、今後は勝手に通行させない」と言われました。私はもうその道を通ることはできないのでしょうか。

◎通行地役権

他人の土地を使用するには、それを正当化する権利が必要です。他人の土地を利用する権利には賃貸借契約や使用貸借契約といった双方合意の契約に基づく権利が考えられますが、お尋ねの件はそうではなさそうです。このような場合に、「地役権」という権利がよく問題になります。

地役権とは、他人の土地（承役地）を自己の土地（要役地）の便益に供する権利を言い、その内容は設定行為によって定まります（民法280）。

通行地役権とは、地役権のうち他人の土地を通行するために設定された地役権のことを言います。

このような地役権の設定は契約によって行われ、契約には明示のものだけでなく黙示のものも含まれます。

お尋ねの件では、Aさんとの間で明示の通行地役権の設定契約が成立していれば、息子さんは相続によりAさんの包括承継人としてAさんの権利義務を承継していますので（民法896）、息子さんに対しても通行地役権を主張できることになります。もし明示の設定契約がなければ、Aさんが認めていたAさんの土地の通行が黙示の通行地役権の設定と言えるかどうかが問題となります。

黙示の通行地役権の設定について判例では「黙示の契約を認めるためには（中略）通行の事実があり通行地の所有者がこれを黙認しているだけでは足りず、さらに、所有者が通行地役権または通行権を設定し法律上の義務を負担することが、客観的にみても合理性があると考えられるような特別な事情があることが必要」（東京高判昭49.1.23）とされています。

ここで言う特別の事情とは例えば分譲地の形成された経緯などにより、通路地が分譲地の複数人の所有地で構成され、その各々が自分の土地を通行することを許諾しているような場合等客観的かつ合理的な事情が求められることになります。

お尋ねの件では、あなたは当然のことと使用しており、かつAさんはその使用を認めていたということですが、他にAさんが「通行地役権または通行権を設定し法律上の義務を負担することが、客観的にみても合理性があると考えられるような特別な事情」がない限り、黙示の通行地役権の設定があったとは認められないと考えられます。

◎権利の濫用

しかしながら、あなたは小さい頃からAさんの土地を当然のこととして通行に利用していたのであって、かつAさんはこれを認めていたということですので、あなたにとって土地の通行の必要性は相当高いと言えます。一方で、単に相続があって所有者がAさんから息子さんに交替したというのみでは、その土地の利用状況を変更させる合理性は乏しいと考えられます。

また、前述のように相続は包括承継ですので、通行を承諾しているAさんの法的義務をすべて息子さんは承継し、Aさんとは独立した立場であなたの通行を拒絶できないとすることが公平と言えます。

したがって、お尋ねの件では息子さんによる何らかの通行妨害がなされたとしても、その息子さんの主張は権利濫用として否定される可能性が高いと考えられます。このように、所有者による権利の濫用が認められることにより、その反射的効果として通行が認められることもあります。

Q 6-10
車が通るための通行権

私の自宅の土地は、公道に出るための道のない袋地です。今まで公道に出るのに隣の家の土地の一部（幅が90センチ）を利用していました。この度、同居している母がデイサービスを受けるのに車が必要となったので購入しました。車が通るために、通路の幅を広げてもらうことはできますか。また、そもそも車が通るための通行権は認められますか。

◎囲繞地通行権

他の土地に囲まれて公道に通じない土地（袋地）の所有者は、公道に至るため、その土地を囲んでいる他の土地を通行することができます（民法210①）。この袋地を囲んでいる土地を囲繞地と言い、このような通行権を囲繞地通行権と言います（Q6-8参照）。

囲繞地通行権に基づいて通行する場合、通行の場所や方法は、通行権者のために必要であり、かつ囲繞地のために損害が最も少ないものを選ばなければなりません（民法211①）。そして、通行権者は必要があるときは通路を開設することができます（民法211②）。

◎囲繞地通行権と自動車の通行

このように囲繞地通行権は、囲繞地のために損害が最も少ない場所、方法で通行しなければならない以上、通行権者は当然に囲繞地通行権に基づいて自動車の通行ができるとは言えません。

囲繞地通行権は公路に通じない袋地と囲繞地の相隣関係を調整するために、囲繞地所有者の犠牲のもと、袋地の有便性を高めるための制度です。よって、それぞれのケースで囲繞地通行権が認められる場合に、通行権者のために自動車通行が必要であるか否か、その自動車通行による制限を囲繞地所有者が甘受すべきかどうかを個別具体的に判断する必要があると解されます。

判例上も「自動車による通行を前提とする（中略）（囲繞地）通行権の成否およびその具体的内容は、他の土地について自動車による通行を認める必要性、周辺の土地の所有者が被る不利益等の諸事情を総合考慮して判断すべきである」（最高判平18.3.16）と、個別具体的に判断するべき基準を示しています。

お尋ねの件では、同居の母がデイサービスを受けるために車が必要となっています。介護目的のための車の通行であり、車が通行可能なところまで母親を運ばなければならないとすると、日常生活に与える影響は大きいと言え、隣地に車を通行させなければならない必要性は極めて高いと言えるでしょう。

しかしながら、例えば車の通行を認めなくても、車椅子等を用いて通行し公路まで移動した段階で車の乗り降りをする等と言うことも可能ですし、車による通行が必要不可欠なものとまでは言えないように考えられます。

また、今まで90センチの幅の通行使用を認めていたものが、車の通行を認めるとなれば車種にもよりますが、倍以上の幅の使用を認めることになります。また、車の通行は徒歩のみの通行に比べて危険も伴いますので、囲繞地所有者の被る不利益も小さいとは言えないでしょう。

そのため、囲繞地にどの程度の面積を通路として確保することが可能な余地があるか、それを通路として利用させることにより、囲繞地の使用がどの程度制限されるか等の事情も加味して判断することになりますが、現状では車による通行を前提とする囲繞地通行権を認めることは難しいでしょう。

もっとも、囲繞地に十分な余裕が認められる場合等、車による通行を前提とする囲繞地通行権が認められた場合は、車の通行の必要が認められる限りは通路を拡張開設することを要求することができると考えられます。

2 欠陥住宅・建築請負

Q 6-11
完成したマイホームに不具合が見つかった

マイホームの引渡しを受けたところ、2週間もしないうちにドアがきちんと閉まらない、床が少し傾いている等多数の不具合があることに気づきました。この工事を請け負った建築会社に対して、私はどのようなことを請求できるでしょうか。

◎建築会社に対する責任追及

お尋ねの「不具合」が、「瑕疵」にあたるのであれば、建築会社に対して、瑕疵担保責任（民法634）の追及として、①　瑕疵の修補請求（民法634①）、②　損害賠償請求（民法634②）、③契約の解除（民法635）といった責任追及が考えられます。

◎「瑕疵」の判断

前述の請求のためには、「不具合」が「瑕疵」にあたる必要があります。「瑕疵」とは、契約上予定されていた品質・性能を欠いていることを言います。予定されていた品質・性能には、目的物が通常備えるべき品質・性能だけでなく契約で保証された品質・性能も含まれると考えられています。

本件のようなマイホームの瑕疵は、契約書、見積書、設計図書、建築基準法・建築基準法施行令等の建築関係諸法令、日本建築学会の基準としての建築工事標準仕様書（JASS）等、住宅金融支援機構の技術基準としての基準・使用、代金額、社会通念等に照らして判断されます（松本克美他『建築訴訟〔第2版〕』平成25年、民事法研究会、676頁）。

① 瑕疵の修補請求（民法634）

注文者は、請負人に対し、相当の期間を定めて、その瑕疵の修理、補修（「修補」という）を請求することができます。もっとも、瑕疵が重要でない場合で、その修補に過分の費用を要するときは、修補の請求をすることはできません。請求にあたっては、修補の内容をできる限り特定しなければならないとされています（前掲松本他、589頁）。

② 損害賠償の請求（民法634②）

注文者は、請負人に対し、①の瑕疵の修補に代えて、または①の瑕疵の修補とともに損害賠償を請求することができます。

損害賠償の範囲としては、請負人には瑕疵のない仕事をする義務があることから、信頼利益（瑕疵があるとわかっていたら支出しなかったであろう費用）だけでなく、履行利益（本来の契約が履行されていたら得られたであろう経済的利益）まで含まれるとされています（内田貴『民法Ⅱ（債権各論）〔第3版〕』平成23年、東京大学出版会、275頁）。

③　契約の解除（民法635）

注文者は、請負人に対し、瑕疵があるために契約をした目的を達することができないときは、契約の解除をすることができます。ただし、建物その他の土地の工作物については契約を解除することができないとされています（なお、この規定は強行規定と解されていますので、契約当事者の合意で別の定めを設けることはできないとされている）。

よって、お尋ねの場合のように建物の瑕疵を主張する場合の解除は認められません。もっとも、近時の裁判例では、建物に重大な瑕疵があるために、建替えざるをえない場合には、請負人に対する建物の建替えに要する費用相当額を損害として賠償を請求することができるとした判例もあり（最判平14.9.24）、次第に契約の解除を認めたに等しい考え方がとられるようになってきたと言われています。

◎民法改正の影響

平成27年3月31日に国会に提出された「民法の一部を改正する法律案」が成立した場合、瑕疵担保責任という概念自体がなくなり、請負人の責任の有無は、目的物がその種類または品質に関して契約の目的に適合しているかどうかで判断されることになります。これにより、請負人の責任は、契約の目的に適合した債務を履行したか否かどうかという債務不履行責任に一本化されることになります。

また、改正民法を前提にすると、お尋ねの件では、瑕疵の修補請求と損害賠償に加え、請負代金の減額請求もできる他、契約の解除もできるようになります。

Q 6-12
新築3年後に雨漏りが見つかった

自宅の新築をして引渡しを受けてから3年後のことです。雨漏りや断熱材の施工不良が発見されました。そこで、私は施工業者に対してこれらの不具合を全部修繕するように要求したところ、施工業者は契約書の瑕疵担保責任は2年という条項を根拠に拒否してきました。施工業者に修繕を要求することはできないのでしょうか。

お尋ねの場合については、いつまで責任追及が可能であるかが問題となります（考えられる請求については、Q6-11参照）。

◎民法の定め

民法では、①建物その他の土地の工作物または地盤の瑕疵については、引渡しの後5年間、②石造、土造、れんが造、コンクリート造、金属造その他これらに類する構造の工作物については引渡しの後10年間責任を負うと定められています（民法638①）。なお、建物以外の請負契約に基づく瑕疵については目的物の引渡しの後1年とされています（民法637①）。

この存続期間の法的性質については、「除斥期間」であると解されていますので、時効のように中断（民法147）されることはなく、その期間内に権利の行使をしないと権利は消滅します（最判昭51.3.4）。

もっとも、権利の行使手段としては訴えの提起に限定されず、裁判外の請求でも足りるとされています（大判昭5.2.5）。

この責任追及期間は、民法167条の規定による消滅時効の期間（10年間）以内であれば、当事者間の契約で自由に伸長することができるとされています（民法639）。

◎品確法の定め

新築住宅の請負契約や売買契約における瑕疵担保責任については、住宅の品質確保の推進等に関する法律（以下「品確法」という）の適用があります。

品確法では、民法の瑕疵担保責任の特例として、「住宅のうち構造耐力上主要な部分または雨水の侵入を防止する部分として政令で定めるもの」について、請負人は注文者に引き渡したときから10年間責任を負うと定められています（品確法94①）。

民法の規定と異なり、この期間を当事者間の特約で注文者に不利に変更することはできません（品確法94②）。

◎責任追及の可否

では、お尋ねの場合には責任追及は可能でしょうか。

まず、「雨漏りの施工不良」については、「政令で定めるもの」にあたるか、具体的に確認をする必要があります。品確法施行令では、屋根、外壁、雨水を排除するために住宅に設ける排水管が定められているので確認してみましょう。

これに該当すると言えるならば、契約書に瑕疵担保責任を2年とする条項があったとしても、品確法が適用され、引渡しから10年間は瑕疵担保責任を追及することができますので、施工業者に対し、修繕を要求することが可能です。

他方、「断熱材の施工不良」については、品確法の適用はありません。契約書で2年と定められている以上、3年を経過してからでは、修繕を要求することはできないこととなってしまいます。

◎民法改正の影響

平成27年3月31日に国会に提出された「民法の一部を改正する法律案」が成立した場合、民法上、請負人に対して責任を追及できる期間が変更されます。

前述のとおり、現行民法では、目的物の種類に応じて引渡しの後1年、5年または10年間の間に瑕疵修補請求や解除等を行わなければならないと規定されています（民法637①、638①）。

改正民法では、これらの期間について、一律に、注文者が契約不適合の事実（現行法における「瑕疵」）を知ったときから1年間とされます。

また、現行民法では、期間制限内に根拠を示した具体的な損害賠償請求等を行う必要がありましたが、改正民法では、契約不適合の事実を請負人に通知すれば足りるとされ、それぞれ注文者の保護が図られています。

　したがって、改正民法を前提にすると、お尋ねの件では、「断熱材の施行不良」という契約の目的に合致しない事実を知ってから1年の間に、施行業者に対して「断熱材の施行不良」を通知すれば、修繕、損害賠償、もしくは報酬の減額の請求をし、または契約の解除をすることが出来る余地があります。

　なお、改正民法が成立した場合でも、品確法上定められている請負人に対する責任追及の期間制限に変わりはありません。

Q 6-13
契約内容の違反は瑕疵にあたるか

アパートの建築について請負契約を締結したところ、完成したアパートの柱は契約した柱よりも細い柱を使用していることがわかりました。私は契約違反で瑕疵にあたると主張しましたが、建設会社は構造計算上、居住用建物として安全性に問題はないので瑕疵ではないと言います。契約違反は瑕疵ではないのでしょうか。

◎契約違反は瑕疵にあたるか

契約で定めた内容に反していても瑕疵にあたらないのでしょうか。

これについては、お尋ねの場合と同じようなケースについて、最高裁が判断をしています（最判平15.10.10。以下「本判例」という）。

◎事案

Xは、平成7年11月に建築等を業とするYとの間で、神戸市灘区内において、学生、特に神戸大学の学生向けのマンション（以下「本件建物」という）を建築する請負工事契約（以下「本件請負契約」という）を締結しました。

Xは、同年1月17日に発生した阪神・淡路大震災により、神戸大学の学生がその下宿で倒壊した建物の下敷きになる等して多数死亡した直後であっただけに、本件建物の安全性の確保に神経質となっていました。そこで、Xは、本件請負契約を締結するに際し、Yに対し、重量負荷を考慮して、特に主柱については、耐震性を高めるために、当初の設計内容を変更し、その断面の寸法300㎜×300㎜の、より太い鉄骨を使用することを求め、Yはこれを承諾しました。

ところが、Yはこの約定に反し、Xの了解を得ないで、構造計算上安全であることを理由に、断面の寸法250㎜×250㎜の鉄骨を主柱に使用して、施工をしました。

工事は、平成8年3月上旬に外構工事等を残して完成し、同月26日、Xに引き渡されました。

以上の事情のもと、YがXに対し、残代金の支払いを求めたところ、Xが主柱に係る工事の瑕疵を主張し、瑕疵の修補に代わる損害賠償債権と、請負残代金債権を対当額で相殺する旨の意思表示をしたと主張した、というのが本判例の事案です。

◎本判例の判断

最高裁は、本件請負契約においては、XY間で、本件建物耐震性を高め、耐震性の面でより安全性の高い建物にするため、主柱につき断面の寸法300㎜×300㎜の鉄骨を使用することが、「特に約定され、これが契約の重要な内容になっていたものというべきである」として、この約定に違反した主柱の工事には、「瑕疵があるものというべきである」と判断しました。

本判決の意義は、瑕疵の意義について、これまで争いのなかった取引上一般に期待される品質・性能を欠いている場合（「客観的瑕疵」という）だけでなく、契約上予定した品質を欠く場合（「主観的瑕疵」という）も、瑕疵に含まれることを認めた点にあります。

◎瑕疵の主張方法

お尋ねの場合についても、たとえ安全性に問題がなくとも、柱の太さが特に約定され、契約の重要な内容となっていたと言うことができるのであれば、瑕疵にあたると言えます。

◎民法改正の影響

平成27年3月31日に国会に提出された「民法の一部を改正する法律案」が成立した場合、瑕疵担保責任という概念自体がなくなり、請負人の責任の有無は、目的物がその種類または品質に関して契約の目的に適合しているかどうかで判断されることになります。

したがって、改正民法を前提とすると、請負人に対する責任は、「瑕疵」の有無ではなく、契約内容の違反があるかどうかにより判断されることになります。

Q 6-14

損害賠償と未払請負代金の相殺

住宅を新築したところ、壁のひび割れ、床の軋み等多数の瑕疵が発見されたので、瑕疵担保期間内に修繕の請求をしました。ところが工務店は、私が請負代金の残金を支払わないので修繕はできないと言います。やむをえないので、修繕をあきらめて損害賠償を請求し、未払代金と相殺したいのですが、注意する点は何でしょうか。

◎損害賠償請求権と請負代金請求権の関係

仕事の目的物（この場合、住宅）に瑕疵があるとき、注文者は瑕疵の修補（修理・補修のことを「修補」という）に代えて、損害賠償請求をすることができます。また、注文者はこの損害賠償請求権をもって、請負報酬債権と対当額、すなわち同じ金額の限りで相殺することができるとされています（最判昭51.3.4、最判昭53.9.21）。

通常、以下に述べる同時履行の抗弁が成り立つ債権については、相殺の主張が許されません。しかし、この場合については同時履行の抗弁権を喪失することによる不利益が相互にないため相殺が認められています（前掲最判昭53.9.21）。

よって、お尋ねの場合についても、修補に代わる損害賠償請求と、請負報酬債権である未払代金との対当額での相殺を主張することができます。

◎同時履行の関係

請負報酬債務は、修補に代わる損害賠償債務と同時履行の関係（相手方が債務を履行するまでは、自分も債務の履行を拒めるという関係）に立つとされています（民法634②）。

請負報酬額が損害賠償額よりも高額である場合、報酬のうち対当額（損害賠償額と同額）の支払いを拒めるにとどまるのか、それとも、報酬の全額の支払いまで拒めるのかについて争いがありました。

これについて、判例（最判平9.2.14）は後者の立場に立ち、瑕疵の程度や各契約当事者の交渉態度等に鑑み、信義則に反すると認められるときを除いて、報酬の全額の支払いを拒めると判断しました。

◎同時履行の抗弁と相殺の関係

両者の関係について、判例は請負報酬債権と瑕疵修補に代わる損害賠償債権の金額に差異がある場合、相殺はその対当額についてなされるが、相殺がされるまでは、請負報酬債権の全額につき遅滞に陥っていないから、相殺後の残債権は、相殺の意思表示の日の翌日から遅滞に陥る（相殺適状の日に遡って遅滞になるわけではない）と判断しています（最判平9.7.15）。すなわち、遅滞によって生じる責任は、相殺がされるまでは発生しないということになります。

◎お尋ねの場合の注意点

お尋ねの場合について、あなたは損害賠償請求権と報酬請求権を相殺することができます。

しかし、注意すべきは、前述のとおり、相殺はあくまで対等額の限りで行われ、また相殺の残債権は、相殺の意思表示の翌日から遅滞に陥るという点です。

遅滞の責任の内容は、各契約書の遅滞責任違約金の支払条項等をご確認いただく必要がありますが、違約金を発生させないようにするためには、あえて相殺の意思表示をしないようにするという方法も、ご検討いただくとよいでしょう。

◎民法改正の影響

なお、平成27年3月31日に国会に提出された「民法の一部を改正する法律案」が成立した場合、請負人の責任の内容が現行民法から大きく変更されます。その一つとして、目的物がその種類または品質に関して契約の目的に適合してない場合、注文者は報酬の減額請求ができるようになる他、目的物が建物であったとしても契約を解除することができるようになります。

したがって、改正民法を前提とすると、お尋ねの件では、工務店に対して報酬の減額請求権を行使し、または契約自体を解除するという選択肢も取りうることになります。

Q 6–15
建物の欠陥について損害賠償を請求したい

建物を新築したところ、多数の欠陥が発見されました。請負代金は支払済みです。建築会社に修繕を請求しましたが、すでに破産していました。この場合、誰にどのような請求ができるでしょうか。

◎建築会社に対する請求

仕事の目的物（この場合、建物）に瑕疵がある場合、注文者は請負人に対し瑕疵の修補を請求できますが、修補に代えて、または修補とともに損害賠償を請求することができます（民法634①②、Q6–14参照）。

損害の責任を負うのは第一次的には請負人ですので、お尋ねの場合のように建物に欠陥が発見された場合には、請負人たる建築会社に対して損害賠償を請求するという方法が主になります。

損害賠償の内容としては、①当該瑕疵の修補に要する範囲の費用、②瑕疵の調査のために要した費用、③瑕疵の修補までに営業ができなかった場合には瑕疵がなければ得られた利益、④瑕疵があることによって精神的損害を被った場合には慰謝料、⑤紛争が訴訟に至った場合には弁護士費用等が考えられ、いずれも瑕疵と損害との間に相当因果関係があると言える場合については、賠償請求が可能となります。

しかし、建築会社が破産してしまった場合には、破産手続による配当を受けることができても、賠償金満額の支払いを受けることは困難でしょう。では、その他誰にどのような請求が可能でしょうか。

◎設計者に対する請求

最高裁は、設計者は「建物の建築に当たり、契約関係にない居住者等に対する関係でも、当該建物に建物としての基本的な安全性が欠けることがないように配慮すべき注意義務」を負い、設計者が「この義務を怠ったために建築された建物に建物としての基本的な安全性を損なう瑕疵があり、それにより居住者等の生命、身体又は財産が侵害された場合」には、これによって生じた損害について不法行為による賠償責任を負うと判断しました（最判平19.7.6）。

お尋ねの場合についても、この場合にあたると言えるのであれば、設計者に対して損害賠償請求をすることが可能になります。

◎建築会社の取締役に対する請求

会社は取締役とは別個の法人格（法律上別の人格）を有し、原則として本件の建築会社に対する責任を取締役個人に対して請求することはできません。しかし、建築会社との請負契約について、取締役が連帯保証をしている場合には、取締役個人に対して損害賠償を請求することができます。

また、倒産について、取締役の放漫経営が原因である場合のように取締役の忠実義務あるいは善管注意義務違反がある場合には、取締役個人に対して損害賠償責任を追及することも可能となる場合があります（会社法429①）。

加えて、会社と経営者が実質的に同一であると認められる場合には、会社の法人格が否定される場合があります（「法人格否認の法理」）ので、この場合には取締役個人に対して責任を追及することが可能となります。

◎自治体への請求

自治体が、設計上の瑕疵を見落として建築確認を行った場合や、手続上違法な建築確認が行われた場合には、地方自治体に対して国家賠償請求をするという方法も考えられますが、請求が認められるケースは稀でしょう。

◎民法改正の影響

平成27年3月31日に国会に提出された「民法の一部を改正する法律案」が成立した場合、瑕疵担保責任という概念自体がなくなり、請負人の責任の有無は、目的物がその種類または品質に関して契約の目的に適合しているかどうかで判断されることになります（Q6-11等参照）。

Q 6-16
設計者に対する責任追及

知人から紹介を受けた建築士に自宅の新築を依頼し、2年前に自宅は完成したのですが、最近になって自宅が部分的に偏って沈む現象（不同沈下）が起きて困っています。施工業者に連絡したところ、建築士に聞いてくれと言われたので連絡を取ったところ、地盤調査が不十分であったようです。どのように対処すればよいでしょうか。

◎設計者に関する責任追及手段

お尋ねの場合について、設計を行った建築士に対する責任追及手段としては、設計契約の債務不履行責任の追及が考えられます。この考え方は、設計契約を準委任契約ととらえる見解になじむものです。設計契約を請負契約とみて、瑕疵担保責任の問題とする考え方もあります。例えば施工業者が設計も行っており、設計に問題があった場合には、準委任の性質と請負の性質と両面があると言えますので、債務不履行の問題とも、瑕疵担保責任の問題とも考えることができます（請求の期間制限の問題についてはQ6-12参照）。

なお、本件では建築士に直接依頼をしているため、契約責任が問題となりますが、建築士と契約関係のない建物の購入者等であっても、瑕疵の程度・内容が重大で、危険性が高い場合については、建築士に対して不法行為責任を問うことができるとされています（福岡高判平16.12.16）。

◎債務不履行の判断基準

設計契約の内容は、当事者間の合意によって定まりますが、明確な合意がない場合であっても、最低限、建築基準法に合致するような設計を行うことが当事者の合理的な意思解釈と言えるとされています。

そして、特段の事情がない限り、建築基準法令に適合しない設計には不履行があり、また法の最低基準に適合していれば常に不履行がないとされるわけではなく、契約の趣旨や目的に照らして、最低基準を上回る設計が予定されている場合や、建築物の具体的な使用目的との関係で構造や資材の選択に誤りがある場合には、不履行が肯定されます。

◎地耐力についての建築基準法の定め

建築基準法は、建築物の基礎について地盤の沈下または変形に対して構造耐力上安全なものとすることを求めています。許容応力度の測定方法（地盤調査の方法。建築基準法施行令93の規定に基づく平成13年国土交通省告示第1113号）、地盤の許容応力度に応じた基礎構造とすること（建築基準法施行令38③および④の規定に基づく平成12年建設省告示第1347号）をそれぞれ規定しており、建築士にはこれらに適合した建物を設計する義務があります。この許容応力度を一般に「地耐力」と言います。

よって、法の定める地盤調査を欠く等調査を怠った場合や、基準に反する建築物を設計した場合には、建築士には前述法令の違反が認められることとなります。

◎債務の不履行責任

お尋ねの場合についても、設計を行った建築士の地盤調査が不十分であって、これが建築基準法の定める調査方法、許容応力度に反する場合は、建築法令に適合しない設計として、設計契約の債務不履行が肯定されるでしょう。

また、これらに適合していたとしても契約内容に照らしてより十分な調査が求められていた等の事情があるのであれば、債務不履行を肯定することができますので、この場合も建築士に対して責任を問うことができるでしょう。

Q 6-17
改築工事によってけがを負ってしまった

最近、夫が車いすを必要とする状態になったので、工務店に依頼して自宅を改築しホームエレベーターを設置してもらいました。ところが、エレベーターが正常に作動しなかったためにドアが急に閉まって挟まれ、私はけがをしてしまいました。誰にクレームを言えばよいのでしょうか。

◎工務店に対する責任追及

エレベーター不良の原因が工務店の工事にある場合には、工務店に対して瑕疵担保責任を追及して瑕疵の修補や損害賠償を請求することが考えられます。

これに対し、エレベーター不良の原因が工務店の工事とは関係がない場合には、工務店に責任を追及することはできません。

◎製造業者等に対する責任追及

エレベーター不良の原因がエレベーターそのものにある場合、責任を追及すべき相手はエレベーターメーカーになります。

製造物責任法責任(以下「PL法」という)は、民法よりも強く一般消費者を保護する規定となっており、責任を追及するための法律的な根拠としては、民法よりもPL法のほうが消費者にとって有利です。

民法であれば、メーカーに少なくとも過失があることを証明しなければ責任を追及することはできませんが、PL法を使えば、メーカーに過失があることを証明する必要はありません。お尋ねの場合、エレベーターに「欠陥」があることやこれにより他人の生命、身体または財産を侵害したことが証明できれば、損害賠償を請求できます。

この場合の「欠陥」ですが、PL法2条2項によれば、「当該製造物の特性、その通常予見される使用形態、その製造業者等が当該製造物を製造した時期その他の当該製造物に係る事情を考慮して、当該製造物が通常有すべき安全性を欠いていることをいう」とされています。

エレベーターが正常に作動しなかったことによってけがをしたのであれば、「通常有すべき安全性を欠いている」と言える可能性が高いでしょう。

◎エレベーターは「動産」か

しかし、PL法は「製造物」に対して適用され、「製造物」は「製造又は加工された動産」と定義されています(PL法2①)。では、エレベーターは「動産」に該当するのでしょうか。

エレベーター自体は、自宅建物という不動産に組み込まれてしまっていますが、不動産に組み込まれた部分自体が組み込まれた時点で欠陥を有しているのであれば、PL法の適用対象になります。

また、エレベーターの場合には、不動産に組み込まれる前からエレベーターとして完成しているでしょうから、その時点で欠陥があればPL法の適用対象となり、エレベーターメーカーに対して、製造物責任を追及して損害賠償を請求できることになります。

Q 6-18
家族全員がシックハウス症候群になってしまった

自宅を新築したところ、入居してまもなく、家族全員がめまい、吐き気、頭痛等をもよおすようになり、以降ずっと悩まされています。病院ではシックハウス症候群といわれましたが、何か規制はされているのでしょうか。業者らに対して責任追及はできるのでしょうか。

◎シックハウス症候群とは

シックハウス症候群とは、住宅の建材等から発生する化学物質等によって室内の空気が汚染され、それによって生じた健康被害の状況を言います。その症状は、目がちかちかする、鼻水が出る、のどが痛い、吐き気や頭痛がする等、人によってさまざまです。

原因となる化学物質としてホルムアルデヒド、クロルピリホスの2種類が建築基準法によって規制されています。ホルムアルデヒドは接着剤、塗料、防腐剤等の成分として建材に用いられており、クロルピリホスはシロアリ駆除効果があるため住宅の土台や柱に吹きつけたり、床下の土壌に散布されたりしていました。

◎建築基準法によるシックハウス対策

ホルムアルデヒドについては、①内装仕上げに使用するホルムアルデヒドを発散する建材を用いること、②換気設備を設置すること、③天井裏等についてはホルムアルデヒドの発散が少ない建材を使用するか、天井裏等と居室とを気密層または通気止めよって密閉してしまうか天井裏等も換気設備によって換気できるようにすることが義務づけられました。

クロルピリホスについては、居室を有する建築物にクロルピリホスを添加した建材の使用自体が禁じられています。

◎厚生労働省の指針

また、厚生労働省は、室内の空気が化学物質によって汚染されることを防ぐため、13種類の化学物質について、室内濃度の指針値を設定しています。

建築基準法による規制や厚生労働省の指針値は、裁判になった場合に業者に対する責任が認められるか否かの目安になるため、非常に重要です。

◎住宅性能表示制度

住宅性能表示制度においても、空気中の化学物質濃度等が性能表示の内容になっています（Q6-21参照）。

◎業者らに対する責任追及と裁判例

裁判例においては、シックハウス症候群にり患した買主・注文者から、不法行為、債務不履行責任、瑕疵担保責任、説明義務違反等が主張されています。

実際に責任追及をするとなれば、そもそもシックハウス症候群であることを証明しなければなりませんから、医師の診断が必要です。

この場合、シックハウス症候群であると判断されても、その原因物質が特定できなければ、シックハウス症候群にり患したことと業者の行為の因果関係を証明することができません。そのため、単に病名のみでなく、どのような検査結果によって判断がなされたのか、その原因物質は何かという点について、医師に診断してもらう必要があります。

なお、裁判例においては、予見可能性（シックハウス症候群になってしまうことが予想できたか否か）が重要な争点となることが多いです。したがって、住宅を新築した時点における業者側のシックハウス症候群についての理解の程度が、責任が認められるか否かの重要な要素になります。

Q 6-19
リフォーム後に壁にひび割れが発生した

築25年の自宅を長持ちさせようと、外壁をコンクリート壁にリフォームしました。ところが、半年が過ぎたころ、ひび割れがあちらこちらで発生してきたので、リフォーム業者に修繕を求めましたが、「そんなはずはないんですがね」等と言って、修繕に応じようとしません。修繕を求めることはできないのでしょうか。

◎契約上の保証

まずは、契約関係書類をチェックしてみましょう。保証書や保証約款で無償補修等が規定されている可能性があります。

規定があれば、ひび割れ箇所の写真と一緒にリフォーム業者に提示し、リフォーム業者自らが作成した書類であることを指摘したうえで交渉すれば、修繕に応じてくれる可能性は高まります。

弁護士に相談する場合にも、契約の内容は最も重要となりますから、必ずチェックしてください。

◎瑕疵担保責任

リフォーム工事の場合、新築住宅のみを対象とする品確法（Q6-20参照）の適用はありません。リフォーム契約は請負工事ですから、民法634条1項の瑕疵担保責任（欠陥品を引き渡した請負人の責任）の規定で保護されることになります。

請負契約の瑕疵担保責任には修繕を求めることができるという条文がありますから、これを根拠に修繕を求めることができます。

民法の瑕疵担保責任は引渡しから1年という非常に短い期間しか追及できませんが、大規模リフォームで「建物その他の土地の工作物」の「瑕疵」である場合には、期間が延びます。

したがって、お尋ねの場合でも、具体的事情によっては期間が延びる可能性があり、コンクリート造の外壁であれば、10年間延長が認められる可能性があります（民法638①但書）。

◎住宅リフォーム瑕疵担保責任保険

法的に責任を追及できるとしても、リフォーム業者がすでに経営破綻してしまっていた場合はどうでしょうか。

こうなると、結局修繕を受けることはできません。悪質な業者であれば、計画的に破綻をさせてしまっていて修繕はおろか損害賠償請求をしても無駄になることも考えられます。

新築住宅については、住宅瑕疵担保履行法による保護がありますが（Q6-20参照）、リフォームには住宅瑕疵担保履行法は適用されません。

しかし、新築ほどの金額ではないにしろ、リフォーム工事が大規模に行われることもよくあることです。そこで、住宅リフォーム瑕疵担保責任保険（以下「リフォーム瑕疵保険」という）が用意されています。

リフォーム瑕疵保険は、一定の条件を満たすリフォーム業者が保険契約者（リフォームの発注者）および保険会社と契約して、保険期間中に工事の瑕疵が発覚した場合に修繕費用の保険金が下りるために、注文者は修繕を無償でしてもらえるというものです。リフォーム業者は、国土交通大臣が指定する住宅瑕疵担保責任法人に事業者登録しなければリフォーム瑕疵保険の契約をできないため、リフォーム瑕疵保険を利用できる業者は、利用できない業者に比べれば信用ができると言えるでしょう。

保険金の支払事由は、①構造耐力上主要な部分が基本的な耐力性能を満たさない場合（建築基準法上必要とされる構造耐力性能を満たさない場合等）、②雨水の侵入を防止する部分が防止性能を満たさない場合（雨漏りが発生した場合等）、③前述①や②以外の部分でリフォームを行った部分が社会通念上必要とされる性能を満たさない場合（配管工事における水漏れ等）です。

また、支払いの対象となる費用は修補費用、調査費用、転居・仮住まい費用等となっており、保険期間は①と②が5年、③が1年となっています。

◎民法改正の影響

平成27年3月31日に国会に提出された「民法の

一部を改正する法律案」が成立した場合、民法上、請負人に対して責任を追及できる期間が変更されます。

改正民法では、これらの期間について、目的物の種類を問わず一律に、注文者が契約不適合の事実（現行法における「瑕疵」）を知ったときから1年間とされる他、この期間内に契約不適合の事実を請負人に通知すれば足りるとされ、それぞれ注文者の保護が図られています（Q6-12参照）。

したがって、改正民法を前提にすると、お尋ねの件では、「外壁コンクリートのひび割れ」という契約の目的に合致しない事実を知ってから1年の間に、リフォーム業者にその事実を通知していますので、以後、修繕、損害賠償、もしくは報酬の減額の請求をし、または契約を解除することができます。

ただし、これらの権利は、前述の期間制限とは別に消滅時効にかかるので、その点は注意が必要です。

Q 6-20
住宅品質確保促進法、住宅瑕疵担保履行法とは

新築住宅の注文者や買主は、「品確法」や「住宅瑕疵担保履行法」で保護されるそうなのですが、具体的にはどのようなものなのですか。

◎「品確法」とは

「住宅の品質確保の促進等に関する法律」(以下「品確法」という)は、欠陥住宅から消費者を保護する法律であり、民法の瑕疵担保責任(渡した物に欠陥があった場合に損害賠償等をしなければならない責任)の特則となります。

民法上、瑕疵担保責任を追及できるのは原則として引渡しから1年です(請負契約には民法638②の例外あり)が、品確法ではこれが伸長されています。消費者は、引渡しから10年間、瑕疵修繕請求(民法634②前段)、損害賠償請求(民法634②後段)、契約解除(民法566①、売買の場合のみ)をすることができます(品確法94①、95①)。

また、期間延長だけでなく、売買契約でも瑕疵修補請求ができる点も、民法との違いです。

適用を受ける条件は、以下の3点です。
① 新築住宅であること(中古住宅やリフォームには適用されない)
② 売買契約または請負契約であること
③ 「構造耐力上主要な部分」または「雨水の侵入を防止する部分」についての瑕疵であること

③については、品確法施行令5条がその内容を具体的に示しています。

これらの他、品確法は、瑕疵担保責任について当事者同士で品確法よりも消費者に不利な契約を締結したとしても、消費者に不利な部分を無効にすることを定め、消費者保護を図っています(品確法94②、95②)。

◎「住宅瑕疵担保履行法」とは

業者が任意に支払わない場合、裁判に勝訴して業者に対する損害賠償請求が認められても、業者の財産を差し押さえられなければ、消費者の権利保護は絵に描いた餅に終わってしまいます。

「特定住宅瑕疵担保責任の履行の確保等に関する法律」(以下「住宅瑕疵担保履行法」という)は、平成17年の耐震偽装問題を契機として、消費者が品確法で定める瑕疵担保責任に基づく損害賠償金を確実に受け取れるように制定されたものです。

損害賠償金確保の方法は、①供託と②保険の2種類の方法によって図られています。

①供託は、新築住宅の売主や請負人に対し、住宅の供給戸数に応じて法務局に保証金を預けなければならないとするもので(住宅瑕疵担保履行法3)、この保証金が瑕疵担保責任履行の原資となります。

②保険は、供託の代わりに、国土交通大臣が指定した住宅瑕疵担保責任保険法人(以下「保険法人」という)に対して保険をかける方法です。これにより、業者が瑕疵担保責任を負う場合には、保険法人が消費者に保険金を支払ってくれます。

◎住宅性能評価制度と住宅紛争審査会

なお、品確法が定める住宅性能表示制度、住宅瑕疵担保履行法が定める住宅紛争審査会については、Q6-21をご参照ください。

◎民法改正の影響

平成27年3月31日に国会に提出された「民法の一部を改正する法律案」が成立した場合、民法上は瑕疵担保責任という概念自体がなくなり、請負人の責任の有無は、目的物がその種類または品質に関して契約の目的に適合しているかどうかで判断されることになります。また、注文者の行使する権利の選択肢として、報酬の減額請求が可能となったほか、目的物が建物等である場合にも契約の解除も可能になりました。

なお、改正民法を前提としても、品確法においては「瑕疵」という概念自体は残る予定ですが、同法が「瑕疵担保責任」として定める注文者の権利及び請負人の責任の内容は、改正民法により規律されることになります。したがって、品確法の適用がある建物建築請負契約において、注文者は、建物の引渡しを受けた時から10年間、これらの権利を行使することができます。

Q 6-21
住宅性能評価書、住宅紛争審査会とは

住宅を新築しましたが、雨漏り等の不具合があって困っています。請負契約書には「住宅性能評価書」がついていますが、これはどのようなものでしょうか。また、トラブルの解決のために、住宅紛争審査会という裁判外紛争解決手続（ADR）機関があるそうですが、利用できるのでしょうか。

◎住宅性能評価書とは

消費者は、登録住宅性能評価機関に申請することで、品確法（Q 6-20参照）が定める住宅性能表示制度に基づき交付される書面の交付を受けることができ、この書面を住宅性能評価書と言います（品確法5①）。

この住宅性能評価書には、設計図書段階の評価結果をまとめた設計住宅性能評価書と、施工段階・完成段階の評価結果をまとめた建設住宅性能評価書の2種類があります。

表示の内容は日本住宅性能表示基準に定められており、以下の10分野が評価方法基準に従って評価されます。

① 構造の安定に関すること（耐震等級等）
② 火災時の安全に関すること（耐火等級等）
③ 劣化の軽減に関すること（構造躯体に使用する材料の劣化対策の程度）
④ 維持管理・更新への配慮に関すること（配管の管理のしやすさ等）
⑤ 温熱環境・エネルギー消費量に関すること（断熱性等）
⑥ 空気環境に関すること（換気対策や室内空気中の化学物質の濃度等）
⑦ 光・視環境に関すること（窓の大きさと床面積の比率等）
⑧ 音環境に関すること（足音等上の階の床への衝撃が下の階にどの程度伝わるか等）
⑨ 高齢者等への配慮に関すること（移動時の安全性、介助の容易性）
⑩ 防犯に関すること（侵入防止対策の程度）

それぞれについて、その住宅がどのレベルの性能を有するか等級が設けられているため、注文者からすれば、住宅を建てる際に各項目についてどの程度のレベルを要求するか等級によって示すことができます。

◎住宅性能評価書の契約書への添付

住宅性能評価書を契約書に添付すると、契約の目的となっている住宅は、その住宅性能評価書に記載された性能を有するとして契約を締結したことになります（品確法6）。逆に言えば、業者が住宅性能評価書に記載された性能に満たない住宅を引き渡した場合には、契約違反として責任を追及できることになります。

◎住宅性能評価書取得の利点

住宅性能評価書を取得するか否かは任意です（取得費用も自分で負担）が、取得することには以下の利点があります。

国土交通大臣指定の第三者機関が住宅性能評価書を作成するとなれば、業者は手抜き工事をしにくくなりますし、仮に手抜き工事を行った場合でも発覚しやすくなります。また、手抜き工事が発覚した場合には、後述する住宅紛争審査会を利用して迅速に紛争解決を図ることができます。

さらに、地震保険料の割引を受けられたり、住宅ローンの金利が優遇されたりといったメリットもあります。

◎住宅紛争審査会とは

建設住宅性能評価書が交付された住宅については、住宅紛争審査会（各地の弁護士会に設けられている）に紛争処理を申請できます。

紛争処理の方法には、調停、あっせん、仲裁があります。それぞれの手続きの性格は建築工事紛争審査会のものとほとんど同じですので、Q 6-22をご参照ください。

Q 6-22
建築工事紛争審査会、裁判外紛争解決手続（ADR）機関とは

新築住宅へ入居した直後に、壁のひび割れ等建築工事の欠陥が多数発見されたのですが、施工業者は修理をしてくれません。このようなトラブルの解決のために建築工事紛争審査会というものがあるそうですが、どのような機関なのですか。また、その他に、住宅の建築工事のトラブル解決のために裁判外紛争解決手続（ADR）機関にはどのようなものがあるのでしょうか。

◎建築工事紛争審査会とは

建築工事紛争審査会は、建設業法に基づき設置された裁判外紛争解決手続（ADR）機関です。

取り扱う分野は、建設工事の請負契約に関する紛争のみであり（建設業法25②）、他の紛争手続（例えば、工事に関して契約当事者以外の第三者にけがを負わせてしまった場合等）は扱ってくれません。

◎あっせん・調停

あっせん・調停は、対立する当事者の間に第三者が入ってそれぞれの言い分を確認したうえで、お互いの感情的な対立を取り除くと共に、客観的な立場から事案についての見立てを言う等することによって、相互の譲歩を引き出し、話合いによる解決を図る手続きです。

あっせんは原則として1名、調停は3名の調停委員で行われます。

あくまで話合いによる解決ですから、当事者の双方が合意に達して和解調書作成に至らない限り、話合いの内容に拘束力はありません。

日常的に住宅の売買・請負を行っている売主・請負人と比較して、買主・注文者の方が手続を利用する機会は少なく、あっせん・調停手続に慣れていないことがほとんどでしょう。しかし、あっせんや調停は従前の話合いの延長であり、双方が合意に達しない限り拘束力がないものですので、いたずらに不安になる必要はありません。

◎仲裁

仲裁は、当事者が仲裁判断に従うという仲裁合意に基づき、第三者に裁判所の代わりに仲裁判断を下してもらう手続きです。

仲裁委員は3名で、うち少なくとも1名は弁護士で、当事者が提出した証拠を吟味したり立入り検査を行ったりして仲裁判断を下します。仲裁判断があっせん・調停と大きく異なるのは、仲裁判断には確定判決と同一の効果があり（仲裁法45①）、その判断には強制力があるということです。しかも、裁判所の裁判と異なり、上級審でもう一度審理してもらうこともできません。

仲裁委員の少なくとも1名は弁護士であり、仲裁判断は法に従って行われるため、あっせん・調停に比べて、仲裁を利用する場合には法律の専門家である弁護士に依頼する必要性が高いと言えます。

なお、仲裁合意をしてしまうと、基本的には裁判所で裁判をすることができなくなってしまう（仲裁法14①）ので、仲裁合意をするか否かは、慎重に判断してください（売買・請負の契約書に、仲裁合意をする旨の条項が入っていることもある）。

◎その他のADR機関

建築工事のトラブルに関するADR機関としては、建築工事紛争審査会以外にも、住宅紛争審査会や弁護士会の仲裁センターが挙げられます。

住宅紛争審査会は住宅性能評価書を取っていないと利用することができませんが、手数料は一律で1万円と比較的低額です。

また、弁護士会の仲裁センターも、ADRを取り扱っています。弁護士会の仲裁センターを用いるメリットとしては、建築工事紛争審査会や住宅紛争審査会とは異なり、紛争の内容を特に限定していないことです。例えば、工事をめぐって近隣住民とトラブルになってしまったというような事案でも、利用することができます。

第二東京弁護士会でも仲裁センターを設置していますので、利用をお考えの方は、お気軽にご連絡ください（http://niben.jp/chusai/）。

3 マンション

Q 6-23

マンション管理費の滞納

私のマンションの住民の中に、月々のマンション管理費を何年も払わない人がいます。きちんと支払わせるためにはどうすればよいでしょうか。

◎管理費の支払義務

分譲マンションに限ったことではありませんが、一般に建物を維持・管理するには、当然のことながら管理費がかかります。また、建物の価値を維持するためには計画的に修繕を施さなければなりませんが、修繕にも費用がかかります。

分譲マンションのように、マンションの各専有部分を各区分所有者が所有している建物は、区分所有法の適用を受けることになります。区分所有法では、このような管理費等について「共有部分は全員の共有に属する」（区分所有法11①本文）とし、「各共有者は、（中略）その持分に応じて、共有部分の負担に任（ずる）」（区分所有法19）とされ、各区分所有者が持分割合に応じて負担することとされています。

ただし注意していただきたいのは、あくまでもマンション管理費の負担義務を負担しているのは区分所有者ですので、区分所有者から賃借して居住しているような方にはマンション管理費の支払義務はありません。

◎管理費の回収方法

そこで、滞納管理費の回収方法なのですが、まずは、滞納者に対して、任意に支払うように催告することが基本になります。

この催告により任意の支払いがあればよいのですが、残念ながら、ここで任意の支払いに応じないという場合も少なくありません。

この点、区分所有法は管理費確保の重要性から管理費債権には先取特権を認めています（区分所有法7）。「先取特権」とは担保物権という強力な権利で、この権利を実行し滞納者の区分所有物件や専有部分に備えつけた動産の競売をすることによって管理費を回収する方法もあります。

もっとも、マンションの専有部分に優先する抵当権等が存在して、まったく管理費の回収が見込めないような場合は原則としてこの手段は使えないこととなります（民事執行法188、63）。

次に、裁判所の手続きを利用して請求する手段が考えられます。この場合大きく分けて支払督促と訴訟の二つを挙げることができます。

支払督促は、裁判所の実質的な審理を経ることなく、債務者に対して金銭の支払いを督促してもらう方法です（民事訴訟法382）。支払督促の送達から2週間以内に異議申立がなければ、仮執行宣言を付する手続きを経て、強制執行の申立てを行うことができます。

支払督促の方法は、債務者の異議申立がなければ、裁判所での実質的な審理なくして強制執行が可能になりますので、訴訟による方法よりは比較的簡単な手続きであり、マンション管理費の回収方法としては有用と言えます。

ただし、支払督促送達後、異議申立があれば訴訟手続に移行することになります。訴訟手続は実質的審理を経て判決をもって強制執行する手続きです。

当事者間で話合いをしていても、一向に解決しなかった事案が、裁判所で裁判官の前で話をすることにより、分割払いの和解が成立し、マンション管理費滞納問題が解決することも多数あります。そういう意味からも、訴訟手続は管理費回収方法としても有用と言えます。

分割払いの和解の際には、約束どおりに支払いがなされなければ、その時点で残額を一括で支払わなければならないという、いわゆる期限の利益の喪失を合意内容に盛り込むことが一般的です。

和解調書の記載は、確定判決と同一の効力がありますので（民事訴訟法267）、強制執行も可能となります。

Q 6-24
迷惑住民のマンションからの追い出し

同じマンションの住民が、深夜、連日のように大声で叫びまわります。また、他の住戸を訪問しては住民を恫喝したり、共用部分の通路に車を放置して、自分の駐車場のように使ったりしています。理事会から何度も態度を改めるよう求めていますが、改善の兆しがありません。このような場合、法律上どのような手段をとることができるのでしょうか。

A

◎共同利益違反行為

マンションのように、一つの建物を複数の人が共同して使用することになる区分所有建物では、それぞれの区分所有者の行動は他の区分所有者の迷惑にならないよう、その権利行使は制限を受け、義務を負うことになります。

区分所有法では、「区分所有者は、建物の保存に有害な行為その他建物の管理又は使用に関し区分所有者の共同の利益に反する行為をしてはならない」（区分所有法6）と規定し、区分所有者の利害関係を調整しています。

そして「共同の利益に反する行為」（共同利益違反行為）には、財産的な側面の共同利益のみでなく、生活上の共同の利益を阻害する行為も含まれていると解されています。

共同利益違反行為に該当するか否かは、「当該行為の必要性の程度、これによって他の区分所有者が被る不利益の態様、程度等の諸事情を比較衡量して決すべき」とされています（東京高判昭53.2.27）。

お尋ねの場合では、連日のような深夜の大騒ぎや、他の住民に対する恫喝行為という迷惑行為は、平穏な生活が害されますので、共同利益違反行為と言えるでしょう。

また、共用部分の通路に車を放置して自分の駐車場のように使っている点についても、建物の使用に関する共同利益違反行為に該当します。

◎義務違反行為に対する措置（競売請求）

それでは、共同利益違反行為者に対してはいかなる措置を講じることができるでしょうか。

区分所有法では、①他の区分所有者全員または管理組合法人は、裁判外での行為の差止め、結果の除去、予防措置の請求（区分所有法57①）、②裁判による請求として、行為差止請求（区分所有法57②）、使用禁止請求（区分所有法58①）、競売請求（区分所有法59①）が定められています。

このうち、競売請求は区分所有権を剥奪するという最も効力が強い手段となります。そのため、共同利益違反行為またはそのおそれがあり、その行為による区分所有者の共同生活上の障害が著しく、「他の方法によってその障害を除去して共用部分の利用の確保その他の区分所有者の共同生活の維持を図ることが困難であること」が競売請求の要件となっています（補充性の要件。区分所有法59①）。

お尋ねの件の場合は、連日の迷惑行為や共用部分の駐車場としての利用の防止は差止請求（区分所有法57②）で目的が達成できる可能性があります。まずは、これらの手段によることが必要と言えます。

このような差止請求等の手段を講じても一向に改善されない等の事情があれば補充性の要件を満たし競売請求が認められる可能性もあります。

また、競売請求は、区分所有権の剥奪という区分所有者に与える影響が大きいので、手続保障の観点から、集会の特別決議が必要となります。そして、相手に弁明の機会を与えなければならないことに注意が必要です（区分所有法59②、58②③）。

また、後になって、弁明の機会の付与の有無について問題が生じないよう、弁明の機会を通知する際は内容証明郵便等の書面で明白に記録しておくことも重要になります。

お尋ねの場合も、補充性の要件が認められ、共同利益違反行為者の手続保証にも十分な配慮がなされれば、競売請求が認められる可能性もあるでしょう。

Q 6-25
規約が変更され店舗営業ができなくなった

ある区分所有建物の一室で店舗営業をしているのですが、この度、管理組合の総会で専有部分を住居専用として店舗営業を禁ずる旨の規約改正がなされました。私は、この規約改正に賛成はしていません。私としては営業ができないとなると生活の糧を失うことになりますので、大変困ります。規約に従わなければならないのでしょうか。

◎規約の意義

区分所有法においては、区分所有者は規約を定めることができるとされており（区分所有法3）、この規約により区分所有者は建物、施設、附属施設の管理または使用に関する事項について、自主的にルールを設定することとされています（区分所有法30①）。

これは「自分たちのことは自分たちで決める」という規約自治の原則が定められたもので、各区分所有者は自主的に定められたルールである規約に従わなければなりません。また、規約は一定の範囲の第三者（区分所有者の特定承継人、占有者、区分所有者でない管理者）に対しても拘束力を持つ場合があり、単なる自治規範以上の意義、効力を有するとされています。

◎規約の変更と特別多数決議

規約で定める事項は、区分所有法各条で定めがあるものの他、「建物又はその敷地若しくは附属施設の管理又は使用に関する区分所有者相互間の事項」となっています（区分所有法30①）。

そして前述のように規約は強い拘束力を持つ自主的ルールであるために、その議決の要件は厳格なものとなっています。

規約を設定、変更および廃止するためには、区分所有者および議決権の各4分の3以上の多数による集会の決議（特別多数決議）が要求されています（区分所有法31①）。

この特別多数決議は、区分所有者の頭数と議決権の両面において4分の3以上の多数であることを要求しているので、その要件は非常に厳格であると言えます。

◎特別の影響について

もっとも、いかに厳格な要件で定まるとはいえ、実際の運用上は、各区分所有者はそれほど総会への出席等に積極的でない場合も多く、委任状を提出する等して理事長に一任している場合も少なくありません。

そのため、議決される規約内容によって不利益を被る区分所有者がいくら反対の意思を表明しても、多数決の原理により不利益な規約内容が設定されてしまうことが起こりえます。

区分所有法は、このような少数者の権利を保護するために、規約が一部の区分所有者の権利に特別の影響を及ぼす場合には、その承諾が必要とされています（区分所有法31①）。

そして、この「特別の影響」については、「規約の設定・変更・廃止の必要性および合理性とこれによって一部の区分所有者が受ける不利益とを比較衡量し、当該区分所有関係の実態に照らして、その不利益が区分所有者の受忍すべき限度を超えると認められる場合をいう」（最判平10.10.30）と解されています。

お尋ねの件の場合は、すでに営業用店舗として専有部分を使用しているにもかかわらず、これを今になって突然居住用としてしか利用できない等という規約になってしまうことにより、その区分所有者は実質的に職業が奪われてしまう結果になりかねず、その受ける不利益は極めて大きいものであり、到底受忍限度のものとは言えないと考えられます。

そのため、お尋ねの件の区分所有建物の実質的な区分所有関係に照らして、用途を居住用に限定しなければならないような、よほどの理由がない限りは、規約変更は無効になる可能性が極めて高いものと考えられます。

Q 6−26

マンションの建替え

私の住んでいるマンションは築後30年が経過しており、老朽化が進んでいます。補繕をしようにも莫大な費用がかかりそうですし、耐震性等についても不安です。いっそのことこれを機に建替え等をしたらよいのでは、とも考えているのですが、どのようにすればよいのでしょうか。

A

◎建替え決議の要件

マンションが老朽化しているような場合、これを放置していると、資産の有効活用という観点からも、安全性の観点からも極めて不都合な問題が生じます。

しかしながら、建替えをするには、建築期間中の退去や仮住まいの確保の問題等、区分所有者にとって影響が大きく、集会の過半数の決議で決するというわけにもいきません。そうかといって、区分所有者全員の一致ということも現実には不可能であり、前述の不都合が解消されません。

そこで、区分所有法は区分所有者および議決権の各5分の4以上という厳格な特別多数の要件をもって、建て替え決議を経ることにより建て替えることができることとしました（区分所有法62①）。

この建替え決議には建替えを必要とする事情は必要とされていません。また、建物の改修や修理に過分の費用がかかる場合のような費用の過分性の要件も不要とされています。

特別多数の要件は規約をもってしても軽減できませんし、要件を加重することもできないとされています。

◎集会の招集

通常、集会の招集通知は1週間前に発送することで足りますが、建替えの議題は、区分所有者にとって極めて重要な影響を及ぼすものですので、建替え決議を会議の目的とする集会を招集するときは、集会の会日より少なくとも2か月前に招集通知を発しなければならないとされています。この期間は規約でさらに伸長することもできるとされています。

◎説明会の開催

また、建替え決議の重要性に鑑みると、集会の会日より相当程度前の時期に、事前に必要な事項に関する説明を受け、熟慮期間を設ける必要があります。そこで、区分所有法では集会の会日の1か月前までに招集の際に通知すべき事項について説明会を開催することが義務づけられています（区分所有法62⑥）。

◎決議事項

建替え決議においては、①新たに建築する建物（再建建物）の設計の概要、②建物の取壊しおよび再建建物の建築に要する費用の概算額、③同費用の分担に関する事項、④再建建物の区分所有権の帰属に関する事項を定めなければならないとされています（区分所有法62②）。これらのうちの一部でも定められていなければ、決議は無効となります（東京高判平19.9.12）。

◎売渡請求権

建替え決議があったときは、集会を招集した者は、建替え決議に賛成しなかった区分所有者に対し、建替え参加の有無を回答するよう催告しなければなりません（区分所有法63①）。そして、建替え賛成者は、建替えに参加しない者の区分所有権および敷地利用権を、時価で売り渡すよう請求することができます（区分所有法63④）。

◎マンション建替え円滑化法

昨今では「マンションの建替え等の円滑化に関する法律」という法律が整備され、よりマンションの建替えを円滑に進めることができるようになっています。

この法律では、建替え決議がなされた場合、建替えに賛成する区分所有者からなる団体を設立してスムーズに建替を進める手続きが定められています。区分所有権等を建替後のマンションに移す仕組みが定められる等、建替えの円滑化が図られています。

Q 6-27
マンション上階からの水漏れ

現在、分譲マンションに居住しているのですが、先日、配管・排水設備の不具合があったのか上階から水漏れがあり、このせいで私のパソコンが壊れてしまい、さらに、絨毯に染みができてしまいました。損害賠償の請求を考えているのですが、どのようにすればよいのでしょうか。

◎ 専有部分と共用部分の区別

上階からの水漏れによって損害賠償を請求する場合、水漏れの原因が専有部分から生じたものか、共用部分から生じたものかによって請求する相手が異なります。

専有部分とは「区分所有権の対象となる建物の部分」(区分所有法2③)を言います。そして、区分所有権の対象となるためには、その部分が構造上の独立性と用途上の独立性を備えていることが必要とされています(区分所有法1)。さらに規約において共用部分とされていないことも必要となります(区分所有法2①、4②)。

お尋ねの件の水漏れの原因である配管・排水設備について考えると、本管が共用部分、本管から分かれて各住戸に通じる枝管はその住戸の構造的独立性、用途的独立性があるものと考えられるため専有部分となるのが原則です。ただし、枝管であっても本管からの枝管が複数の住戸の利用に供されていたりするような場合には構造上、用途上の独立性が否定され共用部分となることがあります。

他にも、例えばバルコニーについてみると、建物の外壁と一体となって外部に開放されているため構造上の独立性はありません。また区分所有者の避難路としての用途も有しており用途上の独立性も否定される場合が多く、通常の場合は共用部分とされています。

このように専有部分と共用部分の区別はその構造上・用途上の独立性を判断することによって個別的に判断することになります。

◎ 損害賠償請求の相手方

お尋ねの事例では、パソコンが壊れたり、絨毯が汚れた等の損害を受けていますので、これらの損害について原因者に対して損害賠償請求をすることになります。

つまり、水漏れの原因が共用の枝管のように共用部分の瑕疵等に存する場合、損害賠償の請求先は通常共用部分の維持管理責任を負担する管理組合になります。一方で、水漏れの原因が上階の専有部分に存する場合、損害賠償の請求先は当該専有部分の区分所有者となります。

この場合、いろいろな法律構成が考えられますが、維持管理責任を負担する者の管理義務違反を理由とする不法行為責任(民法709)によるのが通例と言えます。

◎ 損害額について

パソコンの損害については新品を購入する価格を請求できるわけではなく、被害時の時価相当額ということになるでしょう。そのパソコンの中の貴重なデータを喪失した場合の損害については、特別損害として、「当事者がその事情を予見することができたときは、債権者はその賠償を請求することができる」(民法416②)との規定に従い、その特別事情が予見できたか否かによるものと考えられます。一般的にはデータの価値があまりに高額である場合には予見できないものと判断される可能性が高いと思われます。

絨毯の染みについては、通常は染み抜きを行った場合のクリーニング費用が損害になります。

ところで、絨毯に染み抜き等を施しても水漏れ前の状態には回復できないという場合はどうでしょうか。この場合、水漏れ前の価格とクリーニング実施後の下落した時価との差額が損害となります。その差額が高額になる場合も考えられますが、この場合もやはり、特別損害として予見可能性の有無に従い因果関係の範囲を判断することになります。あまり高額になる場合には予見できないものと判断され、差額のすべてが損害になる可能性は低いと考えられます。

4 不動産売買

Q 6-28
不動産を購入するときの注意事項

マイホームの購入を検討しています。不動産の取引はまったく初めてですし、知人からも「不動産取引は危険だから慎重に」ということを聞かされます。どのような点に注意したらよいのでしょうか。

◎物件調査

不動産は価値が大きく、一般的には一生のうちに、そう何度も取引をするものではありません。そのため、不動産取引における失敗は人生を左右しかねず、その取引においては慎重に行う必要があります。

不動産取引に失敗しないためには、最後の過程まですべて気を抜くことはできませんが、中でも重要なことを挙げるのであれば、やはり初期の物件調査を挙げることができるでしょう。

物件調査については、現地調査をすることになります。「百聞は一見にしかず」とはよく言ったもので、不動産の現況を直接調査し、業者から聞いている情報との整合性を確かめることが大切です。

次に、公簿等による調査も大切です。不動産の状況、権利関係が公簿と一致しているかを調査することになります。具体的には登記簿謄本をチェックすることにより抵当権設定の有無等を確認しておく必要があります。

◎資金の融通

多くの方は、購入代金を現金で支払えるということはないでしょうから、不動産購入にあたり金融機関から住宅ローン等の資金融通を受けることになります。その際、ご自身の収入等の環境を見つめ直し、金利条件、返済期間、担保価値、税金等を十分に考慮して、本当に返済していけるのかどうかの検討をすることも非常に重要です。

◎売買契約

この契約が成立してしまうと、売買の取引自体が確定することになります。

売買契約の条件については、後のトラブルを解消するべく慎重に吟味する必要があります。売買代金、代金の授受、物件の引渡し、所有権移転登記の時期等、契約条件についても気を配らなければならないことはたくさんあります。

◎登記

第三者に対して不動産の所有権を対抗する（主張する）ためには登記を具備する必要があります。登記がない間は売買当事者間の約束にすぎないということになります。そのため、登記の時期等には注意してもしすぎるということはありません。

通常の場合、所有権移転登記は代金の支払いと同時になされることが多く、そのため、やはり登記の移転が後回しになるような取引は危険度が高いと言うことができます。

◎専門家への相談

このように、不動産取引においては各過程において慎重に判断しなければならないことが多く、取引をする場合は常に意識を高く持って、取引に臨まなければなりません。

そして、失敗しないため、調査情報に整合性がとれていなかったり、疑問が生じたりしたときには、早い段階で専門家の意見を聞くことが重要となります。

なお、宅地建物取引の公正を確保するため、不動産業を営むためには、国土交通省または都道府県知事の免許を受けなければならないとされています。そして、不動産業者は売買契約が成立するまでの間に一定の重要事項について書面で説明しなければならないとされています（宅建業法35）。

重要事項として法文にさまざまな事項が列挙されていますが、不動産業者が重要事項説明義務を負う事項はこれらに限られません。

そのため、重要だと認識していること、気になっていること等があれば、遠慮することなく質問し、納得がいくまで説明を尽くしてもらいましょう。質問について明確に回答してくれなかったり、矛盾点があったりする場合には、取引自体を見直すことも考えましょう。

Q 6-29 不動産の二重譲渡について

Aさんに勧められて中古マンションの一室を買い受け、契約書も取り交わしました。ところがほどなくAさんは、他にもっと有利な条件で買ってくれるBさんが見つかったとの理由で、そのマンションをBさんに売る約束をしてしまいました。先に買い受けた私は、Bさんにマンションの所有権を主張することができるのでしょうか。

◎登記を先にした者が優先

お尋ねの件のように、同一の不動産について、ある人に一度売却する旨の合意をしたにもかかわらず、後日別の人に譲渡してしまうような取引は「二重譲渡」と呼ばれています。

この場合、後の取引も無効にはならず、有効な売買契約が二つあるという状態になります。ではこのような場合、いずれが優先するのでしょうか。先にこの中古マンションを購入したあなたは中古マンションの所有権を主張できるのでしょうか。

結論から言うと、あなたとBさんのいずれが優先するかは、先に登記をしたものが優先的に所有権を主張することができるとされています。そして、所有権を主張することを「対抗する」と言います。

民法では「不動産に関する物権の得喪及び変更は、不動産登記法その他登記に関する法律の定めるところに従いその登記をしなければ、第三者に対抗することができない」(民法177)とされています。

不動産は極めて価値の高い財産であり、その取引を国民が安心して行うためには、対象物件が誰の所有か、どんな権利が設定されているのか等が公に公示されていることが必要となります。

しかしながら、民法では「物権の設定及び移転は、当事者の意思表示のみによって、その効力を生ずる」(民法176)とされており、物権の移転自体には登記は必ずしも必要とはされていません(意思主義)。そして、登記には登録免許税等のお金がかかりますし、物権の移転が登記なくできるのであれば、せっかく不動産取引の安全を図るために権利関係を公示させた登記制度が無意味なものとなってしまいます。

そこで、物権の移転を受けたものは速やかに登記しなければ、後れて物権の移転を受け、登記をしたものには、もはや物権の移転を対抗できないとされています。いわば、速やかに登記することを怠った者にペナルティを課すことによって、間接的に登記制度を有用なものとし、取引の安全が図られていると言えるでしょう。

お尋ねの件についてみると、先に買い受けたあなたも、後に購入する約束をしたBさんも、いずれも登記をしていない状況ならば、先に登記をした者勝ちということになるのです。

◎「第三者」について

このように登記をしなければ物権の対抗ができない「第三者」(民法177)とは「当事者もしくはその包括承継人ではないすべての者を指すのではなく不動産物権の得喪および変更の登記欠缺を主張する正当な利益を有する者をいう」(大連判明41.12.15)と解されています。

お尋ねの件で言えば、売買契約の当事者である売主のAさんに所有権を主張するためには、登記は問題とならないということになります。

なお、「正当な利益を有する者」には、原則として自分以外に所有権の移転があることを知っている者も含まれます。

お尋ねの件で言えば、Bさんが、このマンションを自分よりも先にあなたが買っていたことを知っていたとしても、特に悪質だという場合でない限り(これを「背信的悪意者」という)、Bさんが先に登記すれば、もはやBさんが確定的にマンションの所有者となり、質問者は所有権を対抗することができないということになります。

Q 6-30
購入した土地の面積が不足していた

Aさんから土地を代金3,000万円で購入する契約をし、引渡しを受けました。しかし、売買契約書には土地の面積として「165.35平方メートル」と記載があるにもかかわらず、実際に測量してみたところ、162.11平方メートルしかありませんでした。Aさんに対して、代金の減額請求や契約の解除等をすることができないでしょうか。

◎公簿面積と実測面積の齟齬

登記簿の表題部に記載される面積を公簿面積と言いますが、この公簿面積は明治時代のあまり正確でなかった測量技術に基づいて測量された数字を引き継いでいる場合が少なくありません。

そのため、公簿面積と実測面積に齟齬が生じる事態がしばしば生じます。

不動産取引を行うに際して徹底的に物件調査を行い、本来であれば実測面積を割り出し、これを基にして取引対象の物件の面積を明示したうえで取引されることが理想的ですが、公簿面積を売買契約書に記載し取引が行われるということもあります。

そこで、取引に際し、公簿面積と実測面積が異なる場合に、代金がどのように定められているかを事前に確認することが重要です。

では、お尋ねの件の場合、実測の面積に応じて減額請求をしたり、契約を解除したりすることができるでしょうか。

◎数量指示売買

民法では、数量を指示して売買（数量指示売買）をした物に不足がある場合または物の一部が契約のときに滅失していた場合に、買主がその不足または滅失を知らなかったときは、代金の減額請求をすることができ、数量が不足する物であれば買主がこれを買い受けなかったときには、契約を解除することもできるとされています（民法564、562）。

もっとも、数量指示売買に該当するには、当事者において目的物の実際に有する数量を確保するため、その一定の面積、容積、重量等を売主が契約において表示し、かつ、この数量を基礎として代金額が定められる必要があります（最判昭43.8.20）。

お尋ねの件の場合でも、土地代金を1平方メートルあたりの単位をいくらとして計算して決定したような事情がある場合であれば、数量指示売買と認められ、代金減額等が認められることもあるでしょう。

この場合の代金減額請求や解除等は、数量不足を知ったときから1年以内に権利行使をする必要があります（民法564）。

◎公簿売買

しかしながら、お尋ねの件では1平方メートルあたりの単位計算を基礎として代金額を定めたような事情はなく、単純に実測と異なる面積が表示されていたにすぎませんので、数量指示売買には該当しません。

そのため、お尋ねの件ではAさんに対して、代金の減額請求や契約の解除等を求めることはできないことになります。

この場合の面積表示は、公簿面積の地積表示等を売買の目的物たる土地を特定する意味で表示したと言えます。

前述のように実測面積との齟齬が生じることは、ある程度当事者間において予測されていると言えるでしょう。

このような取引の場合、売買契約書には、後日実測の結果面積に増減があっても異議を述べない旨の特約が盛り込まれていることも多いです。

ただし、契約書記載の表示面積と実測面積との食い違いがあまりにも大きく、もはや当事者が把握していた目的物とは異なると客観的に認められるような場合であれば、売買契約が錯誤（民法95）により無効となる余地はあります。

お尋ねの件の場合は、表示面積と実測面積との違いはわずかに3.24平方メートルと1坪程度に過

ぎませんので、錯誤無効の可能性は認められないと考えられます。

◎ 民法改正の影響

平成27年3月31日に国会に提出された「民法の一部を改正する法律案」が成立した場合、前述の買い主による代金減額請求権や解除権の行使の期間制限が変更されます。

前述のとおり、現行民法では、これらの権利は数量不足を知った時から1年以内に行使しなければならないとされています。

これに対し、改正民法を前提とすると、買い主は、数量不足を知った時から1年以内に数量不足の事実を売り主に通知すれば足り、以後、代金減額請求、損害賠償請求または解除等の権利を行使することができます。

ただし、これらの権利は、前述の期間制限とは別に消滅時効にかかるので、その点は注意が必要です。

Q 6-31
不動産の瑕疵担保責任について

　Aさんから中古の木造建物を購入したのですが、入居後しばらくすると、床下や柱等に白アリが発生しているのを発見しました。Aさんに対して何か請求できないでしょうか。

　また、退職後の老後対策として、3階建ての賃貸マンションの建築を計画し、とある中古住宅付の土地を購入しました。しかし購入後、この土地が都市計画道路に指定されていることがわかり、計画していた建物が建てられないということがわかりました。不動産業者からは都市計画法上の規制があることは説明を受けていましたが、建物建築には何ら問題がないとのことでした。契約を取り消すことはできないのでしょうか。

◎瑕疵担保責任

　売買の目的物に瑕疵があった場合には、まず売主の瑕疵担保責任が考えられます（民法570）。

　瑕疵担保責任は、瑕疵があったことについて売主に過失がない場合であっても負担しなければならない無過失責任です。買主は売主に対して損害賠償請求ができ、瑕疵により売買の目的が達成できないときは、契約を解除することができます。

　「瑕疵」とは、その種のものとして通常有すべき品質・性能を欠くことを言います。

　また、「隠れた瑕疵」とは、取引上通常要求される注意をしても発見できない瑕疵を言います。

　瑕疵担保責任の請求は買主が瑕疵を知ったときから1年以内にしなければなりません（民法570、566③）。

　ただし、中古住宅の場合は一般的には2年の瑕疵担保責任を認める条項がついています。

　新築住宅の場合は、住宅の構造耐力上主要な部分に関する瑕疵担保責任の請求期間については引渡時から10年間とされています（品確法95）。

◎瑕疵の判断

　まず、中古の家屋に白アリが発生していた場合について、これが「瑕疵」にあたるかどうかが問題となります。中古家屋とはいえ、あくまでも購入者は白アリがいることを前提として取引することはないでしょうから、売買価格の程度等にもよりますが、通常有すべき品質を欠いている、つまり「瑕疵」に該当すると言えます。

　そのため、被害程度が著しく、白アリ駆除、修繕等をしなければいずれ住居として使用することが不可能となり、かつその駆除、修繕に莫大な費用がかかるような場合は解除できますし、その費用については売主に請求することができます。

　次に、購入した土地が都市計画道路に指定されているような場合、都市計画施設の区域内に建物を建築するには都道府県知事の許可を得なければなりません。

　許可基準としては階数が2以下で、かつ地階を有しないこと、主要構造部が木造、鉄骨造、コンクリートブロック造その他これに類する構造であることが要求される等建築規制があります（都市計画法54）。

　「瑕疵」には、物理的な瑕疵のみではなく、都市計画法上の建築規制のような法律上の規制も含みます。

　特にお尋ねの件については3階建ての賃貸マンションの建築を計画していたのですから、計画どおりの建物は建てられないことになります。

　ただし、お尋ねの件では都市計画法上の規制があること自体の説明は受けています。

　前述のように「隠れた瑕疵」に該当するためには、取引上通常要求される注意をしても発見できない瑕疵を言い、契約当時瑕疵の存在を知らず、かつ知らないことに過失がないことが必要となります。

　事前に不動産業者から都市計画法上の規制があることの説明を受けている以上、建築規制の存在について過失があるので「隠れた瑕疵」に該当しない可能性は高いと考えられます。

　ただし、売主である不動産業者としては建築計

画を知っていたならば、具体的に建物が建てられるか否かについての説明をする義務があると言えますので、この説明義務違反を理由として契約を解除できる可能性があるでしょう（民法541）。

◎ 民法改正の影響

　平成27年3月31日に国会に提出された「民法の一部を改正する法律案」が成立した場合、瑕疵担保責任という概念自体がなくなり、売主の責任の有無は、目的物がその種類または品質に関して契約の目的に適合しているかどうかで判断されることになります。

　これにより、売主の責任は、契約の目的に適合した債務を履行したか否かどうかという債務不履行責任に一本化されることになります。

　また、改正民法が成立した場合、売主に対して責任を追及できる期間が変更されます。

　前述のとおり、現行民法では、買主は、目的物の「瑕疵」を知ったときから1年の間に権利を行使しなければならないものとされています（民法570、566③）。

　これに対し、改正民法では、買主が契約不適合の事実（現行法における「瑕疵」）を知ったときから1年の間に、契約不適合の事実を買い主に通知すれば足りるとされ、買い主の保護が図られています（ただし、消滅時効に注意を要する。Q6-12参照）。

　したがって、改正民法を前提にすると、お尋ねの件では、家屋にシロアリが発生するという事態は契約の目的に合致しないと言えますので、シロアリが発生している事実を知ってから1年以内にその事実をAさんに通知すれば、以後、損害賠償請求、代金減額請求または解除等の権利行使が可能です。

　また、都市計画法上の規制により建物の建設ができないという事態も契約の目的に合致しないと言えますので、契約を解除することができます。

Q 6-32

手付金支払後の解約は可能か

先日、住居を購入する契約を締結し、手付金を支払いました。事前に、駅から遠い等の欠点についての説明はきちんと受けていたのですが、やはり気になってしまい、解約したいと考えています。このような場合でも解約することはできるのでしょうか。

A

◎手付の性質

手付とは、契約に際して当事者の一方から相手方に交付する金銭その他の有価物を言います。

手付には、①契約が成立したことを証明するために交付される証約手付、②手付の交付者が債務を履行しない場合の違約罰として交付される違約手付、③解除権を留保しておくために交付される解約手付の3種類があります。

実際に交付された手付金がどの種類の手付を意味するのかについては、当事者の合意によって決まりますが、証約手付としての性格はすべての手付に含まれていると言われています。また、手付による解約の可否、方法、時期等については一般的に契約書に記載がされていますので、その場合はその規定に従うことになります。

そのような規定がない場合は、民法上、解約手付と推定するものとされており、「当事者の一方が契約の履行に着手するまでは、買主はその手付を放棄し、売主はその倍額を償還して、契約の解除をすることができる」とされています（民法557①）。

◎「履行に着手」とは

では、「履行に着手」とはいかなる場合を言うのでしょうか。

「履行に着手」とは、判例では「客観的に外部から認識できるような形で履行行為の一部をなし、または履行の提供をするために欠くことのできない前提行為をした場合をさす」とされていま

す（最判昭40.11.24）。

このように、民法が履行着手後の解除を制限した趣旨は、履行に着手した当事者は相手方の履行を期待してすでに出費をしていることから、このような履行に着手した当事者の期待を保護する点にあります。そのために「欠くことのできない前提行為」は、このような前提行為をした当事者の期待を保護するに値するかどうかを考慮して判断する必要があります。

例えば、売主が目的物件の調達行為を行った場合は、すでに出費もしている以上、これで買主から手付金のみで解除されてしまうと、手付金で補えないほどの損害を被る可能性があります。そのため、売主の物件調達行為は、一般的には「履行の提供をするために欠くことのできない前提行為」に該当すると言えるでしょう。

では、一方で買主が資金の調達をした場合、売主は手付を倍額償還することにより解除することができるでしょうか。

この場合は確かに、買主は資金を調達することにより、契約の履行について期待していると言えます。しかし、お金は他のことに流用できるものであり、資金を調達したにとどまる場合は手付金の倍額償還を受けることで、損害は補填できると言えます。そのため、買主が単なる調達行為をしたにとどまるのであれば「履行の提供をするために欠くことのできない前提行為」とは言えないでしょう。

もっとも、買主が履行の準備行為をしたにとどまる場合であっても、現実に融資が実行され、買主の手元に現金があったり、預金のかたちで用意していたりする場合で、もう支払時期が直前に迫っているような場合であれば、契約の履行への期待は相当程度高まっていると言えます。したがって、履行の着手に該当し、売主はもはや手付の倍額償還をしても契約解除はできないと考えられます。

Q 6-33 マンション購入後に眺望が変わってしまった

夜景が一望できるテラスの眺望がセールスポイントとされているマンションを気に入って購入したのですが、契約して数週間すると、もうすぐ隣に高層マンションの建築工事が開始し、建物完成後は購入したマンションからの眺望はなくなるとの情報を得ました。契約を取り消すことはできるのでしょうか。

A

◎ 重要事項の説明義務

不動産業者は、不動産の買主らに対して、契約が成立するまでの間に重要事項を書面にして交付して説明しなければならないとされています（宅地建物取引業法35）。

この説明が要求される事項は宅地建物取引業法35条に規定されている事項のみならず、これ以外にも当該取引において重要であると認められる事項については説明をしなければなりません。

そして、夜景が一望できる眺望がセールスポイントとされているような場合、その周辺環境については重要事項となり、物件の周辺環境の変化の見込み等についても、不動産業者は調査・説明義務を負うことになります。

もっとも、不動産業者がいかに周辺環境の変化の見込みについても調査、説明義務を負うとはいえ、無理を強いるわけにはいきませんので、調査しても容易に知りえないような計画であったり、長期間にわたる周辺環境の見込であったりというように予測不可能な事項については、必ずしも調査・説明義務は負わないでしょう。

お尋ねの件の場合は、契約して数週間で判明したことであること、「もうすぐ」工事が開始する建物の計画であること等に鑑みると、眺望をセールスポイントにする物件の売主であれば当然に調査しておかなければならず、説明しなければならない情報である可能性が高いと考えられます。そのため、質問者は不動産業者の説明義務違反を理由として損害賠償請求をすることができると考えられます。

◎ 契約の無効・取消し

それでは、損害賠償請求のみでなく、契約を取り消すことはできるでしょうか。

お尋ねの件では、夜景が一望できるテラスの眺望がセールスポイントとされていますので、周辺環境の変化の見込みについては契約の重要な要素となっています。

そのため契約後間もなく、高層マンションの建築が始まり、マンションが完成するともはや眺望がなくなってしまうということは、売買契約の目的物の重要部分に錯誤があるものと言え、契約は無効となる可能性もあります（民法95）。

また、不動産業者が高層マンション建築計画を知っていたにもかかわらず、あえてその情報を隠して取引させた等の特別の事情があれば、詐欺による意思表示とも言えることから、契約自体を取り消すことができます（民法96①）。

◎ 消費者契約法に基づく取消し

さらに、あえて情報を隠していた等の特別の事情があれば、不動産業者が故意に不利益な事実を告知しなかったこととなるので、この点においても契約を取り消すことができます（消費者契約法4①②）。

この場合は、いずれにしても契約の取消し（もしくは無効）は可能であると考えられます。

消費者契約法の取消事由には、重要事項に関する不利益事実の不告知と不実告知があります。不利益事実の不告知の場合に取消しが認められるには、その不利益事実を故意に告知しなかったことが必要ですが、不実告知の場合には故意であることは必要とされていません。

お尋ねの件の場合でも、不動産事業者が「現在及び近い将来に周辺で高層マンションの建築計画はありません」等という不実を告知していたような場合は、消費者契約法によって取り消すことができます（消費者契約法4①）。

Q 6-34
仲介業者への報酬

土地を売りたいと考え、仲介業者との間で媒介契約を締結しました。仲介業者を通じてAさんを紹介されたのですが、条件が折り合わずに契約は成立しませんでした。その後、Aさんと直接交渉をしたところ、何とか条件が折り合いそうです。この場合、仲介業者に対して報酬を支払わなければならないのでしょうか。

◎直接取引の禁止

不動産仲介業者が依頼者に対して報酬を請求するためには、仲介行為によって売買契約が成立する必要があります。したがって、基本的には、仲介行為と無関係に売買契約が成立した場合には、不動産業者は報酬を請求することができません。

このような前提からすると、お尋ねの件のように、仲介業者が紹介をした相手方と依頼者が直接交渉して売買契約が成立してしまったような場合、仲介行為とは無関係に売買契約が成立したかのようにみえますので、報酬請求ができないようにも考えられます。

不動産仲介業者の行う仲介行為には、相手方や物件の選定、探索、条件交渉、内覧の実施等多岐におよび、契約成立に向けてありとあらゆる業務を行うことになります。

しかし、契約成立直前になって不動産業者を排除して、依頼者自身が相手方と直接交渉して契約を締結してしまうこと（直接取引）によって、仲介報酬を支払わなくてよいということになれば、不動産仲介業者のこれまでの苦労が水の泡となってしまいます。これでは、あまりにも不公平であり、信義にもとる結果となってしまいます。

そこで、不動産仲介契約の依頼者は、仲介業者を排除して相手方と直接取引を行うことは禁止されています。判例上は、おもに民法130条を根拠にして、直接取引があった場合は条件成就が故意に妨害されたとして不動産仲介業者の報酬請求を認めています。

もっとも、直接取引の場合に不動産仲介業者に報酬請求を認めるのは依頼者が故意に不動産業者を排除したことが信義に反するという点にあるところ、故意の排除を立証することはなかなか困難になります。

この点、「標準媒介契約約款」においては「仲介契約の有効期間内」はもちろん、「有効期間の満了後2年以内に直接取引した場合」も「契約に寄与した割合に応じた」報酬を請求できることが明記されています。

このように契約期間後においても直接取引を禁止することによって、依頼者が仲介業者への報酬支払いを免れるために、わざと仲介行為による契約成立を拒み、契約終了後に直接取引を行うという、実質的な仲介業者とばし行為の場合にも故意の直接取引であるとみなして、不動産仲介業の円滑、安全の確保を図っています。

◎報酬支払義務の有無

お尋ねの件では、仲介期間には条件が折り合わず契約が成立しないで、媒介契約は終了しています。その後にAさんと直接契約しているので、本売買契約は仲介行為と無関係に成立したものとして、仲介業者の報酬請求権は発生していないようにもみえます。

しかしながら、前述のように直接取引禁止の趣旨、媒介契約の標準規約において契約終了後2年間になされた直接取引には仲介行為との因果関係を認めていることからすれば、やはりお尋ねの場合も仲介行為による影響をまったく受けないで契約締結に至ったとは言えないのではないでしょうか。そのため、お尋ねの場合は直接取引に該当する可能性は高く、仲介業者への報酬支払をしなければならないでしょう。

もっとも、条件が折り合わなかった理由が、仲介業者がほとんど適切な仲介行為を行ってくれなかった等、仲介業者に報酬を支払わなくても信義に反しないような具体的な事情がある場合には、報酬支払の必要がないと言えるでしょう。

5 借地

Q 6-35
借地を明け渡すよう求められてしまった

私は友人から土地を賃借して家を建て、家に自分名義の登記をして住んでいましたが、家が老朽化してきたこともあり、長男の結婚を機に家を建て直し、将来のことも考えて新しい家は長男名義で登記しました。ところが先日、友人より土地を買ったという人から、家を撤去して土地を明け渡すよう求められてしまいました。私や長男は土地を明け渡さなければならないのでしょうか。

A

◎借地権の対抗要件

建物所有を目的とした土地の賃借権は、基本的には契約当事者間でのみ効力を有する相対的な権利である債権であり、借地人がその賃借人たる地位を主張できるのは契約当事者たる賃貸人に対してのみということになります。

したがって、借地の譲受人は、所有権の移転登記を経由することにより、自己の所有権を借地人に対して主張でき、新所有者が所有権に基づく明渡しを求めてきた際には借地人は何ら賃借権を主張することはできないのが原則です（「売買は賃貸借を破る」という）。

しかし、それでは借地人の地位が大変不安定になってしまい賃貸借契約の目的を十分に達成することができません。

そこで、民法605条は「不動産の賃貸借は、これを登記したときは、その後その不動産について物件を取得した者に対しても、その効力を生ずる」と規定し、債権である賃借権についてもその物権類似の性質から借地権について登記を行うことで第三者へ主張すること（「対抗力」という）を認めました。

ただし、借地権の登記を行うにあたっては賃借人のみではなしえず、賃貸人との共同申請が必要となる等の手間がかかることから、借地権の登記による対抗要件の具備はほとんど行われていないのが現状です。

その代わりに、借地人が借地上に自己名義で登記した建物を所有するときは、借地権そのものについて登記がなかったとしてもその借地権に対抗力を認めるものとされており（借地借家法10）、実務上はこちらの方法で対抗力を有しているパターンがほとんどといっても過言ではありません。

◎借地人と建物名義人が異なる場合

さて、お尋ねの件の「建物を長男名義にしておきたい」というのは、将来の相続税対策や扶養してもらう際の都合を考えてということでしょう。しかし最高裁は、今回の件と類似したケースにおいて、「借地人である父が同居する未成年の長男名義で建物を保存登記した建物を所有していたとしても、その後当該土地の所有権を取得した第三者に対し借地権を対抗できない」と判断しました（最判昭41.4.27）。

したがって、長男名義で登記した建物を保有していたとしても、残念ながらあなたは友人から土地を買ったという第三者に対して借地権を主張することができず、家を撤去して土地を明け渡さざるをえないことになります。

なお、長男名義により建物の保存登記をした借地人を救済する方法としては、第三者による明渡しの主張につき「権利濫用」（民法1③）に該当するとして排斥することが考えられます。

権利濫用に該当する場面というのは、例えば、建物に借地権がついていることを十分に認識したうえで借地権の負担付きの低い評価額で底地を買い受けておきながら、借地人が対抗要件を具備していないのをよいことに、ことさらに建物収去と土地明渡しを求めるような場合が考えられます。しかし、このような場面に該当すること自体が比較的稀なうえ、借地人にて第三者が売買に際してどのような認識を有していたのかを立証するということは極めて困難ですから、現実的な借地人の救済方法としては相当にハードルが高いものと言わざるをえないでしょう。

Q 6-36
死亡した借地人の未払賃料の請求先は

　私が貸している土地の借地人が先日亡くなりました。借地上に建てられた家を含む借地人の遺産は奥さんや子どもたちが相続したようですが、子どもたちはすでにそれぞれ家庭をもって独立しており、地方にて別々に生活しているようです。このような状況の中で、亡くなった借地人が今まで滞納していた未払賃料の支払いや今後の借地契約の内容について、私は一体誰と交渉したらよいのでしょうか。

◎遺産の帰属関係

　借地人が死亡した場合、借地上に建てられた建物の所有権は相続人に移転しますので、これに伴って建物に附随している借地権も同様にその相続人に移転することになります。

　お尋ねの件のように、相続人が複数いる場合には、遺産を最終的に特定の相続人に帰属させるべく遺産分割を行う必要があります。ただし、遺産分割を成立させるためには、相続人同士での協議や調停・審判手続を経る必要があり、相当長期間かかることが少なくありません。

　このような遺産分割が終了するまでの期間においては、遺産は事実上共同相続人が共同で管理することになり、全遺産が全共同相続人に帰属することになります（ただし、可分な金銭債権・金銭債務については、相続により、法定相続分に応じて各相続人に承継される）。

◎遺産分割前の借地関係

　遺産分割前は前述のとおり全遺産は全共同相続人に帰属することになるため、お尋ねの件における借地についても共同相続人の全員が利用することができます。

　他方、借地契約に基づいて新たに発生する賃料支払義務については「不可分債務」といって、共同相続人全員が責任を負うことになりますので、地主は共同相続人の誰に対しても賃料全額を請求できます。

　また、地代の請求や催告およびこれに基づく解除の意思表示も、原則として共同相続人の全員に対してなすべき必要があります。ただし、一部の相続人が他の相続人から借地権に関する代理権を授与されていた場合、地主は代理人である相続人のみを相手にすれば足ります。

◎遺産分割後の借地関係

　このような共同相続人間の協議等を経た結果、借地上の建物の所有権や借地権が特定の相続人に帰属することが決まり遺産分割が成立した場合においては、借地契約は当該相続人との間でのみ継続していくことになります。したがって、地主としては、遺産分割後においては当該相続人のみを借地人として対応し交渉していけばよいことになります。

◎地主がとるべき対応

　すでに述べたとおり、地主としては原則として共同相続人の全員に対して請求等をしていく必要がありますから、地主にとってまず何よりも大切なのは交渉の相手方、すなわち共同相続人の全員を特定することです。

　そのうえで、お尋ねの件のように共同相続人が大勢いるケースにおいては、遺産分割が成立するまでに相当な期間がかかることが多いことから、できるだけ早く遺産分割協議を進めるように共同相続人に働きかけていくとよいでしょう。

　また、遺産分割前であっても、地主が直接交渉する窓口を一本化して法律関係をできるだけ簡略にするべく、共同相続人の内の特定の相続人（一般的には借地上の建物に現に居住している者が望ましい）に共同相続人全員の代理人となってもらうことも考えられます。

Q 6-37
抵当権が設定されている土地の賃貸借

この度、家を建てるつもりで土地を借りましたが、不動産登記簿をよく見ると、抵当権の設定登記がされていることがわかりました。このことを地主に確認したところ「だいぶ昔に人から金を借りた際に設定したものだが、すべて借金を返済しているので何の心配もいらない」との説明を受けました。しかし、私としてはどうにも気になります。地主の説明どおり、本当に何の心配もしなくてよいのでしょうか。

◎不動産の権利の優先関係
せっかく土地を借りて家を建てたとしても、その賃借権より優先する第三者の権利が土地上に設定されていた場合、あなたは賃借権による占有権原をその第三者に対し対抗する（主張する）ことはできません。その結果、その第三者から建物の収去と土地の明渡しを求められた場合、残念ながらあなたはこれに応じなくてはなりません。

不動産の権利関係の優先関係は、原則として登記の先後で決定します。ですから、土地を借りるにあたっては、まず土地の登記簿謄本を取り寄せたうえで、土地上に自分よりも優先する第三者の権利がすでに設定されていないかどうかをあらかじめ確認することが何よりも大切になるのです。

一方で、登記は、その登記された権利が必ず存在することを証明しているわけではありません。現実の権利関係が消滅しても登記だけ残っていることはよくあり、このような実態に合わない登記には、前述のような効力は与えられません。

◎抵当権が消滅している場合
お尋ねの件においては、第三者の地主に対する金銭消費貸借契約に基づく貸金債権を被担保債権とする抵当権設定登記がなされているわけですから、地主が説明するとおり、貸金がすべて完済されているのであれば、被担保債権が消滅している以上、抵当権も当然消滅していることになります。

この場合は、形式的に抵当権の設定登記が残っていたとしても、実質的に抵当権が消滅している以上、抵当権者として登記されている第三者は借地人であるあなたに対して抵当権を実行して立退きを求めることはできません。

したがって、基本的には借地人であるあなたの立場が登記簿上の抵当権によって脅かされる心配はありません。

ただし、本当に貸金債務が完済され抵当権が消滅しているのであれば、それに伴いただちに抵当権設定登記を抹消するのが通常の取扱いです。あなたとしては地主の「完済した」との言葉をうのみにするのではなく、事前に抵当権者に対し、貸金債務が消滅しているか否かを積極的に確認しておくべきでしょう。

◎抵当権が消滅していない場合
地主の貸金債務が未だに完済されておらず、抵当権が実質的に残存している場合、あなたの借地権は第三者の抵当権よりも劣後することになりますので、あなたの立場は極めて不安定なものとなってしまいます。

つまり、地主が抵当権者に借入金を約束どおり返済せず、抵当権者が抵当権の権利行使をした場合、競売により買受人となった者に対してあなたは自らの借地権を対抗することができません。これにより、あなたは借地部分について建物を取り壊し更地にしたうえで買受人に明け渡さなければならなくなります。

抵当権者による抵当権の権利行使を阻止するためには、借地人であるあなたが地主の抵当権者に対する貸金債務を立て替えて弁済すること等が必要となります。この場合、あなたは改めて地主に対して立替金の返還を求めていくことになりますが、地主にお金があれば当然抵当権者に支払っていたでしょうから、弁済を受けることはなかなか難しいのが現実でしょう。

Q 6-38
自分の土地を駐車場や資材置き場として貸したい

この度、知合いの業者に頼まれて、私が所有している空き地を駐車場として使用する目的で貸すことになりました。建物の所有にはあたらないと思うのですがこの場合にも借地借家法が適用されるのでしょうか。また、駐車場ではなく材木等の資材置き場として貸した場合はどうでしょうか。

A

◎借地借家法が適用される範囲

借地借家法は、「建物の所有」を目的とする地上権および土地の賃借権に適用されます（借地借家法1）。

このように借地借家法がその対象を「建物の所有」目的に限定しているのは、当該建物が賃借人にとって日常生活や営業の本拠として使用されることを前提に、そのような本拠として用いられる建物につき相当長期間賃借権等を存続させることによって賃借人の生活や営業活動を厚く保護しようとしたことによります。

したがって、「建物の所有」を目的とするというためには、借地上に何でもいいから建物があればよいというわけではありません。賃借人の生活や営業活動を保護する観点から、当該土地賃貸借契約等において建物を所有することそのものが主たる目的とされているか否かが重要な指標とされています。

すなわち、建物所有が土地を使用するための主たる目的ではない場合は、たとえ土地使用に際してこれに附随するものとして建物を所有していたとしても、これをもって「建物の所有」を目的とする賃貸借とは言えず、借地借家法は適用されないということです。

なお、土地の賃貸借にあたり借地借家法が適用されなかった場合においても、民法の普通賃貸借の規定は適用されることになります。

◎「駐車場」として使用する目的の場合

駐車場が建物に隣接したかたちでこれに付属する場合、建物部分の借地と駐車場部分の借地は機能的に一体のものとみなしうることから、「建物の所有」を目的とするものとして、駐車場部分の借地についても建物部分の借地と同様に借地借家法が適用されます。

これに対し、建物に付属するような形式ではなく、単に空き地を駐車場として使用しているだけに過ぎない場合には、「建物を所有」する目的があるとは言えません。したがって、借地借家法は適用されず、民法の普通賃貸借が適用されることになります。

◎「資材置き場」等として使用する目的の場合

資材置き場のために敷地を用いる場合においては、ときには資材を保管するためのプレハブ小屋等の建物が設置されることもあるでしょう。

しかし、資材保管のためのプレハブ小屋は、あくまで資材を保管するという目的を達成するための手段として保有するものであり、それを保有すること自体は契約の目的ではありません。プレハブ小屋等の建物は、このような資材置き場の使用目的から見るとあくまで資材を置くための従たる設備に過ぎないと言えます。

したがって、借地上に資材保管のためのプレハブ小屋などの建物を建てたとしても、「建物を所有」する目的であるとは言いがたく、一般的には借地借家法の適用はないと考えられます（ただし、臨時設備の設置その他一時使用のために借地権を設定したことが明らかな場合には、借地借家法25条に基づき、別途、一時使用目的の借地権が成立する可能性がある）。

これら以外にも、中古車展示場、バッティングセンター、打ちっぱなしのゴルフ練習場等として使用する目的であった場合も、ケースバイケースではありますが、たとえ外形的には建物が建築されていたとしても、一般的には「建物の所有」を主たる目的と認定することは難しく、借地借家法の適用は認められにくいところです。

Q 6-39

造作買取請求権とは

テナントとしてビルの一室を借りていましたが、この度賃貸借契約が終了したので退去することにしました。その際に、私が設置したクーラー等の造作を賃貸人に買い取ってもらいたいと考えているのですが、どのようなものまで買い取ってもらえるのでしょうか。

A

◎造作買取請求権とは

賃借人は、借家関係が期間満了または解約申入れによって終了した場合において、賃借人が賃貸人の同意を得て建物に付加した畳や建具その他の造作、あるいは賃貸人から買い受けた造作について、賃貸人に対し時価で買い取るよう請求することができ、これを賃借人の「造作買取請求権」と言います（借地借家法33①）。

◎造作の具体的範囲

そして、賃借人による造作買取請求権の対象となりうる「造作」とは、一般的に「建物に付加された物件で、賃借人の所有に属し、かつ建物の使用に客観的便益を与えるもの」と解されています。

この点、「建物に付加されている」とは、建物に付属されていることによってはじめてその効用を全うし、その建物から除去してしまえばその造作自体の価値を減少させてしまうような状態のことを指します。ですから、家具や什器等は基本的には造作にはあたりません。

そして、造作に該当するためには「賃借人の所有に属していること」が必要です。たとえ賃借人が付加させたとしても、床板や壁紙等は建物の構成部分として建物そのものの所有権に吸収されてしまい（附合）、賃借人の所有には属さないため、造作にはあたりません（これについては有益費償還請求権として賃貸人に対し別途請求していくことになる）。

加えて、造作と言えるためには「建物の使用に客観的便益を付与すること」が必要となりますので、例えば通常の居住用マンションにもかかわらず業務用の特殊な設備を設置しても造作にはあたらないことになります。

なお、営業目的の賃貸借において、のれんや得意先といった無形の財産的利益が造作に該当するか否かが問題になりますが、判例は「造作は有形のものに限られるのであって無形のものは造作には含まれない」としています。

◎造作買取請求権の要件および法的効果

賃借人が造作買取請求権を行使するためには、前述の「造作」にあたるかを含め、以下の三つの要件を充足する必要があります。

① 建物に付加した造作であること
② 賃貸人の同意を得て付加したもの、または建物の賃貸人から買い取ったものであること
③ 期間の満了または解約申入れにより賃貸借契約が終了したこと（債務不履行に基づく解除により契約が終了した場合は含まれない）

これら①〜③の要件をすべて充足したうえで、賃借人が賃貸人に対し造作買取請求権を行使することにより、賃貸人の承諾なく当該造作については賃借人と賃貸人との間で当然に売買契約が成立したのと同様の効果が生じることになります。

◎造作買取請求権を排除する特約の効力

このように、賃借人による造作買取請求権は賃貸人にとって非常に大きな負担となりうることから、実務上は賃貸借契約の締結時において造作買取請求権の行使を認めない旨の特約を付しておくケースが多くみられます。

借地借家法が施行された平成4年8月1日以降に締結された賃貸借契約において、このような造作買取請求権を排除する特約は有効とされます。

これに対し、平成4年8月1日より以前の旧借家法のもとで締結された建物賃貸借契約については、現時点においてもなお旧借家法の規定が適用されますので、その結果造作買取請求権を排除する旨の特約は旧借家法6条に従い無効となりますので十分に注意が必要です。

Q 6-40
借地条件を変更したい

私は土地を借りて、そこに平屋の一軒家を建てて住んでいますが、建物がずいぶん古くなってきたので、この機会にビルに建て替えようと考えています。そのために借地条件の変更を地主と話し合いたいのですが、地主とどのように話し合ったらよいでしょうか。また、地主が了解してくれなかったらどうなるのでしょうか。

◎借地条件変更の必要性

借地契約において借地上の建物がどのようなものでなければならないのかについては当事者間の契約にて定められます。具体的には、建物の種類、構造、規模または用途について定められることになります。建物の「種類」とは住宅や店舗等の区別を、「構造」とは木造や鉄筋コンクリート造等の区別を、「規模」とは階数や床面積等の大きさを、「用途」とは住居用や業務用等の区別をそれぞれ示しています。

なお、これについては平成4年8月1日施行の借地借家法以前に契約された旧借地法時代の土地賃貸借契約においては、当事者間において建物の種類、構造を別途に定めなければ堅固建物（ビル等）以外の建物、すなわち非堅固建物（木造建物等）を所有する目的であるものとみなされてしまいますので注意が必要です。

お尋ねの件においては、平屋建ての建物をビルに建て替えるわけですから、賃貸借契約における建物の「種類」、「構造」等の借地条件が非堅固建物の所有目的であった場合には、地主の承諾を得て借地条件を変更してもらう必要があります。

◎借地条件に違反した場合の効果

例えば借地条件について、前述のような契約上は非堅固建物所有目的であるにもかかわらず、地主に無断でコンクリート造の堅固建物を建てた場合には、賃貸借契約違反の債務不履行となり、契約の解除等といった紛争に発展してしまうおそれがあります。

ただし、この場合において実際に解除が認められるか否かは、当該条件違反が当事者間の信頼関係を破壊する程度にまで至っているか等諸般の事情を総合考慮して決せられることになりますので、借地条件違反の事実があったことのみをもってただちに解除が認められるというわけではありません。

◎借地条件変更の手続き（借地非訟手続）

借地条件の変更にあたり地主の承諾を得るためには、まずは任意で話合いをすることが基本ですが、その際には建築予定建物の図面等を用いて計画建物の内容を説明することになります。話合いにおいては、借地条件変更のための承諾料や地代ないし契約期間の変更等が争点となるのが一般的です。

当事者間で話合いがまとまらず地主の承諾が得られない場合においては、裁判所に対し地主の承諾に代わる許可（代諾許可）を求めることができます（「借地非訟手続」）。

裁判所は地主と借地人双方の利害関係を調整し、土地の合理的利用を促進するという観点から代諾許可をするか否かを決します。これにより借地人が裁判所から代諾許可を得ることができれば、地主から承諾を得たのと同様の効果が認められることになります。

なお、裁判所が代諾許可をする際には当事者双方の利害を調整するために、一定の承諾料の支払いや地代の改定、契約期間の延長等を命ずる付随処分がなされるのが一般的です。

承諾料の具体的金額については、鑑定委員会（不動産鑑定士、弁護士、建築士等の有識者で構成され、不動産の評価等について、中立かつ公正な立場から裁判所に意見を提供する機関）の意見を参考に裁判所が各種事情を総合考慮して決定することになりますが、例えば建物の増改築の代諾許可においては更地価格の3～5％程度が一つの目安とされています。

6 借家

Q 6-41
マンションの部屋を3年間だけ貸したい

私は来年から3年間、海外に転勤することになりました。そのため今住んでいるマンションを海外転勤に出る3年間だけ人に貸したいと考えています。3年後には戻ってくるので、その際には確実に明け渡してもらわないと困るのですが、どのような契約にしておけばよいのでしょうか。

◎定期建物賃貸借契約とは

お尋ねの件のように、一定期間のみ賃貸して期間経過後には確実に明け渡してもらいたいというケースにおいては、借地借家法38条に基づく「定期建物賃貸借契約」を締結するのがよいでしょう。

定期建物賃貸借契約とは、ひと言で言えば契約の更新がない建物賃貸借契約です。通常の建物賃貸借契約とは異なり、契約期間が満了しても契約が更新されることはありませんので、正当事由の有無を問題にすることなく建物の明渡しを求めることができます。なお、建物をそのまま継続して賃貸したい場合には、改めて賃貸借契約を再契約することになります。

◎契約締結時の注意点

定期建物賃貸借契約は、通常の建物賃貸借とは異なり契約の更新を認めないものであり、賃借人の立場を不安定にすることから、その契約締結にあたってはいくつか注意しなければならない点があります。

① 契約書面の作成（借地借家法38①）

定期建物賃貸借契約を締結するためには、公正証書等の「書面」の形式で契約する必要があります。この点は、口頭による契約を認める通常の建物賃貸借とは異なっています。なお、書面の形式であれば必ずしも公正証書として作成する必要はありません。

② 契約の更新がない旨の事前説明（借地借家法38②③）

定期建物賃貸借契約の締結にあたっては、あらかじめ賃借人に対して当該賃貸借契約には契約の更新がなく期間満了により建物の賃貸借が終了することについて、その旨を記載した書面を交付して説明しておかなければなりません。賃貸人がこれを怠った場合には、契約の更新がないこととする定めは無効となり、当該契約は通常の建物賃貸借契約であるとみなされてしまいます。

③ 中途解約は原則として認められない

定期建物賃貸借契約においては、賃貸人はもちろんのこと、賃借人についても特段の合意をしない限り、原則として契約期間中における中途解約は認められません。

したがって、例えばあなたが思いの他早く海外転勤が終了し日本に帰国できることになったとしても、契約を中途解約して明渡しを求めることはできません。

これに対し、賃借人については、中途解約が認められないという原則は同じものの、賃貸建物が居住用借家（ただし、床面積が200平方メートル未満に限る）である場合については、賃借人の転勤・療養・親族の介護その他やむをえない事情により、建物を自己の生活の本拠として使用することが困難になった場合には、例外的に賃貸人に対し中途解約の申入れができるものとされています（借地借家法38⑤）。この場合、賃貸借契約は解約申入れから1か月が経過した時点で終了します。

④ 契約終了時の通知（借地借家法38④）

契約期間が1年以上の場合、賃貸人は期間満了の1年前から6か月前までの間に、賃借人に期間の経過により賃貸借が終了する旨を事前に通知しなければなりません。賃貸人がこれを怠った場合、賃貸人は賃借人に契約終了の効果を対抗することができません。

ただし、賃貸人が通知期間経過後に賃借人に対しその旨の通知をした場合は、その通知の日から6か月間経過した後において契約終了を対抗できるようになります。

Q 6-42
建替えのため賃借人に立ち退いてもらいたい

所有しているマンションを人に貸しているのですが、建物の老朽化が進んできたこともあり、そろそろ建て替えたいと考えています。そのため、この機会に貸室賃貸借契約の更新を拒絶して賃借人には立ち退いてもらいたいのですが、立退きを求めるにあたって何か気をつけるべき点はありますか。

◎「正当事由」とは

借地借家法28条は建物賃貸人が賃貸借契約の更新を拒絶する場合には「正当事由」が必要である旨を定めています。そして、正当事由の有無の判断に際しては、

① 当事者双方の建物使用の必要性
② 賃貸借契約における従前の経過
③ 建物の利用状況
④ 建物の現況
⑤ 立退料等の提供の有無

等を考慮するものとしています。

実務上は、①当事者双方の建物使用の必要性を主たる要素としたうえで、これに②から⑤を含むその他諸事情を補完的な要素として加え、これらを総合的に考慮して正当事由の有無が個別に判断されています。

ですから、お尋ねの件においては「建物の老朽化」という建物の現況は④の要素として正当事由を肯定する一要素となりうるものです。

しかし、そうかといって建物の老朽化のみを理由にただちに賃貸借契約の更新を拒絶することができるわけではありません。

確かに、「倒壊のおそれがあるので速やかに取り壊さなければ危険である」という程度に極めて老朽化が進んでいる極端なケースであれば、それだけでも正当事由は認められるかもしれません。

しかし、単に「大修繕で多大な費用をかけるよりも、むしろ建て替えてしまったほうが費用が安上がりですむ」という程度のケースであれば、建物の老朽化のみで正当事由が認められる可能性は低いと考えられます。

建物がそこまで極端に老朽化が進んでいるわけではない場合、賃借人に立退きを求めるためには他に正当事由を肯定する要素がいくつか認められなければなりません。なお、老朽化に関連する他の要素としては、例えば、立退料の提供の有無、建替え後の再契約の合意の有無等が挙げられます。

◎賃貸人の修繕義務との関係

ところで、賃貸人は、賃借人が賃借物を使用収益するために必要な修繕をなすべき義務を負っています（民法606①）。

そこで、賃貸人が建物の老朽化を理由に立退きを求めたことに対し、賃借人から「古くなったのであれば更新を拒絶するのではなく賃貸人にて修繕すればよいだろう」として建物の修繕を求められた場合、賃貸人はこれを拒否することができないのかが問題となってきます。

この点、賃貸人はどのような場合であっても修繕義務を負うわけではなく、賃貸人側の更新拒絶の必要性と賃借人側の賃貸借契約継続の必要性とを比較衡量し、前者が勝る場合には賃貸人は修繕義務を免れることになります。

具体的には、修繕のために莫大な費用がかかり、賃貸人にとってとてつもない経済的負担となってしまうような場合があります。

結局、修繕する場合における賃貸人の負担の大小についてもまた正当事由における賃貸人側の事情の一要素として考慮されるということです。

Q 6-43
テナントに立退料を請求されてしまった

所有しているビルをテナントに貸しているのですが、この度そのビルに私の長男夫婦を住まわせたいと思い、テナントに契約の更新拒絶とビルからの立退きを求めたところ、テナントから「それならば立退料を支払え」と言われてしまいました。私は立退料を支払わなければいけないのでしょうか。

A

◎立退料の法的性質

立退料というのは、賃貸人が賃借人に対して建物の明渡しを求めるにあたってその補償として支払う金銭を言います。立退料は借地借家法28条が定める正当事由が不十分である場合に単にこれを補完する一要素に過ぎないため、立退料のみで正当事由の有無が決せられることはありません。したがって、十分な立退料の支払いがあっても正当事由が認められない場合もある一方で、立退料を支払わなくとも正当事由が認められる場合もありえます。

◎妥当な立退料額の判断基準

前述のとおり、正当事由を肯定するための諸要素が不十分である場合にはこれを補完すべく一定の立退料を支払うことになりますが、それでは適切な立退料とは一体いくらなのかが次に問題になります。

結論から言うと、具体的な立退料の金額を算出するための定型的な計算式のようなものはありません。これは、個々の事案ごとに考慮される正当事由の要素がそれぞれ異なるため、裁判所による判断の幅が極めて大きくならざるをえないことによります。

ただし、実務上においては、立退料の算定項目としては、大きく①移転実費、②借家権価格相当額、③営業補償の3種類に分けて考えられています。

① 移転実費

移転実費にはもちろん引越料も含まれますが、それ以外にも新規に賃借する物件にかかる経費、新規物件と旧物件との賃料差額、取引先への移転通知費その他の諸雑費の補償等が含まれます。

② 借家権価格相当額

借家権価格相当額とは、借地借家法により保護された借家権に基づき建物を使用収益することにより賃借人に帰属する経済的利益を指します。借家権価格の算定は不動産鑑定評価基準を参考に定められるのが通常です。

③ 営業補償

営業補償には、移転することにより営業を休止せざるをえない状況が生じた場合における当該休止期間の売上補償や営業再開後の顧客喪失等による損失補償等が含まれます。

◎立退料以外の正当事由の諸要素

結局、立退料の具体的金額については個々のケースごとに他の正当事由を肯定するための諸要素を総合的に考慮したうえで決められるところ、立退料以外の正当事由の要素には大きく賃貸人側の事情によるものと賃借人側の事情によるものがあります。

賃貸人側の事情としては、対象建物の築年数、老朽の程度、近隣事情、賃料等を含む賃貸借契約の内容、立退請求後の交渉経緯等が例として挙げられます。

これに対し、賃借人側の事情としては業種、営業成績、賃借中の使用状況、顧客や売上に対する影響の程度等が例として挙げられます。

これら複数の諸要素が個々のケースごとに総合的に考慮され、最終的な立退料の金額が算定されることになります。例えば、都心の一等地にあるような大規模物件であれば、立退料額が数億円単位の高額になることもあります。

なお、立退料以外の正当事由の諸要素については、Q 6-42をご参照ください。

Q 6-44

賃借人が破産してしまった

私が貸しているマンションの賃借人が先日破産してしまいました。これにより私との賃貸借契約は当然に終わってしまうのでしょうか。私のほうから賃借人に対して契約の解除を主張できるのでしょうか。また契約を続けるにしても賃料はきちんと支払ってもらえるのでしょうか。

A

◎破産を理由とする賃貸人の解除の可否

賃貸借契約は、破産手続開始決定時において、将来の賃貸借期間については賃貸人の目的物を使用収益させる債務は未履行であり、賃借人の賃料支払債務も未履行ですから、双方未履行の双務契約として取り扱われます。

したがって、双方未履行の双務契約の一般原則たる破産法53、54条が適用され、賃貸人は、単に賃借人が破産したということのみを理由に一方的に賃貸借契約を解除することはできません。

◎賃借人の破産管財人が取りうる手段

この場合においては、賃借人の破産管財人がイニシアティブをとって賃貸借契約をそのまま継続させるのか、あるいは解除して終了させるのかについての選択権を有することになります。

◎賃貸人の取りうる手段

賃貸人としては、破産管財人が前述選択権を行使するまでは賃貸借契約が継続するのか終了するのかがわからず不安定な立場に置かれてしまうことになります。これを防止するため、賃貸人は破産管財人に対し相当の期間を定めて、賃貸借契約を継続するのかあるいは解除するのかを速やかに選択するよう催告することができます。

当該催告期間内に破産管財人から確答が得られなかった場合、当該賃貸借契約は解除されたものとみなされます（破産法53②後文）。

◎賃料・敷金の取扱い

破産管財人が賃貸借契約の解除を選択した場合、破産手続開始決定から解除時までの賃料債権等については財団債権（破産手続によらないで破産財団（破産者が破産手続開始のときにおいて有する一切の財産）から随時弁済を受けることができる債権をいう）となります。

他方、破産手続開始決定までにすでに発生していた賃料債権等については破産債権（破産者に対し、破産手続開始前の原因に基づいて生じた財産上の請求権であって、財団債権に該当しないものをいう）として扱われます。

また、破産管財人が賃貸借契約の継続を選択した場合、破産手続開始決定以降に発生する賃料債権については財団債権となり、それ以前にすでに発生していた賃料債権については破産債権として取り扱われます。

いずれにせよ、破産手続開始決定時点までに発生していた賃料債権等については破産配当としてしか支払われない一般の破産債権となってしまうということです。

なお、このように未払賃料等が破産債権として取り扱われたとしても、賃借人から敷金を預かっていた場合、敷金は賃料債権等が未払いになった場合の担保として預かったものですから、賃貸人は敷金の範囲内で破産債権となった未払賃料分等について充当することによって優先的に回収することができます。

Q 6-45
賃貸人が破産してしまった

　私が居住用に借りているマンションの賃貸人である会社が、先日破産してしまいました。このままマンションに住み続けたいのですが、すぐにでも部屋を出て行かなければならないのでしょうか。また、私が賃貸借契約締結の際に賃貸人会社に預けていた敷金は、きちんと返してもらえるのでしょうか。

◎マンション立退きの要否

　賃貸借契約は双方未履行の双務契約（Q 6-44参照）ではありますが、賃貸人が破産した場合において、これにより賃借人が日常生活の重要な基盤を一方的に奪われてしまうことを防止すべく、賃借人が第三者対抗要件を備えている場合においては、賃貸人の破産管財人は賃借人に対し賃貸借契約を解除することができないものとされています（破産法56①、53①）。

　そして、ここでの「第三者対抗要件」とは目的物が建物であれば当該建物の引渡しを受けていることを指します。お尋ねの場合、あなたが締結している賃貸借契約が一般的なマンションの貸室賃貸借契約であれば、実際に引渡しを受けて居住しているでしょうから、第三者対抗要件も適切に備わっているものと思われます。

　その場合、破産管財人は賃借人であるあなたに対して賃貸借契約の解除をすることができませんので、その結果として賃貸借契約は従前どおり継続していくことになり、あなたはその意思に反してマンションを立ち退く必要はありません。

◎マンションの換価処分

　以上のとおり、賃借人が無理にマンションを退去しなくともよいことの反射として、破産管財人としては、賃貸人の財産であるマンションの処分については、賃借権の負担がついたまま第三者に任意売却して換価処分をしていくか、あるいは、賃借人と交渉して相当額の立退料を支払って出て行ってもらったうえで、賃借権の負担がないものとして売却して換価処分していくことになります。

◎預け入れた敷金の保全

　マンションの貸室賃貸借契約を締結するにあたっては、賃料数か月分の敷金を賃借人から賃貸人に預け入れているのが一般的です。

　賃貸人が破産等した場合、賃借人としては預け入れた敷金をきちんと賃貸人から返してもらえるのかが心配なところです。

　敷金返還請求権は、基本的には配当でしか支払いを受けられない破産債権となってしまいます（Q 6-44参照）。賃借人としてはすぐにでも賃料と相殺したいところですが、敷金返還請求権が具体的に発生する時期は退去の時点なので、この相殺は当然にはできません。

　そこで、破産法は賃貸人が破産した場合、賃借人は将来退去の際に発生する敷金返還請求権と賃料債権との相殺の利益を確保するために、破産管財人に対し、預け入れた敷金額の範囲内で賃料の寄託請求をすることができると定めて賃借人の保護を図っています（破産法70後段）。

　これにより、破産手続における最後配当の除斥期間満了までに賃借人がマンションを退去してその敷金返還請求権が具体的に発生した場合、破産管財人は、被担保債権と相殺した後に寄託した金額を賃借人に返還することになります。

　この限りにおいて、賃借人は預け入れた敷金の保全を図ることができます。ただし、最後配当の除斥期間満了までに退去せず、敷金返還請求権が具体的に発生しなかった場合、寄託額は破産管財人により最後配当の配当原資とされます。

Q 6-46
賃料の支払いを忘れてしまった

先月は仕事が忙しかったため、マンションの賃料をうっかり振り込み忘れてしまいました。すると家主から連絡が来て「賃料不払で解除する」と言われてしまい、大変驚いています。たまたま家賃を1回振り込み忘れただけなのに、マンションから出て行かなければならないのでしょうか。

◎賃借人の賃料支払義務

賃貸借契約は、当事者の一方が相手方に物を使用収益させることを約し、これに対して相手方が賃料を支払うことを約することでその効力が生じます（民法601）。

したがって、賃借人にとっては賃料を支払うということは賃貸借契約における賃借人の義務として最も重要かつ基本的な義務ということができます。賃借人が賃料を支払わなければ当然に債務不履行になりますので、賃貸人は賃貸借契約を解除することができます。

◎賃料不払に基づく解除手続

ただし、賃借人の賃料不払について賃貸人が賃貸借契約を債務不履行により解除する場合には、通常、以下の要件が必要です。

① 賃借人が相当程度の賃料支払を怠っていること
② 賃貸人が賃借人に対し相当な期間を定めて未払賃料の支払いを催告していること
③ 賃借人が②の催告期間内に未払賃料を支払わないこと

①〜③のすべての要件を満たす場合にはじめて賃貸人は賃貸借契約を解除する旨の意思表示をすることができるようになります。

◎信頼関係破壊の法理

①の要件について、賃借人はどの程度の賃料を滞納すると賃貸借契約を解除されてしまうのでしょうか。

賃借人の債務不履行の程度については、いわゆる「信頼関係破壊の法理」が適用されます。

建物賃貸借契約のような継続的契約関係においては、契約期間が相当長期間にわたるのが通常です。また、賃借人が賃借建物に生活の基盤を築いている場合には、賃貸借契約が安易に解除されてしまうと賃借人において生活の基盤が突然失われ賃借人に重大な不利益が生じる結論となってしまいます。

そこで、建物賃貸借契約においては、賃借人の債務不履行の程度が賃貸人に対する信頼関係を破壊するおそれがあると認めるに足りない場合においては、賃貸人の解除権の行使は認められません。

どの程度の賃料の不払いがあれば、賃貸人に対する信頼関係を破壊するおそれがあると認めるに足るものなのかについては一概には言いがたいところですが、一般的には、建物賃貸借の場合には3か月分程度の賃料未払が一つの目安として考えられています。

賃料不払以外にも建物の用法義務違反等の他の債務不履行となるべき事情がある場合には、それらの事情も含めて総合的に信頼関係の破壊の有無を判断することになります。

◎解除特約の有効性

建物賃貸借契約をみると、まれに「1か月分でも賃料の未払いがあった場合は、賃貸人はただちに無催告で解除することができる」という特約が付記されている場合があります。

前述の要件で言えば、②の催告を不要とする特約ですが、このような特約自体も一応は有効とされています。ただし、この場合であっても、信頼関係が破壊される程度の賃料不払の事実が解除要件として要求されることに変わりはなく、特約どおりにわずか1か月分の賃料不払のみで無催告解除しても、当該解除の有効性が認められる可能性は極めて低いと言えるでしょう。

Q 6-47
借家の天井が雨漏りしている

私が借りて住んでいるアパートの天井が雨漏りしていたので大家さんに修繕をお願いしたところ、「そういうことは賃借人のほうでやるものだ」と言われてしまい、一向に修繕してくれません。天井の雨漏りについてまで自分でお金をかけて修繕しなければならないのでしょうか。

◎賃貸人の修繕義務

賃貸人は、賃借人に対して賃貸建物を使用収益させる義務を負っていますので、その使用収益を妨げるような破損等が目的物にある場合には、必要な修繕をなすべき義務を負います（民法606①）。

これは、当該破損等が賃貸人の責に帰すべき事由によって生じた場合はもちろん、天災その他賃貸人の責によらない不可抗力によって生じた場合も基本的には同様です。

◎修繕義務の範囲および限界

このように賃貸人は賃貸建物の破損等につき修繕義務を負いますが、それでは一体どのような範囲についてまで賃貸人は修繕すべき義務を負うのでしょうか。

この点については法文上必ずしも明確ではありませんが、一般的には、賃貸借契約の目的物たる建物をその用法に従って賃借人に通常の仕用収益をさせるのに支障を与える程度であれば、賃貸人に修繕義務が生じるとされます。

その一方で、賃貸建物の破損等が著しく、建物の耐用年数が迫っており、修繕に不相当に多額の費用がかかる場合においては、賃貸人に多額な経済的負担を負わせることは酷であるとの観点から、賃貸人は修繕義務を負わないとされます。

また、賃貸人が負うべき修繕義務というのは賃借人が負っている賃料支払義務に対応するものであることから、賃貸人が修繕義務を負うべき範囲は、賃料額を含めこれにより評価される賃借物の財産的価値と、当該欠陥により賃借人が被る不利益の程度との比較衡量によって決せられます。

したがって、一般論としては賃料が相場よりも低く設定されている場合においては、賃貸人が負うべき修繕義務の程度としてもこれに対応して緩やかに解されることになります。

◎賃貸人の修繕義務違反

賃貸人が修繕義務を負っているにもかかわらず、これに反し修繕を行おうとはしない場合においては、賃借人としては自ら修繕を行ったうえでこれにかかった費用を必要費として賃貸人に償還請求することができます。

また、破損等が修繕されないことにより、賃貸建物につき十分な使用収益が不可能な状態が継続しているというのであれば、賃借人としては、賃貸人に対して速やかに修繕するよう催告のうえ、賃貸人がなおこれに応じなければ債務不履行に基づき賃貸借契約を解除することもできます。

なお、震災等により賃貸借の目的となっている建物の主要な部分が消失し全体としてその効用が失われ契約の目的が達成されない程度に達している場合においては、賃貸建物は滅失したものと判断され、当該賃貸借契約は当事者により解除されるまでもなく当然に終了するものとされます。

◎賃借人の受忍義務

前述のとおり、賃貸建物の修繕は賃貸人の「義務」ではありますが、その一方で修繕は賃貸目的物の現状維持に必要な行為ですから賃貸人の「権利」でもあります。

賃借人は、賃貸人が建物の保存のために修繕をしようとする場合において、これにより自らの使用収益に支障が生じることになったとしても、賃貸人からの当該修繕の申出を拒否することはできません（民法606②）。

Q 6-48
退去時の原状回復義務の範囲は

契約期間が満了したのでマンションを家主に明け渡そうとしたところ、家主から「壁紙が日焼けで変色しているので張り替える」「畳がタンスの跡でへこんでいるので取り替える」等と言われ、その費用分を敷金から引かれてしまいました。そのような取替えの費用は賃借人が負担しなければならないものなのでしょうか。

A

◎賃借人の原状回復義務

敷金とは、賃借人が賃貸借契約上発生する賃貸人に対する債務を担保するために、賃借人から賃貸人に対して支払われる金銭を言います。

敷金によって担保されている賃借人の賃貸人に対する債務には、未払賃料分や損害賠償の他にも賃貸借契約が終了した後のマンション明渡しに伴う原状回復義務に基づいて発生した債務も含まれています。

したがって、賃借人がマンション退去時において賃貸人に対して畳の表替えや壁紙の張替え等といった原状回復するべき義務を負っているような場合においては、当該原状回復にかかった費用については敷金から当然に差し引かれることになります。

◎原状回復義務の内容

しかしながら、どのような場合であっても必ず賃借人がマンション退去時において畳や壁紙を張り替えなければならないというわけではありません。賃借人が負うべき原状回復義務の内容については、おおむね以下のように分けて考えられています。

① 通常使用に伴う汚損・損耗の場合

マンション賃貸借契約は、賃貸人が賃借人に対してマンションを使用収益させることを約し、賃借人がその対価として賃料を支払うことを約する契約ですから、通常の使用に伴う汚損・損耗については、賃料によって当然に賄われるべきものです。

したがって、通常の使用に伴う汚損・損耗に過ぎない場合には、賃借人が畳や壁紙を張り替える等して新品同様の状態にする原状回復義務はありません。よって、これらを理由に敷金から当然に差し引かれた分については、賃貸人に対し返還を要求することができます。

② 賃借人の故意過失に基づく汚損・損耗の場合

これに対し、賃借人の喫煙による畳の焦げ目や壁紙のヤニ等、賃借人の故意過失による汚損・損耗については、賃料によって賄われているとまでは言えないことから、賃借人は原状回復義務を負うことになります。

なお、賃借人が原状回復義務を負うとして、その具体的な範囲が次に問題になりますが、これについては国土交通省住宅局による「原状回復をめぐるトラブルとガイドライン（改訂版）」が一つの目安として参考になるところです。

◎原状回復に関する特約

賃貸借契約において通常使用に伴う汚損・損耗の場合についても賃借人にて原状回復義務を負う旨の特約が付される場合があります。

このような特約は通常以上に賃借人の負担を重くするものですから、その効力については限定的に解するべきと考えられています。

具体的には、当該特約に基づき賃借人が通常使用に伴う汚損・損耗についても原状回復義務を負うことが合理的である客観的事情があること、賃借人が通常以上に重い原状回復義務を負担することを認識しており、これに基づき義務負担する意思を明確に表示していること等の要件を充足する場合には、通常使用に伴う汚損・損耗についても賃借人が原状回復義務を負担する特約は有効とされうるところです。

Q 6-49
賃貸借契約を結ぶときの注意点は

長期間使っていなかった自分の土地について、もったいないので他人に貸すことにしました。普通賃貸借契約を結ぶことになったのですが、初めてのことなので、どのようなことを決めればよいのかまったくわかりません。普通賃貸借契約を結ぶにあたって、**最低限定めておくべきことを教えてください。**

◎民法の規定

賃貸借契約は、賃貸人が賃借人に目的物の使用収益させることを約し、賃借人が賃貸人にその対価を支払うことを約することによってその効力が生じるものとされています（民法601）。

土地の普通賃貸借契約においては、最低限以下のような条項が盛り込まれるのが一般的です。

◎条項の事例

① 当事者の表示および賃貸借の表示

契約書のタイトルや冒頭の文章において「賃貸借契約」であることを示し、賃貸人と賃借人が誰であるかをはっきり記載します。

② 賃貸目的物の表示

目的物である土地については、登記簿謄本のとおりに記載します。また、対象地が一筆の土地の一部である場合には測量図を添付して対象となる一部をわかりやすく特定します。

③ 賃貸借の目的

住居等の建物を建てるためであるのか、資材置場として使用するためであるのか等、目的を明記します。賃借人が借地借家法による保護を受けるためには「建物所有」目的でなければいけませんので、この点は特に注意が必要です。

④ 建物の種類等

③が建物所有目的であるとして、建物の種類や、構造、規模等を記載します。また、「住居用建物に限る」等の用途制限も必要に応じて取り決めます。

⑤ 賃貸借の期間

普通借地権の期間は最長20年です。借地借家法の適用がある場合は30年よりも長い期間を定めた場合はそれによりますが、30年以下の期間を定めた場合や、期間を定めなかった場合は一律30年とされます。

⑥ 賃料

月ごとや年ごとの賃料額とその支払方法（銀行振込みか持参か等）と支払時期を定めます。

⑦ 敷金

賃借人が賃貸借契約に基づき賃貸人に対して負うべき債務の担保として、賃借人が賃貸人に敷金として一定の金銭を差し入れるのが通常です。なお、差し入れる敷金額は、賃貸借の目的や建物の種類、契約期間などの各種事情によりケースごとに異なります。

⑧ 譲渡および転貸の制限

賃借権を譲渡・転貸する場合には賃貸人による事前の承諾が必要である旨を記載します。

⑨ 契約の解除

賃借人が賃料不払等の債務不履行の状態に陥った場合に、契約を解除できることを明記します。債務不履行以外にも破産や差押え等賃借人の資力に重大な影響を与える事情が生じた場合や、反社会的勢力との関与等当事者間の信頼関係を著しく傷つけるような場合を解除事由として列挙しておくのが一般的です。

◎その他の条項

これ以外にも、建物の増改築に関する合意や賃料の増減額に関する合意、契約終了時の原状回復に関する定めや損害賠償条項、紛争時のための裁判管轄等が契約条項として盛り込まれることもあります。

なお、これらは普通土地賃貸借契約に用いられるものであり、定期借地権を設定する場合等ではこれ以外に契約の更新がない旨等を別途定めておく必要があります。

Q 6-50

敷金・礼金・権利金とは

マンションを借りて独り暮らしを始めることにしたのですが、大家さんから、賃料の他に敷金や礼金も支払うように言われました。「敷金」や「礼金」とは、一体何のためのお金なのでしょうか。あとで返してもらえるのでしょうか。

◎建物賃貸借契約で求められる金銭

マンション等の建物賃貸借契約の締結時においては、毎月の賃料以外にも、敷金や礼金、仲介業者への手数料等さまざまな名目で一時金として金銭を支払う必要があります。

これらの名目の具体的な内容については、仲介業者に説明を求めれば、ひととおりの説明はしてもらえますが、通常のマンション賃貸借契約において一般的に求められるものについては、ぜひ知っておきたいところです。

◎敷金とは

「敷金」とは、賃料等の賃貸借契約における賃借人の債務を担保するために賃借人から賃貸人に交付される金銭を言います。

敷金として交付される金額としては、居住用建物では賃料の1～3か月分前後が一般的です。

敷金によって担保される賃借人の債務の範囲は、賃貸借契約に基づいて生じる賃借人の賃貸人に対する一切の債務であり、未払賃料以外にも債務不履行に基づく損害賠償等もすべて含まれます。

賃貸借契約が終了して賃借物件が明け渡された後に敷金で担保されるべき債務があった場合、賃貸人は契約時に交付された敷金からこれらの債務分を当然に控除することができ、その残余額を賃借人に返還することになります。この限りにおいて、賃貸人は、賃貸借契約に基づく賃借人に対する債権については最優先で弁済を受けることができます。

なお、敷金は賃借人の債務を担保するために交付されるものですから、賃借人は敷金の交付をもって賃料の支払義務が当然に免除されるわけではありません。

契約に基づく賃料の支払いを怠った場合には敷金の交付の有無にかかわらず債務不履行となり、場合によっては契約を解除されるおそれもありますので、十分注意してください。

◎礼金（権利金）とは

一般的な賃貸借契約においては、敷金と併せて「礼金」（「権利金」と言われることもある）が求められることも少なくありません。

礼金（権利金）にはさまざまな性質がありますが、主に、営業ないし営業上の利益の対価、場所的利益の対価、賃料の一部前払い、賃借権そのものの対価、賃借権に譲渡性を付与した対価といったさまざまな趣旨が含まれています。

礼金（権利金）として交付される金額としては、居住用建物においては賃料の1～2か月分前後というのが一般的なところです。

礼金（権利金）と敷金の最も大きな違いは、敷金とは異なって、礼金（権利金）は賃貸借契約終了時において賃借人に対し返還する必要が一切ないという点です。

つまり、敷金は、担保されるべき債務（故意過失による汚損や損耗）がなければ、返してもらえ、礼金は返してもらえないという理解が一般的と言えます。

Q 6-51 敷引き特約とは

私はこの度、東京から関西地方に転勤することになりました。関西では関東とは異なる「敷引き」という制度があると聞いたことがあります。敷引き特約とは具体的にどのようなものでしょうか。また敷引き特約つきの契約を締結するにあたって、特に注意すべき点はありますか。

◎敷金の意義

敷金とは、不動産賃貸借にあたって、賃借人の賃料債務や損害賠償債務を含む賃貸借契約に基づき発生する一切の債務を担保する目的で賃借人から賃貸人に対し交付される金銭を言います。

賃貸借契約が終了し、明渡しがなされた時点で、賃借人に賃料不払その他の債務不履行があれば、当該債務不履行分が敷金から差し引かれ、その残額が賃借人に返還されることになります。

したがって、通常、敷金がいくら返還されるのは目的物を明け渡した後になって初めて確定されます。

◎敷引き特約の意義

「敷引き特約」とは、賃貸借契約の締結時において、賃貸借契約終了後に敷金を返還する場合に一定額を預り敷金から償却して返還することをあらかじめ合意しておく特約を指します（なお、事前の償却分を超える汚損・損耗、あるいは未払賃料が生じている場合は、別途残りの敷金から差し引かれることになる）。

このように、敷引き特約には賃貸人にとっては、本来ならば賃貸人が負担すべき通常の汚損・損耗に関する原状回復費用を賃借人に負担させることができるという点でメリットがある一方で、賃借人にとっても、原状回復費用がある程度固定されることから返還される敷金額の予測が立てやすいというメリットがあります。

◎敷引き特約の有効性

このような敷引き特約は一般的には有効ですが、いかなる場合であっても有効というわけではありません。

例えば、敷引き割合や控除額が通常の原状回復費用等と比較して不当に高く設定されている場合や、敷金以外の名目で交付される礼金等の金銭が他にも存在しており、敷引きが実質的に礼金の二重取りになっているような場合、敷引き特約が付いているにもかかわらず別途原状回復費用として一定額を敷金から控除することになっている場合等においては、当該敷引き特約はその内容が不合理であるとして、全部または一部が無効となる可能性があります。

敷引き金がどのような意味合いでなされているのかについては個々の契約ごとに異なることから、当該敷引き特約が有効か否かについては、当該特約の性質や当事者の合理的意思解釈により事案ごとに個別具体的に判断することになります。

そこで、敷引き特約つきの契約を締結するにあたっては、敷引き割合や控除額が一般的に想定される通常の原状回復費用と比較して相当かどうか、契約締結時に敷金以外の名目で交付される礼金などの金銭がないか、またその金額は敷引き控除額と合算して不当に高すぎないかを確認しましょう。あるいは、賃貸借契約を更新する度に敷引き控除額と同等額の追加納付を求められていないか等のさまざまな事情に注意して締結する必要があります。

なお、賃貸人が明渡し後に敷引き分以外に別途原状回復費を敷金から控除された場合には、賃借人としては別途に請求された原状回復部分についてその内訳の説明をきちんと受けたうえで検討すべきです。

Q 6-52
借家の瑕疵担保責任とは

私はアパートを借りて住んでいるのですが、先日隣人から、3年前に私の部屋に当時住んでいた女性が首吊り自殺をしたと教えてもらいました。そんな話は家主からも仲介業者からも一切聞いていません。気味が悪くて、もうここには住み続けたくないのですが、このことを黙っていた家主や仲介業者に何か文句を言うことはできないのでしょうか。

◎賃貸人の瑕疵担保責任

アパート賃貸借契約とは、当事者の一方たる借主が対価を支払って貸主のアパートを使用収益することを目的とするものであり、そこにおいては賃借の対象であるアパートは何らの問題もない正常なものであることが当然の前提とされています。

土地建物の売買契約においては、売買の目的物に「瑕疵」（通常有すべき品質性能を欠いていること）があり、かつ当該瑕疵が「隠れ」ている（買主が瑕疵について善意無過失であること）場合には、買主は売主に対して民法570条に基づき瑕疵担保責任を追及することができます。

ここにいう「瑕疵」とは、建物については、物理的瑕疵の他に、嫌悪をもよおす歴史的背景等に起因する心理的欠陥も含まれます。

そして、賃貸借契約が有償契約であることから、この売買契約における売主の瑕疵担保責任の規定は、賃貸借契約にも準用されます（民法559）。

したがって、本件賃貸物件に「隠れた瑕疵」がある場合には、賃借人は賃貸人に対し瑕疵担保責任を追及することができます。

◎「隠れた瑕疵」に該当するか

それでは、賃貸アパートでかつて住民が自殺したという事実が「隠れた瑕疵」に該当するのでしょうか。

前述のように、建物における「瑕疵」には心理的欠陥も含まれます。したがって、「隠れた瑕疵」に該当するか否かについては、死亡原因の異常さ、死亡から経過した期間の長短、現場となった建物の現存の有無等の具体的要素が総合考慮のうえ判断されることになります。

お尋ねの件では、首吊り自殺という異常な死亡原因であること、死亡からわずか3年間しか経過していないこと、賃借部分がまさに死亡の現場であること等の事情から「隠れた瑕疵」が認められるのではないかと考えられます。

◎瑕疵担保責任の主張内容

このように「隠れた瑕疵」があるとして賃貸人の瑕疵担保責任が認められた場合、まず賃借人は、このような自殺物件においては平穏な居住空間の確保という賃貸借契約を締結した目的を達成できないとして、賃貸借契約を解除することができます。

次に、契約を解除をするか否かにかかわらず、この瑕疵により生じた損害について賃貸人に対し賠償請求をすることができます。

ただし、これらの瑕疵担保責任に基づく請求は、賃借人が自殺という瑕疵の存在を知ったときから1年以内にしなければならないので注意が必要です（民法566③）。

◎仲介業者の責任

宅地建物取引業者である仲介業者が、賃借人に対して、アパート賃貸借契約の締結について勧誘するに際し、アパートの取引条件であって相手方の判断に重要な影響を及ぼすこととなる賃借物件における自殺の事実について、故意に事実を告げず、または不実のことを告げることは、宅地建物取引業法47条1号ニに違反する違法行為になります。

したがって、このような仲介義務違反について、賃借人は、仲介業者に対して仲介契約の債務不履行責任に基づく損害賠償等を請求することが考えられます。

Q 6-53
使用貸借契約とは

　大学に通うために上京してきた友人の子どもに、たまたま空いていたわが家の2階の部屋を提供し、住まわせてあげていました。しかし、私の子どもも大きくなり、近く子ども部屋として使いたいので友人の子どもには出て行ってもらいたいと考えています。友人の子どもに対して、すぐにでも部屋を明け渡すよう要求できるのでしょうか。

◎積極的な法律関係の存否

　友人の子に部屋を提供したことについては、友人同士のよしみで単に一時的に預かったというだけなのか、あるいは友人の子に大学に通うための生活の本拠を提供する意味であったのかがまず問題になります。

　お尋ねの件のように、大学に通うためということであれば、旅行等のための一時的な宿泊ではなく数年間に及ぶ長期かつ継続的な使用であり、その意味合いは後者、すなわち大学に通うための生活の本拠の提供として考えられるところです。そして、この場合には単なる友人同士のよしみという情宜的な枠を超えて、当事者間には使用収益に関する法律関係が生じているものと考えるべきです。

◎使用貸借と賃貸借の区別

　不動産の使用収益を目的とした法律関係としては大きく賃貸借と使用貸借が考えられます。

　賃貸借とは当事者の一方たる借主が対価を支払って貸主の物を使用収益することを目的とするものです。一方、使用貸借とは当事者の一方たる借主が無償で貸主の物を使用収益することを目的とするものです。賃貸借と使用貸借の区別においては、使用収益が「有償」か「無償」かが最大のポイントとなります。

　ただし、借主が何らかの負担をしているからといって、それだけで使用収益が「有償」であり賃貸借となるわけではありません。重要なのは、その負担が賃貸借としての使用収益の対価と言えるかどうかであり、実務的にもこの点を巡って紛争になることが多いところです。

　例えば、不動産の固定資産税等の公租公課や管理修繕費については、不動産の維持のために必要な費用であって貸主自身の利益になるものではありませんから、これらの費用を借主が負担していたとしても、特別の事情がない限り使用収益の対価の意味を持つものとは言いがたいです。この場合の貸主と借主の法律関係は、使用貸借になると考えられます。

◎使用貸借の終了時期

　お尋ねの件が使用貸借であった場合に、どのような場合に使用貸借関係が終了するのかが次に問題になります。

　この点については民法597条にて以下のとおり定められています。

① 存続期間の定めがある場合（民法597①）

　存続期間の満了により使用貸借は終了し、借主は借用物を返還しなければなりません。他方、借主には存続期間中の使用借権が認められ、貸主は期間満了まで明渡しを求めることができません。

② 存続期間の定めをせず、使用目的のみを定めた場合（民法597②）

　契約に定めた目的に従った使用収益が終わったとき、あるいは使用収益が終わる前であっても目的に従った使用収益をなすのに足りる期間が経過したときに借主に返還義務が生じます。

③ 使用目的を定めない場合（民法597③）

　存続期間も使用目的も定めなかった場合、貸主はいつでも借用物の返還を借主に求めることができます。

　お尋ねの件では、友人の子が大学に通学するためという目的を当事者双方が認識しているのであれば前述②に該当し、用法義務違反等、他の債務不履行事由が認められない限り、使用貸借の目的である大学卒業までは明渡しを求めることができないことになります。

Q 6-54

家主が変わることになった

先日、私が借りているマンションの家主から、「この度、賃貸人が○○から△△に変更されました」との手紙が一方的に送られてきました。家主が変わること等一切聞いていなかったのですが、私はこのままマンションに住み続けられるのでしょうか。また、家主に預けてあった敷金は、誰から返してもらえばよいのでしょうか。

◎建物譲渡と賃貸人たる地位の移転

賃貸人が賃貸中の建物の所有権を売買等により第三者に譲渡した場合、基本的には既存の賃貸借契約に基づく賃貸人たる地位は新たな所有者に移転することになります。

そして、所有権移転に伴う賃貸人たる地位の移転については、原則として賃借人の同意は不要とされています。

これは、賃貸人たる地位の移転は賃貸人の賃借人に対する義務の移転を伴うものではありますが、賃貸人の義務は何人であってもその履行方法に差異はなく没個性的な義務であるうえに、賃借人にとっては賃貸人たる地位が当然に承継され、賃貸借契約が継続していくほうが有利であることによります。

したがって、新賃貸人から賃借人に対し賃貸人たる地位が移転されたことを通知しなかったとしても、賃貸人たる地位の承継の法的効果には特段影響はありません。

◎契約当事者の地位を主張するための条件

賃貸人たる地位は前述のとおり建物所有権移転の事実があれば当然に移転することになります。ただし、賃貸人たる地位が移転したことにより賃料の支払いを求める等、賃貸人としての権利を賃借人に対し主張するためには、譲渡された賃貸建物についての所有権移転登記を経る必要があります。

したがって、所有権移転登記がなされているにもかかわらず、旧賃貸人から何も聞いていないからといって新賃貸人からの賃料支払要求を拒否していると、賃料不払の債務不履行となり賃貸借契約を解除されるおそれがありますので注意が必要です。

他方、賃借人としては、お尋ねの場合には建物の賃貸借の対抗要件が建物の引渡しを受けていることですので、あなたが居住しているマンションであれば当然に引渡しを受けているでしょう。したがって、新たな賃貸人に対しても当然に賃借権を主張することができます。

なお、旧賃貸人と賃借人との賃貸借契約の内容は、特約も含めそのまま新賃貸人に当然に引き継がれます。これに伴い、旧賃貸人は賃貸借契約関係から離脱することになります。

このように、新賃貸人としては、基本的に旧賃貸人と賃借人が締結した賃貸借契約の内容をそのまま承継しなければなりません。建物の所有権を取得するに際しては、従前どのような内容で賃貸借契約が交わされていたのか、何か賃貸人に不利益な特約は付記されていないか等、契約内容の詳細について十分に確認しておく必要があります。

◎敷金の承継

賃借人が旧賃貸人に対し賃貸借契約締結当時に預け入れた敷金については、賃貸人たる地位が移転した時点において未払賃料その他の損害賠償債務などがあれば敷金から当然にこれに充当され、その残額についての権利義務が新賃貸人に承継されることになります。

したがって、お尋ねの場合、あなたがこれまでに賃料支払を怠っていた等の事情がなければ、預けた敷金はそのまま旧賃貸人から新賃貸人に承継されることになりますので、賃貸借契約が終了しマンションから立ち退いた時点において、未払賃料等の債務がない限り、あなたは新賃貸人に対し敷金の返還を求めることができます。

Q 6-55
賃借人同士のトラブル

私はマンションを賃貸しています。賃借人である大学生のAさんが毎夜遅くまで大勢の友人を呼んで酒盛りをしており、隣人のBさんから「うるさい」と苦情が出て、賃借人同士でトラブルになってしまいました。私はBさんから「賃貸人なのだから何とかしろ」と強く要求されており、困っています。私としてはトラブルに巻き込まれたくないので賃借人同士で解決してもらいたいと思うのですが、賃貸人として何か対応しないといけないのでしょうか。

A

◎賃借人の用法遵守義務

お尋ねの件のような騒音トラブルの場合、ひと口で「騒音」と言ってもその程度はさまざまであり、不快と感じるか否かは個人の主観によるところが大きいうえに、通常の生活をしていれば一定の音が生じるのは当然のことですから、なかなか一義的な評価が難しい問題です。

ただし、一般論としては、賃借人は賃貸借契約に基づき、マンションの定められた用法に従って使用収益しなければならない用法遵守義務（民法616、594①）を賃貸人に対して負っているところ、この義務には近隣に迷惑をかける行為をしてはならないということも含まれます。

したがって、賃借人たるAさんが生じさせている騒音のレベルが近隣に迷惑をかける程度に達しているのであれば、Aさんの行為は賃借人としての用法遵守義務に違反するものになり得ます。この場合、賃貸人であるあなたはAさんに対し、騒音を出して酒盛りを行うことを中止するよう申し入れることができます。

◎中止を求めることができる騒音の程度

それでは、具体的にどの程度の騒音が出ていればAさんには酒盛りを中止させることができるのでしょうか。

マンションのような共同住宅であれば、ある程度の生活騒音はお互いさまですから、騒音によって被る損害が「社会生活上受忍すべき限度を超えるか否か」が一つの目安になります。

そして、「社会生活上受忍すべき限度」か否かについては、発生する騒音の大きさ、頻度、時間帯、被害の程度、生活上発生することが避けられない性質のものか否か等の事情を考慮して総合的に判断されることになります。

◎賃貸人の使用収益義務

前述のとおり、賃貸人は賃借人に対し騒音を出しての酒盛りを中止するよう求めることができるとはいうものの、賃貸人としては面倒なトラブルにはかかわりたくないのが本音でしょう。何とか賃借人同士で話し合ってもらいたいと思うかもしれません。

しかし、賃貸人は賃貸借契約に基づき、賃借人に対しマンションを適切に使用収益させるべき義務を負っています（民法601）。ですから、Aさんが出す騒音によってBさんの静かな生活が害され、十分にマンションを使用収益できない状況にあるならば、あなたは賃貸人としてAさんが騒音を出す行為を止めさせる積極的義務があると言えます。

そうであるにもかかわらず、「面倒だから」といってトラブルを放置しておくことは、賃貸人であるあなたの使用収益義務違反の債務不履行となり、Bさんから損害賠償請求されるおそれもありえますので十分注意が必要です。

賃貸人としては、まずは事実関係について速やかに確認し、そのうえで社会通念上受忍すべき限度を超える騒音が出ているようであれば、Aさんに対し注意して改善を求める必要があります。再三の改善要求にもかかわらず、Aさんが無視し続けるようであれば、賃貸人としては用法遵守義務違反により賃貸借契約を解除したうえで、Aさんに退去を求めることも、場合によっては検討する必要があります。

Q 6–56
賃借人が行方不明になってしまった

貸しているアパートの賃借人が行方不明となってしまい、もう1年も連絡がとれません。どうやら部屋にも一切出入りしていない様子です。窓から部屋の中を覗くと、荷物はゴミのようなもの程度しかありません。私としては契約を解除して明け渡してもらいたいのですが、合鍵で部屋に立ち入って荷物を捨てて立ち退かせてしまってもよいものでしょうか。

A

◎自力救済禁止の大原則

マンション等の賃貸借において、賃借人が長期間にわたって賃料を支払わない場合や、長期間行方不明となり一切連絡がとれない場合等において、賃貸人が持っている合鍵を使って賃借人に無断で居室内に立ち入り、賃借人所有の残置物を運び出したうえで処分し、強制的に退去させてしまうケースがままあります。

しかし、このような賃貸人による賃借人の意思を無視した「自力救済」行為は、たとえその実現しようとする権利が正当なものであったとしても、法治国家においては禁止されていますので注意が必要です。

「自力救済」とは、自らの権利を実現するために相手方の意思に反して法的手続によらずに強制的に実力行使を行うことを言います。このような自力救済による実力行使は、相手方の言い分を聞かずになすことから、その手続保障がなされず誤った権利行使がなされてしまうおそれがあります。また、たとえその権利が正当なものであったとしても、その実現のために過度の暴力が用いられるおそれがあり、社会秩序が維持できないことから、日本を含む法治国家において自力救済は原則として禁止とされているのです。

◎自力救済と不法行為

お尋ねのケースにおいて、万が一、あなたが賃借人に無断で居室に立ち入り自力救済により賃借人を退去させた場合、たとえ賃借人に明らかな債務不履行が認められたとしても、あなたの行為は民法上の不法行為（民法709）に該当し賃借人から損害賠償を請求されるおそれがあります。さらには住居侵入罪（刑法130前段）に該当する犯罪行為として訴追されるおそれすらあるところです。

お尋ねの件においては、賃借人が行方不明なこともあり、時間と費用はある程度かかってしまうでしょうが、居室の明渡しを求めて訴訟提起して、判決を取得したうえで強制執行を行う等、適切な法的手続を踏まなければなりません。

◎自力救済を認める特約とその効力

アパート賃貸借契約においては、「賃借人が長期間にわたり居室を不在にし一切連絡が取れない場合、賃貸人は賃借人の承諾なく居室内に立ち入ることができる」等として無断で立ち入ったうえで残置物を処分して強制退去させることができる旨の特約が盛り込まれている場合があります。

この特約は賃貸人の自力救済による立退きを認めるものですが、すでに説明したとおり、自力救済行為は法治国家の建前上認められません。したがって、特別な事情がないにもかかわらず、当然に賃貸人の自力救済を認める特約は、公序良俗に違反するものとして無効とされます。

◎自力救済禁止の例外的場面

このような自力救済禁止の原則にも一定の例外はあります。例えば、アパート居室内で火災等が起きていて、ただちに居室内に立ち入って消火措置をとる必要がある場合等、「法的手段によっては権利の実現が不可能ないし著しく困難となるような特別な事情がある場合」には、権利行使の手段が必要な限度を超えない限りにおいて、例外的に自力救済を行うことが許されます。

したがって、このような例外的場面においては、当該自力救済行為に違法性はありませんから、不法行為や住居侵入罪には該当しないことになります。

Q 6-57
賃借人から賃料の減額を要求された

私が貸しているマンションの賃借人から、近隣マンションに比べて賃料が高いことを理由に賃料を減額するよう要求されてしまいました。私としては賃料減額に応じたくないのですが、どのように対応したらよいのでしょうか。

◎賃料の増減額の要件

賃料をいくらと定めるかは当事者間の話合いにより自由に決められるのが原則であるところ、賃借人からの賃料減額の要求に対して賃貸人が応じる場合には、合意した額が新たな賃料額となります。

また、定められた賃料額がその後の経済事情の変動等により不相当な額となった場合には、賃貸人および賃借人は互いに賃料を相当な額に値上げないしは値下げするよう請求することができます（借地借家法32）。

なお、借地借家法32条は、賃料増減額の要件として、以下の三つを挙げています。
① 土地もしくは建物に対する租税その他の負担の増減
② 土地もしくは建物の価格の上昇もしくは低下その他の経済事情の変動
③ 近傍同種の建物の借賃の変動

これら①～③を踏まえて、差額配分法や利回り法、スライド法、賃貸事例比較法等の方法により適正な賃料額を算定することが必要になります。

◎賃料の増減額の方法

賃料の増減額を求める方法としては、賃料の増額や減額を求める当事者は、相手方に対し増額や減額を請求する金額とその適用を求める時期を明示したうえで意思表示をなし、それとあわせて適正賃料の算定根拠となるべき客観的資料を送付する必要があります。

増減額の意思表示そのものは口頭でも構いませんが、その後の立証のために書面のかたちで行うのが望ましいでしょう。

◎賃料増減額請求権行使の効果

賃料の増減額につき当事者間で協議ができないときは、相当額を定める裁判が確定するまでの間、増額請求を受けた賃借人は、自己が相当と認める額の賃料を支払えば足り、減額請求を受けた賃貸人は、自己が相当と認める額の賃料を請求することができます（借地借家法32②③）。

ただし、裁判が確定したときに、賃借人は過去の支払額に不足があればこの不足額に年１割の割合による支払期後の利息を支払わねばなりません。また、賃貸人は過去の受領額が超過していれば、当該超過額に年１割の割合による受領後の利息を付して返還しなければならず、これにより当事者間の衡平が図られています。

◎賃料増減額請求にかかる法的手続

前述のとおり、賃料額については当事者間で話し合って決めるのが原則ですが、当事者間の話合いでまとまらない場合には、最終的には裁判所が適正な賃料額を定めることになります。

賃料増減額については、調停前置主義が適用されるため、建物の賃料の増減額に関する訴えを提起しようとする者は、まず調停申立をして、調停における協議の場を経なければならないことになります。

調停において当事者間に合意が形成され調停調書にその旨が記載された場合には、確定判決と同一の効力を有します。

また、調停の手続中において、ある程度までは合意に達しているものの最終的な合意にまでは至らず、当事者間に合意が成立する見込みがない場合において、当事者が調停委員会の定める調停条項に従う旨の書面による合意がある場合には、調停委員会は調停条項を定め、これにより最終的に解決ができることになっています。

Q 6-58
借家の又貸し

私の友人は家族で一戸建ての借家住まいをしています。この度、友人の子どもが独立して家を出て行くことになったので、空いた2階部分を私が友人から借りて住むことになりました。友人に聞くと、大家さんには私が住むことをひと言も話していないとのことでしたが、何か問題はありますでしょうか。

◎賃貸借と転貸借

お尋ねのケースのように、賃借人が自己の賃借権の範囲内において、対象物についてさらに第三者に賃借権を設定することを「転貸借」と言います（いわゆる「又貸し」）。

賃借物が第三者に転貸されても、従前から設定されていた賃貸借契約の関係はそのまま継続し、これを基礎としたうえに転貸借契約関係が存立することになります。

◎借家の無断転貸

賃借物の転貸については、民法612条1項が「賃借人は、賃貸人の承諾を得なければ、その賃借権を譲り渡し、又は賃借物を転貸することができない」と規定し、さらに2項では「賃借人が前項の規定に違反して第三者に賃借物の使用又は収益をさせたときは、賃貸人は、契約の解除をすることができる」と規定しています。

つまり、賃借人は賃貸人の承諾がなければ賃借権を譲渡・転貸することができず、これを無断で行った場合は債務不履行に該当し、その他の状況によっては賃貸借契約を解除されてしまうことになります。

これは、賃貸借が賃貸人と賃借人の間の個人的な信頼関係に基づく継続的な契約関係であることを前提に、賃貸目的物の使用収益の方法は人によってそれぞれ大きく異なりうることから、事前に賃貸人の承諾を求めることで賃貸人が不測の損害を被ることを防止したことによります。

なお、転貸借は賃貸借契約の存在を前提にした上で、当該賃借権の範囲内において設定されるものですから、その存立の基盤となっている賃貸借契約が解除等の事情により消滅してしまった場合には、転借人は賃貸人に対し、自己の転借権をもって賃貸物の占有を対抗することはできません。

したがって、この場合、賃貸人から明渡しを求められたら転借人は基本的にはこれに応じて退去せざるを得ないことになります。

転借人としては、賃借物の転貸を受ける場合においては、単に賃借人が「貸してあげる」と言っているだけでは不十分です。賃貸人から不測の退去要求を受けないためにも、賃貸人が当該転貸借契約の設定についてきちんと承諾しているのか否かについて、事前に問い合わせ、確認しておくことが何より重要になります。

なお、賃貸借契約と転貸借契約はあくまで別個独立の契約関係になりますので、賃貸借契約が債務不履行解除で終了したからといってその時点で転貸借契約も当然に終了するわけではありません。

賃借人との間の転貸借関係については、賃借人の転借人に対する賃貸目的物を使用収益させる義務の履行不能が明確になった時点、すなわち賃貸人から賃借人に対して賃貸目的物の返還請求がなされた時点において、はじめて終了することになります。

第7章 取引 に関する法律知識

1 訪問販売等

Q 7-1
訪問販売の法的規制

自宅にセールスマンが訪問してきて商品を売りつけられそうになることがあり、困っています。こうした行為はどのような法律で規制されているのでしょうか。

A

お尋ねのような「訪問販売」は、特定商取引に関する法律（以下「特定商取引法」または「特商法」という）によって規制されています。

◎事業者の義務

① 氏名・商品・販売目的等明示義務

事業者から商品の購入等に関する勧誘を受けていることを消費者に明確に意識させるため、事業者は、氏名・名称、売買契約等の締結について勧誘をする目的である旨および商品等の種類を明らかにしなければなりません（特商法3）。

② 拒否者に対する再勧誘禁止等

事業者は、消費者に対して勧誘を受ける意思があるか確認するよう努め、契約を締結しない意向を示した消費者に対しては勧誘をしてはならないとされています（特商法3の2）。

③ 書面交付義務

事業者は、契約の申込みを受けたときまたは契約を締結したときは、商品等の種類、販売価格、代金の支払時期、支払方法、商品の引渡時期、クーリングオフ等を記載した書面を消費者に交付しなければなりません（特商法4、5）。また、事業者が商品の隠れた瑕疵について責任を負わないとする規定、消費者から契約解除はできないとする規定等は、契約で定められないとされています（特商法施行規則5）。

④ 禁止行為

事業者は、契約の締結について勧誘するに際し、または契約の申込みの撤回もしくは解除を妨げるため、不実のことを告げる行為をしてはならないとされています（特商法6①）。さらに、事業者は契約を締結させ、または契約の申込みの撤回もしくは解除を妨げるため、人を威迫して困惑させてはならないとされています（特商法6③）。

◎消費者の権利

① クーリングオフ

消費者は、事業者より契約内容を明示した書面を受領した日から8日以内にクーリングオフをすることができます（特商法9①）。クーリングオフについては、Q 7-10、Q 7-11をご参照ください。

② 過量販売解除権

契約が、日常生活において通常必要とされる分量を著しく超える量（過量）の商品等である場合、事業者が、契約することにより結果的に消費者にとって過量の売買等になってしまうことを知りながら契約を締結した場合には、消費者は契約の申込みの撤回または解除をすることができます（特商法9の2①）。この権利は、契約締結から1年以内に行使しなければならず、権利行使をした場合は、クーリングオフをした場合と同様の清算関係となります（特商法9の2②③）。

③ 消費者契約法に基づく取消し、不実告知等に基づく取消、民法に基づく取消し

訪問販売は、消費者契約法、特定商取引法、民法に基づき、契約の取消しができる場合があります。これについてはQ 7-2をご参照ください。

④ 損害賠償等の額の制限

契約が解除された場合および消費者が代金債務の履行を遅滞したものの契約の解除がされていない場合において、事業者は、契約で損害賠償額の予定や違約金の定めがなされていたとしても、消費者に対し、法所定の額およびこれに対する法定利率による遅延損害金しか請求できないことになっています（特商法10）。

◎義務違反に対する制裁

主務大臣は、前述の義務に違反する等した事業者に対し、必要な措置をとるべきことを指示することができ、1年以内の業務の停止を命ずることができます（特商法7、8）。

Q 7-2
キャッチセールスにつかまってしまった

街を歩いていたところ、「アンケートに応じてください」と声をかけられ、英会話教材の購入をしつこくすすめられました。最初は断っていたのですが、喫茶店に連れて行かれ、断り切れなくなり、契約してしまいました。しかし、届いた教材を見てみると、勧誘のときの説明とまったく違うものだったので解約したいのですが、何か方法はありますか。

A

◎キャッチセールスとは

街頭で歩いている人に声をかけ、執拗に勧誘することによって、高額商品の販売等を行う方法を「キャッチセールス」と言います。

キャッチセールスでは、「アンケートに応じてください」「手相を見せてください」等、声のかけ方はさまざまであり、商品販売目的であることを隠して話しかけてくる手法がとられることもあります。そして、話しかけに応じると、しつこくつきまとい、甘言によって興味を抱かせ、断り切れない状況を作り出し、巧みに契約させてしまうという点に、キャッチセールスの特徴があります。

このように、キャッチセールスは消費者を不安定な心理状態にさせることによって契約をさせてしまう悪質性の高いものですので、「訪問販売」として特定商取引法の適用を受けます(特商法2①二)。また、勧誘目的であることを告げずに呼び止め、公衆の出入りする場所以外の場所で契約締結の勧誘をする行為については、禁止されており(特商法6④)、違反した場合は刑事罰も科せられることになっています(特商法70の3)。

お尋ねの場合は、喫茶店で契約をさせられてしまっていますので、「営業所等以外の場所での契約締結」ということで「訪問販売」に該当し、クーリングオフをすることができます(特商法9①。Q7-10、Q7-11参照)。

また、喫茶店等ではなく、営業所に連れて行かれて契約させられてしまった場合も、「営業所等以外の場所において呼び止めて営業所等に同行させた者(特定顧客)との契約締結」になりますので、やはり「訪問販売」に該当し、クーリングオフをすることができます。

なお、消費者にとって営業行為となる場合等、消費者の利益を損なうおそれがないものとして一定の事由に該当する場合には、特商法の規制は適用されません(特商法26)。

◎対処方法

訪問販売に該当するキャッチセールスには、規制がされますが(Q7-1参照)、ここでは取消しについて詳しく説明します。

① 消費者契約法に基づく取消し

クーリングオフの行使期間を過ぎてしまった場合でも、購入商品の質・用途や対価等の取引条件といった契約の「重要事項」について、不実の告知や不利益事実の不告知があった場合には、消費者契約法に基づく取消しができます(消費者契約法4①Ⅰ、②、④)。また、勧誘場所からの退去を事業者から妨害されたため、困惑して契約をしてしまった場合においても、取消しができます(消費者契約法4③)。

② 不実告知等に基づく取消し

さらに、勧誘に際して事業者が不実の告知や故意による事実の不告知等を行い、これによって誤認をして契約をさせられてしまった場合も、契約を取り消すことができます(特商法9の3)。この取消事由には、「顧客が契約の締結を必要とする事情に関する事項」「顧客の判断に影響を及ぼすこととなる重要なもの」等、動機の形成に影響する事項に関する不実告知も含まれており(特商法6①Ⅵ、Ⅶ)、消費者契約法による取消事由よりも対象範囲が広くなっています。

③ 民法に基づく取消し等

その他、公序良俗違反(民法90)、錯誤無効(民法95)、詐欺取消(民法96①)に該当する場合もありますので、これらの主張をすることも考えられます。

第7章　取引に関する法律知識

Q 7-3

抽選に当たったと連絡がきた

「抽選に当たりましたので、特別に景品を差し上げます。ついては、当社の営業所までおいでください」という電話がかかってきたので、指定された営業所に出向いたところ、英会話教材の購入を執拗にすすめられました。言葉巧みにすすめられたために、結局断ることができなくなってしまい、契約してしまったのですが、高額すぎるので解約したいと思っています。どうしたらよいでしょうか。

◎アポイントメントセールスとは

「抽選に当たりました」「景品を差し上げます」「今だけのチャンスです」等と何か特別の優待があるかのようなことを告げて、消費者の気をそそり営業所等に呼び寄せ、その後巧みに勧誘して高額商品の販売等を行う方法を「アポイントメントセールス」と言います。

アポイントメントセールスは、電話・手紙等の通信手段を用いて接触を図ってくるものですが、商品販売等の目的であることを隠して呼び寄せ勧誘するという点で、キャッチセールスと同じ性質を持っています。

そのため、アポイントメントセールスは、電話、郵便、信書便、電報、ファクシミリ、メール等の電磁的方法、住居訪問等の方法を用いて、販売等の勧誘をする目的であることを告げずに、または他の者に比して著しく有利な条件での販売等ができる旨を告げることにより、営業所その他特定の場所への来訪を要請した場合として（特商法2①Ⅱ、特商法施行令1）、キャッチセールスと同様、特定商取引法の適用を受けることになります。

そして、勧誘目的であることを告げずに前述の方法によって呼び出し、公衆の出入りする場所以外の場所で契約締結の勧誘をする行為については禁止されており（特商法6④）、違反した場合は刑事罰も課せられることになっています（特商法70の3）。

◎対処方法

このように、アポイントメントセールスは、キャッチセールスと同質の訪問販売として、同様の規制に服します。したがって、お尋ねのケースにおける対処方法も、クーリングオフ等によって契約の取消し・解約をすることができます（Q7-1、Q7-2参照）。

◎SNSによる来訪要請、再来訪要請

最近は、特商法の規制を逃れようとする手口としとして、SNS（ソーシャル・ネットワーキング・サービス）を通じて勧誘目的を告げない来訪要請をするケースや、電話等で営業所等に来訪要請するものの一度目の来訪では勧誘せず、次回の再来訪を要請して、再来訪において勧誘するケースが問題となっています。

このような手口も、販売目的を隠して不意打ちの勧誘をするものですので、規制対象に含めるよう議論がなされています。

このようなケースで契約してしまい、勧誘者から「これは規制にかからないので取消しできない」等と言われた場合でも、消費者相談センターや弁護士等の専門家に相談することをおすすめします。

Q 7-4
通信販売で購入したものを返品したい

商品カタログを見てコートを購入したのですが、カタログの商品と色がかなり違うので、返品したいと思っています。通信販売の規制内容や、返品が可能かどうかについて教えてください。

◎広告の記載義務

お尋ねの場合のような「通信販売」については、特定商取引法が、規制をしています。

まず、通信販売業者は、広告に以下の記載をしなければなりませんが、広告の中で、請求によりこれらの事項を記載した書面等を送付する旨表示していれば、一部の記載の省略ができます（特商法11）。
① 販売価格または役務の対価、送料
② 代金等の支払時期および方法
③ 商品引渡時期、権利移転時期、役務提供時期
④ 商品・指定権利の売買契約の申込みの撤回または解除に関する事項（返品特約がある場合はその内容を含む）
⑤ その他省令で定める事項

◎誇大広告の禁止

通信販売業者は、商品の性能、権利・役務の内容、商品・指定権利の売買契約の申込みの撤回または解除に関する事項（返品特約または返品不可特約がある場合はその内容を含む）等について、著しく事実と相違する表示、実際より著しく優良・有利であると誤認させる表示をしてはなりません（特商法12）。

◎事前承諾なき顧客への電子メール送信禁止

迷惑広告メール防止のため、電子メール広告の送信には、事前承諾が必要とされ（特商法12の3）、電子メール広告の送信代行業者に対しても同様の規制をしています（特商法12の4）。

◎前払式通信販売における承諾通知義務

代金前払式通信販売では消費者の立場が不安定なため、通信販売業者は、代金受領後遅滞なく（1週間程度）、契約の申込みを承諾するか否かを書面等で通知しなければなりません（特商法13）。

◎義務違反に対する制裁

主務大臣は義務違反があった場合、通信販売業者に対し、必要な措置の指示、1年以内の業務停止を命ずることができます（特商法14、15）。

なお、主務大臣は通信販売業者から合理的資料の提出がないときは、誇大広告とみなして、この措置をとることもできます（特商法12の2）。

◎解約返品制度

消費者は、商品の引渡しまたは指定権利の移転を受けた日から8日間は売買契約の申込みの撤回または解除ができます。ただし、通信販売業者が申込みの撤回または解除に関する特約を広告で適正に表示していた場合は、この特約に従うことになります（特商法15の2①）。

また、申込みの撤回または解除による商品の引取りや指定権利の返還に要する費用は、消費者の負担となります（特商法15の2②）。

◎返品の可否

① 解約返品制度による返品

お尋ねの場合、広告で返品不可特約が表示されていなかった場合には、コート受領日から8日間は、解約返品制度によって返品ができます。

② 民法に基づく返品

広告で返品不可特約が表示されていた場合や解約返品制度の返品期間を経過した場合でも、届いたコートとカタログに掲載されていたコートの色・品質等が著しく異なるとき等には、民法に基づく返品をすることが考えられます。

色・品質等の違いは契約の重要な要素なので、錯誤無効の主張ができますし（民法95）、通信販売業者の詐欺的行為があれば詐欺取消（民法96①）も可能です。

また、通信販売業者はカタログ掲載商品と同品質のコートを提供する義務がありますので、不完全履行として契約を解除することができるケースもあるでしょう（民法543）。

Q 7-5 電話勧誘販売は解約できるか

私の携帯電話に「当研究所では、資格取得のための講座を開設しています。この資格は将来有望で、近く国家資格になることになっています。現在キャンペーン中なので、ぜひ受講をおすすめします」という電話がありました。巧みに勧誘されたために、講座の申込みをしてしまったのですが、後悔しています。こうした勧誘は規制されていないのでしょうか。また、解約はできるでしょうか。

◎電話勧誘販売とは

突然、事業者が電話をかけてきて、売買契約や役務提供契約の締結を勧誘する商法は、「電話勧誘販売」として、特定商取引法で規制されています。

「電話勧誘販売」として規制されるのは、以下の要件を満たす場合です（特商法2③）。

① 電話勧誘行為

電話勧誘行為とは、事業者が電話をかけ、または政令で定める方法により電話をかけさせ、その電話で売買契約または役務提供契約の締結についての勧誘をすることを言います。

また、政令で定める方法とは、事業者が、電話、郵便、信書便、電報、ファクシミリ、メール等の電磁的方法等の方法を用いて、販売等の勧誘をする目的であることを告げずに、または他の者に比して著しく有利な条件での販売等ができる旨を告げることにより、消費者に対して電話をかけることを要請する方法です（特商法施行令2）。

② 電話勧誘行為に起因する契約の申込み・締結

電話勧誘行為に起因して、相手方から、郵便等により、売買契約または役務提供契約の申込みを受けるかまたは当該契約を締結することが要件となります。

ここで「電話勧誘行為に起因して」と言えるかどうかは、契約の申込みまたは締結が、最後の電話から1か月以内かどうかが一応の目安になると考えられています。

また「郵便等」とは、郵便、信書便、電話、ファックス、電報、預貯金口座への払込み等を言います（特商法施行規則2）。

③ 取引対象

規制対象となる取引は、訪問販売と同様、商品もしくは指定権利の販売または役務の提供です。

④ 適用除外事由に該当しないこと

適用除外事由に該当する場合には、以下の特商法の規制は適用されません。

適用除外事由には、消費者にとって営業行為になる場合等の訪問販売と共通するもの（Q7-2参照）以外に、①消費者のほうから、契約の申込みや締結のために、電話をかけることを請求した場合、②電話勧誘による取引が通例で、消費者の利益を損なうおそれがない場合があります（特商法26⑥）。

◎規制内容

「電話勧誘販売」については、以下のとおり「訪問販売」とほぼ同じ規制がされています（特商法16～25。Q7-1、Q7-2参照）。

① 氏名・商品・販売目的等明示義務
② 拒否者に対する再勧誘禁止
③ 法定書面交付義務
④ 前払式電話勧誘販売における承諾通知義務
⑤ 不実の告知・事実の不告知・威迫行為の禁止
⑥ クーリングオフ（法定書面受領日から8日）
⑦ 不実告知等に基づく取消権
⑧ 損害賠償等の額の制限

◎お尋ねの場合における解約の可否

法定書面を受領した日から8日を経過していなければ、クーリングオフができます。

なお、お尋ねの場合の紹介された資格について「近く国家資格になる」としていますが、これが誤りであり不実告知にあたる場合、不実告知に基づく取消し（特商法24の2）、消費者契約法による取消し（消費者契約法4）、錯誤無効（民法95）、詐欺取消（民法96①）をすることが考えられます。

Q 7-6
エステや外国語学校の途中解約・返金

エステの6か月コースを申し込み、30万円を支払ったのですが、なかなか通えないため解約したいと思っています。途中解約は可能でしょうか。

A

◎継続的サービス取引の特質

エステサロンや外国語学校のような継続的サービス契約は、ある程度の期間にわたってサービス提供することを予定しているため、代金が高額になりがちで、これを一括前払させるケースが多いという特質があります。しかし、実際にサービス（役務）の提供を受けてみないと効果の良否がわからず、しかも誇大広告や巧みなセールストークによって消費者に過大な期待を抱かせ、強引な勧誘によって消費者に十分な検討の時間を与えないまま契約をさせるケースもみられます。

そのため、実際にサービスを受けてみたら事前の説明と違っていた、事情が変わりサービスを受けられなくなった等の理由により、消費者が途中で解約を希望することがありますが、その際、解約を制限されたり、高額の解約金を要求されたりというトラブルが生じることがあります。

◎特定商取引法の規制

そこで、特定商取引法は政令で指定する「特定継続的役務」を、政令指定期間を超える期間にわたり政令指定金額を超える対価で提供する契約（「特定継続的役務」の提供を受ける権利の販売契約を含む）について、以下の規制をしています（特商法41〜50）。

① 概要書面・契約書面交付義務
② 誇大広告の禁止
③ 事実の不告知・不実の告知・威迫行為の禁止
④ 債務の履行拒否・不当な遅延の禁止

そして現在、政令では、①エステサロン、②外国語会話教室、③家庭教師派遣、④学習塾、⑤パソコン・ワープロ教室、⑥結婚相手紹介サービスが「特定継続的役務」として指定されており、指定期間は①が1か月、②〜⑥が2か月、指定金額は①〜⑥すべてについて5万円とされています（特商法施行令11、別表第4）。

◎違反事業者に対する制裁規定

以上の規制に違反した事業者は、主務大臣による業務改善指示（特商法46）や業務停止命令（特商法47）等の行政処分の他、罰則の対象となります（特商法70、70の2、72）。

◎消費者の権利規定

① クーリングオフ

クーリングオフ行使期間は、契約書面の受領日から8日間です（特商法48。Q7-10、Q7-11参照）。

② 中途解約権・損害賠償額等の制限

クーリングオフ期間経過後であっても、消費者は理由の如何を問わず、契約を解除することができます（特商法49）。

中途解約権を行使した場合、まだ提供されていない役務の対価分については返還請求ができます。そして、役務提供事業者または販売業者は、損害賠償の予定または違約金の定めがあっても、特商法が定める上限額を超える金額を請求することはできないとされています。

③ 不実告知等に基づく取消権

契約締結時に受けた説明内容が事実と異なるようなときには、申込みを取り消すことができます（特商法49の2）。

④ 関連商品販売契約の解除・取消権

「特定継続的役務」の提供にあたっては、当該役務提供に関連する商品を買わされることが多いため、政令で指定された関連商品の販売契約も、前述①〜③により解除することができます。

◎解約の可否

お尋ねの場合、この契約は「特定継続的役務」の提供契約に該当しますので、クーリングオフ期間が経過していても中途解約ができます。また、サービス内容が当初の説明と違うというような事情があれば、不実告知に基づく取消し等も主張しうるでしょう。

Q 7-7
内職・モニター商法とは

先日、ある業者の「パソコンによる内職、高収入、主婦でも可」という広告を見て電話をかけたところ、適宜仕事をあっせんするので月30万円以上の収入が得られると説明されました。そこで、その業者から仕事に必要なパソコンを50万円で購入したのですが、その後仕事をもらえず困っています。解約はできますか。

◎業務提供誘引販売取引とは

「業務提供誘引販売取引」とは、業務を提供するので利益が得られると誘い、当該業務に利用される商品の販売・あっせんまたは役務の提供・あっせんをする取引のことであり（特商法51）、内職商法・モニター商法と言われるものが典型例です。「内職商法」とは、お尋ねの件のように、仕事を紹介するので高収入が得られると勧誘し、その仕事に必要という理由で商品や役務提供に関する金銭的負担をさせるものです。「モニター商法」とは、商品を購入してモニターとなれば、アンケートに協力すること等でモニター報酬が得られると勧誘し、商品を購入させるというものです。

こうした商法では、仕事の紹介やモニター報酬の支払いがされず、多額の負担だけが残る結果になってしまう悪質なケースが多いため、特定商取引法は、「業務提供誘引販売取引」について、以下の規制をしています（特商法51～58の3）。

◎業者の義務規定
① 氏名・商品・販売目的等明示義務
② 事実の不告知・不実の告知の禁止、威迫行為の禁止、目的を秘匿して誘引した顧客を公衆の出入りしない場所で勧誘することの禁止
③ 広告での表示義務（商品・役務の種類、特定負担の内容・業務の提供条件等の表示義務）
④ 誇大広告の禁止
⑤ 事前承諾なき顧客への電子メール送信禁止
⑥ 概要書面・契約書面交付義務
⑦ 債務の履行拒否・不当な遅延の禁止、断定的判断の提供の禁止、迷惑勧誘の禁止

お尋ねの件のように、「高収入」等と業務提供による利益が得られることが確実であるかのような勧誘は⑦の断定的判断を提供する勧誘にあたり禁止されています。

◎義務違反に対する制裁規定

以上の規制に違反した事業者は、主務大臣による業務改善指示（特商法56）や業務停止命令（同法57）などの行政処分の他、罰則の対象となります。

◎消費者の権利規定
① クーリングオフ

クーリングオフの行使期間は、契約書面の受領日から20日間です（特商法58。Q 7-10、Q 7-11参照）。

クーリングオフを行使すると、商品売買または役務提供契約（以下「特定負担契約」という）と業務提供契約が別契約になっている場合も、両契約は一体として解除されることになります。また、業務提供誘引販売業者に対してクーリングオフを通知すれば、特定負担契約の事業者が別であっても、特定負担契約についても一体として解除されることになります。

② 不実告知等に基づく取消権（特商法58の2、Q 7-2参照）
③ 損害賠償等の額の制限（特商法58の3、Q 7-1参照）

◎解約の可否

前述したように、契約書面を受領した日から20日以内であれば、クーリングオフができます。

クーリングオフの行使期間を経過した場合でも、当初の説明と違っていることから、不実告知等に基づく取消し（前述②、消費者契約法4）、錯誤無効（民法95）、詐欺取消（民法96①）が可能と考えられます。また、仕事の紹介はパソコンの購入と密接不可分の関係にあるので、たとえパソコン売買契約と業務提供契約が別になっていたとしても、仕事の紹介という業務提供契約上の債務不履行を理由に、パソコン売買契約を解除（民法541）することも考えられます。

Q 7-8
押しつけ販売（ネガティブオプション）とは

注文していないのに、厚さ5センチもある書籍が届き、「購入されない場合は、3日以内に商品を返送してください。期限内に返送されないときは、お買い上げいただいたものとさせていただきます」という書類と5万円の請求書が同封されていました。どうしたらよいのでしょうか。

A

◎ネガティブオプションとは

販売業者が注文を受けていないのに一方的に商品を送りつけ、消費者にその商品を購入しなければならないように思わせて、代金を支払わせようとする商法を「ネガティブオプション」「押しつけ販売」「送りつけ商法」と言います。

商品を一方的に送りつける行為は、売買契約の申込みにあたりますが、それだけで売買契約が成立するわけではありません。消費者がその商品を購入するという承諾をしてはじめて、売買契約が成立することになります。

したがって、消費者は送りつけられた商品を購入する承諾の意思表示をしない限り、代金支払義務を負うことはなく、承諾するか否かは自由なので、承諾義務もありません。たとえお尋ねの件のように、同封された書類に、「○日以内に返送しなければ、購入したものとみなす」という記載があったとしても、承諾義務がない以上、販売業者が勝手に指定してきた期間を過ぎたからといって、売買契約が成立して消費者が代金支払義務を負うということにはなりません。また、販売業者が一方的に商品を送りつけているのですから、消費者には商品を返送する義務もありません。

もっとも、消費者には商品を購入する義務も返品する義務もないのですが、送りつけられた商品の所有権は販売業者にあるため、消費者は、当該商品を勝手に処分することはできず、販売業者が当該商品を取りに来たときは、これを返還しなければならないことになります。

そのため消費者は、一方的に送りつけられた商品を保管しなければならない不利益を被ることになってしまいますが、消費者をこのような不安定な状態に長期間おくことは妥当ではありません。

そこで、「ネガティブオプション」については、特定商取引法59条が以下の規制をしています。

◎規制の要件

① 販売業者が売買契約の申込みをしたこと

これには、売買契約の申込者や締結者（以下「申込者等」という）以外の者に対して売買契約の申込みをした場合、申込者等に対して売買契約対象品以外の商品に関する売買契約の申込みをした場合（商品違い）があります（特商法59①）。なお、申込者等のために商行為となる売買契約の申込みは除外されます（特商法59②）。

② 販売業者が商品を送付したこと

指定商品の限定はなく、すべての商品が対象になります。

③ 一定期間内に承諾・引取りがないこと

商品送付日から14日（申込者等が販売業者に商品引取請求をした場合は、その請求日から7日）以内に、申込者等が申込みを承諾せず、販売業者が商品の引取りをしないことが必要となります。

◎規制の効果

前述の要件を充足する場合、販売業者は送付した商品の返還を請求することができなくなります。その結果、消費者は当該商品を自由に使用・処分することができ、使用・処分しても、代金支払義務や損害賠償義務を負わないことになります。

したがって、お尋ねの場合にも、書籍を購入しないのであれば、14日（または引取請求日から7日）の経過を待って処分すればよいということになります。

Q 7-9
クレジット契約の解除

ある業者がパソコンを使う仕事を紹介してくれるというので、その業者から30万円のパソコンをクレジット契約で購入したのですが、その後仕事の紹介がありません。パソコンを返品して、クレジットの支払いを拒むことはできますか。

◎クレジット契約とは

クレジット契約には、販売業者と消費者が当事者となる「二者型の契約」と、販売業者、消費者、クレジット業者（または金融機関）が当事者となる「三者型の契約」があります。

二者型は「割賦販売」（自社割賦）となり、三者型には、金融機関が消費者に商品購入代金等を融資し、それを販売業者が連帯保証する「ローン提携販売」、クレジット業者のカード等を利用して与信枠（利用限度額）内で商品購入等をする「包括信用購入あっせん」（包括クレジット取引）、カード等を利用することなく、商品購入等のつどクレジット業者の与信を受けて契約する「個別信用購入あっせん」（個別クレジット取引）があります。

三者型契約においては、「消費者・販売業者間」の商品販売契約等と、「消費者・クレジット業者間」の立替払契約が存在するため、民法の一般原則によると、商品販売契約等に瑕疵があっても、それがただちに立替払契約に影響するわけではなく、消費者はクレジット業者に対して代金を支払い続けなければならないことになります。

そこで、割賦販売法はこうした不都合を解消するため、以下の規定を置いています。

◎ローン提携販売・包括クレジット取引

ローン提携販売および包括クレジット取引では、消費者は商品もしくは指定権利の販売契約または役務の提供契約に関して販売業者や役務提供業者に対して生じている無効、取消し、解除等の事由をクレジット業者にも主張してクレジット業者の支払請求を拒絶することができ、これを「抗弁権の接続」と言います（割賦販売法29の4②、30の4）。

◎個別クレジット取引

① 抗弁権の接続

個別クレジット取引においても、抗弁権の接続が規定されています（割賦販売法35の3の19）。

② クーリングオフ

消費者は、特定商取引法が規定する訪問販売等に係る販売契約等について個別クレジット契約を利用したときは、販売契約等と共に個別クレジット契約についても、クーリングオフすることができます（割賦販売法35の3の10、11。Q 7-10参照）。

③ 不実告知等に基づく取消権

前述の訪問販売等に係る契約の締結に際し、販売契約等または個別クレジット契約に関して、不実の告知や故意の事実不告知があり、それによって誤認して契約をしたときは、販売契約等と共に、個別クレジット契約も取り消すことができます（割賦販売法35の3の13～16）。この場合、消費者は以後の支払請求を拒むことができるだけではなく、すでに支払った既払金の返還も求めることができます（割賦販売法35の3の13④、35の3の14③、35の3の15③、35の3の16②）。

④ 過量販売解除権

訪問販売において、日常生活で通常必要な分量を著しく超える量（過量）の契約がなされた場合は、そのクレジット契約の申込みの撤回、または解除ができます（割賦販売法35の3の12）。

仕事の紹介は、パソコン購入の重要な前提ですから、パソコン売買契約は、無効ないし取消や解除ができるものです。したがって、抗弁権の接続によって支払いを拒むことができ、行使期間内であればクーリングオフができると考えられます。

また、お尋ねの場合には、業務提供誘引販売取引で、不実の告知があった事例と考えられますので、前述③の取消権を行使し、既払金の返還を求めることができる場合もあります。

Q 7-10
クーリングオフできる取引

クーリングオフできる取引について、詳しく教えてください。

A

◎ クーリングオフとは

「クーリングオフ」とは、契約締結に対する消費者の意思形成が不安定な状況でなされる取引態様における弊害を除去し、消費者を保護する観点から設けられたもので、契約の申込みまたは締結後一定期間内において、消費者は無理由かつ無条件で、契約の申込みの撤回または解除ができるとする制度です。

◎ 特商法に基づきクーリングオフを行える取引

クーリングオフは、訪問販売（Q7-1、Q7-2）、電話勧誘販売（Q7-5）、連鎖販売取引（Q7-22、Q7-23）、特定継続的役務提供取引（Q7-6）、業務提供誘引販売取引（Q7-7）についても認められています。取引内容によって、クーリングオフを行使できる期間は異なります。

クーリングオフは、原則として営業所等以外で行われた取引であること（訪問販売であること等）が要件となります。ただし、営業所等で行われた取引であってもいわゆるキャッチセールス（Q7-2）やアポイントメントセールス（Q7-3）といった販売方法は、やはり消費者の意思形成が不安定な状況で契約がなされることが多いため、これらの取引についても、クーリングオフができることになっています（特商法9①）。

◎ 適用対象となる取引

なお、平成20年改正前の特定商取引法では、クーリングオフの適用対象となる契約を、「政令で定める指定商品・指定権利の販売契約」と「指定役務の提供契約」に限定していました（指定商品制、指定権利制、指定役務制）。しかし、これでは被害の後追い指定になってしまう等の批判があったことから、現在は指定商品制と指定役務制が廃止され、すべての商品・役務が対象となっています。ただし、指定権利制だけは現在も維持されています。指定権利とは、①保養のための施設またはスポーツ施設を利用する権利、②映画、演劇、音楽、スポーツ、写真または絵画、彫刻その他の美術工芸品を鑑賞・観覧する権利、③語学の教授を受ける権利、となっています（特商法2、特商法施行令3、別表1）。

◎ 適用除外要件

特定商取引法では、クーリングオフを認めることが不合理と考えられる取引については、クーリングオフ規定の適用を除外しています（特商法26）。これには、取引交渉が相当期間にわたって行われることが通常の態様である取引や、消耗品を使用または消費した場合等があり、この適用除外規定に該当する場合にはクーリングオフはできないことになっています。

◎ 割賦販売法に基づきクーリングオフを行える取引

また、訪問販売、電話勧誘販売、特定継続的役務提供、連鎖販売取引、業務提供誘引販売取引に係る販売契約・役務提供契約について、個別クレジット契約を利用したときは、販売契約・役務提供契約と共に、個別クレジット契約についても、割賦販売法に基づいてクーリングオフすることができます（Q7-9参照）。

◎ その他のクーリングオフ

その他、宅地建物取引や、保険契約、ゴルフ会員権、不動産ファンドとの取引等についても、クーリングオフの制度があります。

なお、小口債権販売契約、商品ファンドとの取引、商品先物取引については、法改正によりクーリングオフの制度は廃止されています。

Q 7-11
クーリングオフの方法や効果

クーリングオフの方法や効果について、詳しく教えてください。

A

クーリングオフの方法は、取引内容によって異なる法律で定められています（Q7-10参照）。ここでは、各取引内容に共通するポイントを中心に、訪問販売（特商法2）を例にして説明します。

◎**書面によること**

クーリングオフは、申込みの撤回や契約の解除を行った事実、その日付について紛争が生じないよう、書面で行うことが必要です（特商法9②）。ただし、書面によらなかった場合でも、口頭によるクーリングオフの意思表示が証拠上認定できる場合には、無効とされるべきではなく、裁判においても有効とされた例があります（大阪簡判昭63.3.18、福岡高判平6.8.31）。

◎**法定書面受領日から起算して一定の期間内に発信**

クーリングオフの行使は、販売業者、役務提供業者から、契約の内容（クーリングオフができる旨およびその方法も含む）を明らかにした法定書面（特商法4、5）を受領した日から起算して8日以内（訪問販売等の場合）に、前述の書面を発信することが必要です（特商法9①）。

「受領した日から起算」なので、法定書面を受領した日も1日目として算定することになります。そして、法定書面の受領が要件になるため、法定書面の交付がない場合や、交付があっても記載漏れがある場合には、クーリングオフの期間は進行しないことになります。

また、クーリングオフ妨害があった場合、すなわち、事業者が嘘を言ったり脅したりすることにより、消費者が誤認または困惑して期間内にクーリングオフしなかった場合には、事業者は、①クーリングオフが可能な旨を記載した省令（特商法施行規則7条の2）で定める書面を消費者に新たに交付し、②その際、ただちに消費者が当該書面を見ていることを確認したうえで「これから起算して8日経過するまではクーリングオフできること」およびクーリングオフの効果（特商法9②〜⑦の所定の事項）に関する説明をしなければならないことになっています（特商法施行規則7の2⑤）。そのため、①②が行われるまでは8日間の算定はなされず、①②が行われた日から起算して8日を経過するまでは、クーリングオフができます。

◎**クーリングオフの効果**

クーリングオフは、クーリングオフを行使する旨の書面を発したときに効力を生じます（特商法9①）。

クーリングオフが行使されると、消費者と事業者はそれぞれ原状回復義務を負うことになります。

消費者は商品等を返還し、事業者は受領した代金を返還することになりますが（民法703）、たとえ対価を返還することができない役務提供契約等の場合であっても、事業者は受領済みの金銭を返還しなければならないとされています（特商法9⑥）。

原状回復費用については、消費者保護の徹底のため、事業者の負担とされています（特商法9④）。また、役務の提供に伴い消費者の土地・建物等の現状が変更されたときは、消費者は事業者に対し、無償で原状回復措置を講ずるよう請求することができます（特商法9⑦）。

その他、クーリングオフの行使によって損害賠償義務を負うことがないようにする等、消費者保護の観点から、消費者が不利益を被らないような規定が定められています（特商法9③〜⑧）。

Q 7-12
消費者団体訴訟とは

「実年齢より10歳若く見られるようになります」という美容外科クリニックの広告を見て、レーザー治療の5回セットコースを申込み、申込金を一括で支払いました。1回目の治療であまり効果がなかったため解約したいのですが、申込書には「支払済みの申込金は一切返金しない」との条項があります。この場合、解約しても申込金は返金されないのでしょうか。また、消費者センターに相談したところ、そのクリニックについて同じようなクレームが最近多く寄せられているとのことです。対応を是正させる方法はないのでしょうか。

A

◎消費者団体訴訟制度

事業者が不当な勧誘や不当な契約条項等によって複数の消費者被害を発生させている場合、1件1件の被害を個別に救済する方法では、事後的な対応しかできず、被害の拡大防止や被害全体の救済に十分に繋がりません。そこで、消費者に代わって、消費者団体（適格消費者団体）が事業者の不当な行為自体の差止を請求できるようにする「消費者団体訴訟制度」が設けられています（消費者契約法12、景表法10、特商法58の4以下）。また、平成28年12月までに、消費者団体（特定適格消費者団体）が消費者の被害回復のために、事業者に対して金銭賠償を請求できるようにする「集団的消費者被害回復訴訟制度」がスタートする予定です。ここでは前者の差止請求を行う「消費者団体訴訟制度」について説明します。

◎適格消費者団体

適格消費者団体は、内閣総理大臣によって認定された消費者団体（NPO、一般社団法人または一般財団法人）で、消費者団体訴訟を提起して差止請求等を行うことが認められています（消費者契約法13以下）。平成27年4月現在で全国に12団体が認定されており、いずれの団体も消費生活相談員、学者、弁護士等で構成されています。

◎消費者団体訴訟制度の概要

消費者団体訴訟制度で差止請求の対象となる行為は、消費者契約法違反となる不当な勧誘行為や不当な契約条項、景品表示法違反となる優良誤認表示や有利誤認表示に該当する公告・表示、特定商取引法違反となる不当行為です。

制度の大まかな流れとしては、まず、消費者からの相談を受けた消費者団体が、事業者の行為について分析・調査したうえ、事業者に対して業務改善の是正を申し入れます（裁判外の交渉）。この裁判外の交渉が成立しない場合、消費者団体は事業者に対して書面による事前請求を行い、それでも改善がみられなければ、裁判所に差止請求の訴えを提起します（消費者団体訴訟）。裁判が進み、判決や裁判上の和解によって不当行為の改善がなされると、裁判の結果の概要について消費者庁のウェブサイト等に公表されます。

お尋ねの場合、申込書の「支払い済みの申込金は一切返金しない」旨の条項は、消費者が申込金を支払った以後、契約の解除をためらわせ、解除の時期や理由の如何にかかわらず治療費の全額を消費者に負担させるものです。これは「消費者の利益を一方的に害する条項」として無効であると考えられます（消費者契約法10）。また、「実年齢より10歳若く見られるようになります」という広告は、治療の効果が人によって異なるものであるにもかかわらず、あたかも確実に若返るような表示です。これは、実際の治療よりも著しく優良であるとの誤信を与えるものであり、「優良誤認表示」に該当するものと考えられます（景表法10一）。

したがって、お尋ねの場合ではクリニックに対して、申込金の内4回分の治療費に相当する額の返金を求めることができると考えられます。また、消費者相談センター等に寄せられた情報をもとに、あなたに代わって適格消費者団体がクリニックに対し、当該条項及び広告表示の削除等を求めて裁判外の交渉や消費者団体訴訟を提起することにより、対応を是正させることができます。

株・金融商品・先物取引・インサイダー取引

Q 7-13
勧誘されている投資商品に問題はないか

高齢の母が、飛び込みの営業マンに何やら投資商品の勧誘を受けて、「いい営業マンだ」「いい話だ」と、とても乗り気になっています。私はうさん臭く感じるのですが、この投資商品や営業マンに問題がないか、どのように判断したらよいのでしょうか。

◎ 正式な登録・許可業者かどうか調べること

投資に対する法規制は、ここ数年で改正が繰り返され、その結果、投資商品の取引で業法の規制がかかっていないものは、ほとんどなくなったと言ってよいでしょう。各投資商品と業法の対応関係は、およそ次のようになっています。各投資商品の取引業者は、対応する業法に基づき、登録や許可を受けているはずです。登録や許可がなければ、違法な業者ということになります。

① 国債、地方債、社債、株式、投資信託、信託受益権全般、集団投資スキーム（形式を問わず、他者から金銭等の出資を受け投資し、収益を分配する仕組みの権利）、金融デリバティブ取引、FX（外国為替証拠金取引）等……金融商品取引法
② 投資性の強い預金（外貨預金、デリバティブ預金等）……銀行法
③ 投資性の強い保険（変額年金・保険、外貨建て年金・保険等）……保険業法
④ 投資性の強い信託……信託業法
⑤ 商品デリバティブ取引（商品先物取引等）……商品先物取引法
⑥ 不動産特定共同事業（不動産ファンドの一種）……不動産特定共同事業法

投資商品の取引を勧誘された場合、まずは勧誘している業者が正式に登録・許可を受けている業者かを確認しましょう。業者に問いただせば、正式な業者なら回答するはずですし、管轄する省庁のホームページ等で真偽を確認できます。これを確認できない業者とは、付き合ってはいけません。

◎ リスクを理解できるまでは投資しないこと

金融商品取引法を基本として、各業法でもそれと同等の業者の販売や勧誘のルールが定められており、登録・許可業者はこのルールを遵守して営業することが求められます。違反者には、罰則があります。

例えば、勧誘に関しては適合性原則、説明義務、虚偽告知に基づく勧誘の禁止、断定的判断の提供の禁止等が定められています（詳細はQ7-15以降参照）。

なお、これらの業法以外に、「金融商品販売法」という法律もあります。金融商品販売法は、前述の金融商品取引法等のように違反した業者を取り締まる業法ではなく、これに違反した業者に対する損害賠償責任を民法の一般原則よりも強化する法律であり、金融商品取引法・銀行法・保険業法の適用範囲の商品について、説明義務や断定的判断の提供をした業者の損害賠償義務が定められています。商品先物取引については、商品先物取引法の中に同様の効果を持つ規定があります。

これらのルールが定められているのは、投資家がリスクを理解できないような投資商品の勧誘・販売行為がなされて、損害を被るのを防止するためです。リスクを理解しないまま投資をした場合には、想定をはるかに超える損害が発生するおそれがあります。その投資商品にはどのようなリスクがあるのか、そのリスクを自分が許容できるのかなど、しっかり理解できるまでは投資しないことが大切です。

◎ 不招致勧誘の禁止

なお、一定の取引（一定の店頭デリバティブ取引や取引所外の先物取引）については、契約の締結の要請をしていない顧客に対し、訪問または電話をかけて勧誘をする行為（「不招致勧誘」という）が禁止されています。飛び込み営業は、この禁止規定に該当している可能性もあります。

Q 7-14
未公開会社の株式・社債への投資の問題

ある業者に「この会社は公開間近だから今持っておけば大儲けできる」と勧められ、未公開株を購入しました。しかし、その後音沙汰がないので、その会社に電話したら「当社は上場予定等ないし、譲渡制限株式なので名義書換えはできません」と言われました。だまされたのでしょうか。

また、ある人の紹介で、小さな会社から自社の発行する社債の購入をすすめられました。「高い利息をお支払いするし、社債ですから元本もちゃんとお返しします」というので購入したのですが、この会社はすぐ倒産してしまいました。誰かに損害賠償請求をできませんか。

◎ 未公開株商法

株式の売買は金融商品取引法による規制がなされています（Q 7-13参照）。他者の株式の売買を取り扱うには、「第1種金融商品取引業」、すなわちいわゆる証券会社の登録が必要です。そして、証券会社は特別な銘柄を除いて未公開株の売買は取り扱いません。

未公開株は、ほとんどの場合、お尋ねの件のように取締役会の承認を要する等の株式の譲渡制限がついており、また本当に上場の予定がある株式はそう簡単に誰にでも売り渡されるものではありません。したがって、未公開株の取得の勧誘は、会社の正当な手続きを踏まずに勝手に行われている場合が多く、結果として株式の取得すら実現できない場合のほうが多いのです。もちろん「上場予定だ」という情報も、通常はデタラメです。結果として、未公開株商法はまったくの詐欺であるケースがほとんどだと言えます。

◎ 少人数私募債商法

「未公開株商法は詐欺的商法だ」、という認識が大分広まってきたため、その代替手段として現れ、昨今非常に増加しているのが、社債商法です。

社債とは、会社の資金調達のためにする借金を小口化して有価証券にしたもので、一定の期日になると利息や元本が会社から支払われるものです。元本が全額償還されて利息もつく、という条件になるため、株価変動リスクのある株式より勧誘がしやすいものです。しかし、社債は会社の借金ですから、支払能力がなければ償還されないという信用リスクがあります。

特に、自社の社債を「少人数私募」という方法で発行する形式をとる手法が急増しています。これによれば、他社の社債を売買する際に必要となる第1種金融商品取引業の登録や、「有価証券届出書」の作成等の企業情報の開示（Q 7-17参照）の規定の適用を回避して募集できるためです。

少人数私募債の発行は、それ自体は合法であり詐欺的商法とは当然には言えません。しかし、実際、少人数私募債の発行がされるときは、発行会社に支払能力がなく銀行や関係者から資金調達ができない状態であることを隠して勧誘されていることが多いものです。さらに、はじめから返済する気等まったくなく、手にした資金を持って行方をくらましてしまう悪質なケースもあり、これはもちろん詐欺的商法です。縁故のない会社の社債の購入をすすめられたら、まずは疑ってかかってみたほうがよいでしょう。

◎ 救済手段と予防

詐欺的商法の場合は、勧誘した仲介業者や発行会社に民事上契約の取消しや解除をしたり、損害賠償請求を請求しうる他、詐欺罪での刑事告訴等が可能な場合もあります。詐欺とまでは言えない少人数私募債等の場合でも、金融商品取引法の「適合性原則」「説明義務」等の規制はかかるので、これらの違反があった場合は、不法行為として責任を問うことができます（Q 7-15、Q 7-16参照）。相談の方法についてはQ 7-20を参照してください。

もっとも、これらの事案は後から被害回復をしようとしても、仲介業者や発行会社が金銭を持って行方をくらましてしまい、責任追及は事実上不可能なことが少なくありません。はじめから契約をしないように、十分注意しましょう。

Q 7-15
老後の資金を投資商品で貯めるよう勧誘された

定年退職し、退職金を老後資金のために初めて何かに投資しようと思ったところ、ある業者から「今後はインフレになるので、老後資金は利率の高い投資で貯める必要があります。損をしない社債で運用しましょう」と言われ、「EB債」という商品を購入しました。ところが、満期になったら購入価格より株価の安い株式がくるだけだ、と言われました。何かおかしいのではないでしょうか。

◎「自己責任」と言えるか

投資商品の取引は、業者と顧客との契約によりなされます。一般的に私人間取引に適用される「契約自由の原則」のもとでは、当事者は契約を締結するのは自己の自由であり、かわりにその契約に基づく責任も自己が負うことになります（自己責任原則）。

しかし、投資商品については商品に関する知識・経験・情報が、業者側に偏在しており、顧客は業者の提供する情報や勧誘に追随せざるをえない立場にあります。したがって、業者と対等な立場で契約をする者として、顧客に自己責任を負わせるには一定の条件が必要です。例えば次に説明する「適合性原則」に合致した商品が販売されており、また業者が説明義務を尽くしている等、投資商品の内容やリスクを顧客が理解するのに十分な環境が提供されている前提があって、はじめて顧客の自己責任が問われることになります。

◎適合性原則

業者は、顧客に対して投資商品を販売するときは、顧客の知識、経験、財産の状況および契約を締結する目的に照らして不当と認められる勧誘を行ってはなりません。これを「適合性原則」といい、業者の行為の規制として定められています（金融商品取引法40①）。

お尋ねの場合、「EB債」というのは社債の一種ですが、償還日までの株価変動など予め定められた条件に基づき、償還日に金銭の代わりに、発行会社とは異なる会社の株式（他社株）が交付される可能性のある商品です。株価が下った場合その他社株で償還されるので、社債元本の償還額は目減りする危険がありますが、会社にそのような有利な権利がある分だけ利息が高くなっているものです。

これを初めて投資を行う顧客に、老後資金の運用のために販売することが適合するかと考えると、答えは否となるでしょう。初めて投資を行う知識や経験に乏しい顧客が、このように複雑な「仕組み債」の内容とリスクの高さを理解するのは困難でしょう。また老後資金は、確かにインフレで目減りするのは困るといっても、元本が消えてなくなってしまうほうがもっとはるかに困る、貯蓄性の資金であるはずです。したがってこのような場合、ローリターンであってもリスクの低い投資商品に投資すべきなのです。よって、業者が適合性原則に違反した勧誘をしたものと言えるでしょう。

◎業者の説明義務違反、不当な勧誘

なお、お尋ねの事案では、業者はEB債の商品性やリスクについて十分に説明していないようですから、業者には説明義務の違反も認められると思われます。さらに、「損をしない」という断定的判断の提供や、虚偽事実の告知がなされているなどの不当な勧誘のあった可能性もあります。具体的にはQ 7-16もあわせて参照してください。

◎救済手段

適合性原則違反や説明義務違反の勧誘があった場合、民事事件として契約の無効の主張や取消し、または損害賠償請求を請求することができます。または業者には業法に基づく制裁が加えられます。具体的な救済の手段については、Q 7-20を参照してください。

Q 7-16
投資商品で勧誘された内容と違うことが起きて損をした

証券会社の担当者に、「この会社の業界は今後拡大することは確実で、この株も必ず上がり、儲かります。間違いない、私が保証します」と勧誘され、信じて購入しましたが、結局株価は値下がりして、損をしました。証券会社や担当者に損失の補償を求めることはできないのでしょうか。

◎業者の説明義務

投資商品の取引では、商品に関する知識・経験・情報が、業者側に偏在しているので、顧客は業者の提供する情報に依拠せざるをえない状況にあります（Q 7-15参照）。そのため、業者は、顧客が商品の内容やリスクを理解し、投資判断を行うことができるよう、正確かつ十分な情報を説明する義務があります（金融商品取引法38Ⅷ、40、金商業等府令117①、金融商品販売法3、商品先物取引法218）。説明しなければならない内容は、商品の内容、リスクの内容と程度、取引の形態、権利行使または契約解除の期間制限、手数料等です。

顧客の知識、経験、財産の状況および契約を締結する目的に照らして、顧客の理解に必要な方法および程度による説明でなければなりません。ほとんどの場合、業者は、契約締結前の勧誘段階、および契約締結時に、法令に定められた事項を記載した書面を交付して説明する必要があります。

説明義務は、適合性原則（Q 7-15）とは別のものです。説明義務とは、たとえ適合性原則を充足している投資商品の販売でも、十分な説明を行わなければならないというものです。

◎断定的判断の提供の禁止

業者が顧客に対して、不確実な事項について断定的な判断を提供し、または確実であると誤解させるおそれのある行為をすることは、禁止されています。投資商品にはリターンに応じたリスクが必ず存在するのであり、どんなに将来有望でも、絶対に損が発生しないということはありえない、不確実なものなのです。お尋ねの件では、「必ず儲かる」という断定的な言葉でもって勧誘しており、これは事実を誤認させて顧客の判断を歪ませようとするものです。

断定的判断の提供は、金融商品取引法38条2号、金融商品販売法4条、商品先物取引法214条1号で禁止されている他、さらに消費者契約法でも「断定的判断の提供」として取消しの対象となる場合があります（消費者契約法4①Ⅱ）。

◎虚偽告知の禁止

業者が顧客に対して、虚偽の事実を告知しながら勧誘して契約を締結することは、禁止されています。このような行為が詐欺的な意味合いをもっていることは、説明するまでもないでしょう。

虚偽告知も、金融商品取引法38条3号、商品先物取引法214条2号で禁止されている他、さらに消費者契約法上の「不実告知」にも該当して取消しの対象となる場合があります（消費者契約法4②）。

◎損失補填の禁止

また、業者が顧客に生じた損失を補填するため、財産上の利益を提供することは、それを行うことも約束することも禁止されています（金融商品取引法39、商品先物取引法214の3）。これは、一見顧客には何ら不利益がないように見えますが、顧客は損失が補填されるという条件を提示されれば、その投資商品のリスクに対する警戒心が鈍って、きちんと判断できなくなりますので禁止されているのです。お尋ねの件では、担当者が勝手に損失分を補てんすることはできず、事故の届出やあっせん等による和解等の一定の手続を経る必要があります。

◎救済手段

このような説明義務違反や不当な勧誘があった場合、契約の無効や取消を主張し、または損害賠償請求をすることができます。また、業者には業法に基づく制裁が加えられます（虚偽告知については刑事罰の対象）。具体的な救済の手段についてはQ 7-20を参照してください。

Q 7-17
粉飾決算で会社が倒産し株式が無価値になった

株式を保有していた会社で粉飾決算が発覚し、大事件になったうえ、結局その会社は倒産して、株式は紙切れになってしまいました。粉飾決算をした会社の役員に、損害賠償請求を求めることはできるでしょうか。

A

◎発行会社の開示義務

株式や社債等の有価証券を発行する会社には、その会社自身の情報を適切に開示すべき義務（企業内容の開示義務）があります。会社の正確かつ十分な情報が、適切な時期に投資家に伝えられないと、投資家は正しい判断のもとで投資を行うことができないからです。

金融商品取引法4条以下では、以下のような開示をすべきことが定められています。

① 発行開示
有価証券を最初に発行する際に行うべき開示
- 「有価証券届出書」を内閣総理大臣（金融庁）に提出
- 「目論見書」を投資家に交付

② 継続開示
有価証券の発行後に、その有価証券について継続的に行うべき開示（以下の書面を内閣総理大臣（金融庁）に提出）
- 「有価証券報告書」（年1回）
- 「内部統制報告書」（年1回）
- 「四半期報告書」（有価証券報告書発行時期以外の四半期年3回）
- 「臨時報告書」

◎開示内容

開示される内容は、投資判断に必要な情報であり、法令で定められています。主な項目は、以下のようなものです。

① 財務状況（連結、単体）
- 貸借対照表
- 損益計算書
- 株主資本等変動計算書
- キャッシュフロー計算書

② 事業報告

③ 対処すべき課題

④ 役員、大株主、会社の主要な設備等の情報

これらのような開示書類は、最近ではすべてインターネット上で投資家が見ることができます。金融庁は提出された書類を「EDINET」というシステムで開示しています。また、各発行会社のホームページでもたいてい開示されています。各発行会社のホームページでは、前述の金融商品取引法上の開示書類とあわせて、証券取引所の規則に基づいて開示される「決算短信」や各種の会社のニュース（適時開示）も見ることができます。

◎開示義務違反と損害賠償

粉飾決算は会社の現実の姿を隠した決算ですから、そのような決算を有価証券報告書等で開示した場合には開示義務違反になります。

虚偽記載がある有価証券届出書や有価証券報告書を作成した会社やその役員は、その有価証券を取得した投資家に対して、虚偽記載によって投資に発生した損害を賠償する義務を負います（金商法18、21、21の2等）。この責任は無過失責任であり、また損害額について証明が困難でも、裁判所が一定の方法で推定することができる旨の規定が、金融商品取引法に置かれています（金商法21の2⑤）。

開示義務違反に対しては、刑事罰や行政上の課徴金も課されることがあります。

なお、同様の事態があったときによく問題になる「株主代表訴訟」は、損害賠償とは異なります（会社法847）。株主代表訴訟は、会社が役員の義務違反について会社に対する損害賠償を求める際に役員同士で訴訟をするのが困難な場合に、株主が会社を代表して訴訟を遂行するものです。前述の開示義務違反の責任は、会社やその役員が「投資家」に対して負うことになります。

Q 7-18
商品先物取引、FX の仕組みについて

業者の担当者が、先物取引の仕組みを説明しようとしているのですが、よくわかりません。ポイントは何なのでしょうか。

また、FX を始めようと思うのですが、同じように外貨を買う銀行の外貨預金と違って、ハイリスク商品だと言われているのはなぜなのでしょうか。

◎ 委託証拠金取引とレバレッジ

商品先物取引は、価格変動のある商品を一定の金額で売買し、反対売買するときとの価格差で損得が発生するものです。また、FX（Foreign Exchange、外国為替証拠金取引）は、為替変動のある外貨を一定の金額で売買し、反対売買するときとの価格差で損得が発生するものです。ここまでは、およそ誰でもわかっているものです。

問題は、これらの取引は「委託証拠金取引」で行われていて、これによりハイリスク・ハイリターンの商品となっていることにあります。これらの取引をするときに、投資家が投じる資金は「証拠金」であり、このお金で実際に商品や外貨を購入しているわけではありません。この点が、預けたお金そのものを外貨に転換する外貨預金との違いです。この証拠金に対して一定の倍率（「レバレッジ（＝てこ）」という）をかけて取引可能な価格を設定し、取引によってその価格の範囲内で商品や外貨を買う権利・義務（「買い玉」「買いポジション」）や、売る権利・義務（「売り玉」「売りポジション」）を投資家は手に入れているのです。

例えば、レバレッジ10倍の米ドル取引で、1米ドル80円として、証拠金80万円を預託し、可能な限り最大の買い注文を立てると、800万円分すなわち10万ドルの買いポジションを得ることができます。そして通常は、後で、手に入れた権利とは逆の売買をして、差額で決済します。10万ドルを売るわけですから、その時点で1ドル88円なら880万円、1ドル72円なら720万円になります。ここで、実際のドルの価格の振れ幅は10％だけなのに、投資家が手にするお金（実際には手数料が引かれてもう少し目減りする）の最初の投資額に対する振れ幅は、10％にレバレッジ倍率の10倍を乗じた100％となっています。こうして、レバレッジによりリスクとリターンを増幅して、ハイリスク・ハイリターン商品にしているのです。証拠金とは、損失が発生した場合にそれを投資家が負うことの、文字どおり「証拠」となる、担保としての預け金にすぎないのです。

◎ 追い証とロスカット

証拠金がこのような性質の金銭であるため、商品先物取引や FX では、取引による損失の額が証拠金の金額に近づいてくると、証拠金の追加が求められます（「追い証」「委託追証拠金」「マージンコール」という）。商品や外貨の値洗い（その時点の価格を計算すること）をして、買いポジションの商品や外貨の価格が下がったり、売りポジションの商品や外貨の価値が上がったりすると、反対売買をしたときに損失が出る可能性が生じます。その損失額が例えば証拠金の50％に達したら追い証を求められること等が、契約で決まっています。追い証の支払いを回避するためには、手仕舞いをして損金を確定する必要があります。また、損失額が証拠金の一定の比率（例えば70％）に達したら、業者により強制的に取引の手仕舞い（「ロスカット」）がなされる仕組みが、契約上で施されていることもあります。

これらの仕組みは、投資家の損失が予想外に拡大しないよう安全弁の役割を果たしています。しかし、業者は多くの場合追い証をすすめ、顧客は損失の発生をおそれてこれに従って預託し、投資額を拡大させ、そして多くの場合は損失を拡大させていくのです。

商品先物取引や FX では、都合のよい話の部分ばかりが説明されます。また、頭に残っていることも都合のよい話の部分が多いものです。投資をする際には、リスクの部分を重点的に理解するように心がけましょう。

Q 7-19
先物取引業者のいいなりに取引していたら損をした

業者に「この商品はこれから絶対上がるから買いです」と言われて、商品の先物取引を始めました。その後、「価格が下がり始めているので、損失が発生しないように、両建てにしましょう」と言われたり、損が出始めたので手仕舞いして清算することを求めたら「ここで辞めたら大変です。追い証はまだ入れなくていいので、もう少し我慢しましょう」と言われて応じてもらえなかったりしました。しかし、「プロの言うことだから…」と、そのとおりにしていたら、結果として大損をしました。後で帳簿を取り寄せてみたら、覚えのない取引も含まれているように思えます。業者に対して何が言えるでしょうか。

◎ 適合性原則違反、説明義務違反、断定的判断の提供

商品先物取引業者にも、金融商品取引業者と同様の、適合性原則、説明義務、断定的判断の提供の禁止という規制があります。これらの内容については、Q 7-15とQ 7-16を参照してください。

◎ 業者の不適切な誘導――両建ての勧誘

商品先物取引業者は、取引の方法について、不適切な誘導をしてはなりません。

例えば、お尋ねのケースの「両建て」は、同じ商品について、同数の売り注文と買い注文を同時に出す（売り玉と買い玉を同時に建てる）ことです。売りと買いでは商品の価格変動による損得は逆になりますから、両建てをすることで、一見、「売り玉／買い玉」で出た損を「買い玉／売り玉」で吸収できて、損得を相殺できるようにみえます。業者は、顧客の建玉に損失が出始めると、その損失を回避する手段としてこれをすすめます。しかし、確かに損失の固定化を図ることはできても、両方の玉を有利に仕切ることはほぼ不可能です。そして、委託証拠金は二重に必要となり、業者の手数料は両方の建玉に対してかかり続けるので、全体でみると必ず損になります。かかる取引を誘導するのは、ほとんどの場合、業者の手数料稼ぎが真意であり、業者が必ず得をして顧客が必ず損をする不適切な誘導なので、禁止されているのです。

◎ 無断売買、一任売買の禁止

また、商品先物取引業者は顧客に無断で顧客の勘定で商品を売買することはもちろん、顧客から取引の一任を受けて商品の売買を行うことも、商品先物取引のリスクの高さに鑑みて禁止されています。

無断売買は、顧客がこれに対して責任を負う理由はないので、その効果は顧客には及びません。

◎ 委託証拠金を受けない取引の禁止

委託証拠金取引において、追い証は顧客が過大に投資して損害が想定以上に拡大するのを防止する役割を果たしています。そこで、業者は顧客から、所定の委託証拠金の預託を受けなければならないことが、法令で定められています。所定の委託証拠金を受けなかったり、追い証が発生しているにもかかわらずこれを放置して取引を継続したりすることは、禁止されています。

◎ 仕切り拒否、清算金の支払遅延の禁止

また、業者が顧客が取引を手仕舞い（仕切り）することを指示しているのに、これに従わず取引を続けること（仕切り拒否）も禁止されています。委託証拠金取引は、対象物の少しの価格変動で大きな損得が出るため、タイミングを遅らせると、損失が予想外に拡大する危険があるからです。

さらに、業者が取引終了時の清算金の支払いを遅延する行為も、もちろん禁止されています。

◎ 救済手段

業者にこれらのような禁止事項の違反があった場合、それを勧誘した業者等に、契約の取消しや解除、または損害賠償請求をすることができます。

また無断売買は、顧客に効果が帰属しないので、その部分については不当利得の返還請求を行うことになります。具体的な救済の手段については、Q 7-20を参照してください。

Q 7-20
投資による損害についての救済方法

業者の勧誘するとおり投資をしていたら、投資額がまったく返ってこなくなり、大きな損害を被りました。自己責任と言われても、私としては納得できないのですが、業者に対して責任をとらせるためには何をどのようにしたらよいでしょうか。

A

◎民事上の責任追及

これまでの設問で、業者の不適切な行為として、以下のような行為を挙げてきました。
- 適合性原則違反
- 説明義務違反
- 断定的判断の提供
- 虚偽告知
- 損失保証の約束
- 両建て
- 無断売買、一任売買
- 仕切り拒否、清算金の支払遅延

これらの行為があった場合、次のような法的根拠に基づいて、契約の取消、解除、無効の主張、および損害賠償請求を行うことができます。
- 民法や金融商品販売法の規定による不法行為に基づく損害賠償
- 民法や商法の規定による債務不履行に基づく損害賠償、解除
- 消費者契約法または錯誤・詐欺(民法)に基づく契約の取消しまたは無効
- 不当利得に基づく預託金の返還請求

ただし、請求を行うことができるといっても、訴訟で勝訴するためには、業者側に不適切な行為があったことの証拠が必要になります。商品の説明書やパンフレット、取引報告書や顧客勘定元帳などの証拠書類を、しっかり収集しておきましょう。勧誘の経過をあらかじめ時系列でまとめておくのも、非常に有益です。

◎刑事上、行政上の責任追及

未公開株商法(Q7-14)等、悪質なケースは、詐欺罪で刑事告訴することも考えられます。ただし、取引に絡む経済犯罪は、複雑で微妙な事案が多いので、警察に被害届や告訴状を受理してもらうための説明だけでも大変難しいものです。前述の民事上の責任追及について弁護士に相談する際に、あわせて相談してみるのがよいでしょう。

登録されている業者については、監督官庁の行政処分を求めることも考えられます。以下の業界団体を通じて、あるいは監督官庁等の設置する相談窓口に相談すれば、悪質な事案については、その旨を示唆したり、手続きをとったりしてくれるでしょう。

投資関係のトラブルについては、以下のような相談窓口が、取引に関する相談・苦情の受付や、紛争を解決するための「あっせん」を行っています。
- 業界団体の相談窓口(日本証券業協会、金融先物取引業協会、投資信託協会、日本証券投資顧問業協会、日本商品先物取引協会等)
- 金融庁「金融サービス利用者相談室」
- 国民生活センター
- 各地の消費生活センター

また、金融商品取引法の改正で「金融ADR制度」(金融分野における裁判外紛争解決制度)が新設され、指定された機関(FINMAC等)が紛争解決にあたっています。

しかし、あっせんや金融ADR制度は当事者双方の合意を促す手続きなので、業者が協力しないときや双方の意見の対立するときには、紛争解決に至ることができません。

そのような場合は、裁判所の訴訟手続で紛争の解決を図るしかないでしょう。金融商品や先物取引の紛争解決は、専門知識が要求されるので、弁護士に依頼するときには、この分野に詳しい専門の弁護士を探すことをおすすめします。

Q 7-21 インサイダー取引とは

勤務している会社が、株式分割を決定したことを知りました。これを知って勤務している会社の株式を売買したときはインサイダー取引規制に抵触しますか。家族名義で売買したときはどうですか。

A

◎インサイダー取引規制の目的

証券市場は、多くの者が公平な立場で取引に参加し、公正な取引を行うことによって初めてその機能を発揮できる場であると言えます。

証券市場に株式を上場している会社の役員や従業員等、会社の内部の情報を知りうる立場にある者（インサイダー）が、そのような情報のうち外部に公表されていないものを利用して株式の取引を行うことは、他の投資家と比べて極めて有利な取引が可能となり、著しい不公平が生じます。

そこで、金融商品取引法はこのような不公正な取引を防止するため、インサイダー取引を規制しています（金商法166以下）。

◎インサイダー取引規制の対象者

前述の目的から、金融商品取引法は次の者をインサイダー取引規制の対象者としています。

① 会社関係者

(a)上場会社等（上場会社とその親会社・子会社を意味する、以下同じ）の役員・代理人・使用人・その他の従業員（以下「役員等」という）の他、(b)上場会社等の会計帳簿閲覧等請求権を有する株主等、(c)当該上場会社等に対して法令に基づく権限を有する者、(d)当該上場会社等と契約を締結している者または締結の交渉をしている者が「会社関係者」に該当します。

また、(b)または(d)が法人である場合、当該法人の役員等も「会社関係者」に該当します。

② 元会社関係者

会社関係者でなくなってから1年以内の者がこれに該当します。

③ 情報受領者

①②に該当する者から重要事実の伝達を受けた者や、①②に該当する者から重要事実の伝達を受けた法人の役員等がこれに該当します。

◎インサイダー取引規制の対象となる行為・時期

前述のとおり、インサイダー取引規制は一部の者のみが入手可能な情報を利用して取引を行うことを防止するためのものですから、投資家の投資判断に影響を及ぼす重要事実が生じた後それが公表される前に、重要事実を知りながら株式等の取引を行うことを禁止しています。

重要事実の内容については金融商品取引法166条2項に具体的な定めがあります。上場会社等の業務執行を決定する機関が金融商品取引法166条2項1号に掲げる事項について決定したこと、上場会社等に金融商品取引法166条2項2号に掲げる事項が発生したこと、決算情報（金商法166②Ⅲ）、その他当該上場会社等の運営、業務または財産に関する重要な情報であって投資者の投資判断に著しい影響を及ぼすもの（金商法166②Ⅳ）がこれに該当します。なお金融商品取引法166条2項4号は包括的な規定であるため、「バスケット条項」とも呼ばれています。

また、重要事実の公表は東京証券取引所が運営する適時開示情報閲覧サービス（TDnet）への掲載等、金融商品取引法および同法施行令所定の方法でなされる必要があります。

お尋ねの場合には、会社が株式分割を決定したことは重要事実に該当しますので（金商法166②一）、当該事実が未公表の段階で、当該会社の従業員がこれを知って株式を売買することはインサイダー取引規制に抵触します。なお、インサイダー取引規制に違反した場合のペナルティとしては、刑事罰の他、課徴金制度があります。また、勤務先の会社において懲戒処分を受ける可能性もあります。

このことは、家族の名義で売買したときもまったく同じです。さらに、家族の関与の仕方によっては、家族も共犯として刑事責任を問われる場合があります。

3 マルチ商法・ネズミ講

Q 7-22

マルチ商法の仕組み

　私は、知人から「この健康食品を買って会員となり、新しく購入者を紹介してくれたら、あなたは高い手数料がもらえる」等と言われています。月に100万円の利益を上げている人もいるとのことで、とても魅力的な話です。このような勧誘に応じても問題がないでしょうか。

◎ マルチ商法とは

　商品やサービスの販売組織に加入して、新たな加入者を勧誘すればリベート・利益が得られるとして、その組織に加入するために、商品やサービスを購入させたり、入会金を支払わせたりすること等を次々と行わせる商法を「マルチ商法」（マルチ・レベル・マーケティング・システム）と言います。法律的には、「連鎖販売取引」として特定商取引法の規制対象となります。近年、これを行う業者は、自らを「紹介販売」「ネットワーク・ビジネス」と称することが多くなっていますが、「マルチ商法」という言葉のイメージが悪いので言い換えているだけです。以前は、同じ商法のうち法の適用のないものを「マルチまがい商法」と呼ぶこともありましたが、法が改正され適用のないものは存在しなくなりました。

　「マルチ商法」は、構造的にはネズミ講（Q7-24参照）に商品やサービスの販売行為が加わっただけのものです。金銭配当組織であるネズミ講はそれ自体が違法であるのに対し、マルチ商法は販売方法の一種であり、特定商取引法に違反しなければ商法そのものが違法なわけではありません。しかしマルチ商法は、被害が社会問題化するほど問題の多いものです。どこに問題があるのでしょうか。

◎ マルチ商法の問題点

① 仕組み上の収益の有限性

　マルチ商法における加盟者の利益は主として新規加盟者の加入に伴う金銭の支払いによって得られます。自己の下位の加盟者が増えることによって相乗的に増えるという仕組みの中で、組織に参加した会員すべてが利益を上げ続けるためには、組織が無限に拡大し続けなければならないようになっており、必然的に破綻する組織であるにもかかわらず、あたかも無限に誰もが儲かっていくかのような説明がなされたり、そうした過大な期待を抱くように組織に加入させたりするのが通常です。

② 不当な勧誘方法

　マルチ商法組織への加盟勧誘の説明においては新規加盟者への勧誘が容易であって、これによって多大な利益が簡単に得られるかのごとく説明するのが通常です。事業者がセミナー等を開催し、誰でも成功できるかのような説明をして、執拗に勧誘する例が多くみられます。そのような勧誘は成功イメージをことさら強調し、リスクや、その組織の規模や会員数の実態、販売する商品・サービスの品質・性能・取引条項・契約の解除に関する事項等については、説明が不十分だったり、一応の説明があっても虚偽あるいは誇張されていたりすることが多いのです。「簡単に儲けられる」という話には、注意が必要です。

◎ 特定商取引法における「連鎖販売取引」の定義

　以下の定義にあてはまると、特定商取引法の「連鎖販売取引」に該当し、不当勧誘の禁止（特商法34）、書面交付義務（特商法37）等法律の規制に服することになります。

① 「物品の販売」または「有償で行う役務の提供」の事業であること

② 物品（商品等）の「再販売」「受託販売」「販売のあっせん」をする者、または、同種役務の「提供」・「提供のあっせん」をする者を誘引するものであること

③ 新規加入者等の加入に伴う金銭等特定利益を収受しうることをもって誘引するものであること

④ 誘引される者に特定負担（新規加盟・上位ランク昇進の条件として負担する商品購入・加盟料支払等）を伴う取引をするものであること

Q 7-23 マルチ商法の被害に遭ってしまった

知人から「この化粧品を購入して組織の会員となり、さらに紹介して人に売るとマージンが入る」と勧誘されたため、組織に加入し、化粧品を大量に購入しました。しかし、勧誘の際の説明と異なり、化粧品がまったく売れず多くの在庫が残っています。どうすればよいのでしょうか。

A

◎特定商取引法による規制

お尋ねの件をみてみますと、①化粧品という「物品の販売」の事業であること、②「再販売」「販売のあっせん」をする者を誘引し、③「マージンが入る」と「特定利益を収受しうることをもって誘引」し、④新規加盟の条件として大量の化粧品を購入せざるをえなかったとすれば、特定商取引法の「連鎖販売取引」に該当します。特定商取引法では以下のような規制をしています。

① 勧誘に先立って、事業者の名称・販売商品名・販売目的・金銭負担を伴うことを明示する義務がある（特商法33の2）。
② 事業者が、不実告知、事実不告知、威迫・困惑行為によって消費者に契約をさせたり、契約申込みの撤回や契約の解除を妨げたりする行為、販売目的を隠して公衆が出入りしない個室等に誘い込んで勧誘する行為の禁止（特商法34）。
③ 広告する際、商品等の種類、商品名、広告を行う者の氏名・住所、商品代金等の金額について明示する義務を負う（特商法35）。また、誇大広告は禁止（特商法36）。違反者に対しては刑事制裁が科せられる。
④ 連鎖販売業を行う者は、契約締結前に連鎖販売業の概要を記載した書面を交付しなければならない。また、無店舗個人（当該マルチ法の商品を店舗その他これに類似する設備によって販売もしくはあっせんするのではない個人のこと）と連鎖販売取引を締結した場合、遅滞なく、商品の客観的な性能・品質や役務の内容、特定負担やクーリングオフを含めた契約解除に関する事項等、法定された記載事項を明らかにする書面を相手方に交付しなければならない（特商法37）。

◎クーリングオフ等の救済方法

お尋ねのような場合は、特定商取引法40条以下で定められているクーリングオフなど救済方法を検討すべきです。

まず、前述④で述べた「契約書面」の交付を受けた日から20日は、書面により理由を要せず契約を解除できます（特商法40）。また「特定負担」が再販売する商品の購入についてである場合には、書面の受領日より商品の引渡しを受けた日が遅い場合はその引渡日が起算日となります。マルチ業者はクーリングオフに伴う損害賠償・違約金の請求ができないとか、すでに引渡しを受けている商品の引取費用は連鎖販売業者の負担となる、さらにクーリングオフの行使を制限する特約は無効である等も重要な規制です。

クーリングオフ期間が経過しても、一定の範囲で、将来に向かって中途解約権が認められています（特商法40の2）。入会後1年を経過しない場合や、その他四つの場合にあたらないこと（例えば商品の引渡しを受けた日から90日経過していない）等の要件を満たすことが必要です。損害賠償の請求をされるリスクはありますが、一定限度に制限される余地があります。

勧誘者が商品の性質・性能等につき、故意に事実を告げず、または不実のことを告げ、これらによって加入者が誤認して契約締結をした場合、加入者はその契約を取り消す余地があります（特商法40の3）。

◎その他の救済方法

クーリングオフの他に、民法上の一般原則に基づく主張、例えば、詐欺取消し（民法96①）、錯誤無効（民法95）、公序良俗違反無効（民法90）のほか、不法行為に基づく損害賠償請求（民法709）が考えられます。また、特定商取引法上の取消権の主張とともに、消費者契約法による取消しを重畳的に主張することも考えられます。

Q 7-24
ネズミ講の仕組み

知人から「いい儲け話があるので会員になってほしい」と勧誘されました。お金を払って会員になったあとは、2名の会員（子会員）を勧誘すれば、続いて、その子会員が孫会員を勧誘するので、どんどんその後の会員が増えていき、そこから多額のお金が入ってくる、というのです。このような勧誘に応じても問題がないでしょうか。

◎ネズミ講とは

お尋ねにある勧誘は、ネズミ講にあたります。

ネズミ講は、法律において「無限連鎖講」と呼ばれます。無限連鎖講の防止に関する法律において、ネズミ講を開設することや運営すること自体を禁止しています。さらに、ネズミ講の開設とか運営等という主体的な役割でなくても、ネズミ講に加入したり、加入することを勧誘したりする行為も禁止されています。加えて、これらの行為を助長する行為も一切禁止されています。このように直接の関与だけでなく、助長する行為も広く禁止されていることに注意が必要です。

ネズミ講とは、2人の子会員、その子会員の子会員（孫会員）4人、そのまた子会員（ひ孫会員）というようにネズミ算的に会員を増やしていくピラミッド型の金銭配当組織を言います。

あなたの場合も、お金を払って会員にまずなって、その後、あなたが勧誘した子会員、孫会員等どんどん増える会員からお金が入ってくる、という仕組みだと勧誘されたとのことですから、典型的な「ネズミ講」と言えます。

こうした勧誘には、絶対に応じてはいけません。

◎ネズミ講の特徴

ネズミ講の特徴としては、①加入者が無限に増加することを前提としていること、②加入者が一定額の金銭を出すこと、③加入者が、先に加入した人（先順位者）から順次、後で加入した人（後順位者）に連鎖して段階的に2以上の倍率をもって増加する組織であること、④先に加入した人が、自分が出した金銭よりも、後から加入した人が出す金銭の額を上回る金銭を受領する仕組みになっていること、⑤金品（金銭やテレホンカード等）の配当組織となっていること等が挙げられます。

◎ネズミ講の禁止

無限連鎖講の防止に関する法律の1条にこの法律の目的が書かれています。とてもわかりやすく書かれていますので、長くなりますが引用します。

> 第1条（目的） この法律は、無限連鎖講が、終局において破たんすべき性質のものであるのにかかわらずいたずらに関係者の射幸心をあおり、加入者の相当部分の者に経済的な損失を与えるに至るものであることにかんがみ、これに関与する行為を禁止するとともに、その防止に関する調査及び啓もう活動について規定を設けることにより無限連鎖講がもたらす社会的な害悪を防止することを目的とする。

法律に明記してあるとおり、ネズミ講が最も問題なのは、最後には必ず破たんする性質を持っているということです。仕組みを冷静に考えてみると、ネズミ算的に会員が倍々に増えていったらいつのまにか日本の人口数を超え、さらには世界の人口数まで超えてしまうに至ります。そのようなことは不可能であり、最後には組織が破たんし、その結果、下位の会員は金銭を回収できず多くの人が被害を受けます。このような仕組みは、人の射幸心（幸運によって他人より幸せに恵まれたいという思い）をあおり、個人的な損害を与えるだけでなく、社会的害悪となると言わざるをえません。こうしたことから、ネズミ講は主体的な開設・運営を禁止されているだけでなく、関与することも禁止されているのです。

「ネズミ講で損をすることは自己責任で覚悟のうえならネズミ講に関与してよいのでは」、とか、「自分の個人的な金銭をどう使おうが自由ではないか」という理屈は通らないのです。

Q 7-25 ネズミ講の被害に遭ってしまった

私は、知人から「いい儲け話がある」と勧誘されて、お金を払いある会の会員となったのですが、その後、この仕組みが「ネズミ講」にあたることを別の友人から聞き、問題があることを知りました。今後、どのようにしたらよいでしょうか。

◎ネズミ講の規制

ネズミ講は、悪質「商法」というよりもはや「犯罪」であり、反社会的性格からネズミ講の開設・運営のみならず、加入、勧誘、これらの行為の助長を全面的に禁止しています（無限連鎖講の防止に関する法律3）。

さらに、次のような罰則も定められています（無限連鎖講の防止に関する法律5～7）。

① 無限連鎖講を開設・運営した者
  3年以下の懲役もしくは300万円以下の罰金または併科
② 業として加入することを勧誘した場合
  1年以下の懲役または30万円以下の罰金
③ 単に加入することを勧誘した場合
  20万円以下の罰金

◎ネズミ講被害の救済方法

あなたがすでに支払ってしまった金員の救済については、それほど難しくありません。相談者は、この仕組みが「ネズミ講」にあたることを別の友人から聞き、問題があることを知ったのですから、ネズミ講が公序良俗違反であるとして、民法90条により無効であり、払ったお金の返還を知人に対し請求することができます。公序良俗違反に基づく損害賠償請求という理論構成でも、請求することができると考えられます。

ただし、相談者の民事的請求が認められるとしても、実際にあなたを誘った知人が、あなたに対しこのお金を支払う能力を有しているかという問題が別にあります。その知人はあなただけでなく、他にも多くの人を勧誘していることが予想され、また、その知人自身が前順位者に誘われてお金を支払っていることもよくあります。

そうすると、誘った知人に対し請求権は認められるとしても、実際の回収ができるかどうかは難しい場合もあります。早急に弁護士等に相談すべきでしょう。

誘った知人ではなく、開設者に対し請求を求める余地もあります。会の仕組み、その者が開設者である証拠、自分が会員となった証拠等をそろえることが大事です。

◎違法であることを知る前に、第三者を勧誘してしまった場合

ネズミ講で違法だということを知る前に、第三者を勧誘してしまっている場合もあります。

このような場合で、第三者を勧誘したときに振込口座等を会に知らせているときは、すぐにその銀行口座を閉鎖してもらい、勧誘してしまった人の振込を防いでください。

さらに、勧誘してしまった人に対し、違法性を知らずに勧誘してしまったが、違法な行為なので絶対に参加しないでほしいというお詫びを知らせてください。

これは勧誘してしまった人が少数であれば連絡も容易ですが、インターネットやメールを使ったネズミ講の場合はメール等を使って行い多人数となってしまうことも考えられます。

以上のことは、その後、被害を拡大させないために至急の対応として行うべきことですが、これによって、相談者がネズミ講へ勧誘してしまったという点がなかったことになるわけではありません。相談者自身、責任を問われることがありうることを覚悟したうえ、至急、警察に相談をしにいき、素直に違法性を知らなかったこと等の事情を話しておくことをおすすめします。

Q 7-26

マルチ商法とネズミ講の違いは

　知人から「いい儲け話がある」と勧誘されたのですが、「お金を払い会員となるときにレポートを購入する仕組みであるし、先に参加した者が抜けていくので、ネズミ講ではない」と言われました。知人からは、マルチ商法自体は禁止されているわけではないとも言われています。知人の勧誘に応じても問題がないでしょうか。

◎マルチ商法とネズミ講の共通性

　マルチ商法もネズミ講も、どちらも加入した各会員がそれぞれ複数の会員を加入させていくことによって組織をねずみ算的に増殖させ、新規加盟者が支払う入会金等が上位会員に支払われるという仕組みを持ったものです。

　このようにマルチ商法もネズミ講も、会員を増加させ組織を拡大することによって会員全員が利益を享受できるという形態をとりますが、現実に組織を拡大し続けることは不可能で破綻せざるをえない仕組みとなっています。この点を秘匿し、人の射幸心（幸運によって他人より幸せに恵まれたいという思い）をあおる方法により会員を勧誘していくことに共通の問題があります。

◎マルチ商法とネズミ講の違い

　マルチ商法とネズミ講の違いは、わかりやすく言えば、マルチ商法が商品の販売組織や役務の提供をする組織であるのに対し、ネズミ講は金銭配当組織である点にあります。

　マルチ商法は、商品の販売や役務の提供という形式をとっているため、ネズミ講のように一概にすべて違法と評価することはできません。現行法上、具体的にマルチ商法を規制している「特定商取引法」は、少なくとも規定上はマルチ商法そのものを違法行為として禁止しているわけではなく、勧誘方法等の行為規制を置いているにすぎません。また、特定商取引法の定義する「連鎖販売取引」は、実際に日本で行われているマルチ商法のすべてを含んでいるものでもないのです。

　他方、ネズミ講は商品の販売ではなく、多数の者から金銭を集めて組織の中で配当するだけで多くの利益が得られるかのように勧誘する仕組みのため、商品を介在させるマルチ商法より違法性が際立つと言えます。ネズミ講はそれ自体違法とされ、ネズミ講を開設、運営する行為はもちろんのこと、ネズミ講への加入を勧誘する行為も刑罰をもって禁止されています。ネズミ講の購入契約等も私法上、無効であり、開設・運営・勧誘等は不法行為上違法となります。

◎マルチ商法かネズミ講かの判断

　以上のとおり、マルチ商法とネズミ講は、商品の販売等が介在するかによって法規制が異なります。しかし、商品が介在していても、商品介在が名目にすぎず、実質は金品の配当組織であると認定されて、無限連鎖講（ネズミ講）の防止に関する法律が適用されたケースもあり、マルチ商法とネズミ講の境界はわかりにくくなっています。

　扱われる商品が実際にはほとんど無価値であったり、あるいは価値はあるとしても一般消費者に必要のない物であったり、不当に高額であるケース等は、実質的には「ネズミ講」と評価されることもあります。

　お尋ねの件は「レポートを購入」ということですが、その価値に疑問があったり、一般消費者に必要がなかったり、不当に高額の場合は実質的に「ネズミ講」とされるおそれがあり、注意が必要です。

　なお、ネズミ講の「無限連鎖講」という表現の「無限」という言葉から、組織が無限に広がり維持されていなければ「無限連鎖」ではない、というイメージを持たれることもあるようですが、法律ではそのようなことは無限連鎖講であるための要件としていません。1人参加すると最上位の1人が抜けるから「無限連鎖」ではない、とは言えず、実態として「ネズミ講」であれば、勧誘する等の関与行為は刑事上処罰されますので注意してください。

4 フランチャイズ契約

Q 7-27

フランチャイズ契約とは

フランチャイズ契約とはどのような契約ですか。本部会社の従業員になる場合と、どのような点が異なるのでしょうか。

A

◎フランチャイズ契約とは

今日、フランチャイズ契約にはさまざまなものがありますが、そもそもフランチャイズ契約とは以下のような契約関係を意味します。

本部(「フランチャイザー」ともいう)は、加盟者(「フランチャイジー」ともいう)に対し、自己の商標・ブランドの使用を許諾し、営業に関するノウハウを提供すると共に、事業経営に対する統制・指導・援助を行います。加盟者はそれらの商標・ブランド・ノウハウを活用し、また本部の統制・指導・援助の下に営業活動を行い、それらの対価として、本部にロイヤリティを支払います。

以上のような関係により、フランチャイズチェーンにおいては、個々の店舗・事業所の規模が小さくても、本部が提供するシステムを活用し経営を合理化することができ、仕入の面においても規模のメリットを享受することが可能となります。また、フランチャイズチェーンにおいては、個々の店舗・事業所の経営者は別であるにもかかわらず、多数の店舗・事業所が統一的なイメージのもとに営業活動を行うことができ、集客・宣伝効果等の点で大きなメリットを得ることができます。

◎フランチャイズ契約における加盟者の地位

以上のように多くのメリットがあるフランチャイズ契約ですが、フランチャイズ契約のもとでは、加盟者はあくまで事業者として、本部と独立した立場で事業を行うという点に注意が必要です。従業員になる場合との違いは、以下のとおりです。

例えば、あなたがある会社の従業員として事業に従事する場合、顧客との間で商品売買やサービス提供に関する契約を締結するのは会社であり、取引先との間で商品や原材料の仕入に関する契約を締結したり、雇用している従業員との間で雇用契約を締結したりするのも会社です。従業員であるあなたは、顧客や取引先等に対して、直接契約上の責任を負うものではありません。したがって、顧客に対し契約違反行為があった場合、顧客に対し契約に基づく責任を負うのも一次的には会社となります。また、あなたが従業員として事業に従事している場合には、あなたは会社から就業規則(給与規程)に基づく給与の支払いを受ける権利を有するものであり、事業のために投資をすべき立場にはありません。

これに対し、あなたがフランチャイズチェーンの加盟者として事業を行う場合は、加盟者であるあなた自身が顧客との間で商品販売・サービス提供等に関する契約を締結することになります。このため、顧客が購入した商品や提供を受けたサービスに関し損害を被った場合、加盟者であるあなたは顧客から契約違反を理由とした損害賠償請求を受けることになります。

また、あなたがフランチャイズチェーンの加盟者として事業を行う場合には、初期投資を行わなければならず、また事業開始後も売掛金の回収や、仕入代金の支払い、従業員給与その他の経費の支払い等は、原則として加盟者の責任で行うことになります。フランチャイズ契約によっては、本部が取引先に対する支払い等の事務手続を加盟者に代わって行うこととされている契約がありますが、本部が事務手続を代行する場合であっても、加盟者自身がそれらの金銭の負担者であるという点は変わりません。フランチャイズ契約において、加盟者が独立の事業者として利益を得ることと、これらの責任を負うこととは、表裏一体の関係にあると言えます。

なお、フランチャイズ契約によっては、事業遂行に必要な初期投資や経費の一部を本部が負担するものとされている契約もありますので、このような経費負担の区分については、契約締結前に十分確認しておくことが重要です。

Q 7-28
フランチャイズ契約を結ぶときに注意すべきこと

会社に勤務していましたが、フランチャイズチェーン本部とフランチャイズ契約を締結して独立しようと考えています。契約締結にあたり注意すべき点は何ですか。

A

◎フランチャイズ契約の内容

フランチャイズ契約の加盟者は、フランチャイズ契約に基づき本部が有する商標・ブランドやノウハウを利用できる半面、それらの対価として本部に対しロイヤリティの支払義務を負います（Q7-27）。また、フランチャイズ契約の加盟者は、本部がフランチャイズチェーン全体の営業活動の統制やブランドイメージの維持等を目的として設けた各種の契約条項に拘束されます。

そこで、フランチャイズ契約の締結にあたっては、これらの契約条項の内容を正しく理解しておくことが重要です。特に重要な契約条項については、後述の中小小売商業振興法11条の規定が参考となります。

◎中小小売商業振興法の要請

フランチャイズチェーンに加盟する中小小売商業者を保護するための法律として、中小小売商業振興法があります。

中小小売商業振興法は、「特定連鎖化事業」（ただし、商品の販売または販売のあっせんを事業内容とすることが要件。これには、フランチャイズ・システムの他、ボランタリー・チェーンや代理店・特約店取引等が含まれる）への加盟者を含む中小小売商業者を保護し、中小小売商業の振興を図ることにより、国民経済の健全な発展に寄与することを目的とした法律です（中小小売商業振興法1）。

中小小売商業振興法11条は、特定連鎖化事業を行う者は、特定連鎖化事業に加盟しようとする者に対し、次の事項を記載した書面を交付し、その記載事項について説明しなければならないと定めています。

① 加盟に際し徴収する加盟金、保証金その他の金銭に関する事項
② 加盟者に対する商品の販売条件に関する事項
③ 経営の指導に関する事項
④ 使用させる商標、商号その他の表示に関する事項
⑤ 契約の期間ならびに契約の更新および解除に関する事項
⑥ 前各号に掲げるもののほか、経済産業省令で定める事項

中小小売商業振興法施行規則は、⑥を受け、本部事業者の従業員数、資本の額、直近三事業年度の貸借対照表および損益計算書等、本部事業者の信用に関わる事項の他、契約条項に関し本部が開示すべき事項をより細かく定めています。開示事項には、例えば、営業時間に関する事項や、ロイヤリティに関する事項、経営指導に関する事項、商品の販売条件に関する事項、使用される商標や商号に関する事項、契約の期間や更新・解除に関する事項、違約金に関する事項等が含まれます。

また、フランチャイズ契約には、本部が有するノウハウの保護や本部の商圏の維持等を目的として、契約期間中、また契約終了後も、加盟店に競業避止義務や秘密保持義務を課す契約が多く存在しますので、そのような規定がある場合にはこれについても開示が必要です。

なお、フランチャイズ契約には、本部が加盟者に一定の商圏を保証するのではなく、本部が加盟者の商圏内に自由に出店できると定めているものもありますので、そのような規定がある場合にはこれについても開示が必要です。

さらに、売上金送金制度の内容や、加盟者に対する貸付金に付される利息の利率等についても開示が必要とされています。

フランチャイズ契約の締結にあたっては、以上述べた項目を中心として、契約内容の全体を十分に理解する必要があります。

5 振り込め詐欺・架空請求被害

Q 7-29
振り込め詐欺に引っかかってしまった

突然、孫を名乗る人から電話がかかってきて、「事故を起こしてしまい示談金を支払わないといけない、助けてほしい」と切羽詰まった様子で言われたため、指定された口座にお金を振り込んでしまったのですが、後で孫ではないことがわかりました。どのような救済方法がありますか。

◎オレオレ詐欺から振り込め詐欺へ

当初、このような詐欺は「オレオレ詐欺」と呼ばれ、注目を集めました。電話帳等の情報をもとに会ったこともない人に電話をかけて電話口に出た人が独り暮らしの高齢者とみるや「俺、俺」と名乗り遠隔地に住む子や孫だと錯覚させたうえ、困った状況を助けてほしいと頼み、特定の口座に大金を振り込ませ、金銭をだましとる手口です。

その後、単に「オレオレ」と名乗った単純なものから、複数の人数で大規模な組織を構成し、被害者役や警察官の役等がいる劇場型のような犯罪まで生まれ、千差万別の手口が用いられるようになったことから「振り込め詐欺」と呼ばれるようになりました。

このような「振り込め詐欺」の被害は現在も多く存在するのが実態です。「私は絶対にひっかからない」という軽信は危険です。実際に被害に遭った人は、こうした「振り込め詐欺」があることを知っていながら巧みにだまされてしまうのです。

◎振り込め詐欺の危険性

振り込め詐欺は、多くの場合、被害者が加害者（犯人）と会ったこともなく、電話やメール等の連絡しかないため、犯人が誰でどこに住んでいるのかわかりにくいという大きな問題があります。他方、特定の口座の指示があってそこに入金させられてしまった場合、その特定口座の情報は残っています。そこで、その情報から救済する余地はないかが考えられました。

そして、預貯金口座を利用した犯罪被害者の救済を図るため、犯罪に利用されたと認定した口座の凍結と預金債権の失権、その後被害者に返還する手続きを定めた犯罪利用預金口座等に係る資金による被害回復分配金の支払等に関する法律が制定されました。これは、通称「振り込め詐欺救済法」と言われるもので、平成20年6月1日に施行されています。

◎振り込め詐欺救済法

この法律には、①金融機関が振り込め詐欺等により資金が振り込まれた口座を凍結し、②預金保険機構のホームページで口座名義人の権利を消滅させる公告手続を行った後、③被害者から支払申請を受けつけ、被害回復分配金を支払うこと等が定められています。

具体的には、まず、振り込め詐欺等の被害にあったら、すぐに警察と振込み先の金融機関に連絡・届出をして、振り込んだ預金口座等の取引の停止を依頼します。なお、金融機関や警察に対し「振り込め詐欺等不正請求口座情報提供及び要請書」という書式を使って弁護士がFAX送信する方法等もあるので弁護士に相談してもよいでしょう。まず、金融機関の口座凍結が第一歩です。

口座凍結のあとは口座名義人の失権（債務消滅）手続きです。預金保険機構のホームページにある「振り込め詐欺救済法に基づく公告」というページにて手続きをとります。そして、公告に対し権利行使等がなければ失権し、その後、被害回復分配金の支払手続となります。金融機関は預金債権が消滅した場合には速やかに預金保険機構に対し、被害回復分配金の支払手続の開始に係る公告を求め、被害者は公告の日の翌日から起算して30日以上の支払申請期間内に申請をしなければなりません。

金融機関は、対象被害者（その一般承継者）に被害回復分配金を支払いますが、総被害額が消滅預金債権の額を超えるときは犯罪被害額に応じて按分して支払われます。最後の被害者の振込金のみが口座に残っていても、すべての被害者の被害額で按分されます。最後の被害者のみが独占できるわけではないのです。

Q 7-30
心当たりがない有料サイトの利用料を請求された

私は、この度、債権管理回収業者を名乗る会社から、携帯電話用有料サイトの登録料、利用料、違約金、調査費用等を支払うよう請求されました。私はそのような有料サイトを利用した心当たりはありません。どのように対処したらよいですか。

◎架空請求の背景

インターネットや携帯電話等の普及によって、気軽にサービスが受けられるようになった半面、有料サイトに容易にアクセスできることから、有料サイトをめぐるトラブルは多くなっています。架空請求もその一つと言えます。

◎架空請求の手口

架空請求の場合、「支払わなければ回収員が自宅に出向く」「勤務先に集金に行く」「給料の差押えをする」「強制執行する」「支払わないほうが悪いのだから、そのためにかかった手間賃や出張旅費もあわせて請求する」「信用情報機関のブラックリストに登録するので今後の社会生活に支障がでる」というような言葉や書面が届きます。

また、言葉や書面で請求がきたということで、なんらかの情報を相手方につかまれているのではないかということも不安に感じる一因となります。

さらに、こうした業者の脅迫的請求は一度だけでなく連続して頻繁に行われたりすることで心配になります。そこから、「業者が家に押しかけて来るのではないか」「職場に押しかけて来るのではないか」等と不安となり、つい、「このくらいの金額で済むならば」とお金を支払ってしまうという流れが被害の実態です。

しかし、このような対応は望ましくなく、利用した覚えのない人は、請求を一切拒否するのが妥当です。

◎架空請求への対応

不安を解消するためにお金を支払って終わらせようとしても、その支払いがかえって業者の付け目となってしまい、不安を与えれば支払ってくる顧客であることが相手方業者にわかってしまいます。そして、さらなる請求、延滞金や調査料、手数料等の請求が行われることが多いのが現実です。

業者が家や職場に押しかけると脅迫的請求をしてきたとしても、業者は電話番号やメールアドレスだけからでは自宅や勤務先がわからないのが通常です。そのため業者は督促しながら、まず自宅の住所等の個人情報や勤務先の情報等を聞き出し、取得しようとするのです。「利用明細書を送るから住所を教えてほしい」等と言われても絶対に応じてはいけません。

また、請求がきたということから何らかの情報を相手方につかまれているのではないかという心配もあるでしょう。最近はその業者のサービス等をまったく利用したことのない人の名簿やメールアドレスを手にいれて、無差別に電話をかけたりメールを送ったり郵便を送ったりするという手口が頻繁に行われています。こうした業者の要求には一切応じず、こちらからは連絡しないという姿勢が重要です。

それでもやはり、脅しや悪質な取り立てを受けそうな場合は、警察や弁護士に相談してみてください。そのためにも、架空請求をされた証拠書類等は必ず保管しておいてください。

◎債権回収業者の問題点

なお、債権回収を業として行うことは、弁護士等の特別の資格がある者か、法務大臣の許可した債権回収会社でなければできません。法務大臣の許可した債権回収会社は法務省のホームページで確認することができますので確認してみてください。法務大臣の許可した債権回収会社が、個人名義の口座を回収金の振込先に指定したり、請求書面で担当者の連絡先として携帯電話を指定したりすることはありません。もちろん、携帯電話用有料サイトの登録料を請求することもありません。

Q 7-31

裁判所を装った不当請求

子どもが出会い系サイトを利用したとして、親である私あてに、未払金の請求書が封書で届きました。その封書は、裁判所の中にある郵便局で発送され、封書の中には「請求の趣旨・原因証書」「支払督促申立書」「起訴予告通知書」等の書類が入っており、裁判所から送付された封書のようにみえます。この封書内の書類に記載されている口座に振込み入金をしたほうがよいでしょうか。

◎裁判所の中の郵便局から送られてきた書類

消印が裁判所の中の郵便局で発送されたからといって、裁判所の書類とは限りません。裁判所の中の郵便局は裁判所を訪れる誰でも利用できるからです。

お尋ねの案件の届いた書類の中には、難しい法律用語等が記された書類が入っていることから、なじみのない方だと本当に裁判所から届いた書類だと思い込んでしまうかもしれません。

例えば民事裁判を起こされた場合は確かに裁判所から書類が届くことから始まりますので、届いた書類が本当に裁判所から送られてきた書類なのかどうかを慎重に確認することが重要です。その時点で弁護士等に相談することができるのであれば、早期に相談してみるとよいでしょう。

◎裁判所の正式な書類かどうかの確認

裁判所の正式な書類であれば、どこの何という裁判所から送られた書類なのか、その書類を送付した裁判所の部署や担当者の名前、電話番号等が書いてありますので、確認してください。また、裁判所から届く書類の中身をみると、何という事件に関する書類かがわかるように、事件番号、当事者名、事件名等が書かれていることがほとんどですので、それらの記載も確認してください。

それらを確認したあと、できればその書類を持って、実際に裁判所に赴いて確認することができれば確実です。電話で確認することも可能ですが、その場合は同封されている書類に書かれてある電話番号が果たして本当の裁判所の電話番号かということにも注意を払う必要が出てきます。したがって、そのような場合、書類の中の電話番号の記載ではなく、電話帳やインターネット等で信用のおける裁判所情報を調べて入手した上、その代表番号を通じて、裁判所の担当書記官等に連絡してみるとよいでしょう。

◎裁判所からの書類でなかった場合の対応

送られてきた封書について裁判所に確認したら、裁判所からの正式な書類でないことがわかった場合はどうすればよいでしょうか。

身に覚えがないもの、疑わしいものには、やはり振込み入金はしないほうがよいでしょう。裁判所から送付された書類のようにみせかけているということでしたら、より注意を払わなければなりません。

実質的に考えても、今回届いた封書内の書類をみて、そこに書かれている請求額が果たして正しいのか、その請求額の具体的根拠と証拠があるのか、その請求当事者があなたに請求できる法的根拠が認められるのか等いろいろ問題があります。

すぐに支払うのではなく、弁護士等へ相談してみましょう。

◎裁判所からの書類に対する対応

なお、送られてきた書類が、裁判所が正式に送達したものであって、中身が民事裁判の訴状等の場合には、訴えられた人（「被告」という）は、そのまま放置すると不利になります。裁判所が同封する書類等にも書いてありますが、被告は「答弁書」という書類を出す必要があります。被告が答弁書を出さずに初回期日を欠席すると、訴えた人（「原告」という）の勝訴判決が出されてしまうのです。答弁書の書き方は、弁護士等に相談するとよいでしょう。

6 民事介入暴力

Q 7-32
暴力団等と関係を持たない組織づくり

暴力団等反社会的勢力と関係を持たない組織づくりをしたいのですが、どのような心がけが必要ですか。

◎「企業が反社会的勢力による被害を防止するための指針」

暴力団等反社会的勢力と関係を持たない組織づくりを実践するにあたっては、平成19年6月19日犯罪対策閣僚会議幹事会申合せにより公表された「企業が反社会的勢力による被害を防止するための指針」（以下「政府指針」という）が指針となります。

この政府指針では、企業が反社会的勢力による被害を防止するための基本原則が掲げられています。お尋ねの件では、このうち、特に「組織としての対応」と「取引を含めた一切の関係遮断」の実践を心がけるとよいでしょう。

◎組織としての対応

反社会的勢力との関係を持たない組織づくりの実践のためには、まず、反社会的勢力との関係遮断を組織として内外に対し明確に宣言することが第一歩になります。具体的には、経営トップが反社会的勢力との関係遮断を宣言し、取締役会設置会社であれば、取締役会において反社会的勢力との関係遮断の基本方針を決議すること等が考えられます。そのうえで、あらかじめ倫理規程、行動規範、社内規則等に明文の規定を設けておき、総務部等の担当者や担当部署だけに任せきりにせずに、経営トップ以下、組織全体として対応することが肝要です。

また、反社会的勢力による不当要求への対応を統括する部署を整備することも重要です（以下「反社会的勢力対応部署」という）。

反社会的勢力対応部署は、反社会的勢力との関係遮断に向けた社内体制の整備、研修活動の実施、対応マニュアルの整備、警察、弁護士等外部専門機関との連携等を行うことが求められます。なお、反社会的勢力対応部署は、独立した部署として設置されることが望ましいのですが、総務部やコンプライアンス部内に設置されることも多いようです。

◎取引を含めた一切の関係遮断

近年暴力団は、企業活動を装う等その組織形態を不透明化させていますので、取引先等が暴力団等反社会的勢力であるかどうかについて、常に通常必要と思われる注意を払う必要があります。

また、取引先等が暴力団等反社会的勢力と知らずに関係を持ってしまった場合には、速やかに関係を解消しなければなりません。このような場合に備えて、契約書や取引約款にいわゆる暴力団排除条項を導入しておくことが有用です（Q 7 -35参照）。なお、各自治体で施行されている暴力団排除条例や、行政の監督指針、各業界団体のモデル条項等で、この点について事業者の努力義務等を定めているものもみられます。

加えて、取引先等が暴力団等反社会的勢力に関係していないかどうかの属性判断を行うために、暴力団等反社会的勢力に関する情報を集約したデータベースを構築することも重要です。その管理は前述した反社会的勢力対応部署が一元的に行うべきでしょう。

◎その他の基本原則

以上の他、政府指針には、暴力団等反社会的勢力からの被害を防止するための基本原則として、平素から外部専門機関との連携を構築しておくこと、有事においては外部専門機関と連携して、民事および刑事の両面から法的対応を行うこと、暴力団等反社会的勢力との裏取引や暴力団等反社会的勢力への資金提供は絶対に行わないことが掲げられていますので、これらについても留意すべきでしょう。

特に、事業者による暴力団等反社会的勢力への資金提供は、上述の暴力団排除条例で規定されている暴力団等への利益供与の禁止に該当しますので注意が必要です。

Q 7-33 暴力団から不当な要求を受けている

暴力団から不当な要求を受けています。どこに相談に行けばよいでしょうか。

◎弁護士（全国の弁護士会の民暴委員会）

暴力団から不当な要求を受けた場合には、まず弁護士に相談することをおすすめします。全国の弁護士会には、民事介入暴力の被害者を救済するための委員会（以下「民暴委員会」という）が設置されており、この委員会では、暴力団員等からの不当要求で困っている方々の相談に乗っていますので、弁護士である委員による適切な法的アドバイスが期待できます。また、相談内容によっては、弁護士に事件処理を依頼することもできます。

事件を受任した弁護士は、不当要求を行っている暴力団に対し、あなたの代理人として弁護士名義で内容証明郵便を発送し、警告を発してくれることが通常です。また、弁護士はあなたと一緒に所轄の警察署に同行して事情を説明し、警察に協力を求めると共に、暴力団の行為が何らかの犯罪に該当すれば、あなたの代理人として告訴の手続きを行ってくれることもあります。

このように、弁護士を通じて、民事および刑事の両面で法的措置をとる断固とした意思が暴力団側に明確に伝わることで、事実上不当要求が止むことも多いですし、暴力団から仕返しを受ける可能性もほとんどなくなります。

◎警察（全国の警察署）

暴力団から不当な要求を受けた場合の相談先として、まず、第一に思い浮かぶのは警察でしょう。

しかし、「純粋な民事上の法律関係は当事者間の私的自治に任せ、警察はこれに介入すべきではない」という「民事不介入の原則」が、警察による民事介入暴力への関与の壁となっていました。近時は警察も民事介入暴力対策に積極的に関与するようになりましたが、警察の関与と共に、民事的な紛争解決手段が必要な場合もあります。

このような場合には、まずは弁護士に相談した上で、弁護士を通じて警察との連携を図るとよいでしょう。

◎都道府県暴力追放運動推進センター

その他の相談先として、各都道府県に設置されている暴力追放運動推進センター（以下「暴追センター」という）があります。これは、暴力団員による不当な行為の防止およびこれによる被害の救済に寄与することを目的として、各公安委員会が指定した団体です（暴力団対策法32の3）。暴追センターでは、警察OBと弁護士が相談に乗っており、具体的に法的措置等の必要がある場合には、弁護士が受任します。なお、相談料は無料です。

◎公益社団法人警視庁管内特殊暴力防止対策連合会

また、東京都には、警視庁の管内に公益社団法人警視庁管内特殊暴力防止対策連合会（以下「特防連」という）が置かれています。これは、企業を標的とした暴力団員等反社会的勢力による不当要求等に対処するために生まれた組織であり、警視庁や地元警察署、公益財団法人暴力団追放運動推進都民センター（防追都民センター）および東京弁護士会、第一東京弁護士会、第二東京弁護士会の在京東京三弁護士会との連携を図っています。

特防連の加盟企業であれば、不当要求の被害に遭った際に相談をしたり、被害に遭いそうなときに相手方に関する照会を求めたりすることができます。法的な解決を要する場合には、在京三弁護士会に紹介され、各会の民暴委員会に所属する弁護士が対応します。

なお、初回の相談料は無料ですが、特防連に加盟するにあたり、企業の規模に応じて年会費を要します。

Q 7-34
取引先が暴力団と関係があるか調べたい

取引先が暴力団と関係のある企業かもしれません。取引先が暴力団と関係があるかどうか、どのように調べればよいのでしょうか。

平成4年3月の暴力団対策法施行以降、暴力団員が、自身が暴力団に所属していることを明らかにするケースは著しく少なくなりました。むしろ近年は、暴力団がその組織実態を隠蔽し、企業活動を装う等さらなる不透明化が進んでいます。

このような現状において、取引の当初から相手方の素性や属性を見極めることは非常に困難ですが、暴力団等の属性に関する情報の収集方法としては以下のものが考えられます。

◎警察からの情報収集

警察庁では、暴力団情報の外部提供について基準・手続きを定めており、これは警察庁のホームページにアクセスすることで誰でも見ることができます。

警察庁による暴力団情報の外部提供の基準によると、情報提供ができる場合として「暴力団による犯罪、暴力的要求行為等による被害の防止または回復に資する場合」、「暴力団の組織の維持または拡大への打撃に資する場合」、または「条例上の義務履行の支援に資する場合」であることが必要とされ、その目的の公益性の程度によって提供される情報の範囲や内容が決まってきます。

お尋ねの場合、取引先が暴力団と関係があることが疑われる事情があります。取引先との契約書に「暴力団排除条項」（Q7-35参照）があって、情報の提供を受けることによりこれに基づき契約を解除しうる場合には、「条例上の義務履行の支援に資する場合」に該当すると言え、情報提供が認められると考えられます。また、例えば、区分所有建物であるマンションの一室が暴力団事務所として使用されるようになったために、暴力団事務所として使用されている当該区分所有物件の区分所有者以外の区分所有者が、区分所有法に基づく行為利用停止請求等の法的措置をとる場合（Q7-38参照）等は、「暴力団の組織の維持または拡大への打撃に資する場合」に該当すると言え、比較的情報提供が認められやすいと言えます。

◎暴追センター・特防連からの情報取集

暴追センターや特防連でも、民事介入暴力事件の相談を受けていますので（Q7-33参照）、その際に、暴力団に関する情報の提供を受けられることがあります。

◎新聞社その他報道機関からの情報収集

暴力団員等が過去に行った犯罪や不当要求等により逮捕や起訴、有罪判決を受けた事実が報道されていれば、新聞社その他報道機関のベータベースを用いて過去に報道された当該情報を探すことができます。

◎その他相手方の周辺情報からの推測

その他、例えば、属性を確認したい相手が法人である場合には、商業登記簿を閲覧し、頻繁に本店所在地が移転しているとか、実質的に社長等の会社を代表する人物が役員として登記されていないとか、暴力団による法人格ののっとりや不正利用をうかがわせる事情がないかを確認することも有用です。

また、法人の本店や支店所在地、役員個人の住所地、その他関係する場所の不動産登記簿謄本の記載情報が手がかりになることもあります。

第7章　取引に関する法律知識

Q 7-35
暴力団であることを理由に契約の解除はできるか

取引先が暴力団と関係がある企業であることが判明しました。契約をなかったことにしたいのですが、どうすればよいでしょうか。

A

◎取引開始前（契約締結前）の場合

民事法の世界では、契約を締結するかどうかは、基本的に各当事者が自由に判断することができます。これを「契約自由の原則」と言います。

したがって、契約締結前に相手方が暴力団関係企業であるという事実が判明した場合には、毅然とその契約の締結を拒絶すべきです。

では、暴力団関係企業との契約締結を拒絶するとして、その理由を相手方に伝えなければならないのでしょうか。契約自由の原則からすれば、相手方に対して契約締結を拒絶するための理由を説明する法的義務はなく、特に理由を告げずに、契約の締結を拒否するという対応で構いません。

例えば、「総合的に判断して、今回は取引を差し控えさせていただきます」等と抽象的な回答するのでも構わないでしょう。このような抽象的な回答で、すぐに暴力団関係企業が納得することは少ないかもしれませんが、毅然として、かつ根気よく続けていれば、引き下がることも多いと考えられます。相手方がなかなか引き下がらない場合には、弁護士に相談するとよいでしょう。

もっとも、契約締結の交渉またはその準備段階に入った当事者には、相手方に損害を与えないように配慮する義務があり、仮に契約が成立しなかった場合に、このような義務違反による損害賠償責任を問われる場合がありえます（民法1②）。このような損害賠償責任の考え方を「契約準備段階の過失」と言いますが、特に、契約締結交渉がかなり進み、あと一歩で契約が成立するというケースではこの問題が顕在化することがあるため、注意が必要です。ただし、このようなリスクがあるからといって、暴力団関係企業との契約締結を是認すべきではありません。暴力団関係企業との関係が形成されることにより、事後生じるであろう有形・無形の多大なリスクを考えれば、契約準備段階の過失による損害賠償責任のリスクを踏まえて、暴力団関係企業との契約締結を拒絶すべきでしょう。

◎取引開始後（契約締結後）の場合

一度契約が成立してしまえば、契約自由の原則は働かず、逆に契約の拘束力によって自由な契約の解消が認められなくなりますが、事情によっては以下の方法により契約の解消が認められます。

① 契約締結の意思表示の無効・取消し

取引先が代表者等の属性についてことさら虚偽の説明をしていた場合等には、錯誤による契約の無効の主張や詐欺による取消し（民法95、96①）ができないかを検討します。また、相手方に脅迫的な言動があった場合には、強迫による取消し（民法96③）ができないかを検討します。

② 法定解除

取引先に契約の不履行があれば、法律に基づき契約を解除することができます。例えば、売買代金の不払等の債務不履行による解除が典型例です（民法541等）。

③ 約定解除

契約の規定で解除事由を定めている場合に、当該規定に基づき解除する方法です。

特に暴力団関係者が相手方の場合には、いわゆる「暴力団排除条項」が適用できます。「暴力団排除条項」とは、暴力団その他反社会的勢力またはその関係者とは取引を拒絶する旨、あるいは契約成立後に相手方、その代理または媒介をする者が暴力団その他反社会的勢力の関係者であることが判明した場合には、契約を解除できる旨が規定された条項のことを言います。

1回的契約か継続的な契約かにもよりますが、このような「暴力団排除条項」があれば、前述の錯誤、詐欺、強迫にあたらず、また法定解除事由がない場合にも、解除が可能となります。

Q 7-36
みかじめ料を拒否したら暴力をふるわれた

私は、繁華街でスナックを経営しています。以前より、暴力団からみかじめ料の支払いを要求されていましたが、今回きっぱりと断りました。すると、暴力団員が店に乗り込んで来て、店内を破壊され、従業員が暴力をふるわれました。損害賠償を請求したいのですが、どのような手続きがありますか。

A

◎組長等に対する損害賠償請求訴訟

実行犯である暴力団員が店内を破壊し、店の従業員に暴力をふるって怪我をさせたことは不法行為であり、当該暴力団員に対しては不法行為に基づく損害賠償の請求ができます（民法709）。

しかし、実行犯が組織の末端の暴力団員であれば、被害弁償に足りる十分な資力がない可能性が高く、仮に実行犯に対して訴訟を提起し、請求が認められたとしても現実的な被害弁償を得られる見込みは薄いと言わざるをえません。

そこで、以下に述べるとおり、実行犯の所属する組織の組長やさらなる上位組織の組長等十分な資力を持つと思われる者に対して責任追及することで、現実的な被害弁償を得ることが可能となります。なお、組長等に対する法的措置を検討するに際には、弁護士会や暴追センター（Q 7-33参照）等で弁護士に相談したうえで、警察の協力を要請することが不可欠です。

◎使用者責任に基づく請求

事業を行うために他人を使用する者は、被用者たる他人がその事業を執行するについて第三者に損害を与えた場合にはその損害賠償責任を負い（民法715①）、これを「使用者責任」と言います。そして、暴力団の威力を利用しての資金獲得活動については、当該暴力団の組長とその構成員あるいは下部組織の構成員との間に使用関係が認められ、使用者責任の規定が適用されます（最判平16.11.12）。

お尋ねの場合には、実行犯の所属する組織の組長、またはさらにその上位組織の組長に対しても使用者責任を追及することが可能です。もっとも、上位組織の組長への請求については、相手方の資力、事案の内容、証拠の多寡等を考慮して事件を依頼する弁護士との間で十分に検討する必要があります。また、組長が収監されている場合には、代理監督者として若頭等組織のナンバーツーの責任を追及することを検討します（民法715②）。

なお、事件が刑事事件として立件されていれば、検察庁から刑事事件の公判記録を取り寄せることが不可欠です（刑事確定訴訟記録法4、犯罪被害者保護法3）。

◎共同不法行為に基づく請求

また、組長が実行犯に対し指示を与える等して事件を共謀している場合には、組長に対して共同不法行為に基づく損害賠償責任を追及することも可能です（民法719）。

◎指定暴力団の代表者に対する請求

以上の他、実行犯が指定暴力団に所属していれば、指定暴力団の代表者等の損害賠償責任を追及することが可能です（暴力団対策法31の2）。指定暴力団とは、暴力団のうち「その暴力団員が集団的に又は常習的に暴力的不法行為等を行うことを助長するおそれが大きい暴力団として」都道府県公安委員会が指定したものを言います（暴力団対策法3）。

この点、使用者責任に基づく請求の場合、被害者側において事業性、使用者性および事業執行性を主張・立証しなければなりませんが、その立証は容易ではありません。

これに対し、指定暴力団の代表者等に対する請求は、不法行為が指定暴力団員によって行われたこと、当該行為が威力を利用した資金獲得行為を行うについて行われたこと、当該行為によって損害が発生したことを立証すればよく、使用者責任の追及を行うのに比較して格段に立証の負担が軽減されています。

Q 7-37
貸ビルの一室が暴力団の事務所になっていた

私は、小さな会社で貸しビル業を営んでいます。今般、私の所有するビルの一室をあるＡ商事というテナントに事業用事務所として賃貸したところ、いつの間にかＢを組長とする暴力団事務所として利用されていることがわかりました。暴力団には、すぐに出て行ってもらいたいのですが、どのような方法があるのでしょうか。

◎契約の解除

まず、貴社とＡ商事との建物賃貸借契約を解除する必要があります。契約を解除するためには、解除事由が必要となりますので、以下に述べるとおり、その有無を検討しましょう。なお、具体的な活動に入る前に、必ず弁護士と相談し、事件を依頼する弁護士と共に所轄の警察署へ赴き、事情を説明したうえで支援要請を行うことが不可欠です。

◎暴力団排除条項

貴社とＡ商事との間の建物賃貸借契約に暴力団排除条項が盛り込まれていれば、当該条項違反が解除事由になりえますし（Ｑ7-35参照）、後述する「信頼関係破壊の法理」との関係においても、信頼関係が破壊されていることを基礎づける重要な事情になると考えられます。

◎その他の解除事由

貴社とＡ商事との間の建物賃貸借契約に暴力団排除条項が定められていない場合には、その他の解除事由を検討します。

まず、Ａ商事が賃料を滞納している場合には、解除事由になりえます。もっとも、賃貸借契約では、賃料不払等の債務不履行や他の義務違反が存在しても、これらが相手方に対する背信行為と認めるに足りない特段の事情が存在する場合には解除は認められません。これを「信頼関係破壊の法理」といい、以下に述べる他の解除事由について

も同様に妥当します。

次に、Ａ商事が自身で貸室を使用しておらず、貴社に無断で暴力団員等を入居させている場合には、無断転貸として解除事由となりえます。この暴力団が貴社に無断で内装や外装を大幅に改築している場合には、無断増改築として解除事由となりえます。

また、通常、建物賃貸借契約では建物利用の目的として「住居」「事務所」等が定められますが、暴力団事務所としての利用は、目的が「住居」である場合は当然のこと、「事務所」の場合でも目的を逸脱すると考えられますので、用法遵守義務違反としても解除事由となりえます。

加えて、貴社とＡ商事との建物賃貸借契約に、危険行為や迷惑行為等の禁止が定められている場合、当該暴力団員が建物付近の公道で無断駐車を続けたり、他の賃借人を暴力的言辞を用いて威嚇していた等の事情があれば、これらの違反も解除事由となりえます。なお、現に抗争事件等が発生し、例えば貸室の付近で発砲事件等が発生していれば解除事由になることは勿論のこと、仮に、危険行為や迷惑行為の禁止が約定されていない場合にも、信頼関係が破壊されていることを基礎づける有力な事情になるでしょう。

◎明渡請求等の法的措置

これらの解除事由を明示したうえで、Ａ商事に対し、内容証明郵便で解除通知を発送すると共に、組長Ｂに対してもＡ商事との賃貸借契約を解除した旨を書面で告げて貸室の明渡を内容証明郵便で請求します。また、解除通知の発送と同時か発送後遅滞なくＢまたはＡ商事に対し、占有移転禁止の仮処分を申し立てます。これは、Ａ商事やＢが貸室の占有を他の者に移す等、貴社の法的措置への妨害行為をあらかじめ防ぐ意味があります。

その後、裁判所に対しＢおよびＡ商事に対する建物明渡請求訴訟を提起し、明渡を認容する判決を得られれば、これに基づき建物明渡の強制執行を申し立てます。強制執行の際には、暴力団側からの抵抗も予想されますので、警察へ援助を要請する必要があります。

Q 7-38
マンションの一室が暴力団の事務所になっていた

私はマンション管理組合の理事をやっていますが、区分所有者Ａさんの区分所有物件がいつの間にか組長Ｂの暴力団事務所になってしまいました。暴力団はもちろんのこと、暴力団とつながりのあるＡさんにも出て行ってもらいたいのですが、どのような法的措置がとれますか。

A

◎共同利益背反行為と暴力団事務所としての利用

区分所有法では、区分所有者および専有部分の占有者が、「区分所有者の共同の利益に違反する行為をしてはならない」と定められています（区分所有法6①③）。この行為は、「共同利益背反行為」と言われ、専有部分を暴力団事務所として利用することは、多くの裁判例でこれに該当すると判断されています（東京地決平10.12.8、京都地判平4.10.22、福岡地判平24.2.9等）。

違反者に対しては後述する制裁措置が定められていますので（区分所有法57～60）、お尋ねの場合には、弁護士に相談したうえで、ＡおよびＢに対し、以下の制裁措置をとることを検討すればよいでしょう。

◎違反者に対する区分所有法上の制裁措置

① 共同利益背反行為の停止等の請求

まず、共同利益背反行為をした者、またはするおそれのある者に対し、当該行為の停止、当該行為の結果の除去、当該行為の予防措置を求めることができます（区分所有法57①）。請求の主体は、義務違反者たる区分所有者以外の他の区分所有者全員または管理組合法人ですが、集会で管理者または集会で指定された区分所有者が他の区分所有者全員のために訴訟を提起することもできます（区分所有法57①③）。

請求の対象は義務違反者たる区分所有者および占有者の双方です（区分所有法57④）。お尋ねの件では、管理者等または他の区分所有者全員でＡおよびＢに対し、共同利益背反行為の停止、すなわち暴力団事務所としての使用の禁止を請求できます。請求は裁判外ですることもできますが、訴訟を提起する場合には総会の普通決議が必要です（区分所有法57②）。ただし、この請求では暴力団事務所としての利用以外の他の通常の使用は妨げられませんので、ＡやＢをマンションから完全に排除することはできません。

② 専有部分の利用禁止の請求

①の請求によっては功を奏さない場合、義務違反者たる区分所有者の使用を一定期間禁止することを求めることができます（区分所有法58①）。①とは異なり、請求の対象は義務違反者たる区分所有者に限られる他、裁判外での請求はできません。また、訴訟の提起には総会の特別決議が必要である他、義務違反者に対しあらかじめ弁明の機会を与える必要があります（区分所有法58①～③）。お尋ねの件では、Ａに対しこの請求を行い、Ｂに対しては後述④の請求を行うと効果的です。

③ 区分所有権の競売請求

①の請求の他、民事上の他の法的手段によっては功を奏さない場合、当該区分所有者の区分所有権および敷地利用権の競売を請求することができます（区分所有法59①）。請求の主体および対象、ならびに手続きについては②と同様です（区分所有法59②、58①～③）。本件でこの請求が認められ、当該区分所有物件が競落されれば、結果としてＡの区分所有権を剥奪することができます。

④ 契約解除および引渡請求

専有部分の占有者に対する①の請求によっては功を奏さない場合、当該専有部分の区分所有者と占有者との間の賃貸借契約等を解除し、占有者に対し、区分所有物件の引渡しを請求することができます。②③とは異なり、請求の対象は占有者のみですが、手続きは②③と同様です（区分所有法59②、58①～③）。

お尋ねの件では、ＡとＢとの間の賃貸借契約ないし使用貸借契約を解除し、Ｂに対し区分所有物件の引渡しを請求できます。

Q 7-39
商店街近くのビル全体が暴力団の事務所になっていた

商店街から200メートル離れたところにあるビル全体が暴力団の事務所になっているようです。怖くて商売になりませんし、商店街を利用するお客さんもめっきり減っているような気がします。暴力団を追い出すことはできないのでしょうか。

◎とりうる対応策

お尋ねの場合、そのビル周辺で暮らす住民や付近商店街で商売を営む自営業者の方々は、ビルが暴力団事務所として使用されていることによって、自分たちの人格権が侵害されていることを理由に、裁判所に対し、暴力団事務所としての使用を差し止める内容の仮処分の申立てまたは訴訟を提起する方法が考えられます。

◎人格権とは

何人も、その生命、身体を害されることなく平穏に生活を営む権利である人格権を有しています（憲法13）。この人格権が侵害され、その受忍限度を超えた場合には、その侵害行為の排除を求めることができ、また侵害が現実化していない場合でも侵害の危険が切迫している場合には、その予防として侵害行為または侵害の原因となる行為の禁止を求めることができます。

なお、暴力団事務所の付近に会社等の法人が存在する場合、一般的にその会社等の法人自身については人格権を観念できないと考えられるため、その会社の従業員等、個々人の人格権の侵害が問題になります。

◎暴力団事務所の存在と周辺住民等の人格権

では、暴力団事務所として利用されている建物の存在はその周辺住民等の人格権を受任限度を超えて侵害していると言えるのでしょうか。

この点について一概に判断することはできませんが、多くの裁判例では、対立抗争による発砲事件等が発生した暴力団の事務所として利用されている建物の場合、今後もその建物の付近で発砲を伴う抗争事件が発生する可能性が高く、周辺住民等がこのような抗争事件に巻き込まれて生命・身体の安全が害されるおそれがあるとして、付近住民からの人格権に基づく暴力団事務所の使用差止請求を認めています（東京高決平14.3.28、神戸地決平9.11.21、秋田地決平3.4.18等）。

また、現に抗争事件が発生していない場合にも、事件発生の可能性を懸念する他ない状況を余儀なくされること自体による精神的負担も重いものであり、付近住民の生活の平穏が害されているとして、同様に人格権に基づく暴力団事務所の使用差止請求が認められた裁判例もあります（神戸地決平6.11.28）。

◎仮処分の利用

多くの暴力団事務所使用差止請求の事案では、付近住民の生命、身体、平穏な生活を営む権利等の人格権に対する危険がすでに発生している一方で、時間のかかる訴訟手続の終結を待つことができないという理由で、より迅速な手続きである仮処分が利用されています。

なお、仮処分または訴訟の手続きにおいて、一定期間後に暴力団側が当該不動産から退去するという内容で和解をして解決が図られる場合もあります。

◎暴力団事務所使用差止請求に際して

ところで、暴力団事務所使用差止請求の法的措置をとる場合に、周辺住民等の個々人が単独で、自身の人格権侵害を理由に暴力団事務所の使用差止請求を求めることは、現実的ではありません。

そこで、平成25年1月30日より、国家公安委員会から認定を受けた全国にある「暴対センター」が、周辺住民等のために、暴力団に対して使用差止請求訴訟等を行う制度が始まりました（暴力団事務所使用差止請求制度）。詳しくはQ 7-40を参照してください。

Q 7-40
暴力団事務所使用差止請求制度とは

私の住んでいるマンションから200メートル離れたところにあるビル全体が暴力団の事務所になっているようです。裁判で暴力団を追い出すことができると聞きましたが、正直、暴力団の仕返しが怖いですし、費用も心配です。自分達の氏名や住所を出さずに裁判を行うことはできないのでしょうか。

A

◎「暴力団事務所使用差止請求制度」の概要

暴力団事務所が、生活圏内に存在する場合、人格権に基づく暴力団事務所使用差止等を求める訴訟等を提起することができます（Q 7-39参照）。もっとも、暴力団事務所を自身の地域から追放したいと思っても、暴力団からの報復の恐怖もあり、自身が当事者となって裁判の場で直接対峙することは心理的に容易ではありません。

そこで、周辺住民に代わって、暴追センター（Q 7-33参照）が、委託を受けて暴力団事務所使用差止等を求める訴訟等を行うことができるようにしたのが暴力団事務所使用差止請求制度です。

なお、暴追センターが、訴訟等の法的手続を行うためには、弁護士を代理人に選任する必要がありますが（暴対法32の4③）、依頼する周辺住民等は暴追センターや実際に訴訟を追行する弁護士に対して報酬を支払う必要はありません（暴対法32の4④）。

◎個人情報の秘匿の可否

暴力団事務所使用差止請求制度により、従来とは異なり、一般市民が訴訟の原告や仮処分の債権者として暴力団と直接対峙する必要はなくなりましたが、この制度を利用した場合でも、訴訟等の手続きを進めるうえで、個人情報を開示する必要がある場面があります。

① 訴え等を提起する場面

暴力団事務所使用差止請求制度は、周辺住民等が人格権に基づく暴力団事務所使用差止請求権を暴追センターに授権して（権限を与え）、代わりに権利を行使してもらう制度です。したがって、暴追センターへの授権が適法に行われたかどうか、言い換えれば、暴追センターが訴訟等の当事者としての適格性を有するか否かを審査する前提として、授権した人（授権者）を特定する必要があります。例えば、授権者が対象となっている暴力団事務所から遠く離れた地域の住民である場合には、その住民には授権すべき差止請求権があるとは言えないために、暴追センターはその住民との関係では当事者としての適格性を有しないことになります。

② 証人尋問・陳述書等の証拠提出の場面

訴訟等の手続きにおいては、暴力団事務所の設置や活動状況、これによる危険や周辺住民等の不安感を立証するために、周辺住民等自身が法廷で証言したり、陳述書等の書面を提出したりする必要があります。証人や陳述書の作成者が誰かわからなければ、一般に、その証拠の信用性が認められないため、証人や陳述書の作成者を特定する必要があるのです。

③ 判決等が言い渡される場面

訴訟の判決や仮処分の決定等の効力は、手続の当事者間にしか及ばないのが原則ですが、暴力団事務所使用差止請求制度においては、訴訟の判決等の効力が及ぶ範囲が拡張され、当事者である暴追センターだけではなく、住民にも及びます（民訴法115①Ⅱ）。この場合、具体的に誰に対して判決等の効果が及ぶのかを特定する必要があります。

いずれの場合も、通常は氏名及び住所で特定しますので、お尋ねの件については、現在の裁判実務では、これらすべてを秘匿するのは難しいと言わざるをえないのが現状です。

もっとも、現在、運転免許証、健康保険証、パスポート等の番号を用いた授権者の特定が可能か否か議論がなされているところであり、今後の裁判所の運用を注視する必要があります。

第8章

インターネット・情報
に関する法律知識

1 インターネット上の取引トラブル

Q 8-1
スマートフォンやアプリを利用するときの注意点

スマートフォンでSNSを利用するためのアプリをダウンロードしています。ところが、このアプリを使ってスマートフォンで撮影した写真をSNSにアップすると、勝手に撮影場所が表示されたり、スマートフォンから購入した商品に関する広告が私のSNS上に表示されることがあります。私の位置情報や購入履歴を勝手にどこかへ送信されているようで心配です。

◎利用者情報（ライフログ）

多くのスマートフォンにはGPS機能がついており、利用者の位置情報を把握することができます。

また、スマートフォンには、利用者がどのようなウェブサイトを閲覧していたか（閲覧履歴）、どのような商品を購入したか（商品購入履歴）、誰と話をしたか（通話履歴）といった活動履歴の電子データも情報も収集されています。最近では、広告配信事業者が、これらの情報をマーケティング活動に利用する場面も多くみられます。

さらに、スマートフォン向けのアプリの中には、このような利用者情報を収集して、外部に送信するものも登場しています。

◎プライバシー

利用者の位置情報、ウェブサイト閲覧履歴、電子商取引の内容等の活動履歴情報は、特定個人の具体的な行動を反映するものです。このような情報が、個人を特定されるかたちで、本人の同意なく公開されると、事業者には、プライバシーの侵害として差止めや損害賠償に応じる義務が発生します（民法709）。

◎個人情報保護法

利用者情報が長期間にわたって蓄積されて、携帯電話会社やアプリ開発会社が有している他の情報と組み合わされると、個人を特定しうる情報と

なる可能性が高まります。事業者が、あらかじめ利用者本人の同意を得ずにこれらの情報を第三者に提供すると、情報利用の停止に応じなければなりません（個人情報保護法27①）。

◎利用者の同意

多くの場合、事業者はこのような問題を生じさせることなく適切に利用者情報を取り扱うための工夫として、あらかじめ利用者の同意を得る仕組みを設けています。

今回のケースでも、アプリを利用するにあたり「位置情報サービスをオンにしますか」等の表示がされているはずです。SNS上の広告についても、アプリをダウンロードする際に、「行動ターゲティング広告に関する取扱い」や「個人情報保護ポリシー（プライバシポリシー）」の表示画面が掲載されていたでしょう。これらの画面をしっかり読まずに「同意する」というボタンを押してしまうと、後から事業者に対して法的責任を追及することは容易ではありません。

◎スマートフォンやアプリの利用上の注意点

まず、スマートフォンでアプリをダウンロードする前に、信頼できるアプリ業者かどうかをよく確認しましょう。アプリのレビュー欄を読み他のユーザーの評判を見る、正規のアプリとよく似た偽アプリが報告されていないかを確認する等、アプリについての情報収集を行うことが大切です。

次に、通信サービスやアプリの利用の際に、位置情報の取扱いやウェブサイト閲覧履歴について同意を求められたときや、説明・表示があった場合には、読み飛ばすことなく、内容を正しく理解することが重要です。

さらに、携帯電話会社の中には、事後的に位置情報の取得等を停止することができる仕組みを設けているものもあります。広告管理業者の中には、行動ターゲティング広告を無効化する設定を掲げているものもあります。このように、位置情報や自分の活動履歴を追跡されたくない場合には、事後的にスマートフォンから設定を変更することでも対処することができます。

Q 8-2 ネットショッピングの商品のトラブル

インターネットショッピング（以下「ネットショッピング」という）で商品を購入しているのですが、届かなかったり、画面の見本と違うものが送られてきたり、傷がついていたりとトラブル続きです。売主にはメールで抗議したものの、反応がありません。どうすればよいでしょうか。

◎ネットショッピングの特徴

ネットショッピングは、24時間、自宅や職場から商品を購入できるという便利さがある半面、売主がどのような者であるかがわからないというリスクがあります。

商品の購入を申し込み、代金を支払ったにもかかわらず、商品が送られてこない場合、売主の住所、氏名等がわかるのであれば、郵便で商品の引渡しもしくは返金を求め、最終的には訴訟を提起することも可能ですが、メールアドレス以外に売主の情報がない場合や売主の情報がまったく虚偽のものであった場合には、警察に相談に行く以外に打つ手がありません。

ネットショッピングを利用するにあたっては、メールアドレス以外に売主の情報が記載されているか、信頼できるショッピングモールに登録されているか等を事前に十分確認してから、取引をすることが重要です。

◎見本と違う物が送られてきた場合

送られてきたものが一見してまったく別のものである場合や、ブランド品を購入したところ偽物が送られてきた場合には、どのようにすればよいでしょうか。

このようなケースでは、真正な商品との交換を要求し、応じない場合には、詐欺を理由に契約を取り消し（民法96①）、代金の返還を求めることができる場合がありますし、「見本と同じものが送られてくるとの誤認」や「本物のブランド品が送られてくるとの誤認」を理由として、消費者契約法に基づく取消し（消費者契約法4①一）を主張することができる場合もあります。

他方、見本と送られてきたものとの違いが、購入者にしかわからないような微妙なものである場合には、このような取消しの主張は困難です。

ただし、ネットショッピングも通信販売の一種として特定商取引法の適用があり、売主は、商品の引渡後の返品について広告等に表示する義務がありますから（特定商取引法11Ⅳ、15の2但書）、見本をみて自分の想定する商品が送られてくるのかがはっきりしないときや、商品の質にこだわりがある場合には、返品が可能な取引であるか否かを事前にしっかりと確認しましょう。

◎傷がついていた場合

まず、商品が量産品の新品である場合には、売主には傷のない商品を引き渡す義務がありますので、購入者は売主に対して傷のない商品を引き渡すように求めることができます。

次に、商品が一点物の新品である場合には、「傷のない商品」は存在しないことになりますから、購入者としてはそれを受け取るか受け取らないかを、まず検討する必要があります。

そして、受け取る場合には、傷により商品の価値が下がった分の返金を求めることが考えられます。他方、受け取らない場合は、契約を解除し返金を求めるということになります。ただし、売主があらかじめ「傷あり」等と表示していた場合には、売主には「傷のない商品」を提供する義務はないことになりますから、契約を解除し、返金を求めることはできません。事前に写真だけでなく、商品の状態に関する記載もしっかり確認しておくことが重要です。

最後に、中古品の場合には、多少の傷があることはやむをえないケースもあります。売主が「傷なし」と説明したり、傷をあえて見えにくくした写真を掲載したりした場合には、返金が認められるケースも考えられますが、新品の場合と比べると難しいでしょう。

Q 8-3
ワンクリック詐欺とは

ニュース等で「ワンクリック詐欺」の被害が多発していると言われ続けていますが、どういうものでしょうか。被害に遭ってしまった場合にはどうすればよいでしょうか。

A

◎ワンクリック詐欺

ワンクリック詐欺の典型例は、携帯電話やパソコンのサイトをクリックして閲覧していたところ、アダルトサイトや出会い系サイトにつながり、いきなり「入会手続が完了しました。識別番号を登録しました。指定口座に会費を振り込んでください」等と表示され、これらのサイトにアクセスしたことが家族や職場に知られるのではと心配して支払ってしまう、というようなケースです。スマートフォンの普及により、「ワンタップ詐欺」という言葉も出てきました。

また、広告メールのURLをクリック（タップ）したところ、いきなり請求画面が表示されるケースや、スマートフォンのアプリをダウンロードするときわめて高額な料金を請求されるケース等、手口は多様化しています。

このような不当請求手口は、警視庁のホームページでも取り上げられています。

◎不当請求への対応

これらの請求に対しては、表示された会費を支払う必要はまったくなく、無視すべきです。仮に、業者からメールが来ても返信してはいけません。

業者にパソコンのIPアドレスや携帯電話の個体識別番号（個々の携帯電話端末ごとに割り振られている製造番号であり、電話番号とは異なります）を知られたとしても、利用者の個人情報が漏れているわけではありませんから、自宅や職場に請求が来るのではと心配する必要はありません。

法律上も、広告メールに記載されていたURLをクリックしただけというようなケースではそもそも契約自体が成立していませんし、無意識のうちにクリックしてしまったような場合には、契約は錯誤により無効となります（民法95、電子消費者契約法3Ⅰ）。

電子消費者契約法によれば、事業者の側にパソコンや携帯電話の画面上で利用者が誤って契約の申し込みをしないような措置（確認画面の表示等）が要求され、このような措置がとられておらず、利用者が誤って申込みをしてしまった場合には、契約は錯誤により無効とされるのです（電子消費者契約法3但書）。

したがって、冒頭で掲げたようなケースでは契約は無効であり、利用者は会費を支払う必要はありません。

他方、数度の確認画面が表示されたにもかかわらず、詳細をチェックせずにクリックを繰り返してしまった場合には、支払義務が生じる可能性がありますので、消費生活センター等への相談をおすすめします。

◎支払ってしまった場合の対応

すでに請求された金額を支払ってしまった場合には、前述のとおり契約は無効であり、支払う必要がないお金を支払ったわけですから、業者に対して返還請求をすることが可能です。

もっとも、利用者個人がサイトや指定口座から業者を特定するのは容易ではありませんので、すみやかに警察や弁護士に相談すべきでしょう。

Q 8-4
ID・パスワードを不正使用されてしまった

私がネットショッピングのために登録しているIDとパスワードを使って、他人が買い物をしたようで、身に覚えのない商品と請求書が届きました。どうすればよいでしょうか。

A

◎ID・パスワード管理の重要性

まずID・パスワードをすぐに変更しましょう。IDとは、インターネット上で個人を識別するために用いられる記号であり、パスワードとは、本人であることを認証するために用いられる記号です。

インターネット取引は、直接会ってやり取りをしないことから、テレビ電話を用いるような例外的な場合を除き、ID・パスワードが正しく入力されているかどうかで本人であるかを判断することになります。

つまり、他人にID・パスワードを知られてしまうと、インターネットのさまざまな場面でなりすましを許してしまうことになりますから、その管理は厳重にしなければなりません。

特にパスワードについては、他人に把握されやすい誕生日や電話番号にしない、英文字と数字を組み合わせる、頻繁に変更するといった工夫が必要であるのはもちろん、パソコンに不正アクセスされてパスワードを知られることがないよう、ファイアウォール等によるセキュリティ強化も必要となります。

◎「なりすまし」契約への対応

インターネット取引であっても、売買契約は、売主と買主の意思の表示が合致することによって成立します。

お尋ねの場合には、あなたの「買う」という意思の表示がないわけですから、原則として、契約は成立していません。

したがって、請求書に従って代金を支払う必要はありません。他方、送られてきた商品については、あなたには受領する権原がないので、着払い等で返品する必要があるでしょう。

ただ、「買う」という意思を表示していなければ、どんな場合でも契約が成立しないと言い切れるわけではありません。

民法においては、「権利外観法理」という考え方があります。これは、真実と異なる外観があり、その外観を生み出したことに責任がある者がいる場合で、その外観を落ち度なく信頼して取引に入った者がいたときには、前者の犠牲のもとに、後者を保護するという法理です。

お尋ねの場合には、IDとパスワードから特定される人物が「A」であったが、実際にそのIDとパスワードを用いて取引をしたのは「B」であったという場合なので、BがAのID等を使用したことにAに責任があったときには、なりすまされたAではなく、落ち度なくAとの取引だと信じて契約した業者を保護する、つまり、Aと業者の間の契約が成立する、ということになります。

そして、BがAのID等を使用したことにAに責任があったときというのは、まさに冒頭で述べたような、ID等の管理が不十分であったケースであると考えられます。

なりすましの被害を受けた際に、ID等は十分管理していたと説明できるだけの工夫が必要です。

「権利外観法理」の適用には、業者が落ち度なくAとの取引だと信じたことが必要となりますから、請求を受けた場合には、「購入確認のメールが送られていない」といった業者の落ち度を指摘して、支払いを拒むことも考えられるでしょう。

また、ID・パスワードの不正使用は不正アクセス禁止法違反という刑事犯罪にもなりますから、警察に相談に行くのも一つの方法です。

Q 8-5
大量の迷惑メールが届く

パソコンに広告メールが大量に届き困っています。これを止めることはできないのでしょうか。

A

◎ 迷惑メールを規制する法律の概要

迷惑メールを規制する法律には、特定商取引法と特定電子メールの送信の適正化等に関する法律（以下「特定電子メール法」という）があります。

特定商取引法は、平成20年改正において、通信販売等、特定の商取引に関する広告メールについて規制を強化しています。

具体的には、消費者があらかじめ承諾をしない限り、事業者は消費者に広告メールを送信することを原則として禁止し（特定商取引法12の3①）、一度承諾を受けたとしてもその後拒否の意思が示された場合には送信を禁止する（特定商取引法12の3②）、消費者が受信拒否の意思を示すための連絡先等を表示すること（特定商取引法12の3④）等です。

他方、特定電子メール法では、「自己又は他人の営業につき広告又は宣伝を行うための手段として送信する電子メール」（特定電子メール法2Ⅱ）を対象としており、適用範囲が特定商取引法より広くなっています。そして、特定商取引法同様、あらかじめ送信を請求、または送信に同意したものにのみ広告宣伝目的のメールの送信を認めています（特定電子メール法3Ⅰ）。

そして、これらの規制に違反して広告メールを送信した事業者は、主務大臣から必要な措置をとるべき指示（特定商取引法14①）や命令（特定電子メール法7）、業務停止命令（特定商取引法15）を受けることになります。

そして、これらの指示や命令に従わない場合には、事業者には、懲役や罰金の罰則が科せられることになります（特定商取引法70の2等）。

◎ 迷惑メール送信業者への対応

何度も拒否しているにもかかわらず送信を続けてくる事業者に対しては、望まない情報を押し付けられていることに対する精神的損害の賠償を求めて訴訟を提起することも考えられますが、費用や手間とのバランスからは、あまり適切な手段とは言えません。

前述のように、広告メールの送信には原則として事前の承諾等が必要となりますので、承諾なく広告メールを送ってきたり、今後は送信を拒否する旨の連絡をしたにもかかわらず送られてきている等、法律上の規制に違反している事業者に対しては、行政機関から適切な指示、命令を出してこれを止めさせることが有効です。

現在、一般財団法人日本産業協会の電子商取引モニタリングセンターや、一般財団法人日本データ通信協会の迷惑メール相談センター等が迷惑メールの情報提供を受けつけていますので、これらの機関に情報を蓄積させていくことが考えられます。

また、大量の迷惑メールの送信はプロバイダの設備に大きな負荷をかけ、場合によってはサーバーをダウンさせることもありえますので、プロバイダに対して通報して法的措置をとってもらうことも考えられます。

過去には、迷惑メールの大量送信をした事業者に対して、NTTドコモが迷惑メール送信差止めの仮処分を申し立て、損害賠償請求を行い、いずれも認容されたケースがあります（横浜地判平13.10.29、東京地判平15.3.25）。

Q 8-6
ネットショッピング出店の際の注意点

ホームページを開設して物を売りたいと思っているのですが、どのような法律の知識が必要となるのでしょうか。

◎業種規制

インターネット上の取引であっても、商品を販売することに変わりはありませんから、業種ごとに規制を受けることになります。

例えば、薬品を販売する場合には薬事法上、薬剤師が開設者または管理者となり、都道府県知事の許可を得ることが必要ですし、酒を販売する場合には酒税法上、税務署長の免許を受ける必要があります。

また、古物を販売する場合には古物営業法上、公安委員会の許可を得ることが必要です(ただし、自分の私物を売る場合には許可は不要)。

◎商標法、不正競争防止法

ネットショップを開店するにあたっては、当然、サイトの名称やドメインネーム(例えば「www.xxx.co.jp」等)をつけることになると思いますが、その際には、他社が商標登録をしていないかどうか、調査する必要があります。商標は商品・サービスの分野ごとに特許庁に登録されており、同じ分野でこれを無断使用すると、商標権の侵害となり、商標権者から差止請求(商標法36)、損害賠償請求(民法709、商標法38)を受ける可能性があります。

また、自分のホームページへのアクセス数を増やすために、他社と同一またはこれと類似した商号やドメインネームを使用した場合には、不正競争防止法違反として、同様の請求を受ける可能性もありますので、注意が必要です(不正競争防止法2ⅩⅡ、3、4)。

◎個人情報保護法

ネットショッピングを運営する場合には、多数の顧客の個人情報を扱うことになりますので、個人情報保護法に関する知識も必要になります。

この法律にいう「個人情報」には、氏名、住所、メールアドレス、ID・パスワード等、個人を識別することができる情報が広く含まれます(個人情報保護法2①)。そして、顧客情報は厳重に管理しなければならず、これを不正に取得したり、目的の範囲を超えて利用することは禁止されます。個人情報保護法が適用される対象となる顧客数は5,000名ですが、これに満たない場合でも、法律に従った管理をすべきでしょう。他社の「プライバシーポリシー」を参考にするのも有益です。

◎電子消費者契約法

インターネットショッピングにおいて、顧客は一般的にはクリック一つで購入商品を決定していきますから、誤って購入した、購入する商品を間違えた、数量を間違えた、というトラブルが多く発生する可能性があります。

ショップ側としては、このような顧客のミスを防止するための措置(複数の確認画面の表示等)をする必要があり、これを講じていれば、クリックミスについて顧客に重大なミスがある場合でも、契約を有効とすることができるようになります(電子消費者契約法3)。逆に、このような措置を講じない場合には、注文は無効とされてしまうので注意する必要があります。

◎特定商取引法

特定商取引法には、訪問販売等の指定商品について、一定期間内の無条件解約を認めるクーリングオフの制度が規定されていますが、ネットショッピングにはこの制度の適用はありません。

しかしながら、ネットショッピングにおいては、広告表示に返品の可否を表示する義務があり、返品不可の記載がない場合には、商品到着後8日以内の返品が認められることになりますので(特定商取引法15の2、11Ⅳ)、返品を認めたくない場合にはその旨の表示はしっかりとする必要があります。

インターネット上の著作権トラブル

Q 8-7 SNSやブログを始めるときに注意すべきこと

SNSやブログを始めたいと思っていますが、知人から「著作権の問題は気をつけたほうがいい」と言われました。どのような点に注意すればよいでしょうか。

A

◎著作権

著作物とは、法律上、「思想又は感情を創作的に表現したものであって、文芸、学術、美術又は音楽の範囲に属するもの」（著作権法2①Ⅰ）という難しく表現されていますが、実際には、小説、写真、音楽等、人の創作したものはすべて、その社会的認知度あるいは評価を問わず、著作物になると考えられています。典型的な例としては、1歳の子どもの書いた落書きも「著作物」であると言われています。

そして、著作物を作った者が著作者となり、著作権を有していますので、著作権者に無断で著作物をSNS、ブログ上に掲載した場合には、原則として著作権侵害になります。

ブログでは、インターネット上で発見した写真を載せたり、他人の文章が引用されたりというケースが多くみられますが、無断で行われているとすれば違法行為となりますので、注意が必要です。URLの記載やシェアはそれだけで著作権侵害となるものではありませんが、明らかに違法にアップロードされている動画の紹介等はトラブルのもとになりがちです。

◎他人の著作物の使用の例外

SNS等に他人の著作物を掲載することは原則として著作権侵害となりますが、著作権法にはいくつかの例外が定められています。

① タイトル、店名

タイトルや店名は著作物ではありませんので、小説のタイトルをSNS等に記載して書評を書くことや、飲食店の名前を記載して料理の感想を書くことについては著作権法の問題は生じません。

② 事実の伝達にすぎない雑誌および時事の報道

このような事実の報道（単なる事件、事故を伝えるニュース等）は、著作物ではないとされていますので（著作権法10②）、自由に掲載することができます。

③ 引用

公表された著作物は、一定の要件を満たせば引用して利用することができます（著作権法32）。これについては、後述します。

④ 時事問題に関する論説等の転載

新聞紙または雑誌に掲載して発行された政治上、経済上または社会上の時事問題に関する論説（学術的性質を有する場合は除く）は、特に転載禁止の表示がない限り、転載することができます（著作権法39）。

⑤ 私的使用目的の複製

なお、著作権法には私的使用目的の複製であれば、著作権侵害にならないとの規定がありますが（著作権法30）、SNSやブログへの掲載は、世界中の不特定多数の人の目に触れる形で当該情報を公開する行為ですから、私的使用目的ということはできないケースが多いのです。

◎引用

前述のとおり、公表された著作物は一定の要件を満たせば引用して利用することができます。その要件は、条文上、公正な慣行に合致するもので、かつ、報道、批評、研究その他引用の目的上正当な範囲内であることとされています（著作権法32①）。

さらに、①他人の著作物を引用している部分が、その他の部分と明瞭に区別できること、②引用している部分はあくまで「従」で、自らが書いた部分が「主」であることも、判例上必要とされています（最判昭55.3.28）。

つまり、小説や論文を紹介、解説するにあたり、そのごく一部をかぎ括弧等で区別して引用し、長文の自作の原稿を掲載することは正当な引用と言えるものと考えますが、ほぼ全文を引用したうえで短い感想を付ける程度では、正当な引用とは言えず、著作権侵害になるものと考えます。

Q 8-8
知人が購入したソフトウェアの使い回し

現在使っているパソコンにソフトウェアをインストールしたいのですが、購入すると非常に高額です。友人に相談したところ、「自分が購入して使ったDVD-ROMがあるから、これを安く売ってあげよう。職場でもこれを皆で回してインストールしていたんだ」と言われました。このようなことは問題ないのでしょうか。

◎著作権と所有権

ソフトウェア（無体物）は「プログラムの著作物」（著作権法10①Ⅸ）であり、その制作者（制作会社）が著作権を持っています。

他方、DVD-ROM（有体物）は、売買契約によって、その所有権は友人にあることになります。

しかしながら、著作権と所有権はまったく別個の権利ですから、DVD-ROMを購入したからといって、自分が著作権者になったり、無制限に使用することが認められるわけではありません。

DVD-ROMの所有者は、著作権者とソフトウェアとの利用許諾契約に基づき、ソフトウェアの利用が認められているにすぎないのです。

◎ソフトウェア利用許諾契約

ソフトウェア利用許諾契約は、DVD-ROMの購入の場合には、「シュリンクラップ」という形式が用いられています。

これは、DVD-ROMのパッケージに利用許諾契約の条項が記載されており、その包装（ラップ）を破った時点で契約が成立する、というもので、プロバイダとの契約と同様、著作者の作成した条項にすべて同意して契約を結ぶか、同意せず返品するかの二者択一しかないという特徴があります。

そこでは、「1台のパソコンに対する1回のインストールのみを認め、その他の一切の複製を禁止する」という条項があるケースもあります。

これを形式的にみれば、今回の友人の職場で行われていることも、あなたが友人からDVD-ROMを借りてインストールすることも当然にこの条項に違反することになります。

一方で、消費者契約法上、（著作権法に比べて）「消費者の利益を一方的に害するものは、無効」という規定もありますので（消費者契約法10）、著作権法上、どのような行為が許されているのかを検討する必要があります。

◎複数回インストールの適法性

著作権法によれば、プログラムの著作物の複製物（DVD-ROM）の所有者は、自らこれをパソコンにおいて利用するために必要な限度において、複製をすることができるとされています（著作権法47の2①）。

また、個人的にまたは家庭内その他これに準ずる限られた範囲内において使用すること（私的使用）は例外的に著作権侵害とならないともされています（著作権法30①）。

いかなるインストールまでが許されるかは、これらの規定と、ソフトウェア利用許諾契約の各条項の双方を検討して判断すべきです。

ただし、いずれにしても、職場で回して各自がインストールしていくことは、自らのパソコンにおける使用でも、私的使用でもありませんから、特にその旨の利用許諾がある場合を除き、契約違反であるとして、著作権者側から損害賠償請求を受けるおそれがあります。

◎ソフトウェアの転売

ソフトウェア利用許諾契約に第三者への譲渡を禁じる条項がついている場合には、友人の申出は契約違反となります。この条項は利用者の転売の自由を制約するものですが、そもそも1人の利用しか許諾していないということに照らせば、消費者の利益を一方的に害して無効とまでは言えないのではないでしょうか。

他方、第三者への譲渡を禁じる条項がない場合であっても、これをあなたが購入してインストールし、あなたがこのソフトウェアを使用することになれば契約違反の状態を生じますので、いずれにしても友人の申出を受けるべきではありません。

第8章 インターネット・情報に関する法律知識

Q 8-9
動画サイトからのダウンロード

ユーチューブ等の動画サイトから好きなアーティストのミュージッククリップを自分のパソコンにダウンロードしたいのですが、個人的に見るだけであれば問題ないでしょうか。

A

◎ミュージッククリップの著作権

アーティストのミュージッククリップ（プロモーションビデオ）は「著作権のかたまり」であると言われています。

楽曲自体が「音楽の著作物」（著作権法10①Ⅱ）であり、作詞者、作曲者に著作権があるのはもちろん（現実にはJASRAC等の団体が管理するケースが多い）、実演家、レコード製作者にも著作隣接権があります。

また、クリップの映像は楽曲とは別個の「映画の著作物」（著作権法10①Ⅶ）であり、その製作者に著作権が、クリップの監督やプロデューサーに著作者人格権があり、俳優が出演していたり、台本が制作されていたりした場合には、それだけ権利の帰属主体が増えるということになります。

そして、ミュージッククリップをインターネット上にアップデートすることは、著作権法上は、送信可能化権（著作権法23①）として、著作権者、実演家、レコード製作者等が持っていると規定されており、これらの者に無断で、インターネットの動画サイト等にアップデートすることは著作権侵害として、著作権法違反にあたることになります。

民事上の損害賠償請求を受けるのはもちろん、刑事罰（10年以下の懲役もしくは1,000万円以下の罰金、またはその両方）の対象にもなります。

◎違法アップデート動画のダウンロード

著作権法上、インターネット上の著作物をダウンロードすることは「複製」（著作権法21）として著作権侵害にあたるのが原則ですが、個人的にまたは家庭内その他これに準ずる限られた範囲内において使用すること（私的使用）は例外的に著作権侵害とならないと規定されています（著作権法30）。

従前は、違法にアップデートされた動画のダウンロードは、この規定の適用によって、違法ではないと考えられてきました。

しかしながら、パソコンの家庭普及率は平成18年に7割を超え、その後も上昇しており、同時にインターネットも普及するようになりました。そして、技術的にも、一般家庭内においてインターネット上の著作物を高品質かつ大量に複製することが可能になったことから、違法にアップデートされた著作物のダウンロードも違法とすべきであるとの要請が高まってきました。

これを受けて、平成21年改正の著作権法は、違法にアップロードされた動画等のダウンロードを、違法であると知りながら行う行為について、私的使用のための複製の例外とする規定を新設しました（著作権法30①Ⅲ）。

この改正により、現在では違法にアップデートされたミュージッククリップを動画サイトから、違法であると知りつつダウンロードすることは、個人的な使用目的であっても著作権法違反であることになりました。

ユーチューブ等でみることができる公式とは称されていないミュージッククリップやテレビ番組等が違法にアップデートされたものであることは、現在では容易に想像できる状況になりつつありますので、あなたのダウンロード行為も違法と判断される可能性がないとは言えないでしょう。

改正当時、ダウンロード行為についての刑事罰は規定されていませんでしたが、平成24年の改正において、販売または有料配信されている音楽や映像であること、違法配信されたものであることの両方を知りながらダウンロードする行為について、2年以下の懲役または200万円以下の罰金（またはその両方）が科されることになりました。

3 インターネット上の権利侵害

Q 8-10

SNSにおける誹謗中傷

SNSに、私を誹謗中傷する書き込みがあると友人が教えてくれました。外国のもののようですが、書き込みを削除してもらうにはどうしたらよいのでしょうか。また、投稿した本人に何か請求することはできないでしょうか。

◎ヘルプセンター等の利用

多くの場合、SNS上に日本語対応のヘルプセンターがあり、よくある質問と対処方法が記載されています。また、SNS上の「問合せフォーム」から担当者に連絡ができる場合もあります。まずは、これらの手段で、書き込みを削除できないか試してみましょう。

◎SNS管理会社の特定

外国のSNSが日本で利用されているケースでは、その運営に日本の会社が関与していることがあります。ただし、関与している日本の会社にユーザー記録の管理・削除権限があるとは限りません。このような権限がない会社に対していくらお願いしても、簡単には削除に応じてもらえないのが現状です。

◎利用規約の確認

ユーザー記録の管理・削除権限がどこの会社にあるかを確認するために、SNS上の利用規約を見てみましょう。たいていの場合、そのSNSの日本語版ウェブサイトに関する管理・削除権限を有している会社(SNS管理会社)が明記されています。このように、削除を求める前にどの会社にお願いすればよいかを確認しておくことが大切です。

◎SNS管理会社に対する請求

利用規約をみると、SNS管理会社が独自のルールによる削除方法を定めていることが多いので、まずは任意削除を求めましょう。

プロバイダ責任制限法も、①書き込みにより他人の権利が侵害されていると信じるに足りる相当の理由があったとき、②被害者からの削除要請があった旨を書き込んだ者に通知して削除への同意を照会したが7日以内に同意しない旨の回答がないときには、書き込みを削除してもプロバイダ等は責任を負わないと規定し、SNS管理会社の削除を促しています（プロバイダ責任制限法3②）。

また、プロバイダ責任制限法ガイドラインは、「発信者情報開示請求の手続や判断基準を可能な範囲で明確化する」ことを定めているので、SNS管理会社が任意の削除に応じなくても、この方法で削除請求を行うことも効果的です。

◎書き込みをした本人に対する請求

まず書き込みをした人を特定しなければなりません。そのために、SNS管理会社から書き込みをした人の情報を開示してもらう必要があります。

この際、一般社団法人テレコムサービス協会が提供している書式を利用すると、SNS管理会社が任意に開示してくれることがあります。

また、プロバイダ責任制限法4条1項に基づき発信者情報開示請求を行うという手段もあります。その要件は、①書き込みにより権利を侵害されたことが明らかであり、かつ、②損害賠償のために必要があるときです。もっとも、SNS管理会社の中には、法的手続による開示請求でなければ応じないという方針をとっているところもありますので、その場合には、インターネット関連業務に精通した弁護士に相談する必要があります。

これらのような手段によって、相手を特定することができれば、書き込みをした本人に対して、不法行為に基づく損害賠償請求（民法709）、人格権侵害に基づく差止請求としての削除請求をすることができます。

また、SNSにおける誹謗中傷は、公然と人の社会的な評価を低下させるものであり、名誉毀損罪に該当しますので、同罪に基づく告訴をして（刑法230①、刑事訴訟法230）、刑事上の責任を追及することもできますが、告訴は、犯人を知った日から6か月までに行う必要があります（刑事訴訟法235①）。

Q 8-11
インターネットと肖像権・プライバシー権

インターネットの地図配信サービスで、実際の道路や周りの建物等の写真を見られるものがありますが、その写真の中に私の家が写っていました。写真には窓際でくつろいでいる私の顔と上半身が映り、庭先に干していた洗濯物も不鮮明ながら写ってしまっています。これを誰でも見ることができると考えるととても不安です。写真を消してもらったり、サービス提供会社に損害賠償を請求できたりするのでしょうか。

◎肖像権侵害

インターネットの地図配信サービスであなたの顔写真が掲載され、誰もが見ることができる状態であることについては、あなたの肖像権が侵害されているかどうかが問題となります。

肖像権について明示する法律の規定はありませんが、判例で法律上保護される利益と認められています。無断でされた写真の撮影や公表が肖像権を侵害しているかどうかは、撮影場所など様々な事情を考慮し、一般人を基準に「社会生活上受忍の限度を超えると言えるかどうか」、すなわち、無断で自分の顔写真を撮影、公表されることが、普段の生活を送るうえで、一般の人にとって耐えがたく、我慢できない程度にまで達しているかどうかという基準で判断されます。

◎プライバシー権侵害

また、インターネットの地図配信サービスで干してある洗濯物等、あなたの家の様子が掲載されていることについては、プライバシー権侵害が問題となります。

プライバシー権も、法律で規定されてはいませんが、判例上「私生活の平穏を享受する権利」として認められています。プライバシー権侵害についても肖像権と同じく、「社会生活上受忍の限度を超えると言えるかどうか」という基準で判断されます。

◎洗濯物とプライバシー権侵害

本件と同じような事案で、原告が自分の下着の写真をインターネット上の地図配信サービスで掲載されたとして、サービス提供会社に損害賠償を求めた例で、「一般人を基準とした場合には、そのような画像を撮影されたことにより私生活の平穏が侵害されたとは認められず、ベランダに掛けられている物が具体的に何であるのかも判然としないから、たとえこれが下着であったとしても、本件に関しては被撮影者の受忍限度の範囲内であるといわなければならない」として、プライバシー権侵害にはならず、損害賠償請求は認められないと判断されたものがあります（福岡高判平24.7.13）。公道での撮影で私的な事柄が写り込んでしまうことはある程度社会でも受け入れられていると言えるため、このような写真の撮影・公表行為が、一般の人にとって耐えがたく、我慢できない程度に達しているとまでは言えない、としたものです。

この判例から考えると、今回のような庭先に干していた洗濯物が不鮮明ながら映っているというケースではプライバシー権侵害とまでは言えず、写真の削除請求・損害賠償請求は難しいということになります。

◎室内の様子と肖像権・プライバシー権侵害

他方、通常、個人の家の中は私的な空間で、公表されることが予定されていない場と言えます。それなのに、あなたの顔や家の中での様子がはっきりとわかるような写真がインターネットの地図配信サービスに掲載されたということであれば、そのような状況は一般の人を基準にしても耐えがたく、我慢できない程度にまで達していると言えるでしょう。

前述の判例の考え方からしても、肖像権・プライバシー権を含む人格権に基づく差し止め請求として、侵害行為の中止、すなわち写真の削除等を求めることが可能になり、また、精神的損害発生を理由とした不法行為（民法709）に基づく慰謝料請求も可能になると考えられます。

Q 8-12

過去の不祥事とネット検索

私は以前、事件を起こして警察に逮捕されたことがあります。裁判になりましたが、執行猶予ということで何年も前に終わっています。ところが、インターネットで私の名前を検索すると、私が起こした事件のニュースがヒットしますし、予測検索でも「逮捕」等といった言葉が出てきます。私の過去が検索されないようにすることはできないものでしょうか。

A

◎インターネットと「忘れられる権利」

お尋ねの場合のように、インターネット上で事件に関する記事等がいつまでも削除されずに残ってしまうことについては、近年問題となっているところです。従来の新聞・雑誌等のメディアは、時間の経過によってアクセスが困難になるため、事件の加害者・被害者等関係者に関する情報が社会から段々と忘れられていくのが通常でした。しかし、近年、インターネットという膨大な情報を有するメディアが普及したことで、何年も前に起こった事件や関係者の情報へのアクセスが容易になり、事件に関する記事等がいつまでも残って関係者の名誉権・プライバシー権の侵害となる、すなわち、関係者の「忘れられる権利」が保護されない状況になっていると言われています。

◎検索エンジン事業者に対する裁判上の請求

今回のような場合、インターネット検索エンジン事業者に対して、名誉権・プライバシー権侵害を理由として、検索結果で表示されるリンクの削除を求める仮処分の申立てや訴訟を提起することが考えられます。現在、「忘れられる権利」は法律の規定がなく、裁判例の蓄積が待たれている状況ですが、インターネットの検索エンジン事業者には、検索結果として表示される他人の名誉権を侵害するような表現を含むウェブページへのリンクを削除する義務はない、と判断された事案があります（東京地判平23.12.21）。検索結果の表示は専用のシステムを用いて自動的・機械的になされるものであり、検索エンジン事業者自身が名誉権を侵害するような表現行為をしているとは言えない、ということを主な理由とするものです。

この判例からすると、今回、検索エンジン事業者に対して事件のニュースや予測検索を削除するよう、裁判で求めるのは難しいことになります。

◎その他の手段、ウェブページ管理者への請求

もっとも、この判決以降、検索結果の表示に関する問題意識はより高まっており、現在、多くの検索エンジン事業者は、自主的に名誉権・プライバシー権侵害のおそれのあるリンク等を削除する規約を設けており、各規約に合致すれば、削除要請に任意に応じる可能性が高いと考えられます。したがって、まずは、検索エンジン事業者に対して削除要請を行うのが望ましいでしょう。個人で行うのが不安な場合は、専門家である弁護士を利用するのもよいでしょう。

また、ウェブページの管理者も、自主的に名誉権・プライバシー侵害のおそれのある情報を削除する規約を設けていることが多いので、ウェブページの管理者に対する削除請求も有効です。

予測検索に関しても、請求によって、検索エンジン事業者がネガティブなワードが表示されないように対応するケースが出てきています。

◎外国での動き

「忘れられる権利」を保護しようとする動きは諸外国でも見られます。16年前のインターネット記事について、事件の関係者であるスペイン人男性がGoogleに対してリンクの削除・非開示を求めた裁判で、欧州司法裁判所は2014年5月13日、「検索エンジンサービス提供者は、一定の場合、人名に続いて表示される検索結果リストからリンクを削除する義務を負う」旨の判決を出しました。

日本でも、裁判例の蓄積や法律の整備によって、「忘れられる権利」保護への動きが高まっていくのではないでしょうか。

第9章

職場
に関する法律知識

1 労働・雇用

Q 9-1
労働条件を確認したい

先日、小さな会社への入社が決まりましたが、給料や労働時間について口約束しかなく、何の書面も渡されていません。就業規則を見せてもらえないか尋ねたところ、そういうものは渡していないと言われました。不安なのですが、口約束で我慢するしかないのでしょうか。

A

◎労働条件の明示義務

あなたが会社に入社する、ということを法的にみると、あなた（労働者）と会社（使用者）の間で、あなたが労働することに対して会社が給料を支払うという「労働契約」が成立しています。「契約」といっても、いわゆる「契約書」を作成することは必要ではなく、口約束だけでも労働契約は成立しますので、入社にあたって「契約書」が作成されるとは限りません。

しかしながら、給料や労働時間等の労働条件について口約束しかなければ、どのような労働条件で契約が成立したのかはっきりしませんので、後日「言った、言わない」の争いになりかねません。

そこで、使用者は労働契約を締結する際に、労働条件を明示しなければならないこととされています。

明示しなければならない労働条件としては、次のようなものがあります。
- 契約期間
- 契約期間の定めのある労働契約を更新する場合の基準（契約期間の定めがあり、かつ、更新する場合がある契約に限る）
- 就業場所、従事する業務
- 始業と終業の時刻、所定の労働時間を超える残業があるかどうか、休憩時間、休日、休暇等
- 給料の決定、計算、支払いの方法、給料の締切りと支払いの時期
- 退職に関する事項（解雇の事由を含む）

これらの労働条件については、使用者は書面を交付する方法により明示する義務があります。

さらに、フルタイムの正規労働者よりも所定労働時間や日数が少ないパートタイム労働者（あるいはアルバイト、嘱託等）については、これらの労働条件のほか、昇給・退職手当・賞与があるかどうかについても、書面等で明示しなければならないこととされています。

あなたは会社から何の書面も渡されていないとのことですが、これは労働条件を書面で明示する義務に違反していることになります。したがって、あなたは会社に対して、これらの労働条件については書面で明示するよう求めることができます。

なお、労働条件を明示する書面の形式については特に決まりはありませんので、「労働条件通知書」などの表題とする場合もありますし、これらの労働条件を盛り込んだ「労働契約書」を作成する場合もあります。

◎就業規則

「就業規則」とは、労働者の労働条件や労働者が職場で守るべきルールが定められた規則のことを言います。

通常10人以上の労働者が働いている職場（事業場）においては、就業規則を定めなければならないとされています。この基準にあたるかどうかについて、パートタイム労働者等は含まれますが、派遣社員は除かれます。また、会社全体ではなく、それぞれの営業所や店舗ごとに判断することとされています。したがって、10人以上の労働者のいる会社でも、各営業所等には10人未満の労働者しか働いていない場合には、就業規則を定める義務はありません。

このように、就業規則については作成義務がある職場と、ない職場があります（作成義務がなくても、就業規則を作成している職場もある）。

あなたは会社から就業規則を見せてもらえないとのことですが、まず、そもそも就業規則が作成されているのかどうかが問題となります。

◎就業規則の周知義務

就業規則が作成されている場合には、使用者は

その就業規則を労働者に「周知」しなければならないこととされています。その周知の方法は、次のうちいずれかと定められています。
- 常時各作業場の見やすい場所へ掲示し、または備え付ける
- 書面を労働者に交付する
- ディスク等に記録し、各作業場に労働者が記録内容を常時確認できる機器を設置する

このように、就業規則の内容を書面で渡す方法以外に、掲示や備え付けの方法も認められていますが、これらのうちいずれかの方法によって、労働者が内容を確認できる状態にしておく必要があります。就業規則はあるけれども労働者には見せない、という対応は許されません。

したがって、あなたの職場において就業規則が作成されている場合には、会社はそれを前述のいずれかの方法で周知する義務があるのですから、これらの方法による就業規則の周知を求めることができます。

【明示すべき労働条件】

必ず明示しなければならない事項	① 労働契約の期間 ② 期間の定めのある労働契約を更新する場合の基準 ③ 就業の場所・従事すべき業務 ④ 始業・終業の時刻、所定労働時間を超える労働（早出・残業等）の有無、休憩時間、休日、休暇、労働者を2組以上に分けて就業させる場合における就業時転換に関する事項 ⑤ 賃金の決定、計算・支払の方法、賃金の締切り・支払の時期 ⑥ 退職に関する事項（解雇の事由を含みます。）	書面によらなければならない事項
	⑦ 昇給に関する事項	
定めをした場合に明示しなければならない事項	⑧ 退職手当の定めが適用される労働者の範囲、退職手当の決定、計算・支払の方法及び支払い時期 ⑨ 臨時に支払われる賃金、賞与等及び最低賃金額に関する事項 ⑩ 労働者に負担させる食費、作業用品などに関する事項 ⑪ 安全・衛生 ⑫ 職業訓練 ⑬ 災害補償、業務外の傷病扶助 ⑭ 表彰、制裁 ⑮ 休職	

【パートタイム労働法上の明示事項】

- 昇給の有無
- 退職手当の有無
- 賞与の有無
- 相談窓口

（出所）東京労働局パンフレット「労働基準法のあらまし」より（一部要約）

Q 9-2
内定を取り消されてしまった

就職活動をしていたところ、一つの会社から内定通知をもらいました。ところが、大学卒業を控えた2月に、内定取消しを告げられました。理由は、私の陰気な印象が会社に不適格であるからとのことです。会社に何か主張できないでしょうか。

◎採用内定の性質について

使用者が新規の学校卒業者を採用するにあたっては、内定という手続を経るという慣行があります。そのため、入社日を迎える前に内定を取り消されたという事態が生じた場合に、そもそも、「内定」とは法的にどのように評価されるかを考える必要があります。この点については、採用内定通知以外には、労働契約を結ぶための意思表示をすることが予定されていない場合には、採用内定をもって始期付解約権留保付の労働契約（開始時期と、場合によっては解雇するという権利を留保した労働契約）が成立したと考えるのが一般的です。

本件でも、採用内定通知以外に労働契約を結ぶための手続が予定されていなかったのであれば、採用内定によって、始期付解約権留保付の労働契約が成立したと判断されることになるでしょう。

◎内定取消しの適法性について

このように、採用内定によって、始期付解約権留保付の労働契約が成立したと考えられる場合、内定を取り消すということは、成立した労働契約に留保された解約権を行使するということになります。もっとも、採用内定の段階では、実際に就労を始めておらず、不確定な要素も多いので、解約権の行使といっても、内定取消しを解雇と全く同じように考えることはできず、採用内定者に特有の解約事由が認められます。

例えば、学校を卒業できなかった場合や健康に重大な支障が生じた場合等は、典型的に内定取消しが認められるケースです。一般的には、内定通知書等に書かれた取消し事由にあたるかどうかを参考にして判断することになるでしょう。

しかし、内定通知書に書いてあればどのような事由であっても内定取消しが認められるわけではありません。

採用内定を出した当時に、前述のような不確定要素が多いことから、特有の解約事由が認められたのですから、そのような解約権が認められた趣旨に合致し、内定取消しをすることが客観的に相当と言えるような場合にしか、解約権の行使、つまり内定取消しは認められないことになります。

したがって、お尋ねの場合のような陰気な印象がある等といった事由は、採用内定当時に当然わかっていた事実でしょうから、採用内定を出す段階で調査を尽くせばよかったのであり、内定取消しを認めることが、解約権が留保された趣旨に合致するとは言えません。そのため、内定取消しは認められないという結論になるでしょう。

会社に対しては、労働者の地位にあることの確認を求めたり、入社日以降の一定期間の賃金の支払いを求めたりすることができます。加えて、内定取消しが使用者の身勝手な理由による場合には、損害賠償請求も認められることがあります。

◎採用の内々定について

使用者が新規の学校卒業者を採用するにあたっては、「採用選考に関する企業の倫理憲章」が定める採用内定日を遵守することとの関係で、内定通知書が交付される前の段階で、使用者が口頭で内々定を通知する慣行があります。

このような口頭での内々定の通知があったとしても、使用者・学生との間で労働契約が成立したとの意識を持っていないものと言えます。

そのため、採用内定の場合と異なり、口頭での内々定を通知された段階で、始期付解約権留保付労働契約が成立したと判断されるケースは少ないものと考えられます。

もっとも、このような場合であっても、使用者の身勝手な理由による内々定取消しの場合には、慰謝料等の損害賠償が認められることがあります。

Q 9-3
会社に損害を与えたことによる給料からの天引き

あまりに仕事が忙しかったこともあり、私のミスで会社に損害を与えてしまいました。その後、損害額の分割金として、毎月の給料からかなりの額が天引きされています。私に非があるとはいえ、給料の天引きは我慢しなければならないのでしょうか。

A

◎問題となるポイント

お尋ねの場合について、二つの点が問題となります。

第1に、あなたのミスで会社に損害を与えてしまったとしても、その損害をあなたが全額負担しなければならないのかどうかが問題となります。

第2に、給料からの天引きが許されるのかどうかが問題となります。

◎損害賠償責任の制限

本来行わなければならない注意を怠った不注意・ミス（過失）によって他人に損害を与えてしまった場合、その損害を金銭でつぐなう責任を負うことになります。この責任を「損害賠償責任」と言います。

このような法律上の原則からすると、労働者が会社の業務を行うときに、不注意・ミス（過失）によって会社に損害を発生させた場合には、会社の損害を賠償しなければならないという損害賠償責任が発生するようにもみえます。

しかしながら、無制限に損害賠償責任を認めると、労働者の生活を圧迫し過酷な結果となりかねません。また、どのような業務でも、ミスの可能性を完全にゼロにすることはできませんから、一定のミスは業務自体に含まれるリスクと言えます。会社は労働者にそのような業務を行わせることによって利益を得ている以上、ミスによる損害の発生という業務のリスクについても、利益を得ている会社が一部負担するのが公平と考えられます。

そこで、裁判例においては、労働者の責任が一定の範囲で限定されています。労働者の責任の内容は、①労働者のミスの程度、②労働者の地位、職務内容、労働条件、③会社側の関与の程度（適切に指示を行ったかどうか、保険に加入してリスクを分散したかどうか等）といったさまざまな事情を考慮して、ケースバイケースで判断されています。

例えば、労働者にミスがあったとしても、ミスが軽いものであり会社のリスク管理が不十分である場合等には、労働者の損害賠償責任が否定された裁判例もあります。また、労働者に重大なミスがあった場合でも、会社側の問題点などを考慮して、労働者の責任を4分の1や2分の1に制限した裁判例もあります。

あまりに仕事が忙しかったこともあってミスが発生したとのことですが、会社が業務量を適切に管理せず過大な業務を行わせていたとか、あなたのミスの程度が重大ではないといった事情があるのであれば、損害全部についてあなたが責任を負うのではなく、あなたの損害賠償責任が制限されることもありえるでしょう。

なお、労働者との間であらかじめ労働契約の違反についての違約金を定めたり、損害賠償額を定めておくことは禁止されており、仮にそのような定めがあったとしても無効です。したがって、仮にそのような定めがあったとしても、その定めによる責任を負うことはありません。

◎給料からの天引きは許されるか

あなたが会社に対して損害賠償責任を（損害の一部についてでも）負うとしても、会社が給料から天引きすることは、原則として許されません。

給料は、労働者の生活を支える極めて重要なものですので、確実に支払われるよう、支払いについて法律上さまざまな原則が定められています。すなわち、給料は、現物支給ではなく通貨で（通貨払の原則）、直接労働者に対して（直接払の原則）、原則として給料の全額を（全額払の原則）、毎月1回以上一定期日を定めて（毎月1回以上一定期日払の原則）支払わなければなりません。

給料からの天引きについては、この原則のうち「全額払の原則」に反することになり、原則として許されません。

例外的に、給与所得税や社会保険料、財形貯蓄等、法令上定めのある場合や、過半数労働組合または過半数代表者との労使協定がある場合には、給料からの天引き（控除）が認められています。

また、これらにあたらない場合であっても、労働者が給料からの天引きに同意した場合で、「同意が労働者の自由な意思に基づいてされたものであると認めるに足りる合理的な理由が客観的に存在するとき」であれば、給料からの天引きが許されますが、労働者が自由な意思で天引きに同意したかどうかは慎重に判断しなければならないとされています。

したがって、仮にあなたが会社に対して損害賠償責任を負うとしても、会社は、あなたの同意なく給料から天引きすることはできません。

【賃金支払の5原則】

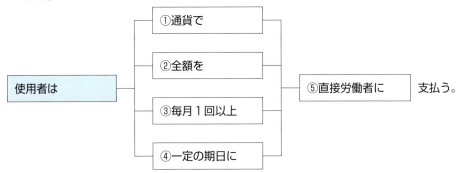

【例外】
（1）通貨以外のものの支給が認められている場合 ……………… 法令・労働協約に現物支給の定めがある場合
（2）賃金控除が認められている場合 ……………………………… 法令（公租公課）の定めがある場合、労使協定による場合
（3）毎月1回以上、一定の期日払いでなくてよい場合 ………… 臨時に支給される賃金、賞与、査定期間が1か月を超える場合の精勤手当・能率手当など

（出所）東京労働局パンフレット「労働基準法のあらまし」より

Q 9-4
極めて不規則な労働時間

私の職場は、シフト制になっていて、出勤日や労働時間が極めて不規則です。職業柄ある程度は仕方ないと思っていますが、どの程度まで我慢しなければならないのでしょうか。

◎労働時間制に関する就業規則の定め

まず職場の労働時間制度や休日がどのようになっているかを、就業規則で確かめましょう。労働基準法で許される労働時間の設定は、定型労働時間制のほか、1か月単位、1年単位及び1週間単位の変形労働時間制などがあります。そして、それぞれの変形労働時間制によって、許される労働時間の設定の条件が異なっています。

◎定型労働時間制

労働時間の原則としては、労働時間は、1週間40時間以内、1日8時間以内、休日は、毎週1日、4週で4日と定められています。この法定労働時間、法定休日の枠内で会社が就業規則等で各事業所の決まりとしての所定労働時間、所定休日を決めます。

月曜日から金曜日まで1日8時間で土・日曜日を休日としてもよいし、月曜日から金曜日まで1日7時間、土曜日を1日5時間とし、日曜日のみ休日としてもよいのです。

◎変形労働時間制

しかし、業務によっては、このような定型的な労働時間制度や休日になじまない業務もあります。そこで、法律では、次のような変形労働時間制を定めています。

① 1週間単位の変形労働時間制

常時30人未満の小売業、旅館業、料理店、飲食店に認められるもので、労使協定で、1週間の所定労働時間を40時間以内、各日の労働時間を10時間以内と定め、1週間の各日の労働時間は使用者が決定し、1週間の開始の前日までに書面で通知することが認められた制度です。以上の枠内で、会社が変形労働時間制を導入する場合には、適法な労務指揮権の行使とされ、労働者は、原則として拒否することができません。

② 1か月単位の変形労働時間制

就業規則等で、1か月以内の一定期間を平均して1週間あたり40時間の枠内で、労働日及び労働時間を各日に割り振ることが認められた制度です。実際の労働日及び労働時間の割り振りは、毎月あらかじめ労働者各人別の勤務表を作成して行うということでも差し支えないとされています。

③ 1年単位の変形労働時間制

労使協定で、1年以内の対象期間を平均して、1週間あたりの労働時間が40時間を超えず、かつ対象期間が3か月を超えるときは労働日数を1年あたり280日以下とし、労働日及び労働時間を各日に割り振ることを定めることが認められた制度です。

労使協定では、対象となる労働者を明示し、対象期間と起算日を明らかにする必要があります。

この制度には、以下のような上限もあります。

- 1日の上限時間−10時間
- 1週間ごとの上限時間−52時間
- 連続して労働させることのできる日数6日
  （ただし、繁忙期は、最高12日間）

◎その他の労働時間制度

この他にも、フレックスタイム制、事業場外労働のみなし労働時間計算、専門業務型の裁量労働制、企画業務型の裁量労働制等がありますが、これらの制度は、主に労働者に主体的な裁量労働を認めようという発想に基づくものですので、お尋ねの場合とはやや異なるでしょう。

Q 9-5
業績悪化を理由に残業代が支払われない

　私の職場は、残業が非常に多い職場です。しかし、会社の業績の問題もあり、残業代をなかなかつけさせてもらえません。こんなに残業させられるのは、許されるのでしょうか。会社の業績が悪ければ残業代は請求できないのでしょうか。

◎36協定と残業時間の制限

　長時間労働を防ぐため、法律上、1日の労働時間は8時間まで、1週間の労働時間は40時間まで、という上限が定められています。これを法定労働時間といい、原則としてこの上限までしか働くことはできません。

　しかしながら、この制限を超えた時間外労働（残業）をすることができる例外もいくつか定められています。その例外の一つが「36協定」（サブロク協定、サンロク協定）です。

　36協定とは、職場の労働者の代表者（過半数労働組合又は過半数代表者）が会社との間で書面により取り交わす協定であり、労働基準法36条に基づくものですので「36協定」と呼ばれています。会社は、36協定を締結して、労働基準監督署に届出を行うことによって、法定労働時間を超えた時間外労働を命じることができることになります。

　ただし、この場合にも時間外労働が許される時間は無制限ではなく、36協定において定められた時間内に制限されます（なお、36協定で定められる時間についても、1週間で15時間、1か月で45時間、1年間で360時間といった上限のルールがある）。

　あなたの職場は残業が非常に多いということですが、36協定で定められている制限時間内に収まっているかどうかが問題となります。会社は36協定を①常時各作業場の見やすい場所へ掲示し、又は備え付ける、②書面を労働者に交付する、③ディスク等に記録し、各作業場に労働者が記録内容を常時確認できる機器を設置する、という方法のうち、いずれかの方法で周知しなければならないとされていますので、36協定で定められている時間外労働の上限を確認してみるとよいでしょう。

◎残業代

　法定労働時間を超えた時間外労働については、法律上、時間内の給料（賃金）よりも増額した割増賃金を支払う必要があるとされています。

　1日8時間・1週間40時間の法定労働時間を超えた時間については、25％以上50％以下の範囲内の割増しが必要とされています。また、午後10時から午前5時までの深夜については、さらに25％以上の割増が必要とされています。したがって、午後10時以降に時間外労働を行った場合には、50％以上の割増賃金が支払われることになります（25％＋25％＝50％）。

　なお、就業規則等で定められている所定の労働時間（所定労働時間）が法定労働時間よりも短い場合には、所定労働時間を超えた「残業」ではあるけれども、法定労働時間の範囲内には収まっている、という場合があります。この場合の「残業」には、法定労働時間についての法律上の割増しは適用されません。もっとも、働いている以上は、就業規則等で異なる条件が定められていない限り、所定労働時間内と同じ割合の給料（賃金）が支払われることになります。

　時間外労働についての割増賃金等（残業代）は、業績が悪いといった事情があったとしても、会社は支払わなければなりません。支払わなければならない残業代が支払われない状態は「サービス残業」と呼ばれ、社会問題となっています。

　あなたの職場でも「残業代をなかなかつけさせてもらえない」とのことですが、適切に支払うよう求めていくべきでしょう。

　なお、残業代を請求するにあたっては、残業した事実を正確に記録しておくことが重要です。また、残業代の支払いを求める権利は2年間が経過すると時効により消滅してしまいますので注意が必要です。

Q 9-6
固定残業代制度を理由に残業代が支払われない

私の職場は、残業が非常に多いのですが、残業代が支払われていません。上司に確認すると、「私の給料月額30万円には、固定残業代が含まれており、前もって残業代を支払っているのだから、別途残業代を支払う必要はない」と言われました。これは本当でしょうか。

A

◎割増賃金の支払い方について

残業代が支払われるにあたっては、各労働者が実際に働いた時間に応じて、その時間に応じた賃金に割増率をかけて算出された金銭が支払われるというのが一般的です。

では、固定残業代制度は、一切許されないのでしょうか。

法律では、残業代を支払う方法を規定していません。そのため、実際に支払われた割増賃金額（残業代）が法律に従って算定された残業代を超えていれば、時間に応じて支払うという方法と異なる方法で残業代を支払うことが認められています。

したがって、固定残業代制度による支払いも適法となる余地があります。

本件でも、上司が別途残業代を支払う必要がないと言っているのは、以上のような固定残業代制度の理解に基づいているものと思われます。

◎固定残業代制度が適法となる場合

固定残業代制度が適法となるためには、まず、基本給の中に一定の残業代を含むという合意がなされていなければなりません。

また、当然のことですが、実際に支払われている固定残業代が、法律に従って算定された残業代よりも少なければ、その不足分は、固定残業代とは別に支払う必要があります。

したがって、固定残業代制度を設けるとしても、固定残業代が、法律に従って計算した残業代を下回る場合には、不足分を支払うという合意か少なくとも不足分が支払われているという慣行がなければならないでしょう。

加えて、法律に従った残業代からの不足分を固定残業代と別に支払うためには、法律に従った残業代を算定できなければなりません。そして、基本給がいくらであるかわからなければ、法律に基づいた残業代を算定することができません。

そこで、固定残業代に基づく残業代の支払いが適法となるためには、会社から支払われている給与のうち、どの部分が基本給でどの部分が固定残業代であるかが明確に区分でき、基本給から法律に従って算定される残業代を算出できなければなりません。

以上をまとめますと、①固定残業代制度を設けることの合意があり、②基本給と固定残業代が明確に区分でき、③固定残業代が法律に従った残業代よりも少なくなった場合には、不足分を支払うことの合意かその慣行があれば、固定残業代制度に基づく残業代の支払いも適法と言えます。

◎本件の場合

まず、上司の「前もって残業代を払っているのだから、別途残業代を支払う必要がない」という発言については、誤りと言えるでしょう。固定残業代制度を設けていても、法律に従って算定した残業代から不足する分は、別途、支払う必要があるからです。

また、あなたは、固定残業代制度があることを知らなかったとも思われますので、事前に固定残業代制度について合意があったのかどうか疑わしいところもあります。

最後に、固定残業代が含まれているといっても、どの部分が基本給で、どの部分が固定残業代であるか、上司の発言からは全くわかりません。そのため、基本給と固定残業代が明確に区分できないと言えます。

これらの3点を踏まえると、本件では、基本給を30万円として算定した残業代の支払いが認められる可能性が十分にあります。

実際に行った残業時間をどのように証明するか等具体的には弁護士に相談するとよいでしょう。

Q 9-7
休日出勤が多く有給休暇も取れない

仕事が忙しくて、しばしば休日出勤をしている状態で、代休も有給休暇もずっと取り損ねています。代休や有給休暇には取得期限等があるのでしょうか。

A

◎法定休日と法定外休日

会社は労働者に対して、毎週少なくとも1日の休日を与えるか、就業規則等で4週につき4日の休日を与えなければならないとされています。休日の日数には、法律上、このような最低限度が定められていますが、この最低限与えられる休日のことを「法定休日」と言います。

他方、週休2日制等、法定休日を上回る休日が定められている会社もありますが、法定休日を上回る部分の休日は「法定外休日」と言います。

法定休日に働いた場合、会社はそのような休日出勤に対して、35％以上の割増しをした給料を支払う必要があります。他方、法定外休日に働いた場合には、所定の給料が支払われますが、休日であることによる法律上の割増しはありません。

◎代休

休日出勤の必要がある場合、就業規則等に定めがあるか、または会社と労働者が合意すれば、事前に休日を別の日に振り替えることができます。この場合、1週1日又は4週4日という法定休日の原則を満たすように振り替える必要があります。

このような事前の振替ではなく、休日出勤を行った後に、代わりに別の日を休日にする「代休」の制度が定められている会社もあります。代休は、法律上の制度ではありませんが、就業規則等で定めることにより導入している会社も多くあります。

このように、代休は就業規則等で定める制度ですので、あなたの働いている会社に代休の制度があるかどうか、また、代休の制度がある場合に代休をいつまで取ることができるかについては、就業規則等を確認する必要があります。

◎有給休暇

有給休暇（いわゆる「有給」）は、代休と異なり、法律に基づいて発生する休暇です。したがって、就業規則等に何の定めがなくとも、法律に定める要件を満たせば有給休暇は発生しますので、会社が「有給は認めない」等と言うことはできません。

有給休暇が発生する要件については、雇い入れられた日から6か月間継続して働き、かつ、全労働日のうち8割以上出勤したときに、10日間の有給休暇が発生することとされています。以後、1年ごとに有給休暇が発生します。また、1年間に発生する有給休暇の日数は、6年6か月働いた時点で20日となります。

誤解されていることが多いのですが、有給休暇は、正社員だけの制度ではありません。アルバイトやパート等の週所定労働時間が30時間未満で、かつ、週所定労働日数が4日以下（週以外の期間によって所定労働日数を定める労働者については年間所定労働日数が216日以下）の労働者であっても、所定の要件を満たせば、正社員よりも日数は短いのですが有給休暇が発生します。有給休暇が発生する要件や日数は、所定労働日数や勤続期間によって細かく定められています。

6か月以上の継続勤務などの要件を満たすことで有給休暇が発生した場合、2年間で時効により消滅してしまいます。したがって、有給休暇が発生した場合は、2年以内に有給休暇を取る必要があります。

◎時季指定権と時季変更権

最後に、有給休暇の取得の方法についての法律上のルールについて補足します。

有給休暇をいつ取得するかは、原則として労働者の自由とされており、労働者が休暇の時季を指定することができます。これを時季指定権と言います。なお、どのような目的で有給休暇を取るかは自由ですので、有給休暇を取る理由を会社に説明する義務はありません。

ただし、会社にとってどうしても困る場合には、

労働者が指定した時季を会社が変更することが認められています。これを時季変更権と言います。もっとも、労働者がその時季に勤務することが業務の運営にとって不可欠であり、かつ、代替要員を確保するのも困難であるような場合に限って、会社による時季変更が認められますので、単なる「業務繁忙」や「人員不足」等で簡単に変更されるわけではありません。

なお、職場の過半数を代表する者との労使協定によって、有給休暇のうち5日を超える部分については、労使協定で定めた日に有給休暇を与える計画的付与が認められています。このような労使協定がある場合も、有給休暇のうち5日間については、労働者が時季を指定することができます。

【年次有給休暇の付与日数】（週の所定労働日数が5日以上又は週の所定労働時間が30時間以上の労働者）

勤務年数	0.5年	1.5年	2.5年	3.5年	4.5年	5.5年	6.5年以上
付与日数	10日	11日	12日	14日	16日	18日	20日

〈例〉 4月5日採用の場合は10月5日に10日を与え、その後、毎年10月5日に上記の表に該当する日数を与えます。給料の締切日や勤務シフトの期間とは全く関係なく、採用日から起算します。

【比例付与日数】（週の所定労働日数が4日以下かつ週所定労働時間が30時間未満の労働者）

週所定労働日数	1年間の所定労働日数	勤務年数						
		0.5年	1.5年	2.5年	3.5年	4.5年	5.5年	6.5年以上
4日	169日から216日	7日	8日	9日	10日	12日	13日	15日
3日	121日から168日	5日	6日	6日	8日	9日	10日	11日
2日	73日から120日	3日	4日	4日	5日	6日	6日	7日
1日	48日から72日	1日	2日	2日	2日	3日	3日	3日

＊所定労働日数が週により決まっている場合は「週所定労働日数」、それ以外の場合には「1年間の所定労働日数」で判断します。
＊年の途中で労働日数の契約が変わった場合であっても、付与日時点の所定労働日数で計算します。

（出所）東京労働局パンフレット「労働基準法のあらまし」より

Q 9-8
結婚・出産後も仕事を続けていきたい

私は、結婚後も仕事を続けていきたいと考えています。今後の妊娠・出産等に備え、産休・育休などの制度について教えてください。

A

◎**労働基準法による保護措置**

労働基準法では、出産する女性労働者の保護のため、産前・産後休業について、以下のとおり定めています。

① 産前休業

女性労働者は、会社に請求することにより、出産予定日の前6週間（多胎妊娠の場合は14週間）の間、休業することができます（実際の出産が出産予定日よりも遅れた場合は、出産予定日後の期間も産前休業となる）。産前休業期間については、出産する女性労働者が特に休業を希望しない場合、休業しないことも可能です。

② 産後休業

出産後の8週間については、産後休業として、女性労働者の請求の有無にかかわらず、原則として就業が禁止されています。ただし、産後6週間経過後は、医師の診断と本人の請求があれば、会社は、その女性労働者を就業させることができます。

③ 軽易業務への転換

妊娠中の女性労働者が請求した場合、会社は、他の軽易な業務に転換させなければなりません。

④ 就業制限

妊産婦（妊娠中及び産後1年を経過しない女性）等を妊娠、出産、哺育等に有害な業務に就かせることは禁止されています。

⑤ 時間外労働等の制限

妊産婦が請求した場合、会社は、時間外労働、休日労働、深夜業を行わせることができません。

⑥ 育児時間

生後満1歳に満たない生児を育てる女性労働者は、1日2回、各々少なくとも30分の育児時間を休憩時間とは別に請求することができます。

◎**育児介護休業法による保護措置**

育児は、女性労働者にとって大きな負担となります。そこで、育児を行う労働者が、家庭生活と両立を図りながら職業生活を継続できるよう、育児介護休業法（育児休業、介護休業等育児又は家族介護を行う労働者の福祉に関する法律）により、以下のような支援措置が定められています。

休業・休暇の取得方法、取得できる要件等について、会社の就業規則等をよく確認するようにしましょう。

① 育児休業

育児を行う労働者（男女問わず）は、会社に申し出ることにより、子が1歳に達するまでの間、育児休業をとることができます。また、次のいずれかの条件に該当する場合は、子が1歳6か月に達するまで育児休業をとることができます。

- 保育所に入所を希望しているが入所できない場合
- 子の養育を行っている配偶者であって、1歳以降子を養育する予定であった者が、死亡、負傷、疾病等の事情により、子を養育することが困難になった場合

なお、有期雇用の労働者についても、子が1歳に達した後も引き続き雇用されることが見込まれるなど、一定の条件に該当すれば、育児休業をとることができます。

② パパママ育休プラス

両親が共に育児休業をする等一定の要件を満たす場合、育児休業の期間を子が1歳2か月に達するまで延長することができるようになりました（ただし、育児休業の期間（女性の場合は産後休業と育児休業を合計した期間）は1年間が限度）。

また、専業主婦（夫）がいる家庭であっても配偶者の育児休業取得を拒まれないようになった他、配偶者の出産後8週間以内に父親が育児休業を取得した場合、特別の事情がなくても育児休業の再度取得が可能となり、父母が協力して育児をしやすくなりました。

③ 短時間勤務

一定の要件に該当し、3歳未満の子を養育する労働者（男女問わず）が希望する場合、1日の所定労働時間を原則6時間とする、短時間勤務制度を設けることが会社の義務となりました。

④ 所定外労働の免除

3歳までの子を養育する労働者（男女問わず）が申し出た場合、会社はその労働者を、所定労働時間を超えて働かせることができません。

⑤ 法定時間外労働・深夜労働の免除

小学校就学前までの子を養育する労働者（男女問わず）が申し出た場合、会社はその労働者に、1か月24時間、1年150時間を超える時間外労働、午後10時から午前5時までの深夜労働をさせることができません。

⑥ 子の看護休暇

小学校就学前までの子を養育する労働者（男女問わず）は、会社に申し出ることにより、病気・けがをした小学校就学前の子の看護、子に予防接種や健康診断を受けさせるために、1日単位で休暇を取得することができます。取得できる日数は、子が1人であれば、年5日、2人以上であれば年10日までです。

◎男女雇用機会均等法による措置

働きながら出産を迎える女性労働者の保護のための措置として、男女雇用機会均等法により、以下の措置が設けられています。

① 通院休暇

会社は、女性労働者が妊産婦のための保健指導または健康診査を受診するために必要な時間を確保できるようにしなければなりません。確保しなければならない回数は、以下のとおりです。

［妊娠中］
- 妊娠23週までは4週間に1回
- 妊娠24～35週までは2週間に1回
- 妊娠36週以降出産までは1週間に1回

［出産後1年以内］
- 医師等の指示に従って、必要な時間

② 医師の指導に基づく措置

妊娠中及び出産後の女性労働者が医師等から指導を受けた場合、その女性労働者が受けた指導を守ることができるようにするため、会社は、以下の必要な措置を講じなければなりません。
- 妊娠中の通勤緩和…時差通勤、勤務時間の短縮等の措置
- 妊娠中の休憩に関する措置…休憩時間の延長、休憩回数の増加等の措置
- 妊娠中又は出産後の症状等に対応する措置…作業の制限、休業等の措置

◎不利益取扱いの禁止

いずれの法律においても、労働者が法律に基づく制度を利用し、休業等を行ったことを理由として、解雇、契約更新拒絶、降格、減給等の不利益な取扱いをすることを禁止しています。

◎社会保険による保護

多くの会社では、産前・産後休業、育児休業の期間中は、無休とされています。そこで、育児休業等をとる労働者を経済的に支援するため、社会保険において、各種の給付や優遇措置が用意されています（これらの優遇措置の詳細についてはＱ9-30参照）。

Q 9-9
職場でセクハラの被害に遭った

上司が、ことあるごとに私の腰や髪をなでたり、卑猥な冗談を言ったりするので、とてもストレスに感じています。どうすればよいでしょうか。

A

◎セクシュアル・ハラスメント（セクハラ）とは

セクシュアル・ハラスメント（セクハラ）とは、一般的に「職場における相手方の意に反する性的な言動」等と定義されます。男性による女性に対する言動（言葉や行動）が問題となることがほとんどですが、女性による男性に対する言動や、同性に対する言動も、セクシュアル・ハラスメントとして問題となります。

雇用機会均等法上、職場におけるセクシュアル・ハラスメントとして、次の2類型が定められています。

一つは、職場において行われる性的な言動に対する労働者の対応により、解雇、降格、減給等の不利益を受ける場合です（対価型セクシュアル・ハラスメント）。

例えば、身体をさわられたり、性的関係を要求されたのに対し、これを拒否したところ、報復として解雇されたり、不利益な配置転換をされたりするような場合がこれにあたります。

もう一つは、職場において行われる労働者の意に反する性的な言動により、労働者の働く環境が不快なものになったため、能力の発揮に重大な悪影響が生じる等、働く上で見過ごすことができない程度の支障が生じる場合です（環境型セクシュアル・ハラスメント）。

例えば、職場で上司が労働者の腰や胸等に度々触ったため、苦痛に感じて働く意欲が低下しているような場合や、労働者が抗議しているにもかかわらず職場内にヌードポスターが貼られており、苦痛に感じて仕事に専念できないような場合がこれにあたります。

なお、ここでいう「職場」とは、事務所等に限らず、取引先の事務所や取引先と打合せをするための飲食店等、業務を行う場所を広く含みます。

本件のように、あなたの意に反して腰や髪をなでるという身体的な接触を行うことや、卑猥な冗談を言うことでストレスを感じさせることは、意に反する性的な言動によって働く環境を不快なものにして支障を生じさせるものとして、セクシュアル・ハラスメントにあたると言えます。

◎セクシュアル・ハラスメント防止措置義務

このような職場におけるセクシュアル・ハラスメントを防止するため、雇用機会均等法は、事業主に対して、雇用管理上必要な措置を講じなければならないとしています。そして、その措置の内容については、厚生労働省から指針が示されています。

① 事業主の方針の明確化、及び、その周知・啓発

セクシュアル・ハラスメントがあってはならないことを明確にし、セクシュアル・ハラスメントを行った者に対しては厳正に対処する旨の方針・対処の内容を就業規則等に明記し周知・啓発すること等

② 相談（苦情を含む）に応じ、適切に対応するために必要な体制の整備

相談窓口をあらかじめ定めておき、相談に対し適切に対応できるようにすること等

③ 職場におけるセクシュアル・ハラスメントに係る事後の迅速かつ適切な対応

セクシュアル・ハラスメントについての相談があった場合、事実関係を迅速かつ正確に確認し、被害を受けた労働者に対する配慮や、加害者に対する懲戒等の措置を適切に行うこと等

④ 以上の措置と併せて講じるべき措置

相談者等のプライバシーを保護するために必要な措置を講じること等

◎セクシュアル・ハラスメントを受けた場合の対応

① 職場の相談窓口等への相談

前述のとおり、雇用機会均等法上、事業主には、セクシュアル・ハラスメントへの相談窓口をあらかじめ定めておく等の措置を講じることが求めら

れていますので、相談窓口が設置されていれば、ここに相談することが考えられます。

もっとも、実際には相談窓口が設置されていない場合や、相談窓口が設置されていても窓口担当者が無配慮な対応をする場合等もあります。この場合には、信頼できる上司や、職場の労働組合など他の関係者に相談することも考えられますが、次の手段を検討することも考えられます。

② 行政機関への相談

都道府県労働局の雇用均等室が、セクシュアル・ハラスメントについての相談を受けつけています。

雇用機会均等法において、事業主は前述のような措置を講じる義務がありますが、その違反がある場合には、報告を求め、助言、指導、勧告をし、勧告に従わない場合にはその旨を公表する、等の権限が定められています。

したがって、事業主の相談窓口が適切に対応してくれない場合等には、労働局に相談して、そのような権限の行使を求めることが考えられます。

③ 労災申請

セクシュアル・ハラスメントの被害を感じた場合は、1人で抱え込まず速やかに相談等の対応をすることが重要ですが、やむをえず、我慢せざるを得ない状況におかれてしまい、精神障害等にかかってしまうこともあります。

職場におけるセクシュアル・ハラスメントの程度等から、「セクシュアル・ハラスメントによって精神障害等にかかった」という因果関係が認められれば、労働災害として補償されることになります。

精神障害等になる前に相談等を行うことが重要ですが、万一、精神障害等を発症してしまった場合には、労災申請を検討することが考えられます。

④ 加害者・事業主の損害賠償責任の追及

セクシュアル・ハラスメントとされる行為のうち、強いて胸等を触る行為や、性的関係を強要する行為は、強制わいせつや強姦にあたる犯罪行為であり、損害賠償責任が発生することは明らかです。そこまで強度な行為でなく、例えば身体には接触せず言葉だけによるものだったとしても、程度によっては違法行為として損害賠償責任が生じる場合があります。

また、加害者によるセクシュアル・ハラスメントが、事業主の事業の遂行について行われた場合には、加害者だけでなく、事業主も、被害者に対して損害賠償義務を負うことがあります。

したがって、加害者及び事業主に対して、違法なセクシュアル・ハラスメントによって損害を被ったものとして、損害賠償請求訴訟を提起することも考えられます。

Q 9-10
職場でパワハラの被害に遭った

上司が私に対して「お前の給料で他に何人雇えると思っているんだ」というメールを、私を含めて同僚に一斉送信したり、私に対して「会社の寄生虫みたいだ」等と怒鳴ったりします。私は耐えるしかないのでしょうか。

◎パワハラとは

そもそも、どのような行為がパワーハラスメント（以下「パワハラ」という）にあたるのでしょうか。

政府の「職場のいじめ・嫌がらせ問題に関する円卓会議ワーキンググループ」の報告によれば、職場のパワハラとは、同じ職場で働く者に対して、職務上の地位や人間関係などの職場内の優位性を背景に、業務の適正な範囲を超えて、精神的・身体的苦痛を与える又は職場環境を悪化させる行為をいうとされています。

そして、先ほど述べた政府の報告は、パワハラの例として、以下のものを挙げています。
① 暴行・傷害（身体的な攻撃）
② 脅迫・名誉毀損・侮辱・ひどい暴言（精神的な攻撃）
③ 隔離・仲間外し・無視（人間関係からの切り離し）
④ 業務上明らかに不要なことや遂行不可能なことの強制、仕事の妨害（過大な要求）
⑤ 業務上の合理性なく、能力や経験とかけ離れた程度の低い仕事を命じることや仕事を与えないようにすること（過小な要求）
⑥ 私的なことに過度に立ち入ること（個の侵害）

「業務の適正な範囲を超えて」という定義からもわかるように、個人によっては不満に感じる指示や指導も、業務上の適正な範囲で行われている場合にはパワハラにはあたりません。しかし、特に④から⑥については、パワハラにあたる場合と適正な業務の範囲内の行為との区別は困難です。

そのため、具体的な事案を離れて、どのような行為がパワハラであり、どのような行為が適切な業務上の指示であるかということを明確に区別する基準を探すことは、残念ながら難しいものと言わざるをえません。

お尋ねの場合は、「お前の給料で他に何人雇えると思っているんだ」というメールを本人だけでなく、他の従業員にも読めるように一斉送信で送っていますし、「会社の寄生虫みたいだ」という人格を否定するような発言もあるので、とても業務上の指示にとどまるものとは言えず、パワハラと判断される可能性が高いのではないかと考えられます。

◎パワハラを受けた場合の対応

パワハラの加害者の行為は、民事上の不法行為となりえます。この場合には、加害者に対して損害賠償請求をすることができます。

もっとも、同じ職場に勤めながら上司に対して損害賠償請求をするということを現実的に考えられない場合も多いでしょう。上司とのコミュニケーションの取り方を変えることで、パワハラが解消されることを期待する方法もあります。しかし、パワハラが解消される可能性もなくはないですが、それでも状況が変わらない場合にはどうすればよいでしょうか。

そこで考えられるのが、会社を通じて環境を改善してもらう方法です。

会社には、一般に職場環境配慮義務があります。この職場環境配慮義務には、物的な面で良好な環境保全や労働提供過程における安全・衛生のほか、職場の上司・部下の指揮命令関係、又は共同生活関係といった人的な面での良好な職場環境を保全する義務も含まれると考えられており、パワハラを防止する義務も含まれます。そのため、これを怠ることは、会社による労働契約の不履行（義務違反）となります。

したがって、労働者は、会社に対してパワハラを解消するような措置を求める権利があります。職場内のしかるべき人に相談して、環境を改善す

るように求めることが有効です。それでも改善が見込まれなければ、労働基準監督署や弁護士に相談しましょう。

もっとも、うつ病に罹患してしまう等損害が具体的に発生した場合には、やはり損害賠償請求も検討しなければならない場合もあるでしょう。この場合における、パワハラの事実やパワハラによって損害が生じたこと（因果関係）の立証は容易ではありません。弁護士等の専門家に相談のうえ、対応すべきでしょう。

また、パワハラによって、うつ病等の精神疾患にかかったと言える場合には、労働災害として、労災申請をすることも考えられます。

なお、前述の「職場のいじめ・嫌がらせ問題に関する円卓会議ワーキンググループ」の報告では、パワハラの予防・解決策として、下記の事項を列挙していますので、会社が実際に行っている予防・解決策と比較してみてもよいでしょう。

職場のパワーハラスメントを予防するために
○トップのメッセージ
- 組織のトップが、職場のパワーハラスメントは職場からなくすべきであることを明確に示す

○ルールを決める
- 就業規則に関係規定を設ける、労使協定を締結する
- 予防・解決についての方針やガイドラインを作成する

○実態を把握する
- 従業員アンケートを実施する

○教育する
- 研修を実施する

○周知する
- 組織の方針や取組について周知・啓発を実施する

職場のパワーハラスメントを解決するために
○相談や解決の場を設置する
- 企業内・外に相談窓口を設置する、職場の対応責任者を決める
- 外部専門家と連携する

○再発を防止する
- 行為者に対する再発防止研修を行う

（出所）「職場のいじめ・嫌がらせ問題に関する円卓会議ワーキンググループ」の報告より

Q 9-11
突然、遠方への転勤を命じられた

突然、遠方への転勤を命じられました。母親の介護があるので転勤には応じられないと採用面接で伝えていて、会社からも特に異論は出されていなかったのに、納得がいきません。転勤を拒否することはできないでしょうか。

◎転勤についての原則

会社が労働者に対して転勤を命じるには、契約上の根拠がなければなりません。就業規則が定められている職場においては、「業務の都合により、出張、配置転換、転勤を命ずることがある」等の包括的な規定が定められていることが多く、このような規定が転勤を命じる契約上の根拠となります。また、就業規則等に転勤についての規定がない場合でも、労働契約の締結の経緯や人事異動の実情などから、転勤を命じることができるとされることがあります。

あなたの職場においても、就業規則において転勤を命じることができるとの規定がある場合等には、原則として会社はあなたに転勤を命じることができることとなります。ただし、以下のような例外もあります。

◎勤務地限定の合意

転勤を命じることができる旨が就業規則等に定められている場合でも、個々の労働者との間で、勤務地を限定する旨が合意されている場合には、そのような合意に反して転勤を命じることはできません。

入社の際に締結された労働契約書や、会社から渡された労働条件通知書において、勤務地を限定する旨が明記されている場合には、会社が労働者の同意なく転勤を命じることはできません。また、書面においてそのように明確な合意がされていなくとも、採用時のやり取り等、具体的な事情によっては、勤務地を限定する合意がなされたものと認められる場合があります。

例えば、採用時に、家庭の事情で転勤できない旨を明確に伝え、これに対して採用担当者から勤務地を限定することを否定せず、採用担当者が本社に採用の稟議を上げた際に転勤拒否を伝えたのに、本社も何の留保も付さずに採用許可の通知を出したこと等の、採用の際の具体的な事情から、勤務地を限定する合意が成立したと認め、他の支店に転勤を命じた業務命令を無効とした裁判例があります。

お尋ねの場合についても、このような裁判例に照らせば、採用時に勤務地限定の合意が成立しており、あなたに対する転勤命令が無効と判断される可能性があります。

◎法令違反

就業規則等において、転勤を命じることができるとされている場合であっても、転勤の命令が男女差別にあたる場合、思想信条による差別に当たる場合、組合活動の妨害を目的とする不当労働行為に当たる場合等には、法令上、そのような転勤の命令は許されず、無効となります。

◎権利濫用

さらに、会社が転勤を命じることの権利を濫用していると認められる場合にも、そのような転勤の命令は無効となります。

権利濫用にあたるかどうかは、①業務上の必要性があるかどうか、②転勤の命令が不当な目的・動機をもってなされたものかどうか、③労働者に通常甘受すべき程度を著しく超える職業上・生活上の不利益を負わせるかどうか、という要素を主に考慮して判断されます。

①業務上の必要性について、さしたる必要もないのに転勤を命じる命令は無効となります。ただし、労働力の適正配置、業務の能率増進、労働者の能力開発等、幅広い理由が「業務上の必要性」として認められており、「その転勤先に異動させるのは、他の人で代えることができない」という程度に不可欠とまでは言えなくとも「業務上の必要性」があると考えられています。

②転勤の命令が不当な目的・動機をもってなさ

れた場合とは、労働者を退職に追い込むための転勤である場合等を言います。例えば、退職勧奨が行われており、それを断わったところ、報復的に転勤が命じられた場合等には、不当な目的・動機をもってなされた転勤の命令と認められやすくなると思われます。

③労働者に通常甘受すべき程度を著しく超える不利益を負わせる場合にも、転勤の命令は無効となります。「通常甘受すべき程度」とは、会社で働く以上は、その程度は甘んじて耐えなければならない、という程度を言います。例えば、年老いた親の介護をその労働者1人で行っており、転勤してしまうと介護を行う人がいなくなってしまう場合等が考えられます。ただし、転勤すると家族と離れて単身赴任しなければならなくなるとか、通勤時間が長時間になるといった事情だけでは、転勤の命令が無効になるとはされていません。

したがって、仮に勤務地限定の合意の成立が認められなくとも、介護の必要性によっては、通常甘受すべき程度を著しく超える不利益を負わせるものとして、転勤の命令が無効とされる可能性もあると考えられます。

転勤の命令の有効性

Ⅰ 契約上の根拠の有無

契約上の根拠はあるか？
・就業規則の規定はあるか？
・労働契約の締結の経緯、人事異動の実情等

契約上の根拠があるとしても……

Ⅱ 転勤の命令が認められない例外

① 勤務地限定の合意はないか？
② 法令違反に当たらないか？
③ 権利濫用に当たらないか？
・業務上の必要性はあるか？
・不当な目的・動機をもってなされたものではないか？
・労働者に通常甘受すべき程度を著しく超える職業上・生活上の不利益を負わせないか？

契約上の根拠がない場合、
または、契約上の根拠があるとしても、
勤務地限定の合意があり、または、転勤の命令が法令違反もしくは権利濫用に当たる場合には、
転勤の命令は無効

Q 9-12
突然、降格させられてしまった

先日、営業課の課長職から一般職に降格になりました。それによって、役職手当分が減給になりました。降格は、私が先日労働組合に加入した途端に行われました。会社に何か主張できないでしょうか。

◎本件における降格の意味

降格には、昇進の反対の意味としての降格と、昇格の反対の意味としての降格の区別があります。前者は、役職（部長・課長等）を引き下げるものであり、後者は、一般的に長期雇用システムのもとでの職能資格を引き下げるものです。

また、降格には、懲戒処分としての降格と人事権の行使としての降格があります。懲戒処分としての降格である場合には、懲戒処分の有効性を判断することになります。他方、人事権の行使としての降格である場合には、前述した役職の引き下げについては、会社の人事権に関する裁量権の行使が有効かどうかを判断することになります。

職能資格の引下げとしての降格である場合には、一度到達した職務能力はその労働者に蓄積しているはずですから、これを引き下げることは本来想定されていません。そのため、職能資格の引下げとしての降格を行うためには、就業規則等に、職能資格の引下げの根拠規定があるかどうかが最初に問題となります。

本件では、職能資格等には言及がなく、課長という役職から一般職に格下げになっているので、昇進の反対の意味としての降格が問題になります。また、懲戒処分としての降格が行われているわけではないので、人事権の行使としての降格が問題になっています。

◎降格の有効性について

本件における降格の有効性を判断するには、課長職から一般職への降格が会社の人事裁量の濫用ではないかということを判断することになります。

具体的には会社において降格を行う必要性がどの程度あったのかということや、労働者の能力や適性の有無、降格によって労働者が被る不利益を中心に事情を総合的に考慮することになります。

例えば、本件では、役職手当分が減給になっていますので、そのような不利益も当然考慮されます。

◎不当労働行為について

また、降格が不当な目的によるものであった場合には、人事裁量に基づく降格であったとしてもそのような降格は無効となります。

お尋ねの場合で問題となりうるのが、不当労働行為です。

不当労働行為の制度は、憲法で認められた団結権の保障を実効的にするために労働組合法に規定されたもので、会社が労働組合と誠実に交渉するように、例えば労働組合に加入したことを理由とする不利益な取扱いを禁止しています。したがって、労働組合への加入を原因として降格が行われたのであれば、不当労働行為として降格を無効とすることができます。

組合に加入したことが「原因」かどうかまでは明確ではありませんが、例えば、他にも組合に加入した労働者がいて、組合に加入した労働者だけが同じく降格等の不利益を受けていたのであれば、不当労働行為として、降格が無効であるとの主張が認められやすいでしょう。

◎会社に対して何を主張するか

訴訟となった場合には、会社に対しては、減給された役職手当分の支払い等を求めることが考えられます。

Q 9-13
休職後、復職を認めてもらえない

私は病気により6か月間休職しています。医師の診断を受けたところ、以前担当していた職務よりも負担の少ない職務であれば担当可能と言われたのですが、会社からは、完全に治癒しない限り復職を認めないと言われました。復職を求めることはできないでしょうか。

A

◎ 業務上の原因による休業・休職と、私傷病による休職との違い

業務上の原因によらない病気や怪我（これを「私傷病」という）による欠勤等が一定期間に及んだ場合に「休職」とする制度が定められている場合があります。このような休職制度は、法律上の制度ではなく、会社の就業規則等で定められる制度ですので、休職制度を定めていない会社もあります。

業務上の原因によって病気や怪我をした場合には、労働災害補償（療養補償・休業補償等）の対象となる他、解雇について一定の制限も設けられているのに対して、私傷病については、そもそも休職制度が定められていない場合があり、欠勤が長引いた場合等には解雇される可能性もあります。

また、休職制度が定められている場合にも、休職制度は法律上の制度ではありませんので、内容については会社の就業規則等の定めるところによります。したがって、休職期間はどの程度認められるか、休職期間中に給料が一部でも支払われるか全くの無給となるか、休職期間が満了しても復職できない場合に自然退職となるか解雇となるか、休職制度を利用するための手続き等については、会社の就業規則等の規定を確認する必要があります。

◎ 復職の要件

休職制度が定められており、労働者の私傷病について休職制度が利用された場合、休職期間が満了するまでに休職事由が消滅すれば、労働者は職務に復帰することができます。

このように、復職が認められるためには、休職事由が消滅すること、つまり私傷病が「治癒」することが必要となります。

もっとも、どのような状態まで回復すれば「治癒」したとして復職が認められるかについては、労働者が担当する職務が限定されているかどうかにより分けて検討する必要があります。

まず、職務について限定がない場合には、休職する前の職務を行うことができないとしても、労働者の能力、経験、地位、企業の規模、業種、その企業における労働者の配置や異動の実情や難易などに照らして、その労働者を配置する現実的可能性がある他の職務を担当することができ、かつ、そのような職務を担当することを申し出ている場合には、復職を認めるべきであると考えられます。もともと担当する職務が限定されておらず、異なる職務を担当する可能性もある以上は、休職前の職務に限らずそれ以外の現実的な職務を担当できるならば「治癒」したものとして復職を認めるべきだということになります。

他方、労働者の担当する職務が限定されている場合には、原則として、その担当する職務を問題なく行える状態になっている場合に、「治癒」したものとして復職が認められることになります。ただし、このように職務の限定がある場合であっても、他に現実に配置可能な職務があり、会社の経営上もその職務を担当させることに問題がないときには、復職が認められる場合もありえます。

なお、労働者が「治癒」したかどうかについて判断するのは会社ですので、会社は労働者に対して、指定医の診断を受けるよう命じることができるとされています。

お尋ねの場合、あなたの担当する職務の限定がなく、かつ、あなたに担当させる現実的可能性がある他の職務が存在しているのであれば、そのような職務を担当することを申し出ることによって「治癒」したものとして復職が認められるべきことになると考えられます。

Q 9-14
定年延長や再雇用について

私は60歳で定年になりましたが、会社の定める継続雇用制度により、続けて働くことを希望していました。しかし、会社から、私には継続雇用制度を適用しないと言われてしまいました。会社に何か主張できないでしょうか。

◎ 高齢者雇用安定法における継続雇用制度

高齢者雇用安定法では、定年を65歳未満と定めている場合には、①定年の引上げ、②65歳までの継続雇用制度の導入（定年後も希望者を引き続いて雇用する制度）、③定年の廃止のいずれかの措置をとることが求められていました。

もっとも、ここでいう②継続雇用制度においては、労使協定によって、一定の基準に達しない者を継続雇用しないことが認められていました。

しかし、平成25年度からは、公的年金の報酬比例部分の支給開始年齢が段階的に65歳まで引き上げられることになりました（次頁図を参照）。

その結果、改正前の継続雇用制度のままであると、定年後に収入も年金も得られないという期間が発生する可能性があります。

そのため、平成25年4月1日施行の改正高齢者雇用安定法は、労使協定により、継続雇用制度の対象となる高齢者を限定できる仕組みを廃止しました。

◎ 改正後の高齢者雇用安定法において継続雇用を拒否できる場合

改正前の高齢者雇用安定法のもとで、労使協定によって、一定の基準に達しない者を継続雇用しないことを定めていた会社は、経過措置として厚生年金の報酬比例部分の支給開始年齢以上の者については、対象者を限定する基準を定めることが認められています。

この場合には、会社は、従前の継続雇用制度に従って、継続雇用を拒否できることになります。

なお、この場合も「会社が必要と認める者」といったあいまいな基準は認められず、できる限り具体的・客観的な指標に基づいた基準でなければなりません。

また、改正後の高齢者雇用安定法のもとでも、「心身の故障のため業務に堪えられないと認められること、勤務状況が著しく不良で引き続き従業員としての職責を果たし得ないこと等就業規則に定める解雇事由又は退職事由に該当する場合には継続雇用しないことができる」とする厚生労働省の指針が出されており、この場合には、継続雇用を拒否することができます。

◎ 会社に対して主張できること

仮に、本件において、先ほど述べた継続雇用を拒否できる場合にあたらないとして、継続雇用制度に基づいた労働契約が認められることになるのでしょうか。

継続雇用制度のもとで、事前に労働時間や賃金等の条件が定まっていない場合には、会社が継続雇用を拒否している以上、どのような内容の労働契約が成立するものか明らかではありません。契約内容が明らかにならない状態で、労働契約が成立したということはできませんから、この場合に、労働契約の成立を認めることは難しいのではないかと考えられます。

他方で会社が継続雇用を拒否できないような場合であれば、労働者としては、今後も雇用が継続すると期待することにも合理的な理由があるものと言えます。会社としても、本来は継続雇用を拒否できなかった事案なのですから、原則として、継続雇用をしないと判断することには、客観的に合理的な理由がなく、このような判断は社会通念上相当であるとは言えません。

実際に、改正前の高齢者雇用安定法のもとで、継続雇用制度に基づいた労働契約の成立を認めた最高裁判所の判例もあります（最判平24.11.29）。

ただし、この判例は、労働時間や賃金が明確に定められていた事案であり、労働時間や賃金の定めがない場合にも、最高裁判所が労働契約の成立を認めるとは言えません。

そのため、継続雇用制度のもとで、事前に契約

条件が定まっていない場合に、継続雇用を拒否されたときは、労働契約の成立が認められず、あとは、再雇用拒否に対する損害賠償請求が認められる余地が残るのみといった帰結も十分に考えられます。

【厚生年金の支給開始年齢の引上げ】

公的年金（厚生年金）の支給開始年齢の引上げにより、現在の高年齢者雇用制度のままでは、平成25年度には、60歳定年以降、継続雇用を希望したとしても、**雇用が継続されず、また年金も支給されないことにより無収入となる者が生じる**可能性。

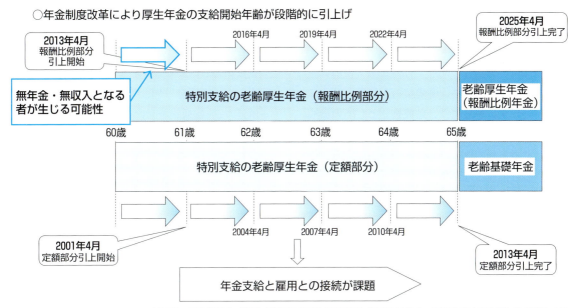

（出所）　厚生労働省「『高年齢者等の雇用の安定等に関する法律の一部を改正する法律』の概要」より

Q 9-15
突然、職場を解雇されてしまった（普通解雇）

社長から「君は営業成績が悪いから、今日限りクビ。明日から来なくてよい。給料も今日の分までしか払わない」と言われ、突然解雇されました。納得がいかないのですが、どのようなことが主張できるでしょうか。

◎解雇

解雇とは、労働者の同意を必要とせず使用者の一方的意思表示により、労働契約を終了させることを言います。解雇には、懲戒処分としての懲戒解雇と、それ以外の解雇（普通解雇）があります。また、普通解雇のうち、経営上の理由による解雇を特に整理解雇と呼びます。

あなたが受けたという解雇は、何らかの懲戒事由に該当することや経営上の理由によるものではなく、あなたの営業成績が悪いことを理由とする解雇ですので、普通解雇の問題となります（なお、整理解雇についてはQ9-16、懲戒解雇についてはQ9-17を参照）。

◎解雇に対する手続的な規制

使用者が労働者を解雇しようとする場合、少なくとも30日前に予告をしなければならず、予告しない場合には、30日分以上の平均賃金を支払わなければなりません。これを予告手当と言います。予告日数は、平均賃金1日分を支払った日数分だけ短縮することができるとされています（次頁図を参照）。

例外的に、天変事変その他やむをえない事由のために事業の継続が不可能となった場合、又は、労働者の責に帰すべき事由に基づいて解雇する場合は、予告手当の支払なく即時解雇することができるとされていますが、この場合には、所轄労働基準監督署長から除外認定を受ける必要があります（他に、日雇労働者等について予告手当を不要とする例外がある）。

あなたは、予告期間なく解雇を言い渡されたようですが、使用者が除外認定を受けていない場合には、仮に解雇が有効だとしても、30日分の平均賃金を予告手当として請求することができます。

◎個別法令による解雇制限

予告手当の問題以前に、そもそも解雇が有効かどうかが問題となります。

まず、解雇については法令上いくつかの制限が定められています。例えば、労働者が業務上の怪我や病気による療養のために休業している期間、産前産後の女性労働者が休業している期間、及び、これらの休業期間の後30日間は、解雇することはできないとされています。

また、労働組合に加入したことなどを理由とする解雇や、公益通報をしたことを理由とする解雇、労働基準監督署等に対して労働基準法違反の事実について申告や通報等を行ったことを理由とする解雇、育児介護休業の申出・取得をしたことを理由とする解雇等が禁止されています。

お尋ねの場合も、「営業成績が悪い」という理由ではなく、真実は労働組合への加入や育児介護休業の申出等を理由とする解雇である場合には、そのような解雇は無効となります。

◎解雇権濫用法理

さらに、労働契約法16条は、「解雇は、客観的に合理的な理由を欠き、社会通念上相当であると認められない場合は、その権利を濫用したものとして、無効とする」と定めています。これは、多くの裁判についての判例によって確立された法理を法律上明確に定めたものです。

解雇について、客観的合理性と社会的相当性が認められ有効と言えるかどうかは、関連する様々な事情に応じて個々の事案ごとに判断する必要がありますが、能力不足を理由とする解雇については、次のような点が問題となります。

まず、能力不足が、労働契約を継続することを期待できないほど重大なものかどうかが問題となります。例えば、単に相対評価で平均的な水準に達していないというだけでは、解雇の理由として不十分と考えられます。

また、労働契約においてどの程度の能力が求められていたのかが問題となります。新卒採用のゼネラリストであれば、使用者には広範な人事裁量権が認められており、反面、使用者がそのような権限を行使して指導・教育等を行うことが予定されている以上、指導・教育等によっても是正することが困難と言えるほどに能力が不足していることが必要と考えられます。他方、一定の能力を前提に地位を特定して中途採用された労働者や、専門的知識・能力を前提として専門家として採用された労働者については、期待された能力を有していないことを理由とする解雇が認められやすくなると考えられます。

本件についても、そもそも「営業成績が悪い」という事実があるのかどうか、また、営業成績が悪いとしても解雇を相当とするほどの程度なのかどうか、さらに、採用の経緯からどの程度の能力が期待されているか等の事情によっては、解雇は無効であると主張することができる可能性があります。

【解雇の予告手続】

解雇する場合

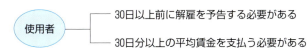

解雇予告をしないで即時に解雇しようとする場合は、解雇と同時に平均賃金の30日分以上の解雇予告手当を支払わなければなりません。

なお、解雇しようとする日までに30日以上の予告をできないときは、30日に不足する日数分以上の平均賃金（解雇予告手当）を支払うことが必要です。

【例】 11月10日に「11月30日付けで解雇する」と予告した場合

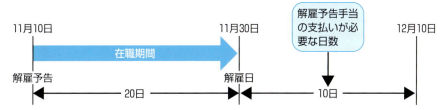

解雇予告手当の支払時期

解雇予告をしないで即時に解雇しようとする場合は、解雇と同時に支払うことが必要です。
予告と予告手当の支払を併用する場合は、遅くとも解雇の日までに支払うことが必要です。

【例】 解雇予告手当の計算

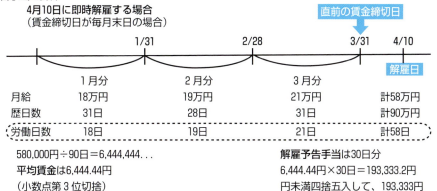

（出所）東京労働局パンフレット「労働基準法のあらまし」より（一部要約）

Q 9-16
突然、職場を解雇されてしまった（整理解雇）

先日、会社の経営が危ないという理由で、突然解雇されました。しかし、会社から経費を削減するように等とは言われたことがありませんし、希望退職者の募集等もありませんでした。不当解雇として争うことができるでしょうか。

◎普通解雇との違いについて

本件では、会社の経営上の理由による解雇が問題になっていますが、解雇をするためには、厳格な規制があり、解雇に関する一般論については、Q 9-15をご参照ください。

本件は、会社側の経営上の理由に基づく解雇であり（「整理解雇」という）、解雇された労働者には、何らの帰責性もありません。

その点で、整理解雇は、Q 9-15の「普通解雇」の場合と異なります。そのため、多くの裁判例は、整理解雇の場合に特有の基準を立てて、整理解雇の有効性を判断しています。

◎整理解雇の有効性の判断方法

整理解雇の有効性を判断するにあたって、多くの裁判例は、以下の四つの要件（要素）を考慮しています。四つを列挙したうえで、一つ一つ検討してみます。
① 人員削減の必要性
② 解雇回避努力を尽くしたこと
③ 解雇される者の選定の妥当性
④ 手続の妥当性

◎人員削減の必要性について

第1に、①人員削減の必要性については、そもそも人員を削減する必要がないのであれば、整理解雇を行う必要がないのですから、当然この要件（要素）が必要になります。

もっとも、会社が倒産に瀕していなければ①を満たさないのか、運営上のやむを得ない必要性なのかといった点は、事案によりまちまちですし、他の要件（要素）をどの程度満たしているかということとも関連してきます。一般的には、この要件（要素）を満たすかどうかは、会社の財務状況を見て判断されています。

◎解雇回避努力を尽くしたこと

第2に、人員削減の必要があったとしても、解雇をせずに済むのであれば、帰責性のない労働者を解雇すべきではありません。そのため、②解雇回避努力を尽くしたかどうかを考慮しなければなりません。

具体的にどのような解雇回避努力が考えられるかというと、例えば、経費の削減、役員報酬等の削減、労働者の賃金削減等、配転、出向、転籍等の措置の検討、労働時間の短縮や一時帰休、非正規労働者との契約の解消、新規採用の停止、希望退職者の募集等が挙げられます。

具体的な事情のもとで、会社のとった手段が十分なものであったのか、各手段をとることのデメリットを考慮のうえ、とるべき手段をとったのかなどが考慮されることになります。

◎解雇される者の選定の妥当性

第3に、解雇される者の選定の妥当性については、一定の基準に基づいて判断したのか、基準そのものの合理性、基準の適用の適切さ等について判断されます。

特に基準の合理性については、会社による何らかの判断に基づいた一定の基準を立てているものと思われますが、その基準が会社の身勝手な理由に基づくものであってはいけません。

◎手続の妥当性について

第4に、手続の妥当性については、事前に労働者や組合と協議を行ったのか、行ったとしてどの程度の協議を行ったのかということが考慮されます。

◎本件について

本件では、具体的な会社の財務状況は不明ですが、経費の削減に関する指示が一切出ていなかったことを踏まえると、本当に人員削減の必要性があったのか疑問があります（①）。

次に、経費の削減や希望退職者の募集等はな

かったということですので、他に何らの手段もとっていなければ、解雇回避努力を尽くしたということはできないでしょう（②）。

また、どのような基準に基づいて解雇する者が選ばれたのかも不明です（③）。

最後に、組合との話合いの有無については不明ですが、突然解雇を告げられたということは、少なくとも解雇を告げられた労働者との間では必要な協議が行われていなかったと考えられます（④）。

以上を踏まえると、本件の整理解雇は、不当解雇としてその有効性を争う余地が十分にあるものと考えられます。

【整理解雇4要件（4要素）について】

1 人員削減の必要性

必要性の程度

- ㋐ 会社が倒産必至の状況にある
- ㋑ 会社に高度の経営上の困難がある
- ㋒ 会社の運営上、人員削減もやむを得ない
- ㋓ 会社に余剰人員が生じている

※必ずしも、㋐まで必要なわけではない。
　もっとも、必要性が小さければ、人員削減は、他の手段によるべきとして、解雇回避努力を尽くしたと認められない場合も出てくる。

2 解雇回避努力を尽くしたこと

考えられる解雇回避努力の例

- ㋐経費の削減
- ㋑役員報酬等の削減
- ㋒従業員の賃金削減等
- ㋓配転、出向等の措置の検討
- ㋔労働時間の短縮や一時帰休
- ㋕非正規従業員との契約の解消
- ㋖新規採用の停止
- ㋗希望退職者の募集

※「1　人員削減の必要性」等との兼ね合いで取るべき手段も変わりうる。

3 解雇される者の選定の妥当性

考慮すべき事項

- ㋐ 一定の基準に基づいて選定を行ったか
- ㋑ ㋐の基準の合理性
- ㋒ 基準の適用が適切であるか

※絶対に㋐が必要というわけではない。
　もっとも、㋐を欠く場合や㋑の基準が抽象的である場合には、会社の身勝手な判断による整理解雇でないかを慎重に検討する必要がある。

4 手続の妥当性

- ㋐ 労働者や組合と協議を行ったか
- ㋑ どの程度の協議を行ったか

※労働組合との間で、整理解雇を行う場合に事前協議を行う旨を定めていた場合には、当該手続を行うことが不可欠となる。

Q 9-17
突然、職場を解雇されてしまった（懲戒解雇）

先日、私が連絡なく朝の会議に遅刻してしまったことを理由に、懲戒解雇を言い渡されました。連絡できなかったことには言い分がありますし、厳しすぎる処分だと思いますが、聞く耳を持ってもらえません。会社に何か主張できないでしょうか。

◎懲戒処分の根拠・種類

懲戒処分とは、労働者が企業秩序に違反する行為を行った場合に、使用者が加える制裁のことを言います。

懲戒処分には次のような種類がありますが、このうち、就業規則等において定められている懲戒処分が選択されることになります。

① けん責・戒告

けん責・戒告とは、最も軽い懲戒処分で、口頭または文書で将来を戒める処分を言います。

一般に、けん責は始末書を提出させて将来を戒める処分を言い、戒告は将来を戒めるのみで始末書の提出を求めない処分を言いますが、就業規則において戒告処分により始末書の提出を求めている場合もあります。

② 減給

減給とは、本来支払われるべき賃金から、ある期間、一定額を差し引く処分を言います。

減給処分については、一つの事案における減給額は平均賃金の1日分の半額以下に、また、複数の事案がある場合でも減給の総額は一賃金支払期の賃金総額の10分の1以下に、制限されています。

③ 出勤停止

出勤停止とは、労働契約を継続しつつ、制裁として労働者の就労を一定期間禁止するものです。

④ 降格

降格とは、役職・職位・職能資格などを引き下げる処分を言います。

⑤ 懲戒解雇

懲戒解雇とは、懲戒処分として解雇する処分を言い、懲戒処分の極刑ともいわれる最も重い処分です。

◎懲戒処分の有効要件

懲戒処分が有効とされるには、次の各要件を満たす必要があります。

① 懲戒処分の根拠規定の存在

使用者が懲戒処分を行うためには、まず、就業規則等において根拠規定を定める必要があります。すなわち、懲戒の理由となる懲戒事由と、これに対する懲戒の種類・程度を明記する必要があります。

なお、後で制定した就業規則をさかのぼって適用することは許されません。また、一つの事案については、懲戒処分は1回しか許されず、同じ事案について懲戒処分を繰り返すことは許されません。

② 懲戒事由への該当性

次に、問題となる事案が、就業規則上の懲戒事由に該当し、懲戒事由に客観的な合理性が認められることが必要となります。

なお、就業規則においては、一般に「その他、これに準ずる場合」といった条項が定められていることが多いのですが、どのような事案も全てこれに当たるのではなく、合理的に限定して解釈されます。

形式的には懲戒事由に該当するような行為があるとしても、実質的に秩序を乱すおそれのないような行為であれば、懲戒事由に該当しないものと判断されることがあります。

③ 相当性

就業規則等に根拠規定が存在し、労働者の行為が懲戒事由に該当するとしても、使用者が選択する懲戒処分が、労働者の行為の性質・態様その他の事情に照らして、社会通念上相当と認められなければ、懲戒処分は無効となります。

例えば、懲戒事由に該当するような行為を行ったとしても、行為に照らして処分が重すぎる場合には、無効となります。

処分の重さについては、同じ程度の違反であれ

ば、同じ程度の処分とすべきである、という公平性も考慮されます。それまでさほど重い処分がされてこなかった行為について、突然重い懲戒処分を行った場合には、不公平で不相当な処分として無効となる可能性があります。

また、労働者がそれまでにどの程度の処分を受けているかも考慮要素となります。軽度の懲戒処分を何度も受けている労働者であれば、より重い懲戒処分もやむをえないとされる可能性が高まりますが、一度も懲戒処分を受けたことのない労働者に対して、いきなり懲戒処分の極刑ともいわれる懲戒解雇を課す等の場合には、いきなり懲戒解雇とするのが相当かどうか、より軽度の懲戒処分を行って改善の余地を残すべきではないか、といったことが問題となりえます。

さらに、手続的な相当性が認められない場合にも、懲戒処分は無効となりえます。就業規則等の定める手続を履行することが必要である他、弁明の機会を与えることも要請されています。

お尋ねの場合については、まず、就業規則等において懲戒解雇処分の根拠規定が定められているかどうか、定められている場合には、朝の会議への遅刻が懲戒事由に該当するかどうかが問題となります。

また、連絡なく朝の会議に遅刻したことについて、最も重い懲戒解雇処分とすることが相当と言えるかどうかについては、遅刻によって生じた不利益の程度や、無断での遅刻が初めてのことなのか、それともこれまで何度も注意を受けているのか、懲戒解雇よりも軽い懲戒処分を受けたことがあるのかどうか等が問題となります。また、言い分があるのに聞く耳を持ってもらえないとの点については、弁明の機会を与えないことで手続的な相当性を欠くことにならないかが問題となります。会議の重要性や、これまでの遅刻歴、懲戒処分歴等にもよりますが、遅刻歴や懲戒処分歴もないのに、さして重要でもない会議への遅刻を理由に突然懲戒解雇されたというような場合には、懲戒解雇は無効とされると思われます。

懲戒処分の有効性

I 懲戒処分の根拠規定の有無

就業規則等において根拠規定を定めているか？
- 懲戒の理由となる懲戒事由の定めはあるか？
- 懲戒の種類・程度の定めはあるか？

懲戒処分の根拠規定があるとしても……

II 懲戒事由への該当性

問題となる事案が、懲戒事由に該当し、懲戒事由に客観的な合理性が認められるか？

懲戒事由への該当性が認められるとしても……

III 相当性

使用者が選択する懲戒処分が、行為の性質・態様その他の事情に照らして、社会通念上相当と認められるか？

懲戒処分の根拠規定がない場合、
または、懲戒事由への該当性が認められない場合、
または、相当性が認められない場合には、懲戒処分は無効

Q 9-18
管理職になったら残業代は出ないのか

先日、昇格して「課長」となりましたが、その際に「君はもう管理職だから残業代は出ないよ」と言われました。この会社の措置は正しいのでしょうか。

A

◎会社の主張の法的な意味

労働基準法では、「監督若しくは管理の地位にある者」（以下「管理監督者」という）に該当する場合は、深夜割増賃金を除く残業代の規定が適用されないこととされています。つまり、管理監督者にあたるのであれば、深夜割増賃金を除く残業代がもらえないのです。

そこで、本件の会社は、課長に昇格し、管理職となった者を「管理監督者」であると判断して、残業代が出ないと主張しているのです。

◎「管理監督者」の判断基準

どのような者を「管理監督者」というかについては、通達が出されています。通達では、「一般的には、部長、工場長等労働条件の決定その他労務管理について経営者と一体的な立場にある者の意であり、名称にとらわれず、実態に即して判断すべきものである」とされています。

通達に規定されているとおり、「管理監督者」にあたるかどうかは、名称にとらわれず、実態に即して判断しなければなりませんので、「課長に昇格した」とか「管理職だから」といった理由で、「管理監督者」にあたり残業代が出ないと断言することはできません。この点で、会社の主張は誤っていると言えます。

この点について、ファストフード店の店長が「管理監督者」に該当しないと判断した裁判例（東京地判平20.1.28）を契機として、「名ばかり管理職問題」として、社会的な問題になったことも記憶されているかもしれません。

では、具体的にどのような要素に注目して、「管理監督者」にあたるかを判断すればよいのでしょうか。

時間外に勤務をした場合には、残業代の請求をできるのが労働基準法上の原則ですが、「管理監督者」は、残業代の請求をすることができません。このような例外が認められているのは、通達にもあったように、管理監督者が経営者と一体的な立場にあり、経営者に代わって労働時間の管理・監督を行うことが予定されているからです。

また、このような「管理監督者」は、自分の裁量で労働時間を決めることができますし、そのような高い地位に応じた待遇を受けていることが想定されます。そのため、残業代の支払いなどを規定した労働基準法上の労働時間規制を「管理監督者」に適用することは、適当でないと考えられています。

このような「管理監督者」の規定の趣旨を踏まえて、裁判例では、概ね以下のような基準にしたがって、「管理監督者」の該当性を判断しています。

① 労務管理方針の決定に参画し、あるいは労務管理上の指揮権限を有し、経営者と一体的な立場にあること
② 自己の労働時間について裁量権を有していること
③ 一般の労働者と比較して、その地位と権限にふさわしい処遇が与えられていること

これらの三つの基準を総合考慮して判断するのですが、①が特に重要で、①と②を満たしていなければ、③を満たしても「管理監督者」にあたらないと判断される場合が多いです。

また、労働基準法では、残業代を支払うのが原則であり、「管理監督者」に残業代を支払わなくてよいということが例外にあたることから、裁判所は、「管理監督者」の該当性の判断を厳格に行っています。そのため、「管理監督者」に該当するとの主張は、簡単には認められないという印象があります。

また、通達でも「管理監督者」の判断基準を明示しており、その基準は、先ほど述べた裁判例に

おける基準と概ね一致しています（下掲の通達参照）。

では、具体的にはどのような要素に注目すればよいでしょうか。以下に一例を挙げます。

● 前述①との関係

経営上の重要な会議への出席やその中での意思決定への関わり方、採用・人事考課・勤怠管理への関与の程度、役職だけでなく具体的な職務内容の重要性

● 前述②との関係

労働時間がタイムカード等によって厳密に管理されているかどうか

● 前述③との関係

地位に応じた特別な手当てが支給されているか、残業代が支払われている者との収入の比較、企業全体での収入水準

このように、「課長」であるとか、「管理職」であるといった名称にとらわれず、前述の要素を中心に、事情を総合考慮することにより、残業代が支払われない「管理監督者」に該当するかどうかを判断することになります。

【管理監督者の判断基準】

1　経営者と一体的な立場と呼ぶにふさわしい重要な職務内容、責任となっており、それに見合う権限の付与が行われているか。
2　重要な職務と責任を有していることから、現実の勤務が実労働時間の規制になじまないようなものとなっているか。
3　①定期給与である基本給、役付手当等においてその地位にふさわしい待遇がなされているか。
　　②ボーナス等の一時金の支給率、その算定基礎賃金等についても役付者以外の一般労働者に比し優遇措置が講じられているか。
4　スタッフ職の場合、経営上の重要事項に関する企画立案等の部門に配置され、ラインの管理監督者と同格以上に位置付けられる等、相当程度の処遇を受けているか。

（昭22.9.13発基第17号、昭63.3.14基発第150号）

Q 9-19
派遣先での仕事が説明と違っていた

派遣社員として働いていますが、派遣会社から説明された仕事と、実際に勤務先で行っている仕事が違っています。誰に対して改善を求めればよいのでしょうか。

◎労働者派遣

派遣社員という働き方は珍しいものではなくなっていますが、法的な関係は単純ではなく、理解するのが難しい面があります。

労働者派遣とは、「自己の雇用する労働者を、その雇用関係の下に、他人の指揮命令を受けて、その他人のために労働に従事させること」を言います（厳密には、さらに、その他人に対しその労働者を雇用させることを約してするものを含まない、という限定もある）。

関係する当事者としては、労働者を派遣する元となる派遣会社（派遣元）、労働者の派遣を受け入れる会社（派遣先）、派遣される労働者の3者があります。ここで、雇用契約を締結して雇用関係に立つのは「派遣元」と労働者であって、「派遣先」と労働者ではありません。しかしながら、実際に労働者が働くのは「派遣先」の下であり、労働者に対して業務上の指揮命令を行うのは「派遣先」となります。

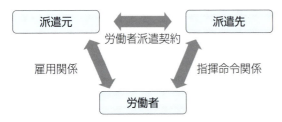

◎派遣元である派遣会社の義務

以上のように、雇用契約を締結して雇用関係に立つのは「派遣元」と労働者です。したがって、労働基準法等、労働に関する法令を守る責任は、基本的には派遣元である派遣会社が負うことになります。

また、労働者を派遣先に派遣するにあたって、派遣元である派遣会社が講じるべき措置が定められています。

派遣元である派遣会社の義務の中には、労働者に対して賃金等の待遇に関する事項等を説明する義務や、派遣就業条件（従事する業務内容、就業場所、派遣期間、就業開始終了時刻・休憩時間、派遣先責任者・派遣元責任者等）及び派遣可能期間に制限がある場合はその期間の満了日（抵触日）を明示した文書を交付する義務等があります。

また、派遣労働者の助言・指導・苦情処理、個人情報の管理、派遣先との連絡調整等を行わせるため、派遣元責任者を選任する義務もあります。

このように、派遣元である派遣会社は、労働者に対して待遇や就業条件を明示するだけでなく、派遣元責任者を選任して苦情処理等に当たらせなければならないとされているのです。

本件について、派遣会社から説明された仕事と派遣先の仕事が違っているとのことであれば、派遣元責任者に相談することができます。

◎派遣先の義務

派遣先は、労働者と雇用関係に立つわけではありませんが、労働者に指揮命令を行う以上、さまざまな義務が定められています。

派遣先の義務の中には、労働者派遣契約の定めに反することのないように適切な措置を講ずる義務や、適正な派遣就業の確保等のため、労働者から派遣就業に関する苦情の申出を受けた場合に苦情の内容を派遣元に通知し、密接な連携の下、誠意をもって、遅滞なく、適切かつ迅速に苦情処理を図る義務が定められています。

このように、派遣先も、労働者と雇用関係に立たないからといって労働者の苦情等を無視して良いわけではなく、派遣元の派遣会社と連携して対応しなければならないとされているのです。

したがって、本件について、派遣元責任者に相談できるだけでなく、あなたが働いている派遣先の責任者に対して相談し、改善を求めることもできることになります。

Q 9-20
契約社員の契約更新について（雇止め）

私は、契約社員で、3か月ごとに契約を更新しながら、もう3年近く同じ会社に勤めてきました。しかし、今回、会社の業績が悪いことを理由に契約を更新しないと言われました。契約期間が満了したからといって、私はやめなければならないのでしょうか。

A

◎有期労働契約について

本件では、契約期間が3か月とされており、有期労働契約が問題となっています。

有期労働契約の契約期間が満了した場合には、会社から通知することにより、特段の理由がなくても雇用契約は終了するというのが原則です。

◎雇止めについて

もっとも、有期労働契約であることを前提に採用されたとしても、長年にわたり契約の更新が繰り返されており、実質的に見て、期間の定めのない労働契約と同視できる事例もあります。また、業務の内容や継続雇用を期待させる会社側の言動等により、契約が更新されることについて、合理的な期待が生じている場合もあります。

このような場合に、形式的には契約期間が満了したからといって、一方的に有期労働契約の更新を拒絶できるとしてしまうことは、有期雇用労働者の保護に欠けることになります。そこで、このような場合に有期雇用労働者の契約を更新拒絶することについて、これを制限する判例が多く積み重ねられ、今般、その考え方が立法化されました。
① 有期労働契約が反復して更新され、当該有期労働契約を更新しないことが、期間の定めのない契約の労働者を解雇することと同視できる場合
② 有期雇用労働者が当該有期労働契約を更新されるものと期待することについて合理的な理由がある場合

これら二つのいずれかが認められる場合には、期間の定めのない契約の労働者を解雇する場合の考え方を類推して、有期労働契約の更新拒絶が、合理的な理由を欠き、相当と言えない場合、当該契約は、同じ条件で更新されます。

◎解雇の考え方を類推できる場合

どのような場合に前述①または②に該当するかについて、厚生労働省は、これまでの多くの裁判例を分析して、考慮要素を列挙しています。

a 業務の客観的内容（業務の恒常性・臨時性や正社員との同一性）
b 契約上の地位や性格（契約上の地位の基幹性・臨時性や労働条件の正社員との同一性）
c 当事者の主観的態様（雇用継続を期待させる当事者の言動・認識）
d 更新の手続・実態（更新の有無・回数、更新手続の厳格性）
e 他の労働者の更新状況
f その他（有期労働契約を締結した経緯、勤続年数・年齢等の上限の設定等）

そのため、本件でも、3か月の契約期間で、3年間も契約の更新を続けている事情に加えて、aないしfの事情を総合的に考慮して、解雇の考え方を類推できるかどうかを検討することになります。

◎更新拒絶が認められるか

仮に、本件において、解雇の考え方を類推できるとした場合、更新拒絶が認められるでしょうか。本件は、会社の業績が悪いことを理由にした更新拒絶ですので、整理解雇の場合の考え方を類推して判断することになります（整理解雇については、Q9-16参照）。

もっとも、整理解雇の考え方を類推するといっても、やはり有期雇用労働者は、終身雇用の期待のもとに労働契約を締結した者とは、おのずから差があるということを指摘して、期間の定めのない労働契約の者に対して希望退職を募ることなく、有期雇用勤労者の契約更新を拒絶したことを認めた事例もありますので、注意が必要です。

Q 9-21

無期労働契約への転換

私は、短期の契約を繰り返しながら、もう5年以上同じ会社で事務の仕事をしてきました。長年働いていると期間制限のない契約に転換できると聞いたのですが、私も期間制限なく働けるのでしょうか。

◎有期労働契約と無期労働契約

労働契約には、契約期間を定める有期労働契約と、契約期間を定めない無期労働契約があります。

一般に、無期労働契約を締結している労働者の典型はいわゆる「正社員」であり、「契約社員」や「パート」等正社員以外の労働者に有期労働契約が多いと言えます。

有期労働契約を締結した場合、契約期間の満了によって退職となる場合もありますが、更新が繰り返されることも多くあり、更新回数を制限する法律はありません。したがって、正社員を採用するのが適当と思われるような場合でも、有期労働契約を何度も更新することで代用されることが多く、労働者が、契約期間の満了時に契約を終了される（雇止め）かもしれないという不安定な状態に置かれる等の問題が指摘されています。

◎無期労働契約への転換

有期労働契約を長期間にわたって何度も更新することには、このような問題点があることから、労働者の雇用の安定を図るため、一定の要件を満たした場合に無期労働契約に転換するルールが定められました。

すなわち、同一の使用者との間で、有期労働契約が通算で5年を超えて繰り返し更新された場合は、労働者が申し込むことによって、無期労働契約に転換します。

「通算で5年」は、平成25年4月1日以後に開始する有期労働契約から計算する必要があります。

無期転換についての労働者の申込みは、通算で5年を超えることとなる有期労働契約の初日から契約期間満了日までの間に行うことができます。また、この期間内に申込みを行わなかった場合も、再度、有期労働契約が更新されれば、その契約期間中にも申込みを行うことができます。

例えば、平成25年4月1日以後に開始する期間1年の有期労働契約を更新した場合、契約期間が満5年に達した後に再度更新すれば、通算で5年を超えることとなります。したがって、5年を超えた有期労働契約の満了日まで、申込みを行うことができます。また、その間に申込みを行わなかった場合も、再度更新されれば更新後の有期労働契約の契約期間中にも申込みを行うことができます（次頁図の上段参照）。

また、期間3年の有期労働契約を更新した場合、1回更新した時点で、契約期間は通算6年となり、5年を超えることとなります。したがって、その有期労働契約の契約期間満了日まで（3年を超えた時点からの契約期間中）、申込みを行うことができます（次頁図の中段参照）。

◎クーリング期間

契約期間を通算する際、前の契約の満了日と後の契約の初日との間に6か月以上の空白期間があるときは、その空白期間よりも前の有期労働契約の期間は通算されません。6か月以上の空白期間によりリセットされるという意味で、クーリング期間と呼びます（次頁図の下段参照）。

なお、以上は有期労働契約の契約期間が1年以上の場合についてのルールであり契約期間が1年未満の場合には、6か月よりも短いクーリング期間が定められています。

本件について、クーリング期間も考慮して通算5年を超える更新がなされれば、無期労働契約への転換の申込みを行うことによって、期間の定めのない無期労働契約に転換することになります。

◎無期労働契約への転換についての特例

なお、次の労働者については特例が定められています。

① 大学等及び研究開発法人の研究者、教員等（通算期間を5年から10年に延長）

② 5年を超える一定の期間内に完了することが予定されている業務に就く高度専門的知識等を有する有期雇用労働者（一定額以上の収入がある者に限り、上限10年）
③ 定年後有期契約で雇用される高齢者（定年後引き続いて雇用される期間中）

ただし、このうち②及び③については、事業主が厚生労働大臣に申請して認定を受けなければならないとされています。

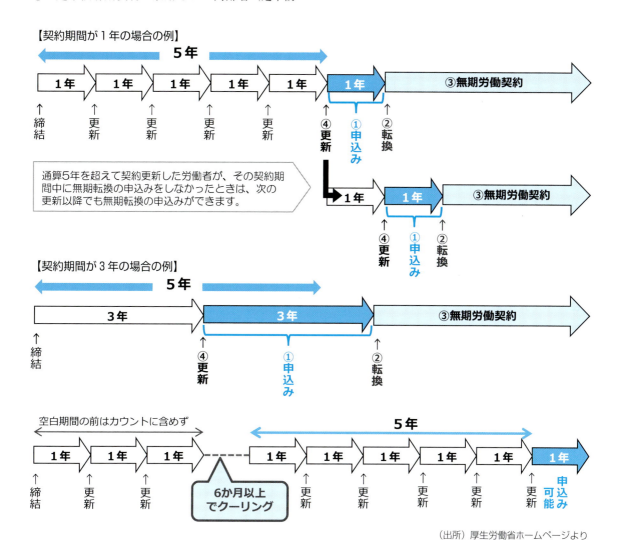

（出所）厚生労働省ホームページより

Q 9-22
パートタイム労働者の保護

私は長年パートとして今の会社で働いていますが、自分の細かい労働条件がどうなっているのか、まったく知りません。また、正社員とほとんど変わらない仕事をしているのに、待遇面の格差が大きく、不公平ではないかと思うことも多いです。パートで働く以上、我慢しなければならないのでしょうか。

A

パート等で働く人の待遇改善については「短時間労働者の雇用管理の改善等に関する法律」（通称「パートタイム労働法」）で定められています。

パートタイム労働法では、事業主に対し、パートタイム労働者と正社員との間に不合理な格差を設けることを禁止している他、労働条件等について明示したり、適切に説明したりすることを義務づけています。

ご自身の待遇に疑問がある場合、まずは事業主に説明を求めてみるとよいでしょう。

◎パートタイム労働者とは

パートタイム労働法における「パートタイム労働者」とは、1週間の所定労働時間が同一の事業所に雇用される通常の労働者の1週間の所定労働時間に比べて短い労働者のことです。

この条件に当てはまる労働者であれば、「パート」「アルバイト」「嘱託」等の呼び方にかかわらず、パートタイム労働者としてこの法律の対象者となります。

◎パートタイム労働者に対する事業主の義務

パートタイム労働者を1人でも雇用する事業主には、次のような義務が課せられます。

① 労働条件を明示する義務

もともと事業主には、労働基準法により、すべての労働者の雇入れ・契約更新を行う際に、契約期間・賃金等一定の重要な労働条件について文書で明示することが義務付けられています。

さらに、パートタイム労働法では、労使間トラブルの未然防止のため、以下のようなパートタイム労働者に特に疑義の生じやすい事項について、文書の交付等により明示することを義務づけています。

- 昇給の有無
- 退職手当の有無
- 賞与の有無
- 相談窓口

② 通常の労働者に転換する機会を設ける義務

パートタイム労働者の中には、通常の労働者（いわゆる正社員）として働くことを希望しながら、やむなくパートタイム労働者として働いている人もいます。

そこで、事業主には、パートタイム労働者から通常の労働者への転換を推進するため、以下のいずれかの措置を講じることが義務づけられています。

- 通常の労働者を募集する場合、その募集内容を既に雇っているパートタイム労働者に周知する。
- 通常の労働者のポストを社内公募する場合、すでに雇っているパートタイム労働者にも応募する機会を与える。
- パートタイム労働者が通常の労働者へ転換するための試験制度を設ける。
- その他通常の労働者への転換を推進するための措置を講じる。

また、自社ではどのような措置を講じているのか、社内のパートタイム労働者にあらかじめ広く周知しておくことが求められます。

③ 待遇決定にあたり考慮した事項の説明義務

パートタイム労働者は、通常の労働者と比べて待遇に格差を設けられていることが多く、不満を抱いたり仕事に対するモチベーションが低下したりするおそれがあります。

そこで、事業主には、パートタイム労働者を雇用したとき、または雇用するパートタイム労働者から説明を求められたときは、その待遇を決定するにあたって考慮した以下のような事項を説明す

る義務があります。
- 労働条件の文書交付等
- 就業規則の作成手続
- 待遇の差別的取扱い禁止
- 賃金の決定方法
- 教育訓練の実施
- 福利厚生施設の利用
- 通常の労働者への転換を推進するための措置

また、パートタイム労働者がこれらの事項について説明を求めたことを理由に不利益な取扱いをすることは、禁止されています。

「職務の内容が同じ」かどうか

職務の内容とは、業務の内容及び当該業務に伴う責任の程度をいいます。職務の内容が同じかどうかについては、次の手順にしたがって判断します。

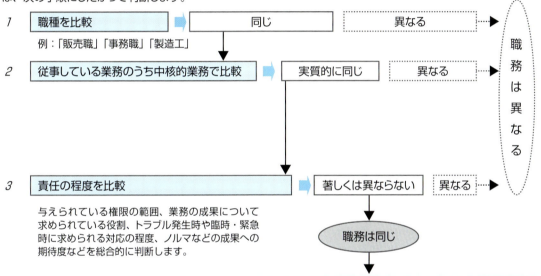

「人材活用の仕組みや運用などが同じ」かどうか

通常の労働者とパートタイム労働者の人材活用の仕組みや運用などが同じかどうかについては、次の手順に従って判断します。

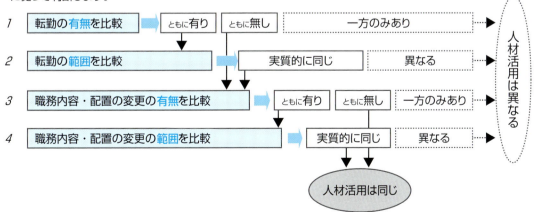

（出所）厚生労働省発行リーフレット「パートタイム労働法の概要」より（一部省略）

◎ 差別的取扱いの禁止

職務の内容、人材活用の仕組みが通常の労働者と同じパートタイム労働者については、賃金、教育訓練、福利厚生施設の利用等の他、すべての待遇について、通常の労働者との差別的取扱いが禁止されています。

また、広くすべてのパートタイム労働者を対象として、パートタイム労働者と通常の労働者との待遇に差を設ける場合、その待遇の相違は、職務の内容、人材活用の仕組み、その他の事情を考慮して、不合理なものとすることはできません。

【パートタイム労働者の態様】通常の労働者と比較して、		賃　金		教育訓練		福利厚生	
		職務関連賃金 ・基本給 ・賞与 ・役付手当等	左以外の賃金 ・退職手当 ・家族手当 ・通勤手当等	職務遂行に必要な能力を付与するもの	左以外のもの（キャリアアップのための訓練等）	・給食施設 ・休憩室 ・更衣室	左以外のもの（慶弔休暇、社宅の貸与等）
職務の内容 （業務の内容及び責任）	人材活用の仕組みや運用等 （人事異動の有無及び範囲）						
①通常の労働者と同視すべき短時間労働者		◎	◎	◎	◎	◎	◎
同じ	同じ						
②通常の労働者と職務の内容が同じ短時間労働者		△	—	○	△	○	—
同じ	異なる						
③通常の労働者と職務の内容も異なる短時間労働者		△	—	△	△	○	—
異なる	—						

（講ずる措置）
◎…パートタイム労働者であることによる差別的取扱いの禁止
○…実施義務・配慮義務　△…職務の内容、成果、意欲、能力、経験などを勘案する努力義務

（出所）　厚生労働省パンフレット「パートタイム労働法のあらまし」より

2 保険・年金

Q 9-23
出張先のホテルで骨折した場合、労災になるのか

出張中、宿泊先のホテルでタバコを買いに行こうとして階段を踏み外し、骨折してしまいました。上司から、「出張中とはいえホテルでの宿泊は業務とは言えないから、労災にはならない」と言われてしまったのですが、本当でしょうか。

◎ 業務災害における業務遂行性の認定

労災認定されるためには、労働者に生じた災害が「業務災害」であると認められる必要があります。業務災害とは、労働者が労働契約に基づき使用者の支配下において労働を提供する過程で（＝業務遂行性）、業務に起因して（＝業務起因性）発生した災害のことで、労働基準法により、事業主に災害補償責任が課せられています。

業務遂行性の有無は、以下の3類型のいずれかに当てはまるかどうかで判断されます。

① 事業主の支配・管理下で業務に従事している場合

担当業務を行っている時間中だけでなく、特命業務従事中のほか、作業中のトイレ・飲水中、その他労働関係の本旨に照らして合理的と認められる行為を行っている場合

② 事業場内において、休憩中・就業時間前後の時間中に災害にあった場合

社員食堂での食事中、休憩時間に事業所の庭でキャッチボール等をしている場合、休憩室での休憩中等、事業主の支配・管理下にはあるが、業務には従事していない場合

③ 事業主の支配下にはあるが、管理下からは離れて業務に従事している場合

出張中、社用による外出中、営業・運送・配達等のため事業場外で業務を行う場合や、事業場外の就業場所への往復等、事業場外での業務に付随する行為を行う場合

出張は、③に該当します。よって、出張中は原則として業務中だけでなく、交通機関や宿泊場所での時間も含めた出張の全過程について、事業主の支配下にあるものとして、業務遂行性が認められます。したがって、お尋ねの場合のように、出張先のホテルに宿泊中の事故による傷病も、原則として労災の対象となります。

◎ 業務災害における業務起因性の認定

業務起因性とは、業務と傷病等との間に一定の因果関係が存することを言います。一般的に、業務遂行性が認められれば業務起因性を否定する事情がない限り、労災と認められる傾向にあります。

業務起因性を否定する事情としては、以下の場合が考えられます。

① 労働者が就業中に自由行動や私的行為を行い、その行為が原因となって災害が発生した場合

② 労働者が就業中に恣意的行為（＝いたずら）を行い、その行為が原因となって災害が発生した場合

③ 労働者が個人的な恨み等により、第三者から加害行為を受けて被災した場合

④ 労働者が故意に災害を発生させた場合

⑤ 地震・台風・火災等、天災地変によって被災した場合

お尋ねの場合、タバコを買いに行く程度の行為は特に業務起因性を否定するものにはあたりませんので、業務災害として労災認定がなされるものと思われます。

しかし、出張中の事故であっても、業務終了後に、出席が完全に任意である懇親会に出席し被災した場合等は、懇親会の出席は私的行為であるとして、業務遂行性が否定され、労災不認定となる可能性が高いので、十分に注意しましょう。

◎ 業務災害として労災認定された場合に受けられる保険給付

労災認定された場合、保険給付は以下のようになります。

① 病院での療養が必要となったとき……療養補償給付

② 休業を余儀なくされたとき……休業補償給付

③ 障害状態になったとき……障害補償給付

④ 死亡したとき……遺族補償給付　等

Q 9-24
帰宅途中の寄り道は通勤災害にならないのか

私は独り暮らしをしています。先日、会社帰りに定食屋で夕飯を済ませて帰宅する途中、転んでけがをしてしまいました。寄り道をした場合の事故は通勤災害にならないと聞いたことがあるのですが、本当でしょうか。

A

◎通勤災害とは

通勤途中の労働者は、事業主の支配・管理下にはありませんので、通勤途上で発生した災害（＝通勤災害）は業務災害とは言えず、事業主には、労働基準法上の災害補償責任もありません。しかし、通勤は完全に私的な行為であるとも言いがたいことから、労働者保護のため、通勤災害についても業務災害に準じた保険給付が受けられる、通勤災害保護制度が創設されています。

「通勤」について、労働者災害補償保険法では、「就業に関し、住居と就業の場所との間を、合理的な経路及び方法により往復することをいい、業務の性質を有するものを除くもの」と定義されています。

ここでいう「住居」とは、労働者が居住して日常生活を送っている家屋等の場所で、就業のための拠点となるところを指し、「就業の場所」とは、業務を開始または終了する場所を指します。また、「就業に関し」というのは、移動が業務に従事するためまたは業務を終えた後に行われるものであることを指します。

また、例えば、営業職の人が複数の取引先を回って移動する場合、その移動は「業務の性質を有するもの」と判断されますので、業務災害として保護されることになります。

◎通勤の認定

労働者の行った移動が「通勤」であるとして、労災法の適用を受けるためには、以下の移動を合理的な経路及び方法により行ったと認められる必要があります。

① 住居と就業の場所との間の往復
② 厚生労働省令で定める就業の場所から他の就業の場所への移動
③ ①に掲げる往復に先行し、または後続する移動（厚生労働省令で定める要件に該当するものに限る）

①は通常の通勤のことを指します。②は、複数の事業主に雇用される労働者が、それぞれの事業場間を移動する場合を指します。③は、単身赴任者が、赴任先の住居と帰省先の住居との間を移動する場合を指します。

いずれの場合も、「合理的な経路及び方法」は、必ずしも勤務先に届け出ているもの以外は認められないというわけではなく、災害発生時の交通事情等を勘案したうえで判断されます。ただし、特別の理由もなく著しく遠回りをしたり、運転免許を取得していない者が自動車で通勤するような場合は、合理的な経路・方法とは認められません。

◎中断と逸脱

通勤を行う場合、必ずしもまっすぐ勤務先に直行し、あるいは帰宅する場合ばかりではなく、さまざまな事情で、いわゆる寄り道をする場合があります。

この場合について、労災法7条3項では、「労働者が、移動の経路を逸脱し、又は移動を中断した場合には、逸脱又は中断の間及びその後の移動は通勤としない」と定められています。「逸脱」とは、通勤途中で、就業や通勤と関係のない目的で合理的な経路をそれること、「中断」とは、通勤経路上で通勤と関係のない行為を行うことを言いますので、寄り道をした場合、寄り道の最中とその後帰宅するまでの間については、原則として通勤とみなされません。

しかし、それでは、労働者は家と会社の往復時以外、労災法の保護が受けられないことになり、通勤災害保護制度の意義が薄れてしまいます。そこで、「当該逸脱又は中断が、日常生活上必要な行為であって厚生労働省令で定めるものをやむを得ない事由により行うための最小限度のものであ

る場合は、当該逸脱又は中断の間を除き、この限りでない」として、逸脱・中断があった場合でも、以下に該当する行為を必要最小限度の範囲で行った場合は、例外的に労災法の対象とすることとしたのです。

◎厚生労働省令により「日常生活上必要な行為」と認められるもの
① 日用品の購入その他これに準ずる行為
② 職業能力開発促進法15条の6第3項に規定する公共職業能力開発施設において行われる職業訓練、学校教育法1条に規定する学校において行われる教育その他これらに準ずる教育訓練であって職業能力の開発向上に資するものを受ける行為
③ 選挙権の行使その他これに準ずる行為
④ 病院または診療所において診察または治療を受けることその他これに準ずる行為
⑤ 要介護状態にある配偶者、子、父母、配偶者の父母ならびに同居し、かつ、扶養している孫、祖父母および兄弟姉妹の介護（継続的にまたは反復して行われるものに限る）

お尋ねの場合は、①に該当します。定食屋で食事をしている間は「中断」となりますので、この間に発生した事故は通勤災害にはなりませんが、店を出て本来の合理的な通勤経路に戻った後は再び通勤とみなされるため、途上で起きた事故は通勤災害として、労災保険給付の対象となるのです。

同様に、スーパーで惣菜等を購入したり、ドラッグストアで買い物をする場合、クリーニング店に立ち寄る場合等も、日常生活上必要な行為として認められています。

しかし、帰り道に映画館で映画を観たり、友人と居酒屋で飲酒をしたりするような行為は、逸脱または中断とみなされ、合理的な通勤経路に戻った後も通勤とは認められなくなりますので、注意しましょう。

◎通勤災害と業務災害の違い
通勤災害は業務災害にはあたりませんので、労基法上の補償がありません。業務災害により休業した場合は、休業の初日から3日間は事業主による労基法上の休業補償、4日目以降は労災保険による休業補償が受けられますが、通勤災害の場合は4日目以降の労災保険による補償しか受けられません。

◎通勤災害の場合に受けられる保険給付
通勤災害の場合も、業務災害とほぼ同様の保険給付を受けることができ、労働者に費用の負担もありません。

ただし、通勤災害により療養給付を受ける場合、一部負担金として、初回の保険給付受給時に200円が徴収されます。

Q 9-25
過労死を防止するためには

会社の健康診断を受診したところ、さまざまな項目で異常を指摘され、「過労死の危険がある」と言われてしまいました。確かに、最近とても仕事が忙しく、自分の体のことを考える余裕がありませんでした。なんとかしなくてはと思っているのですが、どのように対処すればよいでしょうか。

◎二次健康診断等給付とは

近年、過重労働による疲労やストレスにより、脳血管疾患や心臓疾患を発症し死亡する「過労死」や、障害状態に至って労災認定される件数が増加傾向にあります。

これらの疾患を予防するため、直近の定期健康診断等の結果、脳や心臓疾患を発症する危険性が高いと判断された方に対し、脳血管および心臓の状態を把握するための二次健康診断および医師等による特定保健指導を、受診者の自己負担なく受けられるように、二次健康診断等給付が新設されました。お尋ねの場合は、早急に産業医等にご相談したうえで、この給付を活用した二次健康診断や特定保健指導を受けることを検討するとよいでしょう。

◎二次健康診断等給付の受給要件

二次健康診断等給付を受けることができるのは、労働安全衛生法に基づく定期健康診断等のうち、直近のもの（＝一次健康診断）の結果において、以下のすべての検査について異常の所見があると診断された方です（ただし、労災保険の特別加入者、およびすでに脳血管疾患または心臓疾患の症状を有している者は対象外）。

① 血圧検査
② 血中脂質検査
③ 血糖検査
④ 腹囲の検査またはBMI（肥満度）の測定

◎二次健康診断等給付の内容

以上の受給要件に該当する場合は、通常約3万円程度を要する以下の二次健康診断と保険指導を、費用について自己負担することなく受けることができます。

① 二次健康診断

二次健康診断の検査内容は以下のとおりです。
- 空腹時血中脂質検査
- ヘモグロビンＡ１ｃ検査
- 負荷心電図検査または胸部超音波検査（心エコー検査）
- 頸部超音波検査（頸部エコー検査）
- 微量アルブミン尿検査

② 特定保健指導

二次健康診断1回につき1度、医師または保健師から、以下の指導を受けることができます。
- 栄養指導
- 運動指導
- 生活指導

◎二次健康診断等給付の請求方法

二次健康診断等給付は、労災指定病院および都道府県労働局長が指定する病院もしくは診療所（以下「健診給付病院等」という）でしか受けることができません。

二次健康診断等給付を受けようとするときは、これらの健診給付病院等の窓口に、以下の書類を提出し、請求します。

① 二次健康診断等給付請求書（様式第16号の10の2）

必要事項を記入のうえ、事業主の証明を受けたもの

② 一次健康診断の結果を証明することができる書類

一次健康診断の結果表の写し等

これらの各書類は、健診給付病院等を経由して、都道府県労働局長に提出されます。

◎二次健康診断等給付請求時の注意事項

誤って二次健康診断等給付の請求を行った場合、受給要件に合致していても、労災保険からの給付が行われないことがあります。

この場合、検査等に要した費用は全額受診者の自己負担となりますので、二次健康診断等給付の請求時には、以下の事項に十分に注意しましょう。

① 3か月以内に行う

二次健康診断等給付の請求は、以下のようなやむをえない場合を除き、一次健康診断を受診した日から3か月以内に行わなければなりません。

- 天災地変により請求を行うことができない場合
- 一次健康診断を行った医療機関の都合等により、一次健康診断の結果の通知が著しく遅れた場合

② 1年度につき1回

二次健康診断等給付は、1年度につき1回しか受けることができません。

年度内に2回定期健康診断を受診し、いずれにおいても二次健康診断等給付の受給要件を満たしている場合でも、二次健康診断等給付は、1年度（4月1日から3月31日まで）に1回しか受けることができません。

③ 指定病院で

二次健康診断等給付は、労災病院および都道府県労働局長が指定する病院もしくは診療所でしか受けることができません。二次健康診断指定医療機関については、各都道府県労働局にお問い合わせください。

Q 9-26
ストレスチェック制度について

このところ仕事に追われて休む時間がないせいか、気分が沈み、朝起きられないことも増えています。しかし、人事評価への影響を考えると休みたいとも言えず、病気かどうかもわからないのに病院に行くのも抵抗があります。

最近、ストレスチェックの実施が会社の義務になったと聞いたのですが、これはどんな制度なのでしょうか。

A

近年、仕事上のストレスを原因として発症した精神障害により、労災認定を受けるケースが急激に増加しています。精神的な疾患は、一度発症すると完治が難しい場合もあり、発症を未然に防ぐことが重要です。そのための対策の一環として、平成26年6月に労働安全衛生法が改正され、平成27年12月から、ストレスチェックと面接指導の実施を義務づける「ストレスチェック制度」が実施されることになりました。

◎ストレスチェック制度の概要

① ストレスチェックの実施

事業主には、常時使用する労働者に対し、年1回程度のストレスチェックを実施することが義務づけられます（従業員数50人未満の事業場においては、当分の間努力義務）。「ストレスチェック」とは、事業主が労働者の心理的な負担の程度を把握するために行う検査のことです。

ストレスチェックは、医師や保健師等の専門家が実施者となり、以下の三つの領域について検査を行わなければなりません。検査は原則として、これらの領域をカバーして作成された調査票の調査項目に、労働者が回答するかたちで行います。

- 仕事のストレス要因
  職場における心理的な負担の原因に関する項目
- 心身のストレス反応
  心理的負担による心身の自覚症状に関する項目
- 周囲のサポート
  職場内の他の労働者による支援に関する項目

どのような調査票を用いて実施するかは、各事業主が自由に選択することができます（国は、標準的な調査票として「職業性ストレス簡易調査票（57項目）」を推奨）。

ストレスチェックの結果については、医師等の実施者から本人に直接通知され、本人の同意がない限り事業主に情報が提供されることはありません。

② 面接指導の実施

事業主は、ストレスチェックの結果「高ストレス者」として面接指導が必要と評価された労働者から希望があったときは、医師による面接指導を実施しなければなりません。

また、面接指導の結果を受けて、必要に応じてその労働者の作業の転換、労働時間の短縮その他、就業上適切な措置を講じなければならないとされています。

③ 集団分析の実施

事業主は、ストレスチェックの検査結果に基づき、部・課等の職場の一定規模の集団ごとのストレス状況を分析し、その結果を踏まえて職場環境を改善するよう努めなければなりません。

集計・分析にあたっては、原則として個々の労働者の同意を取得する必要はありません。ただし、労働者の特定につながるおそれがあるため、集団の単位が10人を下回る場合は、すべての労働者の同意を得る必要があります。

④ 不利益取扱いの防止

事業主が、面接指導を希望したことや面接指導の結果等を理由として、労働者に対し、雇止め、退職勧奨、不当な配置転換、職位変更等の不利益な取り扱いを行うことは、法律上禁止されます。

また、ストレスチェックを受けないこと、結果の提供に同意しないこと、高ストレス者として面接指導が必要と評価されたにもかかわらず面接指導希望の申出をしないこと等を理由として不利益な取扱いをすることも認められません。

◎ストレスチェック制度の流れ

ストレスチェック制度は、以下のような流れで実施されます。

ストレスチェック制度は「もし病気と診断されたら仕事を失うのではないか」といった労働者の不安を払拭するために、さまざまな対策を講じたうえで行われます。お尋ねの場合、まずはご自身のストレス状態を把握するためにも、積極的に利用しましょう。

また、厚生労働省の運営するホームページ「こころの耳」（http://kokoro.mhlw.go.jp/）では、働く人のメンタルヘルスに関するさまざまな情報が得られますので、参照してみてください。

【ストレスチェック制度の流れ】

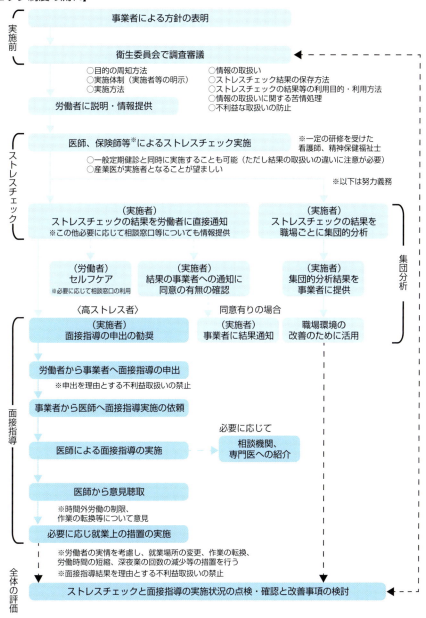

（出所）厚省労働省ホームページより

Q 9-27
失業保険はどのようなときに受給できるのか

長引く不景気で会社の業績が悪化し、私もいつリストラされるかわかりません。妻は「いざとなったら失業保険をもらえばいいわよ」と言うのですが、失業保険はどのようなときに受給できるのでしょうか。

◎基本手当の受給要件

定年や会社の倒産、自己都合等により離職し、失業したときに、失業中の生活を保障し、再就職を支援するために支給され、一般的に「失業保険」と言われているのが、雇用保険の基本手当です。

雇用保険の一般被保険者が離職して、次のいずれにも当てはまるときには、基本手当が支給されます。

① 「失業の状態」にあること

この場合の「失業」とは、単に仕事をしていないというだけではなく、「公共職業安定所（ハローワーク）に行って求職の申込を行い、就職しようとする積極的な意思があり、いつでも就職できる能力があるにもかかわらず、本人やハローワークの努力によっても職業に就くことができない状態」のことを言います。

したがって、傷病や妊娠・出産・育児等のためすぐには就職できない場合や、定年退職後しばらくは働かずに休養しようと思っているとき等は、基本手当を受給することができません。

② 離職の日以前2年間に、被保険者期間が通算して12か月以上あること（ただし、特定受給資格者または特定理由離職者については、離職の日以前1年間に、被保険者期間が通算して6か月以上ある場合でも可。特定受給資格者・特定理由離職者については後述）

この場合の「被保険者期間」とは、雇用保険の被保険者であった期間のうち、離職日から1か月ごとに区切っていった期間に、賃金支払の基礎となった日数が11日以上ある月を1か月と計算します。

◎基本手当受給までの流れと手続き

万一失業したら、まずは必要書類を揃えてお住まいの地域を管轄するハローワーク（公共職業安定所）に行き、求職の申込みを行って受給資格の決定を受けましょう。具体的には、以下のようになります。

① 求職の申込み

雇用保険の一般被保険者が離職すると、事業主（または事業所を管轄する公共職業安定所）から「離職票」が交付されます。

基本手当を受給するためには、まず、自身の住所地を管轄する公共職業安定所に行って「求職の申込み」を行い、以下の書類等を持参のうえ、離職票を提出して、受給資格の決定を受ける必要があります。

- 雇用保険被保険者証
- 本人確認、住所および年齢が確認できる官公署発行の写真つきのもの（運転免許証・写真つきの住民基本台帳カード等）
- 写真（3か月以内に撮影した縦3センチ×横2.5センチのもの2枚）
- 印鑑
- 本人名義の普通預金通帳

② 受給資格の決定

離職票には、事業主により「離職理由」が記載されています。公共職業安定所では、求職の申込みを行った者について、受給要件を満たしているかどうかを確認すると共に、提出された離職票記載の離職理由について判定を行ったうえで、受給資格を決定します。

ここで、自己の意思に反し、再就職の準備をする時間的余裕なく離職を余儀なくされた「特定受給資格者」、または特定受給資格者以外のものであって期間の定めのある労働契約が更新されなかったこと、その他やむをえない理由により離職した「特定理由離職者」と判定されると、一般の離職者よりも、受給資格の決定における被保険者期間の算定や、給付日数等について、一般の離職

者に比べて手厚い保護が受けられることになります（特定受給資格者および特定理由離職者の判断基準については、ハローワークインターネットサービス等を参照）。

③　雇用保険受給者初回説明会

受給資格が決定すると、雇用保険受給者説明会の日時が知らされます。

この説明会では、基本手当の受給にあたって必要となる「雇用保険受給資格者証」および「失業認定申告書」が交付される他、第1回目の「失業認定日」が知らされますので、必ず出席しなければなりません。

④　失業の認定

原則として4週間に1回の「失業認定日」には、前回の認定日から今回の認定日の前日までの間（＝認定対象期間）に、ハローワークの窓口で職業相談や職業紹介を受ける等、積極的に求職活動を行ったかどうかの認定を行います。基本手当を受給するためには、原則として、認定対象期間中に2回以上求職活動を行った実績が必要となります。

また、自己都合退職者の場合、離職理由によっては、待機期間（＝求職申込みの日以後7日間）満了後3か月間は、給付制限期間として基本手当が支給されません。

しかし、この期間とその直後の認定対象期間を合わせた期間については、原則として3回以上求職活動を行った実績がなければ、基本手当を受給することができませんので、注意が必要です。

◎受給期間

雇用保険の受給期間は、原則として、離職した日の翌日から1年間です。この受給期間中は、所定給付日数（基本手当が支給される最高日数）を限度として、失業の認定と受給を繰り返しながら求職活動を継続することができます。

また、その間に病気やけが、妊娠・出産・育児等の理由により、引き続き30日以上働くことができなくなったときは、その働くことのできなくなった日数分だけ、受給期間を延長することができます（延長可能期間は最長で3年間）。

これらの理由により、引き続き30日以上職業に就くことができなくなったときは、30日以上就業不能となった日の翌日から1か月以内に、住所地を管轄するハローワークに届け出ましょう。

◎基本手当の額

1日当たりの基本手当の額（＝基本手当日額）は、原則として、離職した日の直前の6か月に支払われた賃金の額（賞与は除く）の合計を180で割って算出した金額の約50〜80％の額となり、賃金の低い方ほど高い率で算定されます。また、基本手当日額には、年齢に応じて上限額が定められています。

Q 9-28
再雇用時の雇用保険からの給付

定年後、勤めていた会社に65歳まで再雇用されることになりましたが、給与額がこれまでと比べて大幅に減るため、生活が不安です。このようなときに、雇用保険からもらえる給付があると聞いたのですが、私も受給できるのでしょうか。

A

◎高年齢雇用継続給付とは

お尋ねの場合、あなたが雇用保険の被保険者であった期間が5年以上ある等、一定の要件に該当し、60歳以降の賃金が60歳時点に比べて75％未満に低下した状態で働き続ける場合、「高年齢雇用継続給付」を受給できる可能性があります。高年齢雇用継続給付とは、働く意欲と能力のある高年齢者の方に対し、その雇用の継続を援助、促進する目的で支給される給付です。

◎高年齢雇用継続給付の種類

① 高年齢雇用継続基本給付金

高年齢雇用継続基本給付金は、60歳到達後も離職することなく働き続ける人、または、一度離職するも基本手当を受給せず、1年以内に再就職した人を対象とした給付金です。

- 支給対象者……雇用保険の被保険者期間が通算して5年以上ある一般被保険者で、60歳以降も引き続き雇用され、60歳以降の各月に支払われる賃金月額が、60歳到達時の賃金月額と比べて75％未満に低下した者
- 支給期間……60歳に達した月から65歳に達する月まで（ただし、60歳時点において、雇用保険に加入していた期間が5年に満たない場合は、雇用保険に加入していた期間が5年となるに至った月から65歳に達する月まで）
- 支給額……60歳以降の賃金が、60歳到達時賃金（＝60歳到達時前6か月間の賃金の合計額を180で除して得た日額に30を乗じた額）に比べ低下した場合、その低下率に基づいて支給額が決定（ただし、各月の賃金が、毎年8月に変更される限度額を超える場合は支給されない）。

② 高年齢再就職給付金

高年齢再就職給付金は、一度離職して基本手当を受給し、60歳以上65歳未満で再就職した者に対して支給される給付金です。

(a) 支給対象者……以下の条件を満たす雇用保険の一般被保険者
- 直前の離職時において被保険者であった期間が通算して5年以上ある
- 雇用保険の基本手当を受給し、支給残日数100日以上で再就職した
- 60歳以上65歳未満で再就職した
- 賃金が、基本手当の基準となった賃金月額に比べて75％未満に低下した
- 再就職にあたり、雇用保険の再就職手当を受給していない

(b) 支給対象期間……再就職した日の前日における基本手当の支給残日数に応じて、65歳に達する月まで支給（ただし、再就職した月について、月の初日から被保険者とならない場合は、翌月から支給対象月となる）。
- 支給残日数が100日以上200日未満の場合……再就職し、被保険者となった日の翌日から1年を経過した日の属する月まで
- 支給残日数が200日以上の場合……被保険者となった日の翌日から2年を経過した日の属する月まで

◎老齢厚生年金との調整について

特別支給の老齢厚生年金（在職老齢年金）の支給を受けながら、同時に高年齢雇用継続給付の支給を受ける場合、年金の一部が支給停止（＝併給調整）される場合がありますので、最寄りの年金事務所にお問い合わせください。

◎支給申請手続

高年齢雇用継続給付の支給申請手続は、本人または労使協定を締結した上で事業主が行います。必要書類等について、ハローワークのホームページ等でよく確認したうえで、申請手続を行いましょう。

Q 9-29
専門的な教育訓練を受ける際に受けられる給付

将来的な転職やキャリアアップを視野に入れ、大学院入学を考えています。しかし、授業料等のことを考えると、なかなか決心がつきません。

友人に相談したところ、雇用保険で新しくできた給付金制度を受けられるのではないかと言われたのですが、どのようなものなのでしょうか。

「知識やスキルを高めてキャリアアップしたい」「資格を取得して仕事につなげたい」といった、働く人の能力開発を支援するため、雇用保険には、「教育訓練給付金制度」があります。これは、一定の条件を満たす者が、厚生労働大臣の指定を受けた教育訓練講座を自己負担で受講したときに、かかった費用の一部について、給付金を受けられる制度です。

教育訓練給付金制度は、平成26年10月から従来の「教育訓練給付金」の支給対象者を拡充した「一般教育訓練の教育訓練給付金」と、新しく創設された「専門実践教育訓練の教育訓練給付金」の二本立てとなりました。

あなたの場合、大学院入学を検討中ということですので、新設された専門実践教育訓練の教育訓練給付金（以下、「専門実践教育訓練給付金」という）の対象となる可能性があります。

◎専門実践教育訓練給付金の概要

専門実践教育訓練給付金は、専門性を高めてさらなるキャリアアップを目指す人をサポートする目的で創設された、心強い制度です。

対象者は次の①または②に該当し、厚生労働大臣が指定する専門実践教育訓練を修了した者と、修了する見込みをもって受講している者です。

① 教育訓練の受講開始日に、支給要件期間（同一の事業主に一般被保険者または短期雇用特例被保険者として雇用された期間。以下同じ）が10年以上ある、雇用保険の一般被保険者（＝在職者）

② 一般被保険者資格を喪失した日以降、受講開始日までが1年以内であり、かつ支給要件期間が10年以上である者（＝離職者）

※①②とも、初回受給時には支給要件期間について特例あり。

また、支給額は、年間32万円を上限として教育訓練にかかる経費の40％です。給付期間は原則2年（資格取得につながる場合は最大3年）、教育訓練受講中から6か月ごとに申請し、受給します。

さらに、受講修了後に受講した専門実践教育訓練が目標としている資格取得等をし、修了日の翌日から1年以内に一般被保険者として雇用された場合は、さらに教育訓練経費の20％にあたる追加支給を受けることができます（この場合、給付金額の合計は、最大で教育訓練経費の60％（年額上限48万円、3年間で最大144万円））。

対象となる教育訓練としては、中長期的なキャリア形成に資する専門的・実践的な教育訓練として、厚生労働大臣から以下のようなものが指定されています（詳細は、厚生労働省のホームページ参照）。

① 業務独占資格、名称独占資格の取得を目指す養成施設の課程（訓練期間1～3年）

看護師・介護福祉士・保育士・建築士等、専門的職業に就業するための教育訓練

② 専門学校の職業実践専門課程（訓練期間2年）

工業・医療・商業実践等、専門学校の専門課程のうち、企業等との連携により、最新の実践知識等を身につけられるよう教育課程を編成したものとして文部科学大臣が認定したもの

③ 専門職大学院（訓練期間2～3年）

高度専門職業人の要請を目的とした課程

◎キャリア・コンサルティング

専門実践教育訓練給付金は、受講開始1か月前までに必ず専門の研修を受けた訓練対応キャリア・コンサルタントによる訓練前キャリア・コンサルティングを受け、「ジョブ・カード」の交付を受けたうえで、受給資格の確認申請手続きを行う必要があります。これは、コンサルティングをとおして自身の目的・目標を明確にし、キャリア

アップのために必要かつ有効な教育訓練を選ぶためです。

教育訓練給付金制度は、一度利用すると再度雇用保険の加入期間が支給要件期間を満たすまで利用ができません。特に、専門実践教育訓練給付金は支給要件期間が10年以上と長いので、キャリア・コンサルティングを活用し、自分の目標達成にはどのような訓練がふさわしいのか、よく検討してから決定しましょう。

◎ 教育訓練支援給付金

平成30年までの暫定措置として、専門実践教育訓練給付金を受給できる者が、受講開始時に45歳未満で離職している等一定の条件を満たす場合には、さらに教育訓練支援給付金が支給されます。

教育訓練支援給付金の日額は、原則として基本手当（失業給付）の日額に相当する額の50％で（基本手当の額についてはQ9-27参照）、専門実践教育訓練を受講している間、訓練が終了するまで受給することができます（ただし、基本手当の支給を受けることができる期間は支給されない）。

また、教育訓練支給給付金を受給するには、原則として2か月に1回失業の認定を受ける必要があります。

なお、教育訓練支援給付金は、原則として講座を欠席した日には支給されず、2か月間の出席率が8割未満となった場合、以後は一切支給されなくなります。さらに、講座をやめたときはもちろん、成績不良や休学等の事情で専門実践教育訓練を修了する見込がなくなったときも支給されなくなりますので、注意しましょう。

【平成26年10月からの教育訓練給付制度のポイント】

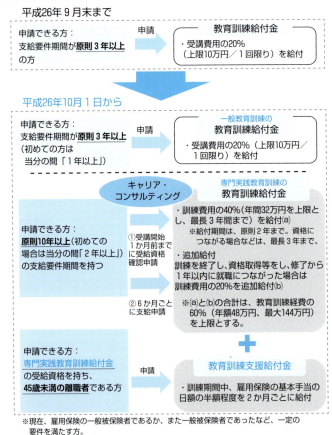

（出所）「政府広報オンライン」より

Q 9-30
出産・育児による休業中に行政から受けられる援助

私は近々出産予定で、出産後は育児休業を取得する予定です。出産等にあたり出費はかさむのに、私の会社では産前産後休業期間中・育児休業期間中は無給なので、生活が不安です。行政から受けられる援助等はないのでしょうか。

A

◎ 育児休業給付金（雇用保険）

育児休業を開始する場合、あなたが一定の要件に該当すれば、雇用保険から「育児休業給付金」が受給できます。

① 支給対象者

育児休業給付金の支給対象者は、以下のとおりです。

- 満1歳未満または1歳2か月（支給対象期間の延長に該当する場合は1歳6か月）未満の子を養育するために育児休業を取得する一般被保険者
- 育児休業開始前2年間に、賃金支払基礎日数が11日以上ある月（過去に基本手当の受給資格の決定を受けたことがある者についてはその決定を受けた後のものに限る）が12か月以上ある者
- 期間を定めて雇用されている者については、休業開始時において同一事業主のもとで1年以上雇用が継続しており、かつ、子が1歳に達する日を超えて引き続き雇用される見込みがある者（2歳までの間に、その労働契約の期間が満了し、かつ、当該労働契約の更新がないことが明らかである者を除く）

なお、支給対象者は男女を問わず、子は実子・養子を問いません。また、育児休業を開始する時点で、育児休業終了後に離職することが予定されている場合は支給対象となりません。

② 支給要件

育児休業給付金を受給するためには、以下の要件をすべて満たしていることが必要です。なお、支給単位期間とは、休業開始日から起算した1か月ごとの期間を言います。

- 支給単位期間の初日から末日まで継続して被保険者資格を有していること
- 育児休業期間中の1か月ごとに、休業開始前の賃金の8割以上の賃金が支払われていないこと
- 就業している日数が各支給単位ごとに10日（10日を超える場合は就業していると認められる時間が80時間）以下であること

③ 支給対象期間

育児休業給付金の支給対象となる期間は、産後休業（出産の翌日から8週間を経過した日）の翌日から子の満1歳の誕生日の前日までです。

ただし、以下の事由に該当し、子が1歳に達する日後の期間に育児休業を取得する場合は、子が1歳6か月に達する日の前日までの期間が育児休業給付金の支給対象となります。

- 育児休業の申出に係る子について、保育所（無認可保育施設は含まない）への入所を希望し、申込みを行っているが、入所が難しい場合
- 育児休業の申出に係る子が1歳に達する日後の期間についても常態としてその子の養育を行う予定であった配偶者が、死亡、負傷・疾病等により子の養育を行うことが困難になった場合
- 婚姻の解消その他の事情により、配偶者が育児休業の申出に係る子と同居しないこととなったとき
- 6週間（多胎妊娠の場合は14週間）以内に出産する予定であるか、または産後8週間を経過しないとき

④ パパママ育休プラス制度を利用する場合

父母ともに育児休業を取得する場合、以下のすべての要件を満たす場合には、子が1歳2か月に達する日の前日までの間に最大1年まで育児休業給付金が支給されます。この場合の「1年」とは、女性の場合は出産日（＝産前休業の末日）と産後休業期間と育児休業給付金を受給できる期間を合わせて1年、男性の場合は、育児休業給付金を受給できる期間が1年となります。

- 育児休業開始日が、子が1歳に達する日の翌日以前である場合

- 育児休業開始日が、配偶者が取得している育児休業期間の初日以後である場合
- 配偶者が、当該子が1歳に達する日以前に育児休業を取得している場合

⑤ 支給額

育児休業期間中の賃金が無給の場合、各支給単位期間における育児休業給付金の支給額は以下のとおりです。

休業開始時賃金日額※ × 支給日数（賃金月額） × 67％（休業開始から6か月経過後は50％）

※ 休業開始時賃金日額とは原則として、育児休業開始前6か月間の賃金を180日で割った額です。

ただし、育児休業期間中に事業主から賃金が支払われた場合の支給額は以下のとおりとなります。

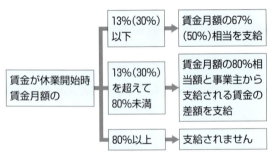

※ 賃金月額には上限があります。
（出所）厚生労働省パンフレット「育児休業や介護休業をする方を経済的に支援します」より

なお、育児休業給付金は非課税です。

⑥ 受給資格の確認と支給申請の手続き

育児休業給付金を受給するためには、事業所の所在地を管轄するハローワークで受給資格確認および支給申請の手続きを行います。手続きの詳細については、事業主またはハローワークにご確認ください。

◎ 社会保険（健康保険・厚生年金保険）に関する優遇措置

社会保険料の支払等についても、出産や育児による休業期間中や休業後に受けられる優遇措置があります。

① 産前産後休業期間中の社会保険料免除

事業主が申請を行うことによって、以下の期間の労働者の給与および賞与に係る社会保険料が、本人負担分・事業主負担分ともに免除されます。

- 産前産後休業期間（産前6週間（多胎妊娠の場合は14週間）から産後8週間）のうち、妊娠または出産を理由として労務に従事しなかった期間
- 育児休業等を開始した日が含まれる月から、終了した日の翌日が含まれる月の前月までの期間

なお、社会保険料の免除を受けても、健康保険の給付は通常どおり受けられます。また、将来受けとる年金額に影響はありません。

② 育児休業等終了後の社会保険料に関する特例

育児による短時間勤務や配置転換等により、労働者の受ける賃金が社会保険料の保険料算出の根拠となる賃金額（＝標準報酬月額）よりも大幅に低下した場合、育児休業終了後に事業主を経由して保険者に標準報酬月額改定の申出を行い、保険料の負担を、実際の賃金額に応じた額に軽減することができます。なお、標準報酬月額は全47級に区分されており、複雑です。詳しくは、全国健康保険協会（協会けんぽ）のホームページ等にてご確認ください。

③ 厚生年金の年金額計算に関する特例

厚生年金保険では、標準報酬月額に応じて徴収される保険料の額によって、将来受ける年金の額が変動します。

しかし、3歳未満の子を養育する者で、養育期間中の各月の標準報酬月額が、養育を始めた月の前月と比べて低下した期間については、事業主を経由して年金事務所に申し出ることで、将来受け取る年金額の計算にあたり、子の養育を始めた月の前月の標準報酬月額を、当該養育期間（子が3歳に達するまでの期間）の標準報酬月額とみなす特例措置が設けられており、育児期間中の標準報酬月額の減少が将来受給する年金額に影響を与えないよう配慮されています。

◎ 住民税の徴収猶予

収入の減少等により、住民税を一時に納税することが困難であるときは、居住している市区町村に申出をすることで、育児休業期間中1年以内の期間に限り、住民税の徴収が猶予される場合があります（ただし、猶予された住民税は、職場復帰後に延滞金とともに納税する）。

Q 9-31
共働き夫婦の健康保険について

夫が転職したいと言い出しました。私も夫と同じ会社で正社員として働いているため、当面の生活には問題はありませんが、退職後、次の仕事が決まるまでの間、夫の健康保険や年金はどうなるのでしょうか。

◎退職後の健康保険加入（在職時に被用者保険に加入の場合）

サラリーマンとして勤務し、被用者保険に加入していた人が退職した場合、退職後の健康保険には、以下の三つの選択肢があります。

① 任意継続被保険者として従前の健康保険に加入する

「任意継続」とは、退職日までに継続した2か月以上の被保険者期間がある場合に、退職後も2年間、従前の健康保険に加入できる制度のことです。任意継続被保険者である期間は、傷病手当金と出産手当金を除き、原則として在職中の被保険者と同様の給付を受けることができます。

保険料は以下の算出方法で計算し、保険料率変更の場合を除いて、保険料の額は原則として2年間変わりません（標準報酬月額については、Q 9-30参照）。任意継続被保険者は在職中に事業主負担であった部分の保険料も負担することになり、保険料の負担は、在職時のおおむね2倍（ただし、上限あり）となります。

退職時の標準報酬月額（上限28万円） × 住所地の都道府県別保険料率

なお、任意継続被保険者は、国民健康保険または家族の被扶養者として被用者保険に加入するという理由では、加入期間の途中でやめることができません。また、退職日の翌日から20日以内に申請することが必要となりますので、注意しましょう。

② 国民健康保険に加入する

退職後、国民健康保険に加入する場合は、退職日の翌日から14日以内にお住まいの市区町村の国民健康保険担当窓口への届出が必要です。

保険料は、前年1月から12月までの所得や固定資産税等に応じて計算され、市区町村により異なります。また、国民健康保険の保険料には減免の制度があります。退職により収入が著しく減少する等して、保険料の納付が困難となった場合には、窓口に相談しましょう。

③ 被扶養者の認定を受け、家族の被用者保険に加入する

配偶者が被用者保険に加入している場合は、退職後その配偶者によって生計を維持されていることが認められ、被扶養者として認定されると、保険料を負担することなく健康保険に加入できます。また、その配偶者が厚生年金保険にも加入している場合は、国民年金の第3号被保険者となりますので、年金保険料の負担も生じません。被扶養者は、傷病手当金・出産手当金を除き、被保険者とほぼ同様の給付を受けることができます。

前述のどの選択をしても、受けられる保険給付に大差はありません。したがって、保険料の負担を考えると、一般的には共働きで夫婦それぞれが被用者保険に加入している場合、その一方の退職後は、被扶養者として配偶者の被用者保険に加入する（前述の③）のが最も有利であると言えます。

◎被扶養者の認定

では、被扶養者の認定を受けるためには、どのような条件があるのでしょうか。

被扶養者として健康保険に加入するためには、保険者により、以下の基準に該当していることの認定を受ける必要があります。

◎被扶養者の範囲

① 被保険者の直系親族、配偶者（事実婚含む）、子、孫、弟妹で、主として被保険者に生計を維持されている者（この場合の「主として生計を維持されている」とは、被保険者の収入により暮らしが成り立っていることをいい、必ずしも被保険者と同居している必要はない）

② 被保険者と同一の世帯で、主として被保険者の収入により生計を維持されている以下の者（この場合の「同一の世帯」とは、同居して家計を

共にしている状態をいう）
- 被保険者の三親等以内の親族（前述①に該当する者を除く）
- 被保険者の配偶者で、戸籍上婚姻の届出はしていないが事実上婚姻関係と同様の事情にある人の父母および子
- 前述の配偶者が亡くなった後における父母および子

なお、前述①②いずれの場合も、後期高齢者医療制度の被保険者等である者は除かれます。

◎生計維持の基準

以上の被扶養者の範囲（下図も参照）に該当し、認定を受けようとする者（＝認定対象者）に収入がある場合、「被保険者により生計を維持されている」と言えるかどうかという点について、以下の基準に基づいて判断されます。

① 認定対象者が被保険者と同一世帯に属している場合

原則として、以下のいずれの要件も満たす場合は、被扶養者となります。

- 年間収入が130万円未満（認定対象者が60歳以上またはおおむね障害厚生年金を受けられる程度の障害者の場合は180万円未満）
- 認定対象者の年間収入が、被保険者の年間収入の2分の1未満

なお、これらに該当しなくても、年間収入が130万円（または180万円）未満の場合、被扶養者と認められる場合がありますので保険者（全国健康保険協会または健康保険組合）に確認しましょう。

② 認定対象者が被保険者と同一世帯に属していない場合

原則として、以下のいずれの要件も満たす場合は、被扶養者となります。

- 年間収入が130万円未満（認定対象者が60歳以上またはおおむね障害厚生年金を受けられる程度の障害者の場合は180万円未満）
- 認定対象者の年間収入が、被保険者からの援助による収入額よりも少ない

◎雇用保険の基本手当を受給する場合

被扶養者の認定において、認定対象者の「年間収入」は、「認定申請後の1年間にどのくらいの収入が見込めるか」で判断することになり、雇用保険の基本手当も含めて計算します。したがって、基本手当の日額相当分が3,612円以上（認定対象者が60歳以上の場合は5,000円以上）の場合は、原則として被扶養者にはなれませんので、注意が必要です。自己都合退職の場合、雇用保険の給付制限期間として失業給付が受給できない3か月間は、被扶養者として配偶者の保険に加入し、失業給付の受給が開始した後は、国民健康保険に切り替えるとよいでしょう。

なお、被扶養者認定における基本手当の取扱いは保険者によって異なりますので、基本手当の受給を考えている場合は、配偶者の加入する被用者保険の保険者に確認しましょう。

【被扶養者の範囲図（三親等の親族図）】

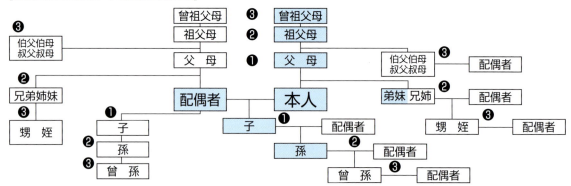

（注1）数字は親等数　（注2）□ 以外のものは同一世帯に属することが条件
（出所）全国健康保険協会ホームページより

第10章 債務整理に関する法律知識

1 借金のトラブル

Q 10-1
貸金業者からの借金を検討している（貸金業法の改正）

生活費が足りなくなり、貸金業者からお金を借りなければならなくなったのですが、数年前に「貸金業法」が改正になったと聞きました。借入にあたり、そのことを踏まえておきたいと思いますので、簡単に内容を教えてください。

◎貸金業規制法の制定

貸金業者が一般の個人に無担保で融資をする消費者金融は、昭和30年代半ば頃から普及し始めましたが、昭和50年代半ば頃には、こうした貸金業者による強引な貸付けや過酷な取り立て、またそれによる一家心中の多発等が社会問題化しました。当時はサラリーマンを対象とした貸金業者が多いことから「サラ金」という呼称が一般的で、「サラ金問題」と言われるものです。

そこで、こうした問題に対処し貸金業者を規制するため、昭和58年に「貸金業規制法」が制定されました。正式名称は「貸金業の規制等に関する法律」といい、俗に「サラ金規制法」等とも呼ばれていました。

◎平成18年の貸金業法改正

貸金業規制法はその後も何回か改正を経てきましたが、いわゆるバブル崩壊を経て、近時は返しきれないほどの借金を抱えてしまう多重債務者の増加が深刻な社会問題となってきました（「多重債務問題」）。

こうした多重債務問題を背景として、平成18年（ただし、完全施行は平成22年6月18日から）には貸金業規制法の抜本的な改正が行われました。この改正に伴い、「貸金業規制法」の名称も「貸金業法」に改められています。

この改正のポイントとしては、

① 総量規制
② 上限金利の引下げ
③ 貸金業者に対する規制の強化

が挙げられます。

特に重要な改正は、①②です。

①は、「借入が年収の3分の1を超える場合、新規の借入ができなくなる。」という規制で、これにより、収入に見合わない「借りすぎ」を防止できることになります。

②は、従来、利息制限法上の上限金利が貸付額に応じ、元本10万円未満が年20％、10万円以上100万円未満が18％、100万円以上が15％と決まっている一方、刑事罰の対象となる出資法上の上限金利が年29.2％とされ、利息制限法上の上限金利は超えるが刑事罰の対象とならない金利の範囲（いわゆるグレーゾーン）が生じていました。

利息制限法所定の利率を超えて設定すると、超過部分の利息は本来無効になるはずなのですが、このグレーゾーンの範囲であれば、一定の要件を満たした場合、利息制限法の上限金利の超過部分も有効に返済を受けることができたので、貸金業者の多くはこのグレーゾーンの範囲で、なるべく出資法の上限金利ぎりぎりの金利をつけて貸しつける例が多く、問題が生じていました（詳しくはQ10-14参照）。

平成18年の改正では出資法の上限金利が年20％に引き下げられ、利息制限法との差異がある部分も無効、かつ行政処分の対象となりました。したがって、実質的に利息制限法の上限金利に一本化されました。

なお、お金を借りるというのは、親戚や友人からの借金をする等のケースもありますが、前述の貸金業法は個人が貸金業者から金銭を借りるケースに適用されるものです。

親戚や友人等からの借金には適用されませんので注意してください。

Q 10-2
ヤミ金等にひっかかってしまったら

携帯電話に「お金を貸す」と貸金業者から突然連絡が入りました。ちょうどお金に困っていたのと、金融業者からお金が借りれなくなっていたので、10万円を借りたところ、10日しか経っていないのに、何度も「元金に利息1万円をつけて返せ、返さなければお前の勤め先に乗り込むぞ」等と電話で脅してきます。このような請求にも応じなければならないのでしょうか。

◎ヤミ金業者とは

あなたにお金を貸した貸金業者は、10日で元金の1割の利息(年利365%)を請求しています(10日で1割なので、俗に「トイチ」と呼ばれる)。出資法の上限金利(平成18年の改正前は年利29.2%、改正後は年利20%、Q10-1参照)をはるかに超える違法な貸付を行う、いわゆる「ヤミ金」です。

破産をして免責を受ける等してブラックリストに載ると(Q10-7、Q10-8参照)、まともな貸金業者はお金を貸してくれなくなりますので、ヤミ金業者はこうした人を狙って携帯電話等で巧みに勧誘してきます。

ヤミ金は非合法の貸金業者ですから、多額の利息を加えて借金の返済を執拗に迫り、要求にこたえないと、「会社に押しかける」「家族に危害を加える」等の脅迫的な取立てや、ときには本当に自宅に押しかけて強引に取立てをする等の暴力的な行為を常套手段としています。

ヤミ金業者から借金をしてしまった人の中にはヤミ金からの取立てに悩み、蒸発してしまった人や自殺してしまった人もいます。

◎ヤミ金業者への対応

貸金業を行う者が年利109.5%を超える高金利の契約をした場合、その契約自体が無効となり、利息の支払いはもちろん、元金の返還も不要となります(貸金業法42)。このような場合は、一切お金を返す必要がありません。

また、ヤミ金業者の貸付自体が出資法違反として刑事罰の対象になることはもちろん、先に述べたような脅迫的、暴力的な取立て行為も恐喝罪(刑法249)等の刑法上の犯罪にあたることがありますから、刑事告訴、告発も視野に入れるべきです。

要するに、ヤミ金業者に対しては決して脅しに屈することなく、毅然とした態度をとることが必要であり、それが悪質業者をのさばらせないために最もよい方法です。

しかし、そうはいっても一般に、1人でヤミ金業者に立ち向かうことは困難ですから、必ず専門家である弁護士に相談し、対応してもらうようにしてください。

Q 10-3
借金と親族の責任

息子（21歳）がギャンブル好きで、消費者金融に借金をつくってしまいました。母親である私は借金の責任を負わなければなりませんか。私の夫が作った借金についてはどうですか。

また、私の父が莫大な借金を残したまま死亡しました。母は亡くなっており、子は私1人です。私は父の借金を返済しなければならないのですか。

◎家族の借金に対する責任

あなたのお子さんが借金をしたが返済できないという場合、親であるあなたが代わりに責任を負わなければならないのでしょうか。

結論としては、あなたが保証人（Q10-4参照）になっていない限り一切責任はありません。

「子ども（親）が作った借金は親（子ども）が責任を負わなければならない」という考えを持ちがちですが、お子さんは21歳と成人であり、法律上は、まったく別個の人間と取り扱われます。親であっても、お子さんの作った借金にはまったく責任がないのです。

また、お子さんではなく、あなたの夫の借金だとしても結論は基本的に同様です。しかし、ギャンブルによる借金等ではなく、夫婦の日常生活に必要な範囲で負った借金（法律用語では「日常家事債務」と呼び、典型的には生活費）については、妻であるあなたも責任を負わなければなりません（民法761）。

◎親が亡くなった場合の借金

あなたの場合、お母様はすでに亡くなっており、子どもはあなた1人なので、お父様の遺産を相続する相続人はあなただけということになります（民法900）。

一般に、「遺産」と言うと、その言葉のイメージから不動産や預貯金等プラスの財産を想像しがちですが、借金のようなマイナスのものについてもすべて含めて「遺産」になり、相続することになります。

ですから、あなたの場合、借金も「遺産」として相続し、お父様が背負っていた借金をまるまる1人で引き継がなければならなくなります。子ども（親）の作った借金でも親（子ども）が責任を負うことはないと前述しましたが、相続はその例外となります。

しかし、「本来自分が作ったものではないのに、莫大な借金を負わされるのではたまらない」という考えもあるでしょう。何とか借金を免れる方法はないのでしょうか。

一つは相続放棄をする、という方法があります（民法915）。ただし、相続放棄をすれば借金を背負わない代わりに、お父様が不動産や預金等のプラスの財産を持っていても、それを引き継ぐことについてはあきらめなければなりません。

もう一つは限定承認するという方法があります。プラスの財産の限度で債務を弁済するという留保をして相続する、という方法です（民法922）。

この方法をとれば、仮にお父様の借金の額が不動産や預金等のプラスの財産より多くても、借金はプラスの財産の範囲で負えばよいので、借金は引き継ぐものの、少なくとも損はしないで済みます。

ただし、相続放棄も限定承認も、自分のために相続があったことを知ってから3か月以内に家庭裁判所に申し立てなければなりません（民法915、924）。

また、お尋ねの場合、相続人はあなた1人ですが、複数の相続人がいる場合、限定承認をするには1人だけではできず、相続人全員がしなければならないことに注意する必要があります（民法923）。

なお相続放棄・限定承認について、詳しくはQ4-15を参照してください。

Q 10-4 だまされて連帯保証人になっても返済義務はあるのか

会社の同僚から、「父親の手術のため急に100万円が必要になった。3か月したら親戚からお金を調達できるが、その間、一時的にお金を借りたい。金融機関は連帯保証人をつけないと貸してくれないので、絶対迷惑をかけないから名前だけ貸してくれないか」と頼まれ、連帯保証人になりました。その後しばらくして、貸金業者から請求がはじまり、今もしつこく請求されて困っています。後から聞いた話では、父親の手術や親戚から調達できるという話は全部嘘で、同僚は借金をすべてギャンブルにつぎ込んでいたそうです。保証人の責任を免れることはできるでしょうか。

◎連帯保証人の責任

保証人は、主債務者（本来の債務者で、保証してもらった人）が履行しない場合、その履行する責任を負うとされています（民法466①）。借金の例で言えば、お金を借りた人が返済しない場合に、利息や損害金も含めて、保証人が代わって貸主に返済しなければなりません。もっとも、債権者から請求が来ても、保証人は「主債務者に請求してください」（「催告の抗弁権」という。民法452）、あるいは「主債務者は弁済できるだけの資力があるし、強制執行も容易なので、まずそちらに執行してください」（「検索の抗弁権」という。民法453）と主張することができます。

ところが、連帯保証人はこの「催告の抗弁権」「検索の抗弁権」を持たないので（民法454）、債権者がいきなり連帯保証人に請求してきたり、主債務者に資力があるのに連帯保証人に請求してきても、異議を述べることはできません。

ですから、あなたの場合、原則として貸金業者に対し、同僚のした借金を返済する義務があると言わざるをえません。

◎だまされて連帯保証人になった場合

あなたの場合、連帯保証人になったのは同僚にだまされたためで、もし、同僚が借金をギャンブルにつぎ込むことや、連帯保証人が一時的、名目的なものでないということを知っていたら、連帯保証人にならなかったはずです。このように、だまされて連帯保証人になった場合でも、金融機関に対し、責任を負わなければならないのでしょうか。

結論から言うと、「だまされたのだから、責任を負わない」という主張は極めて困難です。

だまされて連帯保証人になった場合、責任を免れるためには、「本当のことを知っていたら連帯保証人にならなかった」、つまり連帯保証人になった動機に思い違いがあった（「錯誤」という）ので保証は無効である（民法95）と主張するか、「同僚にだまされて、するはずのない連帯保証をしてしまった」（「詐欺」という）ので保証を取り消す（民法96）と主張する方法が考えられます。

しかし、錯誤による無効については、保証をするときに貸主（この場合、金融機関）に対し、あなたが連帯保証人になった「動機」を表示していなければ認められません。詐欺による取消しについては、貸主があなたをだましたわけではありませんので、貸主にあなたが同僚にだまされていることを知りながら保証を取ったという事情がなければなりません（民法96②）。しかし、そもそもそのようなことはないのが一般的でしょうし、仮にあったとしても、それを実際に証明することは極めて困難だと思われます。

◎連帯保証人になるときは細心の注意を

以上のように、連帯保証人の責任は大変重く、だまされて連帯保証人になったとしても、その責任を免れることは極めて困難です（ただし、民法改正法案では保証の限度額を定めなければならないとされている）。

したがって、連帯保証人になるかどうかについては、その責任の重さをよく考え、細心の注意を払って検討するようにしてください。

Q 10-5
裁判所から支払督促の通知が来たら

私はアルバイトで生活しています。数年前から貸金業者からお金を借りるようになり、何とか返済してきましたが、最近体調を崩し、アルバイトを休んだため3か月ほど返済を怠ってしまいました。すると突然、裁判所から「支払督促」という書類が届き、貸金業者に借金の残額50万円を一括で支払えと書いてありました。借金はこんなに残っていないはずなので不安になり友人に相談したところ、「無視すればよい」と言われましたが、本当に無視して大丈夫でしょうか。

◎支払督促とは

支払督促は民事裁判手続の一つで(民訴法382)、債権者（申立人）の申立内容だけを審査して、裁判所書記官が債務者に対して金銭の支払いを督促する手続きです。債権者にとっては、書類審査のみで訴訟のような面倒な手続きがなく、手数料も訴訟の半額で済むうえ、「仮執行宣言」が付されることにより、判決をもらったのと同様に強制執行手続もとれるので、簡易迅速な貸金回収の手段として、金融機関等がよく用いています。

◎支払督促を受けた場合

あなたは今回、支払督促を受けたとのことですが、どう対処したらよいのでしょうか。

まず、「請求の趣旨」の欄と「請求の原因」の欄を確認します。「請求の趣旨」の欄には申立人の請求金額（申立ての手数料を含む）が、「請求の原因」の欄には、請求の根拠等の申立人の言い分が書かれています。この「請求の趣旨」と「請求の原因」に書かれていることが本当に正しいのか検討し、例えばあなたのように、「借金はしたが未払い金額はこんなに残ってないはずだ」等のおかしいところがあれば異議を申し立てます（督促異議申立書を提出する方法による）。仮に、金額や根拠等は正しいが分割払いにしてもらいたい等という場合であっても、放っておけば全額を一括で支払わなければなりませんので、やはり異議を申し立てておくべきです。

異議を申し立てると、請求額に応じて地方裁判所か簡易裁判所の通常の民事訴訟に移行することになります（民訴法395）。金額や根拠に不服があればこれを具体的に争うことができるのはもちろん、金額に不服はないが一括払いは無理、という場合であっても、通常の民事訴訟に移行すれば債権者との和解により、分割払いが認められる可能性はあります。異議申立は支払督促が送達されてから2週間以内でないとできませんので、2週間が経過しないよう注意しておく必要があります。

支払督促の送達後2週間以内に異議申立がない場合、支払督促には「仮執行宣言」が付されます（民訴法391）。申立人がこの「仮執行宣言」を得ると、相手方の財産に強制執行をかけること、例えばあなたの給料の一部の金額を差し押さえることも可能となります。これに不服がある場合、送達の日から2週間以内に異議を申し立てれば、「仮執行宣言」が付される前と同様、通常の裁判手続に移行します。「仮執行宣言」が付された場合、執行停止の手続きをとらなければ強制執行を停止させることはできません（民訴法393）。

いずれにしても、あなたの友人のアドバイスのように支払督促を無視していると、申立人の言い値を一括で支払わなければならず、さらに「仮執行宣言」が付されると、給料の差押等、強制執行を受けるおそれがあります。

◎架空請求に注意

なお、支払督促手続は前述のように申立人の書類を審査するだけで出され、中身が正しいかどうかはチェックされないので、最近これを悪用して、架空請求をしてくる例が見られます。架空請求でも身に覚えがないからといって異議を述べないでいると、その身に覚えのない金額の支払いを強制される羽目になってしまいます。このような被害に遭わないためにも、支払督促が来たら「請求の趣旨」「請求の原因」をよく確認し、おかしいと思ったらただちに裁判所に対し異議申立をすべきです。

2 債務整理の方法

Q 10-6
債務整理の方法にはどのようなものがあるか

　会社でリストラにあい、生活費が足りなくなってあちこちの貸金業者から借金をしました。最初はなんとか返していましたが、そのうち返済が追いつかなくなって300万円ほどになってしまい、とても自力で返せそうにありません。最近は貸金業者からの督促も激しくなり、精神的にも疲れてしまいました。どうしたら借金を免れることができるでしょうか。

◎債務整理とは

　あなたは、あちこちの貸金業者から借金をし、ついには借金が膨らんで、貸金業者との当初の約束どおりのやり方では返済しきれないという、いわゆる「多重債務者」となっています。

　このような状態に陥った多重債務者の債務（借金）を法的手続または債権者との交渉によって整理する方法が「債務整理」と呼ばれるものです。

◎債務整理の基本的な流れ

　債務整理は本人でもできますが、手続きが複雑で専門的知識が必要になること、弁護士や司法書士が受任すると債権者が取立てを控える等の大きなメリットがあることから、できるだけ専門家である弁護士や司法書士に相談し、委任して行ってもらうようにしてください。なお、金額が140万円を超えている場合、司法書士は相談に応じたり、裁判外の和解について代理することはできません。

　以下では、弁護士や司法書士が受任した場合の債務整理の基本的な流れを説明します。

① 受任通知、開示請求

　弁護士や司法書士が債務者から事件を受任し、着手すると、まず各貸金業者に事件を受任した旨の通知（「受任通知」。貸金業者から見ると「介入通知」となる）を発送します。

　受任通知が届くと、貸金業者は債務者に対して行っていた取立て行為を差し控えるようになります。あなたは最近貸金業者からの取立てで精神的に疲れているということですが、こうして取立てがやむことで人心地つけるでしょう。そのことだけでも弁護士や司法書士に委任する意味があります。

　また、受任通知は貸金業者に対する「開示請求」もあわせてなされるのが一般的で、貸金業者は債務者とのこれまでの取引経過（いつ、いくらを貸したか、また返済があったか、残高はいくらか等の取引の一覧）を開示しなければなりません。

② 引直し計算

　貸金業者から取引経過が開示されると、この取引経過について、利息制限法所定の利率に基づき、法定利率では過去および現在の残高がいくらであるかを計算し直します（これを「引直し計算」という）。

　貸金業法が改正される以前は、貸金業者は利息制限法の利率を超え、出資法で認められている限度（年利29.2%）までの高い利率で貸しつけることが多かったので（Q10-1参照）、この引直し計算により負債額が相当に減額され、あるいは「過払金」が生じることもあります（Q10-14参照）。引直し計算後、この債務残高を基準にして負債総額を算出します。

③ 手続手段の選択

　こうして負債総額が算出されると、この負債についてどのように整理していくかという手段の選択をし、実行に移すことになります。

　債務整理にはいくつかの方法がありますが、大きく分けて任意整理と法的整理の二つがあります。任意整理は裁判所の力を借りずに行う方法であり、法的整理は裁判所に申し立て、その手続きに則って行っていくもので、破産（自己破産）、民事再生（個人再生）といった方法があります。また、その他に、特定調停という制度もあります。

　これらのうちどの方法を選択するかについては、最終的には債務者であるあなたの意向によることになりますが、各手段の特徴を踏まえ、負債の額の多少、あなたの資力、資産の状況、今後の収

入の見通し、その他を総合的に考慮し、客観的にその手続きを選択できるような状態にあるかどうかを具体的に検討したうえで判断すべきです。

◎任意整理とは

「任意整理」とは、債務者本人または弁護士等の代理人が裁判所を通さずに各債権者と個別に交渉し、合意（和解）に至った場合、その内容に基づき債務を整理していく方法です。

債務者からは、借金の金額を減額してもらったり、支払可能なように分割条件を変更してもらう等を求めて交渉し、債権者と支払額や支払条件で合意すれば、その後はこれに基づいて返済していくことになりますが、債権者が了解しなければ、合意は成立しません。

◎「破産」（自己破産）とは

「破産」とは、債務者が返済できなくなった場合（支払不能）、裁判所に対する申立てにより、債務者の財産（預金や不動産等）をお金に換えて、債権者に公平分配（配当）する制度です。

破産手続は債権者からも申し立てることができますが、通常債務整理においては債務者自ら（または代理人である弁護士等）が申し立てるため、「自己破産」と呼ばれます。

破産手続が終了し、残りの債権について裁判所から「免責」を認めてもらうことで、債務者（破産者）は支払いから免れることができるようになります。

◎民事再生（個人再生）とは

「民事再生」とは、企業も利用できる制度ですが、この再生手続のうち、個人の債務を整理するのに使われる手続きが「個人再生」と呼ばれます（正確には、将来において継続的にまたは反復して収入を得る見込みがあり、かつ住宅ローンを除いた負債総額が5,000万円以下の場合に限り使うことができ、これを超える場合は「通常再生」。個人が通常再生を利用することも可能）。

これは、破産と異なり財産の清算は行わず、法定の範囲内で負債額をカットし、この金額を原則として3年間の分割払いで返済するよう再生計画を立て、裁判所の認可があれば計画に従って弁済をしていくという方法です。大きく二つに分かれており、「小規模個人再生」と、小規模個人再生の対象者のうち、給与所得者等の将来に得られるべき収入がほぼ確実に把握できる人が利用可能な「給与所得者等再生」があります。前者は再生計画について債権者の過半数が反対した場合は手続きを進められませんが、後者では債権者の反対と関係なく進めることができます。ただし、後者では法律で決められている総返済額が高くなっています。

◎特定調停とは

「特定調停」とは、簡易裁判所で行われる「民事調停」の一種で、任意整理と同様に債権者との交渉により借金の減額や支払条件の変更をしてもらいますが、この交渉を裁判所で、裁判所の調停委員を介して行う方法です。いわば、「裁判所を利用した任意整理」です。

◎債務整理以外の法的手段

債務整理はほとんどの場合、前述のいずれかの手段がとられますが、債務を免れる方法として次のようなものもあります。

① 相続放棄、限定承認

相続で多額の借金を承継してしまったという場合については、相続放棄や限定承認といった方法により債務を免れるまたは限定するといったことが考えられます（Q10-3参照）。

② 消滅時効

貸金業者が最後の取引（貸付、返済受領等）から長期間経っているのに何らの請求をしてこないという場合、その貸金業者に対しては、消滅時効を主張して債務を免れることができる可能性があります。貸金業者からの借入債務は5年間の期間経過で時効消滅します（商法522）。

ただし、支払督促がありこれに仮執行宣言が付された場合（Q10-5参照）や、借金に対して返還請求の訴訟を起こされ、判決で認められた金額等については、さらに10年間の期間を置かなければ時効消滅しませんので、注意してください（民法174の2）。

Q 10-7
任意整理のメリット・デメリット

私はブランド物が好きで、クレジットカードを使って次々とブランド品を買っていたところ、カードの支払いが増えすぎてどうにもならなくなってしまいました。できれば裁判所に申立てをしたりせずに返済したいと思います。よい方法はないでしょうか。

A

◎任意整理のメリット

任意整理は、裁判所に手続きの申立てをすることなく、各債権者との交渉によって債務整理を行う方法です（Q10-6参照）。

任意整理には、次のようなメリットがあります。

① 手続きに時間がかからず、安価で済む

任意整理は裁判所を通さない方法ですので、比較的短期間で手続きを終了させることができる可能性があります（和解後の支払いについては除く）。また、破産については一定の印紙代、郵便切手代および予納金を納めることになりますが、任意整理ではそのような費用の支払いは必要なく、比較的安価で手続きを進めることができます（ただし、弁護士や司法書士に委任する場合、その報酬は別にかかる）。

② 比較的他人に知られにくい

破産手続や民事再生手続の場合、官報に氏名が公告されます。これに対して任意整理では刊行物に名前が載ることはありませんから、「債務整理をしていることをあまり他人に知られたくない」という場合に有用な手続きと言えます。ただし、官報に名前が載るといっても、貸金業者や倒産物件の売買をする貸金業者以外に官報を細かくチェックする人はまずいないので、実際は破産や個人再生を申し立てたことが世間に知られてしまうことはほとんどありません。逆に任意整理であっても、絶対他人に知られないとも言い切れません。要は程度問題ということです。

③ 法的手続に伴う不利益を受けない

破産手続や民事再生手続では、限られた範囲ではあるものの、資格制限等一定の不利益があります（Q10-8参照）。しかし、任意整理ではそのようなことはありません。

◎任意整理のデメリット

これに対して任意整理の場合、相手方のあることなので、交渉によっては期待したほど債務が減額されず、合意が成立しなかったり、成立しても結局支払いを続けることができずに法的整理となり、結果的にかえって時間がかかるという可能性があります。

ブラックリストに載ってしまう（金融機関が取引相手を調査するために使う信用情報機関の情報に、「事故情報」が載る）、というデメリットが指摘されることもありますが、ブラックリストに載ることは他の手続きでも避けられません。なお、ブラックリストに載るといっても何も物騒なものではなく、5～7年程度の期間金融機関から融資が受けられず、クレジットカードが使用できなくなるに過ぎません。

◎任意整理ができる場合、できない場合

任意整理はこのように比較的簡便でメリットの大きな債務整理の方法ですが、どんなときでも選択できるわけではありません。基本的には3年間程度で分割して債務を返済していく方法ですので、それができる程度の収入の見込み、資力があることが必要です。一般的には無理なく返済を継続できる目安として、「住居費を引いた手取り収入の3割ないし3分の1」を上限とした弁済原資が必要と言われます。例えば、手取り月額40万円のサラリーマンが家賃月額10万円のマンションに住んでいた場合、30万円の3分の1程度、すなわち10万円程度が月々返済にあてる上限額ということになります。これを3年間36回払いで返済できる程度、すなわち負債総額360万円程度であれば任意整理の方法をとることが可能ということになります。このように、任意整理ができるかどうかは、収入と支出のバランスを考慮して、慎重に考えていく必要があります。

Q 10-8
自己破産のメリット・デメリット

借金が返せそうにないので、自己破産を申し立てようと思います。しかし、破産をすると、戸籍に破産した旨を記載されたり、選挙権がなくなったりすると聞きました。本当でしょうか。

A

◎破産手続と免責（破産のメリット）

　自己破産を選択した場合、自己の住所地を管轄する地方裁判所（破産法5）に申し立てます。裁判所は債務者が支払不能であることを認定した上、破産手続を開始するという決定をします（破産法15）。破産手続は、①財産に見るべきものがなく配当できないとみられる場合、開始決定と同時に破産手続を終了する「同時廃止」の場合と、②一定の財産があるため破産管財人が選任され、債務者の財産を管理し、換金、配当の手続きをしていく「管財事件」があります。

　しかし、破産手続を経てもなお借金等を返済する責任が残りますので、これを免れるにはさらに裁判所から免責許可を得る必要があります。ただし、近年の破産法の改正により、裁判所に破産を申し立てたときは、原則として同時に免責許可を申し立てたものとみなされることになりましたので（破産法248④）、実際上免責手続は破産手続と一本化されていると考えてよいでしょう。

　同時廃止事案の場合、裁判所により多少運用は異なりますが、申立てから1～2か月後に免責審尋（個別的に書面または口頭で陳述する機会が与えられること）の期日が設けられ、管財事件は、債権者集会期日において、あわせて審尋が行われます。いずれも免責不許可事由（Q10-10参照）がない限り免責は許可されます。免責許可を得れば、借金苦の状態から脱し、生活をリセットできることになります。これが破産手続の最大のメリットと言えます。

◎自己破産のデメリット

　一方、自己破産を申し立てると、次のような不利益があります。
① 財産の管理権を失い、処分、換価される
② 居住地を離れたり、遠方へ旅行等をするには裁判所の許可が必要（居住制限）
③ 郵便物が破産管財人に転送される
④ 弁護士、公認会計士、生命保険募集員等人の財産に係る資格等の制限がある（資格制限）
⑤ 破産手続開始決定があると、氏名等が官報に掲載される
⑥ ブラックリスト（Q10-7参照）に掲載される

◎自己破産後の影響

　しかし、①は全財産が処分されてしまうわけではありませんし（Q10-12参照）、②は破産手続終了まで、③は第一回債権者集会までです。④も免責が確定すると資格が回復されますし（復権）、そもそもこれら以外の大部分の職業については制限がありません。⑤は1回限りのことで、実際上知人に知られることも、まずありません（Q10-7参照）。⑥は自己破産固有の不利益ではないし、免責を得る以上ある程度仕方ないことと言えます。したがって、自己破産による不利益は一般に考えられているほどに大きなものではありません。

　破産をすると選挙権を失う、戸籍に登載されてしまう、あるいは子どもの進学、就職、結婚に影響する等と言われることもありますが、そのようなことは一切ありません。いずれも根も葉もない噂に過ぎないものです。なお、破産手続を申し立てると破産者名簿に氏名等を記載されますが、これは戸籍とはまったく別のもので、免責確定までの掲載にすぎず、第三者が見ることもできません。

◎破産手続の利用は「恥」ではない

　こうした噂が世間に広まっていることや、「破産」という言葉自体のイメージもあって、破産することを「恥」と考え、手続きを進めることに強い抵抗を持つ人もいます。しかし、昨今の経済状況では、誰もがいつ経済的に破綻してもおかしくないのです。そのような「世間体」にとらわれることなく、これまでの生活態度を反省し、再起をするための手段として、破産手続を利用することも視野に入れて検討してください。

Q 10-9
免責が得られない債権（非免責債権）

破産手続開始・免責申立をすることになりましたが、次の債権も免責され、支払いを免れることができますか。
1　滞納し、未納となっている市民税
2　クレジットカードを利用して飲食を行ったが、カード会社に購入代金を支払わなかったため生じたカード会社から請求されている損害賠償
3　数年前に他人を殴ってけがをさせてしまったことから請求されている損害賠償
4　離婚後に支払っている養育費
5　スピード違反をした場合の交通反則金

◎非免責債権とは

免責許可決定により、破産者は破産手続による配当を除いて、原則として破産債権者に対する債務の全部を免れることができます（破産法253①柱書本文、Q10-8参照）。しかし、破産法はすべての破産債権について免責を認めておらず、政策的な理由から例外として、一定の債権について免責が及ばない旨を規定しています（破産法253①柱書但書）。これらの債権を「非免責債権」と言います。あなたが、以下のような非免責債権に係る債務を負担している場合、破産手続開始・免責許可決定の申立てをするにあたり、これらが免責の対象とならないことに留意しておく必要があります。

◎租税等の請求権（相談1）

まず、市民税の滞納があった場合等に生じた租税等の請求権については、公的な収入を確保するという政策的観点から、非免責債権とされています（破産法253①Ⅰ）。つまり支払いは免れません。

◎悪意で加えた不法行為に基づく損害賠償請求権（相談2）

破産者が悪意（ここでは「積極的な害意」という意味）をもって他人の権利を害したことによる損害賠償義務は、加害者に最後まで責任を持たせ、被害者を保護するべきという観点から非免責債権とされています（破産法253①Ⅱ）。例えば、クレジットカードの利用も、支払いが厳しい中での利用だからといってただちに不法行為に該当するわけではありませんが、その程度が極端であり、かつ、支払い不能によって債権者に損害を与えることを認識していたというような場合に「悪意による不法行為」に該当し（東京地判平8.9.30）、カード会社の損害賠償請求権が免責されないことがあります。つまり、支払えないことがわかっていたと判断されると免れません。

◎故意または重大な過失により加えた人の生命または身体を害する不法行為に基づく損害賠償請求権（相談3）

前述の悪意で加えた不法行為に基づく損害賠償請求権に該当しないものでも、他人を殴ったり（故意）、暴走運転で人をはねたりする（重過失）等の生命身体を害する不法行為に基づく損害賠償請求権については、被害者に対する救済の面からも加害者に対する制裁の面からも免責させることが好ましくないことから、非免責債権にあたるとされています（破産法253①Ⅲ）。支払いは免れません。

◎親族関係に基づく一連の請求権（相談4）

夫婦間の協力および扶助の義務（民法752）、婚姻費用分担義務（民法760）、養育費の支払義務のような子の監護に関する義務（民法766等）、扶養義務（民法877～880）およびこれに類する義務に係る請求権は、それ自体は財産上の請求権ですが、人の生存を確保しまたは幸福を追求するうえで不可欠な性質を持つ債権であることから、非免責債権とされています（破産法253①Ⅳイ～ホ）。

◎罰金等の請求権（相談5）

刑事罰としての罰金や、交通反則金等は、本人に直接苦痛を与えることを目的とするという性質上、免責されません（破産法253①Ⅶ）。支払いは免れません。

◎その他の非免責債権

以上の他、雇用関係に基づいて生じた使用人の請求権および使用人の預り金返還請求権、破産者が知りながら債権者名簿に記載しなかった請求権も非免責債権とされています（破産法253①Ⅴ、Ⅵ）。これらについても支払う必要があります。

Q 10-10
免責許可が得られない場合（免責不許可事由）

私は数年前から生活費が足りなくなり借金を重ねましたが、今度はその借金の返済が思うようにできず、仕方なしに年老いた母に頼み込んで無利子で50万円を借り、貸金業者への返済にあてました。それでも結局借金を返しきれなかったので、自己破産をしようと思います。ただ、無理を聞いてくれた母だけには迷惑をかけたくないと思い、母から借りたお金を優先し、全額を返しました。問題はないでしょうか。

A

◎免責不許可の可能性

自己破産を選択した場合の最大のメリットは、免責許可を得て返済の責任から免れることができることにありますが（Q10-8参照。ただし、非免責債権（Q10-9）を除く）、裁判所は免責許可申立があっても必ずしも許可するとは限りません。

◎免責不許可事由とは

破産法は裁判所が免責を許可しない場合について11項目を列挙しています（免責不許可事由。破産法252①）。ここに掲げられている事由は、債権者を害したり、特定の債権者のみを優遇する等、破産者が不誠実であると言えるものです。

具体的には、例えば債権者に十分弁済できなくなることを知りながら、取り上げられるのがいやで預金通帳等の財産を隠匿する（破産法252①Ⅰ）、クレジットカードで物品を購入して安い値段で転売する（破産法252①Ⅱ）、多数の債権者がいるのに、特定の債権者のためだけに弁済（偏頗弁済）する（破産法252①Ⅲ）、分不相応な豪遊、飲食や競馬、パチンコ等のギャンブルにのめりこんで借金をする（破産法252①Ⅳ）、返済の目処がないことを知りながら相手を騙して借金をする（破産法252①Ⅴ）、あるいは商業帳簿を隠したり偽造したりする（破産法252①Ⅵ）、裁判所に嘘の債権者名簿を提出する（破産法252①Ⅶ）場合等です。

また、破産手続において、破産者はその手続きに誠実に協力しなければなりませんが、裁判所の調査を拒否し、あるいは嘘の説明をしたり（破産法252①Ⅷ）不正な手段で破産管財人等の職務を妨害したりする他（破産法252①Ⅸ）、破産法上の説明義務他の義務に違反した場合（破産法252①Ⅺ）等、手続きに非協力的な場合も挙げられています。

その他に、前回の免責許可決定（個人再生に係る一定の認可決定も含む）から7年を経過していない場合（Q10-11参照）というのもあります（破産法252①Ⅹ）。

親族が無利子でお金を貸してくれるような場合、「これは貸金業者からの借金とは別で、自己破産とは関係ない」というイメージを持ち、つい優先して返済してしまいがちです。しかし、こうした借入も借金に変わりなく、これら親族だけの利益を図って優先的に弁済する行為は、破産法252条1項3号の免責不許可事由（偏頗弁済）に該当する可能性があります。

◎免責不許可事由があっても免責される場合

では、あなたは破産手続開始の申立てをしても、結局免責が認められず、借金を支払い続けなければならないのでしょうか。裁判所は、形式的に免責不許可事由があっても、破産手続開始決定に至った経緯その他一切の事情を考慮して、免責を認める場合があります（裁量免責。破産法252②）。

具体的には、免責不許可事由がある人から破産手続の申立てがあった場合、管財事件となり（この場合は破産者が価値ある財産を有している場合に限らない）、破産管財人がついて、免責不許可事由の程度の他、それまでの経緯や破産者の今後の生活設計等を検討したうえで、裁判所に「裁量免責相当」（免責不許可事由はあるが、免責させることが妥当）という意見を申し述べます。裁判所はこれを考慮して、免責決定を出すことになります（なお、例外的に同時廃止手続（Q10-8参照）で免責となる場合もある）。あなたの場合も事情により免責許可となる可能性がありますので、弁護士とよく相談したうえで、破産手続開始申立てをしてみることをおすすめします。

Q 10-11
再度の自己破産は可能なのか

私は借金を返せなくなり、破産することを考えていますが、実は6年前にも多額の借金をして裁判所に破産を申し立て、免責を許可してもらいました。今度も同じように免責を許可してもらうことができるのでしょうか。

◎再度にわたる免責許可申立て

破産手続、免責許可申立てをした場合であっても、必ずしも免責されるとは限らず、免責不許可となる場合があります（破産法252①、Q10-10参照）。

例えば、破産者が免責の申立ての前7年以内に免責を得たことがある場合も免責不許可事由とされています（破産法252①Ⅹ）。

これは、前回免責を得ておきながら、それほど間をおかずに免責許可を申し立てた場合、債権者の利益を害するだけでなく、このようなことを繰り返していては破産者の更生につながらないという考えに基づきます（なお、以前は免責許可の申立前10年間とされており、近時の破産法改正で若干短縮された）。

要するに、裁判所も、一度ならず二度までも同じことを繰り返す人には厳しくなり、免責というメリットを与えない、という姿勢をとるということです。

あなたは6年前に免責許可を受けたということですから、形式的には免責不許可事由に該当し、免責が許可されない、ということになりそうです。

◎7年経過後の申立て

では、あなたは破産手続の申立てをしても、結局免責が認められず、借金を支払い続けなければならないのでしょうか。

あなたのとりうる方法としては、まず、もう少し待ち、前回の免責許可から7年を経過してから破産手続を申し立てるということが考えられます。

◎7年以内の再度の申立てでも免責される場合

しかし、あなたとしても、そこまで余裕がなく、今、申立てをしなければならない、と考えている場合もあるでしょう。

もちろん、一度免責許可を得て、いわば借金を「チャラ」にしておきながら、それほど長くない期間をおかずに借金を重ねてまた支払不能の状態に陥ってしまったということは大いに反省しなければなりません。

しかし、もしかしたら、あなたは、病気をして体調を崩し、仕事もできなくなって、医療費もかさんだ結果、再び貸金業者から金を借りることになってしまった等の事情があったのかもしれません。

再び多額の借金をしてしまったことについて、やむにやまれぬ事情が生じることはありえます。

したがって、こうした事情がある場合であれば、裁量免責（Q10-10参照）を得られる可能性もあることから、とりあえず裁判所に破産手続を申し立ててみることを考えてもよいでしょう。

Q 10-12
自己破産するとすべての財産が処分されるのか

私は40歳の会社員です。妻と小学校2年生になる子どもと暮らしていますが、生活費が足りずに貸金業者からお金を借りていました。借金が増えすぎて、私の収入では返せなくなってしまったため、自己破産をしようと決意しました。今後、給料を取り上げられる、あるいは、万が一のためにかけている生命保険も解約しなければならない等ということになるのでしょうか。

A

◎破産者の財産の管理

裁判所に破産手続を申し立て、破産開始決定が出ると、破産者の有する一切の財産は破産財団とされ（破産法34①）、財産に対する管理処分権を失い、破産管財人は破産財団についての管理処分権を取得します（破産法78①）。

したがって、破産手続を申し立てた場合、あなたはすべての財産の管理処分権を失ってしまうというのが原則になります。

◎例外的に財産が手元に残る場合（自由財産）

しかし、すべての財産が取り上げられてしまうと、破産者としては今後生活をリセットして立ち直ろうと考えても、何もできないことになってしまいます。そこで、破産法においては例外的に破産財団に入らない財産、つまり破産者の手元に置いておける財産（自由財産）を認めました。

自由財産には、次のようなものがあります（破産法34①、③）。

① 破産手続開始決定後に取得した財産（新得財産）
② 99万円以下の現金
③ 法律上差押が禁止されている財産

特に指摘しておきたいのは、「生活に欠くことのできない」家財道具は、法律上差押えが禁止されており、この自由財産に含まれるということです。要するに、原則としてすべての財産の管理処分権を失うといっても生活ができないほど根こそぎ財産を取られるわけではないということです。

例えば、あなたが今後（正確には破産手続開始決定後）に取得する給料は、①に該当しますので、破産財団に組み込まれません。全額あなたが使うことが可能ですので、給料を取り上げられることにより今後の生活が成り立たなくなる、という心配をする必要はありません。

◎本来自由財産でなくても自由財産として手元に残される場合（自由財産の拡張）

では、あなたのかけている生命保険についてはどうでしょうか。

生命保険金は破産法で認められている自由財産ではありませんので、原則としてあなたの手元から離れ、破産管財人が保険契約を解約して解約返戻金をその管理下に置くということになります。

しかし、それでは、いざというとき生命保険金がおりなくなってしまう等、将来のことが不安になってしまいます。そこで、破産法は「自由財産の拡張」という制度を設け、破産管財人の意見を聞いて、裁判所が必要により本来自由財産ではなく破産管財人が管理処分すべき財産を破産者の手元に残すことを認めてよい、ということにしました（破産法34④）。

裁判所により運用は異なりますが、例えば東京地方裁判所の場合、生命保険解約返戻金が20万円以下の場合については自由財産として破産者の手元に置く、という運用をしています。また、解約返戻金の額が20万円を超える場合であっても、事情により自由財産として破産者の手元に残すことを認めてくれる場合がありますし、解約返戻金相当額を、破産者の親族や知合いに支払ってもらうことにより、保険契約を継続することも可能です。

生命保険については、以上のとおり当然にあなたの手元に残るわけではありませんが、解約返戻金の金額その他の事情により、手元に残る場合もありますので、この点について、申立代理人の弁護士や、申立後は破産管財人ともよく相談してみてください。

Q 10-13
個人再生のメリット・デメリット

　私は10年ほど前にローンでマンションを購入しましたが、計画に無理があったのと、会社の業績が悪くボーナスが入らない等で返済が厳しくなり、生活費にも事欠くようになって、貸金業者から金を借りるようになり、その結果、借金が増えすぎてどうにもならない状態です。破産することも考えましたが、住んでいるマンションから出て行かなくてはならないと聞き躊躇しています。引き続きマンションに居住しながら借金を整理する方法はないでしょうか。

A

◎個人再生のメリット（自己破産との比較）

　あなたはマンションを所有していることから、破産手続を申し立てると、ご懸念のとおり、これが破産管財人の管理下に入り、売却処分されてしまう可能性が高いと言えます（Q10-8、Q10-12参照）。

　そこで、個人再生の申立てを検討してはいかがでしょうか（ただし、住宅ローンを除いた負債総額が5,000万円超の場合は通常再生のみの利用）。個人再生は「小規模個人再生」「給与所得者等再生」のいずれも、後述する住宅資金特別条項（いわゆる住宅ローン特則）があるため、住宅を清算したくないというときは有効な債務整理の方法となります。

　その他に、破産では免責不許可事由がある場合（Q10-10、Q10-11参照）、免責が許可されない可能性はありますが、個人再生であればそのことを考慮する必要はありませんし（ただし、給与所得者等再生の場合、過去に破産免責等を受けた者については、Q10-11で述べた破産と同様の期間制限があります。民事再生法239⑤Ⅱ）、破産におけるような資格制限もありません。

◎個人再生のメリット（任意整理との比較）

　また、あなたの場合は任意整理によることも考えられます。しかし、任意整理では、通常、引直し計算をした後の残元金の100％以上の金額でなければ和解が成立しません。これに対して個人再生を利用すると、借入元本をさらにカットした金額での解決が可能になり（債権額に応じた元本カットの最低限度額が決められている）、また、債権者が裁判を起こし勝訴判決を経て給与の差押等をしてきた場合でも中止させることができる（民事再生法26）等のメリットがあります。

◎個人再生を利用できる場合

　個人再生は負債額をカットするとはいえ、一定の金額を原則3年間の分割払いで支払っていくため、それができる状況にあることが必要です。そこで、再生手続を利用しようとする債務者は、将来において継続的にまたは反復して収入を得る見込みがあることが必要となります（民事再生法231②Ⅰ）。

　給与所得者等再生の場合、小規模個人再生の場合と異なり、債権者の過半数（債権額または債権者の頭数）の反対があっても再生計画に影響しないという特典があります。さらに、給与またはこれに類する定期的な収入を得ており、またその額の変動の幅が小さいこと（民事再生法241②Ⅳ）、弁済総額が可処分所得基準額（民事再生法241②Ⅶ）の2倍以上であるという要件が必要です（可処分所得基準額は、大まかに言うと債務者の1年分の手取り収入から本人およびその扶養を受ける者の最低限度の生活を維持するための費用1年分を控除して算出）。

◎住宅資金特別条項の利用

　再生債務者が住宅ローンで住宅を購入し住宅に抵当権が設定されている場合、再生手続によっても抵当権の実行は阻止できませんが、これに対し、再生計画に「住宅資金特別条項」を設けることが考えられます（民事再生法196～206）。この制度は、再生手続のオプションとして住宅ローンについて新たな弁済計画を合意したうえで支払い続けることを選択できるもので、ローンの減額はできないものの、抵当権の実行を避け、住宅を維持することは可能になります。

3 過払金

Q 10-14

過払金とは

私は、かつて貸金業者から年利29.2％で借金をし返済してきました。利息の支払いすぎではないかと思っていたところ、利息制限法の利息の範囲を超えて支払った場合、支払いすぎた利息分を返還請求できると聞きました。このようなことはできるのでしょうか。またできるとして、どのようにすればよいのですか。

◎過払金とは

貸金業者から借金をし、契約で貸金業者に利息制限法の制限利率を超えた利息を支払うことになっていた場合、この超えた部分の利息は無効となるので、その部分をすでに支払っていたとすれば、支払過ぎ（過払い）になります。

実際には分割払いをするので、このように単純な計算にはなりませんが、わかりやすい例で説明すると、50万円を年利29.2％で1年後に返済の約束で借りた場合、利息は14万6,000円となりますが、利息制限法の利率18％で計算すると9万円となるので、18％から29.2％の部分、金額でいうと差引き5万6,000円が、過払金となります

◎利息制限法の上限利率があるのに、過払金が生じる理由

利息制限法所定の利率を超えて金利を設定すると超過分の利息は無効となるのですから、本来あなたに金銭を貸しつけた貸金業者のように、年29.2％もの高金利を設定することはできないはずです。しかし従来、出資法の旧規定により利率が年29.2％を超えるまでは罰則が適用されませんでした（平成12年以前は40.004％）。平成18年の貸金業法改正前は、この出資法の上限利率までであれば、債務者が利息制限法の利率を超過していることを知ったうえで任意に返済した場合返済は有効となり（改正前利息制限法1②）、貸金業者が貸付および返済金の受領にあたり所定の事項を記入した書面（改正前貸金業法17、18）を債務者に交付していれば、債務者がそのような任意の支払いをしたとみなされていたため（「みなし弁済」、改正前貸金業法43①）、貸金業者は利息制限法の利率を超えて利息を受け取れる余地があり、その結果、過払金が生じる可能性がありました。

平成18年の貸金業法の抜本改正に関連して、みなし弁済に関連する規定（旧利息制限法1②、貸金業法43）が廃止されたことに加え、貸金業者が貸付けに際して付することのできる金利が実質的に利息制限法の上限金利までに限定されたことで（Q10-1参照）、平成22年6月18日の改正貸金業法施行以降は、事実上利息制限法所定の利率を超えた金利での貸付はできなくなり、過払金が生じる余地もほぼなくなっています。

◎過払金の回収方法

あなたの場合、年29.2％もの高金利で借り入れたということですから、過払金が生じている可能性があります。そこで、「引直し計算」（Q10-6参照）により過払金が生じていないかをチェックします。

過払金が生じていた場合、その部分は無効な契約に基づき法律上原因がないのに債務者からの支払いを受けたことになるので、貸金業者に「不当利得」が生じているものとして、その返還請求をし、貸金業者から取り戻すことになります。

この場合の請求額は、貸金業者が利息制限法所定の制限利率を超えた利息を徴収していることを当然知っている（法律用語で「悪意」という）ことから、過払いの金額に年5％の利息をつけた金額とすることができます（民法704）。

ただし、最近の貸金業者は裁判前の交渉では請求に対し相当に低い金額を提示してきますし、交渉決裂により過払金の返還請求訴訟を起こすと、貸金業者側は途中で契約書の書換等をすると、その時点で取引が分断しており、それ以前に発生した過払金は時効（10年間）により消滅している等と主張し、それなりの理論武装をして厳しく争ってくるケースが多いです。過払金の返還に関しては、なるべく弁護士、司法書士といった専門家に委任することをおすすめします。

第11章

事故
に関する法律知識

1 交通事故

Q 11-1

自動車保険の仕組み

今度、自動車を購入する予定ですが、万が一交通事故に遭った場合に備えて保険に入ろうと思います。交通事故に関する保険にはどのようなものがあるのでしょうか。

A

◎交通事故に関する保険の仕組み

交通事故に備えて加入する保険には大きく分けると、加入が強制される自動車損害賠償責任保険（自賠責保険）と、加入が任意である任意保険があります。他に、交通事故に遭いけがをした場合、社会保険（健康保険や労災保険等）が使えることもあります。万が一交通事故に遭った際、どのような場合にどのような保険がどのような条件で使えるのか、なるべく詳細に確認しておくことが肝要です。

◎自賠責保険

自賠責保険とは、自動車損害賠償保障法に基づき必ず入らなければならない保険のことです。人身事故による損害のみが対象であり物的損害は対象外です。人身事故による損害について、支払基準および支払限度額が法律上定められており、最低限の保障をするものとされています。支払限度額は死亡の場合であれば3,000万円、傷害の場合であれば120万円、後遺障害の場合であれば等級によって75万円から4,000万円とされています。

◎任意保険

任意保険には、主に以下のものがあります。

「対人賠償責任保険」は、交通事故で他人にけがを負わせてしまった場合の損害に対する保険です。「対物賠償責任保険」は、交通事故で他人の物（自動車等）を壊してしまった場合の損害に対する保険です。この二つの保険は、加害者が加入していた場合に被害者に対する補償として使うものになります。

「人身傷害保険」は、交通事故で自らがけがを負った場合の損害に対する保険です。また、「車両保険」とは、交通事故で自らの物（自動車等）が壊れてしまった場合の損害に対する保険です。この二つの保険は、加害者から賠償を受けられない場合等に備えるものです。

他に被保険自動車に搭乗中の人が交通事故により死傷した場合に支払われる「搭乗者傷害保険」、加害者が無保険者だった場合に支払われる「無保険者傷害保険」、単独事故等自分が悪い場合に支払われる「自損事故保険」等があります。

他にも各種特約等さまざまなものがありますので、任意保険に加入される際にはご自身にあった保険をしっかり検討するようにしてください。

◎社会保険

社会保険についても、把握が必要です。例えば、交通事故による通院の場合、「健康保険」を使うことができます。病院から「健康保険は使えません」と言われることがありますが、そのようなことはありません。

被害者にも落ち度（過失）がある場合には、過失相殺されることになります（Q11-13参照）が、この過失相殺は、基本的に全損害賠償額についてなされますので、治療費を少しでも低額に抑えるべく健康保険を使用したほうがよいでしょう。

仕事中や通勤途中で交通事故に遭った場合は、「労災保険」を利用できます。労災保険は自賠責保険とは異なり慰謝料の支払いはなく、6割の休業補償給付と、2割の休業特別支給金が支払われます。

なお、労災保険と自賠責保険は同時に使用できるものではなく、どちらか一方を使用し、そこから損害の完全な補償が受けられない限り、理論上もう一方の保険から補償を受けることが可能となる関係にあります。それぞれ、給付額や支払対象の範囲が限定されています。どちらを先に請求すべきかについては事案により異なりますので、慎重に検討したほうがよいでしょう。

このようにいろいろな保険がありますが、万が一交通事故に遭った場合はどのような保険が使えるのかを必ず確認し、漏れのないようにしておきましょう。

Q 11-2
交通事故の被害者になったら

車を運転し、信号待ちで停止していたところ、追突事故に遭ってしまいました。このような場合、どのように対応したらよいでしょうか。また、今後の対応について気軽に相談できるところがあれば教えてください。

◎現場での対応

まず、必ず警察に通報しましょう。交通事故にあったときは警察への報告が義務づけられています（道路交通法72）。警察への通報をしないと、法律に違反するばかりか、後日加害者に損害賠償請求する場合に事故態様等の立証が困難になり、適正な損害賠償が受けられなくなるおそれがあります。加害者から何を言われても、必ず警察に通報してください。

次に、加害者に対し運転免許証の提示を求め、氏名、住所、電話番号等の連絡先を確認し、加害者が任意保険に加入している場合はその連絡先も確認しましょう。車のナンバーもメモしておくとよいでしょう。ドライブレコーダーを搭載している場合は、事故当時の映像が消えてしまわないようただちに保存してください。事故現場の状況や双方車両の状況等を写真や動画に残しておくと、後の事故状況の確認に役立つことがあります。特に事故状況に争いがある場合、現場での対応が重要になってきます。詳しくはQ11-13をご参照ください。

◎損害賠償請求の準備

損害賠償を請求するにあたって必要な主な書類としては、①交通事故証明書（事故が発生したことを証明するもので、自動車安全運転センター事務所に申請すれば取得可能）、②診断書（けがの請求をするうえで必要）、③診療報酬明細書（実施した検査等診療の内容が記載されているもので、治療費を請求するにあたって必要）、④給与明細書等所得を証明する書類、休業損害証明書（休業損害、逸失利益の算出にあたって必要）、⑤後遺障害診断書（後遺障害の認定に必要）等があります。実際に、どのような書類が必要となるかについては、加害者が任意保険に加入している場合には、その保険会社の担当者が教えてくれます。

加害者が任意保険に加入しておらず、直接自動車損害賠償責任保険（自賠責保険）に請求するような場合には、交通事故証明書記載の加害者加入の自賠責保険会社に問い合わせれば、書類一式を郵送してくれます。

◎相談窓口

交通事故の被害に遭った人のために、以下のような相談場所があります。

① 日本司法支援センター（法テラス）

全国の各都道府県に事務所があり、法律相談を受けることができます。一定の資力以下の人は無料で相談が受けられ、裁判費用、弁護士費用の立替えもしてくれます。

② 公益財団法人日弁連交通事故相談センター

弁護士による法律相談を、誰でも5回まで無料で受けられます。示談のあっせん、審査業務も行っています。相談所の場所や詳しい内容は、ホームページ（http://www.n-tacc.or.jp）がありますので、そちらをご参照ください。

③ 公益財団法人交通事故紛争処理センター

こちらも弁護士が無料で相談を担当し、示談のあっせん、審査業務を行っています。全国に10か所しかありませんが、示談あっせんが不調になり相談者が審査を申し立てた場合、審査会の裁定（決定）を尊重するとの協定を結んでいる保険会社や共済は、裁定に事実上拘束されますので、裁判によらず紛争解決が図れます。詳しい内容はホームページ（http://www.jcstad.or.jp）がありますので、ご参照ください。

また、ご自身の保険に弁護士費用特約がある場合は、ご自身の負担なく弁護士への相談や委任をすることが可能となる場合があります。

Q 11-3
交通事故の加害者になったら

私の不注意で停止中の車に追突してしまう事故を起こしてしまいました。このような場合どのように対応したらよいでしょうか。また、私はどのような責任を負うことになるのでしょうか。

◎ 現場での対応
① 警察への報告

まず、ただちに警察に通報して事故の報告を行ってください。なお、けが人がいるような場合には、負傷者を救護し、場合によっては救急車を呼びましょう。また、二次被害を防ぐために、ハザードランプをつけ、車両を路肩等の安全な場所に移動し、標識や発煙筒を設置する等後続車両に危険を知らせるための措置をとってください。

② 被害者への対応

被害者には誠実に対応しましょう。具体的には被害者に対し運転免許証等を提示し、自分の氏名、住所、連絡先を伝えましょう。なお、被害者から、「事故の責任は全部自分にあると認めろ」とか、「責任を認める書面を作成しろ」等を要求されることがありますが、後でトラブルになる可能性が高いです。安易に事故の責任がすべて自分にあると認めたり、そのような書面の作成に応じたりすることは避けましょう。

◎ 交通事故を起した人の責任

交通事故を起こしてしまった人の責任としては、①行政上の責任、②刑事上の責任、③民事上の責任が問題となります。

① 行政上の責任

行政上の責任としては、違反点数の加算、免許の取消し、あるいは免許停止の処分等が考えられます。

② 刑事上の責任

刑事上の責任としては、道路交通法違反の罪の他に、自動車運転過失致死傷罪、危険運転致死傷罪が考えられます。いずれも平成25年の改正により刑法から独立して「自動車の運転により人を死傷させる行為等の処罰に関する法律」（自動車運転死傷行為処罰法）に定められるようになりました。

自動車運転過失致死傷罪（自動車運転死傷行為処罰法5）は7年以下の懲役もしくは禁錮または100万円以下の罰金に処せられます（なお、傷害の程度が軽い場合には、情状により、刑が免除されることもある）。

危険運転致死傷罪（自動車運転死傷行為処罰法2）は、飲酒等により正常な運転が困難な状態で自動車を運転し人を死傷させた場合や、重大な死傷事故を発生させる危険のある運転行為によって人を死傷させた場合など、特に悪質な場合に適用されます。負傷させるにとどまった場合には15年以下の懲役、死亡させた場合には1年以上の有期懲役と、非常に重い刑となっています。加害者がこの罪を犯し被害者が死亡した場合には、裁判員裁判の対象となります。

③ 民事上の責任

民事上の責任としては、自動車損害賠償保障法（自賠法）に基づく運行供用者責任（自賠法3）や民法上の不法行為に基づく損害賠償責任（民法709）が問題となります。なお、仕事中に交通事故を起こしたような場合には、事故を起こした本人の他、その者を雇用している者の使用者責任（民法715）が問題となります。

責任の具体的な内容ですが、①死亡事故を起こした場合には、葬儀費用、死亡による逸失利益、死亡慰謝料等が（Q11-9、Q11-10参照）、②負傷事故を起こした場合には、治療費、交通費、入院雑費、付添看護費、休業損害、入・通院慰謝料（傷害慰謝料）、後遺症慰謝料、後遺症逸失利益等が（Q11-4〜Q11-8参照）、③物損（車両事故）を起こした場合には、修理費、レッカー代、代車使用料、休車損害等が（Q11-12参照）問題となります。

このように交通事故を起こしますと、行政上、刑事上、民事上のさまざまな責任を負うことになります。車を運転する際には、くれぐれも事故を起こさないよう注意してください。

Q 11-4
傷害事故に遭った場合の損害賠償

横断歩道を歩行中、赤信号無視の車にはねられ、重傷を負いました。2か月の入院と6か月の通院で完治しましたが、この場合、どのような請求ができるのでしょうか。

◎請求できる損害

お尋ねの件のように、傷害事故に遭った場合、被害者は加害者に対して、一般に①治療費、②交通費、③入院雑費、④付添看護費、⑤休業損害、⑥入・通院慰謝料（傷害慰謝料）、後遺障害が残った場合であれば、⑦後遺症逸失利益、⑧後遺症慰謝料などを請求することができます。休業損害についてはQ11-6を、後遺症慰謝料、後遺症逸失利益についてはQ11-7、Q11-8を参照ください。

◎治療関係費

事故で負ったけがの治療のためにかかった費用を請求することができます。もっとも、被害者がけがの治療のため、鍼灸、整骨院等に通ってかかった治療費については認められない、あるいは限定される可能性もあるので注意が必要です。

これら東洋医学の施術に対する治療費が損害として認められるには、施術の必要性、施術の有効性、施術内容の合理性、施術期間の相当性、施術費の相当性が必要とされるようです。特に、いわゆるむち打ち症になった場合に、被害者が独断で鍼灸院等の東洋医学による治療を受けたような事例で問題となることが多いです。東洋医学による治療を受けたい場合には治療にかかる前に、施術の必要性等を含め、保険会社の了解や医師の承諾あるいは指示を受けておくほうが無難でしょう。どのくらいの期間まで治療関係費を請求できるかはQ11-5を参照ください。

◎交通費

病院に通院するためにかかった費用を請求することができます。もっとも、通院のためにタクシーを使った場合に、タクシー代が認められるかどうかは場合によります。例えば症状が重く、電車やバス等を利用することが困難な場合にタクシーを使ったのであれば、認められるでしょうが、電車やバスを利用して通院することが可能であるのに、単にタクシーのほうが便利だからとしてタクシーを利用した場合には、認められにくいでしょう。

なお、症状が重く、通院に付添いを要したような場合には、付添人の交通費もあわせて請求することができます。

◎入院雑費

裁判基準によると、入院1日つき1,500円とされています。

◎付添看護費

病院の指示等により職業付添人がついた場合には、実際にかかった費用を請求することが認められます。また、近親者が付き添った場合（近親者付添）には、裁判基準によれば1日につき6,500円程度認められています。ただし、近親者付添の支払いを受けるには、付添いの必要性があることを要します。

◎入・通院（傷害）慰謝料

入・通院（傷害）慰謝料とは、簡単に言うと、交通事故によって傷害を負った者が被った精神的ダメージへの賠償のことです。事故により、どれだけ精神的ダメージを受けたかは人それぞれですので、基準が設けられており、原則として入院した期間、通院した期間を基礎に計算されます。例えばお尋ねの件の場合、2か月間入院し、6か月間通院したということですから、181万円程度の請求が認められることになると思われます（「民事交通事故訴訟損害賠償額算定基準」公益財団法人日弁連交通事故相談センター東京支部）。もっとも、通院が長期にわたり、1か月に2～3回程度にも満たない場合には、実際に通った日数の3.5倍程度を通院期間の目安とすることがあります。また、傷害の程度、部位等によっては、基準の2～3割程度増額されることもあります。

Q 11-5 保険会社から治療費の支払いを打ち切ると言われたら

車を運転中に事故に遭い、頚椎捻挫（いわゆるむち打ち症）と診断され、病院に通院しています。もうすぐ通院して6か月になりますが、加害者の保険会社から治療費の支払いを打ち切りたいと連絡がありました。まだ首が痛く、治療を続けたいのですが、どうしたらよいでしょうか。

A

◎治療はいつまで続けられるか

損害として認められる治療関係費は原則として症状固定日までのものとなります。「症状固定」とは、これ以上治療を続けていても症状の改善が期待できない状態のことを言います。症状固定日以降は、治療が不要であるとか治療を受けてはいけないということではありませんので注意してください。損害賠償実務上、症状固定日を賠償の区切りとし、症状固定日以降の治療関係費は損害の計算から外し、その代わりに後遺慰謝料や後遺症遺失利益の問題として取り扱われることになります。例外的に重度後遺障害の場合等には、症状固定日以降の治療関係費が損害として認められることもあります。

いわゆるむち打ち症となった場合、通常、その治療期間は3か月から半年と考えられているようです。そのため、3か月から半年を超えて治療を続けていると、保険会社から、「そろそろ治療費の支払いを打ち切りたい」、あるいは「医師に後遺障害診断書を書いてもらってください」と言われることがあります。

症状固定の状態にあるのかどうかは、医師の診断に頼る必要があります。日頃の通院から医師に対し、いつ、どこが、どのように痛いのか等ご自身の症状をなるべく詳細に伝え、どれくらい治療を続ければどこまでよくなると考えられるのか等、ご自身の傷病についてしっかり話を聞いておくとよいでしょう。

医師が、まだ改善の見込み・可能性があるというのであればそのまま治療を続け、これ以上の改善は期待できない状態にあり症状が残存しているというのであれば後遺障害診断書を作成してもらいましょう。医師との相性が悪いと感じるのであれば転院をしてもよいですし、症状固定に関する保険会社や医師とのやりとりで疑問に思うことがあれば弁護士に相談するのもよいでしょう。

◎後遺障害診断書の作成について

後遺障害診断書は、残存症状について後遺障害が認定されるか否かの判断に用いられるものです（具体的な認定手続についてはQ11-8参照）。

後遺障害診断書を書いてもらう場合は、ご自身の傷病に関係する事項について具体的に記載をしてくれているか確認し、不足していると思われる場合には遠慮せずに医師に問い合わせるようにしましょう。

◎治療関係費の支払いを打ち切られた場合

保険会社から治療関係費の支払いを打ち切られた後も治療を続ける場合、その間の支払いは自己負担となります。健康保険や労災保険（Q11-1参照）を利用しておくと、自己負担が軽くなります。

支払いを打ち切られた後の治療関係費等が損害として認められるか否かは、妥当な症状固定日がいつと判断されるのかにより異なります。

保険会社が支払いを打ち切るということは、保険会社が症状固定状態にあると判断したということですから、その後、示談交渉や裁判で症状固定日が争われることになります。

そのため、保険会社から治療関係費の支払いを打ち切られた後も未だ症状固定ではないと考え通院される場合は、何を根拠に症状固定ではないと言えるのかについて、通院の都度、医師に確認するとよいでしょう。

Q 11-6
休業損害の請求

妻と2人で散歩中、突然歩道に乗り上げて来た車にはねられてしまい、2人とも大けがを負いました。事故当時、私は失業中で就職活動中でした。事故当時に収入がない以上、休業損害は認められないのでしょうか。また、妻はこの事故により2か月間ほとんど主婦業を行うことができなくなりましたが、妻も収入がない以上、休業損害は認められないのでしょうか。

◎休業損害

「休業損害」とは、交通事故によりけがをしたことで、傷病の治癒または症状固定日までの間、休業をしたことにより生じた収入減、経済的利益の喪失のことを言います（休業だけではなく、遅刻、早退、労働能力が低下したことにより生じた収入減等も含む）。通常、事故前の収入を基礎に休業した日数をかけた額が休業損害となります。すなわち、「休業損害＝基礎収入×休業した期間」となります。

例えば、事故に遭う前の給与が1か月20万円で月20日就業しており、事故に遭い治療のため10日間仕事を休んだ場合の休業損害は、「20万円÷20日×10日」で、10万円ということになります。

◎失業者（無職）の休業損害

失業中で収入がなかったような場合には、休業による減収が発生しないのが通常ですから、原則として休業損害は発生しないことになります。しかし、労働能力と労働意欲があり、就労の蓋然性があれば、失業者にも休業損害が認められるとされています。

お尋ねの件では、就職活動中であったということですから、それにもかかわらず就労の可能性がないといった特別な事情がない限り、休業損害は認められると考えられます。この場合、休業損害による基礎収入の算定をどのようにするかが問題となりますが、就職内定の有無や就労開始時期、就労後の収入が明確となっているかどうか等、事案によりさまざまです。失業者の休業損害は、多くの場合平均賃金よりも下回るとされているようです。

◎家事従事者の休業損害

家事従事者とは、家庭において主婦的業務に従事する者のことで、性別、年齢を問いません。家事従事者に該当する場合は、休業損害を請求することができます。もっとも基礎収入は男女共に、「賃金センサス」（賃金に関する最も規模の大きい「賃金構造基本統計調査」）の女性の全年齢平均賃金を基礎にして計算されています。

なお、無職で独り暮らしの場合、休業損害は認められないのが一般です。たとえ家事をしていたとしても、それは自分のためにしていることであって、労働に従事しているとは認められないと考えられるからです。

◎家事従事者の休業期間

家事従事者による休業損害が認められるとして、次に、休業期間はどのように考えればよいのかが問題となります。会社員であれば、会社が休業証明書を発行してくれるでしょうから、ある程度、客観的に証明できます。しかし、家事従事者の場合には、どのようにして休業していた期間を明らかにすればよいかが問題となります。この点につきましては、受傷の程度・部位、入院した期間、通院期間等を総合考慮して判断することになります。お尋ねの件においても、このような判断から2か月間主婦業ができなかったということであれば、女性労働者の全年齢平均賃金額は、約350万円ですので（賃金センサス平成25年第1巻第1表参照）、約58万円（350万円÷12×2）の休業損害が認められるでしょう。

◎兼業家事従事者の場合

では、家事従事者がパートに出ていて収入があったような場合には、損害額はどのように考えればよいでしょうか。この場合は、現実の収入額（パート収入）と、前述の女性労働者の全年齢平均賃金額のいずれか高いほうを基礎収入として算定することになります。

Q 11-7 交通事故に遭い、顔に傷跡が残ってしまった場合

横断歩道を歩行中、車にはねられ、顔に長さ約5センチ、幅5ミリほどの傷が残ってしまいました。私の仕事は接客業ですので、今後仕事をするうえで人の目が大変気になります。この場合どのような請求ができるのでしょうか。

◎請求できる損害

後遺障害とは、これ以上治療を続けていても症状の改善が期待できない状態（「症状固定」という）となった日以降に残った症状のことを言います。お尋ねの件では、後遺障害と認定されることになるでしょう。

そこで、症状固定時までの損害として、治療関係費、付添看護費、入院雑費、休業損害、入通院慰謝料等を請求することができ、症状固定後の損害として、後遺症慰謝料、後遺症逸失利益、将来の付添看護費等を請求できます。治療費、入院雑費、休業損害、入通院慰謝料につきましては、Q11-4、Q11-6をそれぞれ参照してください。

◎後遺症慰謝料の請求

後遺障害の等級（1〜14級）によって、一定の支払額の基準が定められています。顔に長さ約5センチ、幅5ミリほどの傷跡が残ったということですから、「外貌に相当程度の醜状を残すもの」として、9級に該当する可能性が高いと思われます。もっとも、傷跡が残った部位（同じ顔でも、目立つ場所か、それとも髪等で隠せる場所か）、程度（化粧である程度目立たせなくすることができるか）等によっては、「外貌に単なる醜状を残すもの」として、12級に認定される場合もあるでしょう。お尋ねの件の後遺症慰謝料は、後遺障害等級の認定が9級であれば裁判基準で690万円程度、12級であれば裁判基準で290万円程度ということになります。外貌の醜状に関する後遺障害には9級、12級の他に「外貌に著しい醜状を残すもの」として7級が定められています。

◎後遺症逸失利益の請求

後遺障害が残った場合、通常、後遺症逸失利益を請求できます。後遺症逸失利益とは、症状固定日後も症状が残存しているため事故前のように仕事ができなくなったことによる経済的利益の喪失に関する損害です。算定の計算式は「後遺症逸失利益＝基礎収入×労働能力喪失率×ライプニッツ係数」となります。

「労働能力喪失率」とは、労働能力の低下の程度を言います（「民事交通事故訴訟損害賠償額算定基準」（公益財団法人日弁連交通事故センター東京支部発行）や「交通事故損害算定基準」（公益財団法人日弁連交通事故相談センター）添付の資料に詳しい基準の記載がある）。

「ライプニッツ係数」についてはQ11-9を参照してください。

では、お尋ねの件でも後遺症逸失利益は認められるでしょうか。例えば手を失ってしまったという後遺障害の場合は、事故前と同様に仕事ができないことが明らかですが、顔の傷跡ということであれば、純粋な労働能力に影響することはあまり考えられないため、後遺症逸失利益は認められないということもありえます。

しかし、モデルや接客業等を職業にしている人が顔に著しい醜状を残す後遺障害を負った場合には、転職を余儀なくされる可能性が高く、事故前のように仕事ができなくなるため、労働能力に影響を及ぼすものと言えます。

よって、お尋ねの件では、後遺症逸失利益の請求が認められる可能性があります。外貌醜状の場合に逸失利益を認めるかどうかについては、醜状状態の内容および程度、被害者の職業、被害者の性別、被害者の年齢等が考慮されることになります。

なお、外貌醜状に対する後遺症逸失利益が認められるとしても、事情により、労働能力喪失期間が短くされたり、労働能力喪失率が低くされたりすることがあるようです。

Q 11-8
交通事故に遭い、いわゆる植物状態になってしまった場合

夫が交通事故に遭い、いわゆる植物状態になってしまいました。どのような請求ができるのでしょうか。

◎ 請求できる損害

植物状態は、まさに後遺障害（後遺障害については、Q11-7参照）に該当します。症状固定時までの損害として、治療費、付添看護費、入院雑費、休業損害、入通院慰謝料等を請求でき、症状固定後の損害として、後遺症慰謝料、後遺症逸失利益、将来介護費等を請求できます。治療費、入院雑費、休業損害、入通院慰謝料につきましては、Q11-4、Q11-6を参照してください。また、後遺症逸失利益につきましてはQ11-7を参照してください。ここでは、後遺障害の認定手続、後遺症慰謝料、将来介護費について、説明いたします。

◎ 後遺障害認定の手続き

後遺障害の認定ですが、損害保険料率算出機構の下部機構である自賠責損害調査事務所が行います。加害者の対人賠償保険やご自身の人身傷害保険により保険会社に治療関係費等の対応をしてもらっているのであれば、症状固定時に医師に後遺障害診断書を作成してもらい、保険会社に提出すれば申請の手続きをしてくれます。

加害者が任意保険に加入していない、加害者が責任を認めないため保険会社が請求に応じないというような場合で人身傷害保険も使えないという場合には、自賠責保険に直接請求することになります。自賠責保険に問い合わせれば必要な書類一式を交付してくれます。その後、自賠責保険に必要書類（交通事故証明書、事故発生状況報告書、診断書、診療報酬明細書、後遺障害診断書、レントゲン写真、MRI等）を送付すれば後遺障害の認定手続が行われることになります。

後遺障害が認められるか、認められるとして何級に該当するかは、提出された資料をもとに、自動車損害賠償保障法施行令別表第1および第2の基準に従って判断されます。保険会社は、損害保険料率算出機構の認定結果に基づき支払額を決定します。なお、保険会社が提示する金額は裁判基準によるものよりも低額であることが通常ですので、保険会社から提示された金額をうのみにすることなく、十分納得したうえで支払いを受けるようにしましょう。

◎ 後遺症慰謝料

後遺障害別の等級（1～14級）によって、一定の支払額の基準が定められています。植物状態は神経系統の機能または精神に著しい障害を残し常に介護を要する状態であり、1級の後遺障害に該当することになると考えられます。慰謝料の基準には、自賠責保険による基準、任意保険会社による基準、裁判基準があります（詳しくは、Q11-10の「死亡慰謝料の基準」を参照）。後遺障害1級であれば、裁判基準によると後遺症慰謝料として2,800万円程度認められることになります。これはあくまでも目安の金額ですので、必ずこの金額の支払いを受けられるというわけではありません。事情により増減されることがあります。

◎ 将来介護費

将来介護費は、職業付添人による場合は実費全額が、近親者による付添いの場合は一日につき8,000円程度が認められますが、具体的看護の状況により増減することがあります。いつまでの介護費が認められるのかは、お尋ねの件のように植物状態になってしまった場合、介護が必要な期間は、被害者が生存している期間ということになり、平均余命までの介護費が認められることになるはずです。しかし、保険会社からは、植物状態になった人は通常の人に比べ平均余命が短いのが通常であるとして、平均余命より短い期間までの将来介護費を主張されることが、しばしばあるようです。植物状態にもいろいろな状態があり、一概には言えませんが、実務の大勢は平均余命までの介護費を原則として認めています。

Q 11-9
家族が交通事故で死亡したときの損害賠償

夫が交通事故の被害に遭い亡くなってしまいました。私には夫との間に子どもが1人いますが、誰がどのような請求をすることができるのでしょうか。

A

◎請求できる人

原則として、亡くなった人の相続人が請求することができます。お尋ねの件のように亡くなった人に配偶者と子どもがいる場合には、その人たちが相続人となり（民法887①、890）、加害者に対して損害賠償を請求することができます。また、配偶者はいたが子どもがいなかった場合には、配偶者と親が（民法889①Ⅰ、890）、親もいないときは配偶者と兄弟姉妹が相続人となります（民法889①Ⅱ、890）。なお、配偶者はいないが子どもがいた場合には、子どもだけが相続人となりますので、原則として、その子どもが加害者に対して損害賠償を請求することができることになります。

◎請求できる損害

死亡事故にあった場合、被害者の相続人は加害者に対して、①葬儀費用、②死亡による逸失利益、③死亡慰謝料等を請求することができます。また、事故後死亡するまでに一定の期間があった場合には、その間にかかった④治療費、⑤入院雑費、⑥付添看護費等も請求することができますし、その間に被った精神的苦痛に対する⑦慰謝料（入・通院慰謝料）、⑧休業損害を請求することも認められます。③についてはQ11-10で、④〜⑧についてはQ11-4、Q11-6を参照してください。

◎葬儀費用

葬儀費用については、裁判基準（詳しくはQ11-10の「死亡慰謝料の基準」参照）によれば150万円程度認められています。もちろん、実際にかかった費用がこれよりも少ない場合には実際に支出した額が認められるにすぎません。被害者の社会的地位や事故態様等から考えて、手厚い葬儀をするのも無理からぬと認められるような場合には、150万円以上の請求が認められることもあります。

◎死亡による逸失利益

死亡による逸失利益とは、事故に遭わず生きていたのであれば得ていたであろう利益のことを言います。「基礎収入額×（1－生活費控除率）×就労可能年数に対応するライプニッツ係数」という計算式で算出します。

◎生活控除率

被害者が事故に遭わず生きていたのであれば、生活費を支出することになっていたはずなので、これを控除する必要があります。生活費控除率は、一般に被害者が一家の支柱であった場合は30％から40％、女性であった場合は30％、男性単身者（男児を含む）であった場合は50％とされています。具体的な生活状況により異なってきますので、注意が必要です。

◎ライプニッツ係数

賠償金は、通常一括で支払われることになります。本来10年後に受け取れるはずであったお金を先に受け取れることになるので、その間の利息（法定利率5％）を割り引く必要があると考えられています。この中間利息を控除するための係数を「ライプニッツ係数」と言います。

例えば亡くなった方が47歳で、生前の年収が600万円であった場合、「600万円×（1－0.4）×12.4622（就労可能年数は通常67歳とされていますので、20年が労働能力喪失期間となり、20年のライプニッツ係数は12.4622）＝4,486万3,920円」が死亡による逸失利益となります。

なお、今後の民法改正で、前述の法定利率は年3％に見直すこととされています。法定利率が下がれば中間利息の控除額が減ることになりますので、民法改正後以降に発生した交通事故の被害者に対する逸失利益の額が増えることになります。

Q 11-10
適正な死亡慰謝料とは

夫が交通事故の被害に遭い亡くなってしまいました。私には夫との間に3歳になる子どもがいますが、今後どうしたらよいのか途方に暮れています。事故後、しばらくしてから、保険会社の担当者が来て賠償額を提示されました。提示された賠償額の項目に死亡慰謝料というものがあり、担当者は当社の基準に従って算出した適正な額だと言っています。しかし、私には本当に適正な金額かどうかがわかりません。また、私や幼い子どもの精神的損害への賠償も請求したいと思っているのですが、担当者が提示した賠償額には含まれていませんでした。私や子供は別に慰謝料を請求できないのでしょうか、また、家族が死亡した場合の慰謝料基準というものはあるのでしょうか。

◎死亡慰謝料の基準

交通事故による損害賠償金の支払いの基準としては、一般に、①自動車損害賠償責任保険（自賠責保険）による基準、②任意保険会社による基準、③裁判基準があります。

①はあくまでも最低保障を目的としていることから、その支払基準は、低い基準となっています。死亡の場合は3,000万円が支払いの上限となっています。②は各保険会社が独自に定めた支払基準です。裁判基準と比較して低額であることが通常です。③は公益財団法人日弁連交通事故センター東京支部が交通事故における裁判例を分析し一定の基準を示したものです。詳しくは「民事交通事故訴訟損害賠償額算定基準」（公益財団法人日弁連交通事故センター東京支部）や「交通事故損害算定基準」（公益財団法人日弁連交通事故相談センター）に記載がありますので参考にしてみてください。

訴訟においては、裁判所も裁判基準を参考に支払額を決定しています。前述の裁判基準によりますと、亡くなられた方が一家の支柱である場合は2,800万円程度、母親、配偶者である場合は2,400万円程度、その他（独身の男女や子ども、幼児、高齢者等）の場合は2,000万円から2,200万円程度とされています。

お尋ねの件の場合、亡くなられた方が一家の支柱と認められ、かつ裁判基準に従うと死亡慰謝料として2,800万円程度の支払いが受けられることになります。もっとも、裁判基準は裁判になればほぼこの基準に従って判決が下されるであろうという目安にすぎません。個別具体的な事情により増減されますので注意してください。また、この基準は近親者固有の慰謝料を含めた金額として扱われています。

◎慰謝料の増額が認められる場合

事故態様が悪質であった場合や事故後の加害者の対応が著しく不誠実であった場合には、慰謝料の増額が認められることもあります。例えば、加害者が無免許であった、あるいは酒酔い運転であった、信号無視によって事故が起きた等事故態様が悪質であった場合や、明らかに加害者に事故の責任があるのに、責任を一向に認めず示談交渉を長引かせたりする等事故後の加害者の対応が著しく不誠実である場合は慰謝料の増額が認められることがあります。どれくらいの増額が認められるかですが、裁判基準の2割から3割増しが一つの目安と思われます。

◎保険会社との交渉にあたって

保険会社が提示してくる金額は裁判基準と比較して低額であることが一般です。ただし、裁判基準はあくまでも裁判になった場合の基準です。そのため裁判前の段階で弁護士を代理人にすることなく被害者本人が交渉しても、裁判基準による支払いを受けることは難しいかもしれません。しかし、保険会社の提示する金額はその保険会社が定めた独自の支払基準に基づくものであり、何ら法的根拠に基づくものではありません。保険会社の提示金額をうのみにすることなく、前述の裁判基準や事故の態様等を指摘する等して交渉すれば、最初に提示した金額から増額されることも期待できると考えられます。

Q 11-11 既往の疾患がある場合やストレスによる疾患が生じた場合

夫婦でドライブ中に交通事故に遭いました。私は頚椎捻挫（いわゆるむち打ち症）と診断されましたが、相手の保険会社の担当者からは事故前から頚椎の後縦靭帯に骨化が認められるから全額の賠償はできないと言われています。また、妻はこの事故によるストレスから胃潰瘍になってしまいましたが、担当者からは妻がもともと神経質であることが原因であるといって、胃潰瘍に関する賠償はできないと言われています。本当に支払いが減額されたり、賠償が認められなかったりするのでしょうか。

◎素因減額について

「素因減額」とは、交通事故の被害者にもともと持病があり、その持病のために症状が悪化したり、治療期間が長期化したりして、通常よりも損害が拡大した場合、その拡大した損害については交通事故以外の被害者側の要因である「素因」が影響していると考えて、損害額を減額することを言います。実務上、損害の公平な分担を目的とする過失相殺制度（Q11-13参照）と同様の考えにより素因減額が認められています。素因には大きく分けて、身体的要因と心因的要因があります。

◎身体的要因について

「身体的要因」としては、被害者の体質や既往症等が考えられます。お尋ねの件では頚椎後縦靭帯骨化症に罹患していたものと考えられます。頚椎後縦靭帯骨化症とは、頚椎を連結している後縦靭帯が通常の何倍もの厚さになり骨のように硬くなった結果、脊髄や脊髄から分枝する神経根が押されて感覚障害や運動障害等の神経症状を引き起こす病気のことです。

頚椎後縦靭帯骨化症により症状が悪化した、治療期間が長期化した等の事情が認められる場合には、減額の対象になる可能性があります。素因減額は損害額全体に対し一定の割合を減額するという方法で行われます。後縦靭帯骨化症に関する裁判例では2、3割の素因減額を認めるものや、素因減額しなくても公平の理念には反しないとして減額を否定するものもあります。

素因減額の可否は、身体的要因が疾患に該当するか、疾患に該当しない場合でも素因減額すべき特段の事情があるか、交通事故だけではなく身体的要因も損害の発生の原因になっているか、身体的要因の態様、程度等に照らして損害の全部を加害者に負担させるのが公平を失すると言えるかが考慮されているようです。

◎心因的要因について

また、ストレスから胃潰瘍になった場合、加害者に対して損害賠償の請求をすることはできるでしょうか。事故と何らかの関係がある損害すべてについて加害者に責任を負わせることは、酷と言えます。そこで、実務では今回の事故と相当な因果関係のある損害（そのような事故に遭えば、通常そのような損害が発生すると認められる場合）について責任を負うとされています。交通事故の態様にもよりますが、交通事故に遭った人が事故によるストレスから胃潰瘍になることは普通に考えてありえますので、加害者に対して損害賠償を請求できる可能性が高いでしょう。もっとも、前述のように被害者の心因的要因により被害の拡大に寄与していると言えるような場合（例えば普通の人なら2か月で完治するところ半年も通院している等）には、損害の公平な分担という観点から損害額が減額されることになるでしょう。

◎素因減額の割合

実務上素因減額の具体的な基準というものはなく、身体的、心因的要因の種類、態様、程度、交通事故の態様、程度および傷害の部位、態様、程度と結果等を個別具体的に検討し、損害の公平な分担という観点からその減額の割合を検討することになります。

Q 11-12
物損事故に遭った場合、どのような請求ができるか

車を運転中、わき見運転をしていた車に衝突され、私の車を壊されてしまいました。車は修理しないと走行することができない状態です。相手からは私にも過失があると言っており、また、修理費用が高いと言われています。早く車を修理したいのですが、相手から支払われる金額がわからないと私が修理費をいくら負担するかもわからないため怖くてできません。今後どのような請求ができるでしょうか。また、どんなことに気をつければよいでしょうか。

A

◎ 請求できる損害

いわゆる物損事故にあった場合、被害者が加害者に対して請求しうるものとしては、①修理費、②評価損、③レッカー代、④代車使用料、⑤休車損害等があります。

◎ 修理費

お尋ねの件のように自動車を壊された場合、修理費の請求が認められます。もっとも、修理するより買い替えたほうが安く済むような場合には、修理費ではなく買替差額（時価＋買替えのための諸費用－事故車の売却額）の請求しか認められないことになります。また、事故車の下取りが認められるような場合には、さらに下取り価格を差し引く必要があるときもあります。当該自動車に愛着があり修理したいという場合には、差額分は自分で支払うしかありません。

保険会社には「アジャスター」という自動車の専門家がいますので、加害者のあるいはご自身の保険会社に早期に事故車両を確認してもらい、適正な損害がいくらなのかを算定してもらうとよいでしょう。

◎ 評価損

被害車両が新車であったような場合で、車両骨格部分にまで損傷が及んでいたりすると事故歴によりその車の市場価値が下がる場合（評価損）があります。評価損が認められるかどうかは新車登録からの年数、走行距離、車両の購入価格、損傷の部位、程度等を考慮して判断されます。評価損が認められる場合、これらの考慮要素を踏まえ、修理費の一定の割合（概ね10～50％程度）を損害として算定している例が多いです。

◎ 代車使用料

通勤のために車を使用していた、あるいは仕事で車を使用していたというように自動車を日常的に使用していたような場合には、修理相当期間（または買替相当期間）中の代車の使用が認められ、その使用料の請求が認められます。もっとも、修理「相当」期間ですから一定の期間制限があり、合理的な理由がない限り長期間の代車使用料は認められません。お尋ねの件のように、自己負担額がわからないからといって修理や買替を進めないまま代車を使用し続けたりすると、代車使用料の自己負担リスクが高まりますので注意する必要があります。

◎ 休車損害

営業のために車を使用していたような場合には、修理期間中あるいは買替期間中（車を使用できなかった期間）の営業上の損害の請求が認められます。ここでいう営業上の損害ですが、車を使用できなかった期間に事故に遭わず車を使用していたら取得できたであろう売上から支出を免れた経費相当額を控除した額を言います。休車損害を立証するためには会社の帳簿等を精査する必要があります。

◎ 慰謝料の請求

通常、物損の場合には慰謝料の請求は認められていません。たとえ被害自動車に非常に愛着を持っていたとしても、慰謝料の請求が認められることは厳しいというのが現状です。財産に対する金銭賠償だけでは償えないほどの精神的苦痛が生じたと認められる特殊な事情があれば別途慰謝料が認められる可能性もありますが、認められるとしても低額になることがほとんどです。

Q 11-13
事故状況に争いがある場合

交差点を青信号で直進中、対向車線を右折してきた車と衝突する事故に遭いました。相手は「双方の自動車が動いているときの事故だからお互いさまだ」等と言って、私の損害を全部賠償するつもりはないようです。どのように対応したらよいのでしょうか、また、この事故で私に過失が認められることはあるのでしょうか。

◎過失相殺（一般論）

加害者は被害者に対して被害者に発生した損害（治療費、入院雑費、休業損害、慰謝料等）を賠償すべき責任を負います。しかし、必ずしも被害者に発生した損害のすべてについて加害者が責任を負うわけではありません。損害の公平な分担という観点から、被害者にも落ち度（過失）が認められる場合には損害額が減額されます。これを「過失相殺」と言います。いかなる場合にどの程度の過失割合（減額）が認められるのかについては、さまざまな要素を考慮に入れて判断されますので一概には言えませんが、「民事交通訴訟における過失相殺率の認定基準〔全訂5版〕」（別冊判例タイムズNo.38、判例タイムズ社）や「民事交通事故訴訟損害賠償額算定基準」（公益財団法人日弁連交通事故センター東京支部）が事故類型や事故態様等に応じた過失相殺率の認定基準を明らかにしています。前者の書籍は、東京地方裁判所の交通部の裁判官によって書かれたものであり、実務でよく参考にされているものです。

◎事故状況の立証について

交通事故の過失割合は事故の具体的状況により異なります。基本的に交通事故は当事者しか体験しえないものであり、これを後日、保険会社や代理人弁護士、裁判官等の第三者に理解してもらうためには、なるべく詳細な資料を用意しておく必要があります。

警察に通報した場合の事故処理は、事故当事者がけがをしている場合の「人身事故」、怪我人のいない「物件事故」の場合で異なります。「人身事故」の場合は自動車運転過失致傷等の犯罪捜査が必要となってくるため、実況見分を行い実況見分調書が作成されることになります。この実況見分調書が後に事故状況を明らかにする有益な資料として用いられることが多いため、実況見分時にはしっかりと事故状況を伝える必要があります。けがにより事故現場からすぐに救急搬送された場合は、けが人不在のまま実況見分が行われることもありますので、実況見分に立ち会えなかった場合は、後日、実況見分をしてもらうよう要求するとよいでしょう。「物件事故」の場合は簡単な聴き取りで済まされることが多いですが、なるべくご自身の事故の認識を正確に伝え、詳細に聞き取ってもらうようにしましょう。実況見分調書ほどではありませんが、簡単な事故状況図を取り寄せられることがあります。

警察による事故処理とは別に、安全に十分に注意して事故直後の現場の状態や双方の車両の損傷状況をなるべく詳細かつ多く写真や動画に残しておくと後で役に立つことがあります。事故当時の速度や運転状況等は記憶が曖昧にならないうちにメモしておくとよいでしょう。

事故の立証にはドライブレコーダーが大いに役立ちます。しかし、ドライブレコーダーを取りつけていてもデータの容量や保管の仕方を把握していないため、重要な事故映像が残せていない場合もあります。ドライブレコーダーを搭載している場合はあらかじめ操作方法等を把握しておくようにしましょう。

お尋ねの、青信号を直進した車と対向から右折してきた車の交差点での事故ですが、これを先の書籍で公表されている基準でみますと、過失割合は直進車20％、右折車80％が基本とされています。一定の修正要素がありますが、過失割合が0：100という事故態様はそれほど多くないというのが実情です。

Q 11-14
歩行者と自転車の衝突事故に遭った場合

先日、歩車道の区別のない道路の左側を歩いていたら、前から来た自転車にぶつけられ、転倒して左手首を骨折してしまいました。治療のため6か月ほど通院したのですが、車の交通事故と同様に治療費や慰謝料等を請求することは可能なのでしょうか。

◎請求できる損害

近年、自転車による事故（自転車対歩行者や自転車同士の事故）が増えています。お尋ねの件のように自転車事故によって傷害を負った場合でも、自動車によって傷害を負った場合と同じで、被害者は加害者に対して治療費、交通費、休業損害、入・通院慰謝料（傷害慰謝料）等を請求することができます。ですので、今回の被害者は骨折の治療のためにかかった費用や慰謝料を請求することができます。これらの具体的な説明につきましては Q11-4、Q11-6 を参照してください。

◎自転車事故に遭った場合に注意する点
① 保険

自動車の場合とは異なり、自転車の場合には自動車損害賠償責任法の適用がないことから自賠責保険による支払いはなく、加害者が任意保険に加入していないと、加害者の資力によっては支払いを受けられなくなる可能性があります。

任意保険としては個人賠償責任保険や傷害保険等がありますが、自転車事故特有の保険として「TS マーク付帯保険」というものがあります。このTSマークとは、道路交通法に定められた構造、性能等の基準に適合した安全な自転車であることの印（青色と赤色の2種類がある）です。このTSマークが貼ってある自転車が事故を起こした場合、被害者は一定の補償を受けることができます。なお、物件損害は補償の対象外です。

補償内容は、青色TSマークの場合、傷害補償として入院15日以上で一律1万円、死亡、重度後遺障害（1～4級）で一律30万円、賠償補償として死亡、重度後遺障害（1～7級）で限度額1,000万円です。赤色TSマークの場合、傷害補償として入院15日以上で一律10万円、死亡、重度後遺障害（1～4級）で一律100万円、賠償補償として死亡、重度後遺障害（1～7級）で限度額5,000万円、被害者見舞金として入院15日以上で一律10万円が補償されます。ただし、平成26年9月30日までに貼付された赤色TSマークの場合は被害者見舞金がなく、賠償補償における死亡、重度後遺障害（1～7級）の限度額が2,000万円となりますので注意が必要です。

② 立証責任

自動車事故による場合、自賠法の適用がありますので、被害者保護の観点から立証責任が転換され（自賠法3）、被害者に有利な取扱いがなされています。自転車の場合、自動車損害賠償保障法の適用がないため、被害者が相手方の過失を立証しなければならず、事故の態様や相手方によっては相手方の過失の立証は困難となります。ですので、自転車事故に遭った場合でも加害者の氏名・住所等を確認し、警察に通報して事故の届出をしておかなければなりません。「自転車事故」というとあまり大きな事故でないようにも聞こえますが、事故後しばらくして痛みが出てくる等、予想以上に被害が大きくなることも少なくないので注意してください。

③ 過失相殺

損害の公平な分担という観点から被害者にも落ち度（過失）が認められる場合には損害額が減額されます。「民事交通訴訟における過失相殺率の認定基準〔全訂5版〕」（別冊判例タイムズ No.38、判例タイムズ社）によれば、歩車道の区別のない道路において、道路左端を歩いている歩行者と自転車との事故の基本過失割合は歩行者5％、自転車95％とされています。具体的事情によりこの基本過失割合も増減されますので、過失割合については具体的事故状況を踏まえ十分に検討する必要があります。

Q 11-15
交通事故の加害者が保険に入っていなかった場合

車を運転し、信号待ちで停止していたところ、激しい追突事故に遭い、重傷を負いました。加害者は任意保険に入っていないばかりか、自賠責保険も期限切れになってしまいました。加害者は、無職で、貯金もないと言っています。このような場合、どうしたらよいのでしょうか。

◎自動車保険の仕組み

自動車事故に遭った場合の保険としては、大きく分けて自動車損害賠償責任保険（自賠責保険）と加入が任意である任意保険とがあります。詳細はQ11-1を参照してください。

◎被害者側で使用できる任意保険がある場合

加害者が任意保険に加入していない等の理由で加害者側の任意保険が使用できない場合には、被害者側に使用できる任意保険がないかを確認してみてください。被害者自身が直接任意保険の契約をしていなくても、家族が保険契約をしていることで任意保険が使えることもあります。このような場合には任意保険会社に連絡し、補償を受けられる保険がないか確認してもらうとよいでしょう。

自動車の損害については「車両保険」が、けがによる損害については「人身傷害保険」があれば被害者側の任意保険で補償を受けることができます。「車両保険」は使用すると保険料が上がる場合がありますので、保険料の増加額と保険使用による受取保険金額等を考慮して保険使用の有無を検討されるとよいでしょう。

また、「搭乗者傷害保険」や「無保険者傷害保険」によっても補償を受けられる可能性がありますので、自分が使用することのできる任意保険の有無、保険契約の内容をしっかりと確認してみましょう。

◎被害者が任意保険による補償を受けられない場合

任意保険による補償が受けられない場合、怪我の損害については加害者の加入している自賠責保険に直接請求することになります。

自賠責保険は加入が強制されていますから、本来、自賠責保険に加入していないというようなことはないはずなのですが、残念ながら加害者が保険金を支払っていなかった等の理由で加害者の自賠責保険が使用できないことがあります。

このような場合には、自賠責保険から損害賠償の支払いを受けることはできません。では、被害者は直接加害者から支払ってもらう他ないのでしょうか。自賠責保険の支払いもできない加害者ですから、加害者から発生した損害を全額賠償してもらうことはできない可能性が高いでしょう。

お尋ねの件のように、加害者が無職で貯金もないということでは、加害者から損害賠償してもらうことは極めて困難です。

このような場合に備えて、政府保障事業というものがあります。これは、加害者が自賠責保険に入っていない場合やひき逃げ等で加害者が不明である場合等、自賠責保険による支払いがなされない場合に、被害者救済のため自賠責保険による支払いと同額までの支払いを保障するものです。

ただし、政府保障事業は被害者のための最終的な救済制度ですから、健康保険や労災保険等で給付を受けられる場合、給付を受けた分については損害から差し引かれることになります。また、加害者からけがに対する賠償を受けることができた場合にも同様に差し引かれることになります。

Q 11-16
交通事故による損害賠償請求権の時効

　私は2年ほど前に自動車事故に遭い、それ以降保険会社の担当者と話合いをしていますがなかなか話がまとまりません。交通事故による損害賠償請求権には時効があると聞いたことがありますが大丈夫でしょうか。

◎損害賠償請求権の時効期間

　一般の債権は10年で時効消滅してしまいますが（民法167）、交通事故による被害者の加害者に対する損害賠償請求権は不法行為に基づく損害賠償請求権（民法709）として、3年の消滅時効が規定されています（民法724）。

◎自賠責保険に対する請求

　自動車損害賠償保障法（自賠法）16条1項により、被害者は直接自賠責保険会社に損害賠償額の支払いを請求（被害者請求）することができます。

　この請求は、被害者保護の観点から、被害者に過失が認められる場合における過失相殺や事故と損害との因果関係の立証の点において被害者に有利な取扱いがなされています。ですので、被害者の過失割合が大きいような場合には、この被害者請求をして損害額の支払いを受けるのがよいでしょう。もっとも、自賠責保険は損害の最低限を保障するものですから、支払額には上限が定められていますし、物的損害については保障されません（Q11-1参照）。そして、この被害者請求は2年で消滅時効にかかります（自賠法19）。ただし、保険法が制定されたことに伴い平成22年4月1日以降に発生した交通事故については2年ではなく3年になっています。

◎時効期間の進行

　時効は、いつから進行するのでしょうか。この点、法律の規定では「被害者又はその法定代理人が損害及び加害者を知った時」からとしています（民法724）。このように、時効の起算日は損害と加害者の両方を知ったときからです。ですので、ひき逃げ事故の場合のように誰が加害者なのかわからない場合には、時効期間は進行せず加害者がわかったときから時効期間が進行し3年で時効になります。また、「損害を知った」とは、正確な損害額を知ることまでは必要ではなく、例えば傷害事故に遭った場合には負傷した事実がわかれば損害を知ったと言え、治療費や休業損害がいくらなのかわからなくても時効期間は進行します。

　具体的には、加害者は判明しているとして①死亡事故については死亡のときから、②傷害事故については負傷したときから、③後遺障害が発生した場合における後遺症慰謝料や後遺症逸失利益については症状固定（Q11-7参照）のときから、④物損事故については事故のときから進行します。

◎時効を阻止するためには

　時効期間は、加害者が損害賠償債務を認めたり、裁判所に訴訟を提起したりすれば中断します。したがって、保険会社との話合いというのが、加害者が損害賠償責任を負うこと自体には争いはなく損害額はいくらが妥当かという話合いということであれば、時効は中断し、新たに期間が経過するまでは時効消滅しません。時効期間の完成が近づいているような場合には、加害者から債務を認める書面を入れてもらったり、加害者宛て（加害者の保険会社宛て）に配達証明付内容証明郵便で支払いの請求をしたり、6か月以内に訴えを提起する等して時効中断の手続きをとりましょう。

　なお、加害者に対して損害賠償を請求しても、自賠責保険に対する被害者請求権の時効は中断しませんし、この被害者請求をしても加害者に対する損害賠償請求権の時効は中断しませんので注意してください。

　なお、今後の民法改正で人身損害に関する時効期間は3年から5年に変更され、また、「時効の中断」に代わり、「時効の完成猶予」および「時効の更新」という制度が創設される予定です。

2 欠陥商品の事故

Q 11-17

携帯電話の発熱事故

携帯電話をズボンの左前ポケットに入れたまま、自宅で休んでいました。しばらくすると、左ももがひりひり痛むので見てみると、ちょうど携帯電話があたっていた左ももに低温やけどを負っていました。現在治療のため通院しているのですが、誰に対してどのような請求が可能ですか。

◎責任追及の方法

製品に起因して被害を受けた場合、あなたが製品を購入した当事者であれば、売主に対し、瑕疵ある商品を売った事による責任（瑕疵担保責任、民法570条）や債務不履行責任を追及し、契約の解除や損害賠償請求をすることができます。

しかしながら、あなたが売買契約の当事者（買主）でなければ、売主に瑕疵担保責任や債務不履行責任を追及することはできませんし、そもそも売主が誰であるかがわからない場合や、売主が零細な事業者で賠償金の支払いが期待できない場合なども考えられます。

また、瑕疵担保責任に基づく損害賠償の範囲は、いわゆる信頼利益（瑕疵がないと信頼したために被った損害。具体的には支払済みの商品代金、補修を要する場合の補修費用等）に限られ、その商品が原因の怪我の治療費や商品以外のものが破損したことによる損害等の拡大損害は、損害賠償の範囲には含まれないと考えられています。

そこで、製造物に起因して損害を被ったときは、製造業者等（製造業者等の範囲についてはQ11-18、11-19参照）に対し、製造物責任法に基づく製造物責任を追及するのが一般的です。

◎製造物の「欠陥」とは

製造物責任法では、どのような場合に、誰に対し、どんな責任の追及ができるのでしょうか。

製造物責任法3条は、製造業者等は、製造物の「欠陥」により、生命、身体、または財産に損害が生じたときは、損害賠償責任を負うものと定めています。

ここで製造物の「欠陥」とは、製造物が通常有すべき安全性を欠くことを言い、この「欠陥」には、①製造上の欠陥、②設計上の欠陥、③指示警告上の欠陥の三つの類型があります。

ただし、製造物責任を追及するためには、製造業者等が当該製造物を他人に引き渡した時点で、製造物に前述のいずれかの「欠陥」があったと言えることが必要になります。

◎「欠陥」の立証責任

では、被害者が製造業者の製造物責任を追及しようとする場合、被害者は当該製品の「欠陥」につき、どの程度まで立証しなければならないのでしょうか。

この問題について、裁判例には、製造物責任法の趣旨等に照らし、製造物責任を追及する者は、欠陥の主張・立証としては、製品を通常の用法に従って使用していたにもかかわらず、身体・財産に被害を及ぼす異常が発生したことを主張・立証することで足り、それ以上に具体的欠陥等を特定したうえで、欠陥を生じた原因、欠陥の科学的機序（科学的なメカニズム）まで主張立証責任を負うものではない、と述べたものがあります（仙台高判平22．4．22）。

そもそも、製造物責任法は製品に起因する事故から消費者を保護することを目的として制定された法律です。そのため、裁判所としても専門的知識や高度な技術を有しない消費者（被害者）に対し、欠陥を生じた原因等の困難な立証をさせることは妥当ではないと考えているのです。

◎お尋ねの場合

お尋ねの場合、携帯電話をズボンの左前ポケットに入れているというのは通常の使用方法と言えます。そのような使用方法の最中で、低温やけどをするような発熱が生じていますので、この製品は通常有すべき安全性を欠くものと言えるでしょう。したがって、あなたが当該製品を購入した後に製品を破損した等の事情がない限り、治療費や通院費用等の損害賠償請求をすることができると考えられます。

Q 11-18
輸入品に欠陥があり、製造物責任を追及したい

輸入品に欠陥があった場合、誰に対して製造物責任を追及することができますか。

◎製造物責任法における「製造業者等」の範囲

製造物責任法3条は、「製造業者等は、その製造、加工、輸入又は前条第3項第2号もしくは第3号の氏名等の表示をした製造物であって、その引き渡したものの欠陥により他人の生命、身体又は財産を侵害したときは、これによって生じた損害を賠償する責めに任ずる。ただし、その損害が当該製造物についてのみ生じたときは、この限りでない」と定めています。つまり、製造物責任法に基づき製造物責任を負う者は、「製造者等」に限られます。この「製造者等」に含まれる範囲は、以下のとおりです。

製造物責任法2条3項の「製造者等」の範囲

1号	当該製造物を業として製造、加工又は輸入した者（以下単に「製造業者」という）
2号	自ら当該製造物の製造業者として当該製造物にその氏名、商号、商標その他の表示をした者又は当該製造物にその製造業者と誤認させるような氏名等の表示をした者
3号	前号に掲げる者のほか、当該製造物の製造、加工、輸入又は販売に係る形態その他の事情からみて、当該製造物にその実質的な製造業者と認めることができる氏名等の表示をした者

◎「製造又は加工を業とする者」とは

ここでの「製造」とは原材料に手を加えて新たな物品を作り出すこと、「加工」とは材料に工作を加え新たな属性を付加することをそれぞれ意味します。

したがって、単に材料を切断しただけの場合等は、切断等によって新たな属性が付加されるような場合でない限り、基本的には「製造又は加工」には該当しません。

また、「業とする」とは、同種の行為を反復継続して行うことをいいます。反復継続して行う意図をもって行えば、実際に反復継続した後でなくても、「業として」行ったことになります。また、営利目的であることは必要ありません。

◎「輸入を業とする者」とは

輸入者についても、輸入を業として行っている場合には、「製造業者等」に該当することとなります。ですので、直接海外の製造業者の責任を追及することが困難な場合であっても、被害に遭った消費者は、輸入業者の責任を追及することにより救済を受けることができます。

◎「製造業者」とは

前述の製造物責任法2条3項2号は、実際に製造、加工または輸入を行っていない場合であっても、それらの行為をしたかのように表示した者は、「製造業者等」に該当すると定めています（同号前段）。具体的には、「製造元○○」「輸入元○○」等と表示した者がこれに該当します。

また、こうした明確な記載がない場合であっても、その製品を製造、加工または輸入したと誤解させるような表示をした者（自社のブランドを製品に付しており、その表示の仕方が製造者であるとの誤解を与えるような表示方法である場合等）も、「製造業者」等に該当します（製造物責任法2③Ⅱ後段）。Q11-19も参照してください。

◎お尋ねの場合

お尋ねの場合、ご相談の製品は輸入品ということですので、輸入者を調査し判明すれば、輸入者に対し製造物責任を追及することが可能です。

また、「輸入元○○」という表示がなされている場合や、これに類似する表示がなされている場合には、表示を行った者に対し製造物責任を追及することが可能です。

第11章　事故に関する法律知識

Q 11-19
プライベートブランド(PB)に欠陥があり、製造物責任を追究したい

プライベートブランド商品（PB商品）に欠陥があった場合、誰に対して製造物責任を追及することができますか。

A

◎プライベートブランド商品（PB商品）とは

プライベートブランド商品（以下「PB商品」という）とは、販売業者（A社）が、製造業者（B社）に製造させた商品を、販売業者（A社）の商標・ブランドで販売しているものであり、最近ではスーパーマーケットやコンビニエンスストア等で多くのPB商品が販売されています。

では、このようなPB商品の場合、誰が製造物責任を負うことになるのでしょうか。

◎製造物責任法2条3項3号について

製造物責任法2条3項2号は、実際に製造を行っていなくても、製造業者であると表示した者、または製造業者であると誤認するような表示をした者は、「製造業者等」として製造物責任を負うと定めています（Q11-18参照。加工、輸入の場合も同様）。

さらに、製造物責任法2条3項3号では、その製造物の製造、加工、輸入または販売の形態等からみて、製造物に、実質的な製造業者と認めることができる氏名等の表示をした者も、「製造業者等」として製造物責任を負うと定めています（加工、輸入の場合も同様）。

どのような場合に、実質的な製造業者と認めることができる表示を行ったと言えるかについて、裁判例があります。

その事案は、健康食品について、ある業者が、自らを「製造者」ではなく「販売者」として表示していたというものです。判決は、当該業者が自ら健康食品の原料を購入し、別の業者に原料の滅菌・袋詰めを依頼し、でき上がった商品を販売していたこと等を根拠として、この業者は「実質的な製造業者と認めることができる氏名等の表示をした者」に該当すると判断しました（名古屋地判平19.11.30）。

なお、この事案では、原料の滅菌・袋詰めを担当した業者は、商品の包装表示において「製造者」として表示されていました。このことから、判決は、「製造者」として表示された業者についても、製造物責任法2条2項2号前段の「自ら当該製造物の製造業者として当該製造物にその氏名、商号、商標その他の表示をした者」に該当するものとして、やはり製造物責任を負うものと判断しています。

◎お尋ねの場合

ご相談の製品はPB商品ということですが、製品にA社の商標・ブランドのみが表示されている場合には、社会通念上、A社が製造業者であると表示した、あるいは製造業者であると誤認するような表示をしたと認められる場合が多いと考えられます。これらの場合、A社は製造物責任法2条3項2号に基づき「製造業者等」に該当することとなるので、A社に対し製造物責任を追及することが可能です。

他方、製品に販売者の商標・ブランドが表示されているが、別途「製造者：B」、「製造元：B」等の表示もなされている場合は、通常、製造者はA社ではなくB社であると読み取ることができます。この場合はA社は、製造業者であると表示した、あるいは製造業者であると誤認するような表示をしたとは言えないと判断されることが多いでしょう。したがって、この場合はA社ではなくB社に対し、製造物責任を追及することになります。

ただし、前掲の裁判例の事案のように、A社の経営の実態や、製品の製造等への関与の仕方によっては、A社が製造物に実質的な製造業者と認めることができる氏名等の表示をしたと認められる場合もありえます。

この場合には、A社に対し、製造物責任法2条2項3号に該当するとして、製造物責任を追及する余地があります。

Q 11-20
製造業者等に請求できる損害賠償の範囲

製造業者等に対して請求できる損害賠償の範囲について教えてください。

◎製造物責任法が定める損害賠償の範囲

製造物責任法3条は、製造業者等は当該製造業者等が製造、加工、輸入等した製造物の欠陥により、他人の生命、身体または財産を侵害したときは、これによって生じた損害を賠償する責めに任ずると定めています。

これは、欠陥商品事故が生じた場合、その商品が壊れて使用不可能となるだけでなく、近くに置いてあった別の物等が壊れて使用不可能となったり、使用者がけがを負ったりすることが多く、時には命を落とすといった事態も生ずるため、製造業者等にこれらの拡大損害に対する損害賠償責任を負わせることとしたものです。

◎欠陥と損害との相当因果関係

ただし、欠陥商品事故の場合でも、交通事故の場合と同様に、商品の欠陥と「相当因果関係」が認められる損害でなければ、損害賠償の対象にはなりません。

商品の欠陥と損害との間に「相当因果関係」があると認められるためには、欠陥と損害との間に、単なる原因と結果の関係（因果関係）があるだけでは足りません。因果関係のある損害がすべて損害賠償の対象になると、製造業者等の負う賠償責任の範囲が際限なく拡大してしまい、かえって不公平が生じてしまいます。そこで、判例は、損害の予見可能性等を考慮したうえで、因果関係のある損害のうち、一定の範囲についてのみ製造業者等に賠償責任を負わせることとしています。

このように、ある損害が損害賠償の対象となる場合、当該損害と欠陥との間には、「相当因果関係」が認められると言えます。

◎損害の具体例

では、相当因果関係が認められる損害として、具体的にはどのようなものがあるのでしょうか。

製品の欠陥により発生する損害としては、①財産に対する侵害と、②生命・身体に対する侵害とがありますが、具体的には次のような損害が、製品の欠陥と相当因果関係が認められる損害に該当します。

◎欠陥により財産に対する侵害が生じた場合

欠陥によりその製品の破損以外の物損が生じた場合は、その修理費等が損害賠償の対象になります。

◎欠陥により身体に対する侵害が生じた場合

① 治療関係費等

治療関係費（治療費、器具薬品代等）、付添看護費、入院雑費、通院交通費、装具器具等購入費等については、症状に応じ必要かつ相当と認められる範囲のものが、欠陥と相当因果関係が認められる損害として、損害賠償の対象になります。

② 休業損害

身体に対する侵害（けが等）が原因で休業を余儀なくされた場合、休業によって減少した収入が損害賠償の対象となります。たとえ、有給休暇を使用して現実に収入の減少が生じていなくても、その間の収入は損害賠償の対象になります。これに対し、家事従事者に関しては、家事労働の対価を算定したうえで、家事労働に従事できなかった期間についての休業損害が損害賠償の対象となります。

③ 傷害慰謝料

これは、欠陥によって生じたけがで入通院を余儀なくされた場合、被害者本人の精神的損害に対するものです。入通院期間を基礎としつつ、けがの部位・程度等を考慮して算定されます。

◎後遺症が生じた場合

これらの各項目に加え、次の各損害が、商品の欠陥と相当因果関係の認められる損害に該当します。

① 後遺症による逸失利益

商品の欠陥が原因で後遺症が生じた場合、それ

によって労働能力が低下し、事故がなければ得られたはずの収入が得られなくなる場合があります。このような場合には、被害者の事故前の収入や平均賃金等を基礎とし、後遺症による労働能力の低下の程度に応じて算定された逸失利益が、損害賠償の対象となります。
② 後遺症慰謝料
　これは、後遺症が生じたことによる精神的損害に対するものであり、後遺症の程度に応じて算定されます。
　なお、死亡に比肩するような重度の後遺症が生じた場合には、被害者本人に対する慰謝料のほか、近親者に対する慰謝料も認められる場合があります。

◎死亡に至った場合
　次の損害が、欠陥と相当因果関係のある損害に該当します。
① 死亡による逸失利益
　欠陥により死亡した場合、事故がなければ得られたはずの収入が得られなくなります。このような場合には、被害者の事故前の収入や平均賃金等を基礎とし、被害者の年齢や扶養家族の有無等を考慮して算定された逸失利益が、損害賠償の対象となります。
② 死亡慰謝料
　欠陥により死亡したことによる精神的損害に対するためのものであり、被害者本人に対する慰謝料のほか、近親者に対する慰謝料が認められます。
　なお、近親者が被害者本人の相続人である場合には、近親者は、被害者本人に対する慰謝料を相続するのに加えて、近親者自身に対する慰謝料を受け取ることができます。

◎すべての事案に共通する項目
① 弁護士費用
　裁判例では、各項目で認められた金額の10％程度を相当因果関係のある弁護士費用相当額の損害と認めるものが多いと言えます。
② 遅延損害金
　欠陥による侵害が発生した日を起算点として、法定利率である年5％の割合で算定されます（法定利率は改正予定。序章2を参照）。

◎損害が当該製造物の破損だけにとどまった場合
　製造物責任法3条但書では、製造物の欠陥により生じた損害が、当該製造物についてのみ生じたときは、製造業者等は製造物責任法に基づく損害賠償責任を負わないと定めています。
　このように定められているのは、そもそも製造物責任法が、製造物の欠陥により生命、身体、財産に対する拡大損害が生じた場合の損害の填補を目的としているからです。
　そのため、損害が当該製造物自体の破損だけにとどまった場合には、製造業者等に製造物責任法に基づく損害賠償請求をすることはできません。この場合には、売主に対して瑕疵担保責任（民法570）か、債務不履行責任を追求して、損害賠償等で損害の填補を図る他ありません。
　もっとも、欠陥が原因で生命・身体・財産に対する拡大損害が生じた場合には、当該製造物自体が破損した損害についても、製造物責任法に基づく損害賠償の範囲に含まれます。そのため、損害が当該製造物の破損だけにとどまった場合との取扱いの違いには注意する必要があります。

◎過失相殺について
　交通事故の場合と同様に、使用者（被害者）側に製品の使用方法等について過失が認められる場合には、その過失の程度を考慮して損害賠償の額が減額される可能性があります。これは、過失相殺（民法722②）といって、損害賠償を請求する側と損害賠償をする側との間の公平を図るために設けられた制度です。
　前述のような過失相殺が考えられる場合としては、使用者（被害者）が製品の取扱説明書をよく読まず、そこで指摘されている注意に従わなかったケースが考えられます。この場合には、たとえ製造業者等に損害賠償責任が認められても、過失相殺でその金額が減額される可能性があります。

Q 11-21 取扱方法を誤ってけがを負ってしまった

取扱説明書に書かれている取扱方法を誤ったためにけがを負いました。このような場合でも製造物責任を追及する余地はありますか。

A

◎製造物の「欠陥」とは

製造物責任法は、製造物に「欠陥」がある場合に、製造業者等は被害者に対する損害賠償義務を負うと定めています。

「欠陥」には、①製造上の欠陥、②設計上の欠陥、③指示・警告上の欠陥の3類型があります（Q11-17参照）。

①製造上の欠陥とは、製造物の製造過程で品質を満たさない材料が使用された場合や、組立方法が不適切であった場合等、製造物が設計・仕様どおりに製造されなかったことにより、通常有すべき安全性を欠く場合を言います。

②設計上の欠陥とは、設計段階で安全性に対する十分な配慮がなされていないために、製造物が通常有すべき安全性を欠く場合を言います。

③指示・警告上の欠陥とは、製造物の中には、その製品の目的や効用を達成するため一定の危険を伴うものがありますが、製造業者が消費者にそのような危険の発現による事故を回避するのに必要な情報を与えていない場合を言います。

以上の三つの類型のいずれについても、その製造物の特性、その通常予見される使用形態、その製造業者等が当該製造物を引き渡した時期その他の当該製造物に係る事情を考慮し、その製造物が通常有すべき安全性を欠いているか否かという観点から、「欠陥」の有無を判断することになります（製造物責任法2②）。

◎誤使用の場合

取扱説明書に取扱方法が書かれているにもかかわらず、これに従わなかったことによりけがを負った場合、製造業者等は取扱説明書により適切な取扱方法を指示・警告していたと評価することができますので、当該製造物に指示・警告上の欠陥は認められないようにもみえます。

しかしながら、取扱説明書の記載がわかりにくいために誤使用が生じた場合には、当該製造物には、指示・警告上の欠陥があると評価する余地があります。

また、当該製品の特性や通常の使用形態に照らし、十分予見できる誤使用であれば、そもそもそのような誤使用を避けるための設計がなされるべきであったということもできるでしょう。例えば、子どもが使用することが予見できる製品であれば、そもそも設計段階において、子どもによる誤使用を避けるための設計がなされるべきであり、そのような設計がなされていない場合には、設計上の欠陥があると評価する余地があります。この点、カプセル入り玩具のカプセル（カプセル内部には窒息、誤飲の危険がある旨表示した説明書が入っており製造業者は表示上の欠陥はないと主張）を、幼児が誤飲し、喉に詰まらせ窒息状態となり、後遺障害が残ったという事案につき、裁判例（鹿児島地判平20.5.20）は次のように述べています。

> 本件カプセルは、3歳未満の幼児が玩具として使用することが通常予見される使用形態であるにもかかわらず、3歳未満の幼児の口腔内に入る危険、さらに一度口腔内に入ると除去や気道確保が困難になり、窒息を引き起こす危険を有しており、本件カプセルは設計上通常有すべき安全性を欠いていたというべきである。すると、表示上の欠陥について判断するまでもなく、本件カプセルには欠陥があったと認められる。

ただし、製造物に欠陥があると評価される場合であっても、使用者側に取扱説明書を十分に読まなかった等の過失があると認められる場合には、過失相殺（民法722②）により損害賠償額が減縮される可能性もあります。この判決も、保護者の監督下で起こった事故であることを考慮し、被害者らが被った損害のうち7割を過失相殺し、3割についてのみ製造者の賠償義務を認めています。

3 医療事故

Q 11-22

医療過誤事件の特徴

先日、がんを患っていた私の夫が、病院で患部の摘出手術を受けました。担当医から、手術は成功したと言われましたが、術後容態が急変し、結局、夫は亡くなってしまいました。もし手術に誤りがあったのであれば、病院等の責任を追及したいという気持ちがあるのですが、医療過誤事件の裁判はとても難しいと聞いています。医療過誤事件にはどのような特徴があるのか、教えてください。

◎医療過誤事件の特殊性

医療過誤事件は、通常の事件と比べて「事件の専門性」や「証拠を持っているのは誰か」という点に特殊性があります。

すなわち、被害者である患者と加害者である医療機関との間には、専門的知識の有無、保有している証拠の有無という点で、大きな格差が存在するのです。

◎専門性に関する格差

例えば、医療機関の過失や医療行為と損害との因果関係を立証する場合、疾患自体の知識やそれに対する治療法等医学的な専門知識を理解することが必要になりますし、また、その知識を用いて、患者の病状や身体状況に合わせて具体的にどのような医療行為がなされるべきであったのかという医学的判断も必要となります。このような専門知識の理解や医学的な判断の是非について患者と医療機関との間には格差があるのです。

医療過誤事件では、医学専門書等を用いた調査や、協力してくれる医師（協力医）を確保することが重要になります。

しかし、一般人による調査には限界があります。また、協力医については、医療機関と対立関係に立つこともあって、協力医になってくれる医師を見つけることは簡単ではありません。

◎証拠に関する格差

訴訟において医療機関に対し責任を追及する場合、原則として被害者である原告が、医療機関の過失、損害の発生及び医療行為と損害発生との因果関係を立証しなければなりません（立証の詳しい内容はQ11-25およびQ11-32参照）。

医療行為は、手術室など第三者のいない密室で行われることが多く、現実にどのような医療行為が行われたかを知っているのは実際に医療行為をした医師および医療行為に同席した医療関係者のみです。被害者は、客観的な資料で病院側の責任を立証していかなければなりません。

しかし、カルテ、レントゲン等の客観的な資料のほとんどは、病院側が保有しているのが現実です。このように、医療過誤事件は、当事者双方が保有する証拠に歴然たる格差が存在し、患者は、病院側が保有する証拠を収集しなければならないという立証上の負担が課せられているのです（収集すべき証拠についてはQ11-25参照）。

◎医療過誤事件に関する統計

患者と医療機関との間に大きな格差があることから、訴訟となった場合、患者側は厳しい訴訟追行を覚悟しなければなりません。

このことは、司法統計からも明確に読み取ることができます（ここでは平成26年度の統計参照）。

まず、地方裁判所第一審の認容率（認容とは勝訴及び一部勝訴を意味）についてですが、民事事件全体の認容率が83.7％であるのに対し、医事関係訴訟についてみるとわずか20.4％と非常に低い数値になっています。

次に、訴訟を提起してから判決等地方裁判所第一審における解決が図られるまでの平均審理期間は、通常の事件であれば1年程度ですが、医療過誤事件では22.6か月となっており、一応の結論が出るまで約2年の期間を要しています。

◎解決方法の選択

このように、医療過誤事件においては通常の訴訟に比べて、患者が医師や病院の責任を追及することには困難が伴います。

お尋ねの場合でも、訴訟を提起することにより

経済的にも精神的にも、あなた自身に大きな負担を生じさせる場合があります。

　他方で、責任追及を断念することは、あなたが受けた権利の侵害を放置することになります。

　具体的な事案に応じて、事実関係の聞取りと調査、事前の証拠収集、協力医の確保状況、医師のアドバイス等をもとに、どのような法的手続を選択することが妥当かよく考えましょう。

　また、訴訟を提起した場合の見通し等について専門家の意見をよく聞いて、ご自分の納得のいく解決方法を選択してください。

Q 11-23

医療事故において取りうる手段

私は、手術をした医師の責任を追及したいと思っているのですが、責任追及や問題解決の方法として、どのようなものがあるのか教えてください。

A

◎任意の交渉

任意の交渉は、当事者間（弁護士を代理人とする場合も含む）で直接話合いや書面のやり取り等をして、紛争解決のための合意形成を目指すものです。医療機関が、過失、損害、因果関係を全部認めている場合、話合いがまとまることがあります。また、医療機関からの謝罪等当事者の要望に沿った解決方法を定めることができる場合もあります。

◎医療ADR

東京三弁護士会等の弁護士会で、医療紛争の経験豊富な弁護士があっせん人となって紛争の解決を目指す「医療ADR」という制度が設けられています。

医療ADRも任意の交渉と同じく、あくまで当事者間での話合いによる解決を目指すものですが、当事者の間にあっせん人が入ることで、当事者間に事実関係に争いがあるような場合でも、合意による解決に至る場合があります。また、解決内容には、交渉と同様に訴訟では実現できないような柔軟な解決方法を定めることができ、当事者が希望すればあっせん人から和解内容の提示を受けることもできます。

ただし、当事者は手続きへの出頭義務がないことから、相手方が出頭に応じない場合や合意に至らない場合には紛争を解決することはできません。

◎民事調停

裁判所において、調停委員会が当事者の間に立って、当事者の話合いと互譲によって、条理にかない実情に即した紛争の解決を目指す制度です（民事調停法1）。

民事調停は、裁判所（調停委員会）が関与することで、当事者間に互譲の雰囲気が醸成されやすいというメリットがあります。しかし、任意の交渉やADRと同じく、結局話合いがまとまらなければ紛争を解決することはできません。

◎民事訴訟

裁判所に訴訟を提起し、当事者双方の主張と証拠を基に裁判所が最終的に医療機関の責任の有無を判断します。

民事訴訟においては、和解で終了する場合等を除いて、裁判所が最終判断を下し、勝訴判決が出た場合には判決をもとに医療機関に対して強制執行をかけることもできます。

ただし、民事訴訟において勝訴判決を得るには相当の労力・費用・時間を費やす覚悟が必要です（Q11-22参照）。

民事訴訟が他の手続きと異なる点は、最終的に、判決というかたちで勝ち負けの結論が出されるという点です。

◎産科医療保障制度

分娩によって、生まれた子供に脳性麻痺が生じた場合には産科医療保障制度が利用できる場合があります。この制度は、分娩時の医療事故における医師の過失を立証することが一般的に困難であることに鑑みて、分娩機関が産科医療保障制度に加入している場合に、一定の条件を満たせば、医師の過失の立証を要することなく一定の補償を受けられるというものです。

◎手続き選択の考え方

以上のとおり、医療過誤事件が発生した場合にはいくつかの解決方法があります。

その中からどの制度を利用するかは、①当事者間の認識の相違の有無および程度、②紛争解決までの期間、③手続き費用、④医療機関に対して求める対応（謝罪等の金銭賠償以外の対応を求めるか）等の要素を勘案して、自分が考える紛争解決を実現するために最も適した手段は何なのかを考えることになります。

Q 11-24

医療過誤訴訟を起こしたい

私の夫は、胃のバリウム検査を半年ごとに受けていて、特に問題はありませんでした。ところが、あるとき突然「胃の進行がんです」と宣告されてしまい、すぐに手術をしたのですが、すでに手遅れのため、1年半後に亡くなりました。私は、「医師がエックス線写真を注意深く見ていれば、夫は助かったはずだ」と納得していません。この医師または病院の責任を問うことはできますか。

A

◎医師の責任を追及する場合の要件

裁判で医師や病院の責任を追及するには、①医師の医療行為に過失があること、②損害が発生したこと、③①と②との間に因果関係があることを主張・立証しなければなりません。①～③の一つでも欠けると請求棄却（敗訴）判決となります。

◎医師の医療行為に過失があるとは

医師の医療行為に過失があると言うためには、実際に行われた医療行為が医療水準から離反しており、注意義務違反があると言える必要があります。具体的には、①問題となっている医療行為が行われた当時の医療水準からして、患者の疾患・身体状況等の具体的な状況に対してどのような医療行為がなされるべきであったか、②実際に行われた医療行為はどのようなものであったか、③実際になされた医療行為が①で設定された医療行為との関係で妥当なものであると言えるのかについてそれぞれ判断していくことになります（医療水準に関する詳しい内容についてはQ11-31参照）。

お尋ねの事例は、胃のバリウム検査の写真を見て、その時点の医学水準上、当然、胃がんを疑い精密検査をすすめるべきであったにもかかわらず、胃がんを疑わずに精密検査を実施する等の処置を怠ったと言える場合には、医師の診療行為に過失があったと言えます。

◎損害とは何か

ここでの「損害」とは、一般に医師の過失によって患者が蒙った財産的・精神的な不利益を言います。具体的には、医療行為によって別途治療が必要になった場合の治療費、治療器具の購入費、後遺症が発生した場合の後遺症慰謝料、後遺症によって労働能力が低下した場合の逸失利益等です。

お尋ねの事例についてみると、患者であるあなたのご主人は亡くなっているので、葬儀関係費用、死亡による逸失利益、死亡慰謝料等の損害が考えられます。

◎過失ある医療行為と損害の発生との因果関係

前述のとおり、損害とは、医師の過失によって患者が蒙った財産的・精神的な不利益を言います。しかし、医師の過失行為がなければ生じなかったであろう損害すべてを賠償しなければならないとすると、損害の範囲が拡大して、場合によっては、医師や病院に過大な責任を負わせることになり、公平の理念に反する結果となることもありえます。

そこで、当事者間の公平を図るため、賠償すべき損害の範囲は、過失ある医療行為と相当因果関係のある損害に限られるとする考えが有力です。すなわち、被害者である患者が蒙った不利益すべてを医師や病院に請求できるわけではなく、「相当」と評価できる範囲内で、損害の賠償を請求できるという限定がされているのです。

なにが「相当」であるかは、多分に評価が入る問題ですので、具体的な事案に応じて検討する他はありません。

ただし、この「損害の範囲」の議論は、交通事故の事案で数多くの事例が蓄積されています。そこで、被害者の受けた不利益が、「過失ある医療行為」と「相当」因果関係のある損害に該当するかどうかの判断について、交通事故の事案を参考するのも一つの方法です。したがって、本書の交通事故に関する法律知識（Q11-1～15）をぜひお読みになってください。

第11章 事故に関する法律知識

Q 11-25
医師に責任があるかどうか調べたい

訴える前に、医師の責任を追及できるか否かを調査するため、弁護士から「証拠保全を含む法的調査を要する」と言われました。法的調査（証拠保全を含む）はなぜ必要で、具体的にはどのような手続きなのでしょうか。また、どのような証拠を集めればよいのでしょうか。

A

◎法的調査とは

訴訟において医師の責任を追及するに場合、患者側において、医師の過失等さまざまな事実を主張し、立証していかなければなりません（Q11-22参照）。

そのためには、そもそも医師に法的責任があるのか、医師に法的責任があるとして裁判において立証できる程度の証拠がそろっているのか等訴訟における勝訴可能性を事前に十分検討する必要があります。

その検討のために必要な事実や証拠の調査を「法的調査」と言います。

法的調査は、そもそも訴訟を提起するかを含めた今後の方針を立てる前提となるものであり、法的調査を怠たると、どのような解決方法を選択すべきかの判断を誤ったり、訴訟では主張・立証が不十分となって敗訴することもあります。

したがって、医療過誤事件において入念な法的調査は非常に重要なのです。

事件にもよりますが、この法的調査には、数か月～1年程度かかることもあります。

◎証拠保全とは

法的調査は医学書を調べたり、責任を追及する医師以外の医師（協力医）から事件に関する意見を聞いたり、裁判例を調べたりとさまざまなものがありますが、その中でも証拠を集める法的調査の一つとして「証拠保全」が挙げられます。

証拠保全とは、訴訟において取り調べることが予定されている証拠について、改ざんや滅失等によって、その証拠を取り調べることが困難になる危険性がある場合に、裁判所があらかじめその証拠を取り調べてしまうことを言います。

この証拠保全には、裁判所の証拠取調べに伴って、証拠保全を申し立てた当事者が、その証拠を見せてもらえるという機能もあります。

医療過誤事件においては、この機能によって患者は医療機関が有しているカルテ等の内容を調べ、医師の責任について検討することができます。

あなたが医療機関に対してカルテ等を直接請求することも可能ですが、裁判所が現場で原本を照合する証拠保全とは異なり、証拠の改ざんや滅失の危険性が伴います。

したがって、費用はある程度高くなりますが、カルテ等の入手方法としては、まず証拠保全が検討されるべきです。

◎集めるべき証拠

医療過誤事件における証拠はさまざまなものがありますが、代表的なものとしては次のものが挙げられます。

• カルテ

医師法24条1項には「医師は、診療をしたときは、遅滞なく診療に関する事項を診療録に記載しなければならない」と定められていることから、医師は患者のカルテを必ず作成しています。

このカルテには医師の診療に関する詳細な内容が記載されており、医療過誤事件において、医師の責任を検討する際、非常に重要な証拠となります。

• レントゲンやMRI画像等の検査画像

レントゲンやMRI画像等の検査画像は、協力医に対して意見を求める際の資料となるだけでなく、身体の状況等を直接確認できる数少ない証拠の一つですから、これも重要な証拠となります。

• 看護記録

看護記録は、患者の症状がどのように変化していったか等、事案の把握をしやすいという特徴があります。

- 手術・麻酔記録

手術記録は、医療機関によってはカルテと一緒に保管されていることもありますが、個別に保管されていることもあり、場合によっては動画として保管されていることもあります。

手術の内容や経過等、医療関係者でなければ知ることのできない手術室での出来事が記録されています。

◎ 法的調査・証拠保全の費用

法的調査では、弁護士の手数料の他、専門医の意見を聞く場合は、1回の面談で数万円程度の謝礼がかかる場合があります。医師に意見書を書いてもらう場合には、さらに、10～30万円程度の謝礼がかかることが一般です。

その他、証拠保全では、カメラマンの費用等の実費がかかります。事案にもよりますが、通常は、数万円程度です。

費用がない場合は、一定の要件を満たせば、法テラス（日本司法支援センター）が費用を立て替えてくれます。

まずは、お住まいの地域の法テラスに問い合わせてください。

Q 11-26
医療過誤裁判における鑑定とは

医療過誤の裁判では、医師の鑑定が大事だと聞きました。鑑定とはどのようなもので、裁判でどのような役割を果たすのでしょうか。また、費用はどのくらいかかりますか。

A

◎鑑定の種類

鑑定には、大別して以下の2種類があります。
① 患者側または医療機関側が依頼した医師による医学的意見を記載したもの（私的鑑定）
② 裁判所が依頼した医師による医学的意見を述べたもの（鑑定意見）

以下では、まず私的鑑定と鑑定意見に共通すること、また、私的鑑定と鑑定意見のそれぞれに特有のことを説明します。

◎鑑定とは

鑑定とは、医学的専門知識を有する医師等の第三者から医学的意見を求め、裁判官の知識・判断を補完するものです。

◎鑑定の裁判での役割

鑑定は、医学上の専門的知見を与え、当事者の主張を証明するための重要な証拠としての役割を果たします。例えば、患者が前向きに転倒したか、後ろ向きに転倒したかが争われているとき、遺体の所見等から法医学者が理由を付して結論を述べるまでが、鑑定の領域です。

ここから、裁判所の領域が始まります。裁判所は、鑑定の内容を吟味したうえで、証拠として採用するかどうか、採用するとして全部なのか一部なのか等を、自由に決定します（「自由心証主義」）。

裁判所が吟味するのは、鑑定の挙げる理由が一般的・医学的に支持されるものであるかどうか、結論がその理由から合理的に導き出されるかどうか、他の資料と矛盾しないかどうか等です。

なお、鑑定について弁護士が果たす役割は、「どのような事項について鑑定を求めるか明確にすること」、「適切な鑑定者を選択すること」、「鑑定者に鑑定書のわかりにくいところを指摘し、明確に書き直してもらうこと」等です。

鑑定に要する費用は、10～100万円程度まで、さまざまです。

◎私的鑑定とは

私的鑑定とは、患者側または医療機関側が専門の医師に依頼して医学的意見を述べてもらうものです。

一方の当事者が医師に依頼するため、医師は、独特のジレンマに陥りがちです。依頼者に不利な意見でも、医師としての良心に従って真実の意見だけを述べたいという気持ちと、自分を頼って来てくれた依頼者にできるだけ有利な意見を述べたいというジレンマです。

医師に依頼する人は、このジレンマを理解し、仮に自分にとって不利な意見でも、真実の意見だけを述べてほしいと明確に伝えることが必要です。自分に有利ではあるが、真実に反する意見を述べてもらっても、訴訟が長引くだけで、役に立ちません。

◎鑑定意見とは

鑑定意見とは、当事者が裁判所に鑑定命令を申し立て、裁判所が鑑定人を選定し、鑑定をお願いするものです。書面による単独鑑定、書面による複数鑑定、カンファレンス鑑定等があります。

書面による単独鑑定は、最も伝統的な鑑定方式です。1人の鑑定人が時間をかけて責任をもって行う重厚なものですが、その鑑定意見が、医学上の一般的知見に合致しているか否かについて、医学上の素人である裁判官、弁護士にはわかりづらいなどの問題点があります。

この問題点を克服しようとして案出されたのが、書面による複数鑑定やカンファレンス鑑定です。いずれも複数の医師の意見が反映するように工夫されたものです。

Q 11-27
看護や介護を十分に受けられていない

私の父は、高齢のため病院に入院していましたが、ろくに看護もされず褥瘡（いわゆる床ずれ）ができ、足の一部が壊死してしまいました。以来、足が悪くなり、誰かが付き添わなければ歩けなくなってしまったところ、付添いの看護師が前から来るストレッチャーに気を取られて父の手を離してしまったため、父は廊下で転倒し、その際頭を強く打ったため死亡してしまいました。このような看護体制をとっていた病院の責任を問えるのでしょうか。

◎看護師の責任

お尋ねの場合、病院の責任を考える前提として、直接の行為者である看護師の責任を考えてみましょう。

看護師が看護業務を行う根拠となっている保健師助産師看護師法5条において、看護師を「厚生労働大臣の免許を受けて、傷病者若しくはじょく婦に対する療養上の世話又は診療の補助を行うことを業とする者」と定義しています。この定義に従えば、看護師は病人等の「療養上の世話」と「診療上の補助」を行う義務を負っています。このように、看護師は患者に対して療養生活支援の専門家として的確な看護判断を行い、また適切な看護技術を提供する役割を担っているのです。

看護師は、一般的な看護師であれば当然知っているべき知識を備えた専門職であり、このような専門職である看護師として、本来払うべき注意を怠った場合には、注意義務違反（過失）として責任を負うことがあります。

そして、この看護師の過失に基づいて、病院が責任を追うことがあります。

◎病院の責任
① 債務不履行責任

では、病院の責任を追求することは可能なのでしょうか。

通常、看護師は病院に雇われている人間であり、病院と契約をした患者を看護しています。この看護師の看護は、病院が、病院と患者との契約に基づいて患者に対して負っている生命・身体の安全を確保する義務を、看護師が手伝っているという面があります（このような場合の看護師を病院の「履行補助者」という）。

患者と病院との契約は、病院が患者に対して適切な療養上の世話をして、安全に配慮する義務も含まれており、病院自身の注意義務違反の他、看護師の注意義務違反についても、看護師を履行補助者として用いている病院自体の契約責任の不履行として考えることができます。

裁判例としては、褥瘡が生じたのち患者が死亡したというケースで、その病院を経営する医師に診療契約上の債務不履行（および不法行為上）の注意義務違反を認めた事例（東京地裁平成9.4.28）等があります。

② 不法行為責任

患者は病院と契約をしているので、看護師との間には、直接の契約関係がありません。したがって、患者は看護師に対し、契約上の責任を問うことはできません。そのため、看護師の責任としては、不法行為責任（民法709）を追及することになります。看護師の行為が注意義務違反と認められ責任を負う場合には、その使用者たる病院も責任を負うことになります（民法715）。

お尋ねの場合、あなたのお父様はろくに看護されなかったということですから、褥瘡の発生について、看護師の褥瘡発生防止の注意義務違反が認められると考えられます。したがって、病院と看護師はこの点に関して責任を負うことになります。

そして、死亡の点については事故の発生を予見・回避する義務が尽くされていたかどうかによることになります。

事実関係を詳しく整理しなければ結論は出せませんが、病院の責任が認められる可能性はあると言えます。

Q 11-28
手術承諾書にサインしたが、手術の結果に納得がいかない

私は、手術の際に「手術承諾書」を書きました。ところが、術後もずっと痛みが続き、その手術で執刀ミスがあったように思えます。「手術承諾書」を書いている以上、文句は言えないのでしょうか。

A

◎手術承諾書とは

「手術承諾書」とは、手術の前に患者やその家族から手術またはその結果についてあらかじめ承諾をとるものです。

その内容は病院ごとに違っており、主な類型として、①手術をすることの承諾、②手術の危険性についての説明を受けたことおよび危険性の承諾、③手術の結果一切を承諾するものがあります。

これらは、法的には意味が異なり、①や②は本来あるべき説明を実際に尽くしたとの証拠としての価値にとどまり、法的に新たな意味を加えるものではありません。

これに対し、③は、生じた結果を免責するとの法的な効果を新たに加えるものです。

◎説明義務を尽くした証明

手術は、身体への侵襲を伴うものであり、手術を受けるか否かは、患者が決定すべき事項です（「自己決定権」）。かかる手術を受けるかどうかを決定する前提として、医師は患者に対し判断に必要かつ適切な情報を提供する説明義務が課せられています（「インフォームド・コンセント」（説明責任））。

裁判では、「治療行為にあたる医師は、緊急を要し時間的余裕がない等の格別の事情がない限り、患者において当該治療行為を受けるかどうかを判断決定する前提として、患者の現症状とその原因、当該治療行為を採用する理由、治療行為の内容、それによる危険性の程度、それを行った場合の改善の見込み、程度、当該治療行為をしない場合の予後等についてできるだけ具体的に説明すべき義務がある」とされています（東京地判平4.8.31。その他、患者の自己決定権を尊重した同趣旨の判例として、仙台高裁平6.12.15）。

前述①②の承諾書は、これらの内容を書面化したものであって、説明をしたことの証拠となるものにすぎません。そのため、手術結果の責任の免除の意味は含まれないのです。

また、①や②の「手術承諾書」があったとしても、実際には適切な説明がなされていないのであれば、説明義務違反を問う余地があります。もっとも、承諾書に署名・押印がなされている場合には、特段の事情がない限り書面に記載されている内容の説明がなされたと判断されると考えるべきでしょう。

◎責任を一切負わない承諾

これに対し、③一切責任を問わないことを内容とする承諾書は、公序良俗に反し無効（民法90）とする裁判例があります（大阪地判昭37.9.14）。

したがって、医療機関の責任を問うことは可能と考えられます。これは医師が患者に対して負う義務は、適切な医療を行う義務も当然に含まれており、それにもかかわらずすべて免責することは、社会的にみて著しく相当でないとの判断が働いているためです。

◎医療サービス充実に伴う変化

現在の医療サービスの充実の傾向から、かつては一般的であった「一切責任を負わない」「手術結果には一切異議を述べない」といった③の承諾書は、現在あまりみかけなくなってきました。

医療訴訟は、医療事故そのもののみならず、その後の医療機関の対応に対する不満が原因で生じる側面もあり、医療機関が承諾書を盾にしてまったく対話に応じないことはかえって無用な紛争を起こす危険に鑑みれば、今後もこの傾向は続くものと言えます。

Q 11-29
医師から末期がんの告知を受けなかった

私の父は長い間かかりつけの医師にかかっていたのですが、つい最近、他の大学病院から末期がんであり余命幾ばくもないことを告知され、ふさぎ込んでしまっています。そのことをかかりつけの医師に告げると、驚いたことに「私もがんであることは前々から気づいていたが、治らないと思われたし、お父様の心情を察して話さなかった」と言ったのです。私としては、末期がんと知っていれば父との最期の時間をゆっくり過ごせたのにと、憤りを感じています。この医師に責任はないのでしょうか。

◎医師の説明義務

医療行為を受けるか否かは患者自身の意思で決定することですが、患者は病気や医療行為に関して正確な情報を持っておらず、医療行為を受けるべきかどうか判断しかねることが多くあります。そこで、医師は、患者が医療行為を受けるべきかどうかを正確に判断できるように、診断の結果、治療の方法、その結果等について、患者に報告、説明をしなければならない義務があると考えられています。この義務のことを「説明義務」と言います。

自分の病気や病状がどのようなものであるのか、また、治療にはどのような方法があるのかということは、どのような医療行為を選択するかという患者自身の決定（「自己決定権」という）のために、当然知っておかなければならないことなのです。

◎がん告知の場合

では、がんの場合には、医師にどのような説明義務（告知義務）が認められるのでしょうか。

確かに、以前はがんは一般的に不知の病とされ、がんを告知することによって患者が大きな精神的ダメージを受け、治療に悪影響を及ぼすおそれがあり、特に予後不良の末期がんの場合には、医師が患者に事実と異なる病名を告げることもありました（最判平7.4.25は、「昭和58年当時医師の間では、患者に対して病名を告げるに当たっては、がんについては、真実と異なる病名を告げるのが一般的であった」と述べている）。

しかし、「自分が受ける医療行為は自分で決定する」という権利意識の高まりと、その前提となる情報開示の意義が強調され、現在は、「告知を原則とする」方向へ変化していると思われます。実際、国立がんセンターが作成した「がん告知マニュアル」には、「基本的姿勢」の第1項において「本人に伝えることを原則とする」と明記して、本人へのがん告知が基本であることを定めています。また、このマニュアルの第4項には「初対面の時から一貫して真実を述べることを心がけ、わかる範囲の情報をその都度伝えていく。未確認情報でがんと決めつけず、『疑い』や『可能性』から出発し、確診を得た時点で正確に伝える」としており、がんの疑いがある段階に過ぎない場合においても、患者に対してその旨を告知すべきとしています。

したがって、現在は、たとえがんであったとしても、患者の自己決定権を尊重し、原則として医師は患者に対して病名を告知すべきであり、がん告知をしなかったこの医師は、その責任を問われる可能性があります。

◎家族に対する告知

最後に、がん等病名の告知をする相手ですが、患者の自己決定権を確保するために告知をするのですから、第一次的には、告知は患者に対して行われるべきです。

しかし、患者本人が内容を理解できない等、患者に告知することが適当でない場合には、患者本人を保護する必要上、第二次的に家族等に告知する義務が発生する場合があると考えられています。

この場合も、患者本人に対する義務として家族に告知するものであって、家族に対する告知義務が当然に認められるものではありません。

Q 11-30 執刀ミスで大きな傷跡が残ってしまった

私は病院で手術を受けたところ、大きな傷跡が残ってしまいました。そのことを執刀医に抗議したところ、「素人ではわからない。金がほしければ裁判すればよい」といった非常に侮辱的な態度をとられました。私としては金銭目的ではなく、このような医師には反省してもらいたいので、この医師のみを訴えることは可能でしょうか。また、この医師について、刑事事件にする等、民事裁判以外で処分を求めることができますか。

◎医療従事者の責任

医療従事者が医療過誤を起こした場合の責任には、①民事上の責任、②刑事上の責任、③行政上の責任があります。これらは、どれか一つではなく、重複して責任を負うこともあります。

◎民事上の責任

医師の責任において最も中心的なものは、患者から医師や医療機関に対して損害賠償等を求める民事上の責任です。損害賠償責任として金銭を支払うことが一般ですが、陳謝や業務改善の約束等をすることで解決することもあります。

その際、日本法は懲罰的損害賠償責任を認めておらず実際の損害の補填の限度で請求できるにとどまります。具体的には、治療費に加え医療過誤により仕事を休んだことにより生じた休業損害、後遺障害により労働能力が低下した結果逸失した利益に加えて慰謝料の賠償を請求することとなります。

◎刑事上の責任

刑事上の責任としては、医師の行為は業務上過失致傷罪(刑法211Ⅰ)に該当することが考えられます。

しかしながら、医師の刑事罰が問われるものは、重大ミスにより死亡等の重大な結果が生じた場合に限られます。また、刑罰としては、法定刑としては5年以下の懲役もしくは禁錮または100万円以下の罰金ですが、実際にはほとんどが罰金刑です。

◎行政上の責任

医師法は、医師以外に医業をすることを禁じており(医師法17)、医師であるためには厚生労働大臣により交付される医師免許を要求しています(医師法2)。

厚生労働大臣は、医事に関し犯罪または不正の行為のあった者や医師としての品位を損するような行為をした者に対し、戒告、3年以内の医業の停止、免許の取消しを命ずることができます(医師法7②)。しかし、実際に行政上の処分がなされるのは、ほぼすべてが、刑事裁判で刑事上の責任が確定した後であり、事後追認にすぎないと批判されています。

なお、公益社団法人日本医師会は、医道の高揚、医学教育の向上等を目的とした任意加入の公益法人であり、医師会を除名・脱退することは行政上の責任とは何ら関係ありません。

◎医師のみを訴えることの可否

理論的には、病院を訴えずに医師のみを訴えることは可能です。しかし、一般的には病院とあわせて医師も訴えます。

その理由は、①病院も併せて訴えるための費用は、医師を単独で訴えた場合と同じであること、②医師のみを訴えた場合でも、病院が医療過誤ではないと考えた場合には、当該医師をバックアップすること、③支払能力の点では病院のほうが確実であること等、訴訟上の利点があるためです。

◎ホスピタリティの観点から

お尋ねの件のように、金銭目的ではなく医療側の事後の対応を問題として訴訟に発展することはしばしばあります。

医療機関も、事後の対応の窓口をつくる等、ホスピタリティの面からの対応を進め、適切な解決を図ることが一層望まれると考えられます。

Q 11-31
地域の個人医院において、患者に適切な治療ができなかった

私は地域のかかりつけの耳鼻科医です。ある患者が来院され、病名がわからず経過観察していたところ、手遅れになってしまいました。実は、大学病院の眼科の先端医療の分野では、早急に治療が必要な症状であることは、比較的よく知られていたそうです。しかし、耳鼻科では、まして個人医院では、ほとんど知られていませんでした。私は責任を負わなければならないのでしょうか。

◎医療水準論

医療に従事するものは、患者の生命および健康を守るため最善を尽くす責務があります。しかしながら、未来の進化した医療水準からみて不適切な治療であったとしても、医療行為を行った当時の医療水準では治療できないものまで責任を負わせることは妥当ではありません。

そこで判例は、診療契約上の責任を問われる場合を、「診療当時のいわゆる臨床医学の実践における医療水準」(最判平7.6.9)、すなわち、当時実践される医療水準からみて注意義務違反があった場合に限定しているのです。

◎知見の普及と医療水準

もっとも、医療上の知見は即座に普及するわけではなく、通常、先進的研究機関を有する大学病院や専門病院から普及し、個人の開業医には最後に普及していくものです。そのため、最先端の医療を施す大学病院と地域医療を支える個人医院では、おのずから求められる医療水準も異なります。

判例も、医療上の知見を全国一律に絶対的な基準として考えず、診療にあたった医師の専門分野、所属医療機関の性格、地域の医療環境等の諸般の事情を考慮して医療水準は決せられるとしています(前掲最判平7.6.9)。

ただし、「新規の治療法に関する知見が当該医療機関と類似の特性を備えた医療機関に相当程度普及しており、当該医療機関において知見を有することを期待することが相当と認められる場合には、特段の事情が存しない限り、知見は医療機関にとっての医療水準であるというべきである」として、同水準の医療機関に相当程度普及している場合には、もはやその病院が知らなくとも医療水準の内容となり免責されません。

すなわち、他の個人医院に相当程度普及している医学上の知見については、仮に知らなかったとしても免責されないのです。

◎転医義務

もっとも、医師が病気について知識を持っていても、知見に対応する治療をするために必要な技術や設備が伴わない場合はどうでしょうか。

このような当該医院での治療を要求できない場合であっても、医師は適切な治療を施すことができる医療機関に転送(「転医」)することはできます。

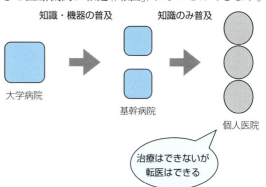

そこで判例は、「医師に患者を摘示に適切な医療機関へ転送義務を怠った過失がある場合において、上記転送が行われていたならば患者に重大な後遺症がのこらなかった相当程度の可能性の存在が証明されるときには不法行為責任が成立する」として治療できないのであれば、転医させる義務を認めているのです(最判平15.11.11)。

しかし、お尋ねのケースにおいては、その症状が個人病院ではほとんど知られていなければ、個人病院の医療水準に照らし、適切な治療ができなかったことはやむをえないとして、責任が問われることはないでしょう。同様に、転医をすすめなかったことについても、責任が問われることはないでしょう。

Q 11-32
処方された薬によって副作用が出た

病院にて医師から処方された薬を飲んだところ、副作用と思われる拒絶反応が出てしまいました。病院や医師のみならず、このような薬品をつくった製薬会社も訴えることは可能でしょうか。また、医師を訴えるとしても、いかなる場合に薬の処方が誤っていたと言えるのでしょうか。せめて副作用によって必要となった治療費だけでも出してもらいたいと思っています。

◎医師の責任

医薬品の副作用については、第一次的には処方した医師の責任が問われます。

その際、投与前の診察が正しかったか、適量の投与であったか、重篤な副作用のある薬品について、患者の特性・状態や他の薬との併用が禁忌(処方が禁止される場合)に該当していないか、投与後に経過観察をしたか等の用法違反が問題となります。

用法違反については、薬の使用にあたっての注意事項が記載された添付文書(能書)の記載が基準となります。

添付文書(能書)は、副作用等の危険について最も高度な知識をもつ製薬会社が、患者の安全を確保するために情報を提供するものであり、医師がこの書面に記載された使用上の注意事項に従わなかったため医療事故が発生した場合には、従わなかったことにつき特段の合理的理由がない限り、この医師の過失が推定されます(最判平8.1.23)。

この場合、仮に医師が医療慣行に従った故に使用上の注意事項を守らなかったとしても、それは悪しき医療慣行にすぎず、医療水準に反するので、医師の責任を否定することにはなりません。

◎製薬会社の責任

しかし、薬品自体の問題である場合には、製薬会社の責任を問えないのでしょうか。

この点、患者は製薬会社との間に契約関係がないため、不法行為(民法709)に基づき製薬会社の責任を問うこととなります。

また、製造物責任法に基づき医薬品という製造物に欠陥があったとして責任を問うことも考えられます。もっとも、医薬品は一定程度の副作用は避けられないという性質を有する製品であることから、欠陥があったか否かは「通常予見される処方によって使用した場合に生じ得る副作用の内容及び程度、副作用の表示及び警告の有無、他の安全な医薬品による代替性の有無並びに当該医薬品を引き渡した時期における薬学上の水準等の諸般の事情を総合考慮して判断」することとなります(名古屋地判平16.4.9)。

◎医薬品副作用被害救済制度

しかし、製薬会社を相手とする大規模な訴訟は、患者に資金的にも期間的にも大きな負担を強いることになります。また、不法行為責任に基づく損害賠償請求は、製薬会社の過失の存在が前提になり、過失がない場合には損害賠償を請求することはできません。そこで、患者を救済するために「医薬品副作用被害救済制度」が設けられています。

医薬品副作用被害救済制度とは、病院や診療所において正規に投薬された場合等医薬品を適正に使用したにもかかわらず、医薬品の副作用により患者が入院や死亡した際、金銭の救済給付を行う基金制度です。患者は医薬品医療機器総合機構に給付請求を行い、厚生労働大臣が給付するか否かを決定します。

ただし、この制度は、①昭和55年5月1日以降に日本国内で使用した薬であり、②副作用による健康被害が、入院または入院相当か、それ以上の死亡を含む重篤な副作用である場合で、③処方側の損害賠償責任が明らかでない場合に限定されます。

この制度を利用することによって、金額は限定されるものの、医療機関や製薬会社の過失を立証せずに、医療費や医療手当に加え、障害年金や遺族年金も補償される点で、被害者救済に役立つ制度と言えます。

4 学校事故

Q 11-33

学校の授業中に事故が起きた

私には、公立中学3年生の息子がいます。先日、学校で水泳の授業中、息子がプールに飛び込んだ際に、頭を打ってけがをしてしまいました。このような場合、誰に対して、どのような責任追及の方法が考えられるでしょうか。

◎ 国家賠償法に基づく損害賠償請求

公立の学校での授業中に生徒がけがをした場合は、①指導を行った教師等の不法行為を根拠とするか、または、②プール等学校の設備の設置管理の瑕疵を根拠として、国家賠償法に基づき国または地方公共団体に対して損害賠償を請求するという方法が考えられます。

私立の学校で生徒がけがをした場合（生徒・学校いずれも私人）には、民法709条等により教師または学校に対して損害賠償を請求することになりますが、公立の学校の場合は国または地方公共団体（公の存在）と生徒（私人）の関係になるため、国家賠償法を根拠としなければいけないという点には注意が必要です。

① 公務員の不法行為

まず、国家賠償法1条1項は、「国又は地方公共団体の公権力の行使に当たる公務員が、その職務を行うについて、故意又は過失によって違法に他人に損害を加えたときは、国又は公共団体が、これを賠償する責に任ずる」と定めていますので、けがの原因が教師の不法行為（指導方法・指導内容等に問題があった場合）であるときは、この条文を根拠とします。この条文が、公務員個人ではなく国又は公共団体に損害賠償の責任を負わせるのは、資力に限界のある公務員個人では、賠償金の支払を確実に行えない可能性があるからです。

なお、生徒やその両親が教師等の公務員個人に対して直接損害賠償請求をすることはできません（最判昭和30.4.19）。

② 公の営造物の設置管理の瑕疵

次に、国家賠償法2条（詳細はQ11-34参照）は、「公の営造物（道路・河川等）の設置又は管理に瑕疵があったために他人に損害を生じたときは、国又は公共団体は、これを賠償する責めに任ずる」と定めていますので、けがの原因がプール等の設備の設置管理の瑕疵にある場合には、この条文を使うことになります。本件のような授業中のプールの飛び込み事故で生徒が重症を負ったケースで、プールの設置管理に瑕疵があるとして、市に対して損害賠償を命じた裁判例もあります（金沢地判平10.3.13）。

◎ 教師の指導方法等に問題がある場合

中学校において教師が生徒の指導を行う場合、教師には、学習指導要領や指導書等に従って授業計画の策定・授業実施時の説明や監督・緊急時の対応等を適切に行う義務があると言えます。

そのため、例えば、水泳の授業において飛び込みの指導を行うときには、飛び込みの方法について適切な説明を行うことはもちろん、プールの底に頭を打つ危険性があることの説明や、その回避方法、さらには、実際に飛び込みを行う際の生徒同士の間隔の確保にも留意する必要があります。仮に教師がこれらの措置を怠ったために、生徒がけがをしたとすれば、教師（公務員）の指導方法に過失があったとして、損害賠償が認められると考えられます（飛び込みで生徒が重症となったケース。最判昭62.2.6）。

お尋ねの場合、プールの設置管理の状況やお子さんの飛び込みの状況等が不明ですが、指導にあたった教師に何らかの過失（指導方法等の問題）があれば、国家賠償法1条に基づく損害賠償が認められるものと考えられます。

また、プールの設置管理に瑕疵があると言えるのであれば、国または地方公共団体に対し、国家賠償法2条に基づく損害賠償請求が認められるものと考えられます。

これに対して、生徒の側にもある程度問題がある場合には、過失相殺で賠償額が減額される可能性も残っています。

Q 11-34
学校の施設の瑕疵により子どもがけがをした

学校の施設に不備があって、それにより子どもがけがをしました。設備の不備によって、学校が責任を負うのはどのような場合か、教えてください。

A

◎公立学校と私立学校の場合の根拠の違い

学校で子どもがけがをした場合、その学校が公立か私立かによって責任追及の根拠が変わってきます。これは、けがの原因が学校の施設に不備がある場合も同様です。そこで、まず、それぞれの場合の根拠となる法律の条文を確認しましょう。

① 公立学校の場合

公立学校の場合は、国家賠償法2条1項の「公の営造物（道路・河川等）の設置又は管理に瑕疵があったために他人に損害を生じたときは、国又は公共団体は、これを賠償する責めに任ずる」という条文を根拠として、学校を設置している国又は公共団体に対して損害賠償を求めることになります。

② 私立学校の場合

これに対して、私立学校の場合には、民法717条の「土地の工作物の設置又は保存に瑕疵があることによって他人に損害を生じたときは、その工作物の占有者は、被害者に対してその損害を賠償する責任を負う。ただし、占有者が損害の発生を防止するのに必要な注意をしたときは、所有者がその損害を賠償しなければならない」という条文（土地工作物責任）を根拠として、私立学校に対して、損害賠償を求めることになります。

◎公の営造物・土地工作物

損害賠償を請求するためには、まず、けがの原因となった設備が公の営造物（公立）ないし土地工作物（私立）に該当することが必要です。公の営造物の場合には動産（机・椅子・体育館のマット等）まで含まれるといった細かな違いはありますが、プールや鉄棒等の施設が公の営造物ないし土地工作物に該当することは比較的理解しやすいでしょう。

◎設置又は管理の瑕疵

お尋ねのようなケースで最も問題となる可能性が高いのは、けがの原因となった施設について、設置又は管理の瑕疵があったか否かという点です（便宜上、以降は公立学校の場合を想定して説明）。

ここでいう、設置又は管理の瑕疵とは、公の「営造物が通常有すべき安全性を欠いていること」をいうとされ（最判昭45.8.20）、そして、瑕疵の有無を判断する際には、「当該営造物の構造、用法、場所的環境及び利用状況等諸般の事情を総合考慮して具体的個別的に判断すべきである」（最判昭53.7.4）と考えられています。

このような裁判所の考え方で着目すべきポイントは、利用状況（利用者の年齢等）をも考慮して瑕疵の有無を判断するとされている点です。そのため、学校等の施設については、まだ判断能力等が十分に発達していない生徒が利用することを想定した上で、当該営造物が通常有すべき安全性を備えているかが判断されることになります。

裁判例では、公立高校1年生の水泳部員が、遊び心から防護策を設けていないプール取水口へ足を吸い込まれて死亡してしまったケースにつき、「高校生であるとしても、本件被害者のように義務教育終了直後で中学生と大差のない者もおり、かつ精神的発達には個人差が大きい点からすると、右の危険のある本件取水口に足が挿入できないように防護策を設けなかった点は、本件プールの設置又は管理の瑕疵にあった」と認定したものがあります（大阪地判昭56.2.25）。

◎過失相殺の可能性

ただし、この裁判例では、生徒側にも7割の過失があったとされ、損害賠償の金額は大幅に減額されています。このように、生徒側に過失がある場合には過失相殺で減額がなされる可能性がある点にも注意が必要です。

Q 11-35
学校で子どもが起こした事故における親の責任

　私の小学5年生の息子が、学校でサッカーをしていたところ、蹴ったボールが校庭から転がり出て、公道を歩いていた高齢の通行人にけがをさせてしまいました。このような場合、親の責任が問われることはあるのでしょうか。

◎民法714条

　民法は責任能力を備えていない未成年者が他人に損害を与えた場合、当該加害者は損害賠償の責任を負わない（民法712）と定める一方で、その未成年者を監督する法定の義務を負う者（親権者等）は、その未成年者が第三者に加えた損害を賠償する責任を負う、と定めています（民法714①）。そして、民法714条1項但書では、親権者等が監督義務を果たしていたことを立証するか、監督義務を果たしていたとしても損害が生じたことのどちらかを立証しない限り、親権者等は損害賠償義務を免れないとされています。

　これに対して、未成年者に責任能力が備わっている場合でも、親権者の注意義務違反と損害との間に相当因果関係があると判断されれば、民法709条により損害賠償義務を負う可能性もあります。

　このように複数の法律構成がありますが、ここでは、平成27年4月に以下の注目すべき最高裁判所の判断が出されたこともあり、民法714条により親権者が損害賠償責任を負うかどうかの問題に絞ります。

◎事例（最判平27.4.9）

　事例は、満11歳の男子児童Aが小学校の校庭に設置されたサッカーゴールに向けてフリーキックの練習をしていたところ、Aの蹴ったボールがゴール後方の門戸等を超えて道路上に出てしまい、道路を走っていた高齢者Bがこれを避けようとして転倒、後に死亡してしまったというものです。

◎最高裁判所の判断

　最高裁判所は、まず本件ゴールにネットが張ってあったこと、その後方の南門やフェンスの高さやゴールからの距離等の事実関係を確認したうえで、「本件ゴールに向けてボールを蹴ったとしても、ボールが本件道路上に出ることが常態であったものとはみられない」と判断しています。

　さらに、「責任能力のない未成年者の親権者は、その直接的な監視下にない子の行動について、人身に危険が及ばないよう注意して行動するよう日頃から指導監督する義務があると解されるが、本件ゴールに向けたフリーキックの練習は、上記各事実に照らすと、通常は人身に危険が及ぶような行為であるとはいえない。また、親権者の直接的な監視下にない子の行動についての日頃の指導監督は、ある程度一般的なものとならざるを得ないから、通常は人身に危険が及ぶものとは見られない行為によってたまたま人身に損害を生じさせた場合は、当該行為について具体的に予見可能であるなど特別の事情が認められない限り、子に対する監督義務を尽くしていなかったとすべきではない」との一般論を述べ、問題となった事案における具体的判断としては、「Aの父母である上告人らは、危険な行為に及ばないよう日頃からAに通常のしつけをしていたというのであり、Aの本件における行為について具体的に予見可能であったなどの特別の事情があったこともうかがわれない」として、Aの父母の損害賠償責任を否定しました。

◎親の損害賠償責任の判断

　お尋ねのケースで親が損害賠償責任を負うかどうかは、この最高裁の判断の枠組みを前提とした場合、まず第1に、親が一般的に危険と考えられる行為に及ばないよう、日頃から子どものしつけを行っていたかどうかにかかってきます。

　そして、損害を生じさせた行為が一般的に危険とは言えない性質のものであれば、その行為についての予見可能性があったという特別の事情がない限り、親権者が損害賠償義務を負うことはないでしょう。

第12章

刑事事件
に関する法律知識

1 刑事手続の概略

Q 12-1

刑事事件・刑事手続とは

刑事事件とは何ですか。刑事手続とは何のために、どういったときに行われる手続きなのですか。

A

◎刑事事件と刑事手続

　何をすると犯罪になるのかは、刑法やその他の個別の法律に定められています。例えば、人を殴ってけがを負わせれば、刑法204条の傷害罪に該当する可能性があります。刑法などの犯罪について定めた刑罰法規に触れるかが問題となる事件を「刑事事件」と言います。

　ある犯罪が発生して、被害者の被害届等をきっかけに、捜査機関の犯罪捜査が開始されてから、裁判で判決が言い渡されるまでに行われる手続きを「刑事手続」と言い、刑事手続のうちで裁判手続を「刑事訴訟」「刑事裁判」と言います。

◎刑事手続の目的

　刑事手続とは、犯罪を行った人を、法律の定めに従って、適切に処罰するための手続きです。

　犯罪が行われたら、事実を明らかにして犯人を厳正に処罰する必要がある一方、憲法上定められた被疑者・被告人の人権の確保もおろそかにはできません。また、万が一にも、えん罪で処罰されるようなことがあってはいけません。そのためのルールが、刑事訴訟法や刑事訴訟規則に定められており、警察官、検察官、弁護人、裁判官は、これらのルールに従わなければなりません。

◎刑事手続の流れ

　警察や検察が刑事事件の発生を知ると、事件の捜査が始まります。起訴される前の犯人と思われる人物のことを、テレビ等では「容疑者」と言いますが、刑事手続上は「被疑者」と言います。被疑者は、捜査段階でも、弁護人をつけることが可能です。平成21年5月からは、勾留請求された場合、多くの事件で国選弁護人の選任を請求することができるようになりました。

　捜査の結果、犯罪の嫌疑があって証拠も十分であり、検察官が、被疑者を処罰する必要があると判断すると、検察官は、被疑者を「起訴」します。「起訴」とは、検察官が、被疑者について処罰を求めて裁判所に訴えることで、「被疑者」は、起訴された後は「被告人」と呼ばれることになります。

　刑事裁判では、検察官は、被告人が犯罪を犯したことを証明しなければなりません。これに対し被告人は、検察官の証明を崩せばよく、無罪であることを積極的に証明する義務はありません。被告人の話を聞き、無罪を主張したり、被告人が罪を認めている場合でも不当に重い刑にならないよう活動したりするのが弁護人の仕事です。弁護人になれるのは、原則として弁護士だけです。

　裁判所は、検察官と被告人および弁護人双方の主張を聞き、証拠を取り調べて、審理を行います。そして、裁判所は被告人が「確かにその犯罪の犯人である」と判断した場合には有罪判決を、「犯人かどうか疑わしい」と判断した場合には、無罪判決を言い渡すのです。

◎刑事事件と民事事件

　ところで、何かの出来事が法律上で「事件」になるとき、「刑事事件」になる場合の他に「民事事件」になる場合があります。刑事事件と民事事件はどう違うのでしょう。

　民事事件とは、主として私人と私人の間の権利義務に関する紛争や事件を言います。「お金を返してほしい」とか「土地を引き渡してほしい」というような財産上の問題もありますし、「離婚したい」とか「遺産分割をしたい」というような身分上の問題もあります。

　一つの出来事は事件関係者の間では民事事件の側面を持ち、国家が犯人を処罰するという面では刑事事件の側面を持ちえます。例えば、傷害事件の場合、けがをした被害者から加害者に対し、入院治療費等の損害賠償や精神的苦痛についての慰謝料を請求する場合は民事事件になりますが、警察に被害届を出したり、加害者を告訴したりして処罰を求める場合は刑事事件になります。

刑事手続の各段階でのアドバイス

Q 12-2
逮捕から起訴・不起訴処分までの流れ

私は警察に逮捕されてしまい、身柄を拘束されて取り調べを受けています。このあとの手続きはどのように進んでいくのですか。

◎逮捕されたらどうなるのか

逮捕とは、刑事訴訟法に基づいて、犯罪の嫌疑のある人に対して行われる短時間の身体拘束のことを言います。逮捕された人は、以後「被疑者」として扱われ、警察署等の留置施設に留置されることになります。

警察官や検察官が、裁判官に請求して発付された逮捕状を逮捕される人に提示したうえで行う通常逮捕（刑訴法199①）が原則ですが、他にも犯罪が重大かつ嫌疑が十分な場合で、急速を要するときに、先に逮捕し、後で逮捕状を請求する緊急逮捕や、現行犯人を逮捕する現行犯逮捕があります。現行犯逮捕は、捜査機関のみならず一般の人も行うことができます。一般の人による現行犯逮捕が行われた場合は、逮捕された人の身柄は捜査機関にただちに引き渡されなければなりません。

警察官は、逮捕から48時間以内に被疑者を検察官に送致しなければならず、送致しない場合は釈放しなければなりません。

検察官は、検察官が逮捕したときは48時間以内に、警察からの送致を受けたときは24時間以内に、裁判官に引き続いて被疑者を拘束する勾留を請求するか否かを判断しなければなりません（刑訴法204①、205①）。そして、検察官は前述の期限内に勾留または起訴をしない場合は、被疑者を釈放しなければなりません（刑訴法204①、205①④）。

◎勾留の手続き

送致を受けた検察官は、検察庁で被疑者の言い分を聞いたうえで（「弁解録取」）、処分内容を決めるためにはもっと捜査が必要であると考えると、裁判所に勾留請求を行います。裁判官は、裁判所で被疑者の言い分を聞いたうえ（「勾留質問」）、定まった住居があるか、逃亡のおそれや罪証隠滅の危険、被疑者が罪を犯したことを疑うに足りる相当の理由があるか、身柄拘束する必要性があるのか等を考慮し、勾留するかどうかを決定します。

◎勾留されるとどうなるのか

勾留決定がなされると、被疑者は引続き逮捕されていた警察署の留置施設に居続けなければなりません。多くの場合は、10日間の勾留請求・勾留決定がなされ、加えてさらに10日間延長されることもあるので、最長で逮捕から23日間は身柄を拘束され続けることになります。

被疑者が逮捕・勾留されてから、検察官の終局処分がなされるまでの間、検察官や警察官は、捜査、すなわち被疑者や被害者等の関係者から事情を聞いたり、現場を捜索し証拠物を押収したりして裁判で有罪を証明するための証拠を集める活動を行います。

勾留されずに処分保留で釈放されたとしても、捜査機関による捜査が終わったわけではありません。取り調べのために警察や検察に出頭するように連絡があることもあります。

◎終局処分

検察官は、捜査をしたうえで、起訴とするか不起訴とするかの最終判断をすることになります（「終局処分」）。起訴するかどうかを決めるのは警察官ではなく検察官です。

終局処分で起訴となる場合には、公判請求がされる場合の他に、軽微な薬物所持や軽微な万引き等比較的軽微で明白な事案の場合に、被疑者の同意を得たうえで、早期に判決言渡しまで行われる即決裁判の手続きや、軽微な道路交通法違反等、軽微な罪で被疑者に異議がない場合に、公判手続を経ずに裁判官が罰金・科料を科す略式手続がとられる場合があります。

不起訴の場合にも、犯罪の嫌疑はあるが起訴されない場合（「起訴猶予」）、犯罪の嫌疑がない場合（「嫌疑なし」）、または十分な嫌疑がない場合（「嫌疑不十分」）があります。

Q 12-3

警察署や拘置所での面会

　私は警察署（拘置所）に勾留されていますが、家族や知人と連絡をとるために面会をしたり、外出したりできますか。また、外の人間との手紙のやりとりや、本や洋服を差し入れてもらうことはできますか。

◎面会をするには

　法律上、弁護人または弁護人になろうとする者との面会（接見）は、立会いなしの秘密接見が認められ（刑訴法39）、回数や時間の制限なく接見することができます。弁護人との接見は、今後の見通しについて法律の専門家としてのアドバイスを受けられますし、証拠隠滅にならない限りで家族や勤務先等外部の人への伝言を頼んだりもできる点で貴重です。弁護人以外の人とは、法令の範囲内で接見を行うことができます（刑訴法80）。1日1回15～20分程度、日中のみで、警察官が立ち会います。

◎差入れや宅下げをするには

　勾留されると、所持品検査のうえ、ほぼすべての所持品を留置係に管理されることになり、携帯電話も使えません。起訴前であれば最長で23日、起訴後も拘留されている場合は裁判が終わるまでいる可能性がありますので、歯磨きや下着等の日用品、昼夜着られる楽な服、本や雑誌等の差入れを家族等にお願いするとよいでしょう。

　お菓子や飲み物、タバコ、新聞、便せん、切手等は拘置所内で買うこともできます。お金も差入れ可能ですが、すぐに使う分以外は会計課で管理されることになります。手紙やその他の書類も、留置係を通じてやりとりができますが（勾留されている被疑者等に物品を差し入れることを「差入れ」といい、被疑者等から物品を受領することを「宅下げ」という）、文面は警察でチェックされます。郵送する場合は警察署または拘置所の住所で届きます。

◎接見等禁止決定が付いている場合

　共犯事件等では、外部と連絡をとっての逃亡や証拠隠滅のおそれがある等の理由で、弁護人以外の人との接見が禁止される接見等禁止決定がなされる場合があります。証拠隠滅のおそれ等がないのに接見禁止がなされた場合は、接見禁止解除の申立てをすることができます。解除の申立ては、家族だけは接見できるようにする等、一部だけの解除の申立ても可能です。

◎保釈制度の概要・要件

　保釈とは、保証金の納付等を条件として、勾留の執行を停止し、被告人の身柄の拘束を解く制度です。保釈は起訴された後に認められる制度であり、起訴前の捜査段階では認められません。

　裁判所は、保釈請求があったときは、罪証隠滅を疑うに足りる相当な理由があるとき等、法律に定められた除外事由にあたらない限り、これを許さなければなりません（刑訴法89）。また、裁判所が適当と認めるときに職権で保釈がなされることや（刑訴法90）、勾留による拘禁が不当に長くなったときに請求または職権により保釈がなされることもあります（刑訴法91）。実際には、被告人が公訴事実を否認している場合には、罪証隠滅のおそれがあるとして、保釈が許されないケースが少なくありません。

◎保証金の性質および金額の相場

　保釈がなされるためには、裁判所の決定する保釈保証金を裁判所に事前に納付する必要があります。保証金は、保釈した被告人の出頭を確保するためのものですので、保釈が取り消されない限り、有罪判決の場合でも返却されます。しかし、召喚を受け正当な理由がなく出頭しない等の理由で保釈が取り消された場合には、裁判所は保証金を没取することができます。保証金の額については、裁判所が犯罪の性質、情状、証拠の証明力、被告人の性格、資産等を考慮して定めます（刑訴法93）。一般的な事件では、150万円～200万円程度と定められることが多いようです。

◎勾留の執行停止

　病気のための入院、両親・配偶者等の危篤や死亡、試験等の場合は、勾留の執行停止がなされる場合があります（刑訴法95）。

Q 12-4
起訴から判決までの流れ

私は先日逮捕され、この度、ついに起訴されました。この後、手続きはどのように進んでいくのでしょうか。

◎起訴とは

「起訴」とは、検察官が特定の刑事事件について裁判所に被告人の処罰を求めることを言い、検察官が裁判所に起訴状を提出して行います。起訴されると、被疑者は被告人という立場に変わります。

起訴後は、法廷で行われる公判審理を経て、判決に進んでいきます。被告人が犯罪となるべき事実（公訴事実）を認めている事件では、第1回期日で審理が終わり、第2回期日に判決になることもありますが、被告人が公訴事実を争ったり、共犯者が多数いたり、事実が複雑な事件の場合は、裁判が長くなることもあります。被告人には公判期日への出頭義務があり、病気やその他の理由で出頭できないときは、医師の診断書等を提出しなければなりません。

公判期日が始まる前に、被告人と弁護人でよく打合せをして、弁護方針をたて、公判の準備をしておく必要があります。

◎法廷では

起訴後も勾留されている場合は、勾留場所から裁判所まで、バスで護送されます。服装は留置場内と同じで、足下は貸し出されたスリッパです。裁判員裁判等できちんとした服装で公判に臨みたい場合は、スーツ等を差し入れてもらえれば、それを着ることもできます。勾留されていない場合には、自宅から法廷まで自分で出頭します。

法廷内では、弁護人の机の前の椅子に着席します。裁判員裁判では、弁護人の隣に着席する例もあります。

裁判は公開法廷で行われるため、傍聴券配布事件以外は傍聴席が空いている限り、誰でも傍聴ができます。家族や知人に傍聴をしてほしい場合は、あらかじめ公判の日時と場所を知らせておきましょう。

◎冒頭手続

まず行われる人定質問（本人確認）、起訴状朗読、黙秘権告知（「言いたくないことは言わなくてもよい」等と確認すること）、罪状認否（被告人が起訴状記載の公訴事実を認めるかどうかを裁判官が尋ねること）の手続きを「冒頭手続」と言います。

◎証拠調べ

冒頭手続が終わると証拠調べに入ります。まず、検察官が公判で立証しようとする犯罪事実を詳しく述べます（「冒頭陳述」）。

その後は、証拠調べ請求と証拠決定です。裁判所は、検察官からの証拠調べ請求を受け、被告人・弁護人の意見を聞き、証拠の採否や取り調べの方法、順番を決めます。被告人・弁護人からの証拠調べ請求については、検察官から意見を聞きます。刑事裁判では、証拠として適切でないものが裁判所の目に触れて判断に影響するのを防ぐために、裁判所が何を証拠として採用してよいかについて厳格なルールが決まっていますが、相手方が証拠とすることに同意した書面は、原則、証拠として採用してよいとされています。被告人・弁護人は、あらかじめ検察側が請求する予定の証拠の開示を受け、これを見たりコピーしたりできるので、各証拠の証拠調べに「同意」か「不同意」か意見を決めておきます。証拠調べについて「不同意」と意見を出した場合でも、裁判官が法律の定めた要件に該当すると判断した場合には証拠として採用されます。

証拠の採用決定がされると証拠の取り調べが行われ、採用された証拠について、裁判官はここで初めて証拠を見ることになります。

証拠の取り調べの方法は、供述調書、実況見分調書等の書類は全文または要旨を読み上げます。また、薬物や凶器などの証拠物は直接これを示して調べ、証人・鑑定人等は尋問を行います。証人等の尋問では、検察官、弁護人、裁判所が証人等に対し、事件に関して質問をし、証人等がそれに

答えます。また、被告人に対しても質問が行われます。被告人が事実を否認している事件（「否認事件」）の場合は、検察側が事件の被害者や目撃者等の証人尋問を請求することになります。事実を認めている事件（「自白事件」）の場合は、検察官が供述調書の要旨を朗読して証拠調べを終えるのが通常です。

弁護側は、被告人の家族や職場の上司等、今後の監督をする立場の人を証人（情状証人）として請求し、被告人をしっかり監督し、更正させることを約束するような内容の証言をしてもらいます。情状証人の存在は、量刑に影響を与えることが多く、大切です。

◎ 論告求刑・最終弁論

証拠調べが終わると、検察官と弁護人が双方の最終的な意見を述べる手続きになります。

検察官は、公判での証拠調べの結果を踏まえ、有罪の理由について最終的な意見と求刑意見（論告求刑）を述べます。次に、弁護人が、最終的な意見（弁論）を述べます。無罪を主張するのであればその理由を述べ、自白事件の場合は被告人に有利な情状を述べます。その意見をまとめた「弁論要旨」という書面を裁判官に提出するのが通常です。

なお、裁判員裁判では、検察官・弁護人が、法廷内のモニターやホワイトボード等を活用し、視覚に訴えながら論告や弁論を行うこともあります。

最後に、被告人は「最後に何か言いたいことはありますか」と裁判長に聞かれ、最終陳述の機会を与えられます。無罪を主張している事件では無罪の理由や裁判所に公正な判決を求める意見を、公訴事実を認めている自白事件では被害者に対する謝罪の気持ちや反省の言葉を述べることが多いようです。

被告人の意見陳述が終わると、公判審理は終わり、判決期日が言い渡されます。

◎ 判決

判決は、裁判所が、無罪であれば「被告人は無罪」、有罪であれば「被告人を懲役何年に処する」等、刑とその理由を言い渡します。執行猶予や没収も同時に言い渡されます。判決は法廷で宣告されます。有罪判決の場合には、上訴期間等が告知されます。

◎ 判決に影響を与える事情

刑の重さは、まず犯罪ごとに法定刑（基本となる刑の幅）が定められています。例えば強制わいせつ罪であれば「6か月以上10年以下の懲役」、過失致死罪であれば「50万円以下の罰金」等となっています。次に、再犯加重（一定期間に再度、一定の重さの犯罪を行った場合）、法律上の減軽（心神耗弱や過剰防衛、未遂等）、併合罪加重（複数の犯罪行為があった場合）、酌量減軽（いわゆる情状酌量による減軽）等、法律に定められた加減が行われ、刑の上限と下限が定められます。この枠の中で、犯情（動機、犯行方法、結果の程度、社会的影響等）や一般情状（被告人の前科・前歴の有無、被害弁償、反省状況、社会復帰後の環境等）を考慮して、言い渡す刑が決められます。

◎ 判決が言い渡されると

言い渡された判決が有罪判決であり、内容に不服がある場合は、一審判決であれば控訴を、控訴審判決であれば上告を提起することができます。

控訴・上告は、判決言渡しの日から14日間以内に、控訴の場合は控訴審の管轄裁判所宛の控訴申立書を第一審の裁判所に、上告の場合は最高裁判所宛の上告申立書又は上告受理申立書を控訴審の裁判所に提出します。控訴・上告をせずに控訴・上告期間が経過すると、判決が確定します。

有罪判決で執行猶予の付されない懲役刑・禁固刑の場合は収監されます。罰金刑の場合は検察庁の指定する方法で納付します。納付しないと、財産に対し強制執行が行われたり、財産がない場合は労役場に留置されたりします。

執行猶予付き判決の場合、ただちに収監されることはありませんが、猶予期間中にさらに罪を犯して執行猶予がつかない禁錮以上の刑に処せられる等して執行猶予が取り消された場合は、新たに犯した罪に関して言渡された刑と併せて収監することになります。無事に執行猶予期間を経過すると、刑の言渡しは効力を失います。

3 刑事手続における弁護士の役割

Q 12-5

弁護人の職務とは

被疑者や被告人は、なぜ弁護人についてもらう必要があるのでしょうか。刑事手続で弁護人はどのような仕事を行うのですか。

◎弁護人依頼権

被疑者・被告人は通常、刑事手続に関する法律知識をほとんど持っていません。そこで、法律の専門家である弁護士が、被疑者・被告人の権利・利益を守り、適正な手続きを確保するため、憲法は抑留、拘禁された場合の弁護人依頼権（憲法34前）、被告人の弁護人依頼権（憲法37③）を定めています。このように、弁護人依頼権は憲法によって人権として保障されており、被疑者・被告人の防御にとって極めて重要な意義を有しています。

◎起訴前の弁護人の主な仕事

まず、起訴前段階において、勾留の必要性がない場合、検察官・裁判官に働きかけて勾留を阻止し、また、勾留がなされてしまった場合には、勾留決定に対する準抗告や勾留取消請求等を行い、身柄の解放を求めます。

次に、否認事件の場合は、そのことを裏付ける有利な証拠を収集して、不起訴（嫌疑なし、嫌疑不十分）とするよう検察官に働きかけます。自白事件の場合でも、被害者と示談をしたり、被疑者の生活環境（監督者や雇用の確保）を整えたりして、検察官に不起訴や起訴猶予にするように働きかけます。

捜査官による不当な取り調べが行われたときは、すぐに弁護人を呼んで相談してください。取り調べでは、話したくないことを話す必要はありません。取調中に黙っていることは、黙秘権として被疑者に認められている権利です（憲法38①、刑訴法198②）。

◎起訴後の弁護人の主な仕事

起訴された後の弁護人は、まず、検察官が公判に提出する証拠の開示を受けて、その内容を検討します。被告人や関係者の言い分を記載した供述調書をはじめ、現場の状況等を記載した実況見分調書等の検察官側の書証は、原則として被告人・弁護人の同意（刑訴法326）がないと、公判で証拠として取り調べることができないためです（刑訴法320）。

また、被告人・弁護人側の言い分を裏づけるための証拠を収集・提出します。これは、例えば被告人にとって有利な証人の供述調書や、被害者との示談書、被告人の反省文等が考えられます。

実際の公判期日においては、あらかじめ被告人側の証人尋問や被告人質問の内容を考えたうえで、証人尋問・被告人質問を行います。公判の最後には、弁護人の意見を弁論というかたちでまとめて主張します。そのために、弁護人は事前に弁論要旨という書面を作成します。

◎接見交通権

このような弁護人による被疑者・被告人の権利の実現を実質化するためには、身体の拘束を受けた被疑者・被告人が弁護人に相談をし、助言を受ける機会が保障され、さらにその内容について秘密が保たれなければなりません。

そこで刑事訴訟法は、身体の拘束を受けている被疑者・被告人は、弁護人または弁護人となろうとする者と立会人なくして接見し、または書類や物の授受をすることができると定め、接見交通権を保障しています（刑訴法39①）。ここで「立会人なくして」とあるとおり、被疑者・被告人と弁護人との接見には、留置場の係官は立ち会うことができないことはもちろん、盗み聞き等をすることも許されません。

この弁護人の接見交通権は、自ら防御活動を行うことができない被疑者・被告人の人権を守るために、極めて重要な意味を果たしています。

Q 12-6

弁護人を選任するには

どうすれば弁護人についてもらうことができるのですか。お金がない場合はどうすればよいのでしょうか。また、当番弁護士とは何ですか。

A

◎弁護人を選任する方法

弁護人選任権は憲法34条で認められた権利です。たとえ取り調べの最中であっても、弁護士のアドバイスがほしいと思った場合には「弁護士を呼んでほしい」「弁護士を選任するまで取り調べは中断してほしい」と言うことができます。

また、被疑者・被告人の法定代理人、保佐人、配偶者、直系の親族および兄弟姉妹も、弁護人を選任できます（刑訴法30Ⅱ）。

知合いで依頼ができそうな弁護士がいる場合には、弁護士の名前とその連絡先や所属する弁護士会を留置係に言えば、連絡を取ってくれます。

では、そういう心当たりがないが、弁護人を選任したいという場合はどうすればよいのでしょうか。

◎被疑者国選制度

一定以上の刑の罪で、勾留請求があった場合は、国選弁護人をつけることができる被疑者国選制度があります。ただし、資産が一定程度より少ない人が対象です。

具体的には、殺人や、窃盗、傷害、業務上過失致死、詐欺、恐喝等法定刑が3年を超える懲役もしくは禁錮にあたる罪で、被疑者に対して勾留状が発せられている事件が対象となります（なお、被疑者国選弁護制度の対象を、法定刑による区別をしないで「被疑者に対して勾留状が発せられている全ての事件」に拡大することが検討されている）。

資力が基準額以上の場合には、まず、弁護士会に対し私選弁護人（私費で依頼する弁護人）を選任したいという申出をしたうえで、私選弁護人になる者がいないときにはじめて、国選弁護人の選任を請求できます。

◎被告人国選制度

被告人段階で、弁護人がついていない場合には、刑の重さにかかわらず、国選弁護人の選任を請求することができます。

法定刑が死刑または無期もしくは長期3年を超える懲役もしくは禁錮に当たる犯罪の事件（必要的弁護事件）の被告人には、必ず弁護人がつけられることになっています。

◎当番弁護士制度

逮捕された場合、できるだけ早い段階から、法律のプロである弁護士のアドバイスを受けることが重要です。ところが、被疑者国選制度の対象となる場合であっても、国選弁護人を選任できるのは勾留請求がされてからなので、逮捕から48時間以内には、国選弁護人を選任できません。

そこで、各地の弁護士会が、逮捕・勾留されている被疑者に対し、初回のみ無料で弁護士が接見に来てくれる「当番弁護士制度」を行っています。留置係に「当番弁護士を呼んでほしい」と言えば、弁護士会に連絡が行くようになっています。

当番弁護で接見に来た弁護士と相談し、その人に弁護を頼みたい場合には、まずは私選弁護を頼むという方法があります。また、私選弁護を頼む資力のない人向けに、弁護士会の被疑者援助制度があります。被疑者国選事件は原則対象外ですが、勾留されるまでの段階において弁護人についてもらうことができ、勾留後に引き続き被疑者国選弁護人についてもらえます。また、被疑者国選弁護事件の対象外の事件については、私選の被疑者弁護人としてついてもらい、起訴された段階で国選弁護人に切り替えることもできます。被疑者援助制度は弁護費用の求償を前提にしていますが、弁護費用が比較的低額（7～8万円程度）で、分割も可能であり、求償の免除制度もあり、多くの人が免除の対象になっています。

4 いろいろな犯罪の問題

Q 12-7

少年事件

中学生の息子がカツアゲをして警察につかまりました。この場合、どのような手続きがなされるのですか。

◎ 少年法が適用される場合

20歳に満たない者が犯罪行為を行った場合（犯罪少年：14歳以上）や、刑罰法規に触れるような行為等を行った場合（触法少年：14歳以下）、また、一定の不良行状があって、かつその性格または環境に照らして、罪を犯しまたは触法行為をするおそれがある場合（虞犯少年）には、少年法が適用され、成年とは異なる手続きがとられます。このような手続きがとられる事件を少年事件と言います。

これは、少年は精神的・肉体的に未熟で人格が未完成であるために、少年の健全な育成を図り、成人とは異なる更生保護の措置をとる必要があるためと考えられています。

どのような手続きがとられるのかは、少年の行った行為の内容や、少年の年齢、少年の反省や更生の程度等によって異なっており、成年の場合と比較して、少年の更正や保護の観点から、柔軟な対応がとられます。

少年であっても、犯罪の疑いがあり、証拠隠滅や逃亡のおそれがある場合には、逮捕されることがあります。逮捕の後、成人と同じように最大23日間の勾留となる場合もありますが、少年の場合、「勾留に代わる観護措置」と言って少年鑑別所に最大13日収容される手続きになることもあります。

逮捕されないまま、捜査が進む場合（在宅事件）もあることは、成年の場合と同じです。

◎ 触法少年（14歳未満）の場合

14歳未満の場合、犯罪行為を行っても、刑事責任能力がなく、罪に問うことはできません（刑法41）。警察に捕まった場合も、調査の上都道府県知事や児童相談所に通告され、児童福祉法上の措置がとられることになります。保護者への訓戒、保護者の誓約書提出、児童福祉司等への指導の委託、児童自立支援センターへの入所、里親への委託等、ケースに応じた措置がとられます。

例外的に家庭裁判所での審判や保護処分が必要であると判断された場合は、事件が家庭裁判所に送致されることになり、この場合、送致された後の手続きは、以下の14歳以上の少年の場合と、おおよそ同様です。

◎ 犯罪少年（14歳以上）の場合

警察や検察から家庭裁判所に送致された事件について、家庭裁判所に命じられた調査官により調査が行われます。

調査により、審判を開始するかどうかが決定されます。調査のため必要があるときには、少年を調査官の観護に付したり、最長で8週間、少年鑑別所に送致したりすることがあります。調査の結果、どのような手続きが取られるのかは、後述の「家庭裁判所の調査とその後の処分」を参照してください。

ただし、死刑、懲役または禁錮にあたる罪を犯した場合は、家庭裁判所の調査の結果、その罪質および情状に照らして刑事処分を相当と認めるときは、家庭裁判所から検察官に送致されます（いわゆる「逆送」）。故意の犯罪行為により被害者を死亡させた罪の事件であって、その罪を犯すとき16歳以上の少年に関するものについては、原則として検察官に送致されます。

逆送された事件については刑事事件となり、原則として公訴提起され、判決が下されます。ただし、刑罰は一定程度軽減され、懲役刑の場合は短期と長期を定めた不定期刑となり、少年刑務所に収容されます。

◎ 虞犯少年の場合

虞犯少年の場合、14歳未満の場合は児童相談所に通告され、18歳以上の場合は家庭裁判所に送致されます。14歳以上18歳未満の場合はそのいずれかとなります。

第12章　刑事事件に関する法律知識

◎家庭裁判所の調査とその後の処分

家庭裁判所の調査は、たいていの場合、家庭裁判所の命令を受けた調査官によって行われます。調査は、少年の家庭環境や、不良化の傾向、心身の状況等につき、心理学や教育学等の専門的な知識を利用して、きめ細かく行われることになっています。少年鑑別所の心身鑑別の結果も利用されます。

調査過程で、少年が十分反省し、審判を行う必要がないと判断された場合には、審判手続は開始されず、手続きは終了します（「審判不開始」）。

少年に対し保護処分が必要であると認められた場合は、審判手続が開始されます（「審判開始」）。

調査の結果、児童福祉法の規定による措置を相当と認めるときは、都道府県知事または児童相談所に送致されることもあります。

◎家庭裁判所の審判とその後の処分

審判とは、家庭裁判所が受理した事件について、一定の調査を受けて、少年の非行事実および要保護性について審理・判断を行う手続きです。

審判は非公開で、和やかに行い非行少年に反省を促すものとされています。

審判の結果、保護処分の必要がないと認められた場合は「不処分」とされ、保護に処さない旨の決定がされます。

保護処分の必要があるとされた場合で、児童福祉法の規定による措置が相当と認められる場合は、児童自立支援施設または児童養護施設に送致されます。

保護司等の観察のもとで少年が更正可能であると認められる場合は、少年が少年自身の力で社会復帰できるように、保護監察官や保護司が補導援護する「保護観察処分」にされます。保護観察処分とするためには、その前に調査官の観察（「試験観察」）に付される場合があります。

より強い矯正教育によって少年を社会生活に適応させる必要があると認められる場合は、少年院に送致されます。平成19年の少年法改正により、少年院送致の年齢下限を現行の14歳以上から「おおむね12歳以上」に引き下げる改正がされました。

保護処分の決定に対しては、少年、その法定代理人または付添人から、2週間以内に抗告をすることができます。ただし、決定に影響を及ぼす法令の違反、重大な事実の誤認または処分の著しい不当を理由とするときに限られます（少年法32前段）。

◎少年の付添人

刑事手続における弁護人に似た立場として、少年の付添人というものがあります。

付添人は、少年の代弁者として少年の権利利益を守ると共に、少年や保護者に対しても的確な指導や働きかけを行い、「少年に対し自己の非行について内省を促す」（少年法22①）という審判の目的の実現に協力することも、その重要な役割であるとされています。付添人を選任するには家庭裁判所の許可が必要ですが、弁護士を付添人に選任する場合には、家庭裁判所の許可なく選任することができます。

検察官関与決定があったときは、必ず国選付添人が選任されます。また非行事実が重大である犯罪少年または触法少年の身柄事件については、必要があれば、国選付添人を付すことができる（少年法22②）とされています。

観護措置決定により身体を拘束されている少年が、弁護士に付添人を頼みたい場合には、各弁護士会から派遣された弁護士が、初回無料で少年と接見する当番付添人制度があります。

◎少年事件における処遇

お尋ねの場合、息子さんが14歳以下の場合は、原則として児童相談所に通告され、児童福祉法上の措置がとられることになります。

息子さんが14歳以上の場合、一般的には、家庭裁判所において少年審判に付されて、審判手続によって先ほど説明した処分がなされることになりますが、カツアゲは恐喝罪にあたり、法定刑は懲役刑ですので、家庭裁判所の調査の結果、事案が重大で刑事処分が相当とされれば、検察官に逆送される可能性もあります。このように、少年の年齢や犯した罪の種類や態様によって処遇も異なってきます。

Q 12-8
万引き

私はスーパーマーケットで万引きをして捕まりました。盗んだものは買取りをしましたし、万引き程度ではあまり重い罪にはならないと思うのですが、裁判沙汰になることもありえるのでしょうか。

◎万引きは窃盗罪

万引きも、留守宅に侵入しての泥棒やスリ等と同じく、刑法上の窃盗罪にあたります(刑法235)。そして、窃盗罪の法定刑は「10年以下の懲役又は50万円以下の罰金」と定められています。

つまり、「万引き程度」でも「10年以下の懲役又は50万円以下の罰金」の刑が科される犯罪を犯していることには変わりがないのです。

◎買い取った場合

万引きをして店員に見つかり、被害品分の金額を支払って買い取るということがあります。しかし、このように後から買い取っても、さかのぼって万引きがなかったことになるわけではなく、窃盗罪であることに変わりはありません。

もちろん、万引きをした分の金銭を支払っているのですから、民事上の商品代金の支払義務は果たしたと言えるでしょう。また、刑事上も被害者(お尋ねの件ではスーパーマーケット)の損害がその分減っていると言えますので、被害弁償として有利な情状にあたると考えられます(この点については後述)。

しかし、やはり万引きをした時点で窃盗罪が成立している以上、逮捕・勾留等の身柄拘束がなされ、起訴され裁判になることはありえるのです。

高価な商品でないからと軽い気持ちで万引きし、「見つかったら『すみません』で済む」と思ったら、大間違いです。

◎財産犯においては被害額が重要

窃盗罪や詐欺罪等の他人の財産を侵害する犯罪(財産犯)においては、その刑を決める際に、被害額がどのくらいかが重要な要素となります。被害額が少額であれば刑も軽くなりますが、逆に被害額が高額であれば刑は重くなるわけです。

このように財産犯においては、被害額が重視されることから、被疑者・被告人が、事後的に被害者が被った被害額を賠償すれば、被疑者・被告人にとって有利な事情にあたり、刑を軽くする方向に働く要素となります。

このような理由から、窃盗罪を含めた財産犯を犯した場合には、被害弁償・示談等をすることが非常に重要となります。もっとも、個人営業の店と違って、大きな会社が経営しているスーパーマーケット等では、万引きの被害が多く、万引き犯を厳しく処罰してもらいたいとの姿勢が強いこと等から、示談に応じてくれず、被害の弁償についても受け取ってくれないところがあります。

◎被害額が少なくても厳罰に処せられる場合

万引きは、何回も繰り返し行うとより厳しく処罰されることになります。最初は、注意されて微罪処分(被害額が少ない等一定の要件のもと、警察官が検察官に事件を送致しない場合のこと)で簡単に済ませてもらえることもありますが、再度万引きすると、逮捕勾留され、起訴されて、刑事裁判にかけられることもあります。

1回目の刑事裁判では、反省し被害者に弁償していれば、執行猶予付の判決(一般的な事件であれば懲役1年執行猶予3年程度)になるでしょう。しかし、2回目になると、通常、実刑判決となり、前の執行猶予も取り消されることになります。さらに、「盗犯等ノ防止及処分ニ関スル法律」には、常習累犯窃盗罪という罪が定められています。「常習累犯窃盗罪」とは、窃盗をした者が「10年以内に窃盗罪で3回以上6か月以上の懲役以上の執行を受けた」ときに成立し、法定刑は3年以上の懲役(懲役の上限は原則20年ですから、3年以上20年以下の幅の刑)と非常に重くなります。実際に、1,000円程度の弁当等を万引きして、常習累犯窃盗罪で処罰された例もあります。

Q 12-9

薬物犯罪

覚せい剤を使用・所持していて、逮捕されてしまいました。この後、私はどうすればよいのでしょうか。

A

◎**違法薬物は百害あって一利なし**

覚せい剤等の違法薬物は、薬物使用者の身体・精神に悪影響を及ぼすのみならず、借金等の経済的問題を引き起こしたり、家庭崩壊等で薬物使用者の周辺に迷惑を及ぼしたりします。

また、違法薬物の取引は暴力団等の反社会的勢力の資金源になっていますので、違法薬物を買うことは、間接的にそれら反社会的勢力の手助けをすることにもなります。

このように、違法薬物は「百害あって一利なし」であり、社会的にも、薬物事件に対しては、厳しい目が向けられています。

最近では、すでに法律で規制されている薬物の他にも、いわゆる危険ドラッグ（脱法ドラッグ、脱法ハーブ）について禁止する条例を設ける地方自治体もあります。

◎**常習性**

違法薬物が怖いのは、常習性があることです。「自分は依存症になること等ありえない」「やめようと思えばやめられる」等と軽い気持ちで始め、やめられなくなってしまうのです。

そのため、薬物事件においては常習的に違法薬物を使用する被疑者・被告人が多く、一度のみならず二度三度と犯行を繰り返し、刑事裁判を受けるケースも珍しくありません。

なお、平成25年度の覚せい剤取締法違反の再犯者率（検挙人員に占める再犯者の人員の比率）は63.8％であり、一般刑法犯の再犯者率46.7％よりも高い数値となっています（平成26年度犯罪白書）。

◎**更生可能性を示す必要性**

このような常習性がある薬物犯罪について、刑事裁判における情状として重要なのは、どうやったら違法薬物への依存を断ち切り、健全な生活を送れるか、更生できるのかという点です。

「逮捕され、裁判にまでなり、この機会に薬物は絶対にやめる」と誰もがそう言うのですが、実際には自分の意思だけでやめることは非常に困難です。このことは、前述したように再犯者率が高いことからも明らかです。

◎**専門病院・民間自助団体**

そのため、薬物犯罪においては薬物依存治療のための専門の病院で治療を受けることが有効です。自分の力でやめられないからこそ、他人、それも専門家の力を借りて、薬物依存から抜け出ることが必要なのです。

また、薬物依存から抜け出るために力を貸してくれる場所としては、専門の病院以外にも、DARC（ダルク）（薬物依存症リハビリ施設）のような民間の自助団体もあります。

◎**贖罪寄付という方法**

被害者がいる犯罪であれば、被害者との間で損害を賠償して示談をすることが裁判における情状の点で有効ですが、薬物犯罪自体には、被害者が存在しないため、示談をすることはできません。

そこで、薬物犯罪の場合は、贖罪寄付を行うことが考えられます。金銭を寄付することにより、被疑者・被告人が反省していることを示すのです。

贖罪寄付は、法テラス（日本司法支援センター）や各地の弁護士会等各種の団体が受けつけています。薬物犯罪の場合は、前述した民間の自助団体等に寄付することも一つの方法として考えられます。

5 刑事手続の周辺の問題

Q 12-10

犯罪に巻き込まれたら

犯罪に巻き込まれ、被害を受けました。あたりまえですが、加害者を許すことができません。被害者である自分ができることには、どのようなことがあるのでしょうか。

◎警察への通報

警察庁の統計によれば、平成25年の1年間に検挙された犯罪件数は39万4,123件に上ります。諸外国と比べ治安がよいといわれる日本でも、ある日突然犯罪に巻き込まれる可能性は皆無ではありません。

犯罪に巻き込まれた場合は、まずは警察に通報しましょう。緊急を要する場合は「110番」ですが、一刻を争う状況を過ぎてから相談をする場合は「#9110」に電話しましょう。

被害者は、警察で被害届や告訴状の作成・提出を行うことができます。

また、病院等で治療を受けた際には、診断書をもらっておきましょう。刑事事件、民事事件となった際の重要な証拠となります。

◎被害者の刑事手続への関わり

検察官が起訴をし、被告人と弁護人が防御し、裁判官が双方の主張を審理するという三者構造で行われる日本の刑事裁判においては、従来、被害者は当事者ではなく、関係者や証人という扱いを受けてきました。

被害者が、通常の刑事手続に関わる場面としては、①供述調書作成のため取り調べを受ける、②実況見分等に立ち会う、③公判で証人として証言する等の場面があります。

公判で証言を行う場合、被告人の前で証言をすることで圧迫されて精神の平穏を著しく害される可能性がある場合は、ついたてを立てて直接見えないようにしたり、映像と音声をモニターできる装置を用いて別室で尋問を行ったり、付添いの人に一緒に証言台の前に立ってもらう等の措置を申請することができます。

また、性犯罪や暴力団関係事件等では、公判で、被害者が特定されるような事項を明らかにしないようにする措置を求めることができます。

なお、被害者は、傍聴席で公判を優先的に傍聴したり、刑事記録を閲覧・コピーしたりすることが認められています。

◎被害者意見陳述

被害者が公判期日で一定の事柄につき陳述することができる被害者意見陳述制度が平成12年より導入されました。意見陳述を希望する場合は、検察官に申し出ます。陳述の内容は、被害に関する心情や意見であり、事件の事実関係についての主張はできません。

意見陳述ができるのは被害者またはその法定代理人（被害者が未成年の場合の親権者等）ですが、被害者が亡くなった場合は、その夫や妻、直系の親族、兄弟姉妹も意見陳述をすることができます。

◎被害者参加制度

平成20年より被害者の感情に配慮して、一定の場合に刑事訴訟に被害者等およびこれらの委託を受けた弁護士が刑事裁判に参加する被害者参加制度が導入されました。

殺人罪、傷害致死罪、強姦罪、自動車運転過失傷害等の一定の重い罪の場合、検察官を通じて裁判所に対し参加の申出をし、裁判所が相当と認めるときに参加が許可されます（刑訴法316の33）。

参加できるのは被害者本人やその法定代理人、被害者が亡くなった場合や心身に重大な故障がある場合には、配偶者、直系の親族もしくは兄弟姉妹等です。

この制度の特徴は、一定の範囲で、被害者が「被害者参加人」として、他の証人や被告人に尋問を直接行うことができる点です。

また、この制度によって参加する場合は、公判期日に出席して、傍聴席ではなく法廷の中の席につく（「在廷する」）ことになります。また、前述の被害者意見陳述も行うことができます。

第12章 刑事事件に関する法律知識

◎ 国選被害者参加弁護士制度

被害者参加人は、公判期日への出席や被告人質問等の行為を弁護士に委任することができますが、資力（現金、預金等）が150万円に満たない場合には、「被害者参加弁護士」の選定を求めることができます。

なお、3か月以内に犯罪行為を原因として治療費等の費用を支出する見込みがあれば、その費用は資力から控除されます。

希望する場合は、お近くの法テラス（日本司法支援センター）に申し出てください。

◎ 損害賠償命令の申立て

殺人、傷害、強姦等の一定の刑事事件が地方裁判所に係属している場合には、被害者は、その刑事事件を審理している裁判所に対し、被告人に損害賠償を命じる旨の申立てをすることができます。

損害賠償は被害者と被告人と民事事件であって、本来は刑事事件とは別個の手続きで判断されるのですが（**Q12-1参照**）、この損害賠償命令の申立てを行った場合、刑事事件を審理した裁判所が民事事件である損害賠償命令の審理も行って、賠償を被告人に命じることができます。

刑事裁判中は損害賠償命令の審理は行われません。異議が申し立てられた場合や、審理が長期化する場合等は民事訴訟へ移行します。

◎ 犯罪被害者給付制度

犯罪者に資力があって、損害が賠償されることは、それほど多くはないでしょう。

犯罪被害者給付制度は、殺人、傷害致死等、故意に人の身体生命を害する罪（過失除く）により、死亡、重傷病または障害を追った場合に、給付金を受けられる制度です。

◎ 刑事和解

被害者と被告人との間で民事上の和解が成立した場合に、刑事事件が継続している裁判所に申し立てて、和解について公判調書に記載してもらうことができます。

この場合、民事上の和解調書と同じ効力となるので、調書に基づき強制執行を行うことができます。

◎ 民事訴訟

犯罪によって被害を被った場合、刑事事件とは別に、損害賠償を求めて民事訴訟を犯人に対して提起することができます。

被告人についている弁護人が、示談や被害弁償のために接触を試みてきた場合に、これに応じるかどうかは被害者の自由です。

刑事手続の中で、被告人から示談を求められ、民事での損害賠償も含めてすべて解決済みである、といった内容の示談を交わした場合は、通常はあらためて損害を請求することは難しいのです。しかし、あとから予期せぬ後遺症が発生した場合等は、示談を交わした時点では予想できなかった新たな損害が発生したとして、損害賠償を求めることができます。

第13章

裁判員制度
に関する法律知識

1 裁判員に選ばれるにあたって

Q 13-1

裁判員に選ばれるまで

私も裁判員に選ばれることがあるのでしょうか。裁判員に選任される手続について教えてください。

A

◎裁判員の選任資格と欠格事由・就職禁止事由等

裁判員は、衆議院議員の選挙権を有する者の中から選任されます（裁判員法13）。

しかし、欠格事由や就職禁止事由、不適格事由、裁判所が不公平な裁判をするおそれがあると認めた場合には、裁判員になることができません。また、一定の辞退事由も定められています。これらについてはQ13-2を参照してください。裁判員が選任される手続は、以下のとおりです。

◎裁判員候補者名簿の調製

まず、市町村の選挙管理委員会は、選挙人名簿に登録されている者の中からくじにより、裁判員候補者予定者名簿を作成します（裁判員法21）。

地方裁判所は、この裁判員候補者予定者名簿の送付を受け、これに基づいて裁判員候補者名簿を作成し（裁判員法23）、ここに記載された者に通知をします（裁判員法25）。

なお、この際、地方裁判所は、欠格事由や就職禁止事由等に該当するかどうかを調査するために、調査票を送付して必要な事項を質問し、必要な資料の提出を求めることができます（裁判員規則15）。この結果、欠格事由や就職禁止事由等に該当すると判断されれば、裁判員候補者名簿には載らないことになります（裁判員法23③）。

◎裁判員候補者の選定・呼出し

裁判所は、裁判員対象事件につき、補充裁判員の数を決めるとともに、呼び出すべき裁判員候補者の数も決めます（裁判員法26）。

そして、裁判員候補者名簿からくじでその数の裁判員候補者を決め、呼び出します（裁判員法26、27）。

◎事前質問票と当日質問票

裁判所は、呼出しをした裁判員候補者に対して、欠格事由や就職禁止事由、不適格事由に該当しないか、不公平な裁判をするおそれがないか、辞退事由に該当するかを判断するために質問票（裁判員法30）を用いて質問をします。

質問票には、裁判員等選任手続に先立って送付する事前質問票と、裁判員等選任手続期日当日に配布される当日質問票があります。

◎裁判員等選任手続期日での質問

裁判所は、裁判員等選任手続期日には、欠格事由や就職禁止事由、不適格事由に該当しないか、不公平な裁判をするおそれがないか、辞退事由に該当するかを判断するのに必要な質問を口頭で行います（裁判員法34）。

◎不選任決定

このような手続を経て、裁判所は、欠格事由や就職禁止事由、不適格事由に該当すると認めた場合や、不公平な裁判をするおそれがあると認めた場合には、検察官・被告人・弁護人の請求もしくは職権でその裁判員候補者について不選任決定をします（裁判員法34④）。

◎不選任請求

さらに、検察官・被告人はそれぞれ4人ずつ（加えて、補充裁判員の人数に応じて1～3人）を、理由を示さずに不選任の決定をするように請求することができます（裁判員法36）。

◎選任決定

こうして、不選任決定がなされなかった裁判員候補者から、くじにより裁判員と補充裁判員が選任されます（裁判員法37）。

次頁の、裁判員選任手続の流れについての図表を参照してください。

【裁判員選任手続の流れ】

STEP 1 事件前	市町村の選挙管理委員会が裁判員候補者予定者名簿作成
	↓
	裁判所が、裁判員候補者名簿を作成・通知、調査票の送付による調査

STEP 2 事件が 起こった後	裁判所が、補充裁判員の数・呼び出すべき裁判員候補者数を決定
	↓
	裁判所が、裁判員候補者名簿からくじで裁判員候補者を決定、呼出し
	↓
	裁判所が、事前質問票を用いて質問

STEP 3 裁判員等選 任手続期日	裁判所が、当日質問票および口頭で質問
	↓
	不選任決定・不選任請求
	↓
	不選任決定がなされなかった裁判員候補者から、くじにより裁判員と補充裁判員を選任

Q 13-2
裁判員を辞退したい場合

裁判員候補者として呼出状が届きました。その日はどうしても休めない仕事があるのですが、裁判員を辞退することができますか。また、介護の必要な家族がおり、家を離れられないという場合はどうですか。

A

◎呼出状の送付

　裁判員裁判の対象となる具体的な事件が起訴されて、裁判の日程が決まると、裁判員候補者名簿の中からくじで選ばれた裁判員候補者に、選任手続期日のお知らせ（呼出状）と質問票が送られます。呼出状には、選任手続期日と、裁判員として仕事をする日が記載されています。

　呼出状は、裁判所が選任手続期日の6週間前までに送ることになっています。呼出状が届いた場合、正当な理由がないのに裁判所に出頭しない場合には、罰則が科されることもあります。

◎質問票の返送

　調査票は（Q13-1参照）、①自衛官、警察職員など裁判員になれない職業に就いていないか、②70歳以上や学生、重い病気である等1年間を通じて辞退を希望するか、③農産物の収穫時期など月の大半に渡って裁判員となることが困難な特定の月があるか等の事情を回答するものです。

　質問票は、これらの他に、次の①から⑩のような事情の有無や、それを理由に辞退を希望するかどうかを記入して返送するものです。
① 重い病気や障害で裁判所に行くことが困難
② 同居の親族の介護や養育
③ 事業上の重要な用務を自分で処理しないと著しい損害が生じるおそれ
④ 親族の結婚式への出席等社会生活上の重要な用務
⑤ 妊娠中または出産から8週間を経過していない
⑥ 同居していない親族または親族以外の同居人を介護、養育する必要
⑦ 親族または同居人が重い病気、けがの治療を受けるための入通院等に付き添う必要
⑧ 娘が出産する場合の付添い、立会い
⑨ 住所・居所が裁判所の管轄区域外の遠隔地にあり、裁判所に行くことが困難
⑩ その他、裁判員の職務を行うこと等により、本人または第三者に身体上、精神上または経済上の重大な不利益が生ずる

　あなたが質問票に記載した内容により、あなたに辞退事由があることが明らかになれば、選任手続のためにわざわざ裁判所まで行かなくてよいよう、裁判所が呼出しの取消しを行います。

　なお、万が一、質問票に嘘を書いて提出した場合には、50万円以下の罰金に処される場合がありますので、注意してください。

　辞退を申し出る場合には、その理由を裏づける資料をあわせて送付すると、裁判所にきちんと判断してもらいやすくなります。例えば、ただ「仕事が忙しいので」と書くだけではなく、自分の役職や、その日の予定のわかる資料を添える等するとよいでしょう。また、介護を理由とする場合には、要介護状態の区分の記載のある介護保険証のコピー等を添えるとよいでしょう。

◎選任手続期日

　裁判所から呼出しを取り消されなかった場合には、呼出状を受け取ったあなたは、選任手続に行かなければなりません。

　選任手続期日には、別途、当日用の質問票が配られ、①その事件（被告人や被害者等）に特別な関係があるか、②報道等によって事件のことを知っているか、③自分や近親者が同じような事件の被害に遭ったことがあるか等の事情について回答することになります。

　質問手続では、裁判官に対して具体的な事情を直接話すことができるので、質問票への記載で不十分だった事情や辞退したい具体的な理由についてきちんと説明できれば、辞退が認められることがあります。

Q 13-3
裁判員に選ばれた場合の社会生活上の問題点

裁判員に選ばれたのですが、どのくらいの時間拘束されることになるのでしょうか。その間、会社は休めるのでしょうか。日当や交通費についても教えてください。また、私には子どもがいるのですが、裁判員の職務を行っている間、子どもの世話はどうすればよいのでしょうか。

◎拘束時間

労働基準法7条は、「使用者は、労働者が労働時間中に（略）公の職務を執行するために必要な時間を請求した場合においては、拒んではならない」と規定しています。

そして、裁判員となることは「公の職務の執行」に該当すると解される以上、会社は、社員から裁判員の職務を行うために休ませてほしいと言われたら、これを認めなければなりません。

さらに、会社は社員が裁判員となるために休暇を取ったこと等を理由として、解雇その他の不利益な取扱いをすることも禁じられています（裁判員法100）。したがって、会社は休めることとなります。

また、裁判員裁判の拘束時間については、事件によって異なります。4〜5日で終わる事件もあれば、中には裁判員選任から判決まで40日間にわたった事件もあります。

◎日当、交通費

裁判員裁判において裁判員および補充裁判員には、日当、宿泊費、旅費が支給されます（裁判員法11、裁判員の参加する刑事裁判に関する規則6〜9）。

日当額は1日1万円以内、宿泊費は地方によって額が異なります。国家公務員等の旅費に関する法律別表1に定める甲地方では8,700円以内、乙地方では7,800円以内が支給されます。

旅費については、鉄道賃、船賃、航空賃等が一定の条件の下支給されることになっています。

◎子どもの世話

養育が行われなければ日常生活を営むのに支障がある子どもの養育を行う必要があり、裁判員の職務を行うのが困難な場合には、辞退事由に該当します（裁判員法16Ⅶロ）。

したがって、そもそも選任される前に辞退の申立てをすることもできます。しかし、もちろん積極的に裁判員に参加することもできます。

ただし、裁判所内には託児室のような子どもの世話を行う施設は設置されていません。そこで、裁判所外の保育所等の一時保育サービスを利用することになります。

裁判員候補者には、裁判所から、保育所の一時保育サービス利用の案内文書が送付されてきますし、裁判所に問い合わせれば、市役所や区役所の担当窓口の紹介を受けることができます。

裁判員裁判に臨むにあたって

Q 13-4

裁判員の役割とは

私は法律等まったくわかりませんが、裁判員をやることになりました。どうすればよいのでしょうか。私にできるのでしょうか。

A

◎裁判員の役割

裁判員の役割は、刑事裁判に立ち会い、被告人が有罪か無罪か、有罪の場合どのような刑にするかを判断することです。

公開法廷で行われる公判審理では、他の5人の裁判員および補充裁判員と3人の職業裁判官とともに、証人尋問や被告人質問を聞いたり証拠物を見たりといった証拠調べ手続、検察官や弁護人の主張を聞く弁論手続に出席します。

審理の後は、評議を行います。「評議」とは、法廷で見聞きした証拠に基づいて、裁判員と裁判官が自由に疑問や意見を述べ合い、議論することです。評議を経て、被告人が有罪か無罪か、有罪の場合どのような刑にするかを決めます(「評決」)。犯罪事実があるかないか不明のときは、無罪としなければいけません(「無罪推定の原則」。疑わしきは被告人の利益にという考え方)。評議は審理と異なり、非公開で行われます。

評決の後、判決の言渡し期日に法廷で裁判長が判決を言い渡す際にも、裁判員は立ち会います。

◎迅速でわかりやすい審理のために

裁判員裁判においては、「裁判官、検察官及び弁護人は、裁判員の負担が過重なものとならないようにしつつ、裁判員がその職責を十分に果たすことができるよう、審理を迅速で分かりやすいものとすることに努めなければならない」とされています(裁判員法51)。

裁判所、検察官、弁護人はあらかじめ、公判前整理手続を行い、その事件で被告人の有罪・無罪を判断するためにはどのような事実の有無が問題となるのか、また、有罪の場合に刑の重さを決めるにあたってはどのような事実の有無が問題となるのか、という論点の絞り込みを行っています。

公判審理では、弁護人や検察官はすでに絞り込まれた論点の内容や、判断する前提として特に着目してほしい点につき、裁判員に説明をします。ペーパーを配布したり、モニターに資料を映したり、ホワイトボードをつかって図を書いたり等、正確に、わかりやすく裁判員に伝えるため、さまざまな工夫が行われています。

量刑(刑罰の程度を決めること)については、その事件で言渡し可能な刑の上限・下限や、類似のケースでどの程度の刑が言い渡されたのかといった資料が示されることもあります。

◎法律知識は特に必要ない

そもそも裁判員制度は、国民にわかりやすい刑事裁判を行うために導入された制度です。裁判員に選ばれるのは一般市民であり、特に法律に詳しい必要はありません。

担当する事件で、判断の前提として一定の法律知識が必要となるような場合には、裁判官、検察官、弁護人から、どのような事を理解しておかなければいけないのか、また、その知識が事実の有無を判断するにあたってなぜ必要なのかについて、説明が行われます。

裁判員としては、一般市民の感覚を持って審理に臨み、評議を行うことが必要であり、また、それで十分なのです。

◎証拠に基づく裁判と無罪推定の原則

マスコミの報道対象となるような大きな事件の裁判員に選ばれた場合、日常生活において、事件に関する報道を目にする機会は避けられません。しかし、裁判員としては、あくまでも法廷に現れた証拠にのみ基づいて判断しなければなりません。

「法廷に現れた証拠のみに基づいて判断する」ということと、「犯罪事実があるかないか不明(グレー)の場合は無罪とする」という無罪推定の原則を、くれぐれも忘れないようにしてください。

Q 13-5
裁判員裁判は普通の刑事裁判とどう違うのか

裁判員裁判は、普通の刑事裁判の手続きと、どのように違うのでしょうか。

◎裁判官・裁判員の人数

通常の刑事裁判においては、裁判官の人数は1人または3人です。

これに対して、裁判員裁判における裁判官の人数は3人、裁判員の人数は6人とされています。ただし、公訴事実について争いがない等一定の要件を満たす事件については、裁判所の決定により、裁判官1人、裁判員4人となります（裁判員法2②）。

また、裁判員裁判においては、裁判所は、裁判員に不足が生じた場合に備えて補充裁判員を選任することができます。この補充裁判員の人数も、裁判所が決めることができます（裁判員法26①）。

◎必要的公判前整理手続

刑事裁判において、充実した公判審理を継続的、計画的、かつ迅速に行うために、事件の争点と証拠を整理し、公判の審理予定を定める、公判前整理手続が行われることがあります。

通常の刑事事件においては、この手続きを行うかどうかは任意ですが、裁判員裁判においては、必ず行わなければなりません（裁判員法49）。

このように事前に準備をすることにより、以下の連日開廷が可能となるのです。

◎連日開廷

裁判員や補充裁判員は普段は仕事をし、家事を行う等社会生活を営む一般市民ですので、過度の拘束をして負担をかけることは避けなければなりません。

そこで、裁判員裁判においては、連日的に開廷され、集中して審理が行われることになります。この「連日開廷」を裁判員裁判ではできるだけ行うこととされています。

◎評決の取り方

裁判員は、裁判官と共に評議を行いますが、その評決において、裁判官と裁判員の意見は対等の重みを持ち、両者の過半数により評決がなされます（裁判員法67①）。

ただし、裁判官および裁判員の双方の意見を含むことが必要とされているため（裁判員法67①）、最低1名の裁判官が賛成していない限り、被告人に有罪の判決を下すことはできないことになります。

◎その他

法は、裁判員裁判には、法律の専門家ではない裁判員が参加することに配慮をし、「裁判官、検察官及び弁護人は、裁判員の負担が過重なものとならないようにしつつ、裁判員がその職責を十分に果たすことができるよう、審理を迅速で分かりやすいものとすることに努めなければならない」と規定しています（裁判員法51）。

このような配慮としては、例えば、検察官や弁護士が、裁判所に設置されたモニターに資料を映し出したり、説明をわかりやすくするためにボードを用意する等、裁判員の視覚に訴えかけるような工夫をしたりすることが挙げられます。

また、検察官、弁護士は、裁判員が聞いていてわかりやすいような構成を考え、冒頭陳述や論告・弁論を行います。

そして、裁判員裁判において、裁判員にわかりやすくするため、各弁護士会では、弁護士向けに特別の講習を行っています。

Q 13-6
裁判員の個人情報の保護と守秘義務

裁判員になったことで、危ない目に遭わないか心配です。また、テレビを見ていると裁判員が記者会見をやっているようですが、私も裁判員になったら出なければいけないのでしょうか。

A

裁判員に選ばれた人が、誰かに脅されたり、判決が出た後に恨まれて報復されたりするようでは、公正な裁判を行うことができなくなってしまいます。したがって、それを防ぐために、以下のようなことが定められています。

◎**対象除外事件**

被告人やその属する団体の言動・主張等から、裁判員が危害を加えられるおそれ等があり、裁判員を確保するのが困難になるような事件では、裁判官の決定により、裁判員裁判ではなく、職業裁判官のみによる裁判が行われることがあります（裁判員法3①）。

◎**裁判員の個人情報の公表禁止**

裁判員法では、「何人も、裁判員の氏名、住所その他の個人を特定するに足りる情報を公にしてはならない」と規定されています（裁判員法101①）。この規定は、裁判員に選ばれた場合には、他人に自分の情報を公表されないということだけでなく、裁判員でいる間は自分自身も、氏名等を公表してはいけないということを意味しています。裁判員の職務を終えた後は、本人の同意があれば、元裁判員の氏名等を公にできることになっています。

法廷にテレビの取材が入る場合等は、裁判員が入廷する前に行われます。

◎**裁判員に対する接触規制**

裁判員に対し接触したり、事件についての情報を得るために元裁判員に接触したりすることは禁止されています（裁判員法102①②）。

◎**裁判員に対する威迫罪**

裁判員、元裁判員やその親族に対し、面会、文書の送付、電話をかける等どのような方法をとるかにかかわらず、威迫の行為をした場合、それ自体が裁判員等威迫罪という犯罪になり、2年以下の懲役または20万円以下の罰金となります（裁判員法107）。

◎**裁判員の氏名等の漏示罪**

裁判に関わった検察官、弁護人、被告人が、裁判員の氏名や住所、裁判員候補者が選任手続でどのような陳述をしたか等、裁判員を特定しうるような情報を漏らした場合、裁判員氏名等漏示罪として、1年以下の懲役または50万円以下の罰金となります（裁判員法109）。

◎**裁判員の守秘義務との関係**

裁判員は、評議の秘密（議論の経過　裁判官・裁判員の意見の内容、意見の多数等）を漏らしてはならないとされています（裁判員法70）。評議の秘密やその他の職務上知りえた秘密を漏らしたときは、6か月以下の懲役または50万円以下の罰金となります（裁判員法108）。

これは、裁判員が評議で自由かつ率直に発言することを確保するためであり、また、裁判員や事件関係者のプライバシーを保護する目的もありますが、裁判員の身元や発言が外部に公表されることによって、裁判員が脅されたり報復を受けたりすることを防ぐためでもあります。

◎**記者会見への参加**

裁判員裁判の後に記者クラブが主催する会見は、撮影や氏名の公表等について、裁判員だった人の同意を事前に得たうえで行われています。したがって、自分は出たくないと思えば、同意しないで会見に出ないことができます。

なお、このような会見には裁判所の職員も立ち会い、守秘義務に反するような発言がないように行われることが通常です。

Q 13-7
裁判員の心理的負担と心のケア

　裁判員候補者として裁判所に来るように、呼出しを受けました。しかし、ショッキングな写真を見なければならないかもしれないと思うと不安です。このような場合の裁判員の心のケアのために、どのような配慮がなされているのでしょうか。

◎裁判員裁判における裁判員の心理的負担

　裁判員裁判では一定の重大事件を扱うことになっており、その中には、被害者が死亡していたりひどいけがをしている事件もあります。そのような事件では、例えば遺体写真やけがをした部位を撮った写真を、検察官が証拠として出すことを求める事件もあります。

　このような、一般の人にとってショッキングである写真を見ることで、裁判員が心理的負担を感じる危険がありえます。実際に平成25年には、遺体のカラー写真を見る等したため、急性ストレス障害と診断された裁判員が国に対して損害賠償請求訴訟を提起した例がありました。

　さらに、このような遺体写真等を見ることはなくとも、人を裁くということ自体が非常な重責であると考え、精神的な不安を覚える方もいます。

　この点、実際に裁判員や補充裁判員を経験された方々の中にも同様の不安を抱いた方が多くいるようです。

　最高裁判所が公表している平成26年度の「裁判員等経験者に対するアンケート調査結果報告書」によれば、裁判員や補充裁判員に選ばれる前の気持ちについて「あまりやりたくないと思っていた」「やりたくないと思っていた」と回答した方のうち凄惨な写真等を見ることへの負担を理由とするものが裁判員については153件、補充裁判員については51件あり、責任が重い、他人の人生を決めることへの負担等の精神的負担を理由とするものが裁判員について1024件、補充裁判員については245件ありました。

　また、裁判員裁判に参加したうえで、「ダメージの強い写真はかんべんして欲しいです」「精神的苦痛はけっこうあり、心に負担がかかると思います。証拠を見たり、現場の写真や110番通報の生音声は、リアルすぎて辛かったです」「裁判官の方でも悩まれる刑の期間、一般人が判断するには負担が大きいと思った。自分の主観が人の一生を左右するのかと思うと責任が重いと感じた」といった感想を述べている例がありました。

◎裁判員に対する心のケア

　このような裁判員の精神的負担について、いくつかの配慮がなされています。

　まず、裁判員裁判においてどのような証拠が取り調べられるかを決めるにあたり、遺体写真等のショッキングなものが本当に必要なのかについては慎重に吟味されます。また、取調べをするにしても例えば写真をイラスト化したりモノクロ写真にしたりして少しでも精神的衝撃を与えないような配慮がなされることもあります。

　そして、裁判員がショッキングな写真等を証拠として見なければならない場合には、裁判所から裁判員選任手続においてその旨の説明がなされます。そして、裁判員候補者が不安を感じる場合には、その旨を申し出れば、裁判所はそれを考慮に入れて辞退ができるかどうかを判断してくれます。

　また、裁判所は裁判員に対して様々な面で負担軽減について配慮をしているため、裁判員公判が始まった後も、裁判官が裁判員の様子に気を配りながら審理や評議を行っていると思われます。

　事後的な配慮としては、裁判所は裁判員・補充裁判員、その経験者を対象に専門家による精神面でのケアが必要な場合に、裁判員メンタルヘルスサポート窓口を設け、年中無休で相談を受けつけています。さらに、5回まで臨床心理士等によるカウンセリングが無料で受けられ、さらに医療機関の紹介を受けられることになっています。

　なお、この窓口の制度施行から平成24年5月までの利用件数は述べ163件であり、そのうち2件

については医療機関が紹介されています(「裁判員裁判実施状況の検証報告書」(最高裁判所事務総局))。

　裁判員の心のケアについてこのような配慮がなされてはいるものの、裁判員裁判制度は始まってまだ日が浅いため、配慮が十分とは言えません。裁判員の心のケアについての配慮についてはさらなる公的取組みがなされることが期待されます。

　また、裁判員経験者の交流を図り、少しでも心理的負担を軽減させるための取組みを行っている民間団体もありますので、裁判員に選任された場合には、裁判所が用意した制度以外に、その利用が検討されてもよいかもしれません。

資料1　相談窓口一覧

全般

日本司法支援センター　法テラス
TEL．0570-078374
(IP電話からは03-6745-5600)
［犯罪被害にあわれた方］
TEL．0570-079714
(IP電話からは03-6745-5601)
受付：平日9：00〜21：00、土9：00〜17：00(日曜祝祭日・年末年始を除く)

テレフォンガイド
［一般相談］
TEL．03-5367-5290
受付：月〜金10：00〜12：00、13：00〜15：00
［クレジット・サラ金電話相談］
TEL．0570-071-316
受付：月〜土10：00〜12：00、13：00〜15：00

第二東京弁護士会　弁護士紹介センター
TEL．03-3581-2380
受付：月〜金10：00〜17：00
　　　　（祝祭日・年末年始を除く）

立川法律相談センター
TEL．042-548-7790
受付：月〜土9：30〜16：30（祝祭日を除く）

八王子法律相談センター
TEL．042-645-4540
受付：月〜土9：30〜16：30（祝祭日を除く）

暴力団追放運動推進都民センター（暴追都民センター）
TEL．0120-893-240
受付：月〜金9：00〜17：00
　　　　（土・日・祝祭日を除く）

借金相談

第二東京弁護士会四谷法律相談センター
（旧新宿法律相談センター）
TEL．03-5312-2818
受付：月〜金9：30〜18：00、土11：00〜15：00

弁護士会新宿総合法律相談センター
TEL．03-5312-5850
受付：月〜土9：30〜16：30（祝祭日を除く）

弁護士会錦糸町法律相談センター
TEL．03-5625-7336
受付：月〜土9：30〜16：30(木のみ19：30まで)
　　　　（祝祭日を除く）

弁護士会蒲田法律相談センター
TEL．03-5714-0081
受付：月〜金9：30〜19：30、
　　　土日13：30〜16：30（祝祭日を除く）

家庭相談（離婚・相続など）

弁護士会新宿総合法律相談センター
TEL．03-5312-5850
受付：月〜土9：30〜16：30（祝祭日を除く）

外国人のための相談

弁護士会新宿総合法律相談センター
TEL．03-5312-5850
受付：月〜土9：30〜16：30（祝祭日を除く）

弁護士会蒲田法律相談センター
TEL．03-5714-0081
受付：月〜金9：30〜19：30、
　　　土日13：30〜16：30（祝祭日を除く）

資料1　相談窓口一覧

労働相談

弁護士会新宿総合法律相談センター
TEL．03–5312–5850
受付：月～土9：30～16：30（祝祭日を除く）

生活保護相談

弁護士会蒲田法律相談センター
TEL．03–5714–0081
受付：月～金9：30～19：30、
　　　土日13：30～16：30（祝祭日を除く）

刑事事件（逮捕されたなど）

弁護士会新宿総合法律相談センター
TEL．03–5312–5850
受付：月～土9：30～16：30（祝祭日を除く）

消費者相談

弁護士会新宿総合法律相談センター
TEL．03–5312–5850
受付：月～土9：30～16：30（祝祭日を除く）

建築相談（欠陥住宅など）

第二東京弁護士会　住宅紛争審査会
TEL．03–3581–1714
受付：月～金10：00～16：00
　　　（祝祭日・年末年始をのぞく）

弁護士会新宿総合法律相談センター
TEL．03–5312–5850
受付：月～土9：30～16：30（祝祭日を除く）

医療相談

弁護士会新宿総合法律相談センター
TEL．03–5312–5850
受付：月～土9：30～16：30（祝祭日を除く）

女性のための相談

四谷法律相談センター
TEL．03–5312–2818
受付：平日9：30～18：00、土11：00～15：00

仲裁・あっせん

第二東京弁護士会　仲裁センター（ADR）
TEL．03–3581–2249
受付：9：30～12：00、13：00～17：00

高齢者・障害者のための相談

高齢者・障がい者総合支援センター・ゆとり～な
［電話相談］
TEL．03–3581–9110
受付：月～金10：00～12：00、13：00～16：00
　　　（祝祭日・年末年始を除く）
［面談予約］
TEL．03–3581–2250
受付：月金9：30～17：00
　　　（祝祭日・年末年始を除く）
［面談時間］
　　　木13：00～16：00（有料）
　　　（祝祭日・年末年始を除く）

暴力団被害

暴力団追放運動推進都民センター（暴追都民センター）
TEL．0120–893–240
受付：月～金9：00～17：00
　　　（土・日・祝祭日を除く）

第二東京弁護士会　民事介入暴力被害者救済センター
TEL．03–3581–2250
受付：月～金9：15～17：15
　　　（祝祭日・年末年始を除く）

犯罪被害

犯罪被害者支援センター
TEL．03-3581-6666
受付：月〜金11：00〜16：00
　　　（祝祭日・年末年始を除く）

交通事故

日弁連交通事故相談センター
TEL．0570-078-325
受付：月〜金10：00〜15：30
　　　（土日祝祭日を除く）

公害や環境問題

環境保全委員会
TEL．03-3581-5379
受付：毎月第2・第4水10：00〜12：00

子どもの問題

キッズひまわりホットライン（子どもの悩みごと相談）
［電話相談］
TEL．03-3581-1885
［面接相談］
TEL．03-3581-2257
受付：火木金15：00〜17：00（祝日は除く）

公益通報（内部告発）

第二東京弁護士会　公益通報問題係
TEL．03-3581-2425

※第二東京弁護士会ホームページ等より
　（平成27年10月現在）

資料2　全国弁護士連合会・弁護士会一覧

北海道

北海道弁護士会連合会
〒060-0001　札幌市中央区北1条西10丁目
札幌弁護士会内
TEL．011-281-2428／FAX．011-281-4823
URL：http://www.dobenren.org/

旭川弁護士会
〒070-0901　旭川市花咲町4
TEL．0166-51-9527／FAX．0166-46-8708
URL：http://kyokuben.or.jp/

札幌弁護士会
〒060-0001　札幌市中央区北1条西10丁目
札幌弁護士会館7階
TEL．011-281-2428／FAX．011-281-4823
URL：http://www.satsuben.or.jp/

函館弁護士会
〒040-0031　函館市上新川町1-3
TEL．0138-41-0232／FAX．0138-41-3611
URL：http://www2.plala.or.jp/hakoben/

釧路弁護士会
〒085-0824　釧路市柏木町4-3
TEL．0154-41-0214／FAX．0154-41-0225
URL：http://www.946jp.com/ben54/

東北

東北弁護士会連合会
〒980-0811　仙台市青葉区一番町2-9-18
仙台弁護士会内
TEL．022-264-3861／FAX．022-261-5945
URL：http://www.t-benren.org/

青森県弁護士会
〒030-0861　青森市長島1-3-1　日赤ビル5階
TEL．017-777-7285／FAX．017-722-3181
URL：http://www.ao-ben.jp/

岩手弁護士会
〒020-0022　盛岡市大通り1-2-1　サンビル2階
TEL．019-651-5095／FAX．019-623-5035
URL：http://iwateba.jp

仙台弁護士会
〒980-0811　仙台市青葉区一番町2-9-18
TEL．022-223-1001／FAX．022-261-5945
URL：http://www.senben.org/

秋田弁護士会
〒010-0951　秋田市山王6-2-7
TEL．018-862-3770／FAX．018-823-6804
URL：http://akiben.jp/

山形県弁護士会
〒990-0042　山形市七日町2-7-10
NANA BEANS 8階
TEL．023-622-2234／FAX．023-635-3685
URL：http://www.yamaben.or.jp/

福島県弁護士会
〒960-8115　福島市山下町4-24
TEL．024-534-2334／FAX．024-536-7613
URL：http://f-bengoshikai.com

関東

関東弁護士会連合会
〒100-0013　千代田区霞が関1-1-3
弁護士会館14階
TEL．03-3581-3838／FAX．03-3581-0223
URL：http://www.kanto-ba.org/

茨城県弁護士会
〒310-0062　水戸市大町2-2-75
TEL．029-221-3501／FAX．029-227-7747
URL：http://ibaben.or.jp/

栃木県弁護士会
〒320-0845　宇都宮市明保野町1-6
TEL．028-689-9000／FAX．028-689-9018
URL：http://www.tochiben.com/

群馬弁護士会
〒371-0026　前橋市大手町3-6-6
TEL．027-233-4804／FAX．027-234-7425
URL：http://www.gunben.or.jp/

埼玉弁護士会
〒330-0063　さいたま市浦和区高砂4-7-20
TEL．048-863-5255／FAX．048-866-6544
URL：http://www.saiben.or.jp/

千葉県弁護士会
〒260-0013　千葉市中央区中央4-13-12
TEL．043-227-8431／FAX．043-225-4860
URL：http://www.chiba-ben.or.jp/

横浜弁護士会
〒231-0021　横浜市中区日本大通9
TEL．045-211-7707／FAX．045-212-2888
URL：http://www.yokoben.or.jp/

新潟県弁護士会
〒951-8126　新潟市中央区学校町通1-1
TEL．025-222-5533／FAX．025-223-2269
URL：http://www.niigata-bengo.or.jp/

山梨県弁護士会
〒400-0032　甲府市中央1-8-7
TEL．055-235-7202／FAX．055-235-7204
URL：http://www.yama-ben.jp/

長野県弁護士会
〒380-0872　長野市妻科432
長野県弁護士会館内
TEL．026-232-2104／FAX．026-232-3653
URL：http://nagaben.jp

静岡県弁護士会
〒420-0853　静岡市葵区追手町10-80
静岡地方裁判所本庁構内
TEL．054-252-0008／FAX．054-252-7522
URL：http://s-bengoshikai.com/

東　京

東京弁護士会
〒100-0013　千代田区霞が関1-1-3
弁護士会館6階
TEL．03-3581-2201／FAX．03-3581-0865
URL：http://www.toben.or.jp/

第一東京弁護士会
〒100-0013　千代田区霞が関1-1-3
弁護士会館11～13階
TEL．03-3595-8585／FAX．03-3595-8577
URL：http://www.ichiben.or.jp/

第二東京弁護士会
〒100-0013　千代田区霞が関1-1-3
弁護士会館9階
TEL．03-3581-2255／FAX．03-3581-3338
URL：http://niben.jp/

中　部

中部弁護士会連合会
〒460-0001　名古屋市中区三の丸1-4-2
TEL．052-203-1651／FAX．052-204-1690
URL：http://www.chubenren.jp/

富山県弁護士会
〒930-0076　富山市長柄町3-4-1
TEL．076-421-4811／FAX．076-421-4896
URL：http://www.tomiben.jp/

金沢弁護士会
〒920-0912　金沢市大手町15-15　3階
TEL．076-221-0242／FAX．076-222-0242
URL：http://www.kanazawa-bengo.com/

福井弁護士会
〒910-0004　福井市宝永4-3-1　三井生命ビル7階
TEL．0776-23-5255／FAX．0776-23-9330
URL：http://www.fukuben.or.jp/

岐阜県弁護士会
〒500-8811　岐阜市端詰町22
TEL．058-265-0020／FAX．058-265-4100
URL：http://www.gifuben.org/

愛知県弁護士会
〒460-0001　名古屋市中区三の丸1-4-2
TEL．052-203-1651／FAX．052-204-1690
URL：http://www.aiben.jp/

三重弁護士会
〒514-0032　津市中央3-23　三重弁護士会館
TEL．059-228-2232／FAX．059-227-4675
URL：http://homepage3.nifty.com/miebar/

近　畿

近畿弁護士会連合会
〒530-0047　大阪市北区西天満1-12-5
大阪弁護士会内
TEL．06-6364-1266／FAX．06-6364-0678
URL：http://www.kinbenren.jp

滋賀弁護士会
〒520-0051　大津市梅林1-3-3
TEL．077-522-2013／FAX．077-522-2908
URL：http://www.shigaben.or.jp/

京都弁護士会
〒604-0971　京都市中京区富小路通丸太町下ル
TEL．075-231-2336／FAX．075-223-1894
URL：http://www.kyotoben.or.jp/

大阪弁護士会
〒530-0047　大阪市北区西天満1-12-5
TEL．06-6364-1372／FAX．06-6364-0252
URL：http://www.osakaben.or.jp/

兵庫県弁護士会
〒650-0016　神戸市中央区橘通1-4-3
TEL．078-341-7061／FAX．078-351-6651
URL：http://www.hyogoben.or.jp/

奈良弁護士会
〒630-8237　奈良市中筋町22-1
TEL．0742-22-2035／FAX．0742-23-8319
URL：http://www.naben.or.jp/

和歌山弁護士会
〒640-8144　和歌山市四番丁5
TEL．073-422-4580／FAX．073-436-5322
URL：http://www.wakaben.or.jp/

中　国

中国地方弁護士会連合会
〒730-0012　広島市中区上八丁堀2-66
広島弁護士会内
TEL．082-228-0230／FAX．082-228-0418
URL：http://www.chugoku-ba.org

鳥取県弁護士会
〒680-0011　鳥取市東町2-221
TEL．0857-22-3912／FAX．0857-22-3920
URL：http://www.toriben.jp/

島根県弁護士会
〒690-0886　松江市母衣町55-4
松江商工会議所ビル7階
TEL．0852-21-3225／FAX．0852-21-3398
URL：http://www.shimaben.com/

岡山弁護士会
〒700-0807　岡山市北区南方1-8-29
TEL．086-223-4401／FAX．086-223-6566
URL：http://www.okaben.or.jp/

広島弁護士会
〒730-0012　広島市中区上八丁堀2-73
広島弁護士会館
TEL．082-228-0230／FAX．082-228-0418
URL：http://www.hiroben.or.jp

山口県弁護士会
〒753-0045　山口市黄金町2-15
TEL．083-922-0087／FAX．083-928-2220
URL：http://www.yamaguchikenben.or.jp/

四国

四国弁護士会連合会
〒760-0033　高松市丸の内2-22
香川県弁護士会内
TEL．087-822-3693／FAX．087-823-3878

徳島弁護士会
〒770-0855　徳島市新蔵町1-31
TEL．088-652-5768／FAX．088-652-3730
URL：http://tokuben.or.jp

香川県弁護士会
〒760-0033　高松市丸の内2-22
TEL．087-822-3693／FAX．087-823-3878
URL：http://kaben.jp/

愛媛弁護士会
〒790-0003　松山市三番町4-8-8
TEL．089-941-6279／FAX．089-941-4110
URL：http://www.ehime-ben.or.jp

高知弁護士会
〒780-0928　高知市越前町1-5-7
TEL．088-872-0324／FAX．088-872-0838
URL：http://www.kochiben.or.jp/

九州

九州弁護士会連合会
〒810-0043　福岡市中央区城内1-1
福岡県弁護士会内
TEL．092-741-6416／FAX．092-715-3207

福岡県弁護士会
〒810-0043　福岡市中央区城内1-1
TEL．092-741-6416／FAX．092-715-3207
URL：http://www.fben.jp/

佐賀県弁護士会
〒840-0833　佐賀市中の小路7-19
佐賀県弁護士会館
TEL　0952-24-3411／FAX．0952-25-7608
URL：http://sagaben.or.jp

長崎県弁護士会
〒850-0875　長崎市栄町1-25　長崎MSビル4階
TEL．095-824-3903／FAX．095-824-3967
URL：http://www.nben.or.jp

熊本県弁護士会
〒860-0078　熊本市中央区京町1-13-11
TEL．096-325-0913／FAX．096-325-0914
URL：http://www.kumaben.or.jp/

大分県弁護士会
〒870-0047　大分市中島西1-3-14
TEL．097-536-1458／FAX．097-538-0462
URL：http://www.oitakenben.or.jp

宮崎県弁護士会
〒880-0803　宮崎市旭1-8-28
TEL．0985-22-2466／FAX．0985-22-2449
URL：http://www.miyaben.jp/

鹿児島県弁護士会
〒892-0815　鹿児島市易居町2-3
TEL．099-226-3765／FAX．099-223-7315
URL：http://www.kben.jp/

沖縄弁護士会
〒900-0014　那覇市松尾2-2-26-6
TEL．098-865-3737／FAX．098-865-3636
URL：http://www.okiben.org/

※日本弁護士連合会ホームページ等より
　（平成27年10月現在）

編著者略歴（五十音順）

石浦 洋一（いしうら・よういち）
弁護士／2007年弁護士登録／齋藤総合法律事務所【役職等】綱紀委員会委員（第二東京弁護士会）【主著等】『困ったときの くらしの法律知識Q&A』（共著、清文社、2011年）

石橋 京士（いしばし・あつし）
弁護士／2011年弁護士登録／津の守坂法律事務所【役職等】刑事弁護委員会副委員長（2014～）、弁護士業務センター委員（企業連携センター部会）（以上、第二東京弁護士会）、弁護士知財ネット会員

植木 琢（うえき・たく）
弁護士／2008年弁護士登録／鈴木富七郎法律事務所【役職等】平成27年度第二東京弁護士会常議員、民事介入暴力対策委員会（第二東京弁護士会）

上田 望美（うえだ・のぞみ）
弁護士／1999年弁護士登録／紀尾井坂テーミス綜合法律事務所【役職等】中央建設工事紛争審査会特別委員【主著等】『判例経済刑法体系』（共著、日本評論社、2000年）、『困ったときの くらしの法律知識Q&A』（共著、清文社、2011年）

永 滋康（えい・しげやす）
弁護士／2006年弁護士登録／藤井・永法律事務所【役職等】元桐蔭横浜大学法科大学院客員教授、日本民事訴訟法学会会員、司法アクセス学会会員、財団法人日本法律家協会会員、綱紀委員会副委員長、消費者問題対策委員会副委員長兼医療部会部会長、司法修習委員会委員（以上、第二東京弁護士会）【主著等】『上司ならこれだけは知っておきたい法律知識』（共著、財界研究所、2010年）、経済紙『財界』（財界研究所）に2006年から2012年まで不定期連載

大森 啓子（おおもり・けいこ）
弁護士／2003年弁護士登録／フローラ法律事務所【役職等】家事法制委員会事務局長、子どもの権利委員会幹事、ハーグ条約に関するワーキンググループ委員、生殖医療法プロジェクトチーム副座長（以上、日本弁護士連合会）、ハーグ条約プロジェクトチーム座長、司法制度調査会副委員長（家事手続法部会部会長）、子どもの権利に関する委員会委員（以上、第二東京弁護士会）【主著等】『最新 金融商品取引法ガイドブック』（共著、新日本法規、2009年）、『困ったときの くらしの法律知識Q&A』（共著、清文社、2011年）、『家事事件手続モデル書式・文例集』（共著、新日本法規、2013年）

奥野 大作（おくの・だいさく）
弁護士／2009年弁護士登録／高田・小海法律事務所【役職等】高齢者・障害者委員会、消費者委員会（以上、第二東京弁護士会）、中央大学法科大学院実務講師【主著等】『困ったときの くらしの法律知識Q&A』（共著、清文社、2011年）

小笹 勝章（おざさ・かつあき）

弁護士／2000年弁護士登録／笠井総合法律事務所【役職等】高齢者・障がい者総合支援センター運営委員会副委員長、消費者問題対策委員会住宅部会委員、倒産法研究会会員（以上、第二東京弁護士会）、99建築問題研究会会員【主著等】『改訂欠陥住宅紛争解決のための建築知識』（共著、ぎょうせい、2011年）、『ガイドブック民事再生法』（法学書院、2009年）、『住宅建築トラブル相談ハンドブック』（共著、新日本法規、2008年）、『新版再生計画事例集』（共著、商事法務、2006年）、『詳解新会社法の実務Q&A』（共著、税務研究会、2005年）、『新・破産法 手続と実務Q&A』（共著、清文社、2004年）

鍛治 美奈登（かじ・みなと）

弁護士／2008年弁護士登録／キリン株式会社法務部（海外チーム）【役職等】男女共同参画推進本部委員（日本弁護士連合会）、弁護士業務センター、男女共同参画推進本部（以上、第二東京弁護士会）【主著等】『困ったときの くらしの法律知識Q&A』（共著、清文社、2011年）、『新・労働事件法律相談ガイドブック』（共著、第二東京弁護士会、2012年）

河部 康弘（かわべ・やすひろ）

弁護士／2012年弁護士登録／小林・弓削田法律事務所

河本 智子（かわもと・ともこ）

弁護士／2002年弁護士登録／東京中央総合法律事務所【役職等】研修センター委員会副委員長、弁護士業務センター副委員長（以上、第二東京弁護士会）【主著等】『不祥事を防ぐコンプライアンス 実務コース』（共著、日本経営出版、2008～2009年）、『願いを想いをかたちにする 遺言の書き方・相続のしかた』（共著、日本加除出版、2009年）、『遺言条項例278&ケース別文例集』（共著、日本加除出版、2012年）

厚井 久弥（こうい・ひさや）

弁護士／2014年弁護士登録／山田・尾﨑法律事務所【役職等】犯罪被害者支援委員会幹事、労務・社会保険法研究会所属（以上、第二東京弁護士会）【主著等】『法務教科書 ビジネス実務法務検定試験（R）2級 精選問題集 2015年版』（共著、翔泳社、2015年）

小西 隆文（こにし・たかふみ）

弁護士／2011年弁護士登録／田宮合同法律事務所【役職等】日本民事訴訟法学会会員、司法アクセス学会会員、一般財団法人日本法律家協会会員、業務妨害対策委員会委員（第二東京弁護士会）、桐蔭法科大学院客員教授

小林 正憲（こばやし・まさのり）

弁護士・公認会計士／2000年弁護士登録／小林法律会計事務所【役職等】民事介入暴力対策委員会委員、法律相談相談員（以上、第二東京弁護士会）、日弁連交通事故相談センター交通事故相談示談幹旋担当弁護士、一般社団法人日本損害保険協会損害保険相談・紛争解決サポートセンター紛争解決委員【主著等】『Q&A 新会社法の実務』（共著、新日本法規出版、2006年）、『企業活動と民暴対策の法律相談』（共著、青林書院、2007年）、『困ったときの くらしの法律知識』（共著、清文社、2011年）

齋藤 亜紗美（さいとう・あさみ）

弁護士／2012年弁護士登録／矢島匤法律事務所【役職等】第二東京弁護士会常議員、高齢者・障がい者総合支援センター委員会幹事、法教育の普及・推進に関する委員会幹事（以上、第二東京弁護士会）

正込 大輔（しょうごもり・だいすけ）

弁護士／2008年弁護士登録／晴海パートナーズ法律事務所【役職等】刑事弁護委員会、綱紀委員会、弁護士業務妨害対策委員会（以上、第二東京弁護士会）【主著等】『第2次改訂版 新株予約権・種類株式の実務』（共著、第一法規、2013年）

添田 庸子（そえだ・ようこ）

弁護士／2009年弁護士登録／田中晴雄法律事務所【役職等】高齢者・障害者権利支援センター委員（日本弁護士連合会）、高齢者・障がい者総合支援センター副委員長（第二東京弁護士会）、介護保障を考える弁護士と障害者の会全国ネット事務局長【主著等】『困ったときの くらしの法律知識Q&A』（共著、清文社、2011年）

髙杉 謙一（たかすぎ・けんいち）

弁護士・司法書士／2010年司法書士登録、2014年司法書士再登録、2014年弁護士登録／竹田・長谷川法律事務所【役職等】住宅紛争審査会運営委員会委員、労働問題検討委員会幹事、倒産法研究会（以上、第二東京弁護士会）

高橋 和弘（たかはし・かずひろ）

弁護士／2013年弁護士登録／アップル法律事務所【役職等】日本弁護士連合会代議員、互助運営委員会委員、法教育の普及・推進に関する委員会委員、高齢者・障がい者総合支援センター運営委員会幹事（以上、第二東京弁護士会）

田川 慎一（たがわ・しんいち）

弁護士／2011年弁護士登録／齋藤総合法律事務所【役職等】子どもの権利に関する委員会委員、消費者問題対策委員会幹事、労働問題検討委員会幹事（以上、第二東京弁護士会）

竹内 章子（たけうち・あきこ）

弁護士・愛玩動物飼養管理士1級／2003年弁護士登録／笠井総合法律事務所【役職等】第二東京弁護士会常議員、子どもの権利に関する委員会委員・元副委員長（第二東京弁護士会）、元日本弁護士連合会代議員、東京都児童相談所非常勤弁護士、社会福祉法人子どもの虐待防止センター評議員・法律相談担当、一般社団法人エル・システマジャパン幹事、元全国共済農業協同組合連合会自賠責共済有無等審査会委員、元財団法人日弁連交通事故相談センター東京支部法律相談担当、医療問題弁護団、全国倒産処理弁護士ネットワーク、ペット法学会、女性法律家協会所属【主著等】『困ったときの くらしの法律知識Q&A』（共著、清文社、2011年）、『くらしの法律Q&A』（共著、新日本法規、2011年）

竹内 彩香（たけうち・あやか）

弁護士／2014年弁護士登録／有明国際特許事務所【役職等】子どもの権利委員会委員、犯罪被害者支援委員会委員（以上、第二東京弁護士会）

田中 東陽（たなか・とうよう）

弁護士／2003年弁護士登録／曙綜合法律事務所【役職等】法律相談センター運営委員会副委員長、研修センター副委員長、倫理委員会委員、司法修習委員会委員（以上、第二東京弁護士会）、財団法人日本法律家協会会員、日本民事訴訟法学会会員、司法アクセス学会会員、原発被災者弁護団所属、東京簡易裁判所司法委員、元桐蔭横浜大学法科大学院客員教授、元東京簡易裁判所民事調停官【主著等】『Q&A民法（債権関係）の改正に関する中間試案』（共著、ぎょうせい、2013年）、「診療記録の調査、訴状作成はこうする！医療過誤事件の実務手順とノウハウ 全3巻」（CD・DVD、レガシィ、2015年）、「顧問先の病院がストレスを感じるトラブル 押さえておきたい重要判例と現場解決策」（CD・DVD、レガシィ、2015年）

玉　伊吹（たま・いぶき）
弁護士／2007年弁護士登録／曙綜合法律事務所【役職等】法律相談センター運営委員会委員、研修センター委員、綱紀委員会委員（以上、第二東京弁護士会）【主著等】『困ったときの　くらしの法律知識Q&A』（共著、清文社、2011年）

内藤　勇樹（ないとう・ゆうき）
弁護士／2006年弁護士登録／笠井総合法律事務所【役職等】民事介入暴力対策委員会副委員長（第二東京弁護士会）、公益財団法人暴力団追放運動推進都民センター不当要求防止責任者講習講師、全国倒産処理弁護士ネットワーク所属【主著等】『内部統制による企業防衛指針の実践』（共著、青林書院、2008年）、『困ったときの　くらしの法律知識Q&A』（共著、清文社、2011年）、『Q&A民法（債権関係）の改正に関する中間試案』（共著、ぎょうせい、2013年）、『暴力団排除条例と実務対応』（共著、青林書院、2014年）

中野　大仁（なかの・だいと）
弁護士／2007年弁護士登録／中野法律事務所【役職等】日本弁護士連合会刑事弁護センター幹事（法廷技術小委員会・裁判員裁判小委員会所属）、東京三会裁判員制度協議会副座長、嘱託弁護士（裁判員センター担当）、裁判員センター委員、刑事弁護委員会幹事（以上、第二東京弁護士会）、東京三弁護士会法律援助事務センター審査員【主著等】『困ったときの　くらしの法律知識Q&A』（共著、清文社、2011年）、『Q&A金融ADR活用ガイドブック』（共著、日本加除出版、2012年）、『障害者刑事弁護マニュアル』（共著、東京三弁護士会障害者等刑事問題検討協議会、2014年）、「近時の刑事弁護の実情と課題　裁判員裁判における刑事弁護の実情と課題」（「NIBEN Frontier」2015年7月号、第二東京弁護士会）、「裁判員裁判レポート　最近担当した2件の裁判員裁判事件の報告」（「NIBEN Frontier」2014年6月号、第二東京弁護士会）、「裁判員裁判レポート番外編　裁判員経験者等の指摘から学ぶこと」（「NIBEN Fontier」2013年10月号、第二東京弁護士会）、「裁判員裁判奮闘記」（「NIBEN Frontier」2010年6月号、第二東京弁護士会）、「司法改革ウォッチング―裁判員制度の動きをみる―若手こそやりたい裁判員裁判！」（「法学セミナー」2010年10月号、日本評論社）

中村　悦朗（なかむら・えつお）
弁護士／2004年弁護士登録／鈴木綜合法律事務所【役職等】互助会運営委員会副委員長、綱紀委員会委員（以下、第二東京弁護士会）【主著等】『困ったときの　くらしの法律知識Q&A』（共著、清文社、2011年）、『Q&A民法（債権関係）の改正に関する中間試案』（共著、ぎょうせい、2013年）

中本　有香（なかもと・ゆか）
弁護士／2008年弁護士登録／竹田・長谷川法律事務所【役職等】東京家庭裁判所家事調停官（非常勤裁判官）、両性の平等に関する委員会委員、第27回司法シンポジウム運営委員会事務局次長、男女共同参画推進担当委員（以上、日本弁護士連合会）、男女共同参画二弁推進本部副本部長、両性の平等に関する委員会委員（以上、第二東京弁護士会）【主著等】『Q&A事業再生ハンドブック』（共著、清文社、2012年）

西浦　善彦（にしうら・よしひこ）
弁護士／2009年弁護士登録／佐藤・西浦法律事務所【役職等】日本弁護士連合会法科大学院センター委員、日本スポーツ法学会会員、司法制度調査会民法部会委員、裁判員センター委員(以上、第二東京弁護士会)【主著等】『困ったときの　くらしの法律知識Q&A』（共著、清文社、2011年）、『Q&A民法（債権関係）の改正に関する中間試案』（共著、ぎょうせい、2013年）

西中山 竜太郎（にしなかやま・りゅうたろう）

弁護士／2014年弁護士登録／佐藤・西浦法律事務所【役職等】労働問題検討委員会、倒産法研究会（以上、第二東京弁護士会）、原発被災者弁護団、原子力損害賠償・廃炉等支援機構嘱託弁護士

長谷川 安奈（はせがわ・あんな）

社会保険労務士／2010年社会保険労務士登録／長谷川労務管理事務所（竹田・長谷川法律事務所内）【主著等】『新版増補 すぐに役立つ 会社業務 各種契約書のつくり方』（共著、清文社、2009年）、『困ったときの くらしの法律知識Q&A』（共著、清文社、2011年）、『「社長、本当にぼくが法務ですか？」マンガで身につく企業法務（労務・組織）入門』（共著、清文社、2015年）

長谷川 卓也（はせがわ・たくや）

弁護士・弁理士・司法書士／2000年弁護士登録／竹田・長谷川法律事務所【役職等】最高裁判所司法研修所民事弁護教官、日本弁護士連合会知的財産センター委員、男女共同参画推進本部委員（第二東京弁護士会）【主著等】『「社長、本当にぼくが法務ですか？」マンガで身につく企業法務（労務・組織）入門』（共著、清文社、2015年）、『新版増補 すぐに役立つ 会社業務 各種契約書のつくり方』（共著、清文社、2009年）

平岡 卓朗（ひらおか・たくろう）

弁護士／2010年弁護士登録／田宮合同法律事務所【役職等】日本民事訴訟法学会会員、司法アクセス学会会員、一般財団法人日本法律家協会会員、第二東京弁護士会常議員、桐蔭法科大学院客員教授

堀岡 咲子（ほりおか・さきこ）

弁護士／2012年弁護士登録／福間智人法律事務所【役職等】日本弁護士連合会代議員、東京圏雇用労働センター相談員、環境保全委員会委員、犯罪被害者支援委員会幹事、民事介入暴力対策委員会幹事（以上、第二東京弁護士会）

宮田 義晃（みやた・よしあき）

弁護士／2008年弁護士登録／京橋法律事務所【役職等】慶應義塾大学大学院法務研究科助教、日本弁護士連合会住宅紛争処理機関検討委員会幹事（民法改正PT）、住宅紛争審査会紛争処理委員、住宅紛争審査会運営委員会、司法制度調査会、司法修習委員会（第6部会副部会長）、裁判員センター、スポーツ法政策研究会（以上、第二東京弁護士会）、日本スポーツ法学会【主著等】『都市計画・まちづくり紛争事例解説』（共著、ぎょうせい、2010年）、『困ったときの くらしの法律知識Q&A』（共著、清文社、2011年）、『Q&A 民法（債権関係）の改正に関する中間試案』（共著、ぎょうせい、2013年）、『リフォーム工事の法律相談』（共著、青林書院、2015年）、「AEDの設置・管理に関する現在の課題」（「月刊スポーツメディスン」第165号、ブックハウス・エイチディ、2014年）等

宮山 春城（みややま・はるしろ）

弁護士／2009年弁護士登録／新麹町法律事務所【役職等】第二東京弁護士会常議員会常議員、司法修習委員会委員、互助会運営委員会委員（以上、第二東京弁護士会）【主著等】『3分間！ ワンポイント法律相談』（共著、鳳書院、2011年）

宗像 洸（むなかた・こう）

弁護士／2014年弁護士登録／東京赤坂法律事務所・外国法共同事業【役職等】国際委員会幹事、労働問題検討委員会幹事、スポーツ法政策研究会（以上、第二東京弁護士会）

柳井　幸（やない・さち）

弁護士／2009年弁護士登録／アップル法律事務所【役職等】情報公開・個人情報保護委員会、弁護士業務センター（以上、第二東京弁護士会）【主著等】『困ったときの くらしの法律知識Q&A』（共著、清文社、2011年）

山越　真人（やまこし・まさと）

弁護士／2007年弁護士登録／共進総合法律事務所【役職等】綱紀委員（第二東京弁護士会）、法律相談員（新宿区）【主著等】『上司ならこれだけは知っておきたい法律知識』（共著、財界研究所、2010年）、『Q&A民法（債権関係）の改正に関する中間試案』（共著、ぎょうせい、2013年）、「退職にかかわるトラブル対応」（「労務事情」2014年、12月1日号、産労総合研究所）、「労働問題に寄せて パワーハラスメント対策の現状」（「労働判例」、2013年3月1日号、産労総合研究所）

山本　雅子（やまもと・まさこ）

弁護士／2011年弁護士登録／野村證券株式会社法務部【役務等】日本弁護士連合会弁護士業務改革委員会企業内弁護士小委員会委員、日本組織内弁護士協会所属【主著等】『アウトライン会社法』（共著、清文社、2014年）、『企業法務のための訴訟管理』（共著、中央経済社、2015年）

> **五月会**(さつきかい)
> 昭和40(1965)年、第二東京弁護士会の会員約50名により発足。創立50年。現在の会員数は約400名。創立の志は中庸の精神に基づく互助と親睦。主な活動として、弁護士のスキルを高めるための研鑽や、重要問題についての政策の提言などを行っている。

※五月会くらしの法律研究会は、主に第二東京弁護士会の会員により構成されていますが、第二東京弁護士会の機関ではなく、第二東京弁護士会は、本書の出版・内容につき何ら関与しておらず、本書に関し何らの責任を負うものではありません。

改訂増補 困ったときの くらしの法律知識 Q&A

2015年11月20日　発行

編著者	第二東京弁護士会 五月会 くらしの法律研究会 Ⓒ
発行者	小泉 定裕
発行所	株式会社 清文社 東京都千代田区内神田1-6-6（MIFビル） 〒101-0047　電話 03(6273)7946　FAX 03(3518)0299 大阪市北区天神橋2丁目北2-6（大和南森町ビル） 〒530-0041　電話 06(6135)4050　FAX 06(6135)4059 URL http://www.skattsei.co.jp/

印刷：亜細亜印刷㈱

■著作権法により無断複写複製は禁止されています。落丁本・乱丁本はお取り替えします。
■本書の内容に関するお問い合わせは編集部までFAX（03-3518-8864）でお願いします。

ISBN978-4-433-55155-1

—